U0371604

下穿宝鸡秦岭32km超长公路隧道群建设与运营关键技术

黄会奇　富志鹏　韩常领
赵超志　路　杨　董长松

人民交通出版社
北京

内 容 提 要

本书以陕西省交通运输科技项目“下穿宝鸡秦岭32km超长公路隧道群建设与运营关键技术”为基础,集中展示依托秦岭天台山隧道及其所在的32km隧道群开展的科技攻关成果。全书分为9章,内容包括概述,超长三车道公路隧道群交通安全保障技术、智能运营管控技术、安全阻燃型沥青路面应用技术、生态节能技术、快速安全施工技术,大跨度硬质岩公路隧道单层衬砌支护与岩爆防治技术,以及宝鸡至坪坎公路工程水土保持生态文明工程关键技术与示范、功能型服务区新型水土保持建设技术与模式。

本书可供从事隧道工程设计、施工及运营管理的技术人员参考。

图书在版编目(CIP)数据

下穿宝鸡秦岭32km超长公路隧道群建设与运营关键技术/黄会奇等编著. — 北京:人民交通出版社股份有限公司, 2024.10. — ISBN 978-7-114-19608-9

Ⅰ. U459.2

中国国家版本馆CIP数据核字第20247AB110号

Xiachuan Baoji Qinling 32km Chao-Chang Gonglu Suidaoqun Jianshe yu Yunying Guanjian Jishu

书　　名:**下穿宝鸡秦岭32km超长公路隧道群建设与运营关键技术**
著 作 者:黄会奇　富志鹏　韩常领　赵超志　路　杨　董长松
责任编辑:丁　遥　潘艳霞　侯蓓蓓　刘　彤
责任校对:赵媛媛　魏佳宁
责任印制:刘高彤
出版发行:人民交通出版社
地　　址:(100011)北京市朝阳区安定门外外馆斜街3号
网　　址:http://www.ccpcl.com.cn
销售电话:(010)85285857
总 经 销:人民交通出版社发行部
经　　销:各地新华书店
印　　刷:北京市密东印刷有限公司
开　　本:787×1092　1/16
印　　张:24
字　　数:465千
版　　次:2024年10月　第1版
印　　次:2024年10月　第1次印刷
书　　号:ISBN 978-7-114-19608-9
定　　价:180.00元

《下穿宝鸡秦岭32km超长公路隧道群建设与运营关键技术》

编 委 会

主　　编： 黄会奇　富志鹏　韩常领　赵超志　路　杨　董长松

参编人员： 仵　涛　高景伟　王明年　陈建勋　许宏科　郝培文
李　宁　林春刚　时　鹏　徐国策　宁　铎　胡江碧
刘建蓓　王万平　赵力国　曹升亮　李军峰　高　锋
王　松　曹校勇　张志伟　李宏杰　李博融　严　涛
林　杉　赵鹏宇　李国峰　刘　嫣　王　春　王荣华
尚　伟　毛金沙　赫连超　张　伟　苟静波　万　哲
苟　超　马志伟　李　琛　刘　智　李　震　黄永益
刘晏荣　高晋生　王选斌　同　鑫　胡　屯　黄登峰
刘文涛　张永涛　白朋娃　李养林　张　远　张　文
杨　波　刘　斌　黄金强　张长胜　李海鹏　王　杨
谢　姣

参编单位：陕西交通控股集团有限公司
中交第一公路勘察设计研究院有限公司
长安大学
西南交通大学
西安理工大学
中铁隧道勘察设计研究院有限公司
北京工业大学
陕西科技大学
中交第二公路工程局有限公司
中铁十二局集团有限公司
中铁十一局集团有限公司
中铁一局集团有限公司
中交二公局第四工程有限公司

PREFACE | 前言

宝鸡至汉中高速公路穿越秦岭蜀道走廊，是陕西省“2367”高速公路网三条南北纵线之一，是国家高速公路网南北大通道银川至昆明线重要组成部分，其建成彻底改变了宝鸡南北方向没有高速公路的历史。其中秦岭天台山超长隧道群总长32km，是银昆南北大通道关键控制性工程，包含全长15.56km、双洞六车道、建设规模世界第一的秦岭天台山隧道，桥隧比达98.1%，具有超长、多车道、大埋深、长纵坡、高桥隧比、生态敏感、建设条件复杂等显著工程特征。

秦岭天台山超长隧道群穿越秦岭天险，连续密集隧道群世所罕见。项目直面世界级工程建设和运营重大挑战，通过持续开展科技攻关和应用示范，取得了系列创新成果，直接支撑建成秦岭天台山超长隧道群世界级工程，打通宝鸡至汉中南北高速公路通道，实现银昆线在陕西境内的全线贯通。

秦岭天台山超长隧道群系列创新成果代表了交通基础设施新质生产力发展方向，纳入交通运输部科技示范体系，引领陕西交通科技发展，打造陕西省首个交通运输部科技示范工程——“秦岭天台山超长公路隧道群安全绿色示范工程”，形成了可复制、可推广的技术成果体系。技术成果在国内外重大隧道工程推广应用，取得重大经济、社会、生态效益，为全国乃至世界隧道工程建设提供了陕西方案。

本书为陕西省交通运输科技项目“下穿宝鸡秦岭32km超长公路隧道群建设与运营关键技术”创新成果及工程实践的总结。全书共分为9章，内容包括概述，超长三车道公路隧道群交通安全保障技术、智能运营管控技术、安全阻燃型沥青路面应用技术、生态节能技术、快速安全施工技术，大跨度硬质岩公路隧道单层衬砌支护与岩爆防治技术，以及宝鸡至坪坎公路工程水土保持生态文明工程关键技术与示范、功能型服务区新型水土保持建设技术与模式。全书围绕安全智慧运营、安全快速施工、单层支护体系、绿色自然节能、生态环境保护五大方向的关键技术创新开展系统论述。

限于作者水平，书中不当之处在所难免，敬请读者批评指正。

作　者

2024 年 7 月

CONTENTS | 目录

第1章 概述 …… 1

1.1 工程简介 …… 1

1.2 工程特点与需求 …… 3

1.3 主要创新成果 …… 5

第2章 超长三车道公路隧道群交通安全保障技术 …… 8

2.1 驾驶员-环境响应特征及演化规律 …… 8

2.2 交通安全综合评价技术 …… 21

2.3 交通安全保障技术集成 …… 25

2.4 舒适行车环境构建技术 …… 40

第3章 超长三车道公路隧道群智能运营管控技术 …… 54

3.1 公路隧道紧急情况下无线网络通信与移动定位技术 …… 54

3.2 基于状态监测的超长公路隧道机电系统关键设备运营状态评估 …… 64

3.3 基于云服务的公路隧道智能联动救援系统 …… 69

3.4 公路隧道一体化运营管控平台构建方法与应用技术 …… 86

3.5 基于虚拟现实(VR)的公路隧道群可视化平台设计 …… 91

第4章 超长三车道公路隧道群安全阻燃型沥青路面应用技术 …… 95

4.1 阻燃温拌沥青的制备及其技术性质 …… 95
4.2 沥青阻燃效果评价及阻燃机理分析 …… 103
4.3 阻燃温拌沥青混合料性能 …… 108
4.4 OGFC-13 沥青混合料降噪性能 …… 120
4.5 隧道沥青路面亮色化涂层技术 …… 125
4.6 阻燃温拌沥青混合料环境与经济效益分析 …… 127
4.7 环保型沥青路面试验段 …… 129

第5章 超长三车道公路隧道群生态节能技术 …… 134

5.1 基于自然风有效利用的超长三车道隧道通风节能技术 …… 134
5.2 基于太阳能风泵的公路隧道自然汲能诱导方法 …… 149
5.3 公路隧道洞口汇聚太阳光辅助照明技术 …… 159
5.4 基于环境感知的公路隧道健康光智能照明技术 …… 166

第6章 超长三车道公路隧道群快速安全施工技术 …… 186

6.1 施工机械设备配套与智能化控制体系 …… 186
6.2 斜井快速安全施工技术 …… 202
6.3 竖井快速安全施工技术 …… 211
6.4 多作业面条件下长距离施工通风技术 …… 215
6.5 机械化施工定额 …… 220

第7章 大跨度硬质岩公路隧道单层衬砌支护与岩爆防治技术 …… 225

7.1 大跨度硬质岩公路隧道单层衬砌结构设计方法 …… 225
7.2 单层衬砌结构混凝土力学性能及耐久性 …… 243
7.3 单层衬砌结构通风阻力及降阻技术 …… 248

7.4 大埋深大跨度公路隧道岩爆预测及控制技术…… 258

第8章 宝鸡至坪坎公路工程水土保持生态文明工程关键技术与示范 …… 301

8.1 下穿嘉陵江源头秦岭天台山隧道水资源保护技术…… 301
8.2 取(弃)土场生态安全技术体系 …… 306
8.3 高陡边坡生态修复技术…… 316
8.4 宝坪高速公路水土保持与服务功能评估…… 322

第9章 宝鸡至坪坎公路工程功能型服务区新型水土保持建设技术与模式 …… 335

9.1 服务区降水及下垫面特征分析…… 335
9.2 服务区低影响开发系统建设理念及措施布设方案…… 341
9.3 水土保持低影响开发措施典型设计…… 346
9.4 SWMM 模型模拟 …… 349
9.5 功能型服务区雨水资源利用…… 356
9.6 服务区生态服务功能分析…… 362
9.7 功能型服务区生态效益评估…… 365

参考文献 …… 372

第1章 概述

1.1 工程简介

宝鸡至坪坎高速公路是国家高速公路银川至昆明线(G85)的组成路段,也是陕西省高速公路网规划中三条南北纵线之一定汉线的重要组成部分。项目建设对于完善国家高速公路网络,改善区域交通条件,促进关天(关中—天水)、成渝两大经济区交流合作及沿线地区经济社会快速发展,推进宝鸡市建设全国性综合交通枢纽等具有重要意义。

路线起于宝鸡市高新区潘家湾村,止于凤县坪坎镇北,途经宝鸡市高新区、渭滨区、凤县三个县(区),在起点与银昆高速公路陇县至宝鸡段、连霍高速公路宝鸡过境线相接,在凤县田坝与太白至凤县高速公路相接,终点与银昆高速公路坪坎至汉中段相接。

宝鸡至坪坎高速公路路线全长73.238km,全线采用六车道高速公路技术标准建设,设计速度80km/h,路基宽度32m。全线路基土石方1491万m^3,防护排水32万m^3,主线桥梁20711m/52座(双幅,其中特大桥5430m/4座),隧道32026m/16座(双洞,其中特长隧道19077m/2座),全线桥隧比例72%。全线设宝鸡南、岩湾2处互通立交,设潘家湾、田坝2处枢纽立交,通过田坝枢纽立交与太白至凤县高速公路实现交通转换。全线设管理所、收费站、服务区、养护工区各2处,监控分中心、危险品检查站各1处,隧道救援站3处。项目永久占地5300余亩❶。

秦岭天台山超长隧道群总长32km,共设置10座隧道(表1.1-1),其中特长隧道2座、长隧道5座、中隧道3座,桥隧比达98.1%。秦岭天台山隧道采用分离式单洞三车道,全长15.56km,最大埋深约973m,是现阶段建设规模世界第一的高速公路隧道工程,其区位见图1.1-1。

---

❶ 1亩=666.$\dot{6}$m^2。

隧道群设置一览表　　表 1.1-1

隧道名称	线位	起讫桩号	长度（m）	平曲线最小半径（m）	纵坡（%）
卧虎山隧道	左线	ZK137 +565.4 ~ ZK139 +010	1444.6	900	2.25
	右线	K137 +546.4 ~ K139 +030	1483.6	835	2.2/1.8
文家岭隧道	左线	ZK139 +095 ~ ZK141 +544	2449	1300	1.8/2.3/1.8
	右线	K139 +120 ~ K141 +490	2370	1260	1.8/2.3/1.77
大沟隧道	左线	ZK141 +690 ~ ZK142 +230	540	1220	1.8
	右线	K141 +710 ~ K142 +235	525	1260	1.77
小石沟隧道	左线	ZK142 +260 ~ ZK143 +714.48	1454.48	1220	1.8
	右线	K142 +270 ~ K143 +788.87	1518.87	1260	1.77/1.5
李家河隧道	左线	ZK143 +871.5 ~ ZK145 +590	1718.5	950	1.8/1.7
	右线	K143 +920.89 ~ K145 +565	1644.11	880	1.77
池朗沟1号隧道	左线	ZK145 +740 ~ ZK146 +209	469	2522.88	1.8/1.7
	右线	K145 +648 ~ K146 +156	508	3197.26	1.77/2.4
池朗沟2号隧道	左线	ZK146 +276 ~ ZK147 +786	1510	940	2.38
	右线	K146 +256 ~ K147 +714.5	1458.5	900	2.4/1.699/2.6
银洞峡隧道	左线	ZK147 +820 ~ ZK148 +613	793	1450	2.38/1.4
	右线	K147 +784 ~ K148 +594	810	3000	2.6/1.4
青石岭隧道	左线	ZK148 +860 ~ ZK152 +351	3491	2900	1.4/2.331/1.65
	右线	K148 +790 ~ K152 +410	3620	1200	1.4/2.3/1.65
秦岭天台山隧道	左线	ZK152 +517 ~ ZK168 +000	15483	1760	1.65
	右线	K152 +580 ~ K168 +140	15560	1800	1.65

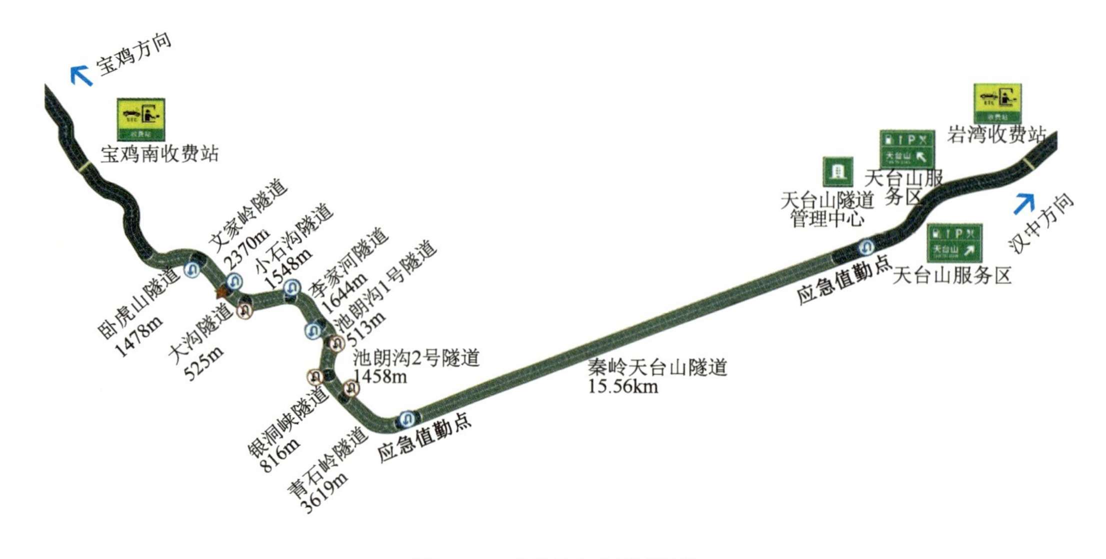

图 1.1-1　秦岭天台山隧道区位

1.2 工程特点与需求

宝鸡至坪坎高速公路穿越秦岭的15.56km秦岭天台山超长隧道及其所在的32km公路隧道群作为举世瞩目的超级工程，具有超长、多车道、大埋深、长纵坡、高桥隧比、生态敏感、建设条件复杂的显著工程特征。

①超长——秦岭天台山隧道以超长隧道穿越秦岭山脉，全长15.56km；秦岭天台山隧道群由10座隧道构成，全长32km。

②多车道——秦岭天台山隧道群采用双向六车道技术标准，最大开挖跨度达16.55m，开挖面积约160m^2，交通流量大。

③大埋深——秦岭山区工程和水文地质条件十分复杂，秦岭天台山隧道最大埋深约973m，穿越19条断层，岩爆、突涌水等工程灾害风险突出。

④长纵坡——秦岭天台山隧道群全长32km，平均纵坡1.8%，且连续上坡或下坡，为超长距离连续纵坡隧道群。

⑤高桥隧比——控制性工程地处秦岭腹地，秦岭天台山隧道及其所在的32km公路隧道群桥隧比高达98.1%。

⑥生态敏感——下穿嘉陵江源头，毗邻国家级森林公园等生态敏感区，弃渣量大，环境保护、水土保持要求高，须严守秦岭生态红线。

⑦建设条件复杂——秦岭山高谷深，地势险峻，施工场地狭小，隧道洞口高差大，斜井导洞串接施工，施工场地布置困难，施工组织和工程建设难度大。

秦岭天台山隧道及其所在的32km公路隧道群在设计、施工和运营过程中，面临诸多技术难题和瓶颈，集中体现在“安全智慧运营、安全快速施工、单层支护体系、绿色自然节能、生态环境保护”五大方面，亟待突破和创新。

①安全智慧运营方面。超长多车道隧道在横纵方向同时扩展延伸，交通容量大幅增加，人、车、路之间的矛盾加剧，运营管理难度及安全风险高。32km隧道群桥隧比例极高，防灾救援难度大。然而，目前国内外既有研究成果主要集中在双向四车道公路隧道群，尚未形成系统的适用于双向六车道公路隧道群的运营安全状况评价方法，隧道群运营管控与交通安全保障缺乏完善技术和成熟经验。沥青混凝土路面的应用仍以中短隧道为主，超长隧道中未见采用。沥青混凝土复合式路面抗滑性能优于水泥混凝土路面，且后者易磨耗、抗滑性能降低快。采用复合式路面的隧道，其事故率低于水泥混凝土路面隧道。但从防灾及行车安全考虑，应充分考虑沥青路面阻燃性能及照明影响。

②安全快速施工方面。我国隧道数量多、建设规模大，但与发达国家相比，隧道建设

的机械化水平仍然很低。隧道施工中人工比例大、机械配套不足,造成施工周期长、质量控制难度大、施工环境恶劣、人工劳动强度大、施工人员职业健康难以保证等问题。因此,开展机械化快速施工技术研究,梳理、规范机械化配套方案,完善不良地质施工方法,提高施工环境质量,形成施工标准化成果,具有重要的现实意义。图 1.1-2 为秦岭天台山隧道采用三臂凿岩台车进行钻爆开挖的机械化施工现场。

图 1.1-2　秦岭天台山隧道机械化施工现场

③单层支护体系方面。秦岭天台山隧道围岩以硬质岩为主,完整性、自稳性良好,常规复合式衬砌结构适应性存在疑问。但现有单层衬砌研究均局限于双车道及以下跨度的隧道。传统公路隧道施工中,人工比重大、机械配套不足、质量控制难度大,机械化、智能化施工可大幅提升施工效率和工程质量,能最大限度保护围岩,维持围岩完整稳定状态,提高喷射混凝土施工质量和耐久性等,为大跨度硬质岩单层衬砌的工程应用奠定了基础。图 1.1-3 为秦岭天台山隧道单层衬砌斜井。

图 1.1-3　秦岭天台山隧道单层衬砌斜井

④绿色自然节能方面。我国隧道运营中存在“建得起、用不起”的供需矛盾,长大隧道更为突出。其症结在于隧道能耗完全依赖于电能,未能突破“非电不能”的瓶颈。若能减少能源转换环节,对自然能源善加利用,则可有效解决运营能耗问题。秦岭天台山隧道群项目区可用能源种类主要有自然风能、太阳能等。秦岭天台山隧道利用自然风通风

(图 1.1-4)、太阳光照明为隧道节能提供了新的生态化、绿色节能途径。

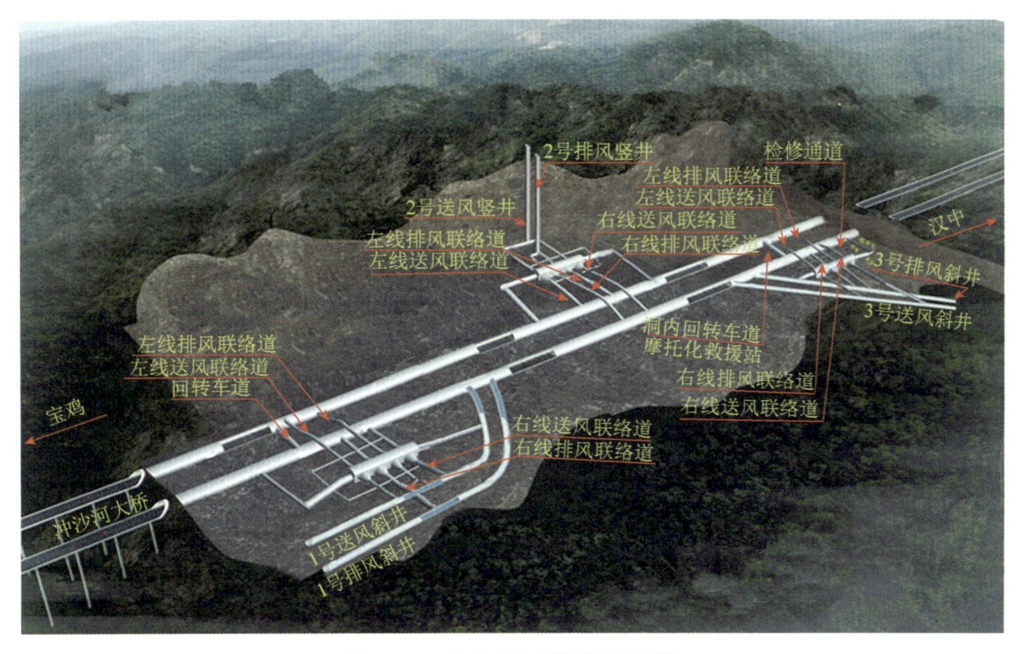

图 1.1-4 秦岭天台山隧道通风系统

⑤生态环境保护方面。秦岭天台山隧道群穿越秦岭山脉,下穿嘉陵江水源,毗邻天台山国家森林公园,生态环境极为敏感(图 1.1-5),水资源保护是重中之重。秦岭天台山隧道群以无痕化景观融合、沿线取弃土场、高陡边坡、无害穿越与修复及监测评估技术等关键水土保持问题为切入点,创建水土保持示范工程。

图 1.1-5 秦岭生态环境

1.3 主要创新成果

依托秦岭 32km 隧道群和秦岭天台山超长公路隧道,针对建设与运营过程中面临的安全智慧运营、安全快速施工、单层支护体系、绿色自然节能、生态环境保护五大技术难题,综合运用资料收集、理论分析、数值模拟、室内和现场试验、现场监测等方法，系统、深入开展秦岭超长三车道公路隧道群交通安全保障技术、智能运营管控技术、安全阻燃型沥青路面应用技术、生态节能技术、快速安全施工技术、单层衬砌支护与岩爆防治技术、水土保持生态文明工程关键技术、功能型服务区新型水土保持建设技术等8个课题的研究工作，取得了如下主要创新成果。

①揭示了公路隧道群驾驶员视觉适应特性及特长公路隧道驾驶疲劳规律，提出了特长公路隧道疲劳缓解带设计方法；得出了三车道公路隧道中间段不同火灾规模及洞口段不同自然风速影响下的烟气蔓延规律，给出了三车道公路隧道人员疏散可用时间；得到了公路隧道不同类别乘车人员的疏散速度，给出了三车道大交通流公路隧道人员疏散必需时间。

②建立了紧急情况下的超长公路隧道无线通信技术和UWB(超宽带)无线定位技术，实现了隧道内人员与车辆的精准定位；提出了公路隧道机电系统关键设备运营状态评估方法，实现了公路隧道关键机电设备在线运行状态监测；提出了多相机视野联动与几何线形约束算法，实现了公路隧道车辆再识别；提出了隧道内车辆轨迹的精确感知方法，实现了基于多目标雷达的交通流精准监测；提出了超长公路隧道智能联动救援系统框架，建立了公路隧道一体化运营管控平台构建方法。

③针对超长公路隧道沥青路面安全阻燃技术要求，开发了膨胀型阻燃体系和无机型阻燃体系配方，采用热重(TG)试验及Coats-Redfern模型拟合方法揭示了两种阻燃体系不同阶段的阻燃机理，提出了极限氧指数杯形测试法；研发了具备优良阻燃抑烟性能的新型安全阻燃型沥青混合料，并基于和易性指数测定的变速拌和功率试验，提出了温拌阻燃沥青混合料拌和、压实温度确定方法。

④揭示了秦岭天台山隧道洞外气象演化规律，建立了多斜井公路隧道自然风风速计算方法，形成了秦岭天台山隧道自然风有效利用的风机控制技术；提出了“太阳能风泵+通风井+射流风机”的互补式节能通风方法，以及用于公路隧道进出口的太阳能汲能增强照明方法，开发了应用样机；基于驾驶工作负荷理论界定了不同等级公路的负荷阈值，给出了高速公路隧道运营视觉安全分类，完善了公路隧道各照明段的评价指标体系。

⑤创新了大坡度斜井洞内出渣智能化有轨运输技术、大坡度斜井水泥卸槽运输及混凝土溜槽运输技术，开发了有轨斜井井下转渣、碎石加工与拌和辅助技术，研发了大坡度斜井快速安全施工关键装备；建立了超长大断面公路隧道施工机械化配套成套技术体系，研制了衬砌、仰拱及水沟电缆槽施工智能化装备，开发了衬砌、仰拱及水沟电缆槽施工新工艺；构建了长距离隧道施工通风智能化系统架构，创新了长距离施工通风自动控制技术；完成了样本工程测定与定额、隧道机械化施工经济分析及定额补充。

⑥建立了大跨度硬质岩公路隧道斜井单层衬砌设计方法，提出了考虑热位差影响的

隧道斜井通风沿程阻力系数计算修正公式，揭示了风速、净空断面大小、壁面粗糙度对隧道通风的影响规律，构建了大断面陡坡斜井通风降阻技术体系；基于单轴、三轴压缩试验，从能量角度探求了岩石破坏的能量演化规律及其能耗特性，系统揭示了岩爆诱发机理；基于圆形洞室解析及既有岩爆评价方法理论，分别建立了应力强度比修正预测模型、简易岩爆预测模型、多因素岩爆预测模型。

⑦构建了源头治理、中端截留、末端减污的水资源保护模式，沿线河流水质达到Ⅱ类水质标准，满足水源地水质要求；研发了以香根草为载体的弃土场生态修复技术，通过香根草体系茎叶对雨水的截留减速，减少地表径流90%以上；形成了路域生态修复与长效保持机制，实现宝坪高速公路水土流失总治理度99.36%，林草植被恢复率99.04%。

⑧构建了服务区水土保持低影响开发模式，形成了高速公路服务区生态低影响建设技术体系；提出了服务区雨水资源的可利用潜力和方向，量化了服务区在不同开发模式下的有效雨水资源量，评价了雨水资源利用效益；量化了服务区生态系统服务功能，揭示了采取海绵措施前后各项生态系统服务功能的空间差异性。

第2章

超长三车道公路隧道群交通安全保障技术

2.1 驾驶员-环境响应特征及演化规律

2.1.1 环境照度与瞳孔直径关系模型

通过设计室内及室外试验,测试某一光环境下的环境照度。受试者佩戴眼动仪静坐10min,导出相关瞳孔数据,分析稳定光环境下的环境照度与瞳孔直径的关系,试验数据如表2.1-1所示。得到某受试人员的试验数据统计后,利用最小二乘法进行线性拟合,结果如图2.1-1所示。利用SPSS软件进行数据线性拟合,从结果可以看出本次线性拟合效果极好,两个参数具有极其显著的线性关系,具有统计学意义。

试验数据分析统计表　　表2.1-1

序号	环境照度 E(lx)	平均瞳孔直径 D(mm)	$\lg(E)$	$\lg(ED^2)$
1	35	4.89	1.54	2.92
2	140	4.70	2.15	3.49
3	330	4.28	2.52	3.78
4	500	3.83	2.70	3.87
5	800	3.60	2.90	4.02
6	1020	3.06	3.01	3.98
7	2060	2.86	3.31	4.23
8	3740	2.83	3.57	4.48
9	5060	2.78	3.70	4.59

综上,可以得到该受试人员的$\lg(E)$与指标$\lg(ED^2)$的回归方程为:

$$\lg(ED^2) = 0.734\lg(E) + 1.858 \tag{2.1-1}$$

最终得到各个试验人员的回归方程,如表2.1-2所示。

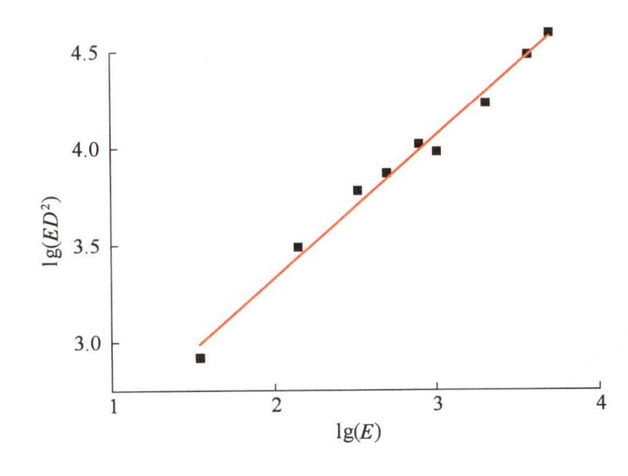

方程	$y=a+bx$
绘图	$\lg(ED^2)$
权重	不加权
截距	1.8578 ± 0.09048
斜率	0.73385 ± 0.03124
残差平方和	0.02604
皮尔逊相关系数	0.99372
R^2(决定系数COD)	0.98747
调整后R^2	0.98568

图 2.1-1 试验数据线性拟合

试验数据回归分析统计表 表 2.1-2

受试人员	回归方程	R^2	显著性水平
1	$\lg(ED^2)=0.734\lg(E)+1.858$	0.987	0.000
2	$\lg(ED^2)=0.822\lg(E)+1.674$	0.991	0.000
3	$\lg(ED^2)=0.746\lg(E)+1.731$	0.966	0.000
4	$\lg(ED^2)=0.786\lg(E)+1.698$	0.982	0.000
5	$\lg(ED^2)=0.808\lg(E)+1.691$	0.974	0.000

各个受试者的 R^2 数据均在 0.95 以上,显著性均小于 0.01,两个参数均具有显著线性关系,具有统计学意义,但是线性回归的参数因受试人员不同存在一定差异,可以得到通用计算关系如下:

$$\lg(ED^2)=a\lg(E)+b \tag{2.1-2}$$

可以将其简化为:

$$\lg(ED^2)-b=a\lg(E) \tag{2.1-3}$$

$$\lg\left(\frac{ED^2}{10^b}\right)=\lg(E^a) \tag{2.1-4}$$

$$(ED^2)/10^b=E^a \tag{2.1-5}$$

$$D=\sqrt{10^b E^{a-1}} \tag{2.1-6}$$

式中:D——瞳孔直径(mm);

E——外部环境照度(lx);

a、b——与个体相关的参数,如年龄、视力、性别等。

2.1.2 单体隧道进出口光环境对驾驶员的影响

(1)现场试验方案

为了探究驾驶员在驾驶过程中进出隧道时的心理和生理变化规律,设计实地驾驶试验,驾驶员佩戴眼动仪及心电记录仪驾驶汽车通过测试隧道,如图2.1-2和图2.1-3所示。对试验数据进行处理,分析驾驶员视觉适应状况和明暗适应起终点。

图2.1-2 隧道驾驶现场测试

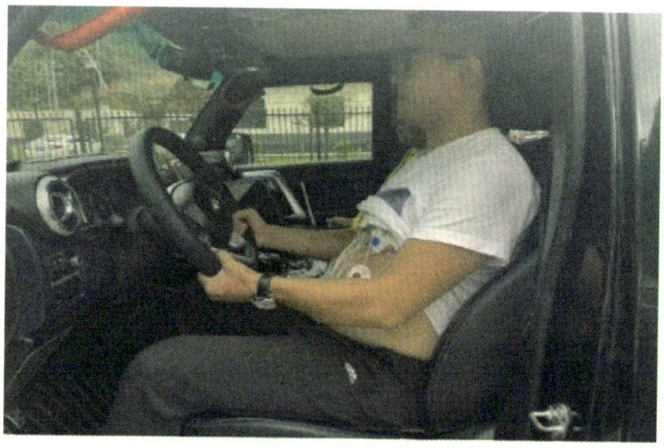

图2.1-3 受试者佩戴眼动仪

(2)明暗适应时间及距离分布

利用Python分别计算得到各个隧道的洞外暗适应时间、洞内暗适应时间、洞内明适应时间、洞外明适应时间,并绘制明暗适应时间统计图,如图2.1-4所示。负值代表的是车辆在隧道外的时间,即隧道群中间出露段的时间。

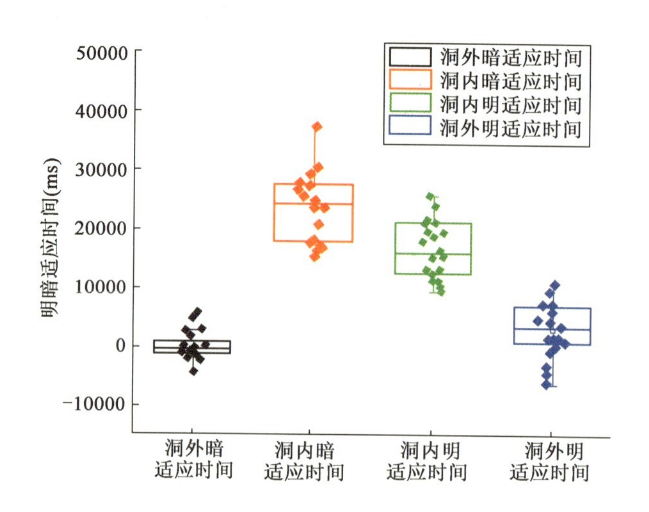

图2.1-4 明暗适应时间统计图

具体参数分布情况如表2.1-3所示。

明暗适应时间统计表(ms) 表2.1-3

明暗适应区段	上限	上四分值	中位数	下四分值	下限	平均值
暗适应洞外段	4820	1389.5	-480	-1084.75	-4130	134
暗适应洞内段	37434	27754	24134	17684	15336	23558
明适应洞内段	25654	21268	16275	12546	9558	18609
明适应洞外段	10872	7138	3399	400	-6156	3167

为了反映明暗适应在隧道内外的空间分布情况，根据车辆行驶速度计算各段明暗适应的长度，并绘制明暗适应距离统计图，如图2.1-5所示。

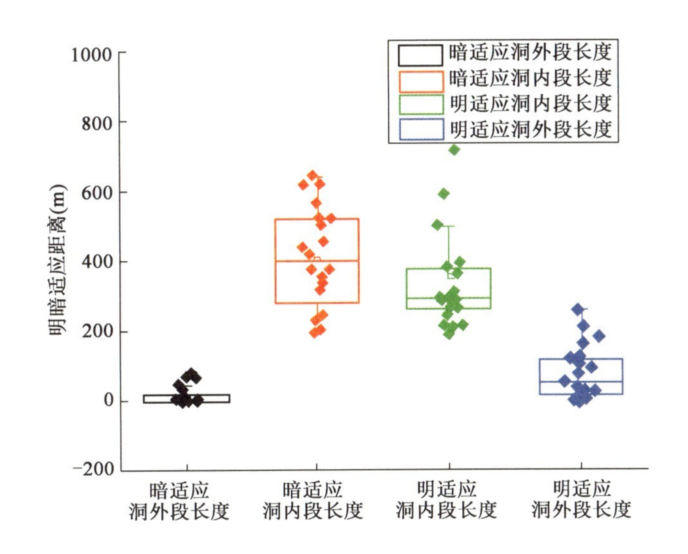

图2.1-5 明暗适应距离统计图

明暗适应距离具体参数分布情况如表2.1-4所示。

明暗适应距离统计表(m) 表2.1-4

明暗适应区段	上限	上四分值	中位数	下四分值	下限	平均值
暗适应洞外段	43.61	23.49	0	0	0	14.95
暗适应洞内段	645.16	525.37	398.33	263.56	198.17	409.13
明适应洞内段	500.94	386.53	293.36	254.30	190.52	357.61
明适应洞外段	260.17	119.25	52.86	8.69	0	76.83

不同隧道和光环境下的明暗适应时间可能有所不同，为了更客观地反映明暗适应在隧道内外的分布情况，绘制明暗适应时间百分比统计图，如图2.1-6所示。

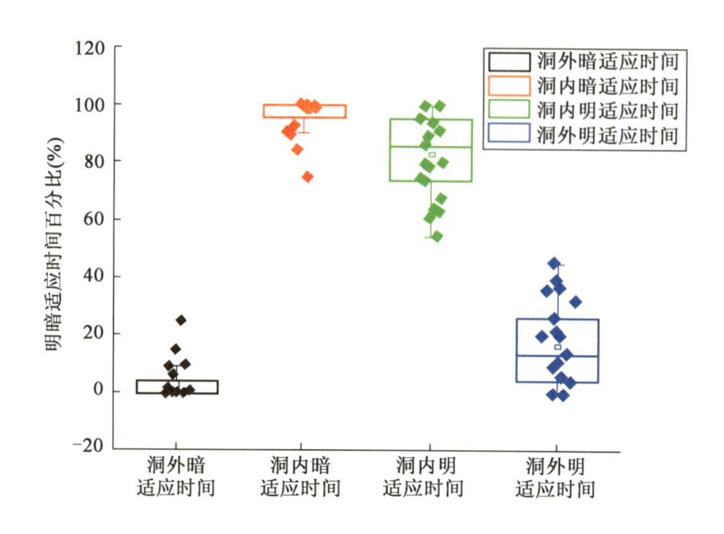

图 2.1-6　明暗适应时间百分比统计图

明暗适应时间百分比具体参数分布情况如表 2.1-5 所示。

明暗适应时间百分比统计表

表 2.1-5

明暗适应区段	上限	上四分值	中位数	下四分值	下限	平均值
暗适应洞外段	9.56	5.35	0	0	0	3.41
暗适应洞内段	100	100	100	94.65	90.44	96.59
明适应洞内段	100	97.72	86.23	70.71	54.61	83.23
明适应洞外段	45.39	29.29	13.77	2.28	0	16.77

根据试验数据统计,洞内段暗适应时间占总暗适应过程的 90% 以上,均值为96.59%,时间分布为 15 ~ 30s,距离分布为 200 ~ 600m;洞外段暗适应时间占比在总暗适应过程的 9.56% 以内,均值为 3.41%,时间分布为 0 ~ 5s,距离分布为 0 ~ 50m。与暗适应明显不同,明适应的大部分过程发生在洞内段。根据试验数据统计,洞内段明适应时间占总明适应过程的 54.61% 以上,均值为 83.23%,时间分布为 10 ~ 25s,距离分布为 200 ~ 500m;洞内段明适应时间和距离受到隧道线形、外部环境照度及洞内强化照明等因素的影响。洞外段明适应时间占比在总明适应过程的 45.39% 以内,均值为 16.77%,时间分布为 0 ~ 10.8s,距离分布为 0 ~ 260m。

(3)单体隧道入口段光环境变化对驾驶员的影响

将洞口距离-照度指标曲线通过计算转化为时间-照度指标曲线,可以发现,在 5000ms、10000ms、15000ms 等照度突变位置处,瞳孔变化速率也发生了急剧变化。进而可以推断在光环境发生突变时,会引起瞳孔变化速率的突变。

最终通过推导可以得到隧道入口段瞳孔直径计算公式为:

$$D_{t+1} = D_t + [0.072(D_s - D_t) + 0.013]\Delta t \tag{2.1-7}$$

式中：D_{t+1}——$t+1$ 时刻下的瞳孔直径（mm）；

D_t——t 时刻下的瞳孔直径（mm）；

D_s——t 时刻下的目标瞳孔直径（mm）；

Δt——$t+1$ 时刻和 t 时刻的时间差（s）。

（4）单体隧道出口段光环境变化对驾驶员的影响

①单体隧道出口段光环境变化与驾驶员瞳孔变化关系。

将出口段的明适应过程拆分为两个过程：第一个过程，驾驶员在隧道内观测到"白洞"，开始进入明适应过程，在该过程中，影响其瞳孔变化速率的因素主要为当前瞳孔直径、洞外照度、隧道内环境照度以及到隧道洞口的距离；第二个过程，驾驶员离开隧道，直接接受外界光环境照度，在该过程中，影响其瞳孔变化速率的因素主要为当前瞳孔直径和洞外照度。

②明适应洞外段对驾驶员瞳孔直径的影响。

利用试验数据绘制并拟合曲线，拟合效果如图2.1-7所示。拟合函数表达式为：

$$v_D = -0.036 - 0.152\ln(-5.1384\Delta D + 0.25) \tag{2.1-8}$$

式中：v_D——瞳孔直径变化速率（mm/s）；

ΔD——瞳孔直径差（mm）。

其拟合优度 R^2 为0.822，拟合效果较好。

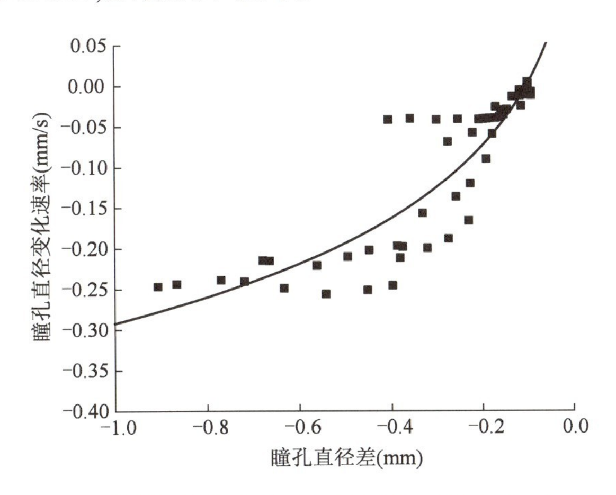

2.1-7 洞外段瞳孔直径差与瞳孔直径变化速率拟合分析图

③明适应洞内段对驾驶员瞳孔直径的影响。

引用上文拟合的瞳孔直径变化速率函数，构造等效洞内速率函数表达式如下：

$$v' = v_D = -0.036 - 0.152\ln(-5.1384\Delta D + 0.25) \tag{2.1-9}$$

该函数在洞内段用于描述外部环境和驾驶员瞳孔直径的差异，直径差 ΔD 不再是当前环境的目标瞳孔直径与瞬时瞳孔直径的差值，而是外部环境目标瞳孔直径与瞬时瞳孔直径的差值。

计算各试验组洞内段参数，统计图如图2.1-8所示。

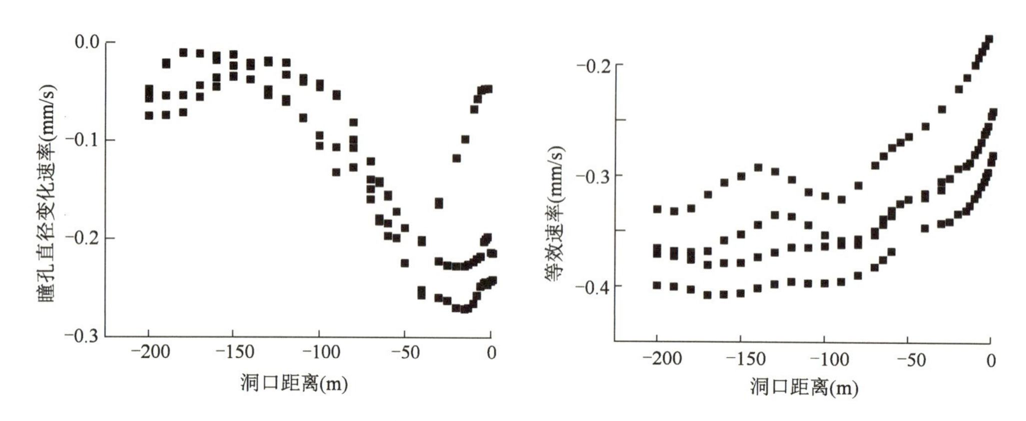

图2.1-8　洞内段洞口距离与等效速率与瞳孔直径变化速率统计图

可以发现，洞口距离、等效速率与瞳孔直径变化速率均呈现正相关。且从-150m起，随着洞口距离的减小，瞳孔变化速率增幅越来越高，故先分析该段内的瞳孔直径变化速率与等效速率及洞口距离的关系。构造函数表达式如下：

$$v_D = ke^{al}(v' + bl) \tag{2.1-10}$$

利用SPSS软件进行多元非线性拟合，得到该构造函数参数为$k=0.856$，$a=0.001$，$b=-0.002$，l为时刻t下距离洞口的距离，函数拟合优度R^2为0.807。

故得到洞内段-150～0m的瞬时瞳孔直径变化速率计算公式为：

$$v_D = 0.856 \times e^{0.001l}[-0.036 - 0.152\ln(-5.1381\Delta D + 0.25) - 0.002l] \tag{2.1-11}$$

式中：ΔD——外部环境目标瞳孔直径D_k与瞬时瞳孔直径D_t的差值(mm)。

当$l < -150$m时，可以取下式进行计算：

$$v_D = 0.856 \times e^{0.001l}[-0.036 - 0.152\ln(-5.1381\Delta D + 0.25) + 0.3] \tag{2.1-12}$$

综上：

$$v_D = \begin{cases} 0.856 \times e^{0.001l}[-0.036 - 0.152\ln(-5.1381\Delta D + 0.25) + 0.3] (l < -150) \\ 0.856 \times e^{0.001l}[-0.036 - 0.152\ln(-5.1381\Delta D + 0.25) - 0.002l] (-150 \leqslant l \leqslant 0) \\ -0.036 - 0.152\ln(-5.1384\Delta D + 0.25) (0 < l) \end{cases} \tag{2.1-13}$$

$$D_{t+1} = D_t + v_D \Delta t \tag{2.1-14}$$

2.1.3　单体隧道中间段环境对驾驶员的影响

(1)驾驶模拟仿真平台搭建

①特长公路隧道驾驶模拟平台。

试验模拟器由力反馈转向盘、加速和制动踏板、高清显示器、音响、计算机主机、支架和模拟软件组成。

②特长公路隧道驾驶模拟仿真环境。

按照依托工程特长隧道的相关设计参数,采用脚本语言在尽平台最大仿真能力的基础上创建真实的隧道驾驶环境模型,构建特长公路隧道的仿真驾驶场景,如图2.1-9和图2.1-10所示。

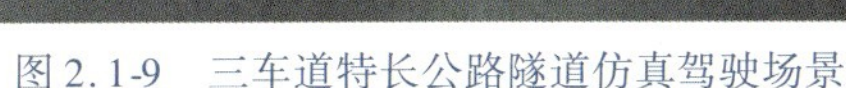

图2.1-9 三车道特长公路隧道仿真驾驶场景

图2.1-10 隧道外过渡仿真驾驶场景

(2)特长公路隧道驾驶疲劳规律现场驾驶试验

①试验方案及实施步骤。

试验地点选取秦岭天台山特长隧道。试验在晴朗的天气进行,避开大雾、降水等极端天气。试验时隧道处于正式通车前夕,隧道的建设以及隧道内通风、照明等相关机电设备设施已经安装完成。试验招募了20名健康的男性作为被试驾驶员。

②驾驶疲劳主观评定等级指标变化特征。

为了研究被试驾驶员驾驶疲劳主观评定等级指标的变化特征,分析试验前后的驾驶疲劳主观感受变化,对被试驾驶员驾驶疲劳主观评定等级指标进行了统计分析。图2.1-11展示了所有被试驾驶员在试验进行前与试验进行后KSS(卡罗林斯卡嗜睡量表)驾驶疲劳主观评定等级平均值的变化情况。

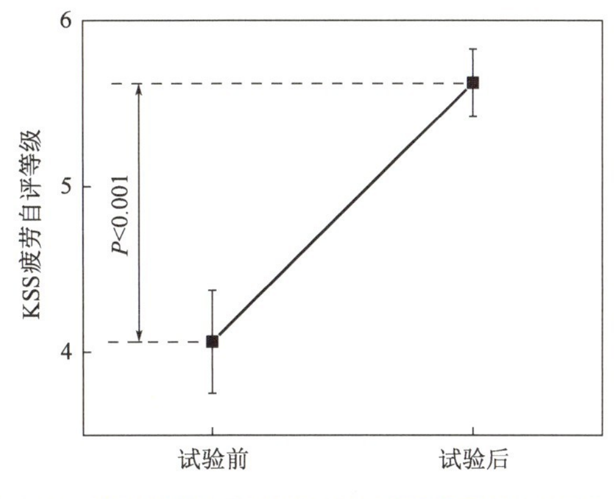

图2.1-11 特长公路隧道驾驶疲劳主观评定等级指标变化特征

根据图2.1-11可知，被试驾驶员在出发前的疲劳等级值为4.06±0.31，对应状态描述为“有些清醒”；在特长公路隧道驾驶试验结束后，被试驾驶员自评疲劳等级值出现了显著提高，增加至5.63±0.20，对应状态描述接近“开始出现困倦征兆”。驾驶疲劳主观评定等级指标前测至后测的变化结果表明，从驾驶员主观感受的角度来说，驾驶员在驾车通过特长公路隧道后，主观感受到的驾驶疲劳程度显著加深。

③驾驶疲劳心电表征指表时变特征。

从现场驾驶试验中采集到的驾驶疲劳心电表征指标的时变趋势可以看出，在特长公路隧道的驾驶过程中，随着驾驶时间的增加，驾驶疲劳表征指标SDNN（全部窦性心搏RR间期的标准差）、RMSSD（相邻正常心动周期差值的均方根）、LF（心率变异性频域指标中的低值）呈现逐渐上升的趋势，HF（心率变异性频域指标中的高值）呈现逐渐下降的趋势，LF/HF呈现逐渐上升的趋势，这一现象和规律与已有的国内外驾驶疲劳相关研究一致。从驾驶员的生理角度来说，驾驶疲劳心电表征指标的变化反映了在特长公路隧道内驾驶过程中驾驶员驾驶疲劳的积累。

（3）特长公路隧道驾驶疲劳规律室内驾驶模拟试验

①模拟驾驶与现场驾驶疲劳表征指标一致性检验。

一致性检验结果表明，特长公路隧道驾驶疲劳室内驾驶模拟试验与真实路段现场驾驶试验采集到的驾驶疲劳表征指标结果之间具有很好的一致性，证明了所搭建的驾驶模拟仿真平台及构建的特长公路隧道驾驶模拟仿真环境的有效性，驾驶模拟试验可以较为真实地反映特长公路隧道路段驾驶员的驾驶疲劳情况。

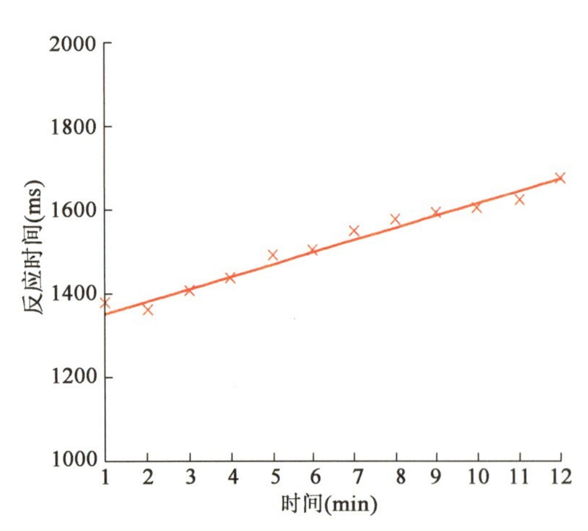

图2.1-12　特长公路隧道驾驶员反应时间时变特征

②驾驶员反应时间时变特征。

根据图2.1-12室内驾驶模拟试验中采集到的驾驶员跟车制动反应时间随驾驶时间的变化趋势可以看出，驾驶员在整个驾驶过程中的平均反应时间从约1350ms变化至1670ms。整体上来说，驾驶员反应时间随特长隧道内驾驶时间的增长呈现出线性增加的趋势。为了便于分析，对驾驶员反应时间与驾驶时间进行线性回归，得到回归后的表达式（R^2 = 0.959）为：

$$RT = 34.578t + 1313.7 \tag{2.1-15}$$

式中：RT——反应时间（ms）；

t——特长隧道内的驾驶时间（min）。

(4)基于驾驶疲劳累积指标的特长公路隧道驾驶疲劳规律

①基于心电指标降维的驾驶疲劳累积指标构建。

对特长公路隧道驾驶疲劳规律现场驾驶试验中采集到的驾驶疲劳心电表征指标进行基于主成分分析的降维,结果如表2.1-6所示。由于研究中所选的5个驾驶疲劳心电表征指标的相关性较好,第一主成分的贡献率即达到了96.544%。通常情况下,累计贡献率达90%以上的主成分即可较好地反映降维前原指标的变异。在本研究中,第一主成分的贡献率已超过90%,因此可以用第一主成分降维代替原来的5个指标。

驾驶疲劳心电表征指标降维结果 表2.1-6

特征向量	第一主成分
SDNN	0.198
RMSSD	0.204
LF	0.206
HF	-0.205
LF/HF	0.204
特征值	4.827
贡献率(%)	96.544
累计贡献率(%)	96.544

根据降维的结果,可以写出主成分的表达式为:

$$F = 0.198Z_{\mathrm{SDNN}} + 0.204Z_{\mathrm{RMSSD}} + 0.206Z_{\mathrm{LF}} - 0.205Z_{\mathrm{HF}} + 0.204Z_{\mathrm{LF/HF}} \quad (2.1\text{-}16)$$

更一般地,可以表示为:

$$F = \sum_{i=1}^{5} \lambda_i Z_i \quad (2.1\text{-}17)$$

式中:F——通过降维得到的原5个驾驶疲劳心电表征指标的第一主成分;

λ_i——指标系数;

Z_i——驾驶疲劳心电表征指标数据的标准化值。

需要对主成分做出尽可能符合实际意义的解释。与原指标的意义明确相比,主成分的含义一般带有一些模糊性,这是变量降维过程中所付出的代价,需要通过分析其主成分的表达式,根据不同成分的比例对主成分做出相应的解释。第一主成分F几乎是所选的5个驾驶疲劳心电表征指标均匀构成的,各指标所占比例均约为20%。这是由于研究所选择的驾驶疲劳心电表征指标是建立在以往的驾驶疲劳研究基础之上,具有较大的相关性和一致性。同时,各指标的有效性在现场驾驶试验和驾驶模拟试验中得到了进一步的验证。因此,5个指标经过降维后得到的指标F反映了特长公路隧道驾驶员驾驶疲劳累积的情况,将F称为驾驶疲劳累积指标。

以驾驶员在洞外充分休息后对应的驾驶疲劳累积指标为基线0、驶出隧道前最后

1min 对应的整个试验过程中驾驶疲劳累积指标为 1(即 100%),绘制驾驶疲劳累积指标随特长公路隧道内驾驶时间变化的散点图,如图 2.1-13 中散点所示。从散点图可以看出,驾驶疲劳累积指标与特长隧道驾驶时间近似满足如下函数关系:

$$F=\frac{Y}{1+b\cdot e^{at}}+c \tag{2.1-18}$$

通过 SPSS 20.0 进行非线性回归拟合,以求出最接近于散点的系数值,结果如表 2.1-7 所示。

非线性回归拟合参数值 表 2.1-7

参数	估计值	标准误差
Y	-1.155	0.078
a	0.478	0.056
b	0.030	0.011
c	1.110	0.056

从表中可以看出,4 个参数的标准误差较小,参数估计值的置信度较高。最终,曲线的表达式($R^2=0.991$)如式(2.1-19)所示,其中 t 的单位为 min。

$$F=-\frac{1.124}{1+0.01e^{0.683t}}+1.113 \tag{2.1-19}$$

将拟合曲线与散点图绘制在同一张图中,得到驾驶员在特长公路隧道内驾驶疲劳累积指标与隧道内驾驶时间的变化关系,如图 2.1-13 所示。

通过隧道内驾驶时间这一因素,将驾驶员反应时间和驾驶疲劳累积指标联系起来,构建驾驶员反应时间和驾驶疲劳累积指标之间的关系,如式(2.1-20)所示。

$$\mathrm{RT}=50.627\ln\left(\frac{1.124}{1.113-F}-1\right)+1546.844 \tag{2.1-20}$$

将二者的关系绘制在图中,如图 2.1-14 所示。

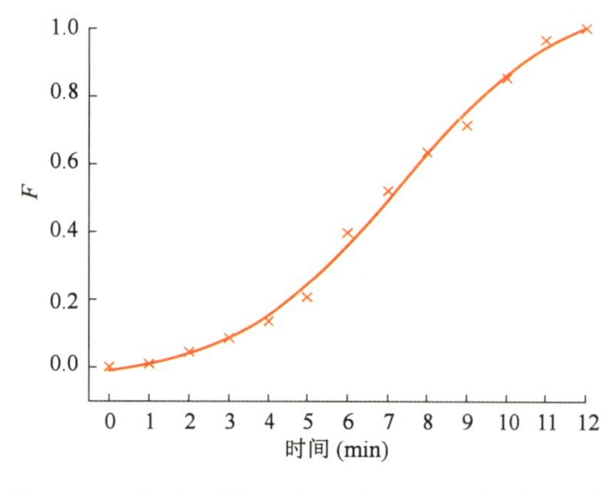

图 2.1-13 驾驶疲劳累积指标与隧道内驾驶时间的关系

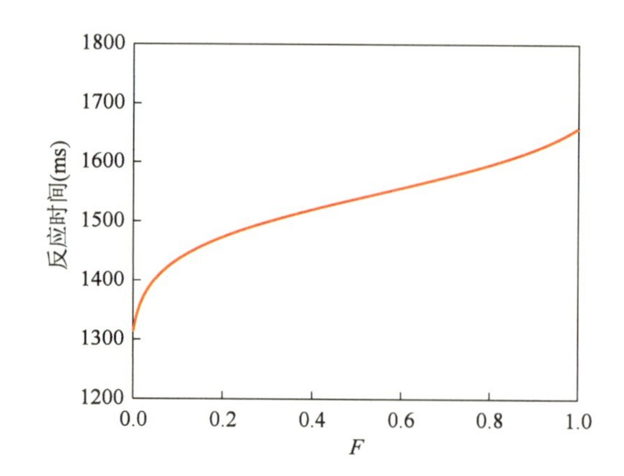

图 2.1-14 驾驶员反应时间与驾驶疲劳累积指标的关系

通过图2.1-14将不直观的驾驶疲劳累积指标和较为直观的驾驶员反应时间联系起来,构建驾驶疲劳累积指标与驾驶员反应时间之间的关系。可以看出,随着驾驶疲劳累积指标的增加,驾驶员反应时间也有所增加。反应时间的增加速率并非保持常数的线性增加关系,而是呈现出快速增加到缓慢增加再到快速增加的特点。

②特长公路隧道驾驶疲劳规律。

在整个特长公路隧道的驾驶过程中,驾驶员反应时间随驾驶时间的增长整体上呈现出线性增加的趋势,驾驶员在整个驾驶过程中的平均反应时间从约1350ms变化至1670ms。驾驶疲劳对于驾驶员最直接的影响就是使驾驶员的反应变得迟钝、反应时间增加。试验过程中驾驶员反应时间的增加更加直观地反映了驾驶员在特长公路隧道内驾驶疲劳的累积情况。

与连续驾驶数小时或者通过睡眠剥夺而引发的驾驶疲劳相比,驾驶员在特长公路隧道内驾驶前后无论是所选驾驶疲劳心电表征指标的变化、KSS驾驶疲劳主观评定等级的变化还是反应时间的变化幅度均相对较小。这表明与上述极端情况相比,特长公路隧道引起的驾驶疲劳程度是略轻微的。

驾驶员在特长公路隧道内驾驶疲劳的产生是一个逐渐累积的过程,这一累积的过程在不同时间段内有不同的速率,累积速率呈现出先慢后快的特点。针对隧道内12min的驾驶过程,若以隧道内驾驶的最后1min为驾驶疲劳累积100%,在刚进入隧道的1~3min,驾驶疲劳仅累积了约8%。此后驾驶疲劳累积速率开始迅速增加,到第6min时已达近50%,第9min时达到95%。而在离开隧道前的最后1min,增长速率出现了下降。

2.1.4 连续隧道光环境对驾驶员的影响

(1)隧道群上游隧道的明适应过程

①洞内段明适应的发生位置。

隧道路段的明适应过程起点发生在隧道内,当驾驶员行驶到一定位置,观测到洞口的“白洞”时,便已经开始明适应过程。因此,其洞内明适应的起点应采用与洞口的距离进行衡量。当明适应开始时,与洞口的距离越长,则驾驶员得到的明适应时间就越长,其缓冲效果也就越好,故应取最短距离作为最不利情况,即取200 m作为直线隧道洞内段明适应的起点位置。

②洞外段明适应的持续时间。

在不同的行驶速度下,相同的明适应起点也会带来不同的适应效果,行驶速度越大,洞外的明适应时间与适应距离则越长。当明适应起点为200m,行驶速度由20km/h上升到80km/h时,其洞外明适应时间由0s逐渐上升到7.5s,洞外适应距离由0m上升到180m,与试验统计分析结果基本吻合。

可以发现,在明适应起点为500m的情况下,由20km/h的行驶速度上升到80km/h时,其洞外明适应时间由0s逐渐上升到6.3s,洞外适应距离由0m上升到150m,其结论与明适应起点距洞口200m的理论分析结果基本一致。

各速度下最大洞外明适应时间如表2.1-8所示。

不同速度下的洞外明适应时间及距离　　表2.1-8

速度(km/h)	洞外明适应时间(s)	洞外明适应距离(m)
20	0	0
40	4.5	50
60	6.0	100
80	7.2	160

(2)隧道群下游隧道的暗适应过程

利用箱线图去除异常点,可以发现两者的频率直方图基本符合正态分布的分布情况。利用SPSS软件对两者的数据组分别进行K-S检验。检验结果表明,该组数据的双侧渐进显著性为0.713,大于0.05,故证明原假设成立,洞外暗适应距离数据在取对数后均服从正态分布。其正态分布下的95%置信区间为[-47.54m,31.99m]。

(3)基于驾驶员视觉特性的公路隧道群定义

结合明适应洞外段适应时间,在相应的速度下换算为距离,并与上文得到的暗适应洞外段距离置信区间上限值31.99m相加,便得到基于驾驶员视觉特性的公路隧道群定义。在不同速度下驾驶员视觉特性的隧道群定义如表2.1-9所示。

不同速度下驾驶员视觉特性的公路隧道群定义　　表2.1-9

速度(km/h)	洞外明适应距离(m)	洞外暗适应距离(m)	隧道群连接段长度(m)
20	0	31.99	31.99
40	50	31.99	81.99
60	100	31.99	131.99
80	160	31.99	191.99

(4)隧道群路段瞳孔直径拟合情况分析

根据以上分析所得的计算公式及明暗适应起点进行拟合计算,与现场试验所得的数据进行对比分析。

按式(2.1-7)计算下游隧道入口段的瞳孔直径变化速率。

单体隧道出口段驾驶员瞳孔直径与瞳孔直径差的关系式见式(2.1-13)、式(2.1-14)。

(5)上游隧道出口段的瞳孔直径变化速率

上游隧道明适应起点取试验实际的明适应起点位置(距离洞口200m),暗适应起点取距下游隧道入口 32m，拟合计算中的洞内外环境参数取试验实测环境照度，最终利用 Python绘制 20km/h、60km/h、80km/h 行驶速度下的瞳孔直径随驾驶时间的变化规律。20km/h 行驶速度下理论分析与驾驶试验数据的拟合情况如图 2.1-15 所示。

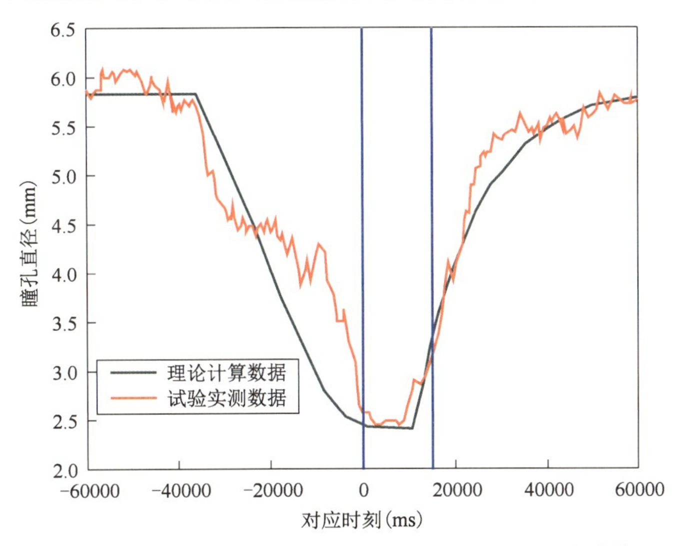

图 2.1-15 20km/h 行驶速度下理论分析与驾驶试验数据的拟合情况

统计各个试验组与理论计算拟合的情况，如表 2.1-10 所示。

不同速度下理论分析与驾驶试验数据的拟合情况 表 2.1-10

速度(km/h)	拟合优度 R^2	均方误差 MSE
20	0.8110	0.1918
60	0.9220	0.0746
80	0.8653	0.1263

综合上述拟合及试验数据可以发现，拟合优度 R^2 均大于 0.8，均方误差均小于 0.2，故根据单体隧道在进出口路段的瞳孔变化公式及隧道群路段的明暗适应起点进行隧道群路段的瞳孔直径拟合计算结果与试验实测结果拟合程度较高，理论计算公式具有参考分析价值。

2.2 交通安全综合评价技术

2.2.1 隧道运营安全指标体系的建立

(1)研究区段划分

从现场调查事故数据统计分析得出的交通事故空间分布特征来看，交通事故主要集中发生在隧道进出口 50m 附近。因此,将隧道安全评价分为区段 A 和区段 B 两个研究区段,如图 2.2-1 所示。

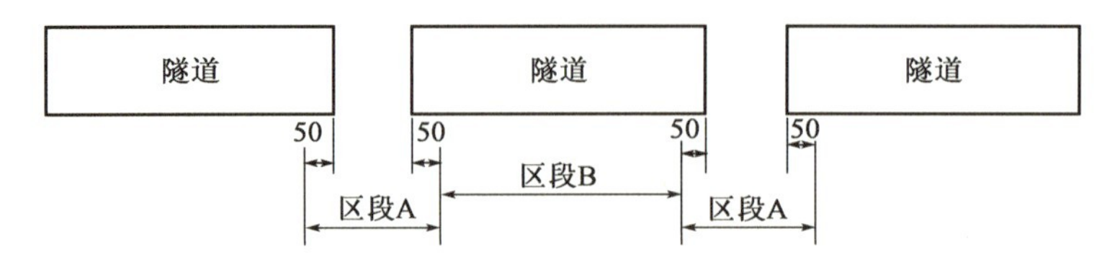

图 2.2-1 运营安全评价研究区段划分(尺寸单位:m)

(2)指标体系建立

根据隧道研究区段划分结果,分别建立两个区段的运营安全评价指标体系,如表 2.2-1和表 2.2-2 所示。

公路隧道区段 A 运营安全评价指标体系　　表 2.2-1

目标层	准则层	指标层
运营安全评价指标体系	路网因素	交通量
		大车比例
		路面附着系数
	隧道线形因素	曲线半径
		行车视距
		纵坡坡度
	隧道环境	有无遮阳棚
		隧道照明
		隧道通风
	隧道群特征	隧道间距
	车辆因素	车速
		车辆性能
	驾驶员因素	驾驶技术
		不安全驾驶行为
		安全意识
	天气因素	雨天
		雪天
		雾天
	管理因素	交通管制水平
		管理人员水平
		宣传教育
	养护因素	土建结构
		机电系统
		控制系统

续上表

目标层	准则层	指标层
运营安全评价指标体系	救援通信设施	无线电交通广播
		紧急电话
	消防响应与设施	火灾报警系统
		自动喷淋系统
		消防响应时间
	逃生救援设施	安全疏散提示
		安全逃生通道

公路隧道区段 B 运营安全评价指标体系 表 2.2-2

目标层	准则层	指标层
运营安全评价指标体系	路网因素	交通量
		大车比例
		路面附着系数
	隧道线形因素	曲线半径
		行车视距
		纵坡坡度
	隧道环境	有无遮阳棚
		隧道照明
		隧道通风
	隧道群特征	隧道长度
	车辆因素	车速
		车辆性能
	驾驶员因素	驾驶技术
		不安全驾驶行为
		安全意识
	天气因素	雨天
		雪天
		雾天
	管理因素	交通管制水平
		管理人员水平
		宣传教育
	养护因素	土建结构
		机电系统
		控制系统
	救援通信设施	无线电交通广播
		紧急电话

续上表

目标层	准则层	指标层
运营安全评价指标体系	消防响应与设施	火灾报警系统
		自动喷淋系统
		消防响应时间
	逃生救援设施	安全疏散提示
		安全逃生通道

(3)评价体系指标权重确定

使用层次分析法和熵权法确定指标权重,如表2.2-3所示。

各指标组合权重　　表2.2-3

指标	路网因素	隧道线形因素	隧道环境	隧道群特征
组合权重	0.1245	0.1231	0.1253	0.1087
指标	车辆因素	驾驶员因素	天气因素	管理因素
组合权重	0.0699	0.1046	0.0935	0.0438
指标	养护因素	救援通信设施	消防响应与设施	逃生救援设施
组合权重	0.0377	0.0537	0.0621	0.0531

(4)评分标准的确定

评分标准如表2.2-4所示。

评分标准　　表2.2-4

分级指标	优 (4分)	良 (3分)	中 (2分)	差 (1分)
路面(附着系数 F_p)	$0.5 < F_p$	$0.4 < F_p \leqslant 0.5$	$0.35 < F_p \leqslant 0.4$	$F_p < 0.35$
曲线半径 R(m)	$2500 < R$	$1500 < R \leqslant 2500$	$400 < R \leqslant 1500$	$R \leqslant 400$
纵坡坡度 α(%)	$0.5 < \alpha \leqslant 1$	$1 < \alpha \leqslant 2$	$2 < \alpha \leqslant 3$	$3 < \alpha \leqslant 4$
隧道长度 L(m)	$L \leqslant 1000$	$1000 < L \leqslant 3000$	$3000 < L \leqslant 6000$	$6000 < L$
隧道通风[烟雾浓度 K(m^{-1})]	$K \leqslant 0.0065$	$0.0065 < K \leqslant 0.0070$	$0.0070 < K \leqslant 0.0075$	$0.0075 < K$
隧道群间距 L(m)	$600 < L$	$250 < L \leqslant 600$	$100 < L \leqslant 250$	$L \leqslant 100$
隧道照明[入口段照明亮度 α(cd/m^2)]	$350 \leqslant \alpha$	$202.5 < \alpha < 350$	$140 \leqslant \alpha \leqslant 202.5$	$\alpha < 140$
隧道照明[中间段照明亮度 α(cd/m^2)]	$10 \leqslant \alpha$	$6.5 < \alpha < 10$	$3.5 \leqslant \alpha \leqslant 6.5$	$\alpha < 3.5$
隧道照明[出口段照明亮度 α(cd/m^2)]	$50 \leqslant \alpha$	$32.5 < \alpha < 50$	$17.5 \leqslant \alpha \leqslant 32.5$	$\alpha < 17.5$
雨天[全年雨天所占比例 β(%)]	$\beta \leqslant 10$	$10 < \beta \leqslant 40$	$40 < \beta \leqslant 70$	$70 < \beta$
雪天[全年雪天所占比例 β(%)]	$\beta \leqslant 10$	$10 < \beta \leqslant 40$	$40 < \beta \leqslant 70$	$70 < \beta$
雾天[全年雾天所占比例 β(%)]	$\beta \leqslant 10$	$10 < \beta \leqslant 40$	$40 < \beta \leqslant 70$	$70 < \beta$
有无遮阳棚	有	—	—	无

2.2.2 秦岭天台山隧道群运营安全评价

根据评分标准和前文所得的各个子项的相对风险程度,对该路段进行了安全性评价,分数越低,代表风险性越高,越需要采取一定的安全措施。

由表2.2-5可知,32km秦岭天台山隧道群区段A中大部分隧道风险性较低,但池朗沟1号—李家河隧道群区段A风险相对较高,大沟—文家岭隧道群区段A、文家岭—卧虎山隧道群区段A和银洞峡—池朗沟2号隧道群区段A仍然有一定的风险,需要采取措施降低风险,保证隧道安全运营。由表2.2-6可知,32km秦岭天台山隧道群区段B中大部分隧道风险性较低。天台山隧道长度较长、纵坡坡度较大,导致驾驶员需要长时间在隧道中行车,易发生交通事故,不利于驾驶员的安全行车,因此天台山隧道区段B安全风险相比于其他隧道较高;银洞峡隧道长度较短、纵坡坡度较大,导致银洞峡隧道区段B有一定的安全风险,需要采取措施降低风险,保证隧道安全运营。

区段A评分汇总表　　表2.2-5

隧道群名称	天台山—青石岭隧道群	青石岭—银洞峡隧道群	银洞峡—池朗沟2号隧道群	池朗沟2号—池朗沟1号隧道群	池朗沟1号—李家河隧道群	李家河—小石沟隧道群	小石沟—大沟隧道群	大沟—文家岭隧道群	文家岭—卧虎山隧道群
评分	1.0745	1.2089	0.9861	1.0539	0.9195	1.0931	1.0411	0.9873	0.9745

区段B评分汇总表　　表2.2-6

隧道名称	天台山隧道	银洞峡隧道	池朗沟2号隧道	池朗沟1号隧道	李家河隧道	小石沟隧道	大沟隧道	文家岭隧道	卧虎山隧道
评分	1.3375	1.4375	1.4882	1.6636	1.4965	1.5467	1.6554	1.5688	1.6692

2.3 交通安全保障技术集成

2.3.1 三车道大交通流高速公路隧道火灾烟气蔓延规律研究

(1)三车道公路隧道模型建立

当火灾发生在隧道洞口段时,将自然风设置为向洞内吹的不利场景,如图2.3-1所示。建立FDS(火灾动力学模拟)计算模型,如图2.3-2所示。

(2)火灾规模对三车道公路隧道烟气蔓延的影响规律研究

将火源设在模型中间位置,不考虑洞口自然风对洞内环境的影响,风机不开启,工况设置如表2.3-1所示。

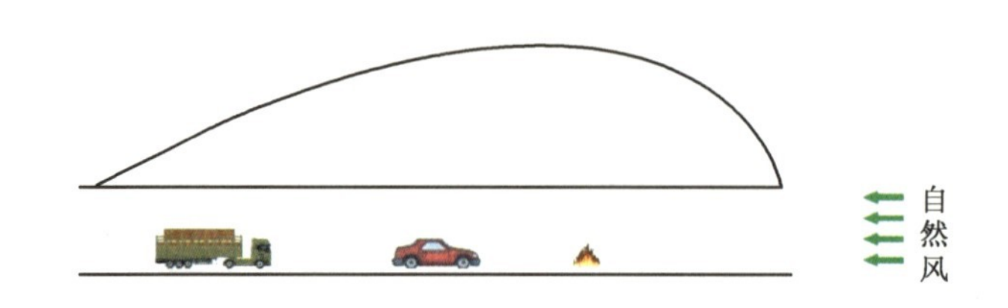

图 2.3-1　考虑自然风影响洞口段火灾计算示意图

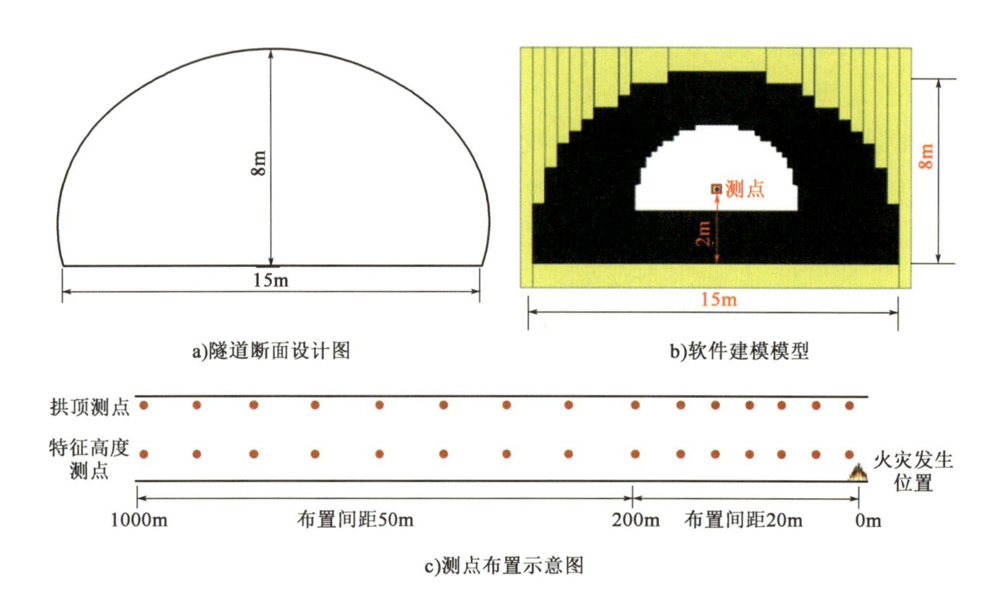

图 2.3-2　隧道三维仿真模型

中间段火灾工况设置　　表 2.3-1

火灾规模(MW)	纵向通风风速(m/s)
20、30、50	0

由图 2.3-3 和图 2.3-4 可知,三种不同火灾规模下的烟气都能蔓延至上游 1000m 处,20MW、30MW 和 50MW 的时间分别是 900s、770s 和 635s,30MW 和 50MW 的时间与 20MW 相比分别减少了 14.4% 和 29.4%。20MW、30MW 和 50MW 火灾规模的烟气沿隧道上游蔓延平均速度分别是 1.10m/s、1.30m/s 和 1.57m/s。

(3)火灾规模对公路隧道温度分布规律影响研究

温度分布以火源点为中心呈现近似对称的趋势,在火源点附近快速上升,随着距火源位置的增大快速衰减。20MW、30MW 和 50MW 火灾规模时拱顶最高温度分别为 416℃、534℃和 742℃,如图 2.3-5 所示。

由图 2.3-6 可得,温度在火源位置处最高,其后随距离火源位置的增大而快速降低;火灾规模越大,相同位置温度相对更高,沿隧道长度方向衰减越快。

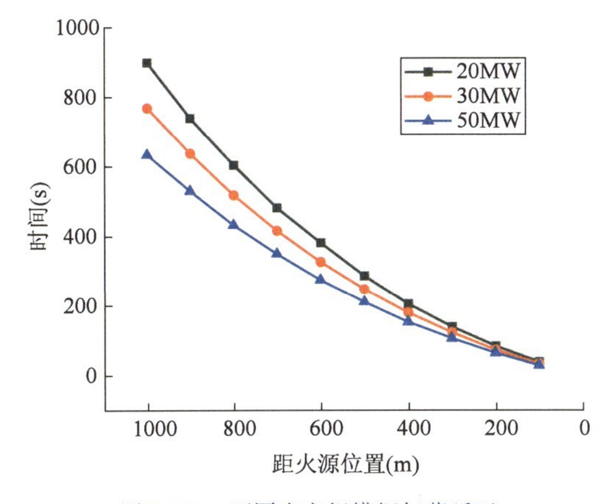

图 2.3-3　不同火灾规模烟气蔓延至上游不同位置时间曲线

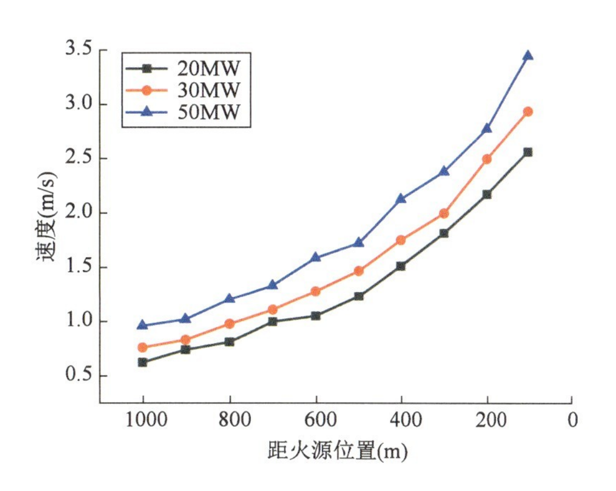

图 2.3-4　不同火灾规模烟气蔓延速度

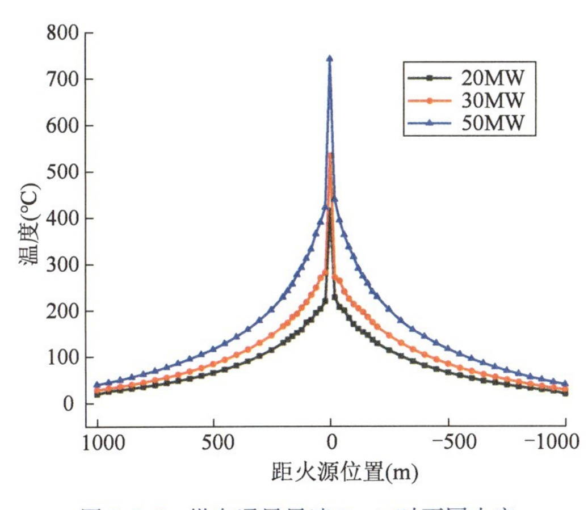

图 2.3-5　纵向通风风速 0m/s 时不同火灾规模拱顶温度沿程分布曲线

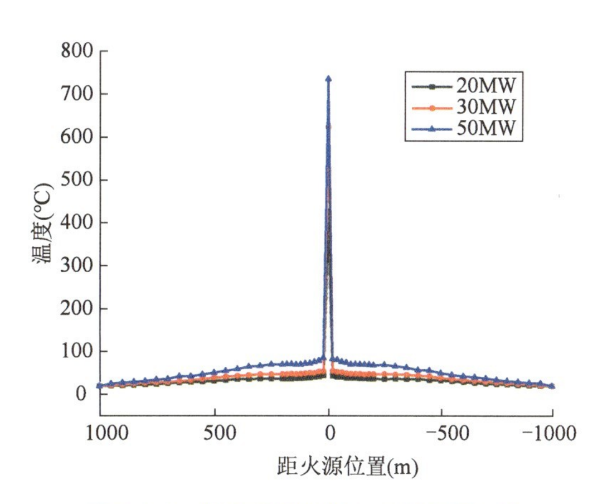

图 2.3-6　纵向通风风速 0m/s 时不同火灾规模特征高度处温度沿程分布曲线

综上所述,在三车道大断面公路隧道中,火灾规模越大,烟气蔓延速度越快,但烟气沿隧道上游蔓延速度随着距离火源位置的增加而减小;拱顶及特征高度处温度分布规律保持一致,随着距离火源位置的增大,温度快速衰减;距离火源越远,温度在横截面温度分布随着距离火源位置的增大呈现稳定的层状分布,顶部温度高,底部温度低。

(4)自然风风速对公路隧道烟气蔓延规律影响研究

①天台山隧道自然风概况。

天台山隧道隧址区处于气象分割带,所在区域存在强自然风。当火灾发生在隧道洞口段时,需要考虑洞口自然风对洞内火灾的影响。基于此,对洞口自然风等参数进行了自动监测。实际工程中,洞口自然风风向与隧道轴线方向存在夹角,洞外自然风与洞内自然风存在差异,因此在计算过程中将自然风处理为由洞口沿着隧道轴线方向吹入隧道内。当火灾发生在隧道洞口位置时,火灾计算工况设置如表 2.3-2 所示。

洞口段火灾工况设置　　　　表 2.3-2

火灾规模(MW)	自然风风速(m/s)	纵向通风风速(m/s)
30	0、1、2、3、4、5、6、7	0

②自然风风速对公路隧道烟气温度变化规律影响。

由图 2.3-7 可得,距离火源较近位置温度较高,随着与火源距离的增大,温度快速下降。由于自然风的影响,在隧道上游距离火源 400m 范围内,拱顶温度出现了不规律的波动。距离火源较近的位置,随着自然风增大,温度出现了下降的趋势,而在距离火源较远位置,随着自然风的增大,温度上升。

由图 2.3-8 可得,由于自然风对火灾流场的影响,各个位置处的温度出现了无规律的波动,整体规律为自然风使得距离火源较远处温度上升,较近区域温度会随着自然风风速增大而下降。

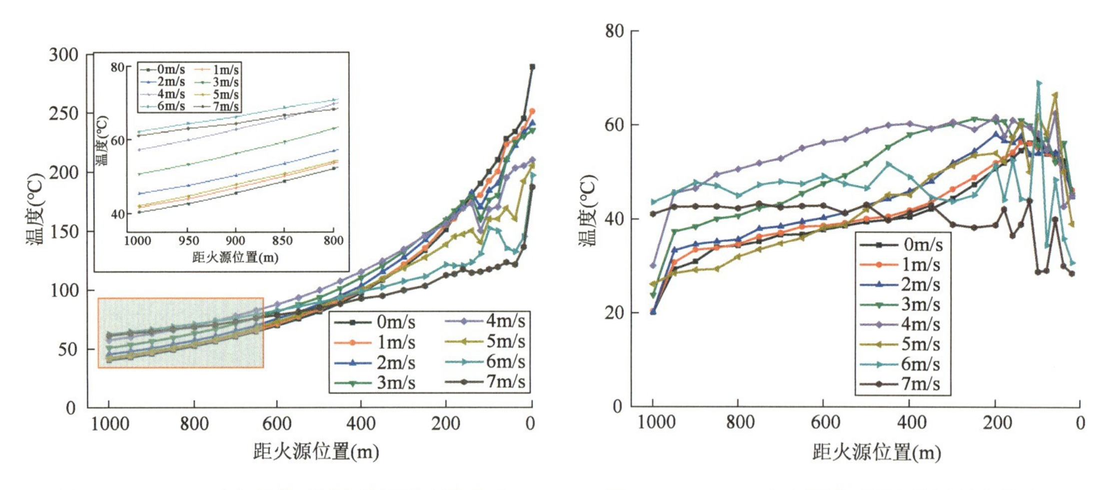

图 2.3-7　30MW 火灾规模不同自然风风速影响下拱顶温度分布

图 2.3-8　30MW 火灾规模不同自然风风速影响下特征高度处温度分布

2.3.2　三车道大交通流高速公路隧道可用安全疏散时间研究

当公路隧道发生火灾时,人员能否安全疏散由以下两个指标决定,即人员可用安全疏散时间(ASET)和人员必需安全疏散时间(RSET),人员能够安全疏散的条件如式(2.3-1)所示。

$$\mathrm{ASET} > \mathrm{RSET} \tag{2.3-1}$$

火灾规模为 20MW 时,人员可用安全疏散时间随着与火源距离的增大而增大。当纵向通风达到 2m/s 时,20MW 火灾规模下隧道上游人员疏散不受火灾烟气的影响,如图 2.3-9所示。

30MW 火灾规模下,人员可用安全疏散时间随着与火源距离的增大而增大。可用安全疏散时间与距火源点的位置呈现线性增加的趋势,纵向通风越大,增长越快,如图 2.3-10所示。

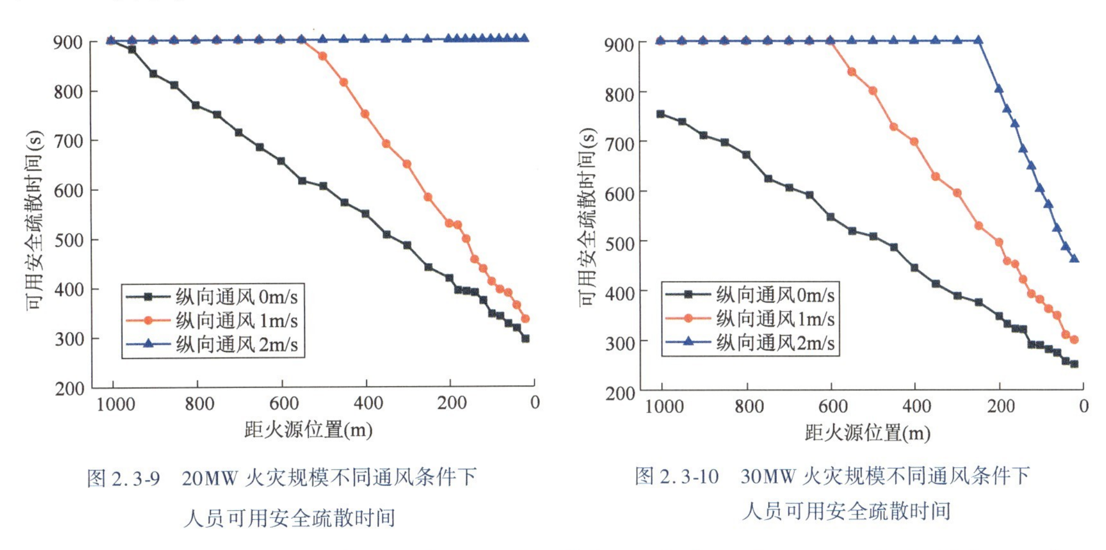

图 2.3-9 20MW 火灾规模不同通风条件下人员可用安全疏散时间

图 2.3-10 30MW 火灾规模不同通风条件下人员可用安全疏散时间

50MW 火灾规模下,人员可用安全疏散时间随着与火源距离的增大呈现线性增大,纵向通风能够很好地提高人员可用安全疏散时间,如图 2.3-11 所示。

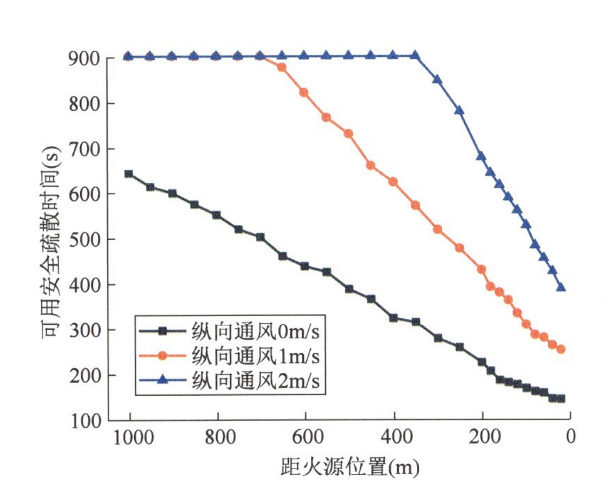

图 2.3-11 50MW 火灾规模不同通风条件下人员可用安全疏散时间

2.3.3 三车道大交通流高速公路隧道人员必需安全疏散时间研究

(1)火灾工况人员必需安全疏散时间确定方法

火灾的发展过程与人员的可用安全疏散时间(ASET)相对应,人员疏散与人员的必需安全疏散时间(RSET)相对应。人员安全疏散的条件是同一地点的可用安全疏散时间大于必需安全疏散时间。火灾发展与人员疏散关系如图 2.3-12 所示。

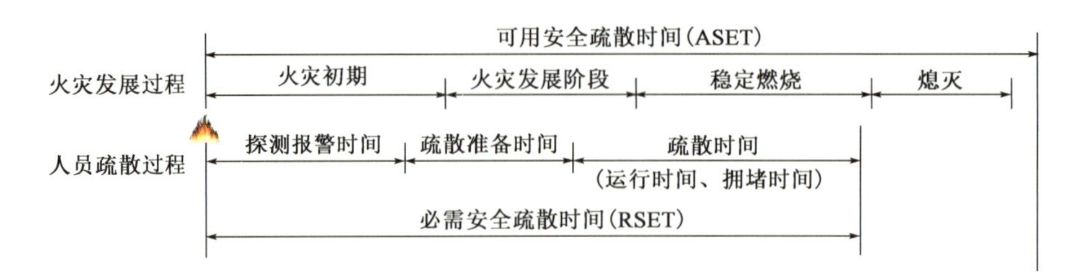

图 2.3-12 火灾发展与人员疏散关系

可用安全疏散时间可通过前文得到,必需安全疏散时间用下式进行计算:

$$\mathrm{RSET} = T_d + T_p + T_s \tag{2.3-2}$$

$$T_s = T_m + T_c \tag{2.3-3}$$

式中:T_d——探测报警时间(s);

T_p——疏散准备时间(s);

T_s——疏散时间(s);

T_m——运动时间(s);

T_c——拥堵时间(s)。

根据项目前期可行性研究报告,车型比例如表 2.3-3 所示。

车型比例预测(%) 表 2.3-3

年份	小客车	大客车	小型货车	中型货车	大型货车	拖挂车
2022 年	27.81	6.96	6.43	17.10	14.69	27.01
2025 年	27.88	6.99	6.24	16.76	14.82	27.31
2030 年	28.07	7.07	5.84	15.97	15.12	27.93
2035 年	28.28	7.16	5.48	15.22	15.42	28.44
2041 年	28.55	7.29	5.03	14.22	15.86	29.05

(2)拥堵工况下车辆计算

得到车辆拥堵情况下 1000m 范围内的车辆总数,如表 2.3-4 所示。

拥堵车辆计算结果 表 2.3-4

车辆类型	小客车	大客车	小型货车	中型货车	大型货车	拖挂车	总数
数量(辆)	90	23	16	45	50	91	315
百分比(%)	28.57	7.30	5.08	14.29	15.87	28.89	100

(3)拥堵人员荷载计算

隧道内的疏散人员荷载按照式(2.3-4)计算:

$$\text{疏散总人数} = \sum \text{各类车辆数} \times \text{相应载客人数} \tag{2.3-4}$$

隧道内被困人员计算结果如表 2.3-5 所示。

隧道内被困人员计算结果 表2.3-5

车辆类型	数量(辆)	载客人数(人)	载客总人数(人)
小客车	90	5	450
大客车	23	50	1150
小型货车	16	4	64
中型货车	45	4	180
大型货车	50	4	200
拖挂车	91	4	364
总计			2408

(4)三车道大交通流公路隧道人员疏散试验

①试验设计。

试验过程中,通过设置警戒线、摆放椅子等方式模拟横通道位置,如图2.3-13所示。

图2.3-13 模拟横通道位置

②车辆布置。

人员在公路隧道交通环境下的疏散过程中,隧道内无序停放的车辆将会对人员疏散路径有很大的影响,因此根据隧道远期交通量计算得到试验段范围内的车辆数量,如表2.3-6所示。

试验段内车辆类型及数量 表2.3-6

车辆类型	小客车	大客车	中、小型货车	大型货车、拖挂车	总数
数量(辆)	16	2	8	11	37

根据计算的车辆数量和尺寸,在试验区域布置各类型车辆,如图2.3-14所示。

a)模拟大客车布置

b)模拟小客车布置

图 2.3-14　模拟车辆摆放

③试验人员情况。

对本次试验参与人员在年龄上进行分类,20～35 岁为青年,35～55 岁为中年,55 岁以上为老年。本次试验人员组成情况如表 2.3-7 所示。

试验人员组成情况　　表 2.3-7

性别	类别	人数
男	青年	22
	中年	15
	老年	8
女	青年	15
	中年	10
	老年	6

④场地布置。

a. 单体人员疏散试验。

在 250m 疏散长度内,分别在跑道一旁布置 50m、100m、150m、200m、250m 5 个测点,分别测定各受试者疏散至该位置的时间。人员单体试验场地布置如图 2.3-15 所示。

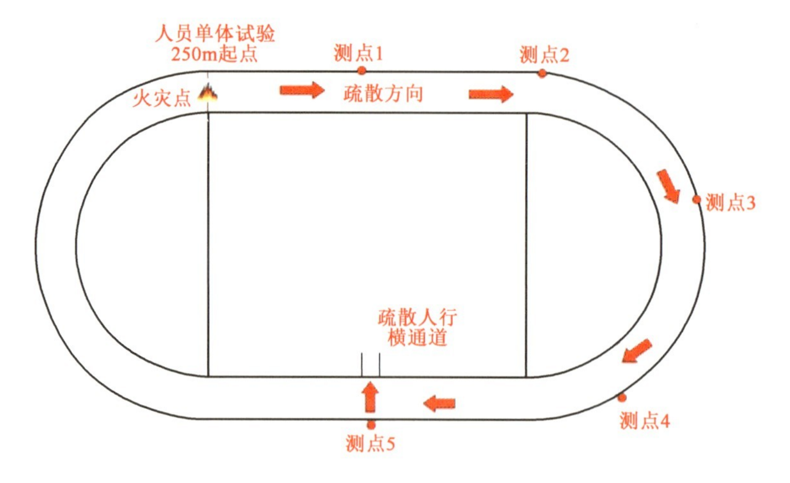

图 2.3-15　单体试验路径示意图

b. 群体人员疏散试验。

工况一：通道宽度取 2.0m，疏散距离取 250m。

工况二：将横通道间距增大至 300m，横通道宽度 2.0m 保持不变。

工况三：将横通道间距增大至 350m，横通道宽度 2.0m 保持不变。

工况四：疏散距离取 100m，横通道宽度取 1.5m、2.0m、2.5m、3.0m。

通过人员疏散试验发现，当隧道内发生火灾时，火灾产生的烟气沿着隧道长度方向蔓延并影响人员的疏散速度，两者的关系如式(2.3-5)所示。

$$v_i^0(K_s) = \max\left\{0.1v_i^0, \frac{v_i^0}{\alpha}(\alpha + \beta K_s)\right\} \tag{2.3-5}$$

式中：$v_i^0(K_s)$——人员在火灾烟气环境影响下的疏散速度(m/s)；

K_s——消光系数，当隧道内烟气浓度大至看不清时取值 0.4，没有达到临界值时取 0.35；

v_i^0——没有烟气影响正常环境下的人员疏散速度(m/s)；

α、β——经验系数，常取 $\alpha = 0.706\mathrm{m/s}$，$\beta = -0.05\mathrm{m^2/s}$。

通过对试验数据的处理，得到男性青年、中年、老年和女性青年、中年和老年 6 类人群在无烟和有烟影响下的疏散速度，如表 2.3-8 所示。

不同类型人员疏散速度　　表 2.3-8

性别	类别	无烟疏散速度(m/s)	有烟疏散速度(m/s)
男	青年	2.42	2.35
	中年	2.29	2.20
	老年	1.58	1.54
女	青年	2.01	1.94
	中年	1.65	1.58
	老年	1.12	1.05

由图 2.3-16 可得，人员疏散时间随着横通道间距的增大呈现线性增大。在疏散过程中，疏散时间就是人员的运动时间，各个区间的斜率代表该范围内运动速度最慢的疏散人员。

(5)横通道宽度对疏散时间的影响

由图 2.3-17 可得，人行横通道的宽度增大能够减少人员疏散时间，但是当横通道宽度超过 2.5m 后，其总疏散时间不再受宽度的影响。

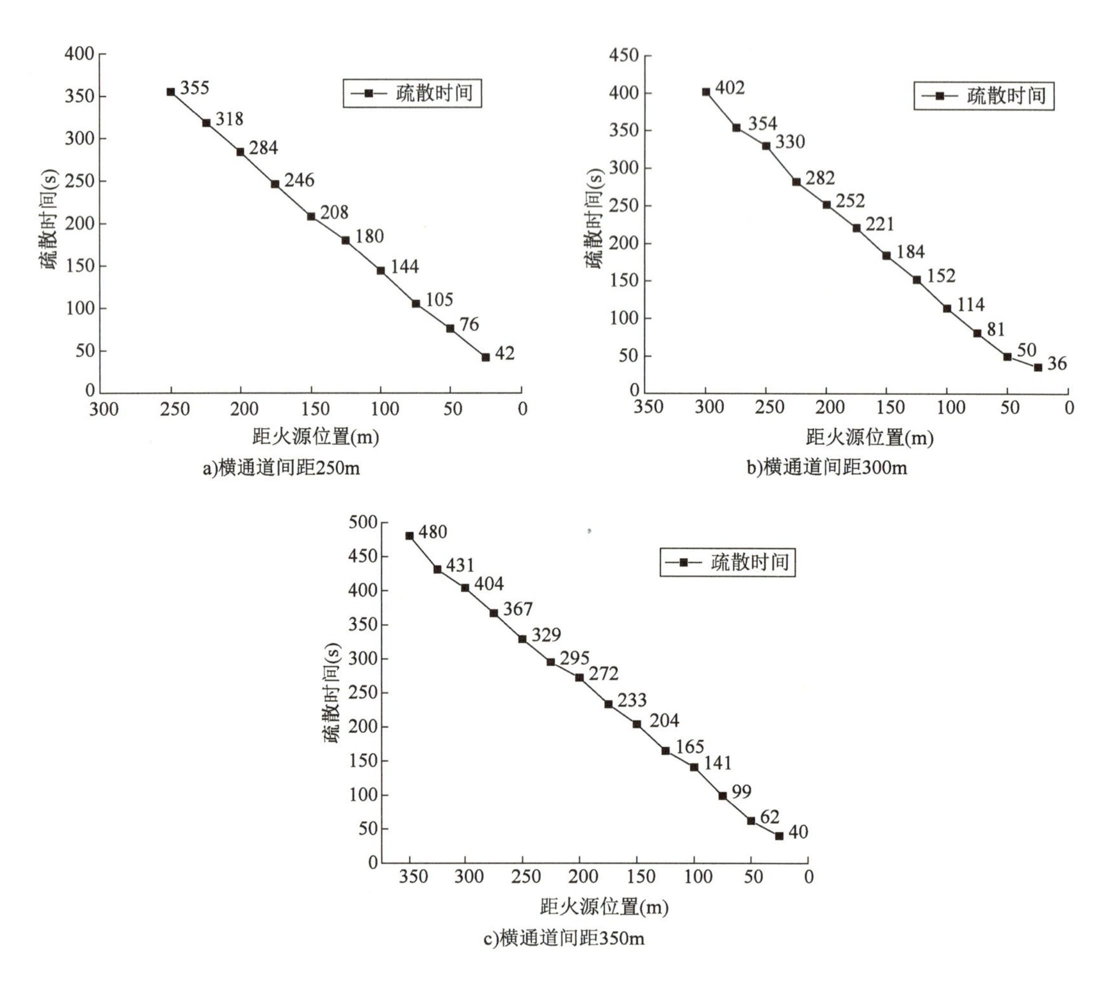

图 2.3-16　不同横通道设计间距下人员疏散时间

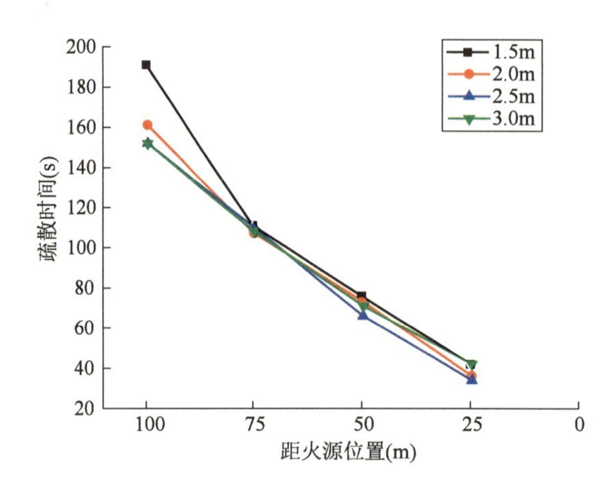

图 2.3-17　不同横通道设计宽度下人员疏散时间

通过现场分析发现,各个横通道尺寸下在疏散过程中均出现了人员拥堵现象,但是拥堵时间随着横通道宽度的增大而减小,1.5m、2.0m、2.5m、3.0m 的拥堵时间分别为 150s、98s、64s 和 32s。由于疏散时间由最后一位进入横通道的人员控制,当横通道宽度为 1.5m 和 2.0m,最后一位试验人员抵达横通道时,拥堵并未结束,直到拥堵结束后才进入横通道,而横通道宽度为 2.5m 和 3.0m 时,在最后一位试验者抵达前,拥堵就已经结束,所以疏散时间没有受到宽度的影响,仅与个人疏散速度和疏散路径长度相关。

(6)横通道设计参数对人员疏散时间的影响

①人员疏散场景设置。

在人员疏散过程中,当人行横通道的设计间距为 L 时,设计状态下每个横通道疏散的人群范围如图 2.3-18a)所示,一个横通道只负责疏散其相邻间距 $L/2$ 的被困人员。拟定车辆在人行横通道位置处发生碰撞并起火,导致该处人行横通道无法使用,如图 2.3-18b)所示。不同横通道设计间距下的人员仿真模型尺寸和疏散人群荷载如表 2.3-9所示。

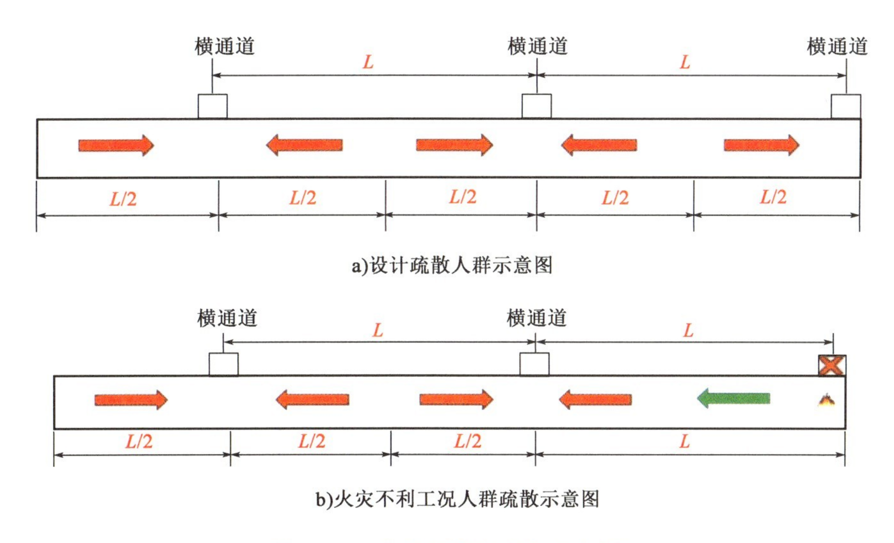

图 2.3-18　横通道设计疏散人群示意图

L-横通道间距(m)

模型尺寸和疏散人群荷载　　表 2.3-9

横通道间距(m)	疏散模型长度(m)	疏散人数(人)
150	225	542
200	300	722
250	375	903
300	450	1084
350	525	1265
400	600	1445

②天台山隧道人员必需安全疏散时间计算。

由图2.3-19可得,当横通道宽度一定时,人员疏散时间随着横通道间距的增大而增大,横通道宽度的增加有利于提高人员通过效率,但是当横通道宽度超过2.5m后,疏散时间不再随着宽度增加而减小。因此人行横通道的设计宽度推荐值不超过2.5m。

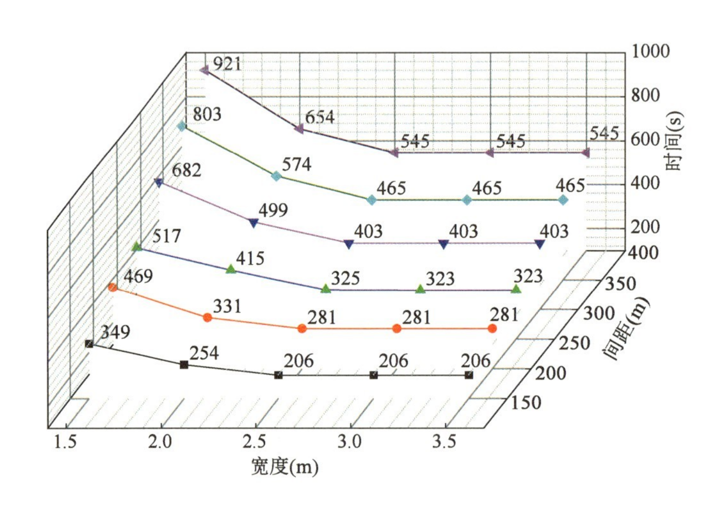

图2.3-19 不同横通道间距和宽度下的人员疏散时间

由图2.3-20和图2.3-21可得,横通道间距为250m时,拥堵和严重拥堵人员荷载下的拥堵时间分别为49s和141s;横通道间距为350m时,拥堵和严重拥堵人员荷载下的拥堵时间分别为40s和126s。人员必需安全疏散时间随着距离的增大呈现线性增大,斜率代表该区间范围内运动速度最慢的疏散人员。

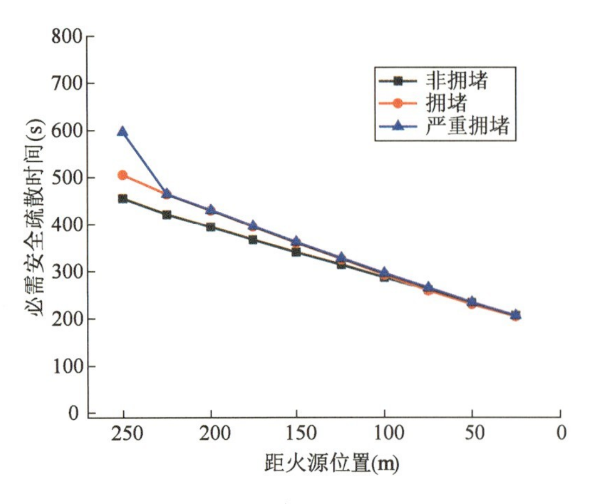

图2.3-20 横通道间距为250m时人员必需安全疏散时间

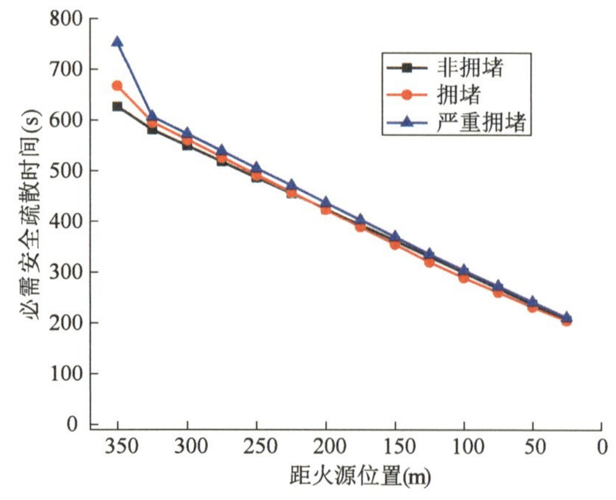

图2.3-21 横通道间距为350m时人员必需安全疏散时间

2.3.4 天台山隧道火灾工况人员安全疏散判定及机电配置

(1)火灾位于隧道中间段时人员安全疏散判定

由图2.3-22可得,20MW火灾规模下,纵向通风为0m/s时,人员无法安全疏散;纵向通风为1m/s时,严重拥堵情况下人员无法安全疏散;纵向通风达到2m/s时,可认为上游疏散时间无限制,各人群荷载工况下均能安全疏散。

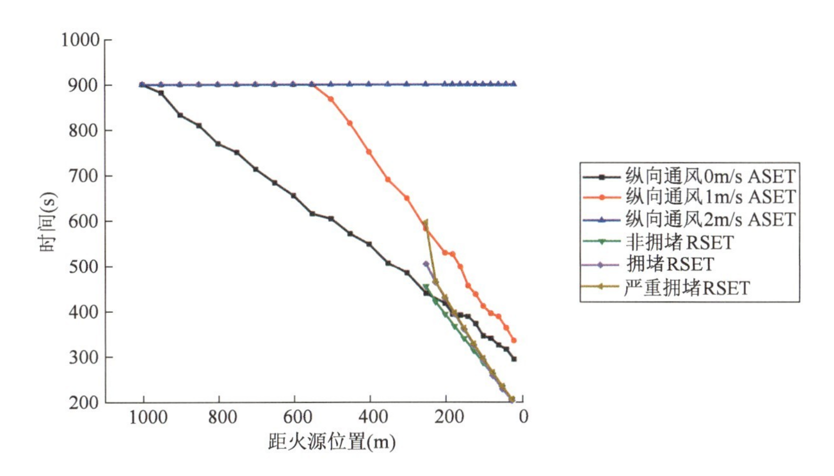

图2.3-22 20MW火灾规模不同通风条件下可用安全疏散时间与必需安全疏散时间对比

由图2.3-23可得,30MW火灾规模下,纵向通风为0m/s时,人员无法安全疏散;纵向通风为1m/s时,严重拥堵情况下人员无法安全疏散;纵向通风达到2m/s时,各人群荷载工况下均能安全疏散。

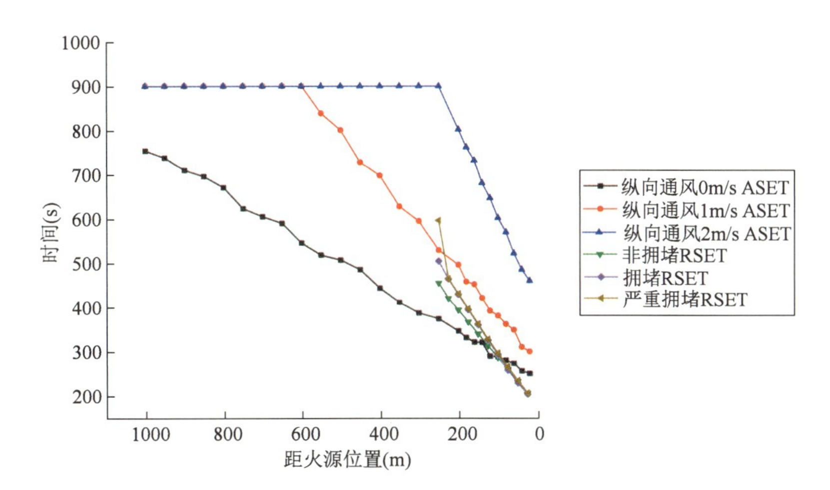

图2.3-23 30MW火灾规模不同通风条件下可用安全疏散时间与必需安全疏散时间对比

由图2.3-24可得,50MW火灾规模下,纵向通风为0m/s时,人员无法安全疏散;纵向通风为1m/s时,严重拥堵情况下人员无法安全疏散;纵向通风达到2m/s时,各人群荷载工况下均能安全疏散。

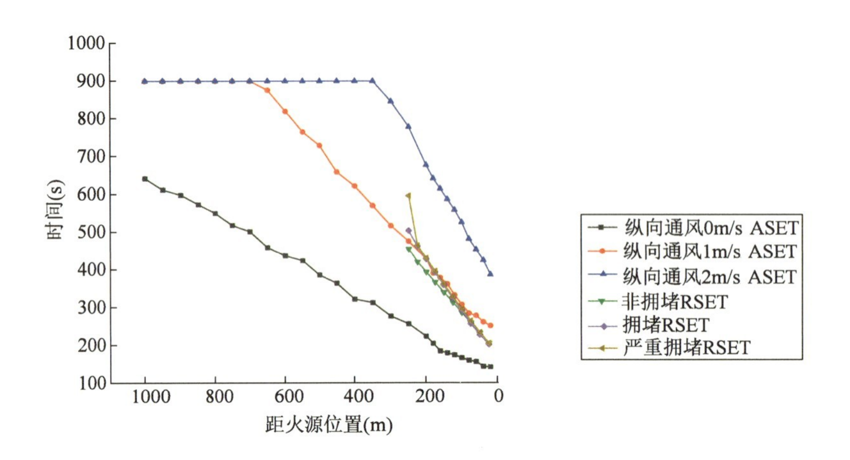

图 2.3-24　50MW 火灾规模不同通风条件下可用安全疏散时间与必需安全疏散时间对比

(2)火灾位于隧道洞口段时人员安全疏散判定

由图 2.3-25 可得,当火灾规模为 30MW、洞口自然风风速为 3.5m/s、纵向通风风速为 0m/s 和 1m/s 时,各人群荷载工况下均无法安全疏散;当纵向通风达到 2m/s 时,各位置均可以安全疏散;当纵向通风达到 3m/s 时,人员疏散不再受火灾烟气影响。

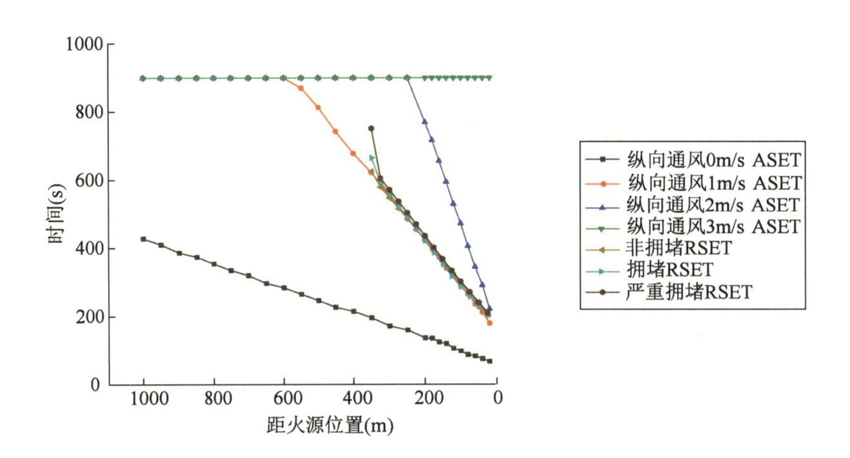

图 2.3-25　火灾规模 30MW 且洞口自然风风速为 3.5m/s 时可用安全疏散时间与必需安全疏散时间对比

由图 2.3-26 可得,当火灾规模为 30MW,洞口自然风风速为 6.5m/s,纵向通风风速为 0m/s、1m/s 和 2m/s 时,各人群荷载工况下均无法安全疏散;当纵向通风达到 3m/s 时,各人群荷载工况下均能够安全疏散;当纵向通风达到 4m/s 时,人员疏散不再受火灾影响。

综上,为了保证人员安全疏散,在隧道中间段发生火灾不考虑洞口自然风影响时,采用纵向通风风速应不低于 2m/s;在隧道洞口段发生火灾且考虑洞口自然风不利影响时,采用纵向通风风速应不低于 3m/s。

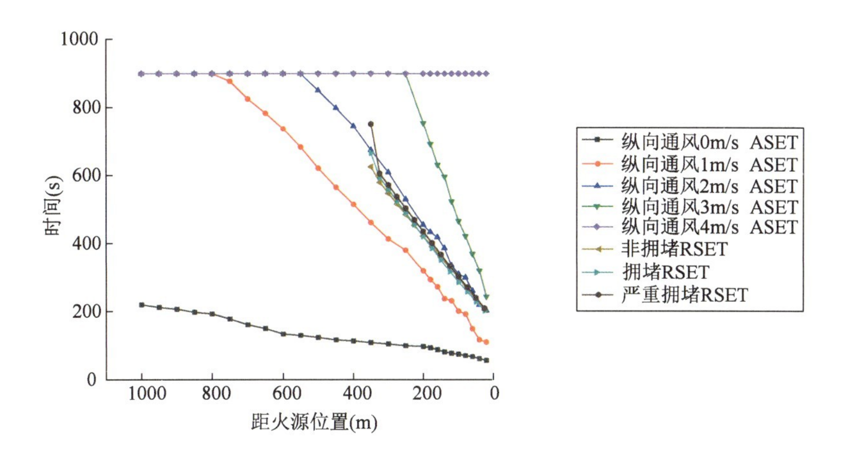

图 2.3-26 火灾规模 30MW 且洞口自然风风速为 6.5m/s 时可用安全疏散时间与必需安全疏散时间对比

(3)天台山隧道火灾机电设计

分别计算 20MW、30MW 和 50MW 火灾规模下隧道自然通风阻力、火风压及隧道通风阻抗力,结果如表 2.3-10 所示。

不同火灾规模不同自然风风速下各通风阻力值(N/m^2) 表 2.3-10

火灾规模(MW)	自然风风速(m/s)	0	1	2	3	4	5	6	7
20	自然通风阻力	0	6	24	54	97	152	218	298
	火风压	19	20	20	20	20	20	20	20
	隧道通风阻抗力	51	51	51	51	51	51	51	51
30	自然通风阻力	0	6	24	55	97	152	219	298
	火风压	22	22	22	22	22	22	22	22
	隧道通风阻抗力	79	79	79	79	79	79	79	79
50	自然通风阻力	0	6	24	55	97	152	219	298
	火风压	24	24	24	24	24	24	24	24
	隧道通风阻抗力	107	107	107	107	107	107	107	107

选择的风机为 1120 型射流风机,相关参数如表 2.3-11 所示。

风机参数 表 2.3-11

风机参数	具体指标	风机参数	具体指标
叶轮直径(cm)	1120	洞口流速(m/s)	32.9
风机运行方式	双向可逆	静止推力(N)	1237
洞口流量(m^3/s)	40.4		

通过以上数据可得不同工况下需要的射流风机数量,如表 2.3-12 所示。

不同火灾规模不同自然风风速下射流风机数量(台)　　表2.3-12

火灾规模(MW)	自然风风速(m/s)							
	0	1	2	3	4	5	6	7
20	4	4	6	6	8	10	14	16
30	6	6	6	8	10	12	14	18
50	6	6	8	10	10	14	16	20

2.4 舒适行车环境构建技术

2.4.1 隧道群下游隧道入口段照明设计

《公路隧道照明设计细则》(JTG/T D70/2-01—2014)中进行隧道照明设计的基础是洞外亮度 L_{20},也就是根据隧道外部照度情况对隧道内部照明进行设计,而驾驶员在长期稳定的外部光环境中其瞳孔直径也将趋于某个恒定值,故也可以认为其设计依据为洞外的瞳孔直径大小。但当驾驶员驾驶车辆通过隧道群路段时,其瞳孔直径与外部照度不再是匹配对应的关系,因而需要根据其开始进行下游隧道暗适应时的瞳孔直径进行照明设计,即寻找合理的连续隧道照明亮度折减系数 k,其定义如下:

$$k = \frac{E'}{E} \tag{2.4-1}$$

式中:E'——驾驶员开始暗适应时的瞳孔直径换算对应照度值(lx);

E——外部照度值(lx)。

隧道群下游隧道入口段照明设计的 L'_{20} 与上游隧道 L_{20} 的关系为:

$$L'_{20} = kL_{20} \tag{2.4-2}$$

取30000lx、60000lx、90000lx三个工况分别模拟低照度、中等照度、高照度进行计算。对于隧道内部照度,本次计算取30lx。对于行驶速度,在20~80km/h之间以5km/h为间隔取工况进行计算分析。对于隧道间距,在50~200m之间以5m为间隔取工况进行计算分析。计算工况时,分别计算明适应最低和最高程度两种工况。

瞳孔参数取光敏试验组,利用Python计算得到各工况下暗适应开始时的瞳孔直径,绘制多层contour图,如图2.4-1、图2.4-2所示。

将下游隧道开始暗适应时的瞳孔直径换算为对应的照度设计值,再绘制多层contour图,如图2.4-3、图2.4-4所示。

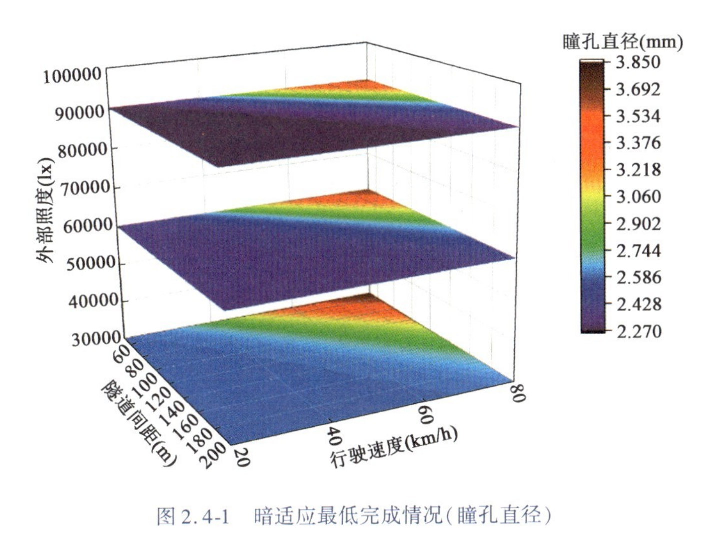

图 2.4-1 暗适应最低完成情况(瞳孔直径)

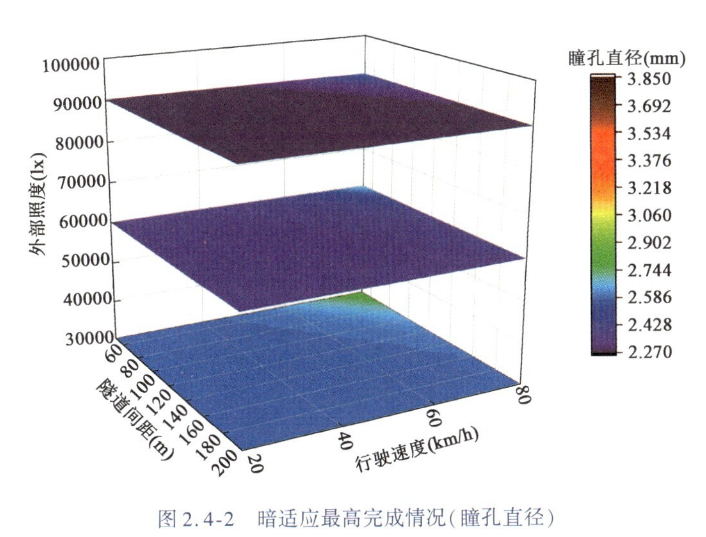

图 2.4-2 暗适应最高完成情况(瞳孔直径)

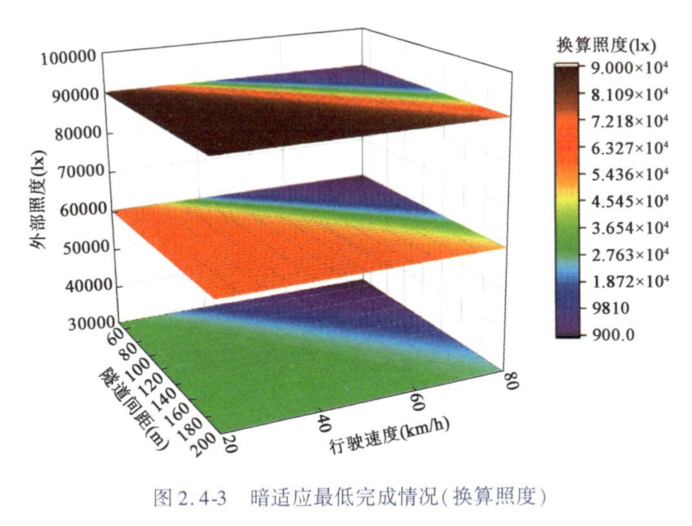

图 2.4-3 暗适应最低完成情况(换算照度)

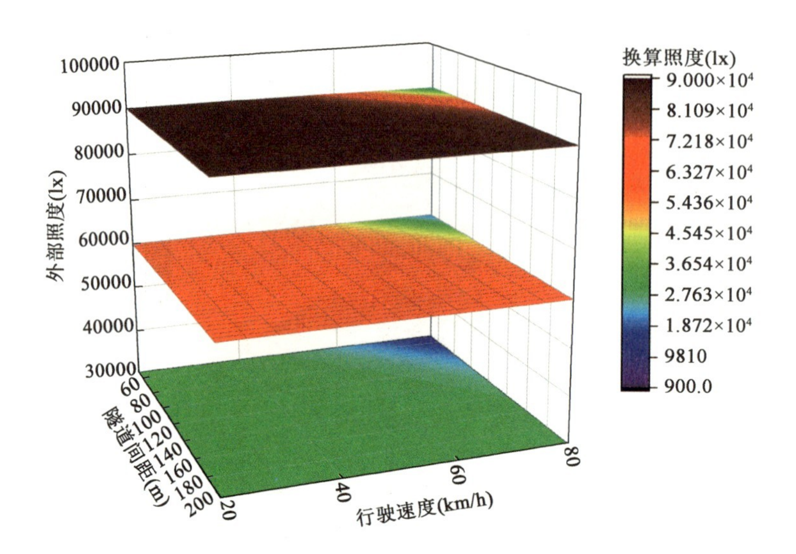

图 2.4-4　暗适应最高完成情况(换算照度)

在相同的计算工况下,明适应最低完成情况和明适应最高完成情况有很大差异,定义折算系数 K 如下:

$$K = \frac{L'}{L} \tag{2.4-3}$$

式中:L'——隧道群间距(m);

L——对应设计速度下的隧道群间距,按表 2.1-9 取值,表中未列出部分按照线性插值取值(m)。

当 K 计算值大于 1 时,取 1。

最终用于设计的照度 E 计算公式如下:

$$E = KE_0 + (1 - K)E_1 \tag{2.4-4}$$

式中:E_0——明适应最高完成情况下的照度设计值(lx);

E_1——明适应最低完成情况下的照度设计值(lx)。

根据上式计算后绘制各个工况下的设计照度多层 contour 图,如图 2.4-5 所示。

分别将 30000lx、60000lx、90000lx 下的设计照度值除以外部照度值,得到其照明亮度折减系数 k 的多层 contour 图,如图 2.4-6 所示。

出于方便设计及施工考虑,下游隧道入口段照明亮度折减系数取 0.8、0.6、0.4 三档,综合考虑低、中、高三档外部照度,最终汇总得到隧道群路段下游隧道入口段照明亮度折减系数,如表 2.4-1 所示。

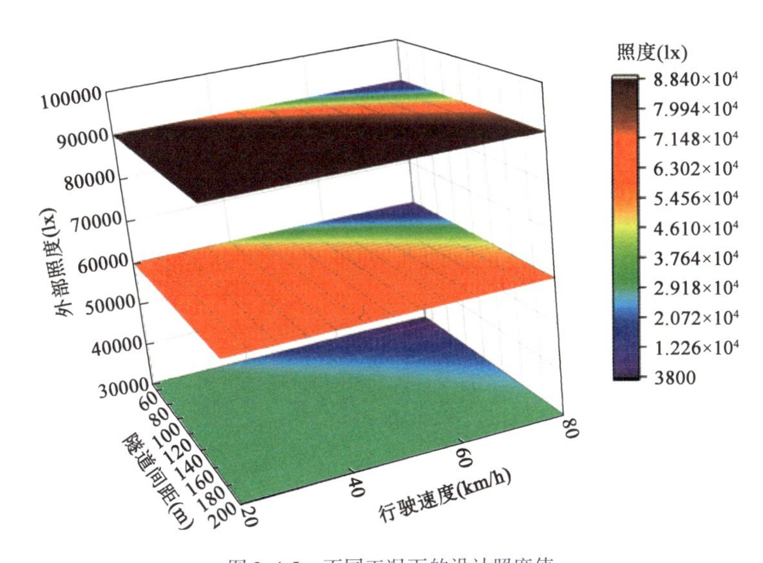

图2.4-5 不同工况下的设计照度值

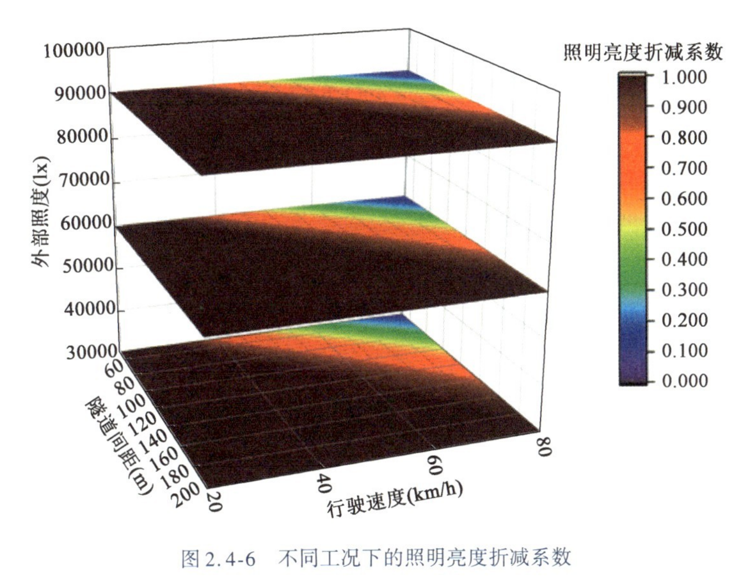

图2.4-6 不同工况下的照明亮度折减系数

隧道群路段下游隧道入口段照明亮度折减系数 表2.4-1

距下游隧道洞口距离(m)	设计速度(km/h)						
	20	30	40	50	60	70	80
50	1.0	1.0	0.8	0.6	0.4	0.4	0.4
75	1.0	1.0	1.0	0.8	0.6	0.4	0.4
100	1.0	1.0	1.0	1.0	0.8	0.6	0.6
125	1.0	1.0	1.0	1.0	1.0	0.8	0.8
150	1.0	1.0	1.0	1.0	1.0	1.0	0.8
175	1.0	1.0	1.0	1.0	1.0	1.0	1.0
200	1.0	1.0	1.0	1.0	1.0	1.0	1.0

对于表中未列出的工况，设计应考虑就近取大值，如25km/h向下取20km/h，70m则向上取75m。当隧道群间距大于200m时，下游隧道入口照明按照单体隧道进行设计即可；当隧道群间距小于50m或曲线可以观测到完整洞口的位置小于200m时，考虑设置遮阳棚。

2.4.2 单体隧道洞口段遮阳棚设计

为了探究遮阳棚这类减光构筑物对明暗适应的作用效果，下面通过试验对单体隧道设置遮阳棚的效果进行分析。

选取两座隧道分别进行试验，其洞外光环境类似，且内部均只设置基本照明，并未设置洞口加强照明和过渡段照明。其中2号隧道在入口和出口位置均设置了长达20m的遮阳棚，而1号隧道洞口并未设置遮阳棚。

(1)1号隧道和2号隧道的暗适应对比分析

①40km/h行驶速度暗适应对比分析。

以零时刻作为车辆离开遮阳棚的时刻，蓝线位置为进入遮阳棚的时刻，绘制试验人员在40km/h行驶速度下瞳孔直径变化速率，如图2.4-7、图2.4-8所示。

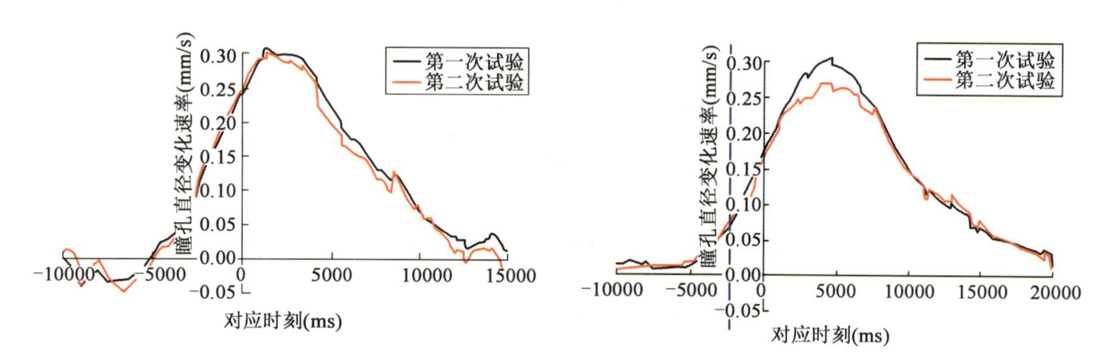

图2.4-7 1号隧道40km/h暗适应

图2.4-8 2号隧道40km/h暗适应

1号隧道和2号隧道40km/h行驶速度下暗适应最大瞳孔直径变化速率及时刻统计如表2.4-2所示。

40km/h行驶速度下暗适应最大瞳孔直径变化速率统计表　　表2.4-2

测试项目		1号隧道		2号隧道	
		第一次试验	第二次试验	第一次试验	第二次试验
最大瞳孔直径变化速率	速率(mm/s)	0.3055	0.3016	0.3055	0.2723
	平均值(mm/s)	0.3036		0.2889	

②1号隧道和2号隧道20km/h行驶速度下暗适应对比分析如图2.4-9、图2.4-10所示。

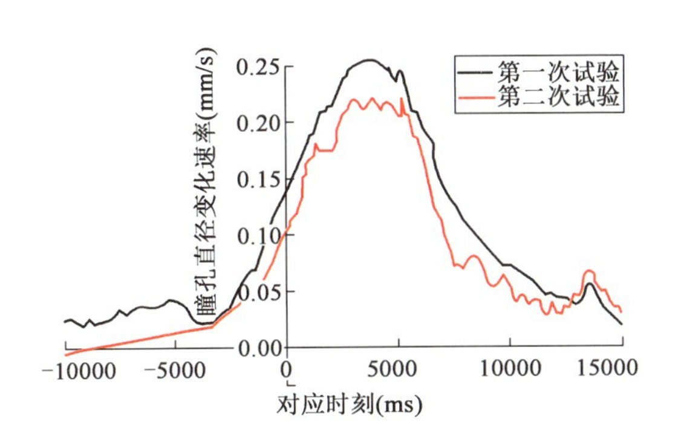

图 2.4-9 1 号隧道 20km/h 暗适应

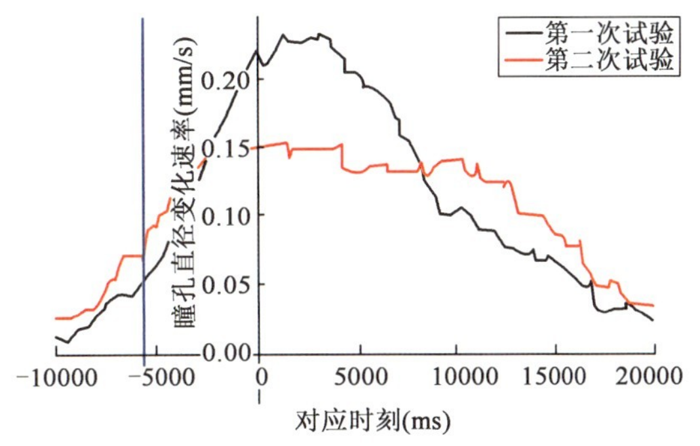

图 2.4-10 2 号隧道 20km/h 暗适应

1 号隧道和 2 号隧道 20km/h 行驶速度下暗适应最大瞳孔直径变化速率及时刻统计如表 2.4-3 所示。

20km/h 行驶速度下暗适应最大瞳孔直径变化速率统计表 表 2.4-3

测试项目		1 号隧道		2 号隧道	
		第一次试验	第二次试验	第一次试验	第二次试验
最大瞳孔直径变化速率	速率(mm/s)	0.2553	0.2213	0.2313	0.1525
	平均值(mm/s)	0.2383		0.1919	

在 20km/h 行驶速度下,驾驶车辆通过遮阳棚区域的时间约为 5s,2 号隧道试验组最大瞳孔直径变化速率相比 40km/h 行驶速度下降 33.58%,说明通过遮阳棚的时间对遮阳棚的效果有很大影响。通过图 2.4-11 也可以发现,在 20km/h 行驶速度下,车辆在进入洞口前瞳孔面积已经有相当程度的上升,说明洞外遮阳棚在暗适应过程中发挥作用需要一定的长度支持,如果遮阳棚设计过短,可能导致无法达到理想的减光缓冲效果。

(2)1 号隧道和 2 号隧道的明适应对比分析

1 号隧道和 2 号隧道的明适应数据对比分析如图 2.4-12 ~ 图 2.4-15 所示。

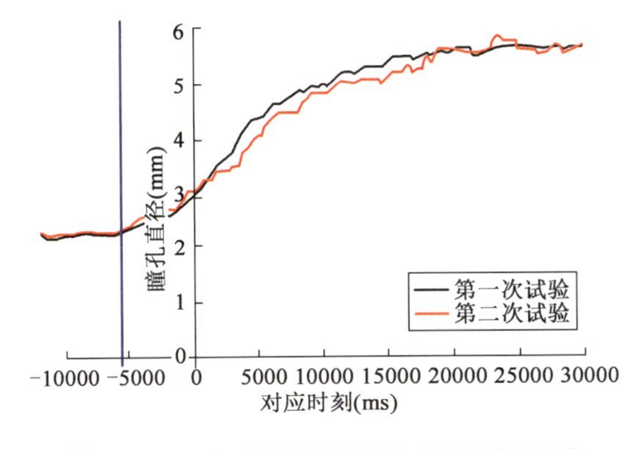

图 2.4-11 20km/h 行驶速度下 2 号瞳孔直径变化

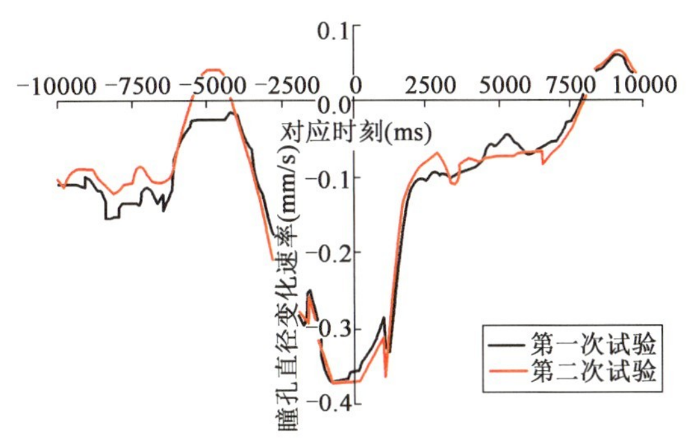

图 2.4-12 1 号隧道 20km/h 明适应

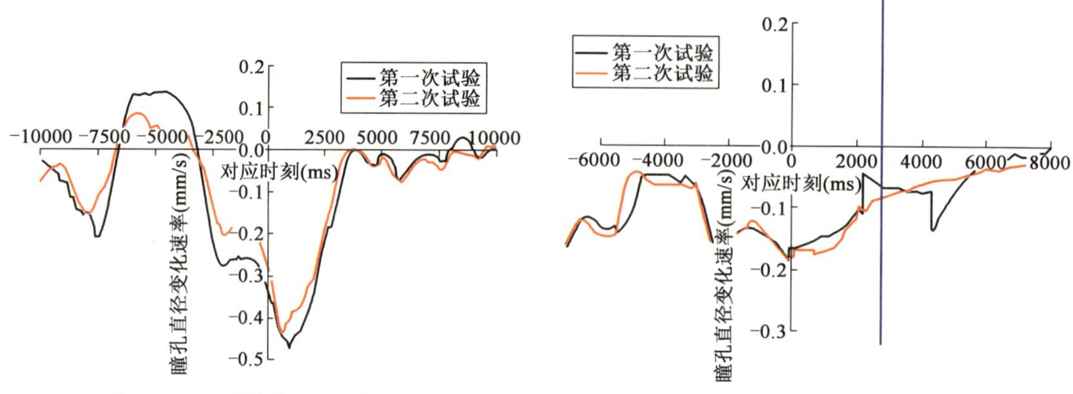

图 2.4-13　1 号隧道 40km/h 明适应

图 2.4-14　2 号隧道 20km/h 明适应

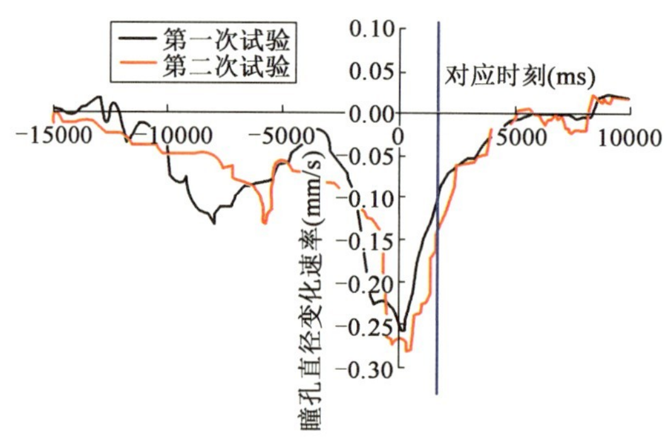

图 2.4-15　2 号隧道 40km/h 明适应

综上所述,可得到以下结论:在隧道洞口段暗适应过程中,设置遮阳棚可以减小暗适应过程中的最大瞳孔直径变化速率。其中,通过时间为 2s 的遮阳棚,最大瞳孔直径变化速率下降 4.84%;通过时间为 5s 的遮阳棚,最大瞳孔直径变化速率下降 33.58%。在隧道洞口段明适应过程中,设置遮阳棚明显降低了在明适应过程中的瞳孔直径变化速率峰值。其中,通过时间为 2s 的遮阳棚,最大瞳孔直径变化速率下降 38.74%;通过时间为 5s 的遮阳棚,最大瞳孔直径变化速率下降 49.97%。短长度遮阳棚对明适应的改善效果明显大于对暗适应的改善效果,对于需要优化隧道入口暗适应的隧道,可以考虑加强洞口段照明及设置 50~100m 的遮阳棚。

2.4.3　隧道群连接段遮阳棚设计

根据试验结果可以发现,当隧道间距小于 10m 时,几乎不再存在洞内段的明适应过程。当隧道间距小于 50m 时,洞内明适应距离与隧道间距存在一定关系,在遮阳棚的共同作用下,洞内明适应距离被大大缩短。试验隧道的统计结果如表 2.4-4 所示。

隧道间距与洞内最短明适应距离统计表　　表 2.4-4

序号	隧道间距 L'(m)	最短洞内明适应距离 L_m(m)
1	23	67
2	34	107
3	30	93

近似取短间距隧道群洞内明适应距离 $L_m = 3L'$。

对于隧道外部照度，本次计算中加密照度取值在 30000～90000lx 之间每隔 5000lx 取一个计算工况。对于隧道内部照度，本次计算取 30lx。对于行驶速度，在 20～80km/h 之间以 5km/h 为间隔取工况进行计算。对于开始明适应的时间，从最不利工况考虑，取明适应起点为 -200m。计算得到各工况下出口处最大容许瞳孔直径差值，绘制映射曲面图，如图 2.4-16 和图 2.4-17 所示。

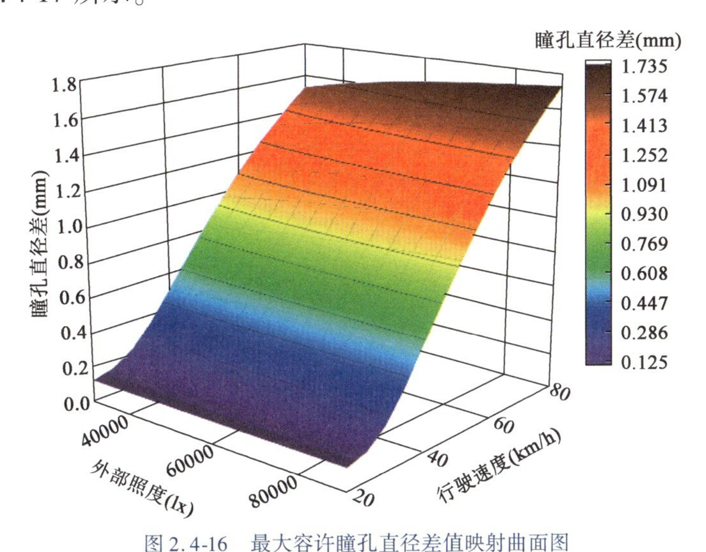

图 2.4-16　最大容许瞳孔直径差值映射曲面图

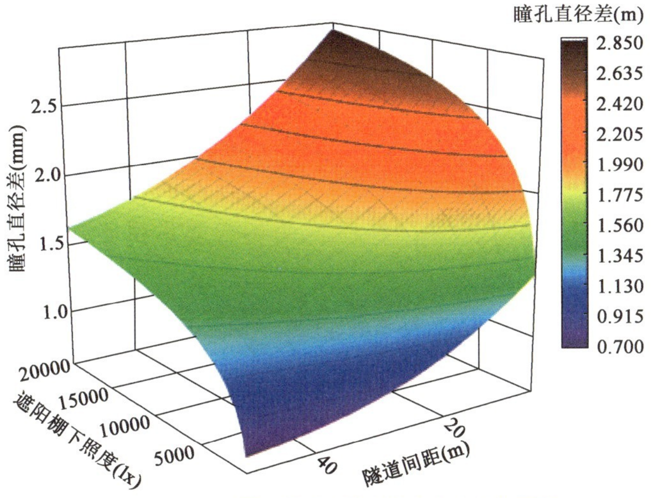

图 2.4-17　不同工况下瞳孔直径差值映射曲面图

可见最大瞳孔直径差为1.735mm，发生在行驶速度为80km/h、外部照度为90000lx的工况下，故取该值作为设计遮阳棚的隧道内外瞳孔直径差值阈值。即离开上游隧道瞬间的瞳孔直径与遮阳棚环境下对应的目标瞳孔直径差值应小于1.735mm，换算得最大容许瞳孔缩小速率为0.145mm/s。

最终可得公路隧道群连接段光环境设计方案，如表2.4-5所示。

隧道群舒适光环境构建方案汇总表　　表2.4-5

<table>
<tr><th rowspan="2">隧道间距
(m)</th><th rowspan="2">设计方案</th><th colspan="7">设计速度(km/h)</th></tr>
<tr><th>20</th><th>30</th><th>40</th><th>50</th><th>60</th><th>70</th><th>80</th></tr>
<tr><td>(0,10]</td><td rowspan="5">连接段设置遮阳棚且下游隧道进行照明亮度折减</td><td colspan="7">设计照度不大于900lx</td></tr>
<tr><td>(10,20]</td><td colspan="7">设计照度不大于1400lx</td></tr>
<tr><td>(20,30]</td><td colspan="7">设计照度不大于3500lx</td></tr>
<tr><td>(30,40]</td><td colspan="7">设计照度不大于8000lx</td></tr>
<tr><td>(40,50]</td><td colspan="7">设计照度不大于17000lx</td></tr>
<tr><td>隧道间距(m)</td><td rowspan="7">下游隧道入口段进行照明亮度折减</td><td colspan="7">照明亮度折减系数</td></tr>
<tr><td>(50,75]</td><td>1.0</td><td>1.0</td><td>0.8</td><td>0.6</td><td>0.4</td><td>0.4</td><td>0.4</td></tr>
<tr><td>(75,100]</td><td>1.0</td><td>1.0</td><td>1.0</td><td>0.8</td><td>0.6</td><td>0.4</td><td>0.4</td></tr>
<tr><td>(100,125]</td><td>1.0</td><td>1.0</td><td>1.0</td><td>1.0</td><td>0.8</td><td>0.6</td><td>0.6</td></tr>
<tr><td>(125,150]</td><td>1.0</td><td>1.0</td><td>1.0</td><td>1.0</td><td>1.0</td><td>0.8</td><td>0.8</td></tr>
<tr><td>(150,175]</td><td>1.0</td><td>1.0</td><td>1.0</td><td>1.0</td><td>1.0</td><td>1.0</td><td>0.8</td></tr>
<tr><td>(175,200]</td><td>1.0</td><td>1.0</td><td>1.0</td><td>1.0</td><td>1.0</td><td>1.0</td><td>1.0</td></tr>
<tr><td>>200</td><td colspan="8">两座隧道分别按照单体隧道进行照明设计</td></tr>
</table>

注：对于设置遮阳棚的方案，应在遮阳棚内设置基本照明。其下游隧道进行照明亮度折减设计，折减系数 = 1 − 遮阳棚透光率，且设计亮度不小于中间段亮度。

2.4.4 隧道群照明设计优化方案

(1)秦岭32km隧道群连接段照明优化方案

大沟隧道与小石沟隧道连接段左右幅、池朗沟2号隧道与银洞峡隧道左幅连接段长度均小于50m，按照照明设计需求均应设施遮阳棚。且池朗沟1号隧道与池朗沟2号隧道、池朗沟2号隧道与银洞峡隧道、银洞峡隧道与青石岭隧道均以桥梁连接，按照防雪要求也应设置防雪棚保障行车安全。其余路段均按相关要求进行照明亮度折减设计，最终设计方案如表2.4-6所示。

秦岭32km隧道群连接段照明优化方案　　表2.4-6

<table>
<tr><th rowspan="2">编号</th><th rowspan="2">上游隧道</th><th rowspan="2">下游隧道</th><th colspan="2">优化设计方案</th></tr>
<tr><th>左幅</th><th>右幅</th></tr>
<tr><td>1</td><td>卧虎山隧道</td><td>文家岭隧道</td><td>照明亮度折减系数0.6</td><td>照明亮度折减系数0.8</td></tr>
<tr><td>2</td><td>文家岭隧道</td><td>大沟隧道</td><td>照明亮度折减系数0.8</td><td>照明亮度折减系数1.0</td></tr>
</table>

续上表

编号	上游隧道	下游隧道	优化设计方案	
			左幅	右幅
3	大沟隧道	小石沟隧道	设置遮阳防雪棚,且照度小于8000lx	
4	小石沟隧道	李家河隧道	照明亮度折减系数0.8	照明亮度折减系数0.8
5	李家河隧道	池朗沟1号隧道	照明亮度折减系数0.8	照明亮度折减系数0.6
6	池朗沟1号隧道	池朗沟2号隧道	设置遮阳防雪棚,且照度小于13500lx	
7	池朗沟2号隧道	银洞峡隧道	设置遮阳防雪棚,且照度小于13500lx	
8	银洞峡隧道	青石岭隧道	设置遮阳防雪棚,且照度小于13500lx	
9	青石岭隧道	天台山隧道	照明亮度折减系数1.0	照明亮度折减系数1.0

(2)秦岭32km公路隧道群遮阳棚优化效果验证

在上述照明优化设计方案实施之前,在秦岭32km公路隧道群进行了一次实地驾驶试验,记作试验1。待上述照明优化方案落实布置到位后,在秦岭32km公路隧道群进行了第二次实地驾驶试验,记作试验2。

①长间距公路隧道群下游隧道照明折减方案效果验证。

以文家岭隧道和大沟隧道左幅连接段为例进行分析,得到两种情况下的瞳孔直径分布及瞳孔瞬时直径变化速率,如图2.4-18、图2.4-19所示。

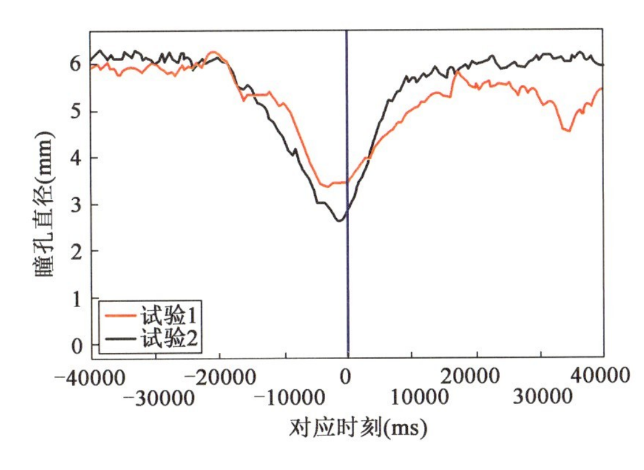

图2.4-18 瞳孔直径前后对比图

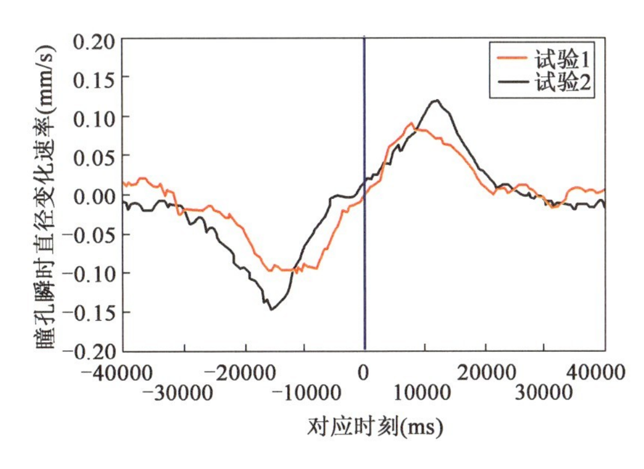

图2.4-19 瞳孔瞬时直径变化速率前后对比图

可以发现,在该隧道进行下游隧道的照明亮度折减设计之后,瞳孔直径变化规律较为一致,且最大瞳孔瞬时直径变化速率有所上升。对秦岭32km隧道群全程照明亮度折减设计优化前后的最大瞳孔瞬时直径变化速率变化情况进行统计,结果如表2.4-7所示。

秦岭32km隧道群照明优化设计对最大瞳孔瞬时直径变化速率影响统计表　　表2.4-7

隧道群路段	优化后最大瞳孔瞬时直径放大速率(mm/s)	最大瞳孔瞬时直径放大速率变化值(mm/s)
卧虎山隧道—文家岭隧道	0.132	+0.021
文家岭隧道—卧虎山隧道	0.114	+0.030
大沟隧道—文家岭隧道	0.111	+0.031

续上表

隧道群路段	优化后最大瞳孔瞬时直径放大速率(mm/s)	最大瞳孔瞬时直径放大速率变化值(mm/s)
小石沟隧道—李家河隧道	0.107	+0.021
李家河隧道—小石沟隧道	0.131	+0.027
李家河隧道—池朗沟1号隧道	0.126	+0.032
池朗沟1号隧道—李家河隧道	0.117	+0.021

可以发现,在进行下游隧道照明优化设计后,瞳孔直径变化规律基本一致,瞳孔直径变化速率最大值的波动较小,且优化后最大瞳孔直径变化速率均小于最大瞳孔直径变化速率控制值,故认为其安全性仍具有保证。

②短间距公路隧道群遮阳棚设计方案验证。

以小石沟隧道和大沟隧道左幅连接段为例进行分析,得到两种情况下的瞳孔直径分布及瞬时瞳孔直径变化速率,如图2.4-20、图2.4-21所示(蓝线为上游隧道出口位置,绿线为下游隧道入口位置)。

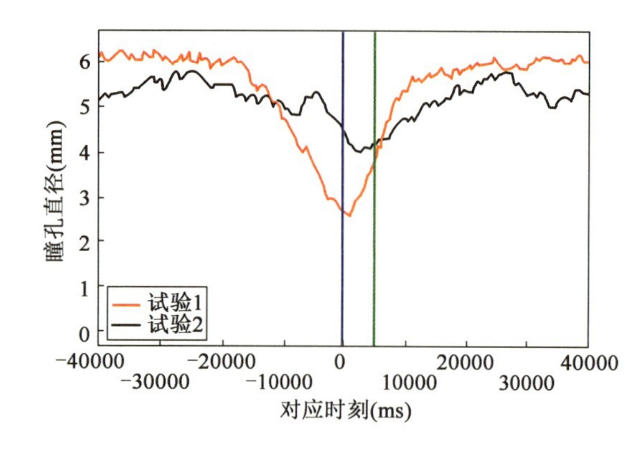

图2.4-20　瞳孔直径前后对比图

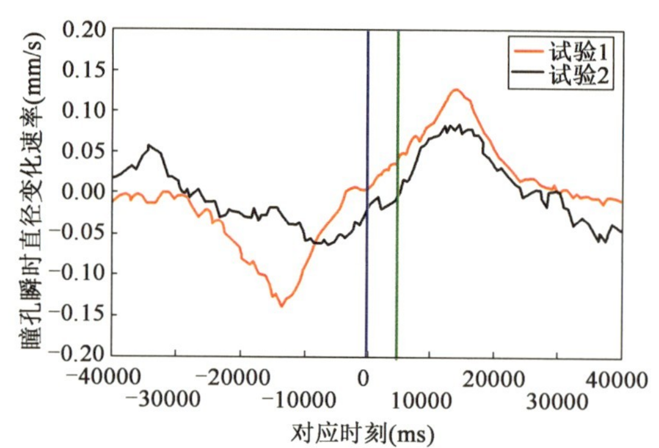

图2.4-21　瞳孔瞬时直径变化速率前后对比图

可以发现,在短间距隧道群间设置遮阳棚后,最大瞳孔瞬时直径变化速率正负值均发生明显下降,对秦岭32km隧道群全程遮阳棚布置前后的最大瞳孔瞬时直径变化速率变化情况进行统计,结果如表2.4-8所示。

秦岭32km隧道群遮阳棚设置对最大瞳孔瞬时直径变化速率影响统计表　　表2.4-8

隧道群路段	最大瞳孔瞬时直径放大速率变化值(mm/s)	最大瞳孔瞬时直径缩小速率变化值(mm/s)
小石沟隧道—大沟隧道	-0.052	+0.087
大沟隧道—小石沟隧道	-0.064	+0.091
银洞峡隧道—池朗沟2号隧道	-0.043	+0.079

因此可以认为,在短间距隧道群连接段合理设置遮阳棚有效缓解了短间距隧道群连接段交替明暗适应所带来的视觉不适现象,为驾驶员提供了一个安全、舒适的行车光

环境。

(3)天台山特长公路隧道疲劳缓解灯光带效果验证

①驾驶疲劳主观评定等级指标变化特征。

图2.4-22中红色线条表示在隧道内设置疲劳缓解灯光带时,被试驾驶员在试验进行前与试验进行后KSS驾驶疲劳主观评定等级平均值的变化情况。为了便于比较,将隧道内未设置灯光带时被试驾驶员在试验前后的疲劳主观评定等级变化用黑色线条表示。

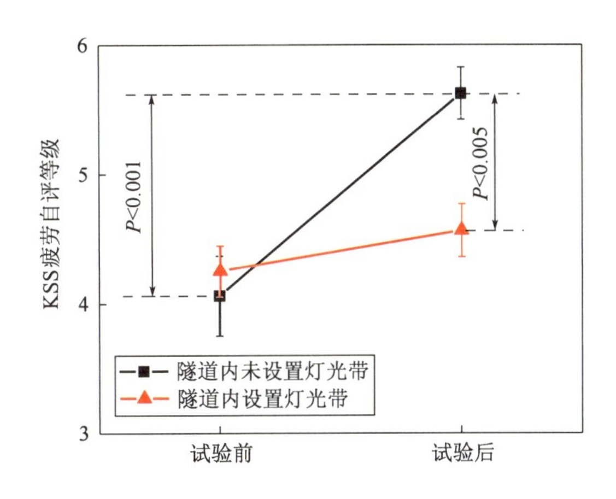

图2.4-22　隧道内有无疲劳缓解灯光带时驾驶疲劳主观评定等级指标变化特征

图2.4-22表明,站在驾驶员主观感受的角度来说,与隧道内不设置疲劳缓解灯光带相比,设置灯光带后驾驶员在通过特长隧道后的主观疲劳感明显下降。

②驾驶疲劳心电表征指标时变特征。

选取本次试验中采集到的被试驾驶员SDNN、RMSSD、LF、HF以及LF/HF 5个驾驶疲劳心电表征指标进行分析。选取驾驶员从进入隧道至驶出隧道过程中的数据并对所有被试驾驶员取平均值,如图2.4-23中红色曲线所示。未设置疲劳缓解灯光带时,被试驾驶员驾驶疲劳心电表征指标时变特征用黑色曲线表示。驾驶员在进入隧道约5min后经过疲劳缓解灯光带。

根据图2.4-23,在设置疲劳缓解灯光带的隧道内驾驶时,随着驾驶时间的增加,驾驶疲劳心电表征指标SDNN、RMSSD、LF以及LF/HF呈现的上升趋势得到明显抑制,HF的下降趋势得到明显抑制。

③疲劳缓解灯光带缓解效果。

在隧道内设置疲劳缓解灯光带的情况下,驾驶疲劳累积指标随特长公路隧道内驾驶时间变化的散点图如图2.4-24所示。

通过SPSS 20.0进行非线性回归拟合,最终得到曲线的表达式如下:

$$F = 0.1t^{0.636} - 0.023 \tag{2.4-5}$$

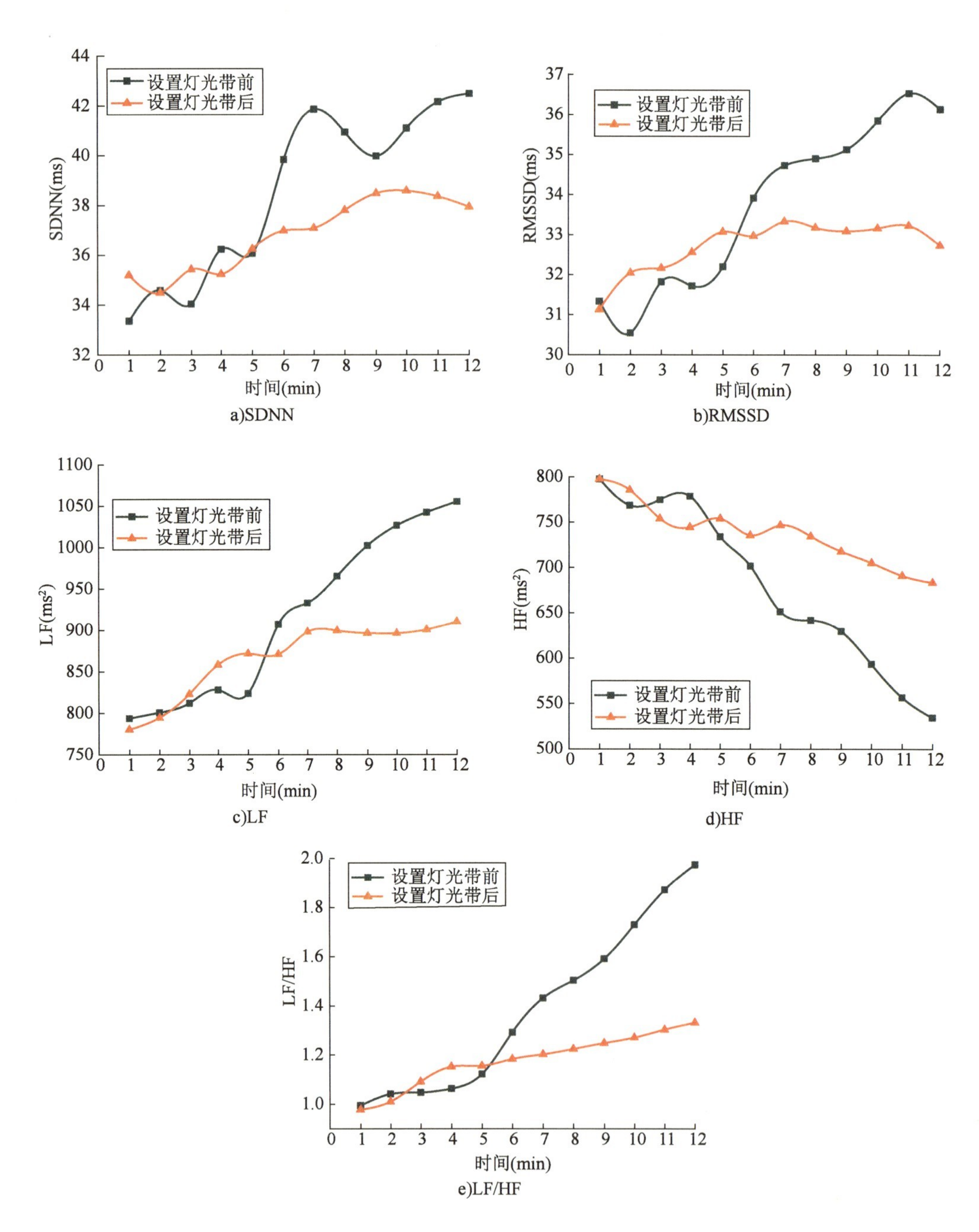

图 2.4-23 隧道内有无疲劳缓解灯光带驾驶疲劳心电表征指标时变特征

图 2.4-24 表明,在隧道内设置疲劳缓解灯光带的情况下,驾驶员的疲劳累积速率得到抑制。在隧道内设置灯光带条件下的驾驶试验结束后,驾驶员仅达到未设置灯光带时约 40% 的驾驶疲劳累积水平,试验结束后的驾驶疲劳累积指标值明显小于隧道内未设置疲劳缓解灯光带时的指标值。

通过驾驶疲劳累积指标计算出隧道内存在疲劳缓解灯光带情况下驾驶员的反应时间，如图2.4-25所示。

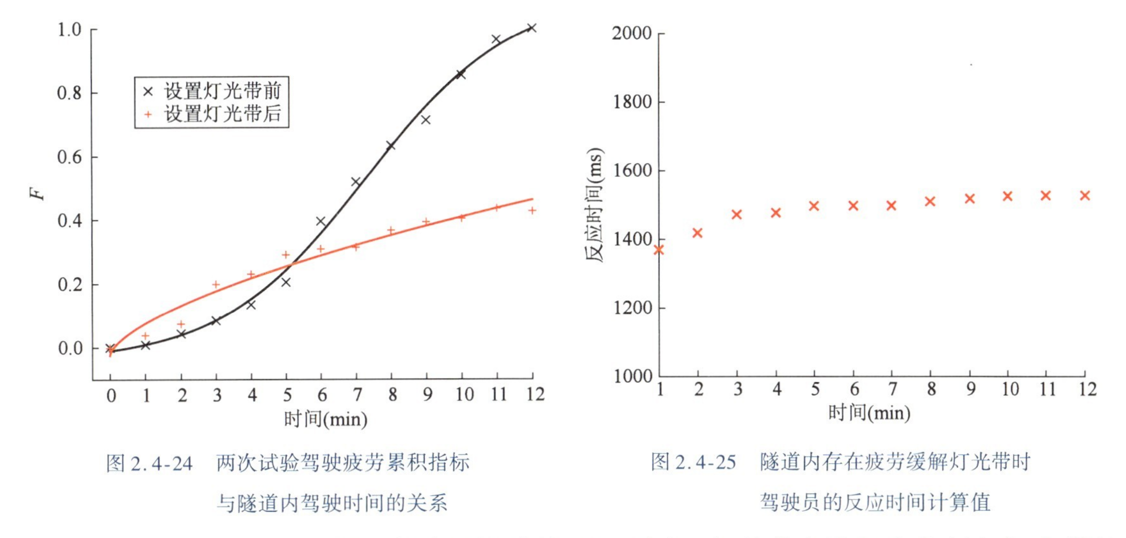

图2.4-24　两次试验驾驶疲劳累积指标与隧道内驾驶时间的关系

图2.4-25　隧道内存在疲劳缓解灯光带时驾驶员的反应时间计算值

如图2.4-25所示，通过反应时间的计算可以看出，在隧道内设置疲劳缓解灯光带的情况下，驾驶员在通过灯光带位置后反应时间增加的趋势得到明显抑制。在隧道驾驶的后半段，驾驶员的反应时间趋于稳定，基本维持在1.5s左右，没有出现显著上升的情况，也没有明显反应时间阈值。

综上所述，可以得到如下结论：

在隧道内设置疲劳缓解灯光带的情况下，驾驶员出发前和结束后的自评疲劳等级值变化不大，与未设置疲劳缓解灯光带相比，驾驶员在结束后的主观疲劳等级值有显著降低。从驾驶员主观感受的角度来说，隧道内设置疲劳缓解灯光带后，驾驶员在通过特长公路隧道后的主观疲劳感明显下降。

在设置疲劳缓解灯光带的特长公路隧道内驾驶过程中，心电表征指标SDNN、RMSSD、LF以及LF/HF的上升趋势得到显著抑制，HF的下降趋势得到显著抑制，驾驶疲劳累积指标值也明显小于隧道内未设置灯光带时的指标值，仅达到未设置灯光带时约40%的驾驶疲劳累积水平。在隧道内设置疲劳缓解灯光带的情况下，驾驶疲劳累积速率得到抑制。

通过反应时间的计算可以看出，在设置疲劳缓解灯光带的情况下，隧道驾驶路程的后半段驾驶员的反应时间趋于稳定，基本维持在1.5s左右，没有出现显著上升的情况，也没有明显超过反应时间阈值。

上述结论证明了隧道内设置疲劳缓解灯光带对于缓解驾驶员在特长公路隧道内驾驶疲劳的有效作用。

第3章

超长三车道公路隧道群智能运营管控技术

3.1 公路隧道紧急情况下无线网络通信与移动定位技术

当发生紧急情况时，一旦作为超长隧道通信系统主干的光纤网发生损坏，各隧道和管理中心的通信将会中断，无法对隧道交通控制现场设备进行控制以及对消防救援提供信息支撑，因此需要进行超长公路隧道紧急情况下无线网络通信的方案研究。同时，为保障隧道内行车安全、关键设备位置监控和隧道内施工人员安全及紧急情况下的事故救援快速定位，可对隧道内大型车辆或者危化品车辆、关键设备和人员利用 UWB 无线定位技术进行实时定位跟踪，一旦发生事故，能够快速展开救援。

3.1.1 超长公路隧道应急通信需求分析与解决方案

(1)超长公路隧道应急通信需求分析

①公路隧道紧急情况主干光纤网的替代。

超长公路隧道内通信依赖于主干光纤网的通信系统，一旦特殊情况下(地震、塌方等)主干光纤网损坏，各隧道和管理中心的通信将会中断，缺乏应急情况下隧道内主干光纤网的替代方案。

②公路隧道紧急情况下的紧急救援。

在隧道紧急情况下，通过无线通信设备建立无线通信链路，能够为隧道在公共需求、运营维修、消防防灾、灾害调度等紧急情况下提供通信联络。

③公路隧道紧急情况下的管理与控制。

在高速公路紧急情况下，通过无线通信传输对隧道交通控制现场设备进行控制和管理，同时向管理中心传送现场信息。管理中心根据现场实际情况发送相应指令，从而实现对隧道的管理,以及对交通信号灯和车道指示器等设备的控制。

(2)方案1:基于微波点对点接力传输方案

该方案采用微波无线通信技术,主要采用微波ODU(室外单元)基站、微波中继站等微波设备,实现替代有线网络传输数据的功能,在网络的两端(隧道、管理中心)完成有线到无线的转换。整个系统架构如图3.1-1所示,微波ODU基站实现业务接入、调制解调及微波信号传输,微波中继站实现微波的放大及转发,以延长微波通信传输的距离,管理中心集成ODU总站能够与多个微波中继站或微波ODU基站进行微波通信。

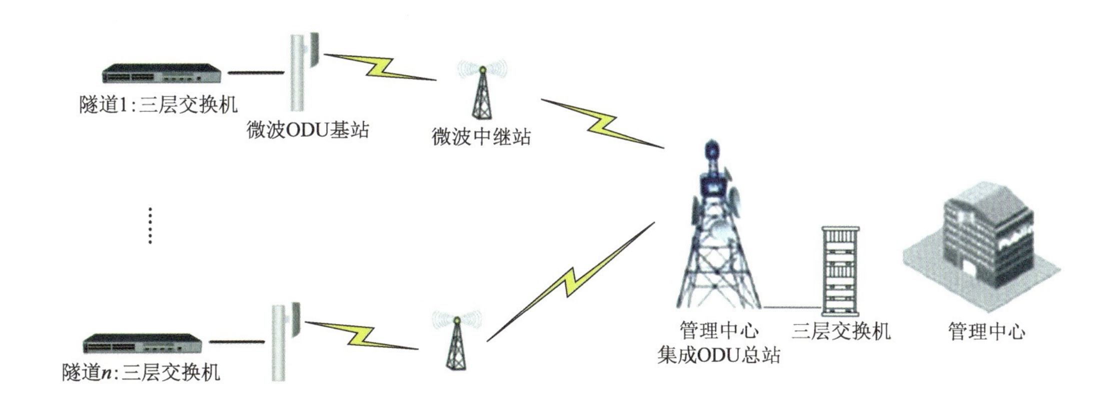

图3.1-1 微波点对点接力传输架构示意图

如图3.1-1所示,将三层交换机通过网线连接到微波ODU基站上,微波ODU基站通过微波中继接力,逐步把信号传给管理中心的微波集成ODU总站,再连接到管理中心的三层交换机,实现隧道和管理中心的数据传输。

该方案数据传输速率较高,点对点接力传输速率可达200Mbit/s(上行及下行),且独立组网,自成系统,属专用网络,安全性和可靠性不受外网的影响,相对稳定可靠。缺点是需要架设基站设施,建设成本相对较高。

(3)方案2:基于4G(第四代移动通信技术)/5G(第五代移动通信技术)公网无线传输方案

本方案采用4G/5G无线网络实现无线数据传输,如图3.1-2所示。以太网-4G/5G转换盒将网络数据通过4G/5G发送到公网。

本方案中,隧道内三层交换机连接一个4G/5G转换盒,该转换盒通过4G/5G接入互联网,与管理中心服务器连接。管理中心的服务器则通过有线和互联网相连,将隧道内的数据接入管理中心的三层交换机。

本方案的主要优点是建设简单(无须如方案1一样进行中继组网),成本低,在带宽允许的条件下,一个隧道只需一个转换盒,在隧道外有运营商4G/5G基站处架设转换盒天线即可。缺点是依赖4G/5G网络,有部分隧道因为身处山内,运营商4G/5G信号不一定覆盖,且稳定性较差,不能保证数据传输所需网络带宽。

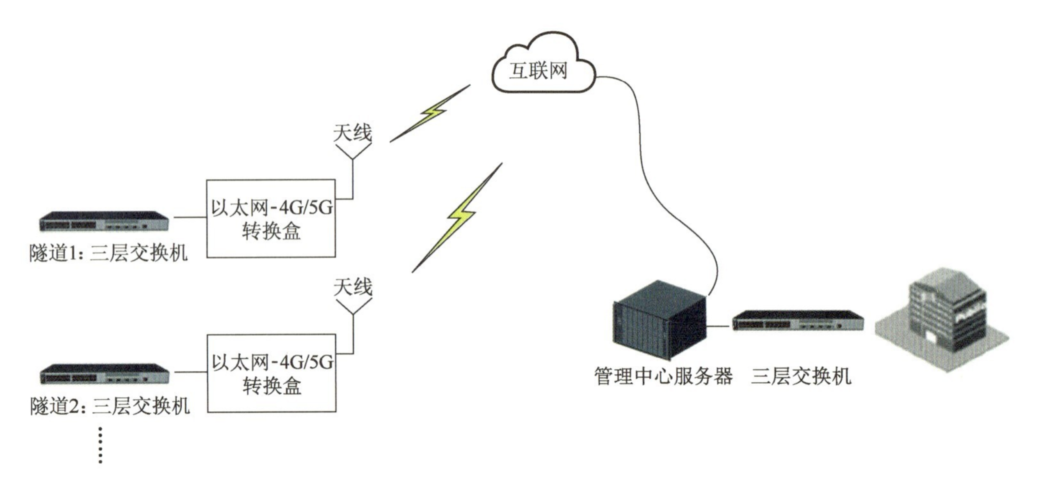

图3.1-2 4G/5G公网无线传输方案架构示意图

本方案所能达到的数据传输速率取决于运营商在隧道外覆盖的信号质量。如果有良好的4G网络覆盖,且基站小区UE(用户设备)不多的情况下,数据传输速率能达到上行约10Mbit/s、下行约50Mbit/s(具体视不同运营商基站情况而定)。如果有良好的5G网络覆盖,则传输速率能达到上行约100Mbit/s、下行约200Mbit/s(具体视不同运营商基站情况而定)。

(4)现有机电系统对接需求设计

隧道内原有的通信系统是一个有线网络架构的系统,由专用通信网+三层交换机+二层交换机+应用终端组成,如图3.1-3所示。

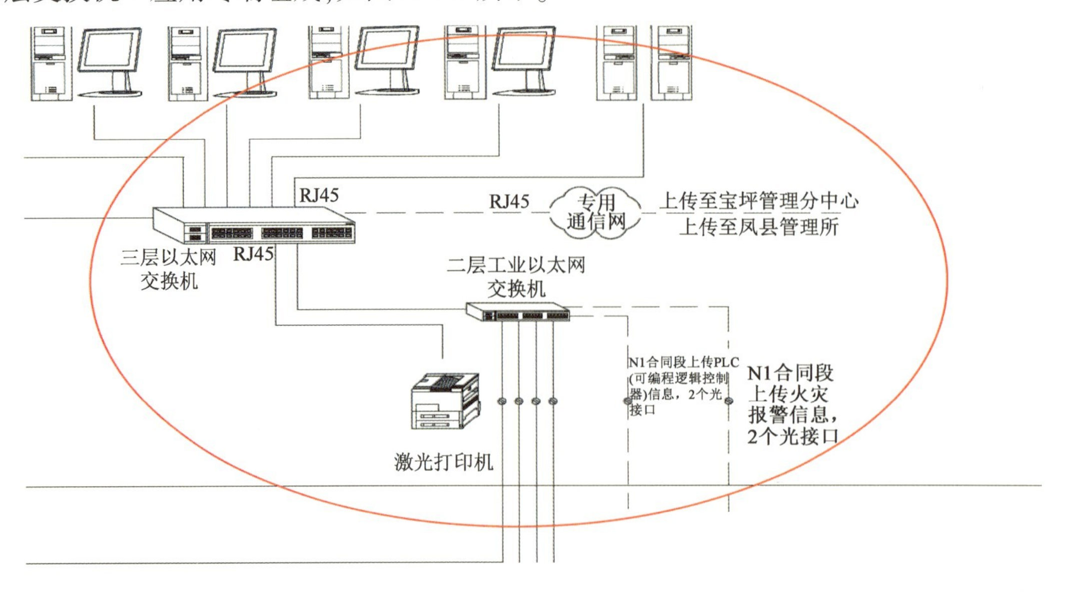

图3.1-3 隧道原有网络与主干通信网络的连接示意图

本项目采用无线通信网络方案，在应急情况下替代隧道内主干光纤网，框架结构示意图如图3.1-4所示。

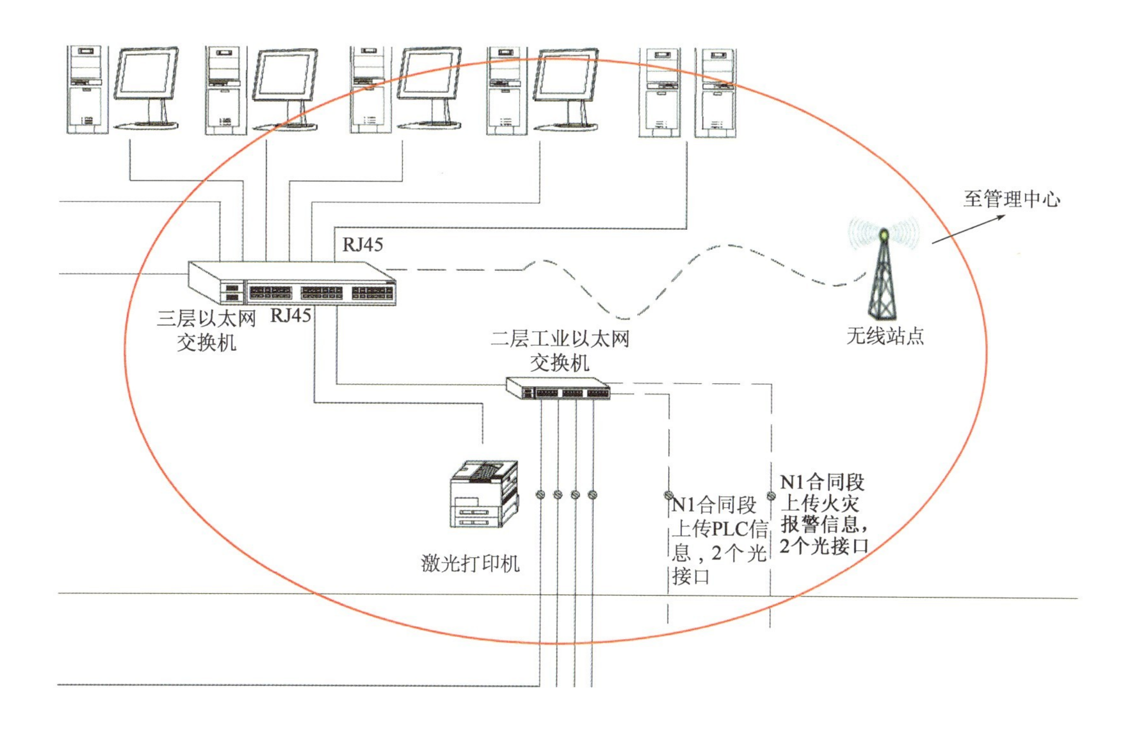

图3.1-4　隧道原有网络与无线通信网络框架结构示意图

上述两种方案和机电系统对接都较为简单，在隧道内只要将无线通信系统的网线和主干网的网线同时接到三层交换机上即可。在管理中心，只要将集成ODU总站或服务器的网线也接到三层交换机上即可。

3.1.2　超长公路隧道移动定位需求分析

(1)公路隧道内移动人员定位

秦岭天台山隧道群为两头开放的封闭式环境，隧道内布设有移动基站，正常情况下可满足隧道内通信要求，但在紧急情况下隧道内会出现人员无法利用移动通信设备发出求救信息的情况，可利用UWB无线定位管理系统保障隧道内人员的安全。UWB无线定位管理系统可对危险情况进行预警，并对危险区域设置电子围栏。一旦发生事故，可掌握隧道内人员的位置信息，为灾后紧急救援提供有效保障。

(2)公路隧道内移动车辆定位

隧道内大型车辆或者危化品车辆一旦发生重大事故，会造成不可挽回的损失。对隧道内事故发生的原因进行统计分析，发现危化品车辆对超长公路隧道的破坏最大。因此，需在现有的隧道机电系统中加入一种对车辆运行状况具有强针对性的监测定位系统。

(3)公路隧道内设备定位

秦岭天台山超长公路隧道环境非常复杂,部分机电设备常处于振动环境下,而且空间也相对狭小,给维护人员的维护和管理带来了相当大的困难。对机电设备进行高精度定位,可以确定机电设备结构是否出现变化,通过UWB定位技术实现关键设备定位,掌握设备是否出现松动和移位,以保障隧道安全运营。

3.1.3 超长公路隧道无线定位方案设计

(1)超长公路隧道无线定位系统架构及算法设计

基于UWB的隧道定位系统主要由移动标签、定位基站、交换机和定位服务器构成,其系统结构如图3.1-5所示。

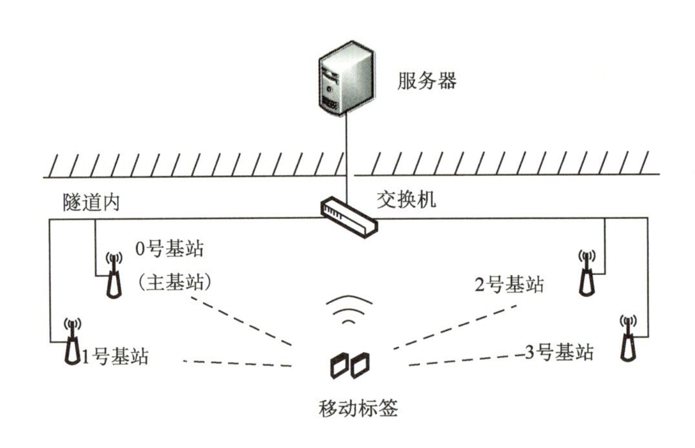

图3.1-5 UWB定位系统结构

移动标签由隧道中的作业人员携带,用于对其进行跟踪定位。定位基站被固定且等高地布置在隧道中已知坐标的位置,当作业人员在定位基站分布范围内施工作业时,定位基站会移动标签来获取测距信息和ID(身份标识)等相关内容信息,并通过交换机上传至服务器,服务器上的上位机采用TOA(到达时间)定位算法对上传的数据进行处理,从而实现对隧道中施工人员的实时定位。

(2)基于UWB的公路隧道无线定位系统设计

定位系统主要分为数据采集、数据传输和数据处理三个部分,如图3.1-6所示。

数据采集包括固定基站、车载标签以及安装在隧道出入口的监控器。监控器主要实现车辆检测、流量统计和时隙分配。固定基站与车载标签主要用于完成两点间测距任务,为车辆位置坐标的求解提供原始数据。基站以小区化的方式覆盖隧道,车载标签通过USB(通用串行总线)接口接至车载ECU(电子控制单元)。

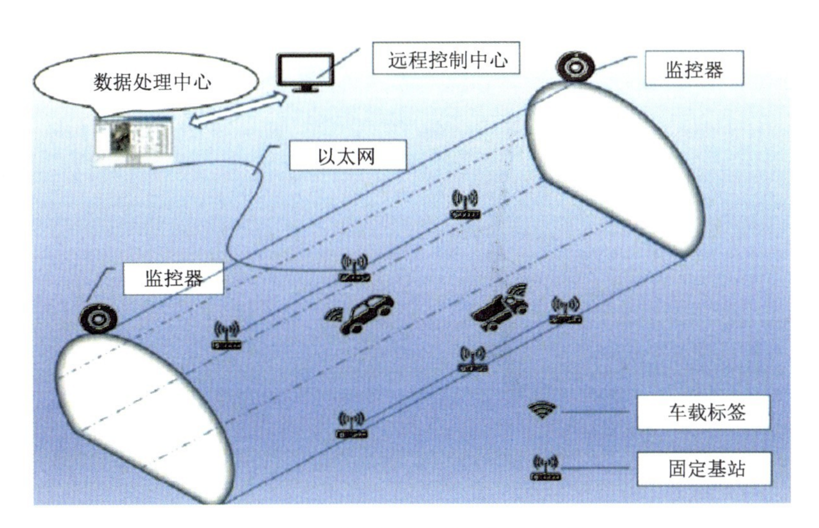

图 3.1-6　UWB 定位系统部署示意图

数据传输采用以太网,系统供电方式采用 PoE(以太网供电)。传输数据包括固定基站到本地位置引擎(LLE)的封装标签数据,包含参考基站距离以及时间戳等消息的数据帧,本地位置引擎到远程监控中心的封装待定位车辆位置坐标数据帧,以及车载标签与车载 ECU 通信数据。设备部署的位置不受电源限制,布线灵活且易于管理。

数据处理,即本地位置引擎,根据 TCP/IP(传输控制协议/网际互联协议)解析来自固定基站的数据帧并存储有用信息,通过 Kalman 滤波消除误差,然后利用三边定位算法解算标签相对各参考基站位置坐标并转换为 WGS-84 坐标系,在控制台界面上刷新此次定位结果。同时存储历史轨迹,用于轨迹预测、事故检测、事故后期调研取证。

UWB 隧道定位基站布置原则:使用 TOA 粒子群算法测量一个 UWB 定位终端和多个 UWB 定位基站之间的光传播时间。至少需要 3 个定位基站才能使用三边法精确定位终端的位置。覆盖距离:单基站覆盖范围超 100m。UWB 隧道定位基站布设方式:采取隧道两侧布设,布设间距为 100m,隧道两侧基站采取间隔布设,提高基站利用率。

基于 UWB 的隧道辅助车辆定位系统集目标车辆定位、安全预警、事故检测、日常管理和监控等功能于一体。硬件终端承载着软件系统,软件系统作用于硬件终端,硬件终端是整个系统的基础,其优劣对系统的性能好坏会产生直接影响。本章针对隧道应用场景特点和功能需求,给出硬件整体设计目标,搭建示范系统,分析工作过程,详细阐述固定基站与车载标签硬件终端的设计与实现过程。

3.1.4　超宽带技术无线定位试验分析

(1)人行移动定位试验

人行移动定位试验所采集到的原始定位数据和原始轨迹,以及异常点处理后的试验轨迹如图 3.1-7 所示。此时三次试验轨迹的采样数据分别占原始轨迹数据的 96.3%、

93.0%、89.1%。

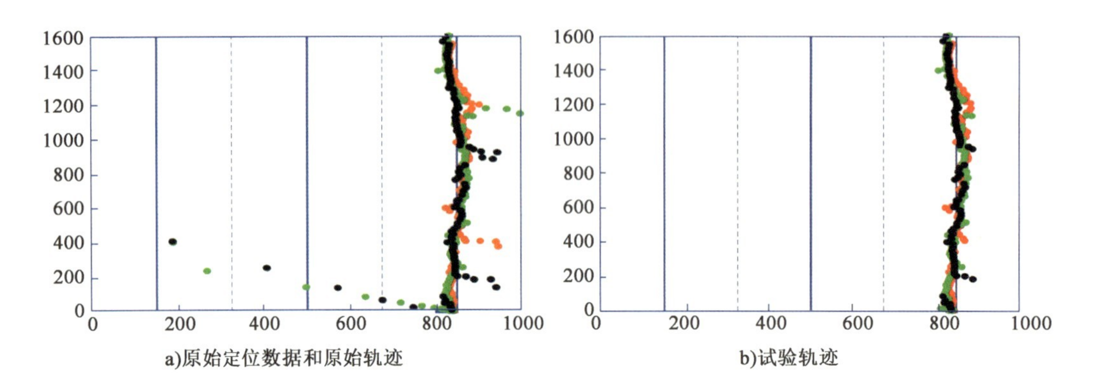

图3.1-7　人行移动试验轨迹

注:轨迹图中横纵坐标均为空间位置,单位为cm。下同。

试验中定位精度只分析横向距离上的误差,即 x 轴上的偏差,而不考虑纵向距离上的误差。人行移动试验测试数据如表3.1-1所示。

人行移动试验测试数据　表3.1-1

序号	目标横向距离(cm)	测试均值(cm)	方差(cm^2)
1	850	851.7	14.7
2		845.4	16.9
3		845.9	14.4

由测试数据可知,定位系统实时采集的有效数据占比可以达到90%的水平。直线行走时,横向距离的误差可以达到20cm内,定位精度基本可以满足隧道内人员定位的要求。

(2)车辆移动定位试验

车辆移动定位试验所采集的原始定位数据和原始轨迹如图3.1-8所示。

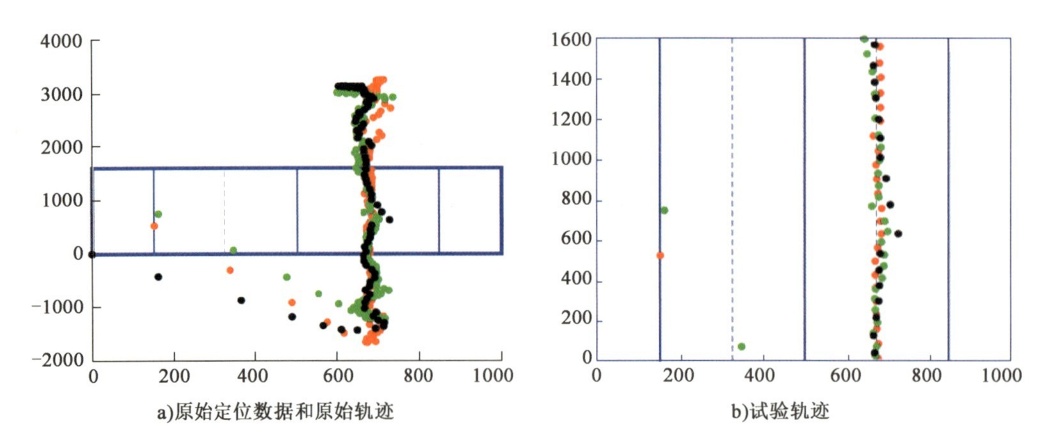

图3.1-8　车辆移动定位试验原始定位数据和原始轨迹

对异常点进行处理后的试验轨迹如图3.1-9所示。此时三次试验轨迹的采样数据基本都占原始轨迹数据的95.8%、92.8%、100%。

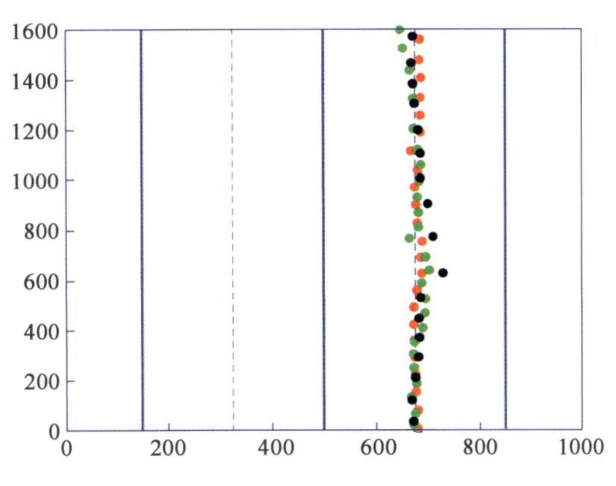

图3.1-9 车辆移动试验轨迹

试验中定位精度仍然只分析横向距离上的误差,即x轴上的偏差,而不考虑纵向距离上的误差。测试数据分析如表3.1-2所示。

车辆移动试验测试数据 表3.1-2

序号	目标横向距离(cm)	测试均值(cm)	方差(cm^2)
1	675	679.3	5.8
2		677.2	12.8
3		685.6	17.6

由测试数据可知,定位系统实时采集的有效数据占比可以达到95%左右的水平。直线行走时,横向距离的误差可以达到20cm以内甚至5cm左右的水平,定位精度基本可以满足隧道内车辆定位的要求。

(3)轨迹分析试验

①超车换道试验。

通过单标签的人行移动试验和车辆移动试验,已经验证了定位系统的定位精度基本可以满足隧道路段的需求,以此为基础对收集到的轨迹数据进行分析。

超车行为辨识和换道行为辨识的结果如图3.1-10和图3.1-11所示。在试验中能够有效地辨识车辆的超车和换道行为。

②双车道行驶试验。

在双车道行驶试验中,安排两辆试验车辆携带标签在相邻车道内并排直线行驶,以此将双车道行驶试验简化为同向成排试验。

首先验证多标签时手环标签与工牌标签定位的有效性和精度。图3.1-12是两次定位数据经预处理后的原始轨迹图:左侧轨迹为工牌轨迹,右侧轨迹为手环轨迹。两次试验行驶方向相反。

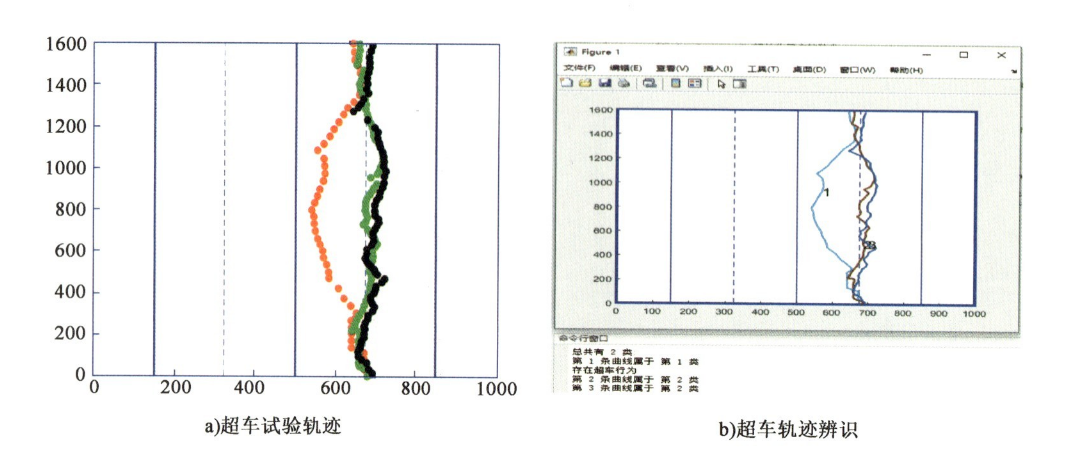

a)超车试验轨迹　　b)超车轨迹辨识

图 3.1-10　超车试验轨迹分析图

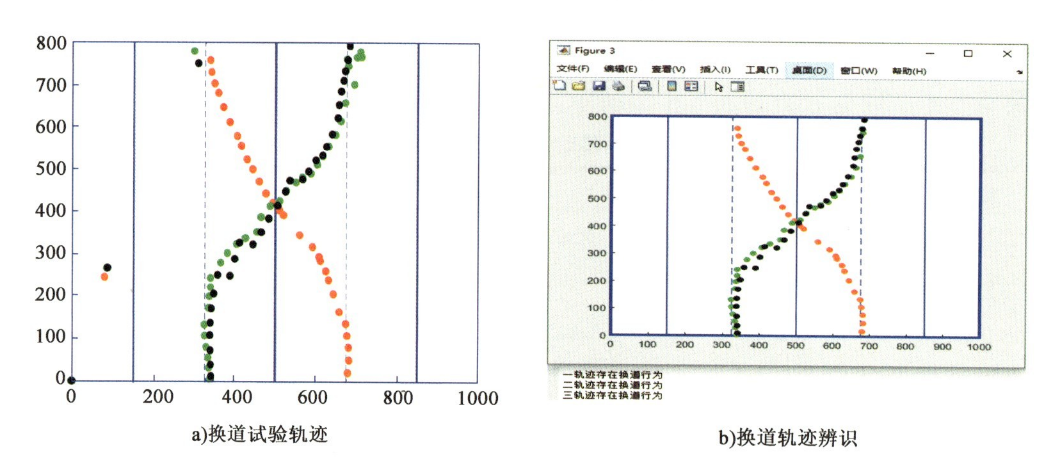

a)换道试验轨迹　　b)换道轨迹辨识

图 3.1-11　换道试验轨迹分析图

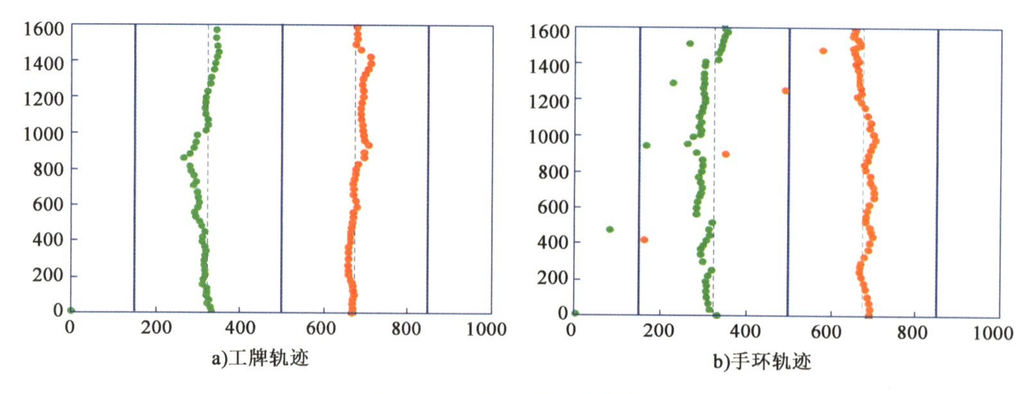

a)工牌轨迹　　b)手环轨迹

图 3.1-12　双车道试验原始轨迹

定位过程仍存在漂移点。将漂移点剔除后,轨迹如图 3.1-13 所示,各项指标如表 3.1-3所示。

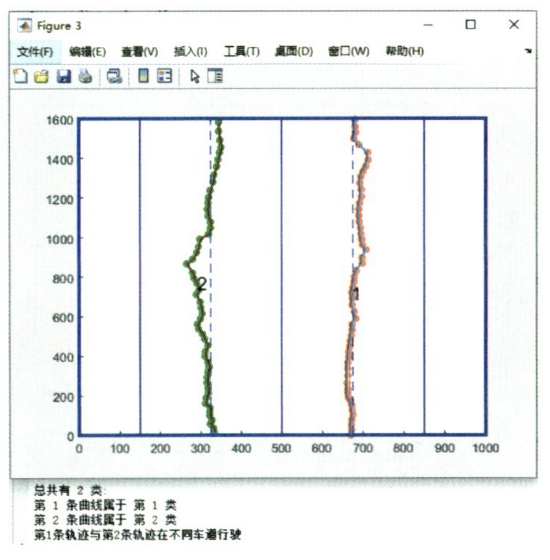

a)双车道行驶试验原始轨迹

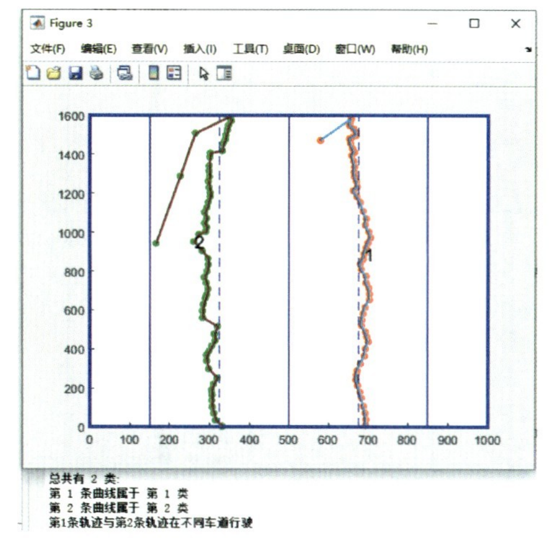

b)双车道行驶试验轨迹辨识结果

图 3.1-13　双车道行驶试验轨迹辨识

同向成排试验定位有效性和精度分析　　表 3.1-3

标签类型	序号	有效性	平均有效性	标准差(cm)	平均标准差(cm)
手环	1	1	0.975	14.4	17.3
	2	0.95		20.1	
工牌	1	1	0.985	19.0	23.7
	2	0.97		28.4	

由表 3.1-3 可知,工牌标签定位的有效性略高于手环标签,即漂移更少,但工牌标签定位的标准差略大,即定位精度较差。两个标签的定位精度均能达到 25cm 以内,基本可满足隧道内双车道行驶的定位要求。

在验证系统定位的时效性和精度后,下面对同向成排的轨迹做出识别,原理与上文所述大致相同。

③单车道行驶试验。

在单车道行驶试验中,安排两辆试验车辆携带标签一前一后在同一车道内跟车直线行驶。因此,将单车道的车辆行驶情况理想化为成列行驶,车辆在隧道内实际行驶过程中也常采用保持安全距离的跟驰前车的驾驶行为。此试验不再验证多标签时的定位有效性和精度,单车道行驶试验的原始轨迹如图 3.1-14a)所示,可以看到也存在偏向主基站一侧的漂移点。轨迹数据经预处理后的辨识结果如图 3.1-14b)所示。

④实时区域监测模拟试验。

将收集到的轨迹数据可视化,并根据其安全等级值赋予红、黄、绿三色,如图 3.1-15 所示。

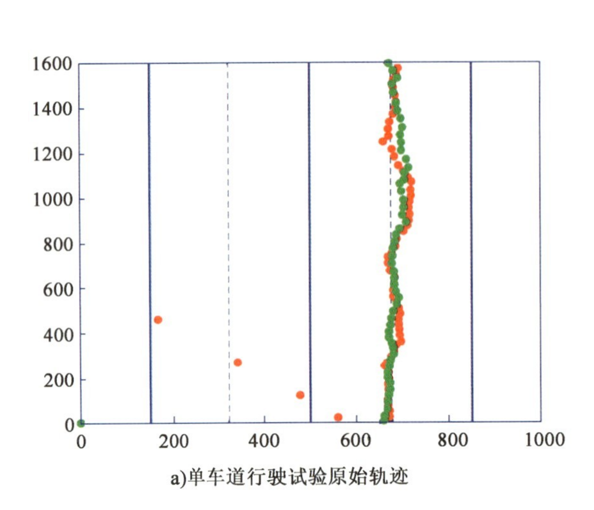

a)单车道行驶试验原始轨迹

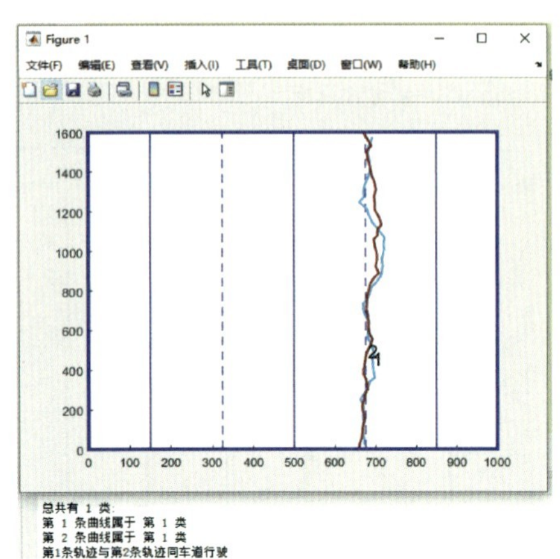

b)同向成列行驶轨迹辨识

图 3.1-14　单车道行驶轨迹辨识试验结果

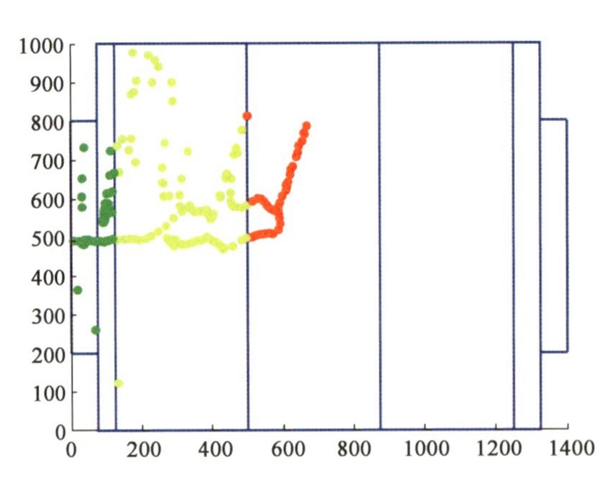

图 3.1-15　区域监测试验轨迹

3.2　基于状态监测的超长公路隧道机电系统关键设备运营状态评估

3.2.1　超长公路隧道关键机电设备运行状态监测系统设计

(1)公路隧道关键机电设备运行状态监测系统组成与功能

①监测节点。

监测节点基于嵌入式系统,通过传感器采集相关的环境参数和设备状态参数,并采用统一的数据格式将所采集的数据存入系统缓存。嵌入式系统中系统软件采用实时操作系统,将各个传感器的采集数据以定时的方式和统一的格式汇总到环形缓存中,并通过以太网接口发送到监测服务器。每一个数据采集节点将被分配唯一的IP地址,并在发送数据中包含该节点相关的机电设备识别信息。

②监测平台。

监测平台由Web服务和数据库服务功能构成,实现对核心机电设备的实时运行状态参数监测。同时,对多源监测数据进行分析和挖掘,实现公路隧道核心设备运行状态的趋势判别。

本系统选取公路隧道区域控制器、横洞变电所、斜竖井变电所作为机电核心设备(区域),对其进行运行状态监测,实现连续状态监测、实时报警及运行状态评估等功能。主要监控内容包括区域控制器的运行状态参数、横洞变电所及斜竖井变电所的运行状态参数,以及监测平台功能。

(2)监测系统布设方案与技术指标

①机电设备监测节点主要布置在以下位置:

区域控制器的监测节点布设在秦岭隧道23个PLC(可编程逻辑控制器)控制柜中。

横洞变电所监测节点布设在秦岭隧道8处配电横洞中。

1号斜井变电所监测节点布设在秦岭隧道1号斜井配电室中。

2号竖井变电所监测节点布设在秦岭隧道2号竖井配电室中。

3号斜井变电所监测节点布设在秦岭隧道3号斜井配电室中。

监测平台部署于秦岭隧道监控中心的公路隧道机电核心设备运行状态监测服务器。

②监测节点设备指标,主要包括5个指标。

a.温湿度。温度测量范围为-20~80℃;温度测量分辨率≤0.1℃;温度测量精度≤±0.3℃;湿度测量范围为0%RH~100%RH;湿度测量分辨率≤0.1%RH;湿度测量精度≤±1%RH。

b.烟雾。测量范围为0~5000mg/L;烟雾灵敏度≤5%obs/m;测量精度≤±8%;响应时间≤3s;工作温度为-20~80℃;工作湿度≤95%RH。

c.振动(加速度)。测量振动参数:3轴(加速度);加速度测量量程:±10g;加速度测量精度为1%。通信接口:RS485。

d.电压/电流。测量电压量程为AC/0~600V;测量电流量程为AC/0~20A;测量电压分辨率为0.1V;测量电流分辨率为1mA;电压测量精度为±0.2%FS;电流测量精度为±0.5%FS;通信接口:RS485。

e.粉尘颗粒。测量范围为0~1000μg/m^3;测量精度≤±8%;响应时间≤10s;通信接口:RS485。

监测平台服务器、操作系统、数据库软件与隧道监控系统指标要求相同。

3.2.2 超长公路隧道机电系统关键设备运行状态数据监测

(1)隧道机电核心设备运行状态数据监测

①温湿度采集方案。

通过温湿度传感器实现对横洞变电所、斜竖井变电所内设备温度、湿度参数的连续监测与记录,采样间隔为5min。

②烟雾采集方案。

通过烟雾传感器实现对横洞变电所、斜竖井变电所内烟雾参数报警,采样间隔为5min。

③振动(加速度)采集方案。

通过振动(加速度)传感器实现对区域控制器振动参数的连续监测与记录,采样间隔为5min。

④电压/电流采集方案。

通过电力仪表实现对区域控制器设备运行电压/电流参数的连续监测与记录,采样间隔为5min。

⑤粉尘颗粒物采集方案。

通过粉尘颗粒物传感器实现对区域控制器粉尘颗粒物参数的连续监测与记录,采样间隔为5min。

(2)隧道机电核心设备运行状态监测数据预处理

数据预处理就是在对数据进行分析前,先对原始数据进行必要的清洗、集成、转换和规约等一系列的处理工作,使之达到进行知识获取研究所要求的最低规范和标准。隧道机电核心设备运行状态监测数据预处理过程主要包括数据清洗、数据集成、数据变换和数据规约。

3.2.3 基于状态监测的超长公路隧道机电系统关键设备运营状态评估

(1)评价指标体系的建立原则与评价指标筛选方法

为了使构建的指标体系能够综合反映隧道核心机电系统运行状态,在建立评价指标体系的过程中需要科学、合理地选取评价指标。由于隧道机电系统是一个庞大复杂的体系,其职能和作用随着隧道投入运营年限的增长而不断加大,因此在构建评价体系时必须要遵循一定原则,一般情况下需遵循系统性、科学性、简明性、实用性和可行性、层次性、定性指标和定量指标相结合等原则。

影响隧道机电系统运行状态的因素较多,不可能全部反映在评价指标体系中。鉴于此,评价指标集合中可能存在一些“次要”的评价指标,需要按某种原则进行筛选,以分清主次,进而组成合理的评价指标集。在实际应用中,通常采用专家调研法、主成分分析法、最小均方差法、极小极大离差法等方法对评价指标进行筛选。

(2)公路隧道机电设备运行状态评价方法选择

选用不同的方法实际上是从不同的角度进行综合评价,如果仅仅用一种方法进行评价,其结果很难令人信服,因而有必要选用多种方法进行评价,再将几种评价结果进行组合,由此提出了“组合评价”的研究思路。通过各种方法的组合,可以达到取长补短的效果,这是因为每种方法都有自身的优点和缺点,各自的适用场合也不完全相同,将具有同种性质的综合评价方法组合在一起,就能够使各种方法的缺点得到弥补,同时兼具各方法的优点。本书选择层次分析法-模糊综合评价模型对机电运行状态进行评价。

(3)公路隧道关键机电设备运行状态评价

应用层次分析法确定指标权重。具体方式为对多名高速公路运营管理单位内部有经验的工程师、交通行业专家进行调查,向他们发放评分表,邀请其对各指标的重要度进行打分。打分标准按九标度法执行,从而得到各指标相对于其上层的判断矩阵,如表3.2-1~表3.2-4所示。

设备运行状态判断矩阵 $\boldsymbol{A}$ 表3.2-1

指标	U_1	U_2	U_3
U_1	1	5	3
U_2	1/5	1	3
U_3	1/3	1/3	1

设备运行技术参数判断矩阵 $\boldsymbol{A}_1$ 表3.2-2

指标	U_{11}	U_{12}	U_{13}
U_{11}	1	3	5
U_{12}	1/3	1	5
U_{13}	1/5	1/5	1

设备环境参数判断矩阵 $\boldsymbol{A}_2$ 表3.2-3

指标	U_{21}	U_{22}	U_{23}
U_{21}	1	1/3	3
U_{22}	3	1	5
U_{23}	1/3	1/5	1

设备维护参数判断矩阵 $\boldsymbol{A}_3$ 表3.2-4

指标	U_{31}	U_{32}
U_{31}	1	3
U_{32}	1/3	1

①准则层权重向量。

按照求取最大特征值和一致性检验的方法，计算得出设备运行技术参数 $\boldsymbol{U}_1$ 的权重向量为：

$$\boldsymbol{A}_1 = (0.6370 \quad 0.2583 \quad 0.1047)$$

设备环境参数 $\boldsymbol{U}_2$ 的权重向量为：

$$\boldsymbol{A}_2 = (0.2583 \quad 0.6370 \quad 0.1047)$$

设备维护参数 $\boldsymbol{U}_3$ 的权重向量为：

$$\boldsymbol{A}_3 = (0.75 \quad 0.25)$$

②目标层权重向量。

计算得到目标层 $\boldsymbol{A}$ 的权重向量为：

$$\boldsymbol{A} = (0.6370 \quad 0.1047 \quad 0.2583)$$

在层次分析法的基础上，应用模糊评价方法进行综合评价，在规定周期里对指标层共计 8 个评价指标的实际情况进行调查，计算出各指标的取值。

各指标类型分析见表 3.2-5。

各指标类型分析　　表 3.2-5

准则层	指标层	指标类型
设备运行技术参数 $\boldsymbol{B}_1$	电压指标	定量指标
	电流指标	定量指标
	振动指标	定量指标
设备环境参数 $\boldsymbol{B}_2$	温度	定量指标
	湿度	定量指标
	粉尘颗粒物	定量指标
设备维护参数 $\boldsymbol{B}_3$	故障严重度	定量指标
	故障频率	定量指标

③指标层单因素评价和模糊评价。

计算得到各单因素评价结果，将各单因素评价结果组合起来就可得到 $\boldsymbol{U}_1$、$\boldsymbol{U}_2$、$\boldsymbol{U}_3$ 的模糊关系矩阵 $\boldsymbol{R}_1$、$\boldsymbol{R}_2$、$\boldsymbol{R}_3$：

$$\boldsymbol{R}_1 = \begin{pmatrix} 0 & 0 & 0 & 1 & 0 \\ 0 & 0 & 0 & 1 & 0 \\ 0 & 0 & 1 & 0 & 0 \end{pmatrix}$$

$$\boldsymbol{R}_2 = \begin{pmatrix} 0 & 0 & 0 & 1 & 0 \\ 0 & 0 & 1 & 0 & 0 \\ 0 & 0 & 0 & 1 & 0 \end{pmatrix}$$

$$R_3=\begin{pmatrix}0 & 0 & 1 & 0 & 0\\ 0 & 0 & 0 & 1 & 0\end{pmatrix}$$

④准则层模糊评价。

设备运行技术参数 U_1 的评价结果：

$$\begin{aligned}B&=A\cdot R\\ &=(0.6370\quad 0.1047\quad 0.2583)\begin{pmatrix}0 & 0 & 0.1047 & 0.8953 & 0\\ 0 & 0 & 0.6370 & 0.3630 & 0\\ 0 & 0 & 0.7500 & 0.2500 & 0\end{pmatrix}\\ &=(0\quad 0\quad 0.4271\quad 0.5729\quad 0)\end{aligned}$$

因此可得到隧道关键机电设备运行状态的评价结果，见表3.2-6。

评价结果评分表　　表3.2-6

评价等级	很差	较差	一般	较好	很好
运行状态评价	60	70	80	90	100

由表3.2-6可知，隧道关键机电设备运行状态的综合评价结果由综合评分来界定，综合评价完成后，为了更加清楚、明确地表现出结果，往往还需要对结果作进一步的处理（反模糊化处理）。本书采用加权平均法对评价结果作进一步处理，评价等级为五个等级，设 $V=(60,70,80,90,100)$，由反模糊化的结果衡量隧道关键机电设备运行状态等级。

3.3 基于云服务的公路隧道智能联动救援系统

隧道作为高速公路的特殊路段，长管形状空间及封闭性的特殊构造使得隧道内的交通自由度和视野范围受到很大程度的限制。同时，光照昏暗、空气污染严重、火灾难以消防等一系列问题，对隧道内驾驶安全提出了严峻考验。因此，隧道内智能联动救援系统研究显得格外重要，且已成为当前研究的一大热点。基于此，本书提出了一套基于云服务的公路隧道智能联动救援系统，包含公路隧道车辆跟踪及再识别、超长公路隧道交通流精确监测、超长公路隧道交通事件处置流程三个方面。

3.3.1 公路隧道车辆运行轨迹跟踪及再识别技术

(1)公路隧道车辆跟踪及再识别需求分析

以往隧道内的监控系统智能化、体系化不足，仅可以实现对摄像机视野范围内隧道场景的视频监控。为保障隧道内行车安全及智能联动救援系统的及时响应，可利用车辆再识别技术对隧道内行驶的所有车辆特别是大型车辆或者危化品车辆进行实时跟踪。

车辆再识别是对不同摄像机在不同时刻拍摄到的相同车辆进行检测、识别和匹配,从而实现多摄像机视野联动下的车辆长时间、远距离跟踪。但考虑到隧道内的光照条件、车辆行驶速度、摄像机分辨率以及可能会存在的假牌套牌问题和相似车型问题,仅利用车辆外观信息进行识别会遭遇一定的视觉干扰。为排除干扰因素、减小车辆的匹配范围,可进一步引入时空信息约束来辅助再识别任务。时空关系可以充分反映车、路以及监控设备之间的关系,结合时空关系对于进行车辆再识别工作具有重要意义。

(2)基于多摄像机视野联动及隧道几何线形约束的车辆再识别方案设计

针对隧道内车辆再识别存在的挑战,提出一个基于时空约束重排序的隧道车辆再识别模型。为了克服隧道监控中车辆外观模糊不清难以识别的困难,引入时空信息来辅助车辆再识别任务,通过高斯混合模型和贝叶斯推理,利用跨摄像机车辆间的行驶间隔时间构建了时空约束模型,这一模型不仅要求车辆外观特征相似,同时还要满足时空约束条件。结合视觉外观特征匹配进行时空约束重排序后,获得了一个具有良好判别性能的隧道车辆再识别模型,在隧道车辆再识别数据集上其性能显著优于其他先进方法,为实现隧道车辆再识别提供了一种有效途径。

①时空约束模型构建。

我国交通法规定,高速公路隧道内禁止变道超车,而且要减速慢行。此外,隧道内道路没有分支,车辆行驶轨迹相对固定。隧道内监控摄像机布设间隔较为均匀,所以车辆经过同一隧道内相邻两摄像机的时间间隔分布基本符合高斯分布。根据车辆再识别定义,车辆再识别数据集中每个车辆 ID 至少有两张拍摄于不同摄像机的图像,计算同一 ID 两图像的时间间隔,然后对整个数据集的样本进行频数统计,并进行简单的数据分布拟合,可以得出整个数据集的时间间隔分布基本符合多个高斯分布的叠加。因此,估计车辆跨摄像机行驶时间间隔分布的概率密度函数时采用了高斯混合模型(GMM)。

基于此先验知识进行时间约束模型构建。首先,计算查询目标车辆与候选图像集中车辆的时间间隔。然后利用高斯混合模型计算该时间间隔最可能属于某高斯分量的概率值为:

$$p(\tau|m^*) = \max\{p(\tau|m)\} = N(\tau|\mu_{m^*}, \Sigma_{m^*}) = \frac{1}{\sqrt{2\pi\Sigma_m}}\exp\left[-\frac{(\tau-\mu_m)^2}{2\Sigma_m}\right] \quad (3.3\text{-}1)$$

式(3.3-1)可以理解为不同摄像机下两车辆图像的拍摄时间间隔为 τ 时,它们属于同一辆车的概率,即时间约束。

在时间约束的基础上,考虑到车辆图像可能拍摄于相同时间段的不同路线,路线之间互不相通,即使它们外观特征相似且时间间隔概率很高,但行驶路径根本不相关,不可能在此时间间隔内跨越到另一路段。因此，根据摄像机之间的路径关系，本书引入了空间约束，并利用贝叶斯推理将时间和空间信息结合起来，构建了一个简单有效的时空约束模型：

$$p(r|m^*)=p(v_i=v_j|c_i,c_j,\Delta_{ij})=\frac{p(v_i=v_j|c_i,c_j)\times p(\Delta_{ij}|v_i=v_j)}{p(\Delta_{ij})}$$

$$=\frac{\pi_{m^*}\times[p(\tau=\Delta_{ij}|m^*)]^2}{\sum_{m=1}^{M}\pi_m p(\tau\Delta_{ij}|m)}=\frac{\pi_{m^*}\times\left\{\frac{1}{\sqrt{2\pi\Sigma_{m^*}}}\exp\left[-\frac{(\tau-\mu_{m^*})^2}{2\Sigma_{m^*}}\right]\right\}^2}{\sum_{m=1}^{M}\frac{\pi_m}{\sqrt{2\pi\Sigma_m}}\exp\left[-\frac{(\tau-\mu_m)^2}{2\Sigma_m}\right]} \tag{3.3-2}$$

式中：Δ_{ij}——两张车辆图片 I_i、I_j 的拍摄时间间隔，对应的身份ID分别为 v_i 和 v_j，摄像机编号为 c_i 和 c_j。

利用时空约束和目标车辆的外观特征相结合，可以极大地减少车辆再识别的匹配范围，从而提高跨摄像机车辆再识别的准确率。

②基于协同级联森林（SCF）模型的车辆再识别。

基于车辆外观特征的协同级联森林模型，将车辆再识别问题建模为一个二值分类问题，即通过该分类模型识别相同车辆和区别不同车辆。测试过程中，协同级联森林最优级预测输出的最终分类向量分别为正确匹配概率和错误匹配概率，两者之和等于1。对于一个查询目标，它与候选图像集中所有图像进行一一对比，选用它们之间的正确匹配概率由大到小排序，正确匹配概率越大代表这一对图像越有可能属于同一车辆ID。基于车辆外观特征的正确匹配概率记作 D_{SCF}，且 $D_{\mathrm{SCF}}\in[0,1]$。

通过SCF模型获得的初始查询列表排序中，错误匹配很可能存在于该列表的前几位，由于时空信息与外观特征可相互辅助，可以更准确地实现目标车辆关联，提高再识别精度。因此，可以利用构建的时空约束模型对初始查询列表进行重排序。基于时间约束重排序时，查询目标与候选图像集中的图像属于同一身份ID的最终匹配概率的计算公式为：

$$D_{\mathrm{SCF+T}}=D_{\mathrm{SCF}}+\frac{1}{1+\mathrm{e}^{-\alpha\cdot p(\tau|m^*)}} \tag{3.3-3}$$

基于时空约束重排序时，查询目标与候选图像集中的图像属于同一身份ID的最终匹配概率的计算公式为：

$$D_{\mathrm{SCF+TSC}}=D_{\mathrm{SCF}}+\frac{1}{1+\mathrm{e}^{-\alpha\cdot p(\tau|m^*)}} \tag{3.3-4}$$

利用 $D_{\mathrm{SCF+T}}$ 和 $D_{\mathrm{SCF+TSC}}$ 对候选图像集由大到小进行排序，即可得协同级联森林模型在时间约束下最终的查询目标候选排序列表。

③多阶交叉距离学习再识别重排序。

基于车辆外观特征的多阶交叉距离学习(DCDL)模型，将车辆再识别问题建模为一个特征距离度量问题，将查询目标与候选图像集中的所有图像进行一一对比，特征距离越小，代表这一对图像越有可能属于同一车辆ID，该距离记作 D_{DCDL}。

同样利用时空约束进行重排序时，逐项计算查询目标与候选图像集中所有图像的时间间隔 τ，然后利用式(3.3-1)对由DCDL模型所得的初始查询列表进行重排序。基于时间约束重排序时，查询目标与候选图像集中图像的相似性距离为：

$$D_{\mathrm{DCDL+T}} = D_{\mathrm{DCDL}} + \frac{\gamma}{1 + e^{\beta \cdot p(\tau | m^{*})}} \tag{3.3-5}$$

基于时空约束重排序时，查询目标与候选图像集中图像的相似性距离为：

$$D_{\mathrm{DCDL+TSC}} = D_{\mathrm{DCDL}} + \frac{\gamma}{1 + e^{\beta \cdot p(\tau | m^{*})}} \tag{3.3-6}$$

式中：β、γ——平衡系数。

利用 $D_{\mathrm{DCDL+T}}$ 和 $D_{\mathrm{DCDL+TSC}}$ 对候选图像集由小到大进行排序，即可得基于多阶交叉距离学习模型下最终的查询目标候选排序列表。

(3)公路隧道车辆跟踪及再识别方案评价试验设置及试验结果分析

①方案评价指标。

为了对提出的方案进行评价，评价指标选择车辆再识别领域中常用的前 n 位排序识别准确率(Rank-n)、累计匹配特性(CMC)曲线、平均精度均值(mAP)。

mAP是所有查询的平均精度(AP)的均值。与mAP相比，CMC曲线是一种细粒度评估指标，显示了精度随等级的变化。CMC曲线和mAP是一对很好的互补评估指标，分别反映了再识别模型的细节和整体性能。

②试验设置。

GMM模型构建时，参数 M 决定着模型中高斯分量的个数，它的取值影响着最终的再识别重排序的效果。本书通过贝叶斯信息准则(BIC)确定GMM模型的分类数量 M。

GMM模型构建时，选择最小BIC所对应的 M 值。在GMM模型训练时，从数据集中随机抽取一半数据作为训练集，剩余的一半为测试集。然后，依次取值 $M=[1,2,3,4,5,6]$，分别求取其对应的BIC值，以及测试集在该模型上的分类精确度，重复试验10次并求得平均值，具体结果见表3.3-1。

GMM 模型选取不同高斯分量个数 M 时的性能对比 表 3.3-1

M	1	2	3	4	5	6
BIC	8781.35	7252.62	6874.33	6878.09	6879.16	6891.22
准确度(%)	41.1	59.3	93.4	93.2	88.8	86.0

多次试验所得的 BIC 平均值在 $M \geqslant 3$ 时趋于平稳,并在 $M=3$ 时取得最小值。如前文混合高斯模型中分析,跨摄像机时间间隔呈现 3 个高斯分布,所以可以将测试集中数据分为三类,利用 GM (灰色模型)进行分类预测。

在 $M=3$ 时,分类精度平均值取得最高值,达到了 93.4%。所以对应实际场景,选取 $M=3$ 为 GMM 模型默认设置。

此外,重排序的平衡系数 α、β 和 γ 影响着原相似性度量与时间约束的重要性占比,经过大量试验对比,选择逻辑函数的平衡系数 $\alpha=\beta=20$。另外,由于 D_{DCDL} 均值大小处于 20 左右,而 $TF_{+}(P) \in (0,0.5]$,所以本章节试验中选择 $\gamma=40$。

③试验结果与分析。

为了验证时空约束模型的有效性,在数据集上,对 SCF 和 DCDL 模型分别进行时间约束和时空约束重排序前后,以及只使用时间约束和时空约束等各方法进行了性能对比,具体的车辆再识别比较结果见图 3.3-1 和表 3.3-2。

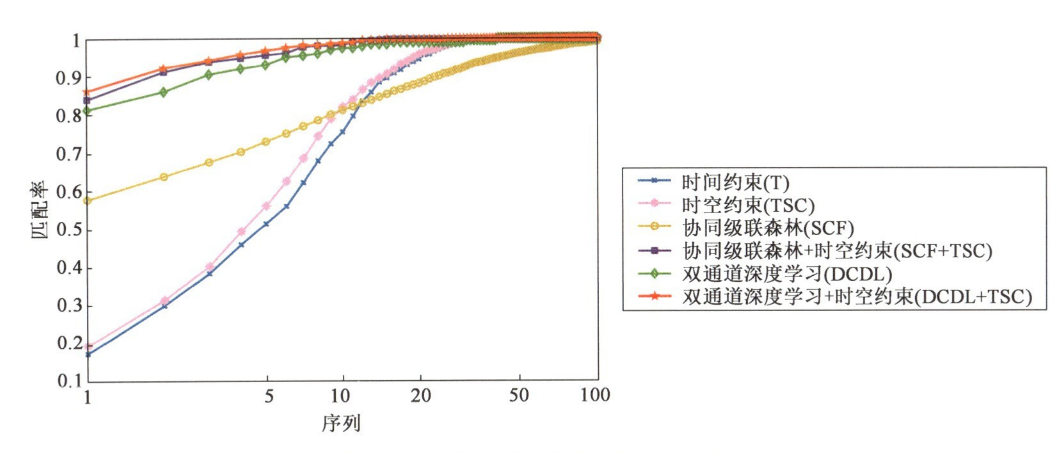

图 3.3-1 时间约束重排序后的 CMC 曲线比较

由图 3.3-1 和表 3.3-2 中的数据结果可以看出,SCF 和 DCDL 模型进行时空约束重排序后,再识别性能都得到了显著提升。其中,DCDL 模型进行时空约束重排序后的 DCDL + TSC 方法取得了最高的识别准确率。

时空约束重排序的识别准确率对比 表 3.3-2

方法	识别准确率			
	Rank-1	Rank-5	Rank-10	Rank-20
时间约束(T)	17.1	51.2	75.3	94.3
时空约束(TSC)	19.2	55.9	95.8	95.8

续上表

方法	识别准确率			
	Rank-1	Rank-5	Rank-10	Rank-20
协同级联森林(SCF)	57.6	72.8	81.1	88.1
协同级联森林+时间约束(SCF+T)	80.5	91.0	94.9	96.8
协同级联森林+时空约束(SCF+TSC)	84.3	92.4	97.2	98.8
双通道深度学习(DCDL)	81.3	93.1	97.5	99.0
双通道深度学习+时间约束(DCDL+T)	85.4	95.4	97.8	99.2
双通道深度学习+时空约束(DCDL+TSC)	86.6	97.2	98.8	99.2

由表3.3-2中的数据结果可以进一步比较分析时间约束和时空约束对重排序结果性能的影响。对SCF和DCDL模型进行时间约束和时空约束重排序,分别表示为SCF+T、SCF+TSC、DCDL+T和DCDL+TSC。与时间约束相比,时空约束重排序前后的再识别准确率各指标都提高了1%~4%,证明所提出的时空模型对原有基于视觉匹配再识别方法的有效约束。

此外,在相同数据集上,与当前的一些先进算法进行了性能对比,包括LOMO、MLAPG、VGG+Triplet Loss、CNN Embedding、PCB和PRND等多项方案。从性能对比结果中可以看出,通过时空约束的DCDL+TSC和SCF+TSC车辆再识别方法在Rank-1、Rank-5、Rank-10的识别准确率上全部优于其他方法。与PRND方法相比,DCDL+TSC的Rank-1识别准确率大幅提高了18.4%,SCF+TSC也提高了16.1%,甚至是其他方法的两倍,证明了本方案的优越性。

综上所述,突出的性能提升证实了提出的时空约束重排序模型的有效性,可以进一步辅助提升基于视觉外观特征车辆再识别方法的鲁棒性和准确性,显著超越了其他先进方法。

3.3.2 基于多目标雷达的公路隧道交通流精确监测技术研究

(1)基于多目标雷达的隧道交通流监测系统方案设计

①系统功能及实施效果。

多目标雷达的公路隧道交通流精确识别系统是以多目标跟踪雷达为基础,对隧道进行全覆盖检测。该系统利用二维主动扫描式阵列雷达微波检测技术,对检测区域的目标进行实时动态检测,统计分析交通数据并分析触发交通事件,给中心数据平台提供告警功能,并通过内部网络把检测和统计分析的数据传输给中心数据平台,中心数据平台可对雷达数据进行解析,在态势界面上展示当前隧道实时车辆运行状态及分布、交通统计数据以及事件告警信息。

系统架构、实施方案及技术指标如下:

a. 系统架构。

多目标雷达的公路隧道交通流精确识别系统架构如图 3.3-2 所示。

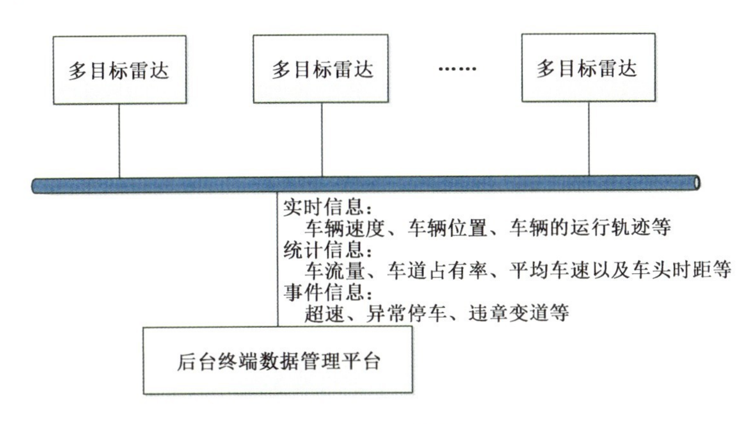

图 3.3-2 系统架构

b. 实施方案。

隧道路侧雷达的安装高度为 5.3m，雷达下方的盲区范围为 10m，雷达的有效检测距离为 240m，且雷达安装的正前方检测区域内无遮挡。

c. 技术指标。

(a)多目标长距雷达性能指标。

探测范围：500m(多阵面级联全域 1000m)；

距离分辨：<0.3m；

目标跟踪：不少于 1000 个目标批次处理；

信息输出：提供车辆拥堵、排队、事故、逆行、超速等告警信息输出；

探测精度：车流量≥98%；单车速度≥98%；时间占有率≥90%。

(b)多目标短距雷达性能指标。

探测范围：240m；

距离分辨：<0.3m；

目标跟踪：不少于 256 个目标批次处理；

信息输出：提供车辆拥堵、排队、事故、逆行、超速等告警信息输出；

探测精度：车流量≥98%；单车速度≥98%；时间占有率≥90%。

②系统设计方案。

多目标跟踪雷达作为外部安装式检测设备，可以有两种安装方式，即正装或侧装。侧装方式要求较为简单，但是存在检测范围小、适用范围大打折扣、精确度降低等缺点。正装方式则是通过将其架于伸向公路中间的横臂上，使多目标跟踪雷达正对或背对行驶的车流。在检测过程中，可以通过定位检测不同车道的车辆行驶情况，将这一特性放入隧道中交通参数的采集,则可以利用这一性质检测隧道内行车的换道、应急车道行车等问题。同时,由于正装方式检测范围大,大大降低了整个检测区域均被遮挡的风险。由此得出结论,多目标跟踪雷达的安装优选正装。

雷达的检测区域实则就是一个投射平面,而多目标跟踪雷达的安装角度即决定着检测区域的位置和大小。若安装角度(与竖直方向的夹角,下同)过小,则雷达投射面会相应减小。当雷达的安装角度过小时,除了没有遮挡问题之外,其检测效果与侧装的效果更为相似,检测范围小,易出现误判。

因此,选择一个合适的角度特别重要。《中华人民共和国道路交通安全法实施条例》第五十四条规定:"重型、中型载货汽车、半挂车载物,高度从地面起不得超过4米,载运集装箱的车辆不得超过4.2米。"由此可认为,在隧道内行驶的车辆中,最高的货车高度为4.2m。而家用小轿车长度一般都在3800~4300mm之间,高度在1400~1600mm之间,这里取中间值,长度取4000mm(4m),高度取1500mm(1.5m)。为避免遮挡,这里取极限,假设两车已经完全挨在一起,则可以求得多目标跟踪雷达的安装角度$\theta=55.98°$。由于55°只考虑了雷达与车辆方向的夹角,而未考虑雷达波本身的波束宽度,多目标跟踪雷达的雷达波束宽度为±55°,因此,多目标跟踪雷达的设计安装角度为55°~60°。

在系统正式投入运营前,需提前安装检测好背景坐标,以确定X方向的阈值,即应急车道所在位置,设置隧道的最高及最低限速。

(2)交通流监测数据处理及试验结果分析

①交通流监测数据采集与处理。

由雷达的检测原理可知,被检测目标的所有信息都在多目标跟踪雷达的回波信号中。而回波信号作为包含信息的模拟信号,无法直接获取所需的交通信息,必须进行一系列的信号处理,以得到更易于理解和处理的数字信息。

要实现对目标跟踪计数,最主要的是运动目标位置的精确测量。多目标跟踪雷达通过对目标的距离以及角度的测量,来将其定位到一个坐标平面上。

测距:雷达的阵列天线组向空间不停发射频率为24GHz的周期一定的高频脉冲,当电磁波传播的途径上有目标存在时,雷达就可以接收到由目标反射回来的回波,根据接收到的回波和发射波之间的滞后时间差t,并假设电磁波以光速传播,那么可得:

$$2R = c \cdot t \tag{3.3-7}$$

式中:R——目标距雷达的距离;

c——真空中的光速(取300000km/s)。

测角:目标反射回来的回波,通过多通道相位接收。多目标雷达的射频部分,发射天线经过一定频率的锯齿波进行调制发射,两个接收天线相距一定的距离d为固定值,回波信号被目标反射后会先后进入两个接收天线,且两个天线接收到的回波信号相位差为

$\Delta\varphi$,电磁波相位与波长的关系带入公式计算:

$$\theta = \sin^{-1}\frac{\gamma\cdot\Delta\varphi}{2\pi\cdot d} \tag{3.3-8}$$

式中:θ——待测目标角度;

γ——波长;

$\Delta\varphi$——相位差;

d——两个接收天线之间的距离。

如此便采集到了目标的原始数据:距离 R 和角度 θ。

将回波信号进行模拟信号调制和程序处理后,MCU(微控制单元)将处理得到的有效直观数据以报文的形式输出。在报文中,包含车辆存在信息、车辆事件信息、车辆点迹信息和车辆跟踪信息四大部分。

由此,多目标跟踪雷达完成了从车辆信息检测到直观数据报文传输的所有流程。基于多目标跟踪雷达的车辆排队检测系统将根据收到的车辆跟踪信息报文进行报文分析和数据处理,实时检测道路运行情况和记录车辆拥堵信息,将交通检测模块采集到的拥堵信息发送至道路管理模块。

②多目标雷达试验分析。

在整个检测过程中,雷达监测结果与道路中车辆的行驶位置完全相同,检测结果如图3.3-3所示,且由于初始安装雷达时水平方向有些偏差,导致2号车辆在检测范围内行驶似乎表现出 X 方向的速度。而这一误差更加说明了多目标跟踪雷达可以实时检测出车辆的位置,发现超车、换道的现象。尽管改良后依然存在0.2km/h的误差,属于系统不可避免的误差,但是该误差极小,完全在允许的范围之内,对车辆位置的检测几乎无影响。

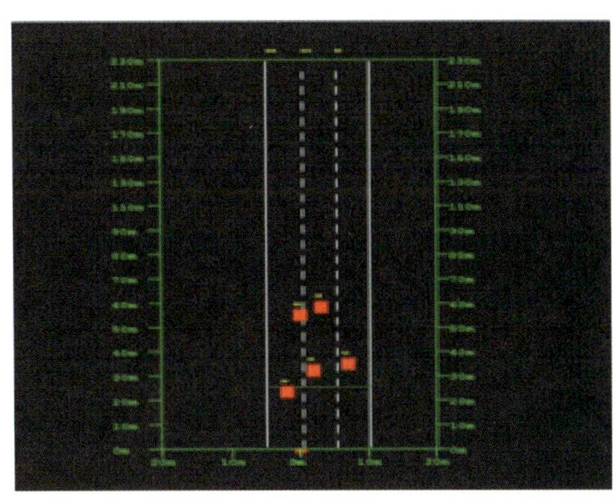

图3.3-3　多目标跟踪雷达检测效果对比图

a. 不同环境下系统工作情况分析。

多目标跟踪雷达通过发送和接收电磁波确定车辆位置和速度，而电磁波具有传播速度快且不受光线、能见度及温度等影响的优点，使得雷达在各种天气情况下都能拥有较高的精确度，试验数据如表3.3-3所示。

不同天气下系统检测误差率　　表3.3-3

环境条件	架设方式	测得断面交通流量	实际断面交通流量	误差率(%)
白天、晴朗	正装	215 辆	217 辆	0.92
白天、阴	正装	354 辆	357 辆	0.84
夜晚、晴朗	正装	249 辆	251 辆	0.79

由试验数据，几乎可以认为多目标跟踪雷达不受天气状况影响，而隧道环境属于非露天环境，因此几乎不受雨天的影响，主要受限因素仅为环境本身能见度和空气质量。本次检测结果也可以证明，在目标的计数上，多目标跟踪雷达并不会受环境很大的影响。

b. 数据准确度分析。

在假设手持车辆速度检测仪检测结果准确的前提下，将多目标跟踪雷达检测到的车辆行驶速度与手持车辆速度检测仪检测到的车辆行驶速度进行对比，可根据手持车辆速度检测仪检测的准确车速来判断多目标跟踪雷达测速的精准度。试验检测了20组经过车辆的速度后，对这些数据进行对比分析，可以得出多目标跟踪雷达的平均测速精准度达到了98%。试验证明，应用多目标跟踪雷达对车辆的速度进行检测是有效可靠的，完全可以将其应用于隧洞监控系统进行车辆速度的检测。

综上所述，该设计中的多目标跟踪雷达无论是精确性、环境的适应能力以及实时性都足以满足作为隧道交通参数采集系统的要求，因此该设计可以视为一项较为成功的实践。

(3) 基于多目标雷达的公路隧道全方位路况感知系统

①公路隧道全方位路况感知系统功能。

该系统通过相邻雷达设备之间的组网，可实现在长距离范围内对单一车辆行驶状态的连续精准感知，并且可进一步检测动态交通事件，为交通安全主动管理提供强有力的技术支撑。主要可实现的功能包括：长距离范围内动态交通流运行状态感知、交通事件精准检测、交通运行状态实时预警和通行诱导、全天候精准检测、交通流运行安全状态分析和控制决策、轻量化数据传输。该系统具备便捷操作性、高兼容性和强拓展性。

②公路隧道全方位路况感知系统构成。

项目工程范围包括秦岭天台山隧道(均为下坡方向)，共计15.56km。隧道内出现重大交通事故需要应急救援，如隧道内出现火灾浓烟四起时，传统摄像机就会失去它的优势。高精度定向雷达检测器采用的是高频脉冲扫描方式，因此它能够穿透烟雾和挥发性灰尘组成的屏障，并用成像的方式将隧道内重要信息全部给管理者展现出来，让其能够快速部署，实施营救和疏导。

高精度定向雷达检测器检测距离远、精度高、提供数据信息量全，并可以实现连续组网检测功能，从而形成更大的检测范围。通过与隧道拱顶安装的车道级车牌抓拍摄像机（获取车辆的特征信息）进行完美融合，便可以对特殊车辆进行全路径跟踪监视，并对其进行实时的跟踪定位，获取每个目标的信息，再通过大数据分析系统获取这些车辆的全路径行驶状态、驾驶员的驾驶习惯、有无违章违规行为、实时位置、分布区域等重要信息，通过这些信息便可对这些车辆进行有效的管理和掌控。

由此可将基于高精度定向雷达检测器的隧道智慧管控系统构成分为外场及中心平台两部分。外场设备主要包括高精度定向雷达检测器、雷达专用环路交换机、车牌抓拍设备等现场设备；中心平台则指雷达专用数据处理服务器、全路况交通事件实时检测平台、综合管理工作站等。

a. 高精度定向雷达检测器。

雷达设备安装在隧道侧壁高度约7m的地方，为了减少大车遮挡小车的影响，一般安装在隧道行车方向左侧。实际安装过程中应结合隧道线性特点，如左偏或右偏曲线，进行安装位置调整；雷达专用数据处理服务器、全路况交通事件实时检测平台配置在监控分中心或隧道管理站。全路况交通事件实时检测平台可实现对相关设备的配置、管理、授权以及与监控系统的数据交互等工作。雷达专用数据处理服务器接入现场的工业以太网交换机，实现与中心设备和现场设备的相互连接。

b. 雷达专用边缘计算模块。

雷达专用边缘计算模块为前端数据处理和跟踪服务处理模块，内嵌在高精度定向雷达检测器内。高精度定向雷达检测器采集的大量原始数据由该模块进行实时分析处理，分析后的信息传送到监控分中心的服务器上进行实时汇总、报警和显示。

c. 车牌抓拍设备。

在隧道拱顶中线安装正向、反向900W像素高清摄像系统，包括摄像机、镜头、避雷器及防护罩等。每条车道上方安装一套频闪补光灯、脉冲补光灯。以上共同构成车牌抓拍设备。

车牌抓拍设备可完成车辆特征信息采集，通过对车辆进行车牌识别分析，同时与雷达设备检测的车辆唯一ID进行实时匹配，可为交通决策及其他管理用途提供有力支撑。

d. 监控摄像机（既有设备）。

监控摄像机主要与雷达检测设备相互配合，当系统检测到异常事件，需要查看实时道路视频或需要跟踪某一车辆或行人时，可人工调取就近摄像机进行准确查看。

e. 隧道广播设备（既有设备）。

隧道广播子系统由监控分中心配置的广播服务器、监控广播调度控制台、IP网络功放、高音号角、室外 IP 有源音柱等设施组成，其主要功能是通过声音广播提醒司乘人员行驶安全注意事项。

f. 隧道 LED(发光二极管)诱导设备。

隧道智能行车诱导灯子系统由两部分组成：LED 高亮度有源诱导标和现场接入控制器。该子系统能在视线不良的环境下，清晰地勾画道路轮廓，指示诱导人车安全通行，保障交通安全。

g. 信息发布设备(既有设备)。

信息发布子系统包括隧道外门架式/悬臂式可变信息标志及隧道内悬挂式可变信息标志。也可在匝道互通立交出口前设置悬臂式可变信息标志，在枢纽互通出口前设置门架式可变信息标志，用于对主线车辆在特殊情况下(气候恶劣、道路阻塞、道路维护、堵塞拥挤)向驾驶员提供前方道路、路网信息、气象信息或实行限速，从而调节、疏导交通流，并推荐最佳行车路线，减少事故的发生。

h. 雷达专用数据处理服务器。

雷达专用数据处理服务器主要与前端高精度定向雷达检测器进行通信，获取雷达采集的数据信息、报警信息、视频信息等，并下发控制指令、参数设定指令、联动指令等。同时接收并完成综合管理工作站下发的所有信息以及控制指令，完成系统中所有雷达检测器配置信息、搭建系统架构、建立网络数据链路、本地或远程维护以及数据查看、筛选、导出等重要工作。处理所有潜在的或可能形成事故的关键信息，启动相应的决策规则，与监控数据服务器进行信息交互，可向道路监控系统或第三方提供 SDK(软件开发工具包)二次开发包或 API(应用程序编程接口)数据接口，实现与监控系统(含视频控制平台)的联动、声音报警等。

i. 综合管理工作站。

综合管理工作站向操作员提供人机交互界面，提供图形操作界面。实现对应用程序参数的设置、显示报警结果和启动相应的操作程序。

j. 网络传输通道。

高精度定向雷达检测器通过网络端口并经过沿线设置的工业以太网环网(雷达专用环路交换机)实现与监控分中心的连接。

③公路隧道全方位路况感知系统布设方案。

a. 高精度定向雷达检测器。

高精度定向雷达检测器主要由主频为 77GHz 的高频发射单元、信号接收单元、数据处理单元和通信单元等组成，其核心数据处理单元采用多线程高速处理器，能够同时对检测区域内的目标物体进行实时跟踪定位，可将道路上所感知的路况信息、交通状态信息、车辆实时信息分析汇总后，通过车路协同通信设备与道路上行驶车辆、自动驾驶车辆或无人驾驶车辆进行数据交互,来满足车辆实现全速智能驾驶的定位要求。

高精度定向雷达检测器主要功能包括系统异常事件事故检测、交通数据采集、后台软件接入。

b. 雷达专用边缘计算模块。

雷达专用边缘计算模块集成在高精度定向雷达检测器内,主要完成被跟踪目标丢失补偿、目标轨迹修正、轨迹再现、多雷达之间目标信息数据相互传递、雷达目标动态数据与车牌抓拍获取的车辆特征数据深度融合、被跟踪目标信息回溯、数据格式转化、与第三方平台或设备进行数据通信、目标定位实时解析输出高精度桩号信息等多种功能。

c. 雷达专用数据处理服务器。

雷达专用数据处理服务器主要集成了多个主要功能模块,包括雷达数据采集跟踪分析模块、中央综合管理模块、数据查询/报警模块和摄像机控制联动模块。

d. 雷达信号专用环路交换机。

雷达信号专用环路交换机的主要参数如下:具有二层网络交换功能;具有 10 个 10/100/1000M 自适应 RJ45 网络接口,其中 4 个具有 PoE 独立供电功能;每个端口输出功率不少于 30W;具有 4 个千兆 SEP(小型可热插拔光收发一体模块)光口,支持环网冗余。

3.3.3 超长公路隧道交通事件处置流程研究

(1)超长公路隧道事件分类、分级方法

①超长公路隧道交通事件分类方法。

结合《陕西省交通运输突发事件应急预案》等文件,高速公路交通事件分为突发性事件与计划性事件两类。突发性事件包括自然灾害事件、事故灾难事件、危险货物运输事件以及其他事件等;计划性事件包括施工养护、重大社会活动、特殊车辆通行以及其他事件等。

②超长公路隧道交通事件分级方法。

在陕西省交通运输厅发布的《陕西省公路交通突发公共事件应急预案》中,主要根据处置抢修时间以及通行能力影响范围将突发事件分为四级,分别为Ⅰ级事件(特别严重事件)、Ⅱ级事件(严重事件)、Ⅲ级事件(较重事件)、Ⅳ级事件(一般事件)。在本书中,为更好适应秦岭天台山高速公路隧道突发事件现状,增加日常突发事件——Ⅳ级以下事件(轻微事件),分级结果如下:

a. 超长公路隧道Ⅰ级事件。

遇下列情况之一,导致或可能导致隧道交通中断,处置、抢修时间预计需要 24h 以上,通行能力影响周边省(区、市);或亟须省政府出面协调有关地方、部门或军队、武警部队共同组织救援;或需要交通运输厅负责组织实施国家紧急物资运输或交通防疫措施时,拟发出高速公路Ⅰ级预警的事件。

b. 超长公路隧道Ⅱ级事件。

遇下列情况之一,导致或可能导致隧道运输中断,处置、抢修时间预计在24h以内、12h以上,通行能力影响范围在本省内;亟须省级交通主管部门组织实施紧急物资运输或交通防疫措施时,拟发出高速公路Ⅱ级预警的事件。

c. 超长公路隧道Ⅲ级事件。

遇下列情况之一,导致或可能导致高速公路隧道交通中断,处置、抢修时间预计在12h以内、6h以上,通行能力影响范围在本市内;或亟须市级交通主管部门组织实施紧急物资运输或交通防疫措施时,拟发出高速公路Ⅲ级预警的事件。

d. 超长公路隧道Ⅳ级事件。

遇下列情况之一,导致或可能导致高速公路隧道交通中断,处置、抢修时间预计在6h以内、3h以上,通行能力影响范围在本县内;或亟须县级交通部门负责组织实施紧急物资运输或交通防疫措施时,拟发出高速公路Ⅳ级预警的事件。

e. 超长公路隧道Ⅳ级以下事件。

导致或可能导致高速公路交通中断,处置、抢修时间预计在3h以内,道路的通行能力影响范围在本路段管辖范围内;或对人身安全造成轻微伤害,不至于使受伤人员的身体受到伤害;或对公路路产造成轻微损失及其他对社会财产、社会秩序及生态环境等造成轻微损害,事发路段的管理所(隧道所)可以进行有效处置的事件,统称为高速公路日常突发事件。

(2)超长隧道交通事件下的信息处置研究

①秦岭天台山隧道突发事件信息处置机构。

秦岭天台山隧道突发事件信息处置机构组成如图3.3-4所示。

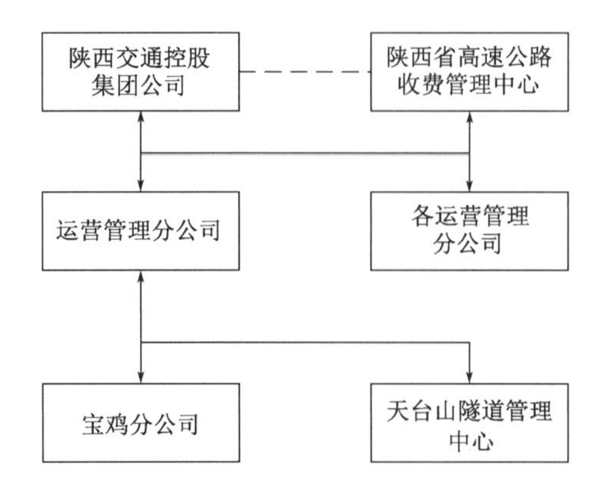

图3.3-4 秦岭天台山隧道突发事件信息处置机构框架示意图

②秦岭天台山隧道突发事件信息处置机制研究。

高速公路超长隧道突发事件信息处置工作是高速公路突发事件处置的一项基础性工作。为了提高突发事件信息处置工作的科学性和有效性,需要建立起一套科学有效的信息处置机制,加强突发事件信息的采集、分析以及传播等工作,从而成功解决各种公路突发事件。

a. 信息采集机制。

目前秦岭天台山隧道信息采集的来源主要分为动态(报警)信息和静态(报警)信息两大类,其中动态(报警)信息主要包括秦岭天台山隧道管理中心主动发现和路政巡查等,静态(报警)信息主要包括公众报警、突发事件预警和政府特别指令等。具体表现在监控分中心主动发现、路政和养护等巡查、公众报警、政府特别指令、突发事件预警等方面。高速公路突发事件信息汇集方式如图3.3-5所示。

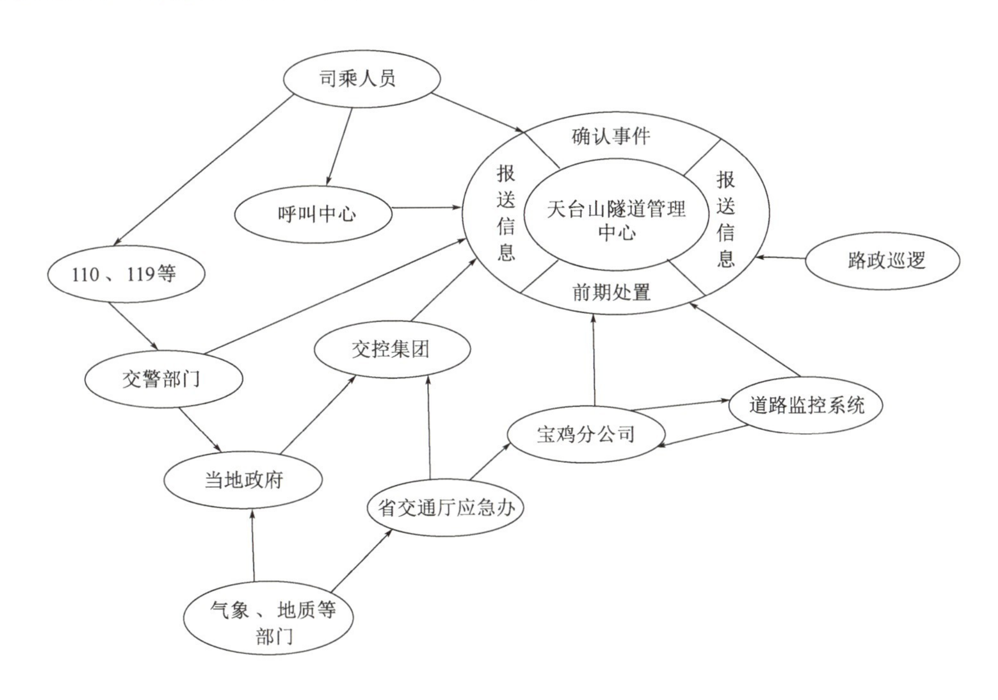

图3.3-5 秦岭天台山隧道突发事件信息汇集图

b. 信息报送机制。

按照突发事件级别不同,将信息报送流程分为五类,即Ⅰ级突发事件信息报送流程,Ⅱ级突发事件信息报送流程,Ⅲ级突发事件信息报送流程,Ⅳ级突发事件信息报送流程和日常突发事件信息报送流程。一般情况下,突发事件信息报送实行逐级报送制度。

突发事件一旦发生,突发事件信息就应当及时上报给相关应急管理部门或人员。

高速公路突发事件信息报送机制一般实行信息首报、续报和信息终报制度。突发事件根据事件类别、事件级别和事件造成的后果等因素合理规定信息首报与续报时间。续报时间的确定是由突发事件的不确定性所决定的。突发事件的不确定性导致有关突发事件本身的信息也具有不确定性,即突发事件本身的信息不一定完全表现出来,不一定完全被确认,是一个动态的发展过程。这种不确定性加大了处理突发事件的难度。因此,需要提高突发事件预测和处理能力,加强对突发事件信息的确认与采集,准确确定突发事件的续报时间,以提高处理突发事件的有效性。

c. 信息发布机制。

陕西省收费管理中心是主要信息发布机构,一方面可以根据上报信息和突发事件的社会影响自行判断发布信息,另一方面可以根据陕西省交通运输厅应急指挥部的授权发布信息。

陕西省收费管理中心直接管理各路段监控分中心,路段监控分中心直接管理该路段沿线外场设备。如果高速公路内发生交通拥挤或突发事件,那么路段监控分中心会将本路段内的信息标志、主线控制、匝道控制和相关交叉口控制等进行协调控制、动态组合。整个路网管理体系具有纵向联系、横向阻隔的特点。即同一层面之间的管理单元(中心、分中心、外场设备)不存在越级交叉,只有相邻层面的管理单元才具有交互的权限。同一层面的管理单元只能进行间接交互,即通过上一层面的管理单元来协调。

通常情况下,由各路段监控分中心独立执行本路段内的日常监控事务处理。在特殊情况、紧急事件或者突发事件时,才由陕西省监控中心从路网的角度进行协调控制。

一般信息发布系统在具体的突发事件下应该可以实现路线诱导及分流、恶劣天气警告、排队与拥挤警告、道路施工警告、可视距离警告、事件警告、车道限制、速度限制、节假日交通控制。

突发事件应急信息优先是指当多种不同的突发事件同时发生时,最重要的突发事件信息能够确保优先显示。高优先信息比低优先信息优先显示,会持续到当前状况发生变化。同时发生的事件有相同的优先显示权力,影响到路网的交通事件比仅影响路段的事件优先级别更高。

3.3.4 超长公路隧道智能联动救援系统设计

(1)超长公路隧道智能联动救援系统功能分析

系统由三大部分组成:第一部分为全路多屏显示单元,第二部分为突发事件信息输入单元,第三部分为交通控制策略与预案显示单元。全路多屏显示单元包括微观、中观、宏观显示窗口模块以及多屏显示控制模块。突发事件信息输入单元包括事件位置输入、事件类型输入、事件级别输入3个模块。交通控制策略与预案显示单元包括策略与预案生成、诱导路线显示、预案信息显示、视频信息显示4个模块。系统总体功能结构如图3.3-6所示。

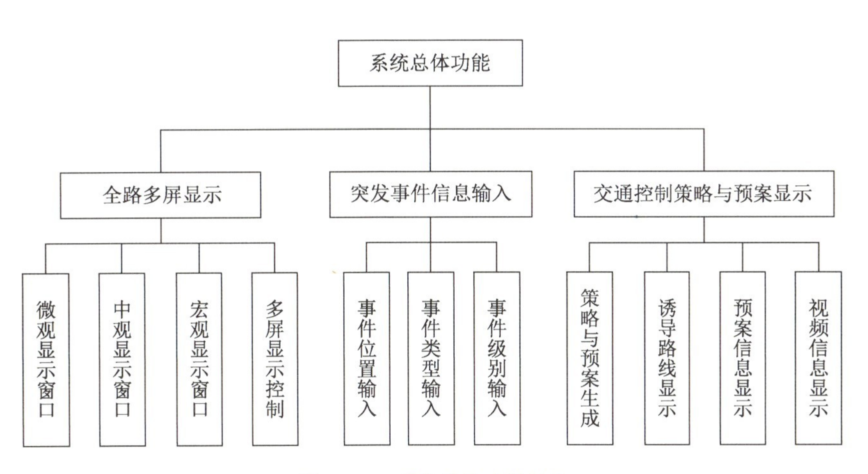

图 3.3-6 系统总体功能结构

(2)超长公路隧道智能联动救援系统架构设计

高速公路(隧道)交通控制策略与紧急预案仿真软件系统主要由人机交互系统、知识库与管理系统、推理机、数据库与管理系统、模型库与管理系统和交通控制策略显示模块构成,系统结构框图如图 3.3-7 所示。

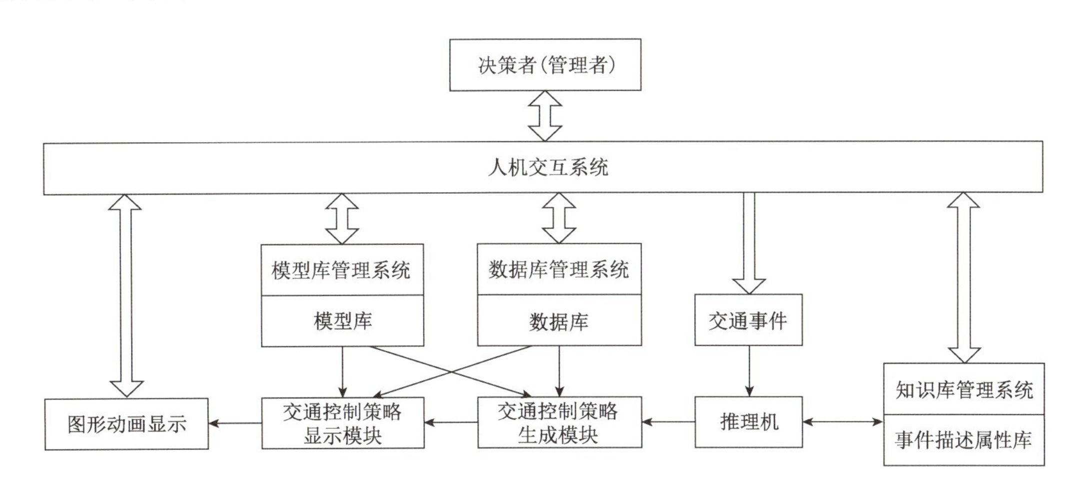

图 3.3-7 系统结构框图

(3)超长公路隧道智能联动救援系统功能设计

根据软件需求可知,该系统需要实现的功能有如下几个方面:通过对高速公路交通事件发生的位置、事件类型和事件等级的分析,自动生成相应的控制策略与紧急预案,将突发事件发生位置、交通流控制节点状态、车辆诱导分流路线、预案相关信息、事故路段环境信息视频等,直观、形象地显示在由微观窗口、中观窗口、宏观窗口组成的多屏系统上,实现对高速公路(隧道)可能发生的各类交通事件的控制策略与紧急预案的仿真。根据前面的描述,该系统分为 9 个模块,模块与系统实现的功能之间存在一定的对应关系,可用表 3.3-4进行描述。

系统功能模块与需求关系对应表 表3.3-4

序号	模块名称	对应需求关系
1	微观显示窗口	显示道路主线,水平方向上显示交通事件发生地点上游两个活动护栏及下游一个活动护栏所在区域,以及相关设备状况,垂直方向上显示道路车道数情况
2	中观显示窗口	显示道路主线,水平方向上显示任意两相邻收费站及其之间区域,以及相关设备状况,垂直方向上显示道路车道数情况
3	宏观显示窗口	显示高速公路全段,并标注其相关概况,包括道路桩号、收费站、互通立交、隧道、服务区、门架式可变信息标志、道路环境等
4	多屏显示控制	微观、中观、宏观三个显示窗口的联动控制
5	事件信息输入	实现事件位置、事件类型以及事件级别等相关信息的输入
6	策略与预案生成	依据输入的事件信息生成相应的交通控制策略及预案
7	诱导路线显示	显示突发事件下的交通流控制节点状态、车辆诱导分流路线
8	预案信息显示	显示事件处理流程、可变信息标志状态改变,以及危险品处理相关信息
9	视频信息显示	显示事件发生地点周围环境的视频信息

3.4 公路隧道一体化运营管控平台构建方法与应用技术

秦岭天台山隧道群设有隧道监控、照明、通风和应急管控等多个系统,如何构建一个系统安全、标准统一、管理规范、资源共享、融合分析的一体化管控平台,使秦岭天台山隧道群调度指挥实现实时化、全面化、系统化、准确化、科学化,并利用多元化信息发布手段,建设涵盖公众出行链、兼具大众化和个性化的公众服务平台,进而提升高速公路隧道运营与智能化服务水平,是一个重要的课题。

3.4.1 公路隧道运营管控平台需求分析

(1)信息采集系统需求

信息采集系统采集隧道传感器数据、定位数据和交通流参数数据,将实时采集到的数据进行处理,并将处理后的交通、环境、机电设备数据经由不同的传输网络传送至云计算数据中心,同时将数据进行相应存储。信息采集系统的基本需求包括数据接入、存储、处理、标准化操作,以及数据报送(传输),同时还要具备实时性、准确性、可靠性。

(2)云计算数据中心需求

云计算数据中心需要对处理后的隧道交通、环境、机电设备数据进行计算分析,云计算数据中心需求包括数据汇聚、数据存储管理、数据融合、交通状态预测、交通态势分析、数据共享、安全性管理等方面。

(3)指挥调度平台需求

指挥调度平台根据云计算中心的计算结果,实施监控调度与应急指挥、GIS(地理信息系统)综合展示、交通事件管理、可变信息标志信息管理与发布等需求。

(4)公众服务平台需求

秦岭天台山隧道群通过公众服务平台为公众提供实时数据服务,提供定位导航诱导和信息互动等功能,公众服务平台的需求包括公众服务辅助分析、隧道定位交通诱导、基于手机的信息互动服务。

3.4.2 公路隧道一体化运营管控平台架构设计

(1)一体化运营管理系统总体设计原则

建设秦岭天台山隧道群智能化平台须遵守注重先进性和成熟性、注重开放性和标准性、注重互换性和实用性、注重经济性和专业性、注重稳定性和可靠性、注重可持续性和可扩展性、注重长效性和可维护性、体现安全性和保密性等原则。

(2)一体化管控平台总体逻辑架构

在综合隧道管理机制、运营与服务智能化平台和系统之间的关系以及隧道群之间的关系的基础上,建立了包含"一个中心,两大平台"的高速公路隧道运营与服务智能化平台。隧道一体化综合智能运营管控平台架构如图3.4-1所示。

信息采集系统包括隧道群采集系统和单个隧道采集系统。隧道群采集系统采集的数据直接上传至联网中心的云计算数据中心。单个隧道采集系统采集数据的上传有三种方式:交通运输部交调检测数据直接上传至云计算数据中心,视频数据直接上传至路段数据中心,联网中心按需调取。其他路段数据不仅传送至路段公司的路段数据中心,还实时传送至云计算数据中心。

云计算数据中心的建设是运营与服务智能化平台设计的核心,包含数据整合存储、数据融合等信息分析处理和信息共享交互功能,可实现各业务系统之间的数据共享与信息集成,为运营管理提供有效的数据支持。云计算数据中心总体可分为数据仓库、交互共享处理平台、运行维护系统、安全性管理系统和云平台。

指挥调度应用平台以信息采集系统和云计算数据中心为基础,为高速公路隧道交通运营与安全业务提供强有力的应用服务支持,提升交通运营管理的流程化、智能化、精准化、科学化水平。

公众服务平台包括公众服务辅助分析系统、基于隧道UWB定位的交通诱导系统、基于手机的信息互动服务系统以及基于网站的信息服务系统。公众服务平台能够为交通出行者提供综合的信息服务。

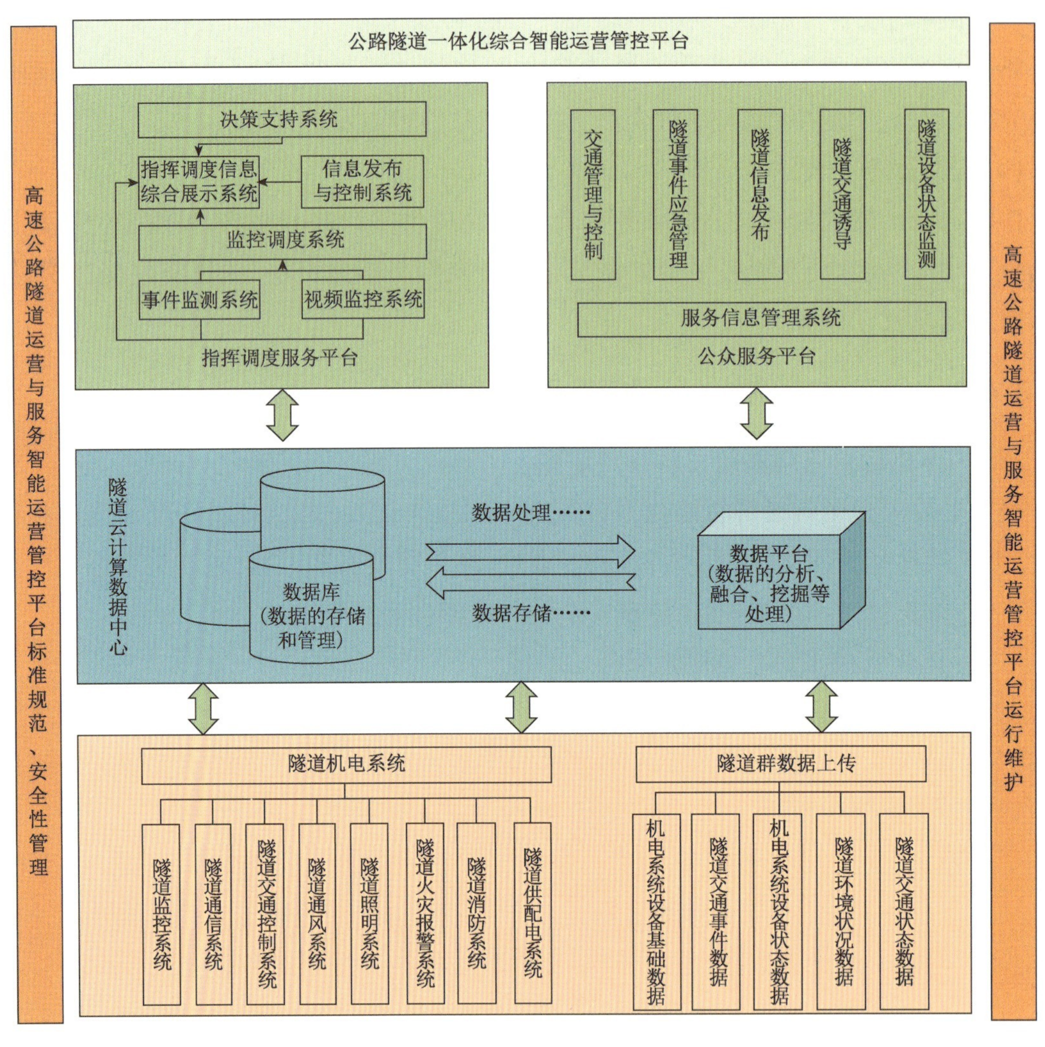

图 3.4-1　隧道一体化综合智能运营管控平台架构图

3.4.3　公路隧道一体化运营管控平台功能设计

(1)信息采集系统功能设计

信息采集系统为指挥调度平台、公众信息服务平台等应用系统提供丰富准确的信息资源,是整个运营与服务智能化平台的重要组成部分。现有高速公路信息采集系统为信息化发展奠定了良好基础。但随着业务需求的提升,现有系统在满足精细化、广覆盖的数据需求方面还存在一定差距。

公路隧道一体化运营管控平台采用多样化交通信息采集技术,构建经济可行化、区域差异化、高解析度、多维全覆盖的信息采集系统。信息采集系统从隧道监控系统、隧道通信系统、隧道交通控制系统、隧道通风系统、隧道照明系统、火灾报警系统、隧道消防系统、隧道供配电系统8个系统，分别调用隧道实时视频信息，采集隧道交通控制信息、通风系统信息、照明系统信息、火灾报警信息、消防系统信息、供配电系统信息。

(2)云计算数据中心功能设计

云计算数据中心主要包括交互共享处理平台、数据仓库、云平台。

交互共享处理平台主要实现数据的清洗转换，基于各类交通模型提供数据融合、交通状态估计预测、交通状态指数分析服务，提供数据归档、数据接口，并实现与外部系统、数据中心、路网指挥调度和公众服务平台的数据交互与共享等。

数据仓库主要完成数据存储、管理功能。云计算数据中心的数据库可分为多源采集数据库、GIS服务数据库、融合数据库、专题数据库、历史数据库、反馈数据库六大类。

云平台的设计主要通过云计算技术，整合计算存储和网络等资源，实现资源的按需分配，为数据中心业务处理提供支撑。

(3)指挥调度平台功能设计

①监控调度与应急指挥系统。

监控调度与应急指挥系统是隧道指挥调度中心的核心业务系统，用于高效支撑高速公路隧道监测、预警、响应、处置过程，提供一整套完整应急处理周期的支持服务。系统实现微观隧道应急指挥的功能，同时在宏观路网层面支持隧道群整体交通势态分析、交通疏导、交通应急和交通协调。通过监控调度与应急指挥系统进行隧道群日常视频监控，可实现各隧道视频实时切换和查看。当路段公司需要调看其他路段视频以满足其业务需求时，确认后可向其提供其他路段视频服务。在特殊情况下，联网中心指挥调度中心与路段监控中心可对高速公路隧道突发事件、天气灾害等情况进行应急指挥调度，在指挥调度过程中通过网络语音通信平台、值班电话系统等实现对现场情况的实时掌握。根据现场情况制定应急处置方案，下达应急指令，开展应急救助及路网指挥调度。

②应急响应。

a. 建立应急预案库。

根据监控调度与应急指挥系统业务需求，建立应急预案库：第一，预案类别要包括交通管制、气象预警等所有情况。第二，每个预案包括事件等级、应急资源调配、可变信息标志发布内容及发布持续时间等完整信息。第三，预案标准化，主要包括发布预案模型标准化、流程标准化以及权限标准化。预案模型标准化是指不同的信息发布应急指挥业务需求对应着特定的发布预案模型；流程标准化是指监控调度与应急指挥处置流程发布需求、发布确认等顺序和对应部门及系统要遵循标准；权限标准化是指明确各级高速公路管理单位职责权限，根据标准化权限划分，执行相应应急指挥处置。

b. 事件等级分类。

利用交通事件信息以及势态信息，按照高速公路事件分级标准，建立事件影响评估模型,对事件进行定级分类,并按照事件级别启动相应的应急处置流程。

c.全面管理应急资源。

实现对应急管理相关单位、应急队伍、物资设备、通信保障等资源的统筹与调拨,对应急资源调度与使用的全过程实行监督。

d.应急处置方案制定。

根据事件发生地点、事件性质、事件规模、事件级别等信息,从应急预案库中筛选合适的预案,并提供交通异常事件统计数据、实时视频、应急资源调度等信息,形成完备的应急处置方案。

e.结合应急处置方案下发指令。

根据应急处置方案与人工参与过程,实现同一操作界面下的可视化、可控协调与指挥指令的分发与操作。

f.动态实时调度反馈。

监控调度与应急指挥系统应具备远程调度、移动监控、实时语音、多方通话的功能,并建立外场人员与路段公司监控中心,路段公司监控中心与联网中心、指挥调度中心的反馈机制,以便实时跟踪交通应急调度状态。

③GIS综合展示。

GIS综合展示系统是基于地理信息系统的路网级运营管理信息综合展示系统。实现高速公路交通信息、基础设施信息、气象信息等相关数据的实时展示、检索,并为路段以及陕西省中心其他系统提供GIS展示方面的服务。

(4)公众服务平台功能设计

①基于手机的信息互动服务系统。

基于手机的信息互动服务系统是汇聚并组织高速公路实时路况信息和气象信息,并提供基于手机应用软件的信息查询、路径导航和用户信息反馈服务的系统。该系统由中心端和客户端两部分组成。通过开发界面友好的智能手机客户端供用户下载,在中心端支撑客户端的高速公路基础及实时信息查询、气象信息的查询和发布、基于位置的高速公路实时交通信息导航服务,以及用户与联网中心的信息交互服务。

其功能要求具备服务范围的全程化、服务内容的个性化、界面展示的多元化以及功能的集成化。

②基于网站的信息服务系统。

基于网站的信息服务系统是汇聚并组织高速公路实时交通信息,并基于网站提供文本、图形、视频等多种方式的信息服务系统。在现有互联网网站和手机网站服务内容基础上,对功能和服务形式进行升级,实现多样化的实时交通信息服务。

其功能主要包括信息接入、信息分类汇总组织、面向个性化需求的信息处理、信息的多元化发布以及用户反馈统计。

③公众服务辅助分析系统。

公众服务辅助分析系统是汇聚、统计、分析公众服务信息发布情况，掌握用户使用情况，分析用户使用行为的辅助系统。该系统汇聚公众服务平台其他子系统信息发布情况和用户使用情况相关数据，经统计和分析后，以图表等多种形式展示公众服务信息发布和使用情况历史、实时数据的统计和对比分析结果，了解用户使用行为。

3.5 基于虚拟现实(VR)的公路隧道群可视化平台设计

3.5.1 基于VR的公路隧道群可视化平台设计

(1)基于VR的公路隧道群可视化平台功能

公路隧道群可视化平台的设计开发以Windows系统为运行平台，采用3Dmax软件对隧道结构和施工设备进行建模，以虚拟现实引擎Unity3D为开发平台对场景进行集成和交互开发，采用HTC Vive虚拟现实头盔作为显示和交互设备，实现公路隧道群的可视化。用户可使用VR设备完成在隧道场景内的漫游参观，完成对隧道静态、动态运营的沉浸式感受。

基于VR的公路隧道群可视化平台主要功能包括以下三个方面：对隧道的主体涵洞、路面进行建模，对隧道中的照明系统、通风系统等设备进行建模，以及对隧道的周边地貌等进行建模、渲染。在交通工具建模中主要依照真实环境中的车流量、车型比例进行建模和可视化仿真。最后利用VR技术实现隧道内多角度可视化、环境虚拟化、体验真实化。

(2)基于VR的公路隧道群可视化平台架构

具体开发流程为：隧道建模→场景集成→交通流模拟→交互内容开发。

公路隧道群可视化平台的开发路线如图3.5-1所示。

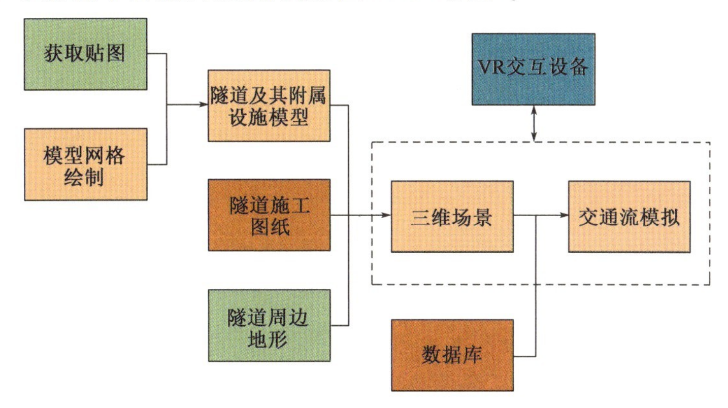

图3.5-1 开发路线

为具体实现公路隧道群可视化平台的模型,对 3Dmax 建模技术和 Unity3D 游戏引擎技术关键节点进行阐述。利用该技术对山体、隧道、常规运营场景的机电设备、常见车辆、人物角色进行建模。

(3)基于 VR 的公路隧道群可视化平台技术

根据实际的隧道情况,通过 3Dmax 软件,采用图形挤压等建模技术得到 VR 三维场景中的隧道主体、道路、隧道内附属设施、车辆、行人和周边环境的 3D(三维)模型;参照施工/设计图纸,在 Unity3D 平台上将上述模型严格对应布置,形成对真实目标隧道内部静态环境的模拟;参照目标隧道所在地地形,使用获取的目标地形高程图搭建隧道外部地形,结合道路、路灯等模型实现隧道外部环境的模拟;参照隧道机电设备布设规范,结合实际隧道情况,在三维场景中将隧道附属设施(如摄像机、灯具、射流风机等)模型按照通风系统、照明系统、监控系统等布设规范进行布置,模拟实际隧道内的机电设备运营状态;交通流的模拟主要参考实际隧道内传感器获取的数据,从数据库中获取必要的交通流模拟参数,在隧道内按不同区段、不同车辆类型和不同车流密度进行仿真,模拟隧道内常规运营状态的交通流状态。

在上述模型建立、场景搭建、机电设备布设和交通流模拟完成的情况下,需要对项目进行交互内容的开发,交互内容的开发主要是根据交互方案对外部虚拟现实设备的开发,在 Unity3D 引擎中采用 C#编程语言对 HTC Vive 的头盔和手柄进行开发以完成特定的交互内容,主要包括碰撞检测和相机控制两方面的内容。

3.5.2 基于 VR 的公路隧道群可视化平台搭建

(1)公路隧道主体及其机电设备模型建立

隧道主体结构及其附属设施的模型采用 3Dmax 软件进行创建,在创建隧道主体结构时为使模型接近真实场景,可以将设计阶段的 CAD(计算机辅助设计)图纸导入 3Dmax 软件中作为底图,采用 3Dmax 的样条线工具对隧道的轮廓进行描绘,然后对轮廓截面进行放样操作,再通过多边形编辑工具进行进一步处理即可得到隧道的结构模型。

根据隧道内的实际情况,设备主要包括消防柜、射流风机、灯具、摄像机等,隧道附属设施的创建可以通过实景拍摄的照片,在 3Dmax 中采用照片建模的方式进行,将照片作为底图,通过挤出、倒角、放样、编辑多边形等多种方法的综合应用创建出设备模型。

根据实际隧道的施工地址,通过 EI-Shayal Smart 软件获得 Google Earth(谷歌地球)中所需真实地形区域,然后通过 Global Mapper(地图绘制软件)获得目标区域的经纬度,从而根据经纬度获得目标地形的 DEM(高程数据),最后通过 World Machine(3D 地形制作软件)将获得的高程图导出 Unity 所需要的真实地形数据图、贴图以及法线贴图。

(2)公路隧道3D环境的搭建

场景的集成是在Unity3D引擎中进行的,在场景集成阶段主要是调节各个模型的位置坐标、方向、状态,调整模型的材质和着色器,为场景添加粒子特效,为模型添加碰撞检测等。

其中模型位置按照通风系统、照明系统、监控系统等布设规范进行布置,模拟实际隧道内的机电设备运营状态。需要注意的是,由于Unity3D引擎默认的单位是米,并且Unity3D引擎与3Dmax的单位比例是1∶100,所以在3Dmax建模阶段需要将其单位设置为厘米,模型导出格式为FBX。将模型导入Unity3D引擎后,对各个模型的位置进行调整,保证设备物体摆放的正确性,然后对各个模型的材质进行调节,保证场景能正确地进行渲染,丰富场景元素,优化用户体验感。隧道内部环境模拟如图3.5-2所示。

图3.5-2 隧道内部环境

在完成对场景的基本调节之后,需要对场景中的模型添加碰撞检测,以实现外部设备对场景中虚拟物体的感知并避免模型之间的穿插。在Unity3D中提供了Box Collider(盒状碰撞器)、Sphere Collider(球状碰撞器)、Capsule Collider(胶囊碰撞器)、Mesh Collider(网格碰撞器)等4种包围盒用于碰撞检测。对于不太复杂的模型可以选用Mesh Collider,它可以保证碰撞的精确性,但比较耗费计算机性能;对于轮廓比较规整的模型,可以根据模型的轮廓形状选用其他3种包围盒,在满足要求的基础上尽可能降低计算机的运行压力。

(3)公路隧道交通流模拟

车辆作为交通流最基本的对象,是整个交通流仿真模拟的核心内容,如何构建出一个合理的车辆仿真模型就成为交通流仿真模拟过程中最基本的环节。一个合理的车辆模型应该包含对应不同交通情况下的自由行驶、跟驰行驶、加速、减速、停车、避让和转弯等基本驾驶行为。

此处借助Unity3D标准库中的车辆工具的“skycar”预制体来实现一个标准四轮驱动或者后轮驱动的车辆模型。该模型基本具备现实车辆应有的功能,如挡位切换、尾气排放、制动及其产生的声音和车轮印效果。车辆的底层控制主要依赖于carcontroller.cs实现,其运行过程主要依赖move函数。

交通流的模拟主要参考实际隧道内传感器获取的数据,从数据库中获取必要的交通流模拟参数,如某区段的厢式货车车流密度等,在隧道内按不同区段、不同车辆类型和不同车流密度进行仿真,模拟隧道内常规运营状态的交通流,如图3.5-3所示。

图3.5-3　交通流模拟

(4)交互内容设计

根据交互内容的设计,在场景中进行交互时主要涉及人物行走动作、手持动作以及手柄与UI(用户界面)的交互。根据需要对HTC Vive的手柄进行开发,HTC Vive手柄如图3.5-4所示。

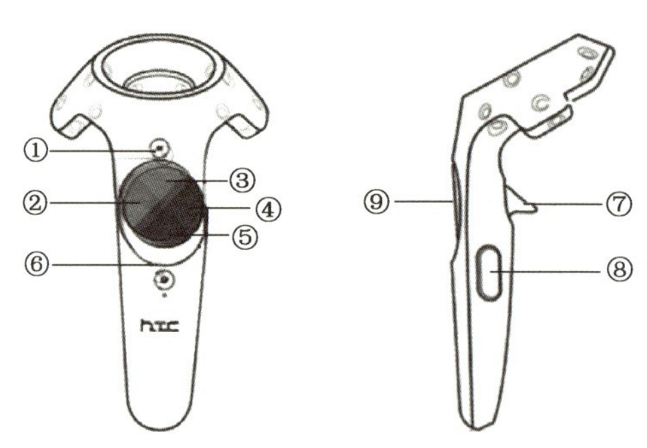

图3.5-4　HTC Vive手柄操作图

注:按钮①为菜单键,通过菜单键对程序进行总体设置;通过按钮②、③、④、⑤控制第一人称的前、后、左、右行走;按钮⑥为系统按钮;按钮⑦为扳机键,通过扳机键控制手的握持操作;通过按钮⑧控制手柄与UI界面元素的交互;按钮⑨为点击按钮。

在交互设计中,还需要综合考虑碰撞检测。碰撞检测也称作接触检测或干涉检测,主要是避免在虚拟系统中出现运动物体穿过墙壁、山体等障碍物,其中采用的技术要点是对物体在运动过程中可能与其他运动物体或障碍物出现的碰撞进行检测。

在公路隧道可视化平台中,需要处理车辆、人物不能穿墙,且操作人不能随意穿越车辆模型,这就需要在碰撞检测到车辆、人物与不能通过的建筑或者地形相遇时,要限制通行。要产生碰撞,必须为人物、车辆和墙体添加刚体和碰撞器。刚体可以让物体在物理影响下运动,刚体和碰撞器结合在一起添加到触发对象上才有可能触发碰撞检测。两个以上对象在有碰撞体存在的前提下,物理引擎才会对碰撞进行计算。如果对刚体不设置碰撞体,这类刚体会直接穿过。

第4章

超长三车道公路隧道群安全阻燃型沥青路面应用技术

4.1 阻燃温拌沥青的制备及其技术性质

分别将膨胀型阻燃剂和无机阻燃剂与无机填料(HL)进行复配,从而达到优化阻燃剂配方、提高阻燃效果、降低生产成本的目的。

4.1.1 沥青阻燃性能评价方法

本项目采用一种新的氧指数试样制备方法——杯形试样法(以下简称杯法),采用的测试仪器为JF-3型氧指数测定仪,如图4.1-1所示。沥青试模如图4.1-2所示。试验方法参照现行《沥青混合料改性添加剂 第3部分:阻燃剂》(JT/T 860.3)的规定进行,试验温度为10~35℃,氮气和氧气分别满足现行《工业氮》(GB/T 3864)和现行《工业氧》(GB/T 3863)的规定,一组试样不少于6个。

图4.1-1 极限氧指数仪

图4.1-2 沥青试模

采用杯法制备试样测试沥青氧指数的关键步骤如下:①制备试样。将待测沥青放入110℃烘箱中加热至流动状态,搅拌均匀后倒入事先准备好的洁净钢杯中,沥青装入量与杯口齐平,随后将0.5cm长的玻璃纤维插入沥青中,放置冷却至室温2h以上。②确定开始试验时的氧浓度。根据经验或在空气中的燃烧状况估计初始氧浓度,普通SBS(苯乙烯-丁二烯-苯乙烯嵌段共聚物)改性沥青的极限氧指数一般在20%左右。③安装试样。将试样钢杯底部垂直安装在燃烧筒中心位置的夹具上,使待测试样距离燃烧筒上下两端均在10cm以上,以保证环境气体的均匀性。④调节气体控制装置。根据步骤②确定的初始氧浓度调节氮气和氧气流量控制阀,使其以40mm/s±10mm/s的速度流经燃烧筒至少30s,以排除筒内空气。⑤点燃试样。使用氧指数仪配套的点火装置,点火时的火焰不宜过大,应控制在16mm±4mm。点燃试样时使火焰最低部分接触试样,并将试样表面覆盖。每隔10s移开一次点火器,观察试样是否被点燃,整个点燃过程最多持续30s,在30s内仍未被点燃,应增大氧浓度,直至30s内点燃为止。⑥燃烧行为评价方法及误差控制与传统条形试样法的标准相同,详见现行《沥青混合料改性添加剂　第3部分:阻燃剂》(JT/T 860.3)。

4.1.2 极限氧指数评价标准确定

目前规范中对于采用条状试样的极限氧指数标准是要求不小于23%,由于本项目改变了传统测试方法,可能导致同一种试样在两种测试方法下的试验结果不同,因此,选用同一种SBS改性沥青分别制备成条状试样和杯形试样进行对比试验。沥青试样如图4.1-3所示,不同测试方法试验结果如表4.1-1所示。

a)条状试样

b)杯形试样

图4.1-3　极限氧指数试验试样

不同测试方法试验结果　表4.1-1

测试方法	氧指数(LOI)均值(%)	变异系数 C_v(%)
条状试样(6个试样)	18.9	5.54
杯形试样(6个试样)	20.1	3.12

从表4.1-1中可看出,不同试验方法对试验结果存在一定的影响,即在同等试验条件下,杯形试样测试方法相比传统条状试样测试方法的氧指数增大了1.2个百分点,同时从变异系数结果可以看出,条状试样的变异系数明显大于杯形试样,说明杯形测试法的试验稳定性优于传统条形法,有助于提高试验精度。以上试验结果也表明,条状试样测试法对应的氧指数评价标准23%不再适用于杯形试样测试法,故本项目将杯形试样测试法的极限氧指数标准提高至24%。

4.1.3 阻燃剂复配方案及制备工艺

根据项目组前期研究成果,分别选择将膨胀型阻燃剂与无机填料(HL)以及无机型阻燃剂与无机填料(HL)再次进行复配,并通过极限氧指数及沥青针入度等物理技术指标确定最佳掺配比例,然后再与温拌剂 Aspha-Min/Sasobit 复配,制成阻燃温拌剂。具体复配方案如表4.1-2所示。

两种阻燃体系复配方案　表4.1-2

阻燃剂类型	阻燃剂	阻燃温拌剂
膨胀阻燃体系	+无机填料(HL)	+无机填料(HL)+Aspha-Min/Sasobit
无机阻燃体系	+无机填料(HL)	+无机填料(HL)+Aspha-Min/Sasobit

采用的沥青为SBS改性沥青(I-C),其技术指标测试结果见表4.1-3。

SBS改性沥青技术指标及检测结果　表4.1-3

项目		单位	指标	检测结果	试验方法
针入度(25℃,100g,5s)		0.1mm	60~80	63.8	T 0604
延度(5℃,5cm/min),不小于		cm	30	47.0	T 0605
软化点(环球法),不小于		℃	55	78.9	T 0606
相对密度		g/cm^3	—	1.023	T 0603
与集料黏附性		级	5	5	T 0616
旋转薄膜烘箱试验(RTFOT)	质量损失	%	≤±1.0	0.02	T 0610
	残留针入度比(25℃)	%	≥60	87.4	T 0604
	残留延度(5℃),不小于	cm	20	41.2	T 0605

在阻燃沥青制备过程中,为保证阻燃剂能在沥青中均匀分布,采用湿法制备方案。

4.1.4 膨胀型复配阻燃剂对沥青性能的影响

将膨胀型阻燃剂和无机氢氧化物以不同比例掺入SBS改性沥青中,通过测定阻燃改性沥青的三大指标和老化后针入度、延度的变化以及不同掺配比例下的极限氧指数结果,分析复配阻燃剂对沥青性能的影响。极限氧指数试验过程见图4.1-4。

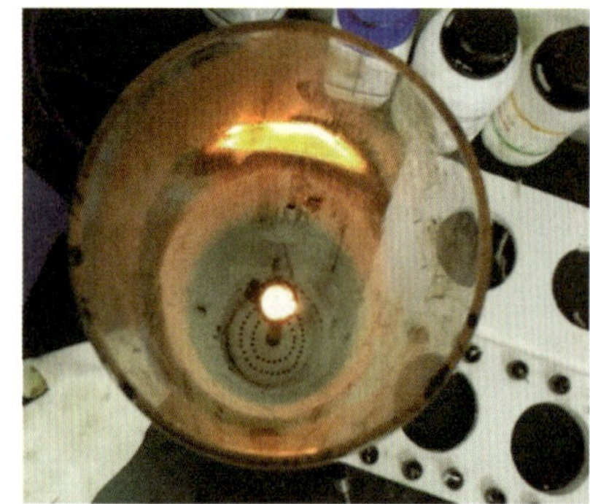

图 4.1-4　极限氧指数试验中沥青燃烧状况

(1)对沥青技术性能的影响

膨胀型阻燃剂(APP/MA/PER)和无机填料(HL)进行复配,研究在不同掺量下阻燃改性沥青各项基本指标的变化情况,试验结果如图 4.1-5 ~ 图 4.1-8 所示。

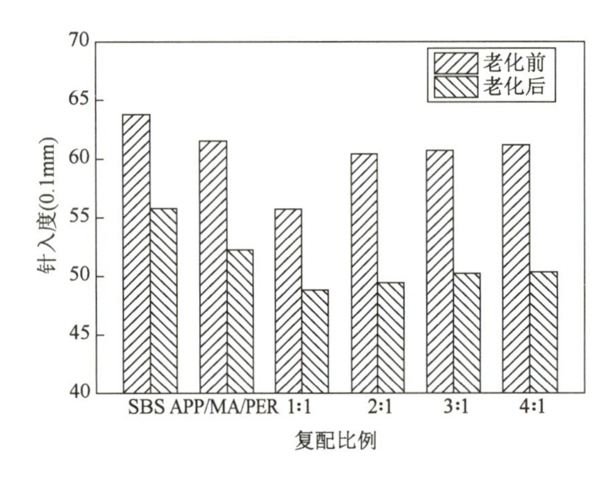

图 4.1-5　不同复配比例对针入度的影响

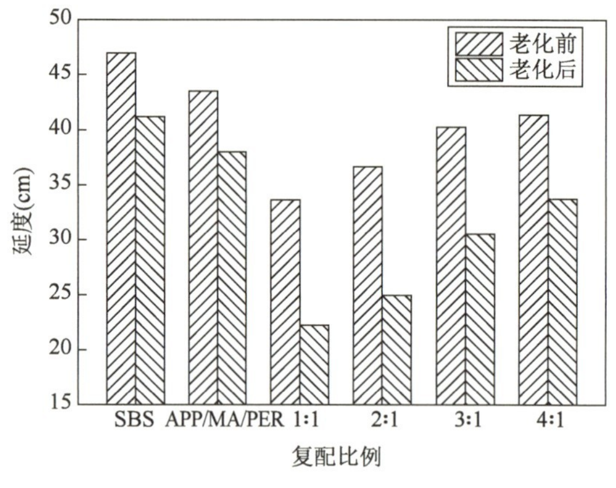

图 4.1-6　不同复配比例对延度的影响

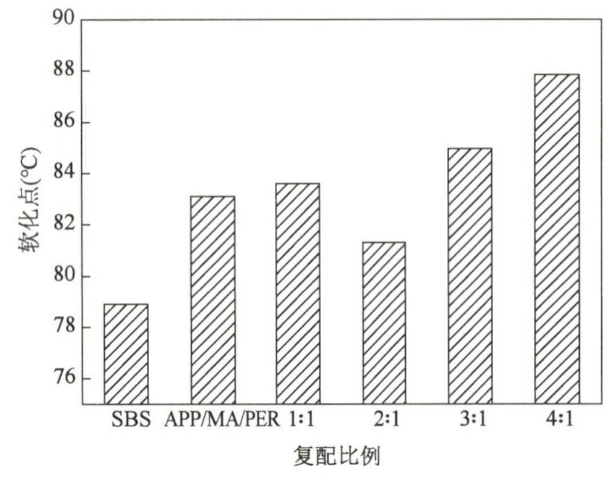

图 4.1-7　不同复配比例对软化点的影响

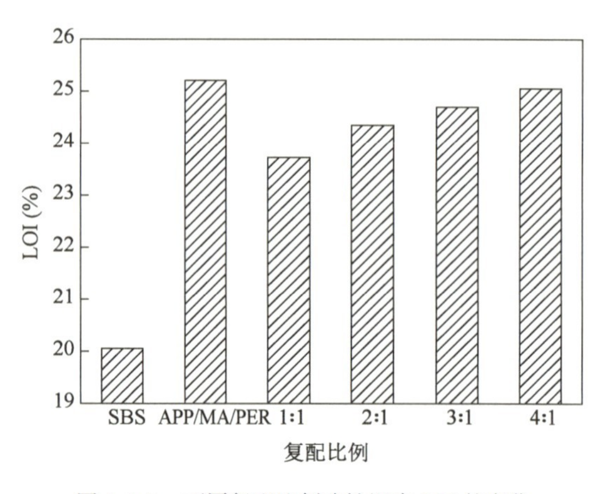

图 4.1-8　不同复配比例改性沥青 LOI 的变化

综合考虑以上膨胀型复配阻燃剂对 SBS 改性沥青基本指标和氧指数的影响分析结果,最终确定膨胀型阻燃剂(APP/MA/PER):无机填料(HL)的复配比例为 3:1,其中 APP/MA/PER 的掺配比例为 20:5:1。

(2)总掺量的确定

在确定膨胀型阻燃剂的最佳复配比例为(APP/MA/PER):HL=3:1 后,再根据沥青性能对其总掺量进行优选。试验结果如图 4.1-9 ~ 图 4.1-12 所示。

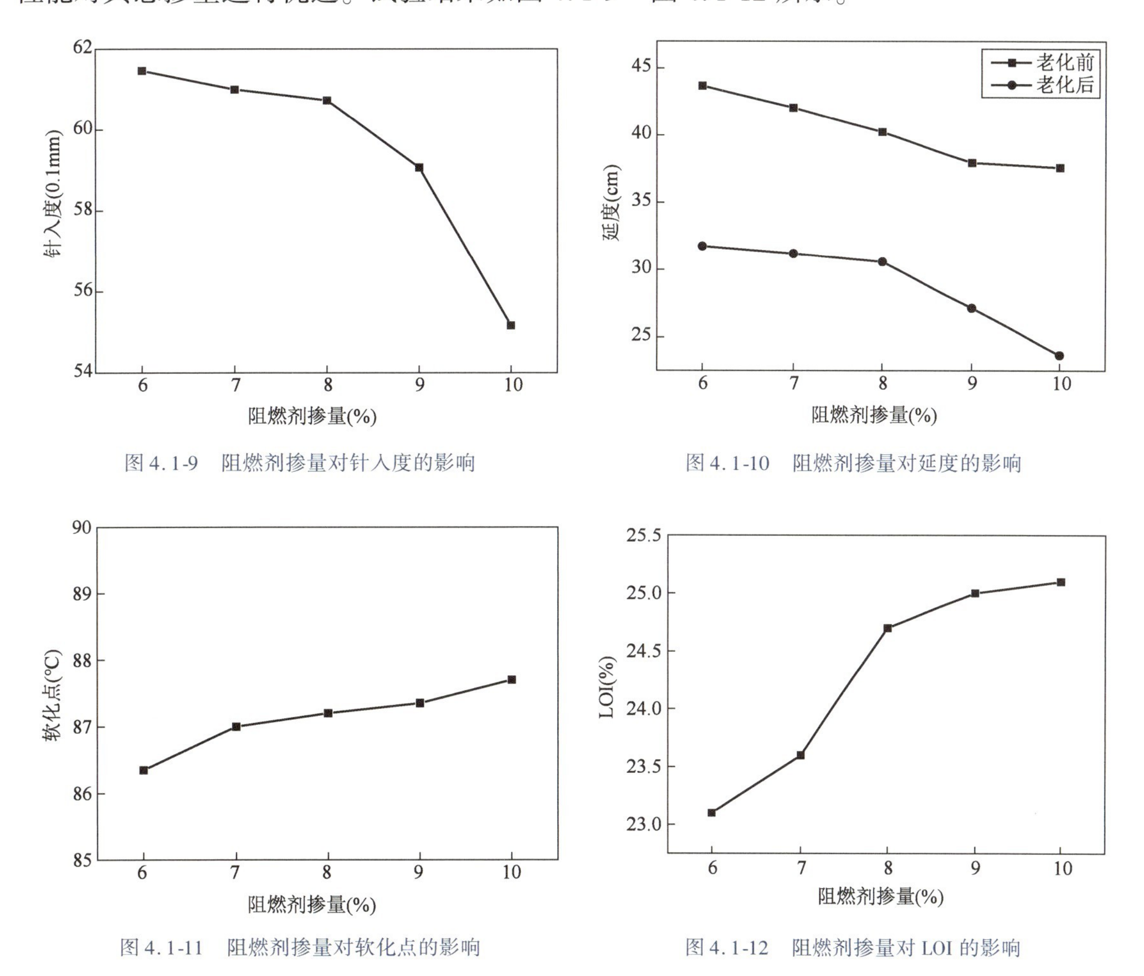

图 4.1-9 阻燃剂掺量对针入度的影响

图 4.1-10 阻燃剂掺量对延度的影响

图 4.1-11 阻燃剂掺量对软化点的影响

图 4.1-12 阻燃剂掺量对 LOI 的影响

综合考虑图 4.1-9 ~ 图 4.1-12 阻燃剂掺量对沥青物理技术指标和阻燃性能的影响,最终确定(APP/MA/PER):HL 复配比例为 3:1 的膨胀型阻燃剂的最佳掺量为沥青质量的 8%。

4.1.5 无机型复配阻燃剂对沥青性能的影响

无机型阻燃剂的主要成分为各种氢氧化物,选择无机型阻燃剂(ATH/MH)与无机填料(HL)进行复配,其中 ATH/MH 的比例为 3:1。具体复配方案如表 4.1-4 所示。

(ATH/MH)和 HL 复配方案　　表4.1-4

复配方案	(ATH/MH)：HL	总掺量
方案1	1：0	20%
方案2	1：1	
方案3	1：2	
方案4	1：3	
方案5	1：4	
方案6	2：1	
方案7	3：1	
方案8	4：1	

(1)对沥青技术性能的影响

无机型阻燃剂(ATH/MH)和无机填料(HL)进行复配,研究在不同复配比例下阻燃改性沥青各项基本指标的变化情况。试验结果如图4.1-13～图4.1-16所示。

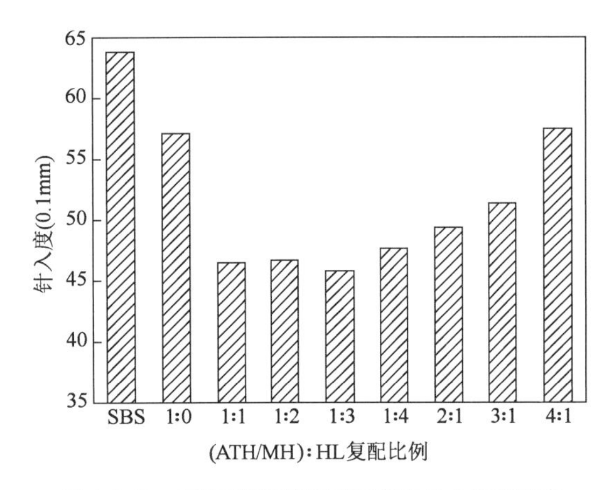

图4.1-13　无机型阻燃剂复配比例对针入度的影响

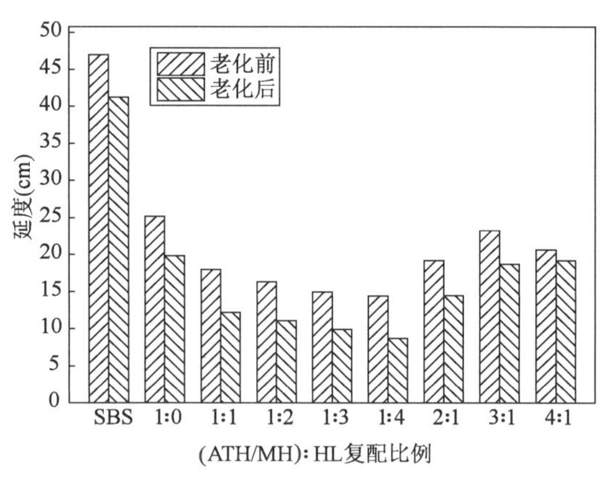

图4.1-14　无机型阻燃剂复配比例对延度的影响

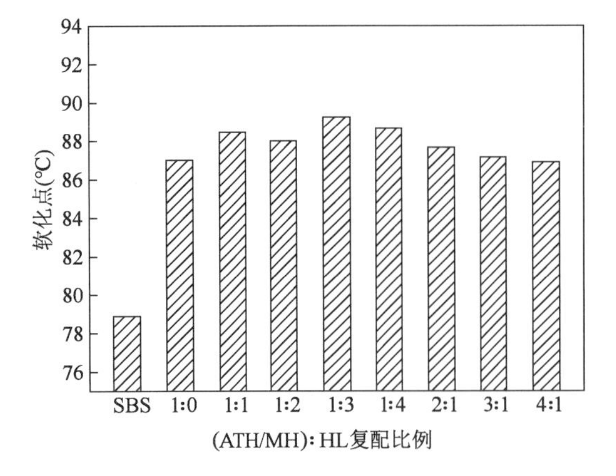

图4.1-15　无机型阻燃剂复配比例对软化点的影响

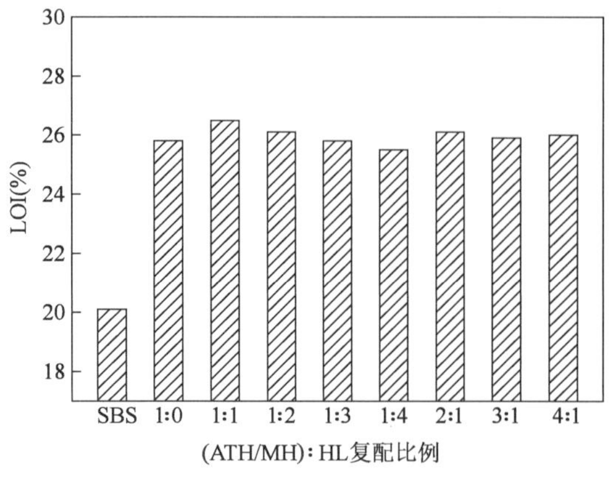

图4.1-16　无机型阻燃剂复配比例对 LOI 的影响

综合考虑沥青三大指标和极限氧指数的试验结果，最终确定（ATH/MH）：HL 的最佳复配比例为 3：1。

（2）总掺量的确定

在确定无机型阻燃剂复配比例为（ATH/MH）：HL = 3：1 后，再对不同总掺量的沥青性能进行对比，优选最佳掺量。试验结果如图 4.1-17 ~ 图 4.1-20 所示。

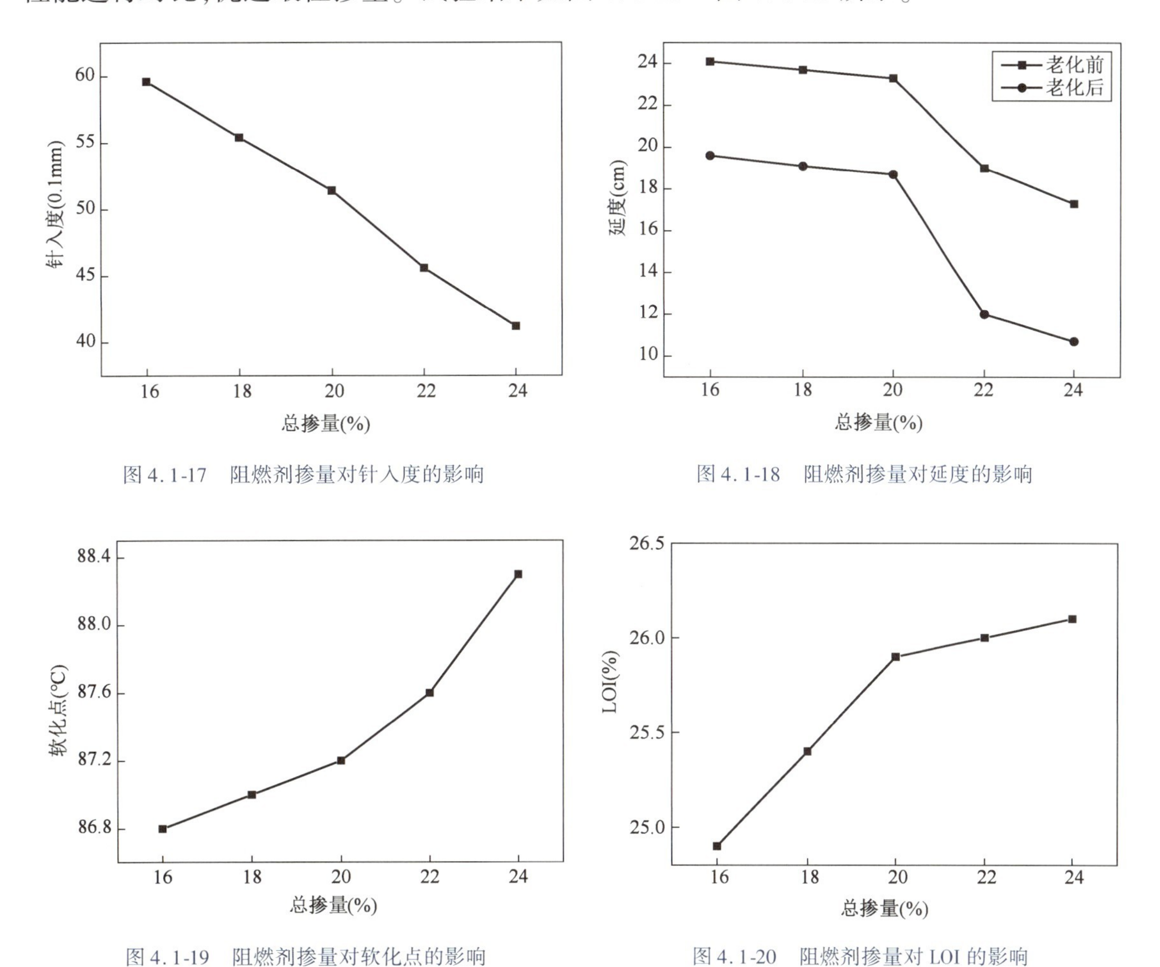

图 4.1-17　阻燃剂掺量对针入度的影响

图 4.1-18　阻燃剂掺量对延度的影响

图 4.1-19　阻燃剂掺量对软化点的影响

图 4.1-20　阻燃剂掺量对 LOI 的影响

综合考虑图 4.1-17 ~ 图 4.1-20 试验结果，推荐（ATH/MH）：HL 复配比例为 3：1 的无机型复配阻燃剂的最佳掺量为沥青质量的 20%。采用无机型阻燃剂时，应选择用其代替部分矿粉使用的方案。

4.1.6　温拌剂种类和掺量的选择

（1）温拌剂种类选择

项目组在研究过程中，考虑将温拌剂与阻燃剂复配为一种产品，故温拌剂选用两种固体类材料：Sasobit 和 Aspha-Min，其物理性质如表 4.1-5、表 4.1-6 所示。

Sasobit 物理性质 表 4.1-5

颜色	气味	沸点	水稳性(20℃)	凝固点	25℃密度	pH 值
白色	无味	沸点以下发生温度分裂	不溶	≥100	0.94g/cm^3	中性

Aspha-Min 物理性质 表 4.1-6

外观	成分	含水率	添加量	添加方式
粉色粉末	硅铝酸钠复合材料	21%	推荐沥青混合料质量的 0.3%	与沥青同时投放

(2)拌和压实温度确定

本书以降低施工温度大于 30℃为目标,综合考虑两种温拌剂对沥青性能以及混合料水稳性能的影响,以沥青质量 0.5% 的 Sasobit 和混合料质量 0.15% 的 Aspha-Min 加入沥青混合料中,验证其温拌效果。

本项目采用变速拌和功率法和布洛克菲尔德黏度计法对比评价温拌沥青混合料的温拌效果。

通过计算得到沥青混合料和易性试验结果,如图 4.1-21 所示。

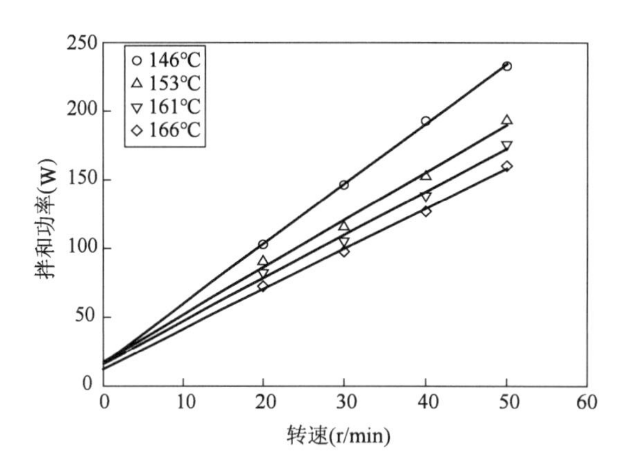

图 4.1-21 70 号基质沥青热拌混合料拌和功率与转速关系图

根据图 4.1-21 中拟合曲线的斜率,可计算出 146℃、153℃、161℃、166℃温度下的和易性指数分别为 23%、29.1%、31.9%、34.2%,此结果作为评价温拌沥青混合料的和易性可反推出温拌沥青混合料的拌和压实温度。

图 4.1-22 和图 4.1-23 分别为 SBS 改性温拌沥青混合料在不同温度下的拌和功率以及对应的和易性指数变化规律。从图中可看出,沥青混合料的拌和功率随着温度升高而降低,且降低幅度逐渐变缓;同一种混合料在不同温度下的和易性指数大致呈线性关系,根据图 4.1-23 中的线性方程,以基质沥青混合料的和易性指数为基准,可计算出对应的 SBS 改性温拌沥青混合料的拌和温度为 135~138℃,压实温度为 123~131℃,相比于传统热拌沥青混合料,施工温度可降低 35℃以上,具有较好的温拌效果。因此本书采用的 AC-13 混合料温拌剂掺量为沥青质量 0.5% 的 Sasobit 与混合料质量 0.15% 的 Aspha-Min 共同

掺配使用。

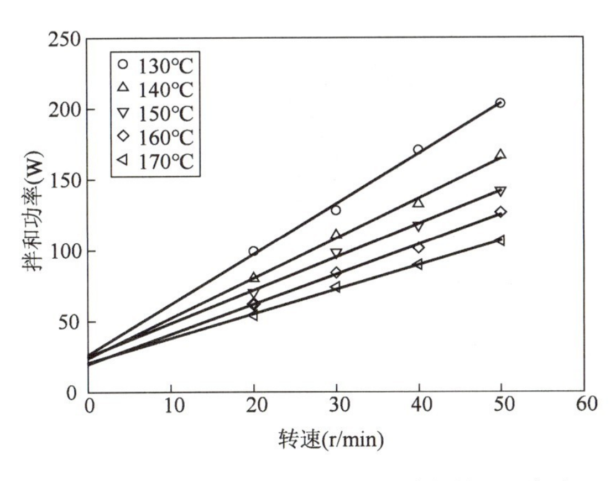

图 4.1-22 温拌沥青混合料拌和功率与转速的关系

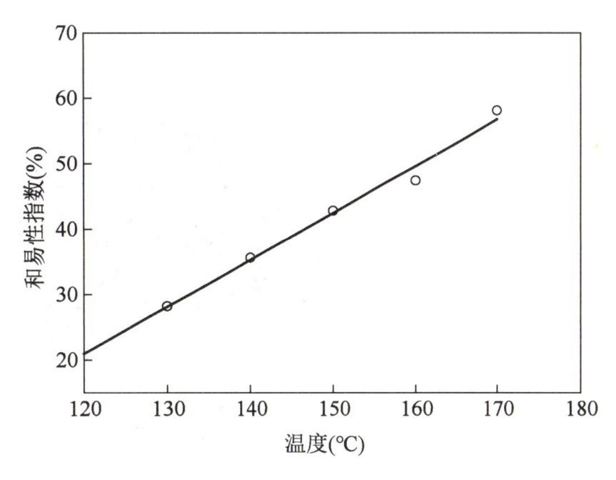

图 4.1-23 温拌沥青混合料和易性指数与温度的关系

(3)温拌剂对沥青燃烧性能的影响

根据以上试验结果,温拌剂采用 Sasobit 与 Aspha-Min 复配,阻燃剂采用膨胀型和无机型两种,将温拌剂与两种阻燃剂再分别复配后加入沥青,测得氧指数如表 4.1-7 所示。

不同种类温拌剂情况下的极限氧指数　　表 4.1-7

沥青种类	LOI(%)	要求
SBS	20.1	≥24%
SBS + Sasobit	19.4	
SBS + Aspha-Min	20.9	
SBS + Aspha-Min + Sasobit	20.3	
SBS + 膨胀型阻燃剂	24.7	
SBS + 无机型阻燃剂	25.9	
SBS + Aspha-Min + Sasobit + 膨胀型阻燃剂	25.4	
SBS + Aspha-Min + Sasobit + 无机型阻燃剂	26.2	

从表 4.1-7 中可看出,两种温拌剂对沥青的氧指数有着相反的影响,Sasobit 使沥青氧指数降低,Aspha-Min 使沥青氧指数增大,将其复配掺入沥青后,其氧指数相比较 SBS 改性沥青略有提高,增加了约 1%;加入阻燃剂后,氧指数均有显著提升,满足阻燃沥青的要求。

4.2 沥青阻燃效果评价及阻燃机理分析

本项目采用 TG 试验对不同种类的沥青进行阻燃机理研究,运用 Coats-Redfern 模型拟合方法(CRIM)求出各种阻燃沥青在各个燃烧阶段的反应活化能 E,用来表征沥青燃烧性能。活化能越大,表示沥青越不容易燃烧,即阻燃性能越好。TG 试验仪器如图 4.2-1 和

图4.2-2所示。

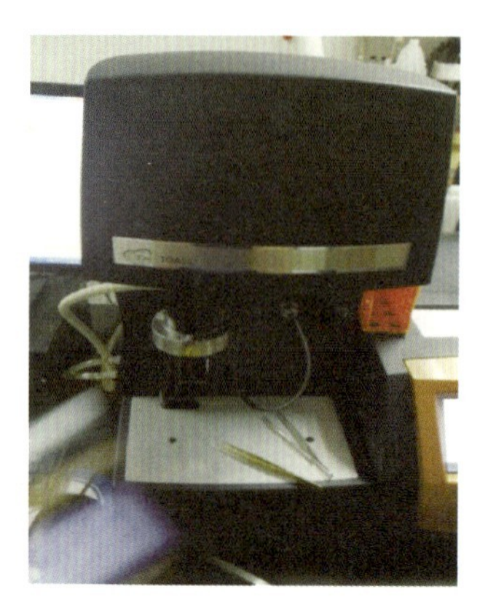

图4.2-1 TG试验分析仪

图4.2-2 仪器加热装置

4.2.1 热失重试验

(1)试验方案

本项目对添加不同阻燃剂方案的五种沥青进行试验,具体方案见表4.2-1。

TG试验方案 表4.2-1

试验方案	沥青种类	试验方案	沥青种类
A	SBS	D	SBS + APP/MA/PER + HL + Aspha-Min/Sasobit
B	SBS + APP/MA/PER + HL	E	SBS + ATH/MH + HL + Aspha-Min/Sasobit
C	SBS + ATH/MH + HL		

(2)试验结果分析

采用试验条件为:取试样5mg±0.5mg,温度从50℃加热到800℃,加热速率选用10℃/min,以50ml/min的速率注入空气。经过处理得到TG-DTG(热重-导数热重)曲线,如图4.2-3~图4.2-7所示。

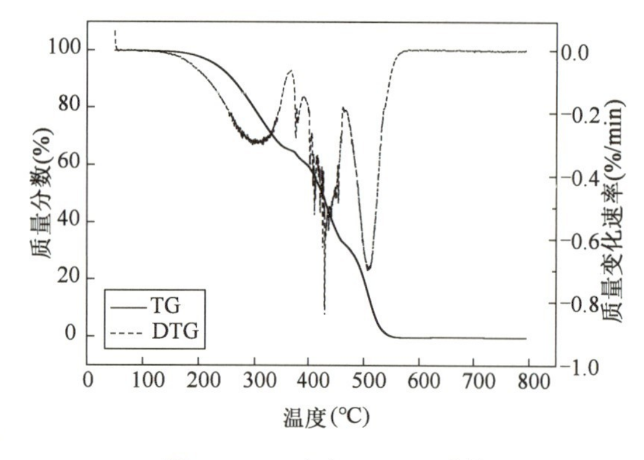

图4.2-3 A方案TG-DTG曲线

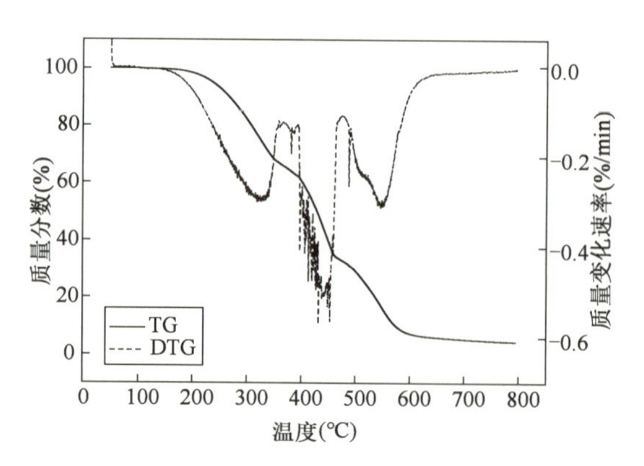

图4.2-4 B方案TG-DTG曲线

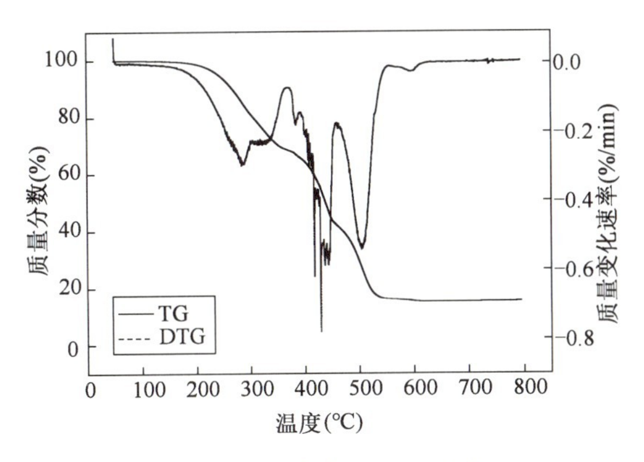

图4.2-5 C方案TG-DTG曲线

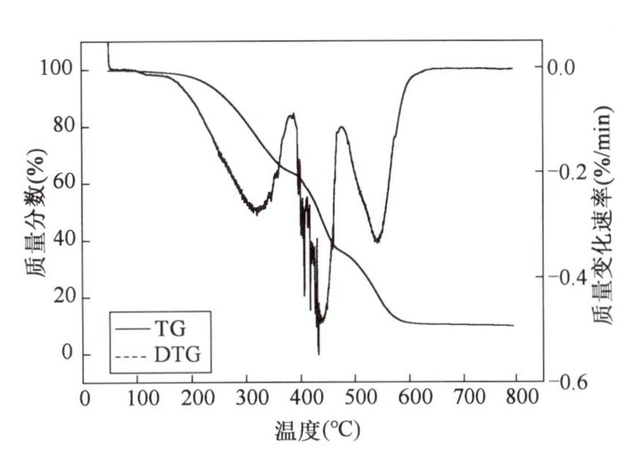

图4.2-6 D方案TG-DTG曲线

从以上各试样TG-DTG曲线图中可以看出,在空气环境中,各种沥青的热分解趋势基本相同,分解过程大致分为三个阶段:第一阶段为380℃之前,沥青质量持续损失的原因是沥青中轻质组分的挥发,如饱和分和非极性芳香分;第二阶段分解温度大致在380℃～500℃之间,此温度范围内的最大特点就是DTG曲线出现不止一个峰值,而在其他温度范围内的DTG曲线只有一个峰值;第三阶段分解温度从500℃开始,结束于600℃左右,由于沥青中掺入的阻燃剂不同可能导致热分解温度有差异,这一阶段试样的质量损失主要由于沥青质的分解,而此温度之后,试样质量基本保持不变,说明沥青中各组分已基本分解完全,剩余质量为不可分解的炭渣。

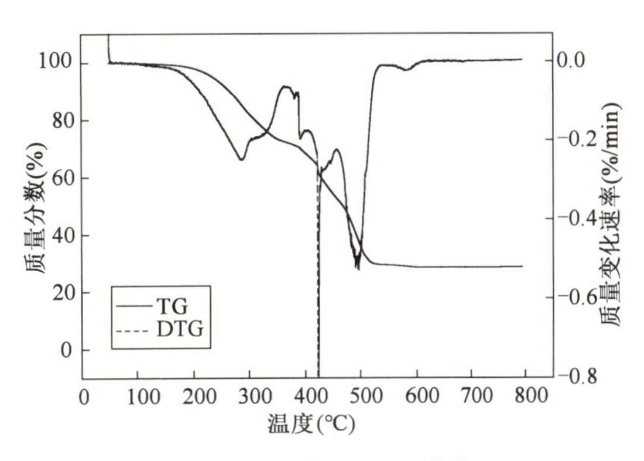

图4.2-7 E方案TG-DTG曲线

TG-DTG曲线中主要特征参数见表4.2-2,其中包括试样质量损失率的最大值(M_{PEAK})、试样质量损失率达到最大值时对应的温度(T_{PEAK})、剩炭率(M_F),剩炭率即为试样最终剩余质量与初始质量的比值。由于第二阶段DTG峰值不单一,因此表4.2-2中仅列举第一、三阶段的参数。各阶段试样质量损失量见表4.2-3。

各种沥青在热分解过程中的主要参数 表4.2-2

沥青种类	第一阶段		第三阶段		剩炭率
	T_{PEAK}(℃)	M_{PEAK}(%/min)	T_{PEAK}(℃)	M_{PEAK}(%/min)	M_F(%)
A	299.9	0.292	510.2	0.697	0.0015
B	324.15	0.292	546.76	0.306	5.55
C	286.75	0.295	506.89	0.535	15.06
D	320.98	0.282	541.78	0.332	10.12
E	287.47	0.249	495.95	0.526	28.35

各种沥青在各分解阶段的质量损失量　　表4.2-3

沥青种类	第一阶段(%)	第二阶段(%)	第三阶段(%)
A	34.91	31.96	33.13
B	37.50	29.90	27.08
C	31.61	26.25	27.05
D	36.72	27.56	25.60
E	28.07	19.41	24.16

综合表4.2-2和表4.2-3可以看出,无论是膨胀系阻燃改性沥青还是无机类阻燃改性沥青,添加复合温拌剂Sasobit/Aspha-Min后沥青的各指标均优于未添加温拌剂的沥青,特别是剩炭率,添加复合温拌剂Sasobit/Aspha-Min后沥青的剩炭率大约是未添加温拌剂时的2倍,说明本书提出的两种温拌剂复配使用的方案具有较好的阻燃效果。

4.2.2 活化能参数计算

本书采用单个扫描速率法对TG曲线进行分析,这种方法中最常用的是Coats-Redfern法,但用于沥青燃烧特性分析还是比较少。本项目采用以上方法对阻燃沥青的热稳定性进行分析。

从TG-DTG曲线中可看出沥青热分解过程分为三个阶段,各阶段沥青质量见表4.2-4,沥青各燃烧阶段的活化能如表4.2-5所示。

各阶段沥青质量　　表4.2-4

沥青种类	加热速率(K/min)	第一阶段(mg)		第二阶段(mg)		第三阶段(mg)	
		m_0	m_f	m_0	m_f	m_0	m_f
A	10	5.486	3.575	3.575	1.820	1.820	0
B	10	7.748	4.845	4.845	2.527	2.527	0.4303
C	10	6.845	4.681	4.681	2.885	2.885	1.031
D	10	8.182	5.188	5.188	2.929	2.929	0.8295
E	10	3.793	2.729	2.729	1.993	1.993	1.076

沥青各燃烧阶段的活化能 E　　表4.2-5

沥青类型	活化能 E(kJ/mol)		
	第一阶段	第二阶段	第三阶段
A	40.88	183.48	308.06
B	48.88	248.23	136.33
C	54.65	242.42	156.69
D	49.28	253.22	147.56
E	55.65	246.33	160.19

从表4.2-5中可看出，与掺加阻燃剂的沥青相比，A沥青活化能在燃烧过程中逐渐增大，这是因为沥青中的轻质组分易被点燃，尤其是饱和分、芳香分在第一阶段就会发生热分解，因此在第一阶段的活化能相对后两阶段较小。而从表4.2-5可以看到，在第一阶段掺加阻燃剂的沥青活化能均大于SBS改性沥青，即使在掺加阻燃剂的沥青中活化能最小的B沥青，其活化能也比A沥青增加了19.6%，可见阻燃性能改善效果显著。

第二阶段，由TG-DTG曲线可知，DTG曲线在第二阶段的峰值相较于其他两阶段最大，DTG峰值越大，意味着燃烧速率越快，加入阻燃剂的目的就是要降低燃烧速率，减小DTG峰值大小。掺加膨胀型复配阻燃剂沥青的活化能要大于掺加无机型复配阻燃剂，说明膨胀型复配阻燃剂在该阶段阻燃效果较优。

第三阶段，最大特点就是SBS改性沥青的活化能明显高于其他掺加阻燃剂沥青活化能，这是因为未掺加阻燃剂的SBS改性沥青在第三阶段主要是沥青质的分解，而沥青质相对其他组分更难分解，所以就需要更多的能量维持燃烧，因此活化能较大。这也能够说明为什么在第一阶段无机型复配阻燃剂沥青的活化能要大于膨胀型复配阻燃剂沥青。

4.2.3 阻燃机理分析

(1)膨胀型复配阻燃剂的阻燃机理

本书所用的膨胀型阻燃剂为APP/MA/PER，其中APP为脱水剂，起始分解温度为300℃，MA为发泡剂，起始分解温度为350℃，PER为成炭剂，起始分解温度为260℃。由此可见，膨胀型阻燃剂在沥青热分解第一阶段温度范围内即可产生作用，达到阻燃目的：①燃烧产生的多孔炭层能够有效隔绝热量，使包裹在内的沥青不直接接触热和空气；②同时，炭化层也能够将沥青受热分解产生的挥发物质包裹住，起到一定的抑烟作用。与SBS改性沥青相比，其燃烧过程中质量损失、活化能变化如图4.2-8和图4.2-9所示。

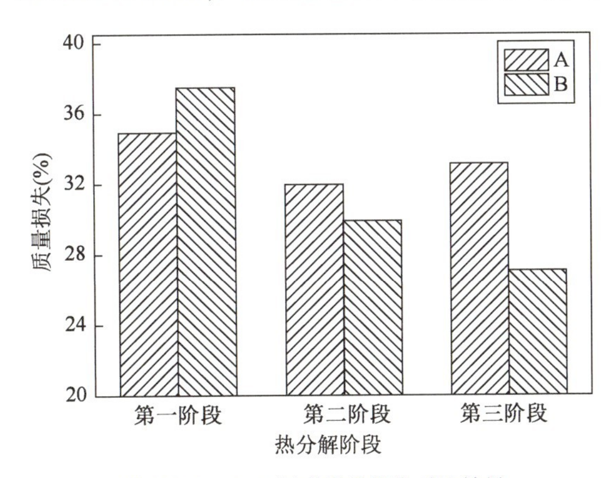

图4.2-8 A、B沥青质量损失对比结果

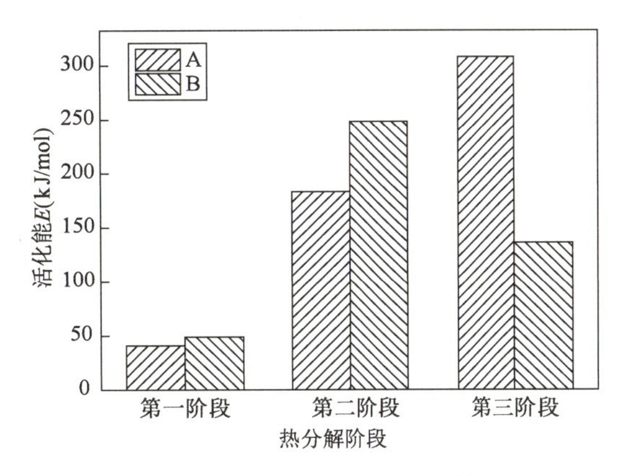

图4.2-9 A、B沥青活化能对比结果

综合上述试验结果分析情况,认为膨胀型阻燃剂的阻燃机理主要在于泡沫炭层的裹覆作用和HL的吸附作用。

(2)无机型复配阻燃剂的阻燃机理

本书采用的无机型阻燃剂包括ATH、MH和HL,其中ATH的分解温度为230~320℃,MH的分解温度为300~420℃,HL的分解温度为360~470℃。可以看出,将ATH/MH与HL复配后可拓宽其分解温度区间。与SBS改性沥青相比,无机型复配阻燃改性沥青在燃烧过程中的质量损失、活化能变化如图4.2-10和图4.2-11所示。

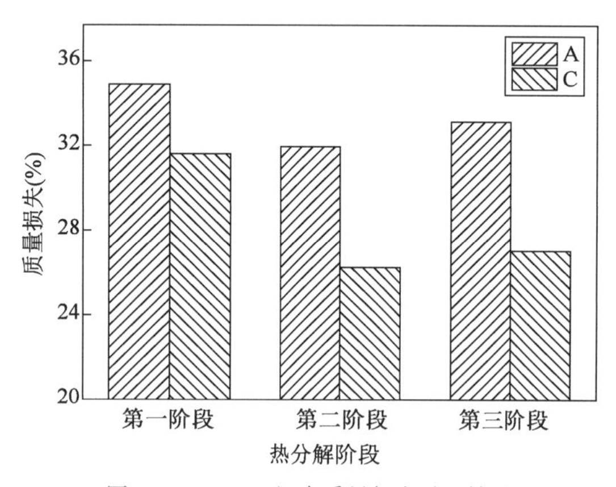

图4.2-10 A、C沥青质量损失对比结果

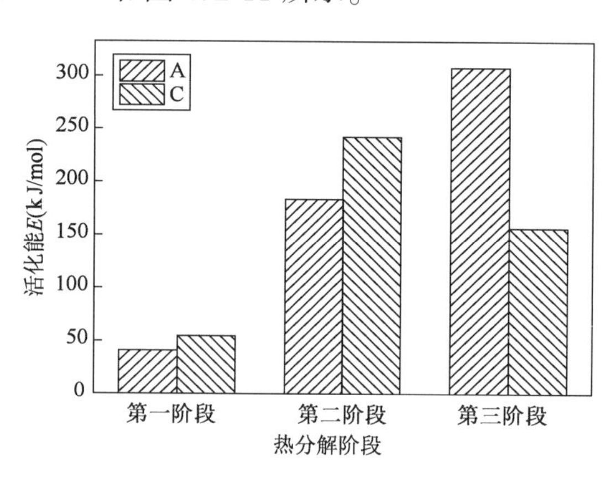

图4.2-11 A、C沥青活化能对比结果

根据以上分析,将膨胀型阻燃剂APP/MA/PER或无机型阻燃剂ATH/MH与HL复配使用理论上都能够起到更好的阻燃效果,并且相比其他阻燃剂成分,HL还具有明显的价格优势和改善沥青混合料黏附性的优势。

4.3 阻燃温拌沥青混合料性能

根据已有研究,沥青混合料的阻燃性能除了与沥青胶结料有较大关系外,混合料级配类型、空隙率也是不可忽视的因素。为此,采用隧道沥青路面常用级配类型AC-13、SMA-13、OGFC-13三种混合料进行相关研究。其中对于OGFC-13,已有研究表明,从路用性能考虑其空隙率(VV)宜控制在18%~22%,但就阻燃方面考虑而言,VV=20%时效果最好。因此,OGFC-13混合料的目标空隙率取20%。

4.3.1 混合料类型

本书采用AC-13、SMA-13、OGFC-13三种不同类型的混合料。三种级配根据集料筛分结果,参考《公路沥青路面施工技术规范》(JTG F40—2004)中给定的级配范围最终确定。其中,对于OGFC-13混合料的空隙率,控制关键筛孔尺寸为2.36mm,由前期研究可知,空隙率与2.36mm筛孔通过率有较好的线性相关关系，如式(4.3-1)所示，根据此公式计算2.36mm筛孔通过率。

$$Y = -1.2635X + 40.955 \qquad (R^2 = 0.9528) \tag{4.3-1}$$

三种级配的合成级配曲线如图4.3-1～图4.3-3所示。

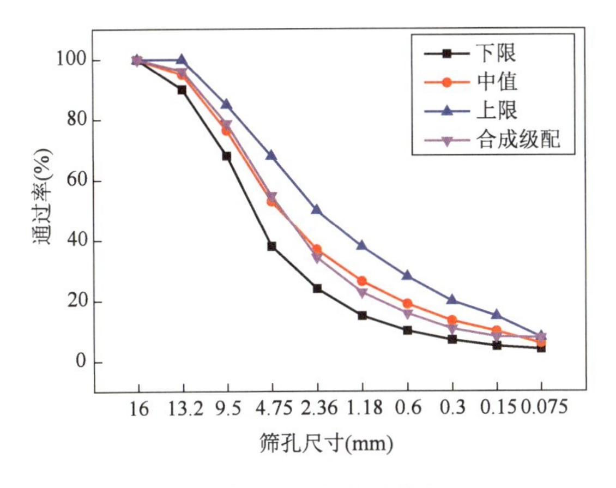

图4.3-1　AC-13级配曲线

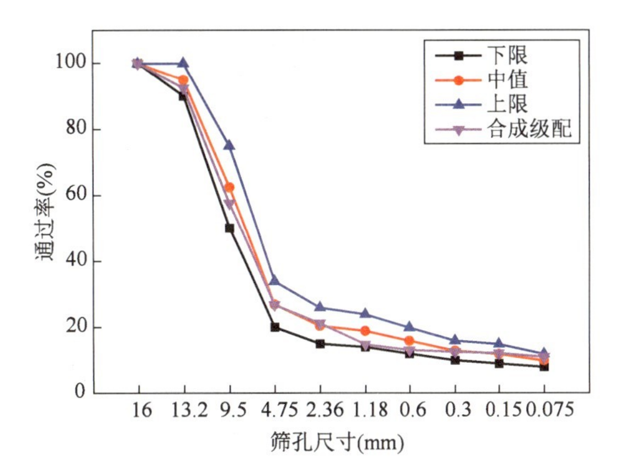

图4.3-2　SMA-13级配曲线

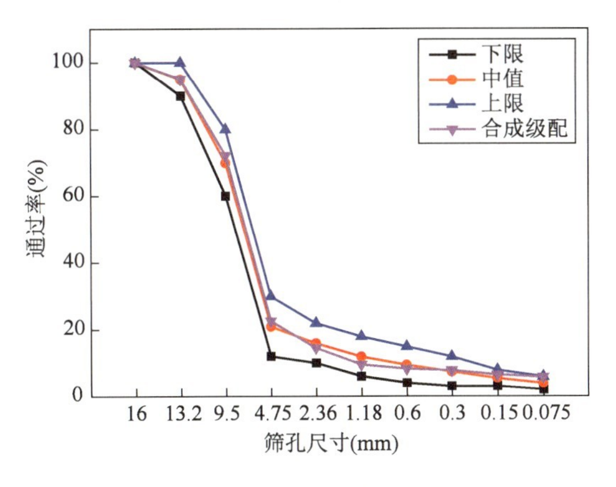

图4.3-3　OGFC-13级配曲线

4.3.2　阻燃剂、温拌剂的添加方式及温度控制

(1)阻燃剂、温拌剂的添加方式

本书温拌剂采用Sasobit与Aspha-Min复配方案，其中Sasobit采用湿拌方法，Aspha-Min则基于其作用机理选择干拌方式。温拌剂添加方式如图4.3-4所示。

本书采用的膨胀型复配阻燃剂掺量为沥青质量的8%，无机型复配阻燃剂掺量为沥青质量的20%。膨胀型复配阻燃剂采用湿拌法，无机型复配阻燃剂采用干法拌和。阻燃剂添加方式如图4.3-5所示。

a)Sasobit

b)Aspha-Min

图4.3-4 温拌剂添加方式

a)膨胀型阻燃剂加入沥青中

b)无机型阻燃剂加入集料中

图4.3-5 阻燃剂添加方式

(2)混合料的拌和及压实温度

结合工程经验及研究成果进行调整,最终确定采用SBS改性沥青时,温拌、热拌沥青混合料的拌和成型温度如表4.3-1所示。

混合料拌和成型温度　　表4.3-1

项目	温拌沥青混合料	热拌沥青混合料
沥青加热温度(℃)	170	170
集料加热温度(℃)	150~160	190~220
拌和温度(℃)	135~140	175~185
成型温度(℃)	125~130	160~170

4.3.3 最佳油石比确定

分别对AC-13、SMA-13、OGFC-13三种不同结合料的混合料分别进行马歇尔试验,其各自最佳油石比及体积指标如表4.3-2~表4.3-4所示。

AC-13 沥青混合料最佳油石比及体积参数 表4.3-2

沥青种类		油石比(%)	毛体积相对密度 γ_f	空隙率 VV(%)	矿料间隙率 VMA(%)	沥青饱和度 VFA(%)	马歇尔稳定度 MS(kN)
A	SBS	5.1	2.414	3.986	14.302	72.130	12.82
B	SBS+膨胀型阻燃剂+温拌剂	5.4	2.397	4.101	14.596	71.903	9.76
C	SBS+无机型阻燃剂+温拌剂	5.2	2.409	4.057	14.437	71.899	9.81

SMA-13 沥青混合料最佳油石比及体积参数 表4.3-3

沥青种类		油石比(%)	毛体积相对密度 γ_f	空隙率 VV(%)	矿料间隙率 VMA(%)	沥青饱和度 VFA(%)	马歇尔稳定度 MS(kN)
A	SBS	6.2	2.432	4.127	17.382	76.257	11.35
B	SBS+膨胀型阻燃剂+温拌剂	6.4	2.428	4.072	17.161	76.272	10.00
C	SBS+无机型阻燃剂+温拌剂	6.2	2.441	3.983	17.086	76.689	10.20

OGFC-13 沥青混合料最佳油石比及体积参数 表4.3-4

沥青种类		油石比(%)	毛体积相对密度 γ_f	空隙率 VV(%)	矿料间隙率 VMA(%)	沥青饱和度 VFA(%)	马歇尔稳定度 MS(kN)
A	SBS	4.3	2.095	19.767	27.258	27.482	8.73
B	SBS+膨胀型阻燃剂+温拌剂	4.5	2.078	19.861	27.302	27.254	5.29
C	SBS+无机型阻燃剂+温拌剂	4.3	2.102	20.082	27.126	25.968	5.97

4.3.4 路用性能验证

(1)高温稳定性

采用车辙试验评价沥青混合料的高温稳定性,试验结果如图4.3-6~图4.3-8所示。

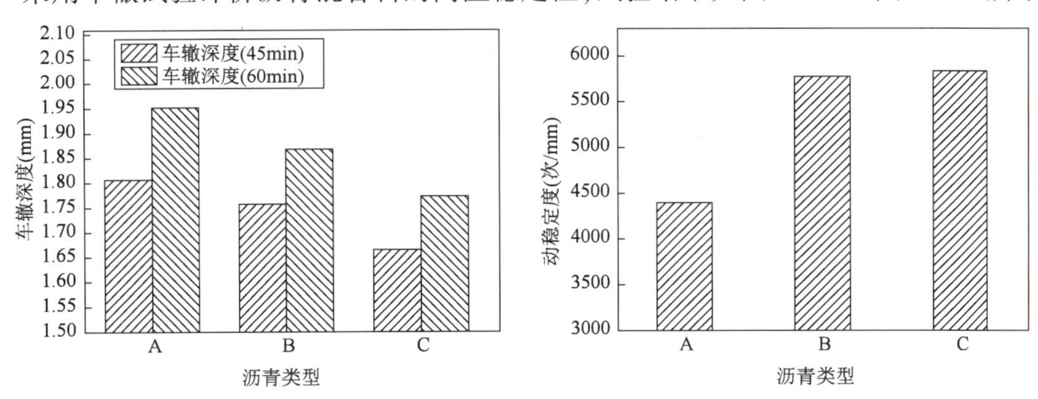

图4.3-6 AC-13型沥青混合料车辙试验结果

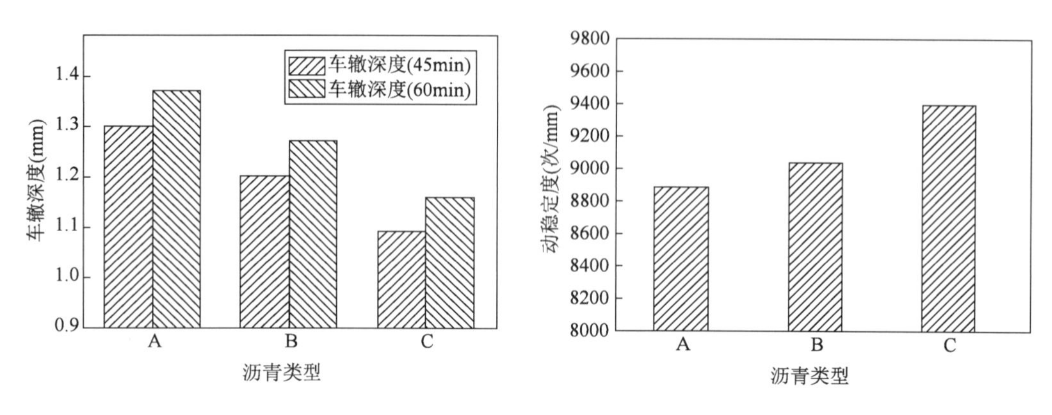

图4.3-7 SMA-13型沥青混合料车辙试验结果

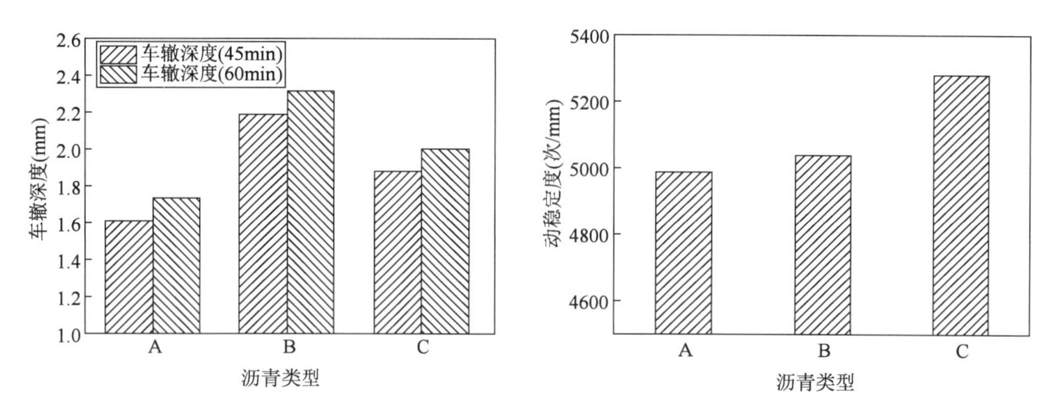

图4.3-8 OGFC-13型沥青混合料车辙试验结果

由以上图表可知,对于三种不同级配类型的混合料试验结果,添加阻燃温拌剂的混合料试验结果相比SBS热拌沥青混合料均有一定程度的提高。另外,相较于膨胀型阻燃剂,无机型阻燃剂中氢氧化物的含量更高,且无机型阻燃剂的掺配比例大于膨胀型阻燃剂。三种级配类型的混合料,就阻燃温拌沥青混合料车辙试验结果考虑,优选SMA(沥青玛蹄脂碎石混合料),其次是AC(密级配沥青混凝土混合料),OGFC(大孔隙开级配排水式沥青磨耗层)在三者中的表现相对较弱,但也远远超过规范规定数值。

(2)低温稳定性

采用-10℃低温弯曲试验评价沥青混合料低温性能,试验结果如图4.3-9所示。

由以上图表可知,同一级配类型的三种沥青混合料抗弯拉强度、最大弯拉应变、弯曲劲度模量和应变能密度的变化趋势基本相同。三种级配类型的沥青混合料中,SMA的应变能密度最大,AC次之,OGFC最小,说明SMA的低温抗裂性能较其他两种混合料要好。

(3)水稳定性

采用浸水马歇尔、冻融劈裂试验综合评价沥青混合料的水稳定性,试验结果如图4.3-10和图4.3-11所示。

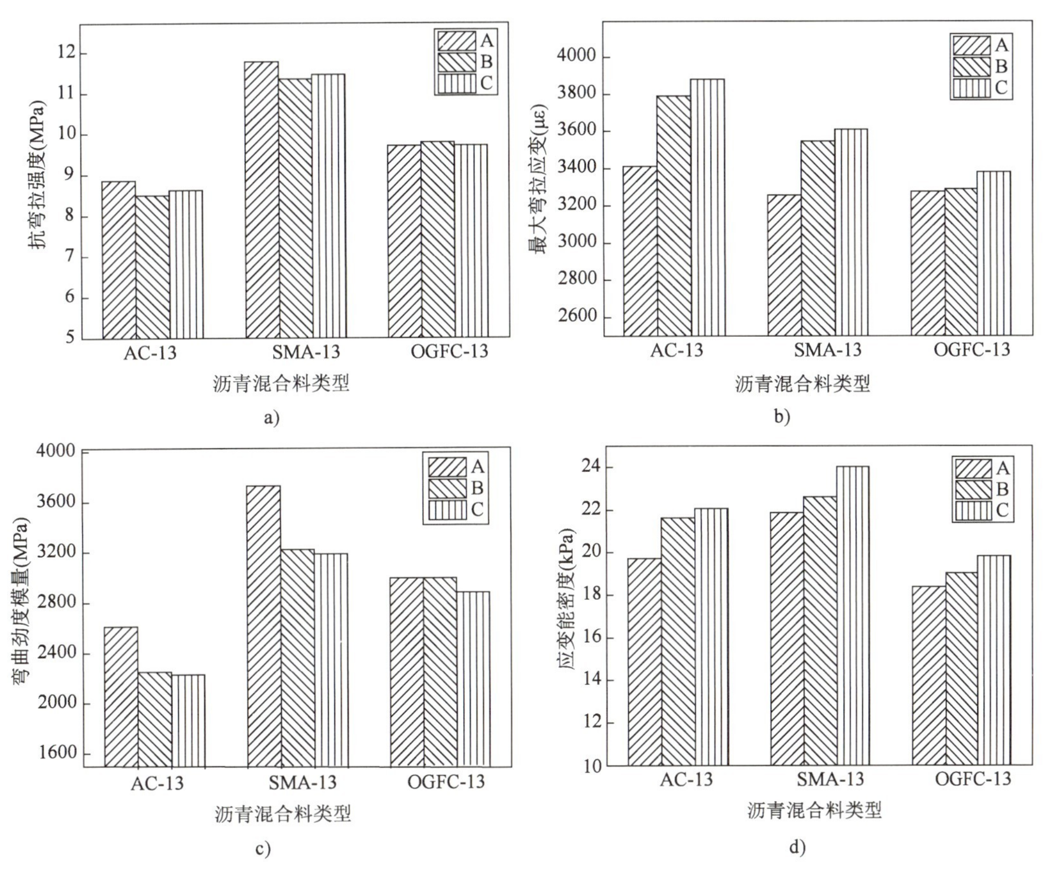

图4.3-9　沥青混合料低温弯曲试验结果对比图

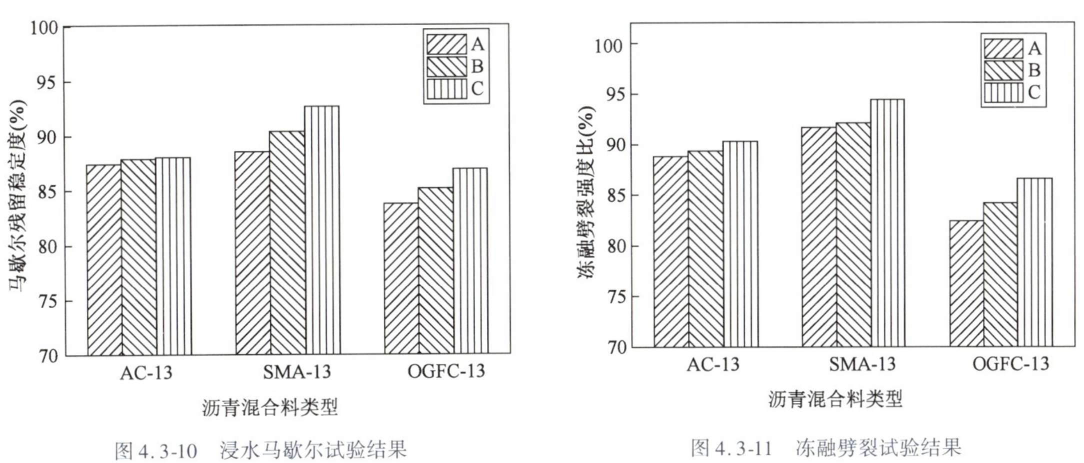

图4.3-10　浸水马歇尔试验结果

图4.3-11　冻融劈裂试验结果

从图4.3-10可看出，在相同级配类型情况下，残留稳定度大小顺序为C＞B＞A，说明阻燃温拌剂的加入提高了沥青混合料的水稳性能。此外，矿料级配对水稳定性也有着较大影响，相比之下，AC和SMA两种密实结构的混合料空隙率要小很多，且沥青含量要大于 OGFC,对水损害有较好的抵抗能力。

从图 4.3-11 可看出,冻融劈裂试验结果与浸水马歇尔试验结果有着相同的变化规律,进一步说明本书所用的阻燃温拌剂能够改善混合料的水稳定性。其中 SMA 试验结果最好,主要是 SMA 沥青含量最大,用于替代矿粉的无机氢氧化物更多,对于改善沥青黏附性的效果也就更明显。

(4)抗反射裂缝性能

本书采用意大利 MATEST 公司生产的 Overlay Tester(OT)抗裂性能试验仪,对沥青混合料试件的抗反射裂缝能力进行评价,试验结果如图 4.3-12 ~ 图 4.3-15 所示。

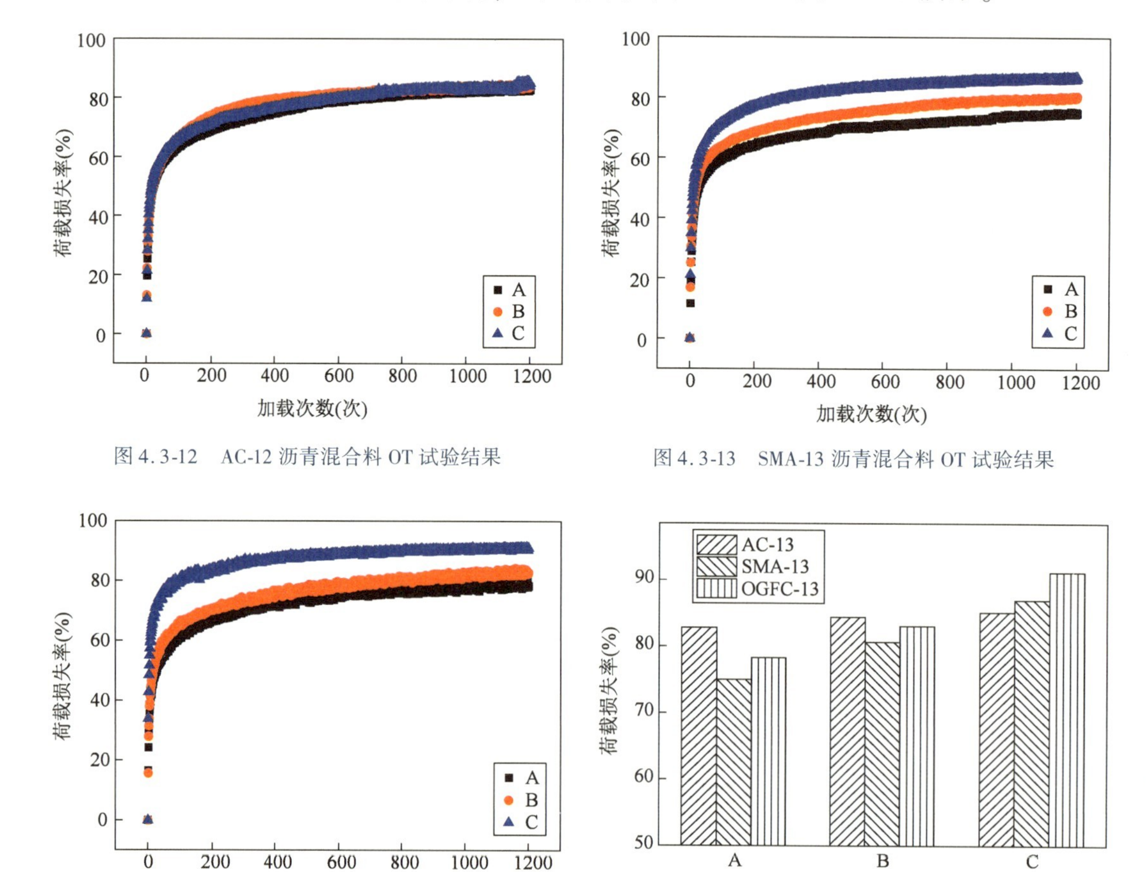

图 4.3-12　AC-12 沥青混合料 OT 试验结果

图 4.3-13　SMA-13 沥青混合料 OT 试验结果

图 4.3-14　OGFC-13 沥青混合料 OT 试验结果

图 4.3-15　不同级配类型混合料的 OT 试验结果

从图 4.3-12 ~ 图 4.3-15 可看出,三种级配类型的沥青混合料有着共同的规律,即荷载损失率大小排序为 A < B < C,第一次加载值大小顺序为 A < B < C,第 1200 次加载值大小为 A > B > C,说明阻燃温拌剂对沥青混合料的抗反射裂缝能力有一定影响。对于不同类型的沥青混合料而言,SMA 的第一次加载值最大,AC 次之,OGFC 最小。

综上所述,若仅从抗裂能力的角度出发,推荐使用 SMA-13 级配类型的混合料。

(5)浸水车辙试验

采用浸水车辙试验对比不同沥青混合料在水和荷载共同作用下的性能变化,试验仪器及试件如图 4.3-16 所示。试样采用圆柱形试样,尺寸为直径 150mm,高 70mm,如图 4.3-17 所示。试验结果如图 4.3-18 ~ 图 4.3-22 所示。

图 4.3-16 浸水车辙试验仪

图 4.3-17 待测试件

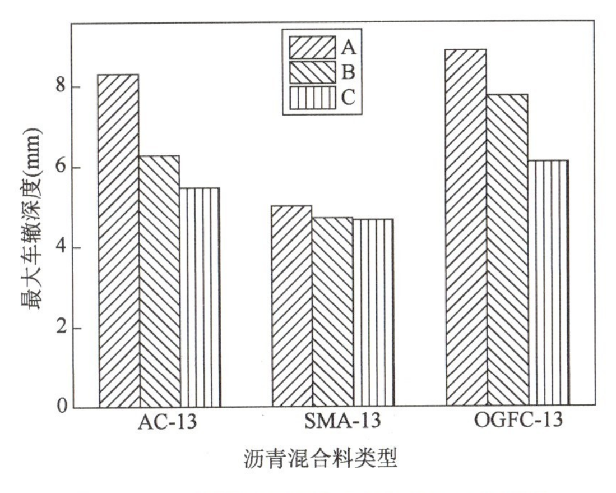

图 4.3-18 不同类型沥青混合料最大车辙深度

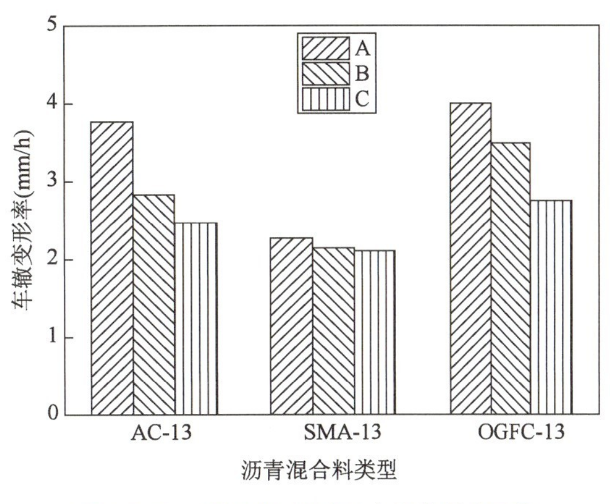

图 4.3-19 不同类型沥青混合料车辙变形率

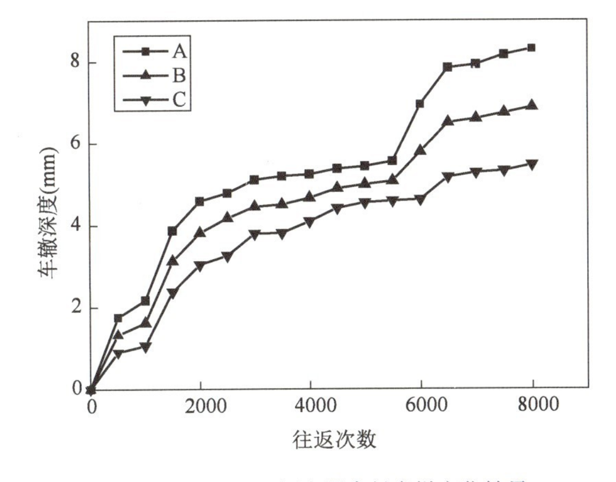

图 4.3-20 AC-13 沥青混合料车辙变化结果

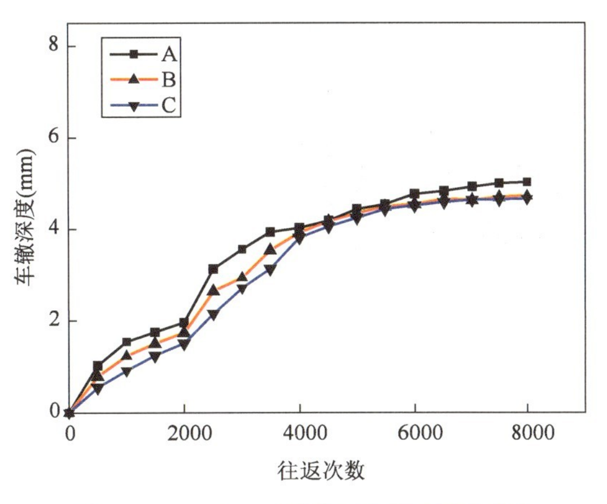

图 4.3-21 SMA-13 沥青混合料车辙变化结果

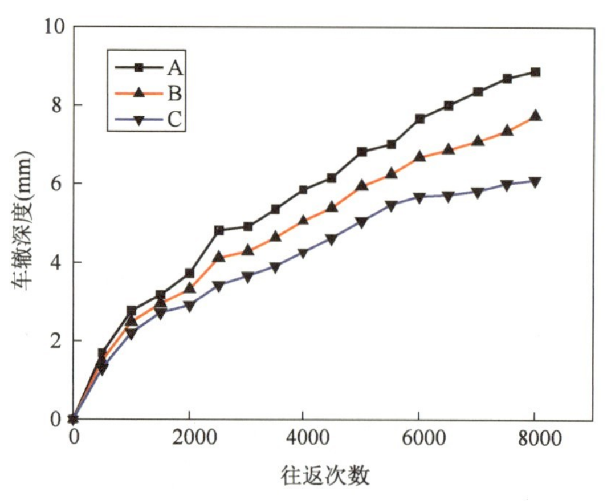

图 4.3-22 OGFC-13 沥青混合料车辙变化结果

由图 4.3-18 ~ 图 4.3-22 可看出,不同级配类型沥青混合料的最大车辙深度有着共同的变化规律,即 A > B > C,说明阻燃温拌剂的使用可改善沥青混合料的抗车辙能力,尤其是无机型阻燃剂,其改善效果更加明显,这与车辙试验结果相一致。

从图 4.3-18 ~ 图 4.3-22 可看出,AC-13 型沥青混合料的车辙曲线有明显的突变点,至于 SMA 和 OGFC 两种沥青混合料的车辙变化曲线,除 SMA 类型 A 种沥青混合料在 2000 次的作用次数时出现拐点,其余均未出现明显拐点,曲线呈缓慢上升趋势。同时,图 4.3-18 ~ 图 4.3-22 中任何作用次数下的车辙深度始终保持 A > B > C,且 SMA-13 沥青混合料的车辙曲线发展最为平缓,说明添加阻燃温拌剂后的沥青混合料高温性能有所改善,横向对比三种级配类型的沥青混合料,SMA 的高温水稳性能最优。

4.3.5 沥青混合料阻燃抑烟性能评价

采用锥形量热试验对 A/B/C 三种混合料切片的燃烧抑烟性能进行研究。锥形量热仪主要由锥形加热器、样品池、热天平、烟气测试系统、数据采集处理系统等部分组成,本书采用英国 FTT 公司生产的锥形量热仪,如图 4.3-23 所示。

图 4.3-23 锥形量热仪

根据锥形量热仪试验规定,一般试验样品的受热面积为 100mm × 100mm,厚度不大于 50mm。由于沥青混合料中大部分是集料和矿粉,与普通聚合物相比,在相同条件下不易燃烧,且本试验仪器最大称重为 200g,所以采用马歇尔试件切片进行试验,直径 d = 101.6mm,高 h = 10mm,如图 4.3-24 所示。

a)试验前

b)试验后

图 4.3-24　锥形量热试验试样

锥形量热试验可测得多种指标,本研究主要以点燃时间、燃烧时间、热释放速率、总热释放量及质量损失评价沥青混合料的燃烧性能,以烟释放速率、比消光面积、总烟释放量来评价沥青混合料的抑烟性能。试验结果如表 4.3-5 和图 4.3-25 ~ 图 4.3-30 所示。

锥形量热试验参数结果　表 4.3-5

混合料种类		点燃时间(s)	燃烧时间(s)	总热释放量(MJ/m^2)	总烟释放量(m^2/m^2)	质量损失(%)
AC-13	A	161	543	43.84	1430.95	5.12
	B	175	400	37.59	948.31	4.83
	C	212	371	31.20	530.07	4.26
SMA-13	A	108	589	55.07	1029.51	5.43
	B	121	550	43.51	680.74	5.31
	C	135	547	39.34	143.88	4.85
OGFC-13	A	107	457	33.53	682.79	4.05
	B	119	411	31.18	572.17	4.00
	C	125	394	29.23	173.44	3.89

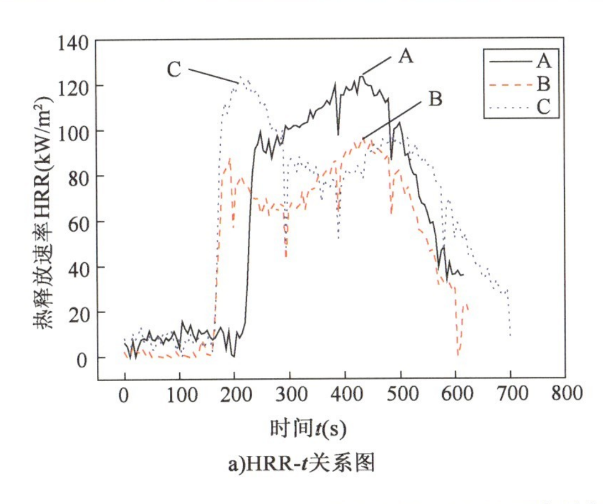

a)HRR-t关系图

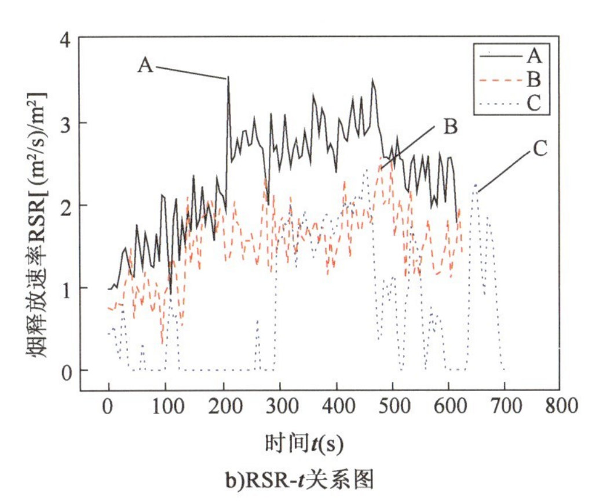

b)RSR-t关系图

图 4.3-25　AC-13 沥青混合料 HRR-t、RSR-t 关系曲线

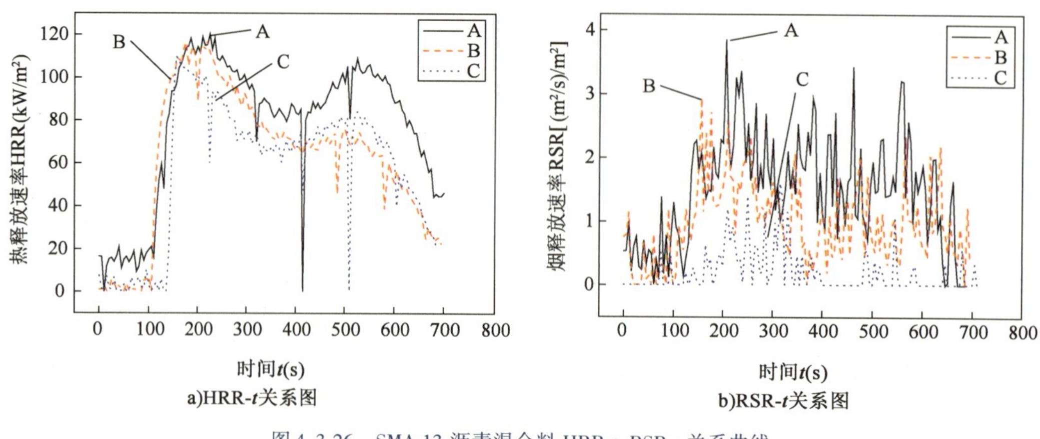

图 4.3-26　SMA-13 沥青混合料 HRR-t、RSR-t 关系曲线

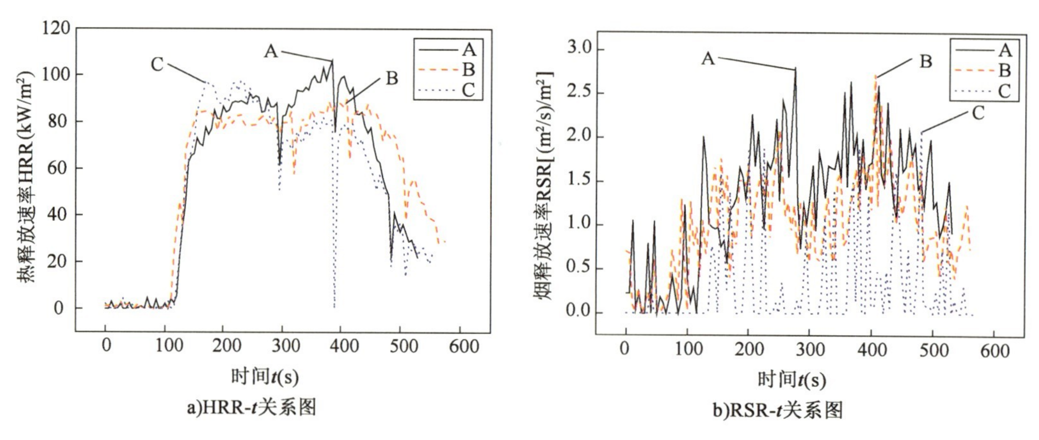

图 4.3-27　OGFC-13 沥青混合料 HRR-t、RSR-t 关系曲线

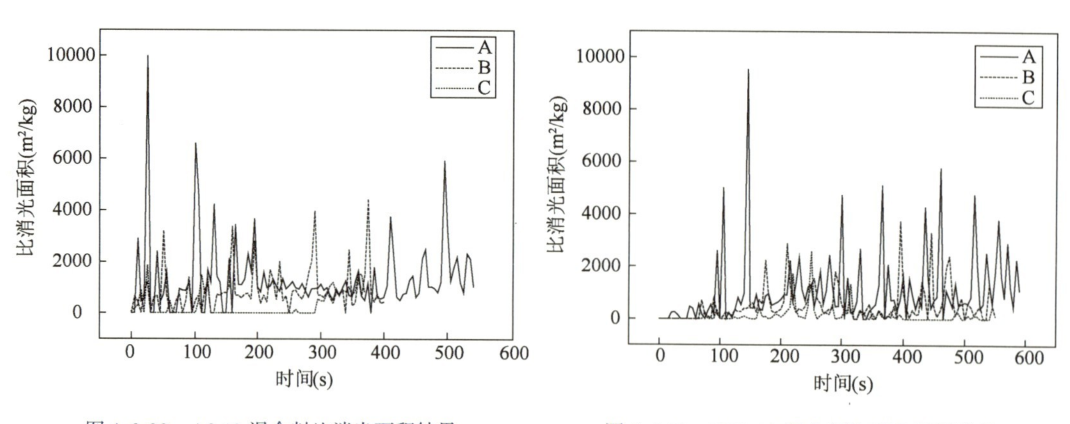

图 4.3-28　AC-13 混合料比消光面积结果

图 4.3-29　SMA-13 混合料比消光面积结果

从表 4.3-5 可以看出，对于点燃时间、燃烧时间、总热释放量和总烟释放量四个指标而言，三种级配类型的混合料有着相似的变化规律，即点燃时间 A < B < C，燃烧时间 A > B > C，说明阻燃剂的加入能够有效延缓沥青混合料的点燃时间，给紧急救援争取更多宝贵时

间。从燃烧时间这一指标可以看出,SMA 的燃烧时间最长,OGFC 的燃烧时间最短,这是因为燃烧时间与沥青含量有着密切联系,三种级配类型的沥青混合料中,SMA 的沥青含量最大,OGFC 最小。

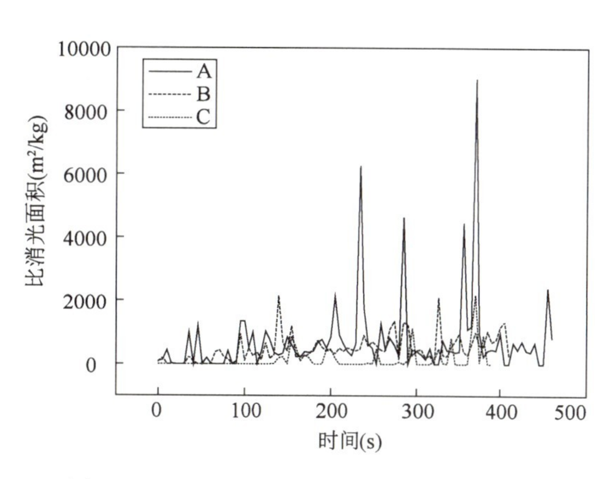

图 4.3-30 OGFC-13 混合料比消光面积结果

总热释放量和总烟释放量变化规律都是 A > B > C,其中 A、B 两者相比较,对于总热释放量这一指标而言,AC 沥青混合料 B 比 A 减少了 14.3%,SMA 沥青混合料 B 比 A 减少了 21%,OGFC 沥青混合料 B 比 A 减少了 7%。对比 A、C 两种混合料,AC 和 SMA 两种沥青混合料 C 比 A 减少了 29%,OGFC 沥青混合料 C 比 A 减少了 13%,单从这一方面来看,阻燃效果较好的是 SMA-13 沥青混合料,说明混合料的级配类型对混合料的阻燃效果也有着较大影响。

对于总烟释放量这一指标,可以明显看出无机型阻燃剂的发烟量要明显小于其他两种,说明无机型阻燃剂比膨胀型阻燃剂有更好的抑烟作用,而一旦隧道发生火灾,造成人员伤亡的往往就是因为燃烧时产生的大量烟雾,从某种程度来讲,抑烟比阻燃更加重要。

质量损失大小反映了沥青混合料在燃烧过程中参与裂解的多少,质量损失越大,说明参与燃烧的成分越多。从表 4.3-5 中质量损失结果可知,三种沥青混合料的结果变化规律相同,均为 A > B > C。就 AC-13 沥青混合料而言,B 比 A 减少幅度为 5.7%,C 比 A 减小幅度为 16.8%;对于 SMA-13 沥青混合料,B 比 A 减少幅度为 2.2%,C 比 A 减小幅度为 10.7%;对于 OGFC-13 沥青混合料,B 比 A 减少幅度为 1.3%,C 比 A 减小幅度为 4%。从以上变化可以看出,两种阻燃温拌剂均能够减少质量损失,减缓燃烧过程,其中无机型复配阻燃剂的效果要明显优于膨胀型复配阻燃剂。

从图 4.3-25 ~ 图 4.3-27 对比 HRR 曲线图可以看出,三种类型混合料的试验结果存在较大的差异,矿料级配是影响沥青混合料燃烧行为的一个重要因素。为比较级配对沥青混合料燃烧性能的影响,统一选取 A 沥青进行对比。首先,对于 AC 类型混合料,HRR 图形只有一个峰值,且峰值范围较大,热释放速率越大,说明沥青混合料参与燃烧越剧烈。而 SMA 和 OGFC 两种沥青混合料的 HRR 曲线有两个峰值范围,三种级配类型沥青混合料的热释放速率峰值,AC 最大,SMA 次之,OGFC 最小。

对比 HRR 与 RSR 曲线图,每种级配类型的 A、B 沥青混合料的烟释放速率曲线趋势与热释放速率趋势基本相同,即热释放速率越大,烟释放速率也变大,但 B 沥青混合料的烟释放速率均小于 A,说明膨胀型复配阻燃剂有一定的抑烟效果。而 C 沥青混合料的烟释放速率曲线变化与 A、B 差异较大，随着热释放速率增大，烟释放速率有降低的趋势，当 HRR 曲线达到峰值时，烟释放速率几乎为零，说明温度越高，燃烧越剧烈，无机型阻燃剂的抑烟性能越好，这是因为本项目所复配的无机阻燃剂中各成分热分解温度范围不同，覆盖范围较广，受热分解后产生的碳化物能够将沥青包裹住达到抑烟的目的。

图 4.3-28 ~ 图 4.3-30 为三种不同沥青类型沥青混合料的比消光面积结果对比，比消光面积是指燃烧过程中，在某时刻单位质量试样燃烧时所产生的烟量。从图中对比结果可知，无论哪一种级配类型沥青混合料，A 的数值要大于 B 的数值，而 B 又大于 C。这与总烟释放量的结论保持一致，说明添加阻燃剂后的沥青混合料在燃烧过程中的生烟率大大降低，在抑烟方面具有明显效果。横向对比同一种沥青类型的不同级配混合料试验结果，选 A 沥青分析。从图 4.3-28 ~ 图 4.3-30 中可明显看出，AC 和 SMA 两种沥青混合料的比消光面积的峰值较 OGFC 要提前，且峰值数量较 OGFC 多，三种混合料中峰值出现次数最多的是 SMA；分析认为这与沥青含量有关，烟的产生主要来自沥青的分解，但从总烟释放量来看，添加阻燃剂后的抑烟效果 SMA 和 OGFC 都优于 AC，这也能够说明生烟量和级配的关系也不容忽视。

综合以上各个指标对比，无机型复配阻燃剂要优于膨胀型复配阻燃剂。仅从阻燃抑烟性能方面考虑，三种级配类型中 SMA 和 OGFC 各有优势，在抑烟方面添加无机型阻燃剂的 SMA 更好，在减少热释放量方面添加无机型阻燃剂的 OGFC 更优。

4.4 OGFC-13 沥青混合料降噪性能

通过车辙试验、贯入试验、残留稳定度试验、冻融劈裂试验来评价不同设计空隙率 OGFC-13 沥青混合料的路用性能，并结合沥青路面抗滑性、透水性、耐疲劳等性能提出适合隧道沥青路面的 OGFC-13 合适级配和空隙率，最后通过试验验证 OGFC-13 沥青混合料的降噪性能。

4.4.1 试验方案

本次试验级配类型采用设计空隙率为 15%、18%、20%、22%、24% 五种空隙率的 OGFC-13沥青混合料。对于 OGFC-13，控制其空隙率关键筛孔为 2.36mm，2.36mm 筛孔与空隙率有良好的线性相关性，如式(4.4-1)所示。根据式(4.4-1)计算 2.36mm 筛孔通过率，具体方案类型见表 4.4-1。

$$Y = -1.2635X + 40.955(R^2 = 0.9528) \tag{4.4-1}$$

试验方案　　表4.4-1

级配类型	通过率(%)										目标空隙率(%)
	筛孔尺寸(mm)										
	16	13.2	9.5	4.75	2.36	1.18	0.6	0.3	0.15	0.075	
A	100.0	95.5	73.7	28.0	18.2	13.0	10.7	8.1	6.4	4.7	15
B	100.0	95.3	72.5	25.8	16.9	12.7	10.5	8.0	6.3	4.7	18
C	100.0	95.0	71.0	20.5	15.5	12.2	20.2	7.8	6.0	4.5	20
D	100.0	94.8	69.1	17.5	13.4	10.8	8.6	7.2	6.0	4.6	22
E	100.0	94.4	67.3	14.4	10.6	8.7	7.8	6.7	5.8	4.7	24

4.4.2 沥青混合料配合比设计及最佳油石比确定

本试验中采用析漏试验来确定沥青混合料的最佳油石比,试验时在3.5%、4.0%、4.5%、5.0%、5.5%五种油石比下进行析漏试验,以沥青的析漏损失率与沥青油石比的关系曲线中的拐点作为最佳沥青油石比,最终确定各方案的最佳油石比及其各项体积指标结果,见表4.4-2。

各方案沥青混合料体积指标结果　　表4.4-2

试验方案	目标空隙率(%)	油石比(%)	相对毛体积密度	最大理论相对密度	实际空隙率(%)	矿料间隙率VMA(%)	沥青饱和度VFA(%)	马歇尔稳定度MS(kN)	流值FL(mm)
A	15	4.6	2.224	2.627	15.341	23.987	36.023	7.84	1.93
B	18	4.5	2.164	2.633	17.812	25.998	31.533	7.75	2.05
C	20	4.3	2.110	2.646	20.257	27.836	27.227	6.91	2.36
D	22	4.3	2.061	2.652	22.285	29.550	24.585	6.97	2.58
E	24	4.2	2.010	2.662	24.493	31.233	21.580	4.52	2.42

4.4.3 沥青混合料路用性能

(1)沥青混合料水稳定性试验

目前国内外评价沥青混合料水稳定性的方法很多,广泛应用的主要有沸煮试验、浸水马歇尔试验、浸水间接拉伸试验、冻融劈裂试验、浸水车辙试验等。本节采用浸水马歇尔试验和冻融劈裂试验来综合评价沥青混合料的水稳定性。

五种不同空隙率下OGFC-13沥青混合料的残留稳定度试验结果见表4.4-3。

浸水马歇尔试验结果　　表4.4-3

混合料类型	48h稳定度 MS_1(kN)	30min稳定度MS(kN)	残留稳定度 MS_0(%)	规范要求
A	7.84	7.73	101.42	≥80%
B	7.63	7.75	98.45	
C	6.91	7.05	98.01	
D	6.34	7.20	88.06	
E	4.52	5.39	83.86	

五种不同空隙率下OGFC-13沥青混合料的冻融劈裂试验结果见表4.4-4。

冻融劈裂试验结果　　表4.4-4

混合料类型	冻融后劈裂强度 R_{T1}(MPa)	未冻融劈裂强度 R_{T2}(MPa)	冻融劈裂强度比 TSR(%)	规范要求
A	1.14	1.28	89.06	≥80%
B	1.07	1.15	93.04	
C	0.62	0.60	103.33	
D	0.62	0.70	88.5	
E	0.56	0.66	84.85	

由表可知,不同沥青混合料冻融劈裂试验结果和残留稳定度结果并不一致,这主要是因为冻融劈裂试验通过真空法饱水提高了沥青混合料中微空隙水分的饱和度,降低了空隙中的残留气体。

(2)沥青混合料高温稳定性试验

本节采用车辙试验来评价不同空隙率下OGFC-13沥青混合料的高温性能,车辙试验结果见表4.4-5。

车辙试验结果　　表4.4-5

混合料类型	45min车辙深度 d_{45min}(mm)	60min车辙深度 d_{60min}(mm)	动稳定度DS(次/mm)
A	2.413	2.552	4532
B	1.721	1.855	5006
C	1.874	2.033	3962
D	2.111	2.275	3874
E	2.151	2.314	3857

由表可知,各沥青混合料的动稳定度均满足规范要求,且动稳定度随空隙率的增加而减小。

(3)沥青混合料低温抗裂性能试验

国内外评价沥青混合料低温开裂性能的试验主要包括直接拉伸试验、间接拉伸试验、蠕变试验、受限试件的温度应力试验、应力松弛试验等。本节采用沥青混合料低温弯曲试验来评价沥青混合料的低温性能。对五种级配分别进行低温弯曲试验,试验结果见表4.4-6。

五种级配下低温弯曲试验结果 表4.4-6

混合料类型	抗弯拉强度(MPa)	最大弯拉应变(με)	弯曲劲度模量(MPa)
A	9.29	6919	1449.11
B	8.35	6434	1351.46
C	7.56	5339	1558.65
D	6.45	5021	1446.36
E	4.40	4485	981.79

由表4.4-6可知,5种沥青混合料的低温性能均满足要求,混合料性能由强到弱依次为A>B>C>D>E;OGFC为大空隙沥青混合料,在低温条件下其最大弯拉应变主要依靠沥青胶浆来提高,随着空隙率的增大,其胶浆量随之减小,从而导致弯拉应变减弱。

由表4.4-7可知,五种方案下沥青混合料的单位体积低温破坏能由高到低依次为:方案A>方案C>方案B>方案D>方案E;分析空隙率和破坏能的线性关系,发现破坏能和空隙率存在线性相关性,且随着空隙率的增加,破坏能逐渐减小。

-10℃沥青混合料单位体积低温破坏能 表4.4-7

混合料类型	破坏能(MPa)
A	0.07684
B	0.03182
C	0.04070
D	0.02844
E	0.01627

(4)沥青混合料抗剪性能

采用单轴贯入试验对不同空隙率下OGFC沥青混合料的抗剪性能进行评价,试验原理如图4.4-1所示。

由于隧道内部封闭的环境,隧道内部温度相对比较稳定,因此结合隧道内部温度变化规律,在试验时将40℃作为试验温度。试验结果见图4.4-2。

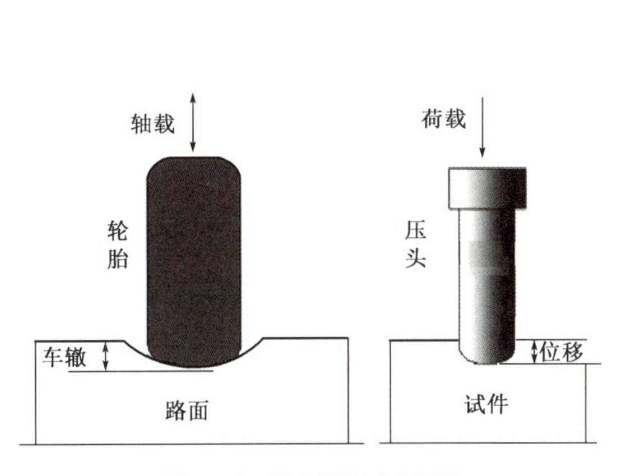

图4.4-1 贯入剪切试验原理

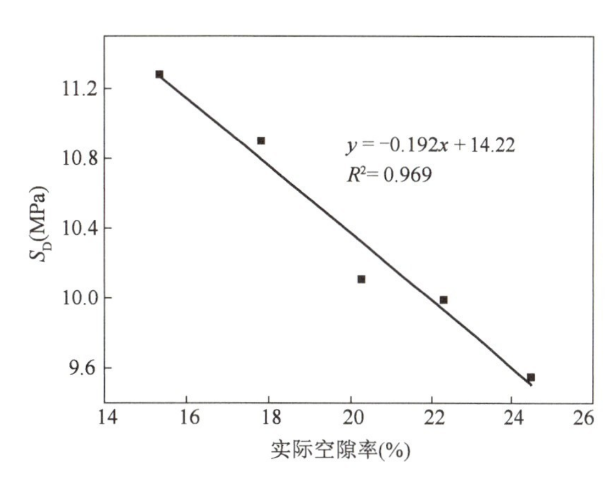

图4.4-2 空隙率与剪切强度S_D的相关性

由图4.4-2可知,随着OGFC沥青混合料空隙率的增加,沥青混合料的抗剪性能逐渐减弱,且空隙率与S_D存在良好的线性相关性,这说明空隙率对OGFC沥青混合料抗剪性能有明显的影响。

4.4.4 空隙率对沥青混合料路面使用性能的影响

(1)透水性与空隙率的关系

在隧道中,水会经过拱圈的微小裂缝渗入隧道中,进一步在车轮荷载作用下使沥青路面发生水损坏,OGFC沥青混合料具有良好的透水性能,能将隧道中渗入的水从沥青路面表面排除,从而减小隧道内部水对沥青路面的损坏。空隙率是影响OGFC沥青混合料透水性的主要因素,因此研究中对空隙率与透水性的关系进行了分析,具体结果见图4.4-3、图4.4-4。

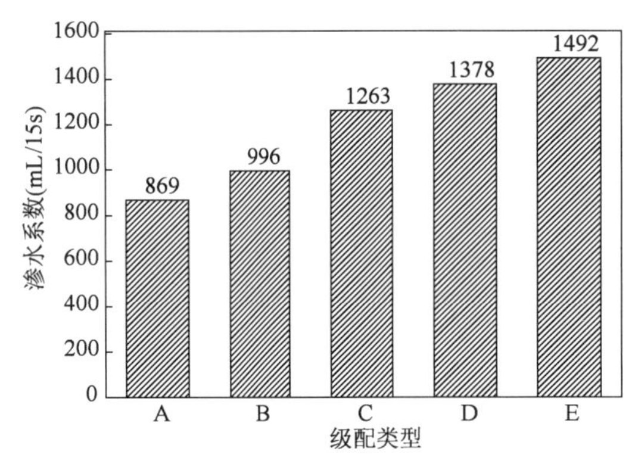

图4.4-3 不同空隙率下渗水系数试验结果

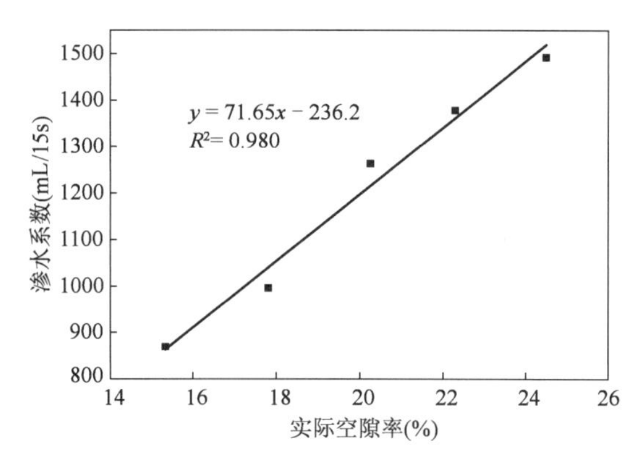

图4.4-4 渗水系数与空隙率的相关性

由图4.4-3~图4.4-4可知,透水系数与空隙率呈良好的线性关系,且渗水系数随着空隙率的增加呈增长的趋势,对于OGFC渗水系数一般要求不小于900mL/15s。因此,为保证良好的透水性能,OGFC空隙率应控制在17%以上。

(2)抗滑性能与空隙率的关系

OGFC沥青混合料通过人工铺砂法测量构造深度来评价其抗滑性能。

由图4.4-5及图4.4-6可知,构造深度与空隙率有良好的线性相关性,且构造深度随着空隙率的增加而增加。为了保证路面具有良好的抗滑性能,要求OGFC沥青混合料的构造深度不小于1.7mm,因此空隙率应控制在18%以上。

4.4.5 沥青混合料降噪性能试验

采用OGFC-13沥青混合料作为隧道路面面层,利用OGFC大空隙的特点来吸收隧道内部噪声,从而达到降噪的目的。

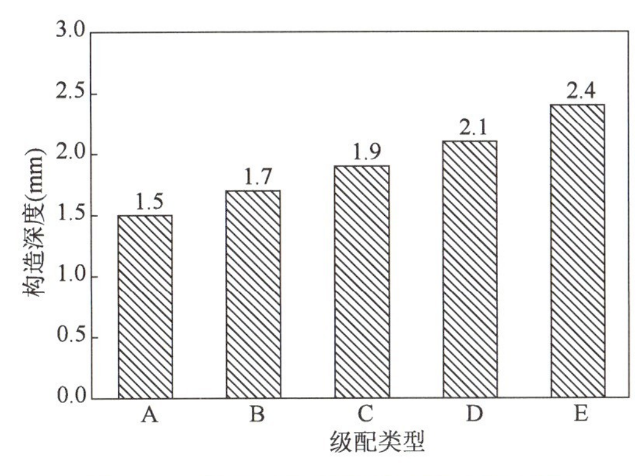

图 4.4-5　不同空隙率下构造深度试验结果

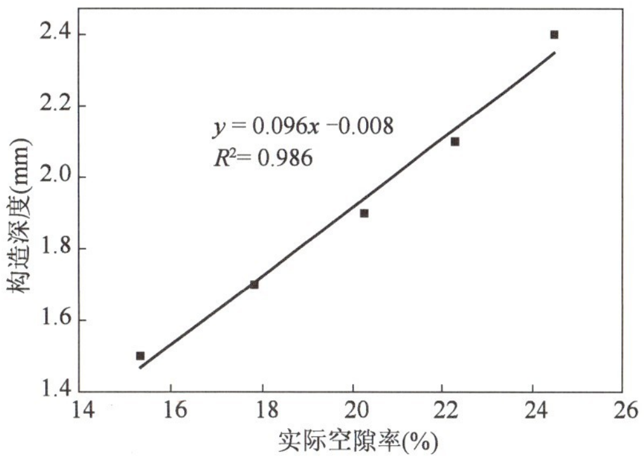

图 4.4-6　构造深度与空隙率的相关性

室内评价路面噪声采用轮胎落下法。试验采用普通小汽车轮胎(185/70R13),轮胎气压为 0.2N/mm²;试件为轮碾法成型的沥青混合料车辙板(40cm × 40cm × 5cm)。

制作 OGFC-13 及 AC-13 沥青混合料车辙板,采用轮胎下落法进行测试,试验结果见图 4.4-7。

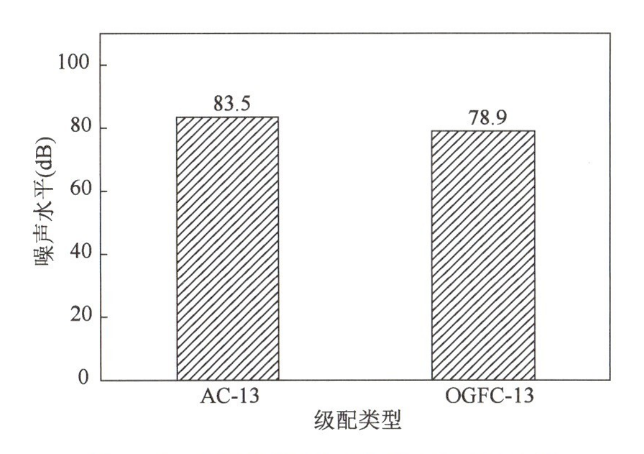

图 4.4-7　不同沥青混合料噪声水平测试结果

由图可知,OGFC-13 沥青混合料的噪声水平相较于 AC-13 沥青混合料降低了 4.6dB,表明 OGFC 沥青混合料具有良好的降噪效果,在隧道中使用 OGFC 可有效降低噪声污染。

4.5 隧道沥青路面亮色化涂层技术

本节总结分析了隧道沥青路面亮色化阻燃涂层材料在隧道路面增亮、阻燃、提高行车舒适性等方面的作用,以及常用的材料、试验方法及其性能指标等。

4.5.1 试验部分

(1)试验原料及主要设备

材料:环氧树脂,环氧固化剂,阻燃剂(自研),硅微粉,碳酸钙,促进剂,增韧剂,偶联剂,稀释剂等。

设备:分光测色计 CM-2300d,光度仪 HYD-09,氧指数测定仪 HC-2C,电动搅拌装置 SWFS-400,电子万能试验机 CMT4304。

(2)试验测试

亮色性能试验执行标准:现行《路面标线涂料》(JT/T 280)。

阻燃性能试验执行标准:现行《塑料　用氧指数法测定燃烧行为　第 2 部分:室温试验》(GB/T 2406.2)。

4.5.2 试验结果分析

(1)隧道亮色阻燃铺装涂料亮色性能

采用色彩色差计检测不同颜色涂料的亮度因数和色品状况,试验结果如表 4.5-1 所示。

不同颜色铺装涂料亮度因数　　表 4.5-1

颜色	色品坐标(x,y)	亮度因数
白色	0.3126,0.3325	91.69
浅黄	0.4634,0.5083	43.93
橘黄	0.6171,0.3603	15.68
红色	0.5991,0.3339	2.87
绿色	0.2522,0.4114	2.27
黑色	0.3113,0.3289	1.12

由表 4.5-1 可见,当涂料为白色时,其亮度因数最高,黑色时最低。当隧道路面采用亮色(黄色)阻燃铺装涂料时,在同样光照下比黑色沥青路面、灰色水泥混凝土路面更具增亮效果。

(2)隧道亮色阻燃铺装涂料阻燃性能

隧道亮色(黄色)铺装涂料宜添加本书提出的膨胀型阻燃剂,测得其极限氧指数为 26.5,符合隧道沥青路面阻燃性能要求(≥24)。

将隧道亮色阻燃铺装涂料制成标准样条,在空气中燃烧,然后将其燃烧物与未燃烧的试验样条分别做扫描电镜(SEM)分析,试验结果如图 4.5-1 ~ 图 4.5-2 所示。

经对比分析发现,图 4.5-2 结晶物较图 4.5-1 多,且团聚比较密集。这是其中的阻燃剂在发生燃烧反应后脱水造成的,从微观结构上证明了阻燃填料的阻燃作用。

图4.5-1　未燃烧试样条SEM图

图4.5-2　燃烧后试样条SEM图

4.6 阻燃温拌沥青混合料环境与经济效益分析

4.6.1 环境效益评价

（1）温拌技术环境效益

温拌技术是在应对全球气候变暖问题日趋严重的背景下迅速发展起来的革命性技术手段，其宗旨就是降低施工温度，减少温室气体排放，改善施工环境。相较于热拌沥青混合料，温拌技术可使施工温度降低15～30℃，这将显著降低燃料的消耗和废气粉尘排放，如表4.6-1所示。

温拌和热拌沥青混合料有害气体排放对比　　表4.6-1

有害气体类型	温拌沥青混合料	热拌沥青混合料	降幅（%）
CO（mg/m^3）	2.0	85.0	97.6
NO（mg/m^3）	0.1	1.0	90
NO_2（mg/m^3）	1.58	5.32	75
SO_2（mg/m^3）	0.01	0.04	70.3
苯并[α]芘（$\mu g/m^3$）	0.49	0.93	47.3

调查显示，每年我国道路建设沥青用量2000多万t，能生产4.4亿t以上的沥青混合料。使用温拌剂能够使沥青混合料的施工温度至少降低30℃，若全部用温拌沥青混合料代替热拌沥青混合料，则每年在道路建设中因生产沥青混合料产生的CO_2排放即可减少约118.8万t。

(2)阻燃技术环境效益

相较于温拌技术,阻燃技术的应用更多是为了减少火灾事故中由于沥青路面的原因对人员生命安全造成的威胁。SMA-13 沥青混合料燃烧气体测试结果见表4.6-2。

SMA-13 沥青混合料燃烧气体测试结果　表4.6-2

有害气体类型	普通热拌	膨胀系温拌	降幅(%)	无机系温拌	降幅(%)
CO(mg/m^3)	78.3	36.8	53	18.4	76.5
CO_2(mg/m^3)	89.6	34.1	61.9	15.6	82.6
NO(mg/m^3)	0.9	0.3	66.7	0.2	77.8
NO_2(mg/m^3)	4.97	2.27	54.3	1.41	71.6
SO_2(mg/m^3)	0.05	0.03	40	0.01	80

由表4.6-2 可知,本书涉及的两种阻燃温拌沥青混合料在燃烧过程中的有害气体排放量均有较大幅度的减少。其中,膨胀系温拌沥青混合料所测各种气体排放量相较于普通热拌沥青混合料的降低幅度均大于40%,无机系温拌沥青混合料所测气体排放量相较于普通热拌沥青混合料的降低幅度均大于70%,说明无机系阻燃剂相较于膨胀系阻燃剂在减少有害气体排放方面有着更大的优势。

4.6.2 经济性分析

(1)燃料消耗分析

在沥青混合料生产过程中,集料所需的热量主要由燃料在滚筒中燃烧提供,沥青主要在沥青罐中保温储存。集料占据了混合料的绝大部分质量,因此所需的热量也远大于沥青所需热量。

通过计算,温拌加热1t集料比热拌少用柴油1.82kg,相较于热拌沥青混合料可节能23.7%。

(2)阻燃剂成本分析

本书在项目组前期研究基础上对阻燃剂配方进行了进一步优化,在保证阻燃效果的同时大幅降低了生产成本。

以油石比为6.2%的SMA-13 沥青混合料为例,计算生产每吨沥青混合料所需阻燃剂的成本。通过计算可知,配方优化后的两种阻燃剂成本降低均在20%以上,而且无机系阻燃剂成本仅为膨胀系阻燃剂成本的一半左右。

4.6.3 施工效益分析

在相对封闭的隧道环境中施工,采用温拌沥青混合料,施工温度可降低15~30℃,且烟雾大幅减少,甚至基本无烟雾。这就极大改善了隧道内空气质量,对施工人员的身体健康也更有保障。而且对于施工机械来说,也大幅降低了高温、空气质量差等因素对发动机的影响,减少了机械损耗,对施工进度和质量更有保证。此外,温拌沥青混合料拌和压实温度均较低,对于北方地区,无论是新建还是养护,其施工时间均较热拌可延后大约一个月,大幅加快了道路建设速度。

4.7 环保型沥青路面试验段

项目依托宝坪高速公路,进行隧道沥青路面阻燃温拌沥青混合料技术研究,研究成果在 ZK149 +644 ~ ZK150 +000 青石岭隧道沥青上面层 SMA-13 混合料中进行了应用。此外,为对比净味沥青抑烟除味性能,项目组在小石沟隧道段 ZK142 +260 ~ ZK143 +788.9 左线,铺筑了净味沥青混凝土中面层 AC-20,并取得了良好的使用效果。

4.7.1 原材料及配合比

(1)温拌阻燃沥青混合料

①原材料。

温拌剂:采用项目组推荐的 Sasobit 与 Aspha-Min 复配的温拌剂,其用法为将沥青质量 0.5% 的 Sasobit 与混合料质量 0.15% 的 Aspha-Min 混合后一起投入拌锅使用。

阻燃剂:采用项目组研发的无机型复配阻燃剂,其掺量为沥青质量的 20%,代替部分填料使用。

②配合比。

根据目标配合比试验结果以及热料仓各矿料筛分情况,通过计算确定各矿料最佳比例为 11 ~16mm:7 ~11mm:4 ~7mm:0 ~4mm:矿粉 =37:35:6:12:10。

根据所选设计级配和目标配合比确定的最佳油石比 5.6%,以 0.2% 为间隔,成型马歇尔试件,根据马歇尔试验结果确定 SMA-13 的最佳油石比为 5.6%,以此进行路用性能验证,试验结果如表 4.7-1 所示。

SMA-13 混合料目标配合比路用性能试验结果　　表 4.7-1

路用性能指标	动稳定度(次/mm)	残留稳定度比(%)	冻融劈裂强度比(%)	低温弯曲破坏应变(με)	渗水系数(mL/min)
试验值	8750	94.8	93.6	3076	21
规范要求值	≥3000	≥85	≥80	≥2800	≤80
设计文件要求值	≥6000	≥90	≥85	≥3000	≤50

综合以上试验结果,最终确定SMA-13生产配合比的油石比为5.6%,热料仓各仓比例为11~16mm:7~11mm~4~7mm:0~4mm:矿粉=37:35:6:12:10,絮状木质素纤维掺量为沥青混合料质量的0.4%。

(2)净味沥青混合料

采用了两种净味沥青,一种是海川净味沥青,采用净味剂拌和站内掺加至改性沥青中的方式;另一种是壳牌净味沥青,为成品净味改性沥青。混合料级配为AC-20,油石比同为4.4%。

试验温度及现场施工温度均按正常热拌SBS改性沥青混合料要求进行控制。

4.7.2 施工工艺

(1)温拌阻燃沥青混合料

①施工温度控制。

温拌阻燃沥青混合料的生产施工各阶段温度宜按表4.7-2控制。

温拌阻燃沥青混合料施工控制温度　表4.7-2

施工工序	控制标准
沥青加热温度(℃)	165~170
矿料加热温度(℃)	160~170
沥青混合料出料温度(℃)	150~160
到场温度(℃)	≥150
摊铺温度(℃)	≥145
初压温度(℃)	≥140,紧跟摊铺机
碾压终了的表面温度(℃)	≥90

②拌和、运输、摊铺、碾压等按照现行《公路沥青路面施工技术规范》(JTG F40)对于热拌沥青混合料的相关要求执行。

(2)净味沥青混合料

净味沥青混合料AC-20施工过程与普通热拌改性沥青混合料相同,完全按照现行《公路沥青路面施工技术规范》(JTG F40)的要求执行。

4.7.3 试验段检测

(1)温拌阻燃沥青路面

温拌阻燃沥青路面试验段检测结果如表4.7-3所示。

SMA-13 温拌阻燃沥青路面试验段检测结果 表 4.7-3

检测项目	油石比(%)	最大理论相对密度	毛体积相对密度	空隙率(%)	稳定度(kN)	流值(mm)	间隙率(%)	饱和度(%)	动稳定度(次/mm)	残留稳定度(%)	劈裂强度比(%)	低温弯曲(με)
混合料试验结果	5.66	2.654	2.564	3.4	11.3	2.0	16.7	79.7	8750	94.2	91.0	—
设计文件要求值	5.6±0.2	实测	实测	3~4	≥6.0	1.5~4	≥16.5	75~85	≥6000	≥90	≥85	≥3000

检测项目	压实度(%)		厚度(mm)	渗水系数(mL/min)	平整度(mm)	构造深度(mm)
	标准	理论				
检测结果	99.4/98.0/98.1/99.3/100.9/99.8/99.2	96.0/94.7/94.8/96.0/97.4/96.4/95.8	43/38/40/42/39/40/41	18/26/29/35/30	0.6	1.03/1.04/1.10/1.02/0.93
设计文件要求值	≥98	≥94	设计值的-10%	≤50	≤0.7	0.8~1.2

由表4.7-3检测结果可知,依托项目组研究成果铺筑的温拌阻燃沥青隧道路面各项性能指标都完全符合现行《公路沥青路面施工技术规范》(JTG F40)对于热拌沥青混合料的相关技术要求。

(2)净味沥青路面

净味沥青路面测试现场如图4.7-1所示,净味沥青混合料摊铺现场如图4.7-2所示。

a)拌和站出厂

b)工地试验室内

c)隧道摊铺现场

图4.7-1 测试现场

图 4.7-2 净味沥青混合料摊铺现场

不同工况下气体排放测试结果如表 4.7-4 所示。

不同工况下气体排放测试结果 表 4.7-4

测量对象	指标	气体类型						数据点数	测量时间	备注
		SO_2	NO	H_2S	CO	O_2	VOC			
海川净味沥青混合料 1	最大值	0	1	0	0	0	3	VOC10;其他 13	10 月 16 日 9:36—9:42	178℃(温度计插入混合料),拌和站料车出厂时测得,表面温度损失快,气体挥发少
	平均值	0	0.12	0	0	0	1.5			
	总和	0	1.5	0	0	0	15			
海川净味沥青混合料 2	最大值	0	2.5	0	10	0	12	14	10 月 16 日 9:51—9:58	175℃,拌和站料车出厂时测得,表面温度损失快,铁锹翻沥青测得峰值
	平均值	0	0.32	0	1.57	0	2.79			
	总和	0	4.5	0	22	0	39			
海川净味沥青	最大值	0	0	0	0	0	57	22	0 月 16 日 10:40—10:50	160℃,工地试验室,前段数值较小,VOC 前 13 个数据点小于 10,主要原因是容器是敞口,测量结果受探测仪方位角度的影响很大
	平均值	0	0	0	0	0	17.91			
	总和	0	0	0	0	0	394			
原样沥青(SBS 改性)	最大值	0	0.5	1.2	0	0	308	12	10 月 16 日 11:17—11:22	185℃,工地试验室,电炉加热温度难以控制
	平均值	0	0.04	0.2	0	0	130			
	总和	0	0.5	2.4	0	0	1560			
海川净味沥青混合料 3	最大值	0	5	0.7	8	0.1	14	27	10 月 16 日 13:40-—13:53	160 ~ 170℃,隧道摊铺现场,摊铺机边缘较摊铺机中部气体分散更快
	平均值	0	2.91	0.03	3.67	0.01	6.63			
	总和	0	78.5	0.8	99	0.3	179			
海川净味沥青混合料 4	最大值	0	4	0	0	0	4	14	10 月 16 日 15:59—16:05	167℃,隧道摊铺现场,摊铺机中部
	平均值	0	2.64	0	0	0	2.93			
	总和	0	37	0	0	0	41			
原样沥青混合料 1	最大值	0.6	2.5	0	16	0	18	22	10 月 16 日 16:06—16:16	隧道摊铺现场,摊铺机中部
	平均值	0.23	2.18	0	7.55	0	9.27			
	总和	5	48	0	166	0	204			

续上表

测量对象	指标	气体类型						数据点数	测量时间	备注
		SO_2	NO	H_2S	CO	O_2	VOC			
原样沥青混合料2	最大值	1.1	4	0.7	21	0	25	29	10月16日 16:28—16:42	165℃,隧道摊铺现场,摊铺机边缘
	平均值	0.79	2.83	0.05	12.66	0	14.28			
	总和	22.9	82	1.5	367	0	414			
海川净味沥青混合料5	最大值	0	11.5	1.2	24	0	12	24	10月16日 17:04—17:15	190℃,隧道摊铺现场,摊铺机边缘,现场烟较大
	平均值	0	8.35	0.57	12.29	0	4.75			
	总和	0	200.5	13.6	295	0	114			
隧道环境监测	最大值	0	4.5	0	5	0	1	VOC19; 其他21	10月16日 17:23—17:33	隧道摊铺现场,压路机工作处
	平均值	0	3.05	0	3.81	0	0.95			
	总和	0	64	0	80	0	18			
海川净味沥青混合料6	最大值	0.7	2.5	0	25	0	17	18	10月16日 17:34—17:42	173℃,隧道摊铺现场,摊铺机边缘,现场烟较大
	平均值	0.38	2.42	0	13.11	0	7.89			
	总和	6.8	43.5	0	236	0	142			
海川净味沥青混合料7	最大值	0.8	2	0	18	0	21	19	10月16日 18:16—18:25	165℃,隧道摊铺现场,摊铺机边缘
	平均值	0.48	1.42	0	12.26	0	11.42			
	总和	9.1	27	0	233	0	217			
壳牌净味沥青混合料1	最大值	0.9	4.5	1	18	0.2	35	51	10月17日 11:25—11:50	隧道摊铺现场,摊铺机边缘,现场烟较大,或与摊铺位置风速较大有关
	平均值	0.36	1.9	0.24	7.18	0.03	13.57			
	总和	18.4	97	12.2	366	1.5	692			
壳牌净味沥青混合料2	最大值	0.4	5.5	0	9	0.1	8	26	10月17日 12:00—12:13	隧道摊铺现场,摊铺机边缘,现场烟较大
	平均值	0.03	3.02	0	6.12	0.02	4.27			
	总和	0.8	78.5	0	159	0.5	111			

注:1. VOC表示挥发性有机化合物。

2. 数据主要按照测试时间排序,同一名称不同编号测试对象的材料相同工况不同。

由表4.7-4检测结果及现场施工照片(图4.7-1和图4.7-2)可知,采用净味沥青后热拌改性沥青混合料VOC排放量下降非常明显,整体烟气排放量大幅下降,隧道内能见度得到了显著改善,完全可以达到甚至超过温拌沥青混合料的减排效果。

第5章

超长三车道公路隧道群生态节能技术

5.1 基于自然风有效利用的超长三车道隧道通风节能技术

5.1.1 公路隧道自然风计算理论方法研究

1. 自然风压影响因素

自然风压的影响因素应由三部分构成,即洞外环境因素——隧道洞口间的大气水平压梯度所产生的超静压差;洞口环境因素——外界自然风吹至洞口时产生的风墙式压差;洞内环境因素——隧道内外气温差引起的热位差。

2. 分段隧道自然风压理论计算方法

(1)分段隧道风压循环计算方法

①超静压差循环计算方法。

以一单竖井隧道为例,具体说明在超静压差单独作用下,隧道各区段及竖井内的自然风风量(速)计算方法。单竖井隧道超静压差示意如图 5.1-1 所示。

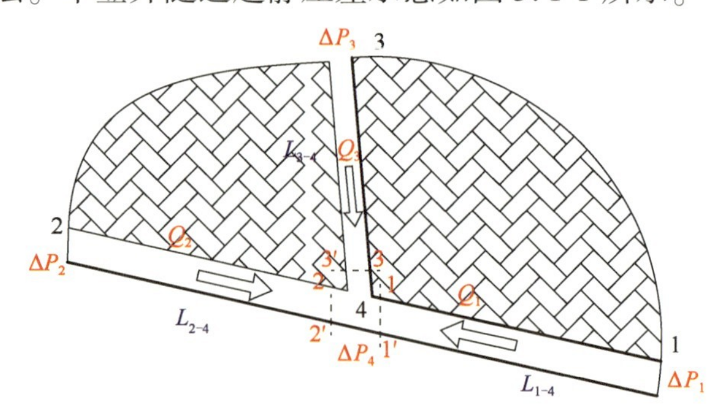

图 5.1-1 单竖井隧道超静压差示意图

如图5.1-1所示，取超静压差的计算基准点为斜井口3处、低洞口1处、高洞口2处，斜井口3处相对于该基准点的超静压差分别为ΔP_1、ΔP_2、ΔP_3，其中$\Delta P_3=0$。在超静压差的作用下，隧道及竖井内空气开始流动，最终形成稳定流，此时隧道内各处的超静压差也将达到一个稳定值。假设竖井底4处的超静压差为ΔP_4，当风流达到稳定时其全压力为$\Delta P'_4$（经计算表明：$\Delta P'_4 \neq \Delta P_4$）。在不考虑汇流及分流压力损失的情况下，1—1′、2—2′及3—3′断面处的全压力均等于$\Delta P'_4$，从而得到两端洞口及竖井口与竖井底的全压力差值（下面简称压差）。当风流Q_m流入节点4时，规定风流Q_m为正，反之为负。根据风流流动的阻力定律有：

$$\left.\begin{aligned}\Delta P_1-\Delta P'_4=(R_1+R'_1)\cdot Q_1\cdot|Q_1|\\ \Delta P_2-\Delta P'_4=(R_2+R'_2)\cdot Q_2\cdot|Q_2|\\ \Delta P_3-\Delta P'_4=(R_3+R'_3)\cdot Q_3\cdot|Q_3|\end{aligned}\right\}\tag{5.1-1}$$

式中：R_m——风道m的摩擦风阻，它是由沿程阻力系数λ_m和风道长度L_m、断面积S_m和断面周长P_m等参数决定的，有$R_m=\dfrac{\lambda_m\rho}{8}\cdot\dfrac{L_mP_m}{S_m^3}$；

R'_m——风道m的入口局部风阻，由入口的局部损失系数ξ_e和断面积S_m等参数决定。当风道m为风流进口时，$R'_m=\dfrac{\rho}{2}\cdot\dfrac{\xi_e}{S_m^2}$；当为风流出口时，$R'_m=0$。

在通风网路中，对于节点i，当空气密度变化很小时，流入节点i的风量等于流出节点i的风量，即任意节点i的风量代数和为零。对于图5.1-1，节点4有：

$$Q_1+Q_2+Q_3=0\tag{5.1-2}$$

由式（5.1-1）及式（5.1-2）可联立组成一个方程组，即四个方程求解四个未知数。理论上通过求解该方程组便可求出各段的风量Q_m，其中Q_m的正负情况反映了风流的方向。但由于该方程组是一个非线性方程组，且风流Q_m的正负待定以及R'_m的取值与风流的方向有关，更增加了该方程组的求解难度。因此可采用试算的方法来求解各段的风量，现把这个计算方法叙述如下：

节点4作为一个中间节点，风流有进必有出。当风流从节点m流入节点4时，由于沿程压力损失，必有$\Delta P'_4<\Delta P_m$；当风流从节点4流出到节点m时，必有$\Delta P'_4>\Delta P_m$。因此可以得知$\Delta P'_4$的真实值应介于ΔP_1、ΔP_2及ΔP_3这三个值的最大值与最小值之间，即有$\min(\Delta P_1,\Delta P_2,\Delta P_3)<\Delta P_m<\max(\Delta P_1,\Delta P_2,\Delta P_3)$。令$\Delta P'_4=\min(\Delta P_1,\Delta P_2,\Delta P_3)$，代入式（5.1-1）分别对$Q_1$、$Q_2$、$Q_3$进行计算，并以一定的步长（例如$\Delta P_4^{'(n+1)}=\Delta P_4^{'n}+0.01$）递进，直到$\Delta P'_4=\max(\Delta P_1,\Delta P_2,\Delta P_3)$时停止。当$Q_1+Q_2+Q_3<q$时（$q$为求解的控制精度，为一较小值，如0.1），认为此时得到的Q_1、Q_2、Q_3便为方程组的解。

由于试算涉及一个循环的过程，手算不可能胜任，因此需编写程序进行求解。对于有多个竖井的隧道,其原理一样,但需要多重循环,循环的重数即为竖井的个数。

②热位差循环计算方法。

假设洞内气温为 T_0,两洞口及斜(竖)井口气温分别为 T_1、T_2、T_3,对应的空气密度分别为 ρ_0、ρ_1、ρ_2、ρ_3,各洞口及井底的高程分别为 H_1、H_2、H_3、H_4,如图 5.1-2 所示。

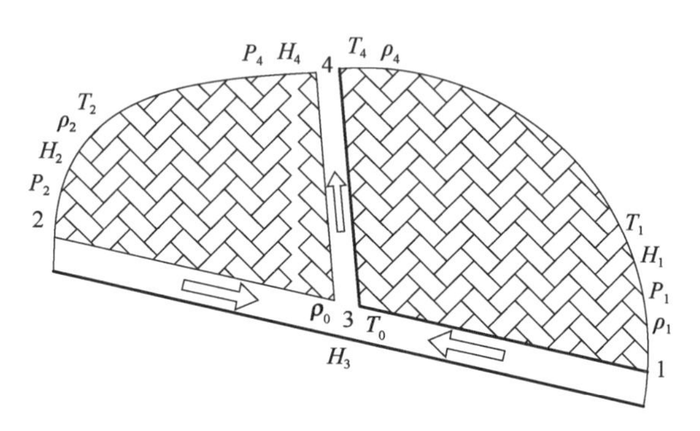

图 5.1-2　有斜(竖)井的隧道热位差示意图

如图 5.1-2 所示,取斜(竖)井口与低洞口两处的空气密度平均值为外界空气平均密度,即 $\rho=\dfrac{\rho_1+\rho_4}{2}$,各段热位差计算公式有:

$$\left.\begin{aligned}\Delta P_{热\,\mathrm{I}}&=\rho_{\,\mathrm{I}}gH_{1\text{-}4}-\rho_0 gH_{1\text{-}3}-\rho_0 gH_{3\text{-}4}\\ \Delta P_{热\,\mathrm{II}}&=\rho_{\,\mathrm{II}}gH_{2\text{-}4}-\rho_0 gH_{2\text{-}3}-\rho_0 gH_{3\text{-}4}\end{aligned}\right\}\tag{5.1-3}$$

在静止大气中,洞内外 m、n 两点间的大气压差为静压差,有 $P_m-P_n=\rho gH_{m\text{-}n}$,因此点 m 相对于点 n 的超静压差 $\Delta P=P_m-P_n-\rho gH_{m\text{-}n}$。如果洞内外空气密度一致,即 $\rho_0=\rho$,则 $\Delta P=P_m-P_n-\rho_0 gH_{m\text{-}n}=0$,洞内空气将不发生流动;反之,洞内空气将发生流动,此时隧道内空气流动的驱动力仅为热位差,但其效果与超静压差作用下无异。因此可认为低洞口 1 处和高洞口 2 处与斜井口 4 处之间的热位差是各洞口相对于斜井口的超静压差,即 $\Delta P_1=\Delta P_{热\,\mathrm{I}}$、$\Delta P_2=\Delta P_{热\,\mathrm{II}}$,如图 5.1-3 所示。然后按超静压差作用下洞内自然风的计算方法分别计算热位差作用下各段的自然风风量(速)。

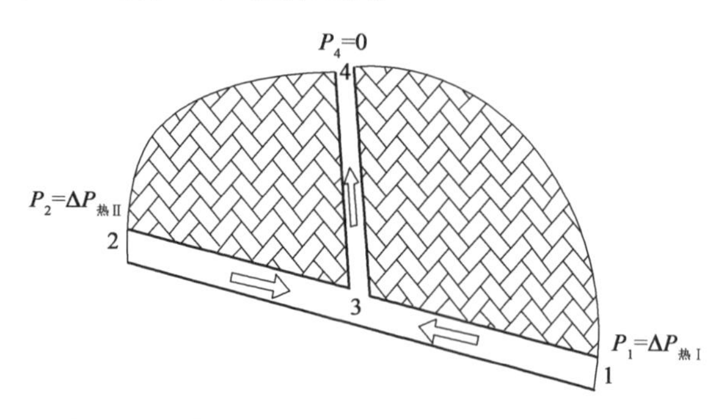

图 5.1-3　有斜(竖)井隧道热位差转化成超静压差示意图

③风墙压差计算方法。

目前主要的斜(竖)井口形式为送风井口垂直于地面,排风井口平行于地面。对于长大隧道的斜(竖)井,通常处于与正洞洞口类似的地形环境下,因此与正洞类似,对于风向与送风斜井洞口走向呈任意角度 α 的外界自然风,可只取与洞口垂直的速度分量进行计算,即吹向送风斜井口时产生"风墙式"压力有:

$$\Delta P_{送} = 0.7 \times \frac{P_{送}}{2}(v_{\alpha送} \cdot \cos\alpha_{送})^2 \tag{5.1-4}$$

同理,吹向排风斜井洞口时,只取与洞口垂直的速度分量进行计算,产生"风墙式"压力有:

$$\Delta P_{排} = 0.7 \times \frac{P_{排}}{2}(v_{\alpha排} \cdot \cos\alpha_{排})^2 \tag{5.1-5}$$

式中:$v_{\alpha送}$——送风斜(竖)井口外大气自然风速(m/s);

$v_{\alpha排}$——排风斜(竖)井口外大气自然风速(m/s);

$\alpha_{送}$——送风斜(竖)井口自然风风向与地面的夹角(°);

$\alpha_{排}$——排风斜(竖)井口自然风风向与地面的夹角(°)。

(2)分段隧道自然风压理论计算方法建立

对于有多个竖井的隧道,程序循环的重数即为竖井的个数。天台山隧道为三区段四斜井送排式,按理论程序需要通过四重循环计算。通过计算可知,对于具有四重循环的计算,在步长 $\Delta p = 0.1$ 的情况下,计算机所耗费的时间很长。考虑到两相邻的送排风斜井之间短道长度与隧道总长度相比很短,存在简化的可能,如隧道内空气的平均密度并不等于按隧道围岩温度计算得到的值。参考矿井通风工程中的热位差计算,假设隧道内空气的平均气温按该围岩温度减去2℃,然后计算出洞内空气的平均密度。

由于斜井与隧道的交接处具有分流(汇流)局部损失,且局部损失涉及的因素较多,如风流方向、断面尺寸与形状、交角大小、流量比率、管壁交接处平滑与否等。这里进行简化,各区段局部风阻均取 $R'_m = \frac{\rho}{2} \cdot \frac{\xi_e}{S_m^2}$,其中 $\xi_e = 1$。

洞内空气平均密度 $\rho = 0.003484 \times \frac{80000}{273 + 23} = 0.9416\text{kg/m}^3$,洞外空气平均密度与数值计算的密度一致。

对于有斜(竖)井的特长隧道,风墙式压差计算方法为:

送风斜井口"风墙式"压力为:

$$\Delta P_{送} = 0.7 \times \frac{P_{送}}{2}(v_{\alpha送} \cdot \cos\alpha_{送})^2 \tag{5.1-6}$$

排风斜井口产生"风墙式"压力为:

$$\Delta P_{排} = 0.7 \times \frac{P_{排}}{2}(v_{\alpha排} \cdot \cos\alpha_{排})^2 \tag{5.1-7}$$

有斜(竖)井隧道的超静压差、热位差计算均涉及循环过程，手算不可能胜任，因此需编写程序进行求解。

热位差的计算方法根据前面的分析，对于有斜(竖)井的隧道，热位差不仅存在于主隧道中，而且存在于斜(竖)井中，这使自然风大小和流向情况较为复杂。可认为低洞口处和高洞口处与斜井口处之间的热位差是各洞口相对于斜井口的超静压差，然后按超静压差作用下洞内自然风的计算方法分别计算热位差作用下各段的自然风风量(速)。

综合以上分析可知，对于有斜(竖)井的特长隧道，其自然风计算必须根据各因素计算方法，编写程序进行计算。

5.1.2 天台山隧道气象观测及时变规律研究

(1)天台山隧道气象站搭建

针对天台山特长公路隧道工程特点，为研究天台山特长公路隧道洞口自然风向、风速、气压、气温变化等气象条件对整个隧道通风的影响，在隧道两个主洞洞口、两个斜井洞口共建立5个气象条件测量站，气象站主要监测隧道洞口附近风速、气压等5项气象参数，测试频率为每10min记录一次数据，具体如表5.1-1所示。

天台山隧道气象站监测内容及时间　　表5.1-1

序号	气象参数	监测频率
1	洞外地表自然风风速(m/s)	10min/次
2	洞外地表自然风风向	
3	空气温度(℃)	
4	洞外大气压力(hPa)	
5	相对空气湿度(%)	

(2)天台山隧道洞外自然风分布及变化规律

①洞外自然风大小分布规律。

将监测得到的隧道各洞口洞外自然风风速按0.5m/s为一个区段，统计其在不同区段出现的累计频率，天台山隧道洞外地表自然风风速大小分布直方图如图5.1-4所示。

a.天台山隧道洞外地表自然风主要分布在0~6m/s范围内，其中0~3.5m/s出现的频率最高，但是在监测期内偶尔会出现风速大小超过6.5m/s的洞外自然风。

b.隧道宝鸡端的自然风风速相差较小，风速主要集中在0~2.5m/s范围内，风速变化较为稳定。

c.2号斜井的风速主要集中在0~0.5m/s范围内，风速整体相对较小。

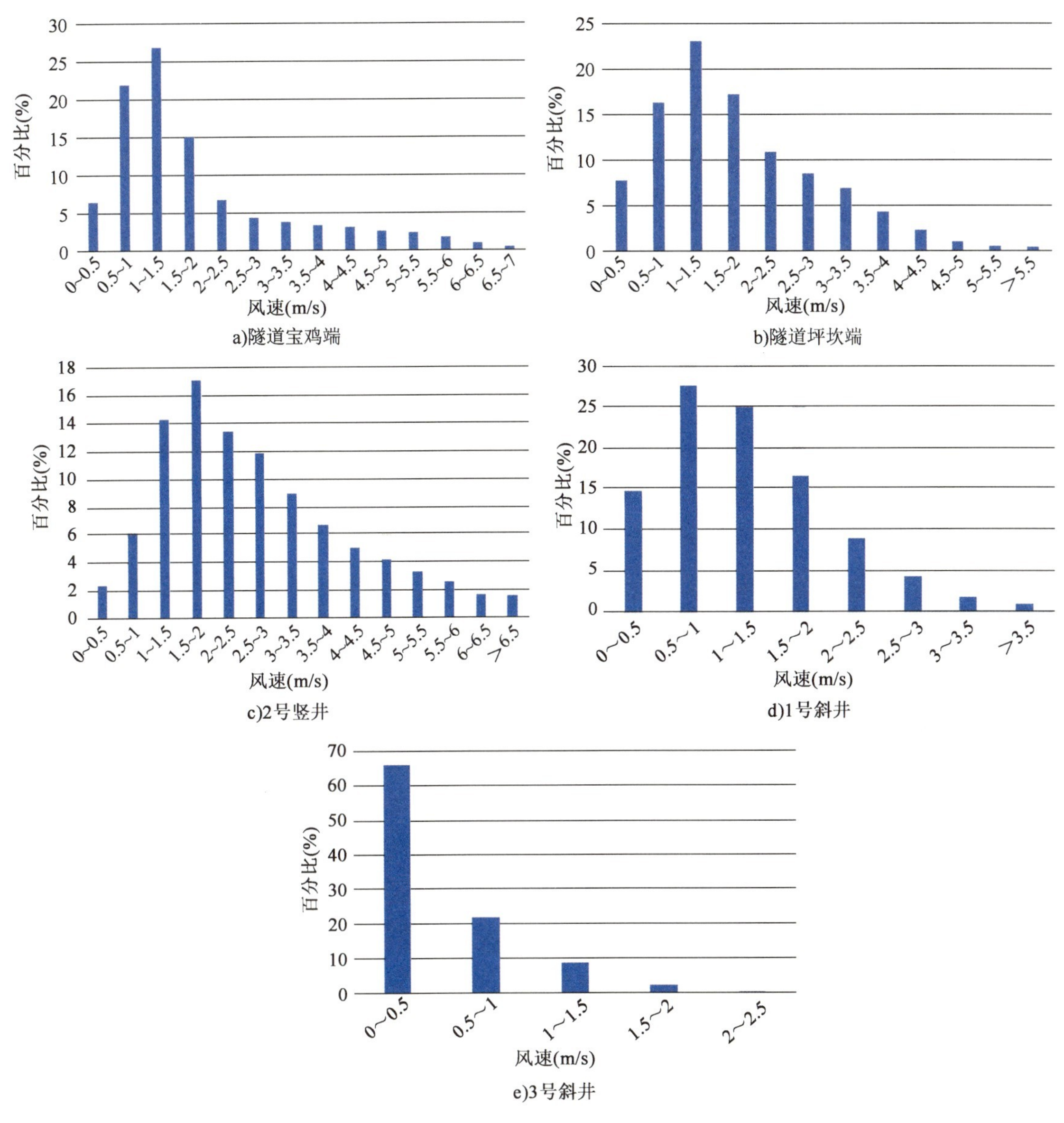

图5.1-4 天台山隧道1~4号气象站风速分布直方图

②洞外自然风主导风向。

天台山各洞口的风向差异明显,洞外自然风风向在不断变化,但是均存在一个主导风向,1号、2号气象站主要风向为东南向,3号、4号气象站主要风向为西南向。

天台山隧道宝鸡端和坪坎端洞外自然风风向玫瑰图分别如图5.1-5和图5.1-6所示。

天台山隧道宝鸡端洞外自然风主导风向为东南向,其占风向概率为20.01%,其次主要风向为东南偏东、西南偏西和西向,占风向概率分别为14.62%、13.21%和13.73%,如图5.1-5所示。天台山隧道坪坎端洞外自然风主导风向为东南偏南,其占风向概率为

18.04%，其次主要风向为西南偏南和南，占风向概率分别为15.67%和16.03%，如图5.1-6所示。

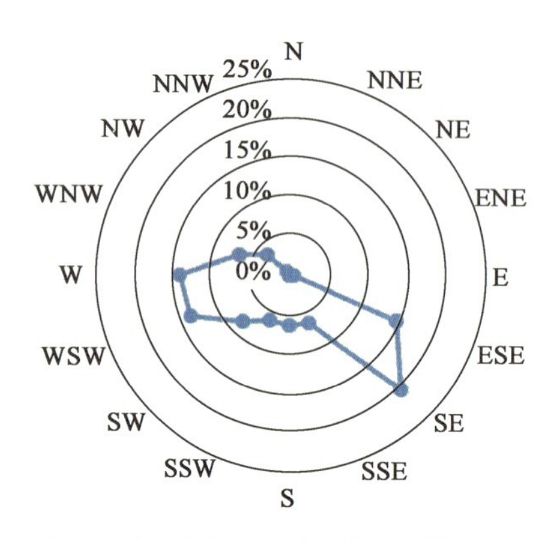

图5.1-5　天台山隧道宝鸡端洞外自然风风向玫瑰图

图5.1-6　天台山隧道坪坎端洞外自然风风向玫瑰图

③天台山隧道洞外温度分布及变化规律。

天台山隧道各洞口附近温度分布直方图如图5.1-7所示。

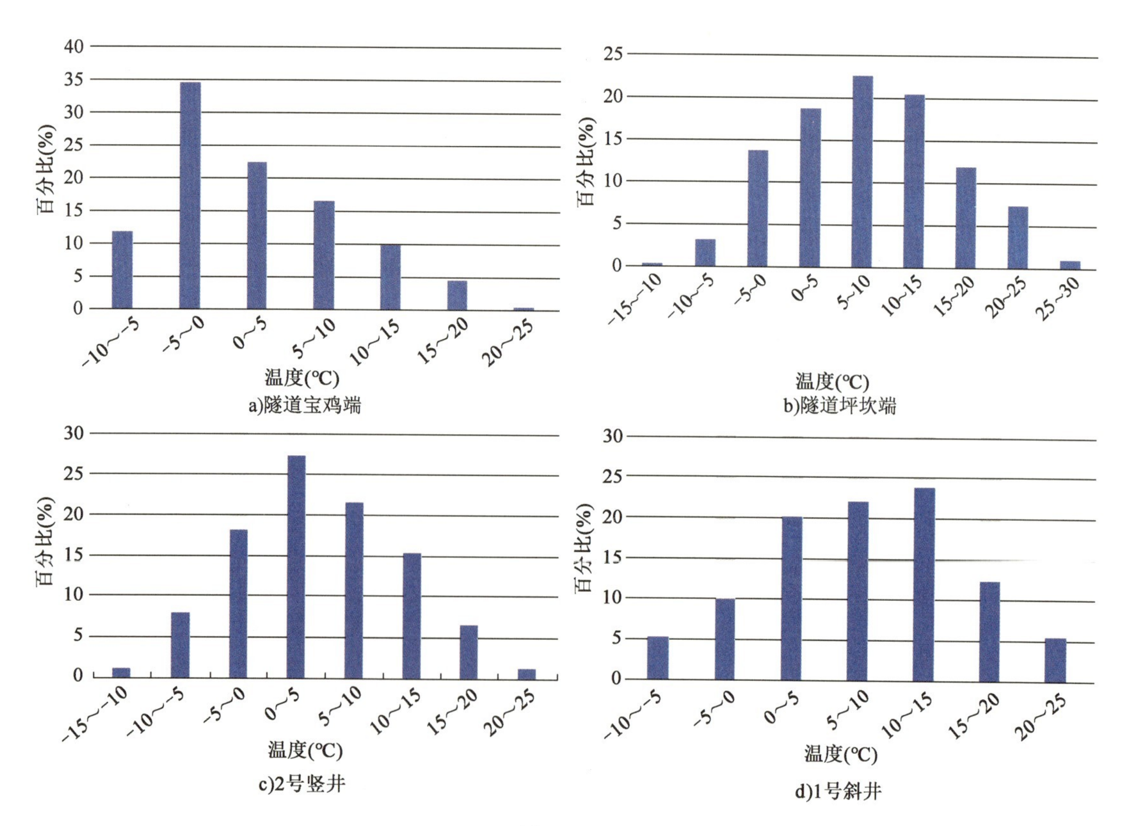

图　5.1-7

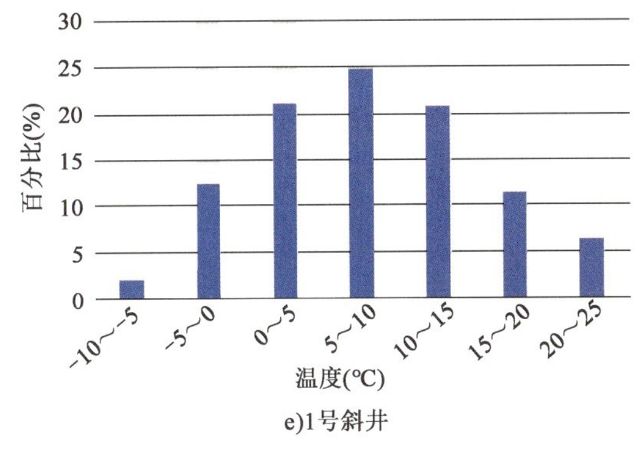

e)1号斜井

图 5.1-7 天台山隧道各洞口附近温度分布直方图

如图 5.1-7 所示,天台山隧道各洞口洞外温度具有以下变化规律:a. 天台山隧道宝鸡端相对于坪坎端温度要低 5℃,隧道宝鸡端 -10 ~ 10℃范围内温度分布频率较高,隧道坪坎端 -5 ~ 25℃范围内温度分布频率较高;b. 隧道两个斜井 0 ~ 15℃范围内温度分布频率较高,相差较小;c. 天台山隧道各个洞口之间温度差异较不明显,同一时刻,各洞口之间温差在 5℃以内,且温度的变化规律相似。

④天台山隧道洞外气压分布及变化规律。

天台山隧道 1 ~ 5 号气象站大气压力分布直方图如图 5.1-8 所示。

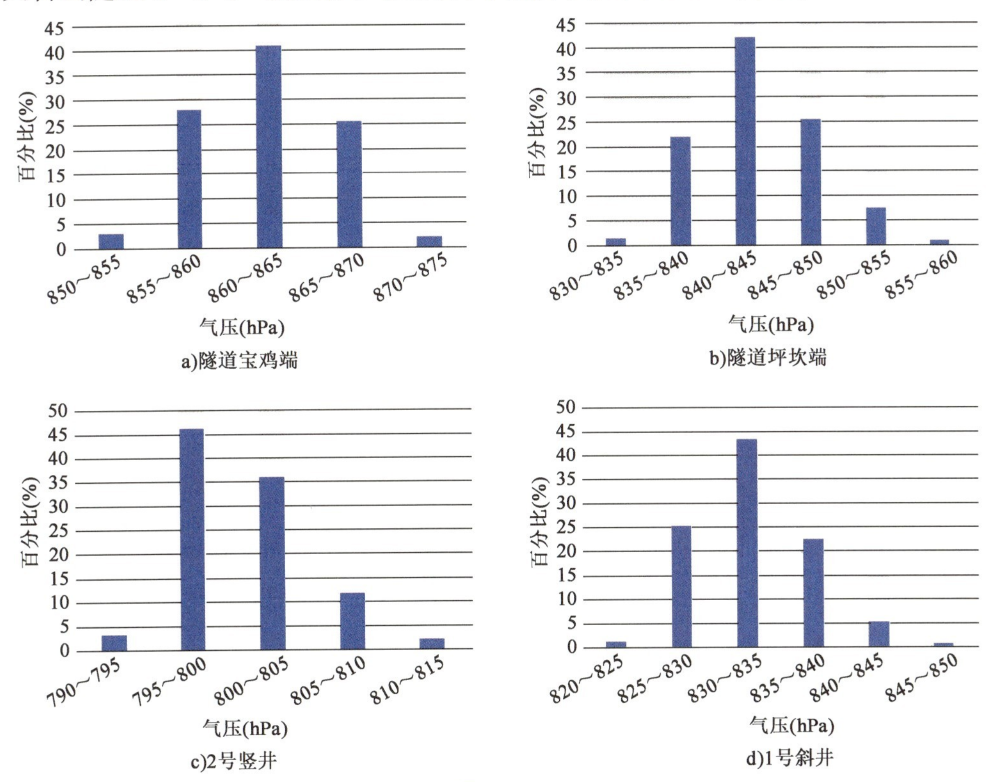

图 5.1-8

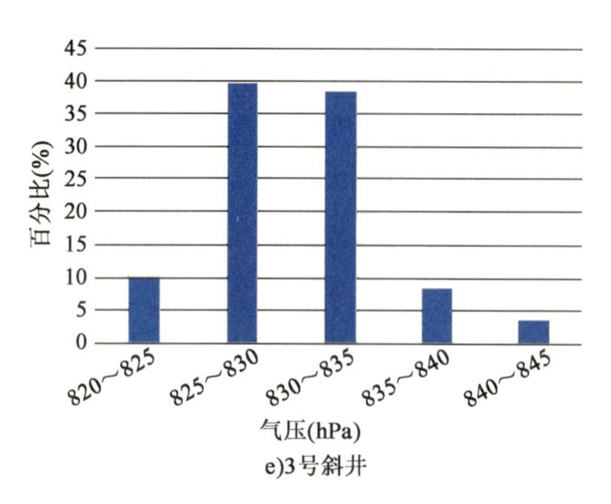

图 5.1-8 天台山隧道 1 ~5 号气象站大气压力分布直方图

如图 5.1-8 所示,天台山隧道各洞口洞外气压变化具有以下规律:

a. 各个洞口之间气压差异明显,隧道宝鸡端大气压整体高于隧道坪坎端,隧道宝鸡端气压主要集中在 855 ~870hPa,隧道坪坎端气压主要集中在 835 ~850hPa。

b. 竖井及斜井气压变化程度较小,竖井气压主要集中在 795 ~805hPa,两斜井气压变化较相似,气压主要集中在 825 ~840hPa。

c. 各个洞口之间压力大小不同,但是其变化规律相同。

⑤天台山隧道洞外湿度分布及变化规律。

天台山隧道各洞口相对湿度分布直方图如图 5.1-9 所示。

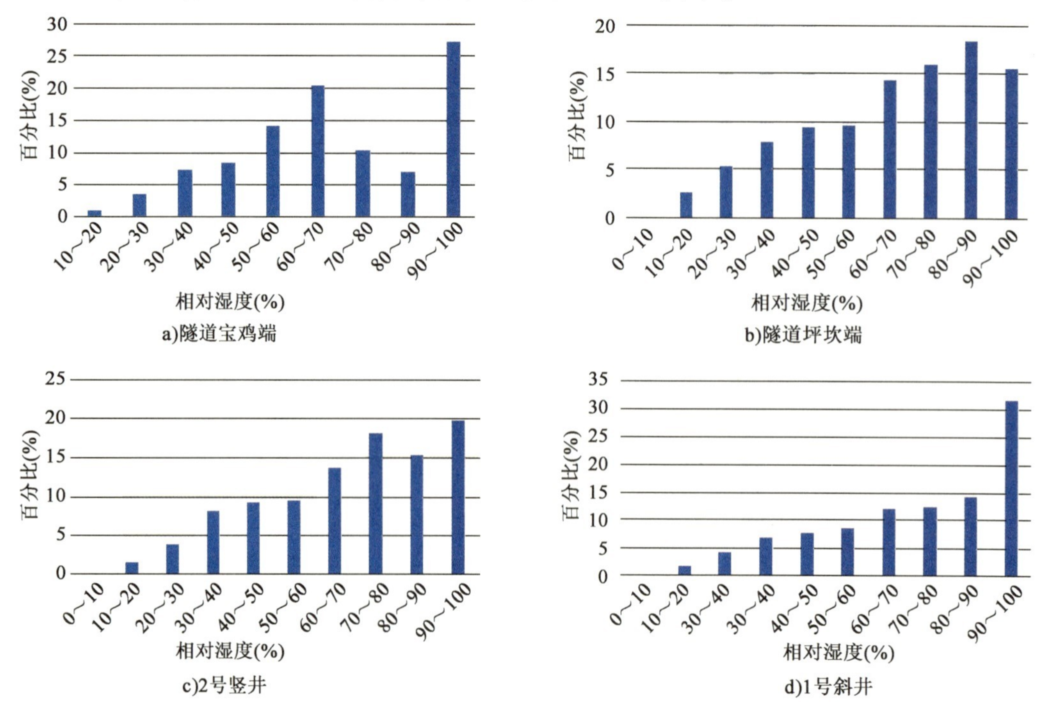

图 5.1-9

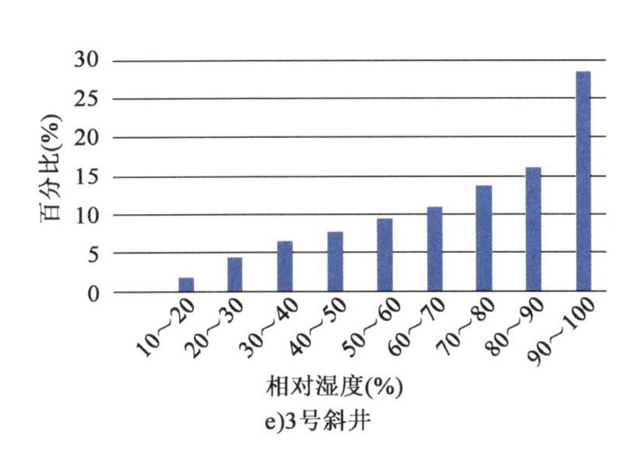

图5.1-9 天台山隧道各洞口相对湿度分布直方图

如图5.1-9所示,天台山隧道各洞口洞外湿度变化具有以下规律:

a.从天台山隧道洞外湿度分布图可以看出,各点位湿度基本处于50%以上,且相对来说,90%~100%分布频率较高。

b.隧道宝鸡端相对于隧道坪坎端更干燥,但是相对湿度大于50%的分布频率都为74%。

c.隧道斜井湿度为90%~100%的分布频率高达29%,湿度大于其他洞口。

d.天台山隧道各个洞口之间湿度差异不明显,四个洞口之间的湿度值大致相同,但其变化规律没有明显的相似性。

5.1.3 天台山隧道洞内自然风分布规律

(1)天台山隧道自然风大小及分布规律

天台山隧道各通风区段划分如表5.1-2所示。

天台山隧道左、右线各区段对应位置 表5.1-2

线路	区段	内容	通风长度(m)
隧道左线	第一区段	左线出口至1号斜井处	3727
	第二区段	1号斜井交叉处至2号竖井	3107
	第三区段	2号竖井至3号斜井处	4600
	第四区段	3号斜井至左线进口处	3996
隧道右线	第一区段	右线进口至1号斜井处	3702
	第二区段	1号斜井交叉处至2号竖井	3107
	第三区段	2号竖井至3号斜井处	4600
	第四区段	3号斜井至右线出口处	4116

①天台山隧道左线自然风分布。

如图5.1-10所示,天台山隧道左线各区段洞内自然风风速主要分布在0~5m/s范围内,分布概率均超过90%。其中风速大小出现在1~4m/s区域内的频率较高,洞内偶尔会出现超过5m/s的自然风，隧道第一区段出现的最大风速为6.3m/s，第二区段出现的最大风速为5.9m/s，第三区段出现的最大风速为6.8m/s，第四区段出现的最大风速为7.2m/s。

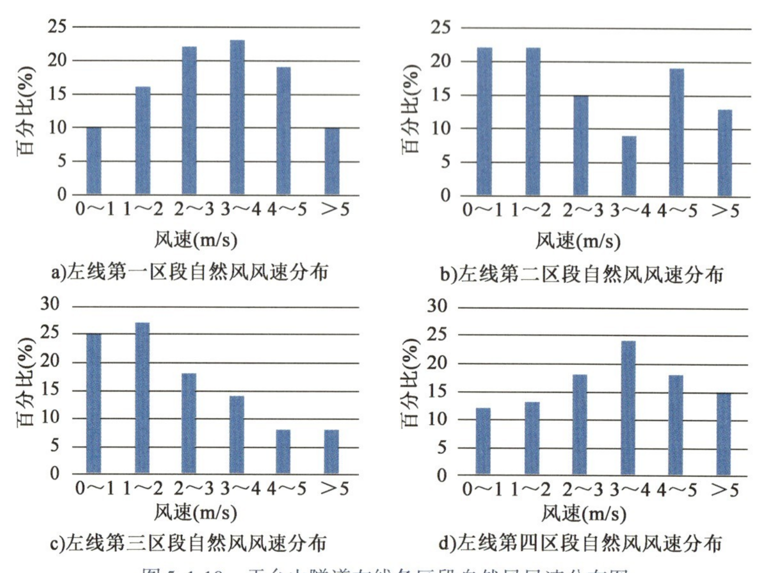

图5.1-10　天台山隧道左线各区段自然风风速分布图

②天台山隧道右线自然风分布。

天台山隧道右线各区段洞内自然风风速也主要分布在0~5m/s范围内，分布概率均超过85%。其中风速大小出现在1~4m/s区域内的频率较高，洞内偶尔会出现超过5m/s的自然风，隧道第一区段出现的最大风速为5.8m/s，第二区段出现的最大风速为6.2m/s，第三区段出现的最大风速为6.9m/s，第四区段出现的最大风速为8.1m/s。

(2)天台山隧道洞内自然风风向分布规律

天台山隧道洞内自然风风速和风向计算结果表明，隧道内各区段风向会随时发生变化。隧道洞内自然风主方向和机械通风方向一致，有利于利用自然风进行通风节能。当隧道内自然风方向和机械通风方向一致时，可减少开启洞内风机的数量，利用自然风进行通风节能；当洞内自然风风速和机械通风相反时，需开启全部风机进行通风。

通过对天台山隧道左、右线各区段风向分析的统计分析发现，隧道内自然风风向虽然会发生不规律的变化，但是在一定时间内隧道内各区段自然风风向存在一个主导风向。隧道左、右线洞内自然风的主风向均为由北向南。

隧道左线各区段的风向概率分布为：第一区段67.8%，第二区段58.6%，第三区段61.3%，第四区段53.8%，如图5.1-11所示。

隧道右线各区段的风向概率分布为：第一区段57.6%，第二区段59.8%，第三区段61.7%，第四区段53.1%，如图5.1-12所示。

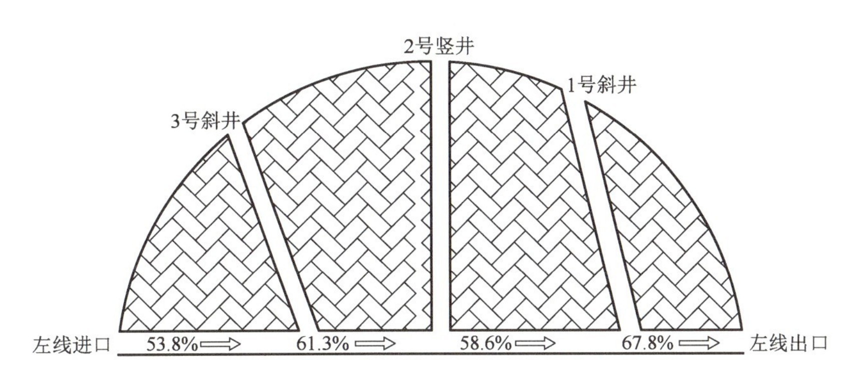

图5.1-11　天台山左线自然风风向分布图

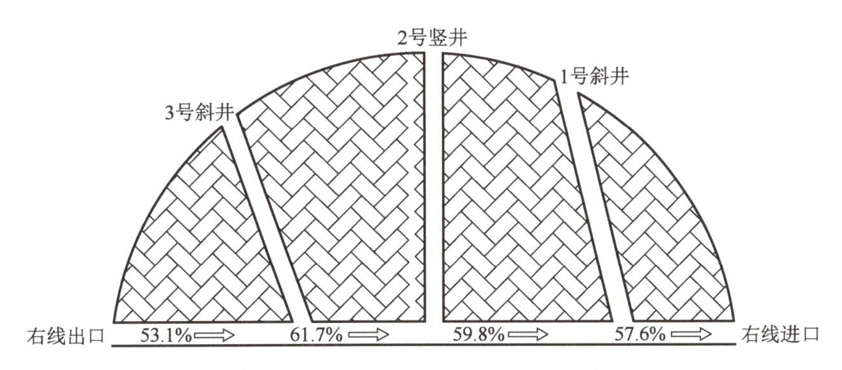

图5.1-12　天台山右线自然风风向分布图

5.1.4　天台山隧道自然风有效利用的实施方案研究

(1)天台山隧道节能风道利用自然风研究

风机房风道内由于安装有轴流风机,在风机不开启的情况下自然风无法通过。因此需要在土建上采取其他措施,以达到利用自然风的目的。

为了使自然风通过竖(斜)井,达到利用自然风的目的,可选择利用辅助风道和开启轴流风机两种方式:①当斜井内存在与通风方向同向的自然风,且自然风风速达不到设计风速时,可采取开启斜井内轴流风机的方式,部分利用自然风。开启功率由斜井内自然风风速决定。②当斜井内存在与通风方向同向的自然风,且自然风风速大于设计风速时,可采取开启辅助风道的方式,通过控制风门调节风速的大小。

自然风可通过辅助风道进入隧道。其中辅助风道口设有风门,对自然风风速可调。自然风节能风道采用铝合金百叶窗进行封闭,隔断门安装位置见设计图,隔断门控制箱安装于风机房内,隔断门可通过控制箱就地手动开闭,同时可通过监控系统进行远程监控。

根据研究可知,风道内的自然风风速最大可达到7m/s。根据主风道断面尺寸、主风道风速和风道内经济风速,可以得到辅助风道经济断面。

由流体力学中计算紊流状态下沿程阻力的达西公式推导出摩擦阻力的表达式,见式(5.1-8)。

$$h_f=\left(\lambda_r\cdot\frac{L}{d}\right)\cdot\frac{\rho}{2}v^2 \tag{5.1-8}$$

式中：h_f——风道的沿程阻力(N/m^2)；

λ_r——风道的沿程阻力系数；

L——风道长度(m)；

d——风道的当量直径(m)；

ρ——空气的密度(kg/m^3)；

v——风道内流体的流速(m/s)。

因局部阻力而产生的压力损失可表示为：

$$h_j=\zeta_i\cdot\frac{\rho}{2}\cdot v^2 \tag{5.1-9}$$

式中：h_j——风道的局部阻力(N/m^2)；

ζ_i——风道的局部阻力系数。

风道中总的阻力损失等于摩擦阻力损失与局部阻力损失之和，故：

$$h=h_f+h_j=\left(\lambda_r\cdot\frac{L}{d}\right)\cdot\frac{\rho}{2}v^2+\zeta_i\cdot\frac{\rho}{2}\cdot v^2 \tag{5.1-10}$$

风道的当量直径和风道内流体流速分别为：

$$\left.\begin{aligned}d&=\frac{4A}{C}\\v&=\frac{Q}{A}\end{aligned}\right\} \tag{5.1-11}$$

式中：A——风道面积(m^2)；

C——风道周长(m)；

Q——风道内流体流量(m^3/s)。

将当量直径和风道内流体风速带入式(5.1-10)可得：

$$h=\frac{\rho Q^2}{2}\cdot\left(\frac{\lambda_r LC}{4A^3}+\frac{\zeta_i}{A^2}\right) \tag{5.1-12}$$

若冷却风道各处的断面形状相同，则断面周长 C 与断面面积的平方根$\sqrt{A}$成正比，设比例系数为 n，则：

$$C=n\sqrt{A} \tag{5.1-13}$$

式中：n——由断面形状所决定的常数，按式(5.1-14)计算：

$$n=\frac{\rho Q^2}{2}\cdot\left(\frac{\lambda_r LC}{4A^3}+\frac{\zeta_i}{A^2}\right)=\frac{\rho\lambda_r L}{8}\cdot A^{-\frac{5}{2}}\cdot Q^2+\frac{\rho\zeta_i}{2}\cdot A^{-2}\cdot Q^2 \tag{5.1-14}$$

则风道的沿程阻力和局部阻力可以表示为风道面积 A 和流量 Q 的函数。风道内的流量 Q 可以根据隧道内自然风计算方法求得，设其大小为 Q_n，则风道阻力仅为风道面积 A 的函数。由此可知，节能风道面积既不能设置得太大也不能设置得太小，若辅助风道面积过大，会增加大量的土建费用，且施工较难；若辅助风道面积太小，则由于沿程阻力、摩阻力等损失，自然风利用率低，效果不明显。节能风道断面面积大小可根据联络风道面积大小和自然风设计风速综合确定，辅助风道经济断面计算公式如下所示：

$$A_0 \cdot v_0 = A_1 \cdot v_1 \tag{5.1-15}$$

式中：A_0——主风道断面尺寸（m^2）；

v_0——主风道风速（m/s）；

A_1——辅助风道经济断面面积（m^2）；

v_1——风道内经济风速（m/s）。

设置辅助风道后，当依靠自然风就能达到通风效果时，即打开辅助风道，完全利用自然风进行通风；当自然风不能满足条件时，关闭辅助风道，打开风机进行机械通风。

（2）天台山隧道各区段风机控制方法

利用自然风节能优化通风与以往的通风设计相比，自然风设计风速并不是根据规范规定的2～3m/s的最不利自然风进行取值，而是在对隧道内的自然风数据进行统计后按照一定的保证率来对其进行取值。此外，除了需要通过需风量和通风阻力计算得到通风功率，还需根据隧道内的自然风情况划分不同的时段，每个时段按照自然风利用原则进行设计和控制，若自然风有利则对其利用，若自然风不利则作为阻力进行克服。隧道内存在自然风是利用自然风进行节能通风的条件，并不是所有的隧道都可以利用自然风进行节能通风。只有当主隧道内常年存在风向恒定的自然风，且自然风风向与机械通风方向同向时，才可以利用自然风进行通风。一般处于气象分隔带或洞口两端压差大的隧道可以利用自然风进行通风。

得出隧道内自然风风速风向规律是利用自然风进行节能通风的基础。有了隧道内的自然风风速风向数据，才可以由此得出满足一定保证率的设计风速，并根据不同的风速风向进行节能设计。利用自然风进行节能通风的原则为：

①机械通风的风向应综合考虑自然风主风向与交通风方向。

②当自然风风向与机械通风方向一致时利用自然风通风。

③当自然风风向与机械通风方向反向时，自然风作为阻力考虑。

对于特长公路隧道，利用自然风进行通风节能关键在于两点：一是通过气象调查资料计算确定隧道内自然风设计风速大小。二是确定洞内自然风的方向，当洞内自然风方向和机械通风方向相同时，将自然风作为动力考虑，可部分或完全利用自然风进行通风；当洞内自然风方向和机械通风方向相反时将自然风作为阻力考虑。基于以上两点，确定天

台山隧道自然风利用策略为:

①当隧道内自然风风速大于隧道设计风速且方向与机械通风一致时,可不开启风机,完全利用自然风进行通风。

②当隧道内自然风方向与机械通风方向相同,但是风速小于设计风速时,部分利用自然风,结合隧道风机进行通风。

③当隧道内自然风方向与机械通风方向相反时,则将自然风作为阻力考虑。

天台山隧道自然风利用策略如表5.1-3所示。

天台山隧道自然风利用策略　　表5.1-3

策略	自然风方向	自然风风速 v_n(m/s)	射流风机开启情况
策略A	与机械通风方向相同(动力)	$v_n > v_0$	不开启风机
策略B	与机械通风方向相同(动力)	$0 \leq v_n \leq v_0$	开启部分风机
策略C	与机械通风方向相反(阻力)	$v_n < 0$	开启全部风机

(3)天台山隧道风机功率与自然风利用节能测算

天台山隧道左、右线及斜井内风机布置情况如表5.1-4及表5.1-5所示。

天台山隧道左线部分风机开启功率计算　　表5.1-4

年限	射流风机台数				轴流风机(kW)	风机总功率(kW)
	第一区段	第二区段	第三区段	第四区段		
2025	4	2	6	0	8排/8送	3700
2030	6	4	8	4	8排/8送	4060
2035	6	4	10	6	8排/8送	4120
2041	12	8	14	8	8排/8送	4600

天台山隧道右线部分风机开启功率计算　　表5.1-5

年限	射流风机台数				轴流风机(kW)	风机总功率(kW)
	第一区段	第二区段	第三区段	第四区段		
2025	0	0	2	2	6排/6送	2625
2030	0	0	2	8	7排/8送	3431
2035	0	4	6	0	10排/11送	4684
2041	12	8	16	10	11排/11送	5973

天台山隧道不同时段根据不同的自然风的方向和大小采取相应的策略。当一个时段内风速风向变化频繁,而无法确定固定的模式时,按照最不利工况进行控制。

针对不同自然风工况,隧道内的射流风机、轴流风机状态可以划分为全部开启、部分开启、全部关闭三种状态。当洞内自然风与机械通风方向相同且大于设计风速时,风机全部关闭,完全利用自然风通风;当洞内自然风与机械通风方向相反,作为阻力时开启全部风机进行通风;当洞内自然风方向和机械通风方向相同但是小于设计风速时,开启隧道内部分风机进行通风，具体开启数量需根据设计风速和自然风风速大小进行计算。

部分利用自然风时，天台山隧道左、右线需开启的风机数目及功率计算结果分别如表5.1-6、表5.1-7所示（按设计速度80km/h计算）。

天台山隧道左线部分利用自然风时风机开启功率计算　表5.1-6

年限	射流风机台数				轴流风机（kW）	风机总功率（kW）	节能指标
	第一区段	第二区段	第三区段	第四区段			
2025	2	2	4	0	7排/8送	3371	9%
2030	0	2	4	2	8排/8送	3580	12%
2035	2	2	6	2	8排/8送	3700	10%
2041	8	6	10	4	8排/8送	4180	9%

天台山隧道右线部分利用自然风时风机开启功率计算　表5.1-7

年限	射流风机台数				轴流风机（kW）	风机总功率（kW）	节能指标
	第一区段	第二区段	第三区段	第四区段			
2025	0	0	2	0	5排/6送	2356	10%
2030	0	0	0	4	7排/7送	3042	11%
2035	0	2	4	0	9排/10送	4146	11%
2041	6	4	10	6	11排/11送	5372	10%

5.2 基于太阳能风泵的公路隧道自然汲能诱导方法

5.2.1 太阳能风泵系统原理

公路隧道自然风汲能诱导系统的设计思想是利用太阳能辐射加热空气流结合竖井烟囱效应，组成太阳能风泵为空气提供上升动能，达到强化自然通风效果的目的，系统示意图如图5.2-1所示。

系统原理：系统由设置在公路隧道上方贯穿隧道顶部的通风竖井或斜井、连接在通风竖井出口处的太阳能光热阵列转换单元以及与太阳能光热转换单元出口处相连通的通风塔构成，自然风汲能诱导主要利用负压原理。负压原理是指当空气从竖井上方出口处经过通风塔排出后，在通风塔出口处产生动压，从而形成负压抽吸作用，使得封闭的通风系统内部压力降低，隧道通风塔内压力降低并一直传输到通风入口处，由此将隧道内部污染空气吸入至出口处排出，同时从隧道入口端流入等量的新鲜空气，循环利用后起到通风换气的作用。然而，传统自然通风方式由于受地理位置、自然风稳定性以及地热能效率低下等限制，不能产生足够的负压形成抽吸作用，因此自然通风的效果欠佳。本次利用太阳能辐射直接加热竖井上方太阳能光热转换单元内空气流温度，由于太阳能光热转换单元与相连接的通风塔内外空气温差形成密度差，从而为内部空气流出隧道提供更强大的驱动力，通过加热的空气快速流出通风竖井后形成的负压抽出隧道内部污染空气。图5.2-2为太阳能风泵系统技术路线图，其中虚线表示空气流通方向。

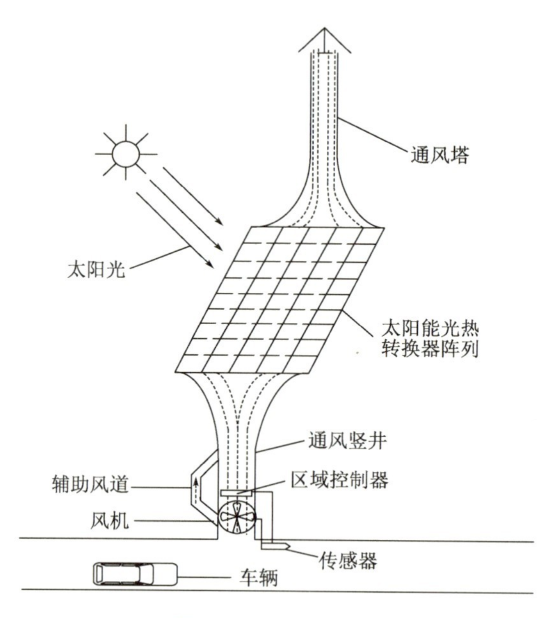

图5.2-1 系统示意图

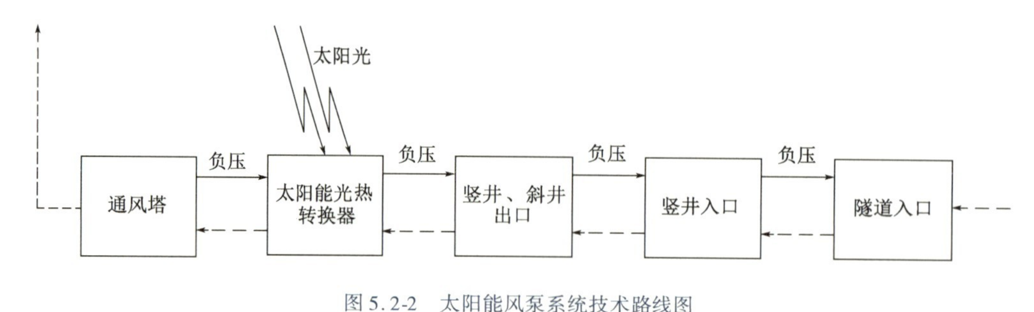

图5.2-2 太阳能风泵系统技术路线图

5.2.2 基于太阳能风泵的公路隧道自然通风模型及其数值计算

（1）基于太阳能风泵的公路隧道自然通风模型

根据热压原理（烟囱效应）、流体力学、能量、质量守恒原理，项目组建立了基于太阳能

风泵的公路隧道自然通风数学模型(推导过程详见附录),如下所示:

$$k = \frac{1}{\sqrt{\frac{1}{u_a^2} \cdot \frac{1}{A_a^2} + \frac{1}{u_b^2} \cdot \frac{1}{A_b^2}}} \tag{5.2-1}$$

$$L = k\sqrt{\frac{2(T_i - T_o)gh}{T_i}}, v = L/A_a \tag{5.2-2}$$

式中:k——太阳能风泵计算系数;

L——太阳能风泵流量(m^3/s)

v——太阳能风泵流速(m/s)

A_a——太阳能风泵进风口面积(m^2)

A_b——太阳能风泵出风口面积(m^2)

h——太阳能风泵垂直高度(m)(含太阳能加热装置和烟囱);

T_o——太阳能风泵内温度(K);

T_i——太阳能风泵外温度(K);

u_a——太阳能风泵进风口处空气流量系数;

u_b——太阳能风泵出风口处空气流量系数。

(2)基于太阳能风泵的公路隧道自然通风数值计算

根据式(5.2-2)和3号通风斜井的技术要求(出口风速8.85m/s;风流量874.54m^3/s),在高度、内外温差、进风口流量系数等参数给定的条件下,模拟计算了太阳能风泵进风口的流量和流速,如表5.2-1~表5.2-6所示。

太阳能风泵烟囱效应理论计算值($h=50m, A_a=50m^2$)　表5.2-1

烟囱内外温度差(℃)	烟囱进风口流量系数 u_a	烟囱进风口流量 $L(m^3/s)$	烟囱进风口流速 v(m/s)
1	0.6	38.4748	0.7695
2	0.6	54.4116	1.0882
3	0.6	66.6404	1.3328
4	0.6	76.9497	1.5390
5	0.6	86.0323	1.7206
6	0.6	94.2437	1.8849
7	0.6	101.7948	2.0359
8	0.6	108.8233	2.1765
9	0.6	115.4245	2.3085
10	0.6	121.6681	2.4334
15	0.6	149.0124	2.9802
20	0.6	172.0647	3.4413
25	0.6	192.3742	3.8475

太阳能风泵烟囱效应理论计算值($h=50\text{m}, A_a=70\text{m}^2$)　　表 5.2-2

烟囱内外温度差(℃)	烟囱进风口流量系数 u_a	烟囱进风口流量 $L(\text{m}^3/\text{s})$	烟囱进风口流速 $v(\text{m/s})$
1	0.6	53.8648	0.7695
2	0.6	76.1763	1.0882
3	0.6	93.2965	1.3328
4	0.6	107.7295	1.5390
5	0.6	120.4453	1.7206
6	0.6	131.9412	1.8849
7	0.6	142.5128	2.0359
8	0.6	152.3526	2.1765
9	0.6	161.5943	2.3085
10	0.6	170.3353	2.4334
15	0.6	208.6173	2.9802
20	0.6	240.8906	3.4413
25	0.6	269.3238	3.8475

太阳能风泵烟囱效应理论计算值($h=50\text{m}, A_a=100\text{m}^2$)　　表 5.2-3

烟囱内外温度差(℃)	烟囱进风口流量系数 u_a	烟囱进风口流量 $L(\text{m}^3/\text{s})$	烟囱进风口流速 $v(\text{m/s})$
1	0.6	76.9497	0.7695
2	0.6	108.8233	1.0882
3	0.6	133.2807	1.3328
4	0.6	153.8993	1.5390
5	0.6	172.0647	1.7206
6	0.6	188.4874	1.8849
7	0.6	203.5897	2.0359
8	0.6	217.6465	2.1765
9	0.6	230.8490	2.3085
10	0.6	243.3362	2.4334
15	0.6	298.0248	2.9802
20	0.6	344.1294	3.4413
25	0.6	384.7483	3.8475

太阳能风泵烟囱效应理论计算值($h=70\text{m}, A_a=50\text{m}^2$)　　表 5.2-4

烟囱内外温度差(℃)	烟囱进风口流量系数 u_a	烟囱进风口流量 $L(\text{m}^3/\text{s})$	烟囱进风口流速 $v(\text{m/s})$
1	0.6	45.5240	0.9105
2	0.6	64.3807	1.2876

续上表

烟囱内外温度差(℃)	烟囱进风口流量系数 u_a	烟囱进风口流量 $L(m^3/s)$	烟囱进风口流速 $v(m/s)$
3	0.6	78.8499	1.5770
4	0.6	91.0481	1.8210
5	0.6	101.7948	2.0359
6	0.6	111.5107	2.2302
7	0.6	120.4453	2.4089
8	0.6	128.7614	2.5752
9	0.6	136.5721	2.7314
10	0.6	143.9596	2.8792
15	0.6	176.3138	3.5263
20	0.6	203.5897	4.0718
25	0.6	227.6202	4.5524

太阳能风泵烟囱效应理论计算值($h=70m, A_a=70m^2$) 表5.2-5

烟囱内外温度差(℃)	烟囱进风口流量系数 u_a	烟囱进风口流量 $L(m^3/s)$	烟囱进风口流速 $v(m/s)$
1	0.6	63.7337	0.9105
2	0.6	90.1330	1.2876
3	0.6	110.3899	1.5770
4	0.6	127.4673	1.8210
5	0.6	142.5128	2.0359
6	0.6	156.1149	2.2302
7	0.6	168.6234	2.4089
8	0.6	180.2660	2.5752
9	0.6	191.2010	2.7314
10	0.6	201.5435	2.8792
15	0.6	246.8394	3.5263
20	0.6	285.0256	4.0718
25	0.6	318.6683	4.5524

太阳能风泵烟囱效应理论计算值($h=70m, A_a=100m^2$) 表5.2-6

烟囱内外温度差(℃)	烟囱进风口流量系数 u_a	烟囱进风口流量 $L(m^3/s)$	烟囱进风口流速 $v(m/s)$
1	0.6	91.0481	0.9105
2	0.6	128.7614	1.2876
3	0.6	157.6999	1.5770
4	0.6	182.0961	1.8210
5	0.6	203.5897	2.0359

续上表

烟囱内外温度差(℃)	烟囱进风口流量系数 u_a	烟囱进风口流量 $L(m^3/s)$	烟囱进风口流速 $v(m/s)$
6	0.6	223.0213	2.2302
7	0.6	240.8906	2.4089
8	0.6	257.5228	2.5752
9	0.6	273.1442	2.7314
10	0.6	287.9193	2.8792
15	0.6	352.6277	3.5263
20	0.6	407.1794	4.0718
25	0.6	455.2404	4.5524

数值计算结果表明,在理想情况下,太阳能烟囱效应与烟囱高度、进风口面积和内外温差成正比。当烟囱高度达70m,太阳能风泵进风口面积达100m²,内外温差达到25℃时,太阳能风泵进风口流量为455.24m³/s,流速为4.55m/s,可以为公路隧道提供大约二分之一设计要求的通风流量。

5.2.3 基于太阳能风泵的公路隧道自然通风样机研制

(1)样机结构设计

基于太阳能风泵的自然通风样机实物如图5.2-3所示。该装置结构主要由太阳能风泵系统(烟囱和太阳能集热器)和机械通风系统(风机与电源、传感器与控制器)组成。

a)工作状态

b)折叠状态(方便运输)

图5.2-3 太阳能风泵样机实物图

该样机作为太阳能风泵的一个基本单元，其基本功能为：当太阳光照充足时，可利用太阳能风泵强化自然通风，而在光照不足或无太阳光时，安装在通风竖井中的风流量传感器将检测信号送至控制器，控制器根据信号的变换控制部分或者全部风机的启动、停止和调速，对隧道进行补偿通风，二者可互为补充，从而确保隧道全天候通风功能的条件下实现节能的目标。

(2)样机自动控制系统设计

①硬件设计。

互补型公路隧道自然通风控制的硬件系统是实现隧道环境监测、风机控制的物质基础。当遇到太阳光照条件较差等使得自然风速不能达到给定值时，区域控制器通过风速传感器检测到的现场情况启用风机进行调节，从而实现辅助通风。

图5.2-4是主界面运行界面。进入子界面后，可以对隧道中各个参数变化趋势进行观察，以便了解在一段时间内隧道中污染物浓度是否超标、太阳能光热器运行是否正常。这样操作者就可以根据当前运行情况作出相应的举措。下面只给出温度显示界面，如图5.2-5所示，其他界面同理，不再赘述。

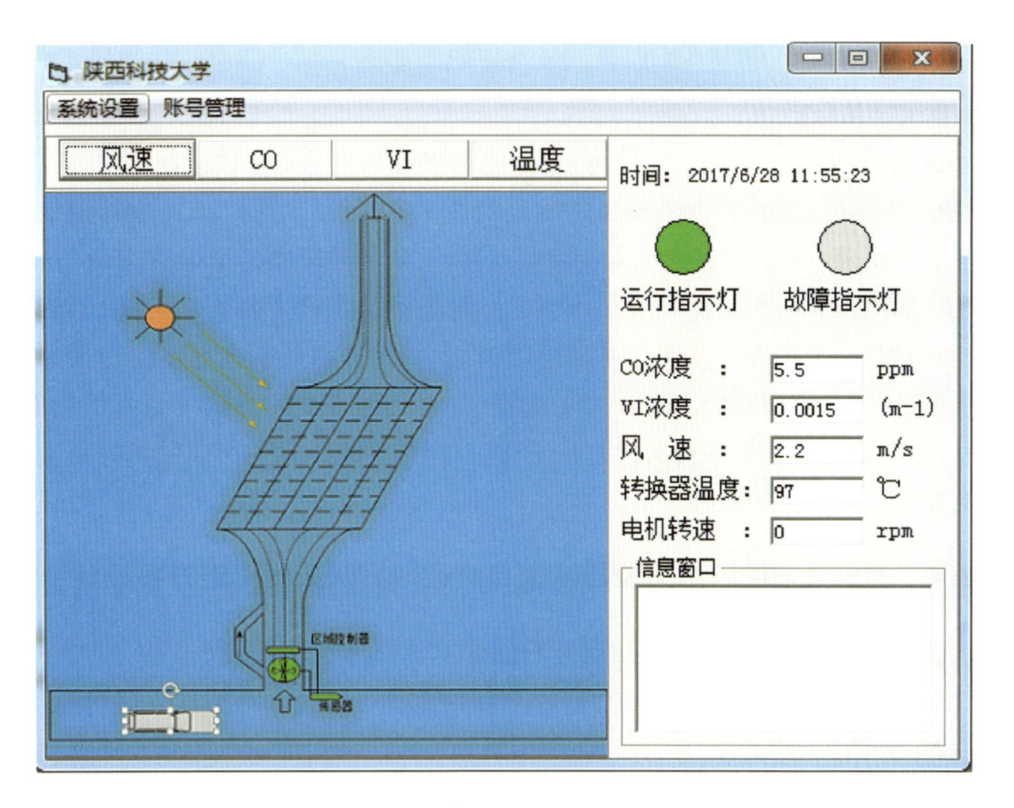

图5.2-4 主界面

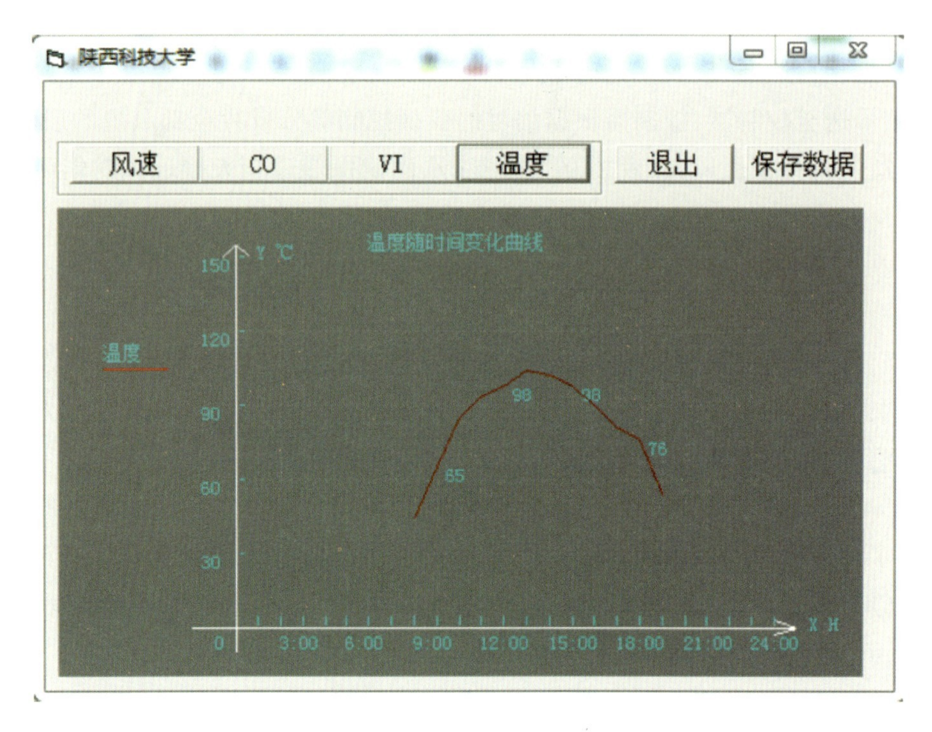

图 5.2-5　温度显示界面

(3)测试结果分析

通过试验,获得了太阳能风泵抽力、太阳能利用效率等主要参数,这些数据表明:将太阳能风泵应用于隧道通风井以实现自然通风的技术方案可行,热气流速度与温度检测仪器如图 5.2-6 所示。因此,该试验装置为其应用于实际工程提供了强有力的技术支撑。然而,试验结果还表明:太阳能风泵在与风机互补通风的条件下具有明显的烟囱效应,反之其抽力和理论计算值存在差距。究其原因为:受空气升温且摩擦力不断增大的客观因素影响,导致太阳能风泵抽力下降。为了克服摩擦力,保证太阳能风泵的工作效率,在工程实际应用中,需至少保证一台风机正常工作,以利用在通风井中形成的诱导风流来降低静度空气阻力。

5.2.4　基于太阳能风泵的公路隧道自然通风方法工程实施方案设计

(1)基于太阳能风泵的公路隧道竖井自然通风工程实施方案设计

2 号竖井出口地面环境及通风井系统基础上增加的太阳能风泵主要结构如图 5.2-7 所示,主要由控制板、导流管、匀流环管、太阳能光热转换器矩阵以及加高竖式圆筒五部分组成。该设计方案的具体特点说明如下:

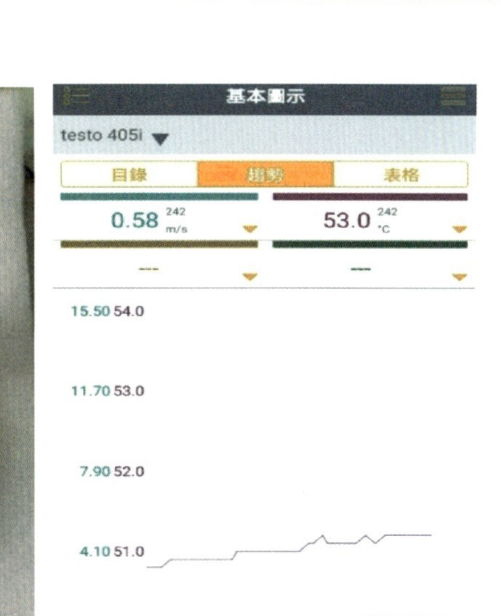

图 5.2-6　热气流速度与温度检测仪器(左)及手机终端显示界面(右)

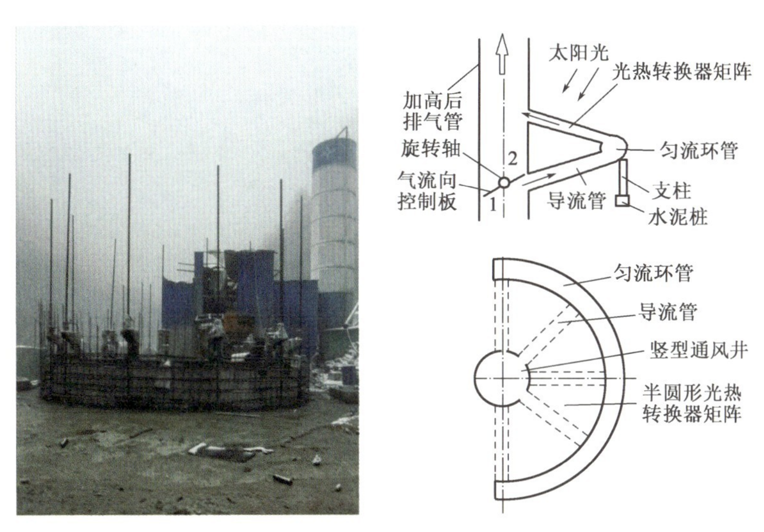

图 5.2-7　2 号通风竖井地面环境(左)及系统中太阳能风泵结构示意图(右)

①导流管。

图 5.2-7 中显示的五根导流管的材质可以根据需要实际需要进行选择(如金属或者工程塑料等,因为始终处于太阳能光热转换板下方位置,有利于塑料材质的抗老化,所以工程塑料性价比更高),以实现系统的高性价比。

②匀流环管。

匀环流管通常由比较粗的圆形金属管构成,同时作为太阳能光热转换器的外边缘框架,被五根圆形钢管作为支架固定后,进而固定光热转换器矩阵整体,五根钢管的下端固定于水泥桩上,顶端连接于导流管和匀流管的连接处。

③增高竖式圆形排气筒。

采用金属板制作地面以上的通风井延长部分,方便与其他部件的连接。其直径与通风井直径相同,高度为35m。

当然,除了上述的太阳能风泵之外,该系统还需要借助原来通风系统中的通风流量检测传感器与电机电源开关组成控制系统,自动控制多台电机中部分电机的自动关闭和启动,以保证太阳能风泵正常工作期间在满足污染空气排出流量的技术条件下实现有效节省常规能源。

(2)基于太阳能风泵的公路隧道斜井自然通风工程实施方案设计

天台山隧道3号通风斜井洞口照片及太阳能光热矩阵设置与空气流路示意图如图5.2-8所示。

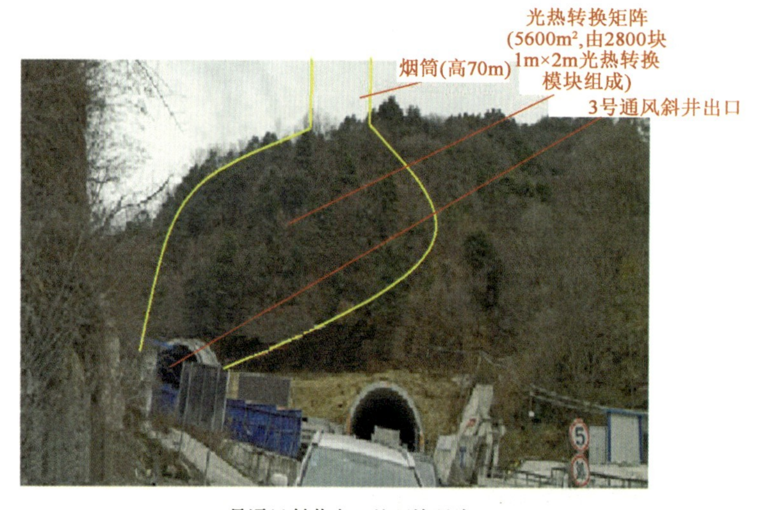

a)3号通风斜井出口处环境照片

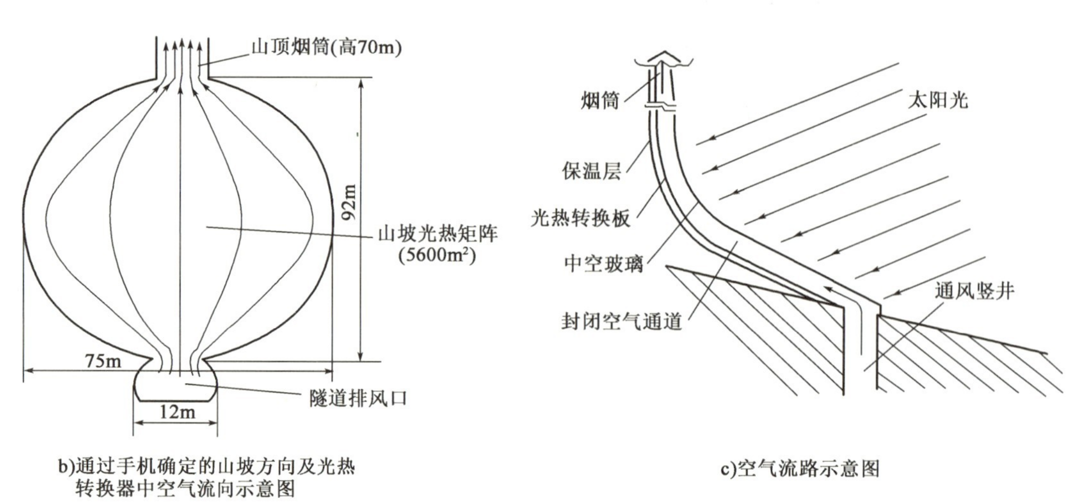

b)通过手机确定的山坡方向及光热转换器中空气流向示意图

c)空气流路示意图

图5.2-8　3号通风斜井进出口照片及太阳能光热矩阵设置与空气流路示意图

3号通风斜井:直径12m的马蹄形通风通道的坡度为14°,长2000多米;出风口地面环境:出风口背后的山坡高度约70m,坡度为50°,朝南偏西40°。

根据上述工程现场具体情况,采用直接借助该山坡作为大面积太阳能光热转换器的安装载体,不仅在整理山坡后覆盖上水泥层即可安装固定几千块光热转换器模块,避免了支架费用,而且有效地升高了烟囱高度,有利于通过烟囱效应排出污染空气。此外,为了减小风阻,2800块1m×2m的整体太阳能光热转换模块组成的5600m^{2}光热转换矩阵为橄榄球形状,使得每一个通风道路径都接近流线型,以尽可能减小风阻;太阳能光热转换器的下部入口与通风斜井出口的上部相连接(通风斜井出口被可活动板密封以便于随时根据需要打开进入检修),出口直接与设置在山顶上高度50m的烟筒的入口相连接,从而保障从通风斜井与隧道接口处开始,一直到烟筒出口整个系统始终处于封闭状态;而在原来通风系统的末端增加了一个太阳能光热转换矩阵以及随后的烟筒,从流动气体温度和高度两方面加强了烟囱效应,在减少开动风机的情况下仍然能够满足通风流量要求,达到好的节能效果。

5.3 公路隧道洞口汇聚太阳光辅助照明技术

5.3.1 太阳光辅助照明方案对比分析

结合天台山公路隧道的现场和相关技术要求,研究试验并提出了PV-LED(高效非逆变)式、光导纤维式、免光纤式以及改进后性能更好的聚光-调式阳光输送机等四种类型的阳光输送机应用模型和设计方案以及相应的技术特点。现在就其系统结构、工作原理和性能特点分别叙述如下:

(1)PV-LED式阳光输送机

利用PV光伏发电板通过电缆线直接驱动LED光源发光照明的装置,即仅用电缆线连接电源与光源实现照明且二者同步的最简结构太阳光照明装置。

①系统结构及工作原理

PV-LED式阳光输送机隧道增强照明系统由光伏发电板组(电源)、LED灯组(光源)和连接电缆线三部分组成,如图5.3-1所示。其中光伏发电板组安装于隧道口外太阳光照射强度好的地方,而LED发光源则按照照度要求安装在隧道口内两侧墙壁面上。

PV-LED式阳光输送机工作原理为:安装在隧道口外面太阳光辐射强的地方的光伏发电板组的功能是把照射的太阳光能转换为电能,在系统中作为电源提供电能;通过电缆线直接驱动安装于隧道内两侧墙壁面上的LED灯发光照明,在系统中作为负载发光照明。

a)光伏电池板和电缆线(接线柜)

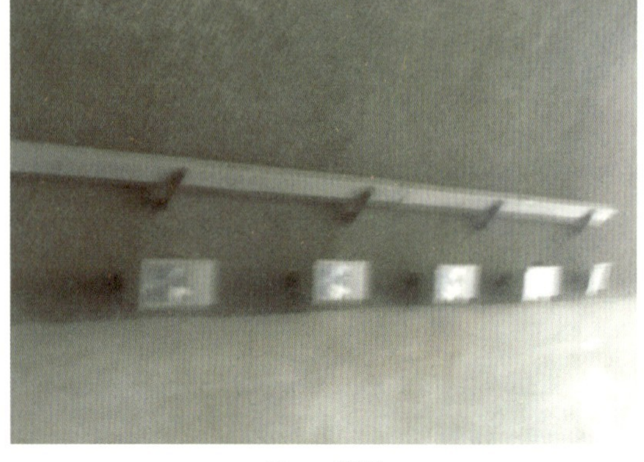

b)LED光源

图5.3-1 PV-LED式阳光输送机结构及实体图

②性能特点

尽管系统实质上经过“光-电”和“电-光”二次转换后才得以实现太阳光照明而非太阳光直接照明,但是如果从用户角度看该系统的使用特性,仍然是LED光源照明与太阳光辐射处于同步状态(一旦有太阳光辐射光伏电池板,产生的电能驱动LED光源同时发光照明)即该系统具备阳光输送机的基本特点,所以仍然作为一种阳光输送机类型(阳光输送机专指直接利用太阳光照明的装置)。

与常规的光伏发电系统相比,因为避免使用蓄电池而使得系统成本大幅下降,而且系统组成的光伏电池板、电缆线和LED光源都是成熟产品,所以系统可靠性好,使用寿命长,免维护,很有市场竞争力。

不足之处是,太阳能利用效率低6%左右(光电转换效率15% ×电光转换效率40% = 6%)。

(2)光导纤维式阳光输送机

利用光导纤维把透镜会聚的太阳光同步传输到需要照明的地方,实现太阳光的直接照明功能,且系统必须配套自动跟踪太阳的控制器。

①系统结构及工作原理。

系统结构如图5.3-2所示。其中光导纤维束中每一根光导纤维对应于会聚透镜的焦点处,而会聚透镜组则规则地分布在自动跟踪系统中的负载平面架上,保证其光轴始终与太阳辐射光线重合。

光导纤维式阳光输送机的工作原理为:会聚透镜采用平凸透镜组实现平行太阳光的会聚功能,而对应的每根光导纤维输入端处于会聚的焦点上,接收的太阳光被一束光导纤维直接传输到需要照明的地方后再由另一端辐射开来,进而实现太阳光直接同步照明功能。其中要求平凸透镜的光轴始终与太阳辐射光线重合的这个必要条件则由自动跟踪器完成。所以系统中自动跟踪系统的精度和可靠性非常重要。

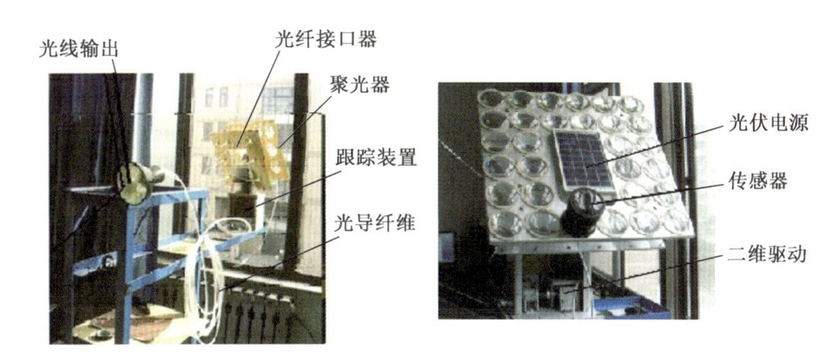

图5.3-2 光导纤维式阳光输送机结构示意图

②性能特点。

通过光导纤维把会聚的太阳光直接传输到隧道内,实现了太阳光的同步照明,太阳能利用效率高。

光导纤维长距离传输将会导致太阳光中可见光的传输效率大幅降低(实际上高效率传输电信号的仅850nm、1310nm和1550nm三个点且都处于红外区域)。

自动跟踪系统的高精度要求和室外恶劣的大自然工作环境之间的大幅度反差会导致系统自动跟踪部分的驱动装置故障频发,用户维修工作量大。

5.3.2 免光纤式基本型公路隧道阳光输送方法设计

如上所述,PV-LED式阳光输送机虽然具有系统结构简单、寿命长等优势,但是由于太阳能利用率低而导致推广应用受到限制;而光纤式阳光输送机则由于其传输光的介质光导纤维不但使得系统成本大幅度上升,而且高达50%以上(35m距离)传输损耗也导致其性价比低而无市场竞争力。在此基础上设计的免光纤式阳光输送机,则既保留了应用于隧道增强照明系统时本身具有的与太阳光照射"自适应性"技术优势外,又由于避免使用光导纤维传输太阳光而使得系统成本下降为原来的1/3,同时采用太阳光直接在空气等自然环境中无损耗地传输进隧道内又把传输提高到100%,明显的技术优势和高性价比使其一跃成为太阳能应用于公路隧增强照明的最佳选择方案。

(1)免光纤式基本型公路隧道阳光输送方案设计

以光形式呈现的太阳能直接应用于隧道等地下建筑物的直接照明,能够把太阳能利用效率从光伏发电的15%提高到60%以上,并且采用光纤将太阳光输送至隧道成为增强照明系统十年前已经被我们研制成功且应用于绩黄高速公路云台山隧道的加强照明系统中。然而,由于光纤具有成本很高且远距离(>50m)传输光能损耗高达70%的应用瓶颈,使其推广应用受到影响。因此,项目组针对此问题,创新性提出了免光纤式阳光输送机新方法,不但使得太阳光传输效率提高到100%,而且又大幅降低系统成本到原来的1/3,为推广应用从技术上铺平了道路,如图5.3-3所示。

a)光纤式阳光输送机加强照明系统

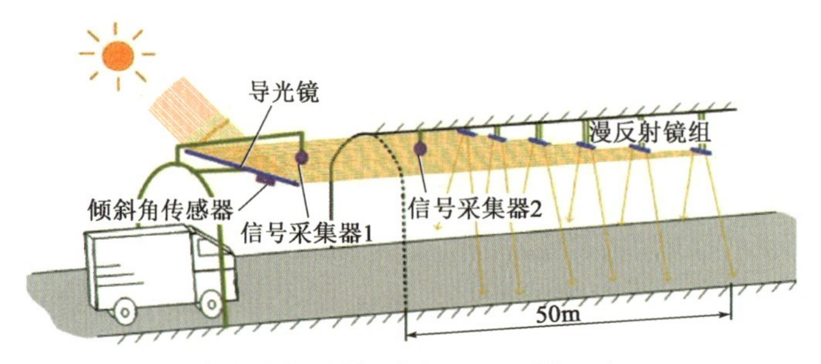

b)免光纤式阳光输送机加强照明系统光路图

图5.3-3　光纤式阳光输送机

在此基础上,针对大部分公路隧道未配备清洗设备而导致漫反射镜灰尘无法清洗影响使用的工程技术问题,项目组提出了一种基于定向反射镜与漫反射镜组型的阳光输送机中免用漫反射镜的新技术,仅单独使用设置在隧道口外面的定向复合反射镜组型的阳光输机,通过不同漫反射角度组合实现整个亮度过渡区域的加强照明功能。此外,又结合推广应用中存在的光通量不足问题,项目组研究了基于菲涅尔透镜的聚光-调光-导光型阳光输送机。

(2)免光纤式基本型公路隧道阳光输送工作原理

隧道进出口太阳光直接加强照明系统中的太阳光反射主要由平面定向反射和漫反射两部分完成,如图5.3-4所示。

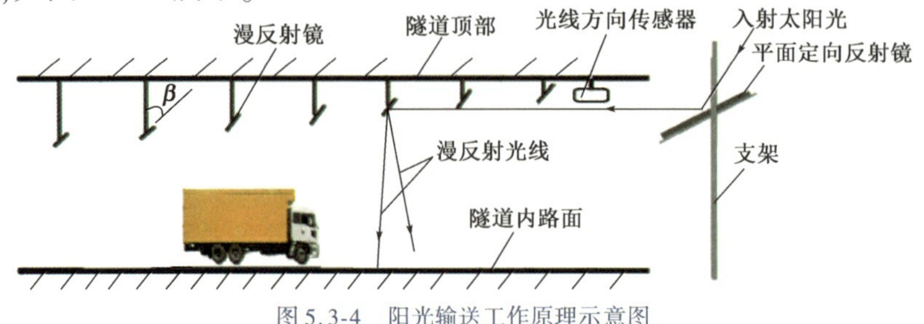

图5.3-4　阳光输送工作原理示意图

其中,平面定向反射镜和漫反射镜模块都是钢化玻璃背面镀银层后安装于光伏电池板铝合金标准框架中以提高机械强度,并且一旦冲闯破损时成为没有锐角的碎片,不会伤害行车和人员。

工作原理为:平面定向反射镜将来自不同方向的分散太阳光从隧道上部的拱形截面空间水平反射进隧道内部不同高度处的漫反射镜上,而后均匀反射至路面。现阶段,项目组对基于平面定向反射镜的阳光输送方法中的部分关键技术进行了研究:一是设计了将入射太阳光反射至隧道内部的阳光输送装置;二是确定了漫反射镜的安装角度。

5.3.3　基于菲涅尔透镜的公路隧道阳光输送方法设计——聚光-调光型

(1)基于菲涅尔透镜的公路隧道聚光-调光型阳光输送工作原理及方案设计

在高性价比的基本型免光纤式阳光输送机技术方案的基础上,考虑到在现实使用过程中免光纤式阳光输送机存在由于隧洞中心方向偏离南或北向较多时可能出现光通量不足(隧道上部拱形空间截面积限制导致光通量无法满足加强照明路面亮度要求)的问题,对此分析研究后专门设计了聚光-调光型阳光输送机,并制作了试验样机进行了相应的试验验证,且试验结果证明了该技术方案的正确性和可行性。

为了有效解决隧道口上部空间限制可能导致光通量不足的问题,本书提出了一种基于菲涅尔透镜的聚光-调光型免光纤式阳光输送方法,其光路图如图5.3-5所示。

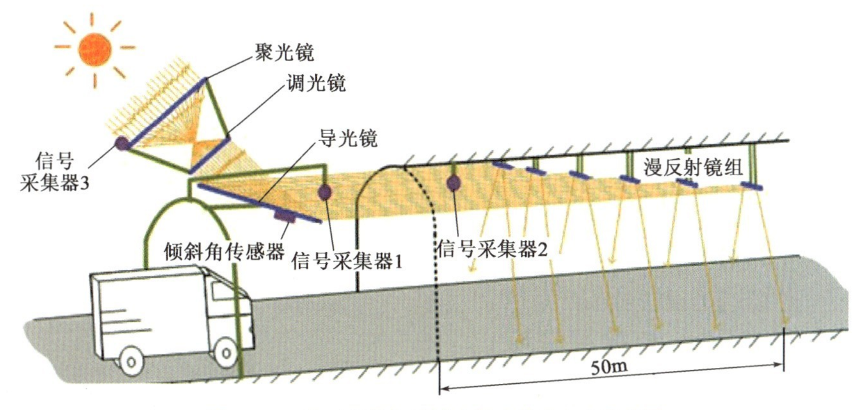

图5.3-5　基于菲涅尔透镜的阳光输送方法示意图

其工作原理为:把自然分散且时变的平行太阳光经聚光器汇聚后,通过调光装置完成光路变换后再输出增强型平行光,而后经过定向平面镜反射后输出增强型平行光通过隧道口上部的拱形空间进入隧道,到达安装于隧道拱形上部空间的漫反射装置,漫反射装置再将增强型平行光均匀地反射至路面而完成太阳光照明功能。需要说明的是,该方法始终要求最终反射至隧道上部空间固定反射装置上的光路不变,故入射到导光装置中的入射点O也需始终固定,进而要求聚光器跟踪太阳汇聚后的焦点也应固定,所以此装置中必须配备两套自动控制系统。其中，聚光器需配置自动跟踪系统保证设置自动跟踪光源太阳的方向；而导光装置也需配备对应的自动控制系统，把不同方向入射的增强型平行太阳光定向反射到隧道上部的拱形空间。

(2)离轴非旋转对称叠加方形光斑均匀聚光菲涅尔透镜模型及其数值计算

点聚菲涅尔透镜作为极坐标跟踪阳光输送装置的核心组件，其性能的好坏直接影响整个装置的性能。传统点聚光菲涅尔透镜由于聚焦光斑中心照度峰值过高，导致能量分布不均匀，进而影响增强型平行光束的均匀分布，使得反射至路面的光线能量也不均匀。另外，传统点聚光菲涅尔透镜的聚焦光斑与定光镜的形状不匹配，也会使得太阳能的利用效率降低。项目组针对此问题，提出采用离轴非旋转对称叠加方法进行了方形光斑均匀聚光菲涅尔透镜设计，设计的透镜如图5.3-6所示。

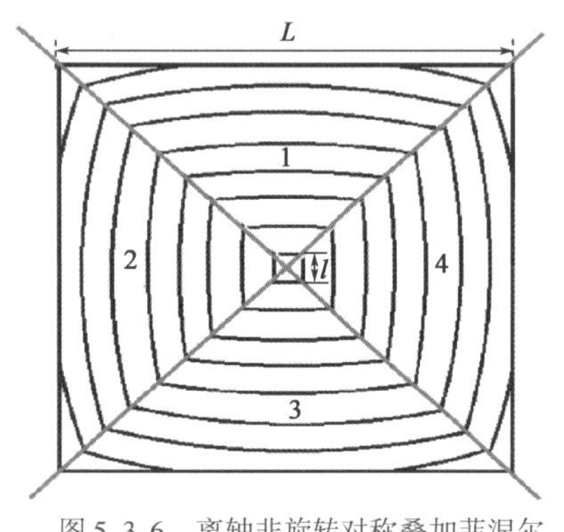

图5.3-6　离轴非旋转对称叠加菲涅尔透镜结构

图5.3-6中，L为方形透镜边长，l为方形小孔边长，通过离轴非旋转对称叠加法原理，可求得透镜聚焦光斑的边长L_0和焦距f，如下所示：

$$L_0 = \frac{2Ls}{4s + \sqrt{2}L} \tag{5.3-1}$$

$$f = \frac{\sqrt{2}F(L-l)}{4s + \sqrt{2}(L-l)} \tag{5.3-2}$$

式中：s——透镜光轴坐标偏移量；

F——透镜离轴聚焦焦距。

由此可知，透镜聚焦光斑的边长L_0与透镜离轴聚焦焦点F无关，仅随离轴量s和透镜边长L的增加而增加，而透镜焦距f随透镜离轴聚焦焦距F、透镜边长L的增加而增加，随离轴量s的增加减少。因此，通过调整L、s、F可以有效改善聚焦光斑能量的空间分布，实现均匀聚光。

项目组分别对小孔边长l对聚光性能的影响、离轴偏移量s对聚光性能的影响和透镜离轴聚焦焦距F对聚光性能的影响进行了仿真模拟，部分结果如图5.3-7～图5.3-9所示，所得结论如下。

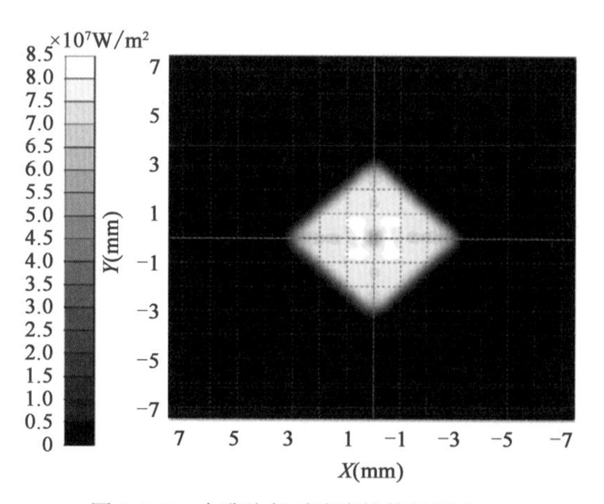

图5.3-7　小孔边长对聚光性能的影响

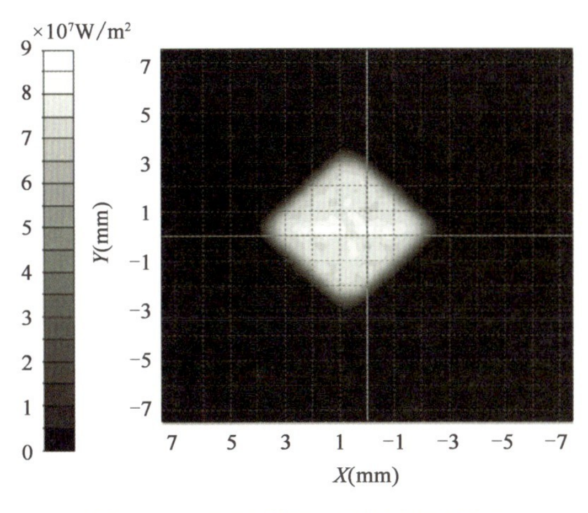

图 5.3-8 离轴偏移量对聚光性能的影响

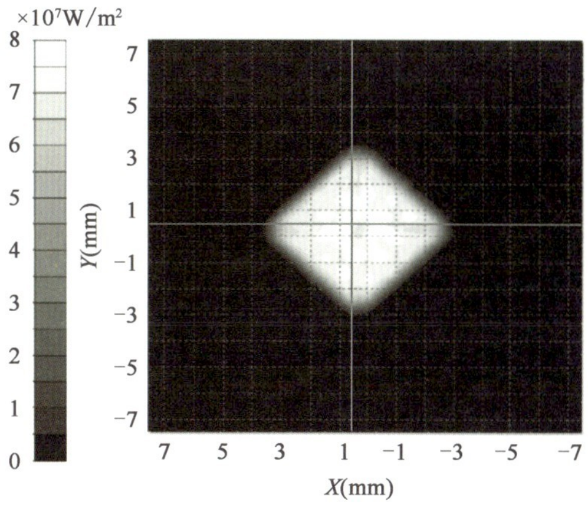

图 5.3-9 离轴聚焦焦距对聚光性能的影响

①透镜中心开的小孔尺寸不能取得太大,否则会使透镜聚集光线能力下降。

②随着离轴偏移量增大,辐照均匀性也随之下降。

③透镜聚焦光斑大小不会随着离轴聚焦焦距变化。

(3)基于菲涅尔透镜的公路隧道阳光输送样机设计及装置研制

①基于菲涅尔透镜的公路隧道阳光输送装置结构设计。

根据基于菲涅尔透镜的聚光-调光-导光型阳光输送方法原理可知,聚光器、调光器以及导光装置与其自动跟踪系统是阳光输送装置的核心,试验样机如图 5.3-10 所示。

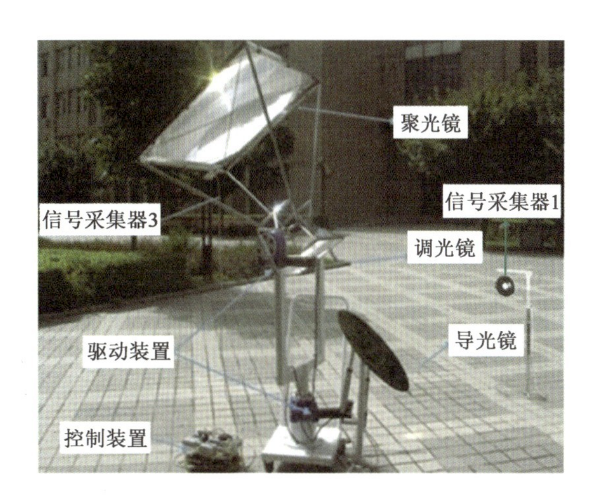

图 5.3-10 基于菲涅尔透镜的聚光-调光-导光型阳光输送试验样机照片

②测试结果分析。

基于菲涅尔透镜的阳光输送方法因免除光纤而具有成本低和光能传输损耗小的优

点。然而,该方法要求光路传输中的焦点固定,故对菲涅尔透镜的聚光性和辐照均匀性,对装置配备的极坐标式自动跟踪系统的精度和实时性提出了很高要求,存在因菲涅尔透镜后期缺乏养护、电机频繁动作而导致平行光增强能力下降、电机故障等问题。

5.4 基于环境感知的公路隧道健康光智能照明技术

完善隧道影响运行区域驾驶员安全驾驶需求理论体系,诠释驾驶员安全舒适驾驶的隧道健康照明内涵及安全节能的评价方法,提出满足驾驶安全舒适的长隧道行车安全保障技术,可以有效改善长隧道行车的安全性和舒适性,降低隧道交通运行事故的严重程度和财产损失,降低隧道照明能耗和运营成本,实现有效节能,为绿色节能和安全运营管理提供技术保障。

5.4.1 驾驶员驾驶视认需求特性

(1)动态空间视认距离

驾驶员行车时,在同一单位时间内不同视认距离驾驶员的视角不同,即视认近物体视角变化大,远物体视角变化小,引起相对运动知觉。近的对象被知觉为相反方向运动,最近的对象向后移动较快,略远的对象向后移动较慢,更远处的物体向驾驶员相同方向移动。由于驾驶员视野中目标对象运动速度的差异,便提供了关于视觉对象所处距离的信号。如果驾驶员对于速度已知,便可以根据相对运动速度判断距离,运行速度较快,知觉为距离较近;运行速度较慢,知觉为较远。在动态距离判识过程中,可获得针对某一目标的几个深度线索,在深度视觉实际形成过程中,通常会将多个线索整合。线索整合过程复杂,且各线索共同作用,较难准确分割。研究发现,人们在处理多个视觉线索时,会依据信息加工模式不同,形成三条策略:累加、单选、相乘。

(2)安全视距需求

驾驶员视觉的主要任务是观察前方道路路面上障碍物的移动情况。从驾驶员的动态认知过程及视认需求研究可见驾驶员能及时甚至及早准确识别出前方障碍物、危险位置是获得提前解除危险的本源,是车速是否安全合理、光源设置是否合理有效的根据。在行车处理情况中形成一个提前、有序认识危险,迅速化解危险的过程。具体描述为:发现情况、识别危险、调整车速、安全通过。因此,驾驶员在隧道影响区域行驶时,必须保证在前方一定安全距离处的净空范围内能看清楚前方范围内道路的线形条件、路面条件、标志标线、车辆信息、障碍物和景观条件等信息。

视距是驾驶员行车最重要的控制指标。停车视距是安全行驶的控制标准,驾驶员在行车时以当前车速行驶的车辆在到达前方的目标障碍物之前安全停车的距离定义为停车视距。停车视距由两部分构成,即驾驶员在反应时间内行驶的距离和驾驶者开始制动到刹车停止所行驶的距离(制动距离)。停车视距是各国公路设计与工程技术标准中重要的设计技术指标。我国《公路路线设计规范》(JTG D20—2017)中对不同设计速度下的停车视距规定如表5.4-1所示。

我国停车视距规范标准　　表5.4-1

设计速度(km/h)	120	100	80	60	40	30	20
停车距离(m)	210	160	110	75	40	30	20

国际照明委员会(CIE)在《隧道和地下通道照明指南》中建议将受测驾驶员能否在大于或等于一个安全停车视距处发现目标障碍物作为判定隧道安全照明的依据。这一方法可直接反映驾驶员在各种照明条件下所产生的生理及心理反应,具有科学性及客观性。

由于停车视距是指驾驶员在行驶过程中发现路面上的目标障碍物,自反应、刹车至安全停车所需的总距离,因此,何时发现目标障碍物是满足停车视距的关键,这就取决于驾驶员的视见程度,它受车速、大气能见度、路面材料、光照效果、目标障碍物的尺度大小及其光反射率等条件的影响。对于进出隧道而言,若排除能见度的影响,在规定车速下,隧道照明光源差异能使驾驶员在停车视距外及时发现目标障碍物是保障行车安全的前提。

(3)目标物视认理论

驾驶员借助视觉器官完成视觉作业的效能,叫作视觉功效。一般用完成作业的速度和精度来定量评价。可见度是目标物可以被看清的难易程度、速度和精确度的指标。为获得满意的视觉功效,需要良好的目标可见度。除个人因素外,目标物固有的特性(大小、形状、位置、背景)和照明光源特性对目标物可见度起决定性作用。结合CIE建立的能用于隧道照明的光学测量评估方法,为了研究视认的不利条件,目标物的颜色选取与隧道背景路面水泥混凝土路面或沥青路面相近,采用对比度较低的灰色(反射率为20%),以使用最不利的颜色保障驾驶的安全视认;考虑现行小车的底盘离地最小高度为14~20cm,目标物选取尺寸为20cm×20cm×20cm的立方体,目标物视认示意图如图5.4-1所示。

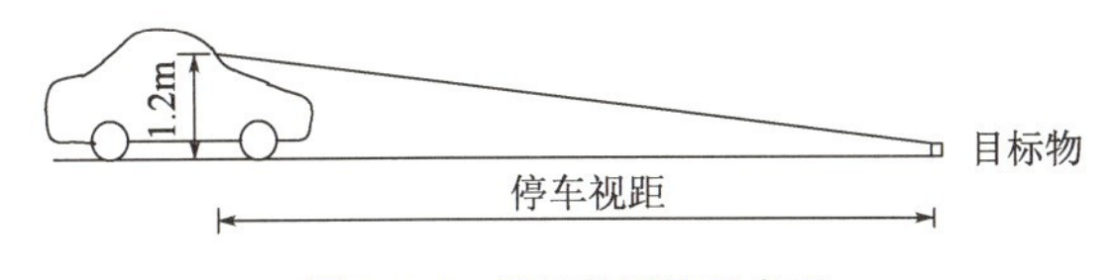

图5.4-1　目标物视认示意图

驾驶员在视认目标物时,主要采取注视、眼跳和追随等三种眼动形式。其视觉反应包括6个阶段:纵览、搜索、发现、识别、决定和反应,在这个视觉反应模型中,驾驶员通过使用视觉行为来完成一项视觉作业。在对目标物障碍物的视认过程中,驾驶员首先是纵览视野区范围并搜索、发现自己感兴趣的事物,然后集中注意力去识别所发现的目标,在集中注意力识别物体后会做出一个决定并反应。

(4)驾驶员动态视认需求

驾驶员在驾驶过程中是以一定的运行速度在动态条件下观察隧道影响范围内道路、交通和环境条件的,驾驶员在动态驾驶过程中的动视力视觉感知和判断能力与静止状态有明显差异。驾驶员在运动状态下通过视觉器官辨别视野中空间需求距离内非常小的视认物体的能力称为动视力。动视力会随着运行速度的增加而下降,动视力除受车速影响外,还受目标物颜色、亮度、目标背景亮度、目标呈现时间、相对运动的方向与速度、道路环境、驾驶员的性别、驾驶员的年龄和生理状态等影响。根据运动视觉心理学分析,动视力比静视力低10% ~20%,特别情况下比静视力低30% ~40%。汽车在动态行驶时,驾驶员的视野范围比静态时小得多,而且随着车速的提高,驾驶员的视野范围变窄。驾驶员在动态的驾驶操作过程中进行视觉认知要比静态下的驾驶操作视觉认知有明显的衰减,主要表现是视敏度降低、视野变窄、视觉观察力下降、视觉刺激量增大、反应错误增加。

驾驶员动态认知的影响因素包括视觉敏锐度、视觉识别速度、视觉对比度、目标物可见水平、照明光源特性(亮度、色温、显色性)。

驾驶员夜间视觉特性是指夜间所具有的观察能力及其变化规律。夜视力是指人眼在夜间对事物的分辨能力。驾驶员视力降低的主要原因是自然光照度迅速下降,障碍物反射的亮度也极具变弱,驾驶员暗适应没有充分形成,观察障碍物不能与其背景形成明显对比,造成驾驶员视认障碍,危害行车安全。

为保证夜间行车的安全与舒适,必须使驾驶员能明显准确地获得视觉信息及其变化,即道路上的障碍物和车辆运行情况、隧道线形条件、路面条件及隧道环境设施情况,如隧道标志、标线、信号灯等。夜间行车驾驶员视认主要靠人工照明光源,因而驾驶员的感知特性与白天有很大差异。夜间感知特性差异主要包含两方面:一是颜色的辨认;二是对不同对比度的物体的感知。

5.4.2 驾驶工作负荷与健康光

(1)驾驶工作负荷理论

驾驶员对交通安全的驾驭是通过大脑这个中央控制器官进行的。大脑不像机器,它的信息容量和处理能力是有限的,也就是具有一定的处理事件的能力范围,它与机械的工作负荷原理类似,因此将其称为“驾驶员的驾驶工作负荷”:驾驶员在道路上驾驶车辆时,道路、交通和环境条件对驾驶员施加的工作任务和频率而产生的在精神压力下的支撑工作的信息的能力。本研究的驾驶工作负荷主要是指驾驶员的脑力负荷,驾驶员在行车过程中完成驾驶任务需要不断地进行信息采集和加工处理、决策以及反应操纵,由此产生的精神压力即为驾驶员的驾驶工作负荷。

驾驶工作负荷与驾驶员自身生理和心理特征、驾驶经验、驾驶行为安全态度以及行车道路、交通和环境有关。相同道路、交通和环境条件下，由于驾驶员的生理和心理特征、驾驶经验、驾驶行为、安全态度不同，驾驶员驾驶相同车辆的工作负荷不同；驾驶工作负荷与输入的知觉信息量有关，不同行车环境具有不同的信息量，同一驾驶员在不同环境条件下驾驶工作负荷也不相同。

驾驶员存在一个标准驾驶工作负荷：道路交通条件和周围环境对驾驶员刺激，使得驾驶员的驾驶工作负荷轻松保持在一个宽松的范围内，驾驶操作所努力期望的措施即驾驶员达到在给定任务环境下的最佳工作状态，也可称之为期望工作负荷或安全工作负荷。驾驶员实际工作负荷与驾驶员标准工作负荷一致时，驾驶员工作水平发挥正常，驾驶事故率最低，从而圆满实现安全运输。驾驶员驾驶工作负荷和事故率间的关系可用图5.4-2来描述。图中A区域就是研究追寻的最佳驾驶工作负荷——标准驾驶工作负荷。

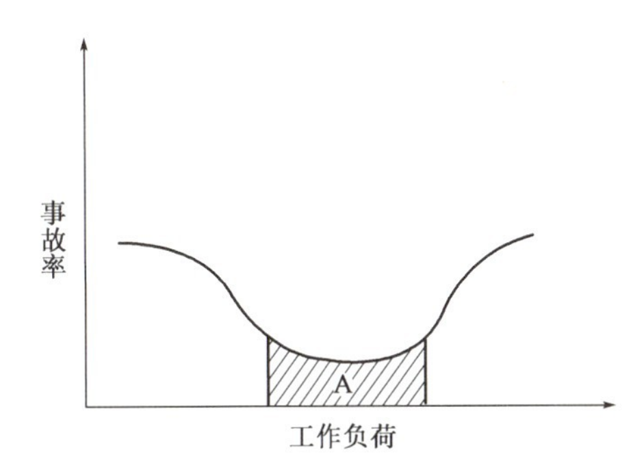

图5.4-2　驾驶员驾驶工作负荷示意图

(2)健康光源对驾驶视认及驾驶工作负荷的影响

驾驶员是道路交通系统中是唯一具有主观能动性的组成要素，合理的照明光环境对驾驶员视认前方道路交通环境具有至关重要的作用。因此，本书将满足驾驶员驾驶安全舒适需求的光源定义为健康光源。

驾驶员在实际行车过程中是通过视觉、听觉和触觉等感觉器官不断感知外界道路交通环境条件、分析获取的信息、采取相应的决策、采取处置措施和修正驾驶行为的循环过程。在这一过程中，驾驶员会由于外界道路交通环境变化而产生一系列生理和心理反应。驾驶员的认知过程可以分为感知阶段、判断决策阶段和操作阶段，在其中任意一个阶段产生失误，都会给行车安全带来风险。在感知阶段，驾驶员主要通过视觉、听觉和触觉等相应的感觉器官感知道路交通环境因素以及车辆行驶状态等因素，是驾驶员安全驾驶车辆的前提。在各种感觉器官提供给驾驶员的道路交通环境相关信息中，视觉提供的信息占所有信息的80%以上。驾驶员在驾驶过程中是以一定的运行速度在动态条件下观察隧道影响范围内道路、交通和环境条件，随着车速的提高，驾驶员的视野范围变窄，如果光环境不能满足驾驶安全性和舒适性的要求，长时间行驶会导致驾驶员驾驶工作负荷升高，进而也会增加驾驶安全风险。

5.4.3　隧道运行影响区域光环境特性

高速公路隧道路段比其他路段的运行条件复杂，行车安全影响因素多。驾驶员进入隧道前一般会提前一个路段接收到交通标志和标线等设施提供的前方隧道相关信息的预告提示，然后驾驶员调整驾驶行为，在各种信息告知、诱导、警告灯交通设施的引导下驶入隧道，在隧道内行驶至接近出口时，再次在各种交通设施的引导下驶出隧道出口段，进入高速公路基本路段行驶。

由于因隧道而引起驾驶员视认特性、驾驶安全及舒适性和驾驶行为特征变化的范围是从隧道入口前预告标志开始，至隧道出口后隧道内的交通环境条件对驾驶员视认不再产生影响为止，在此范围内的道路交通和环境条件与其他高速公路路段相比均因隧道的存在而具有特殊性。因此，高速公路隧道驾驶行为特性分析应从隧道入口前预告开始持续至隧道出口后一定长度路段范围，具体将其划分为 4 个路段：隧道预告段、隧道入口过渡段、隧道中间段和隧道出口过渡段，如图 5.4-3 所示。

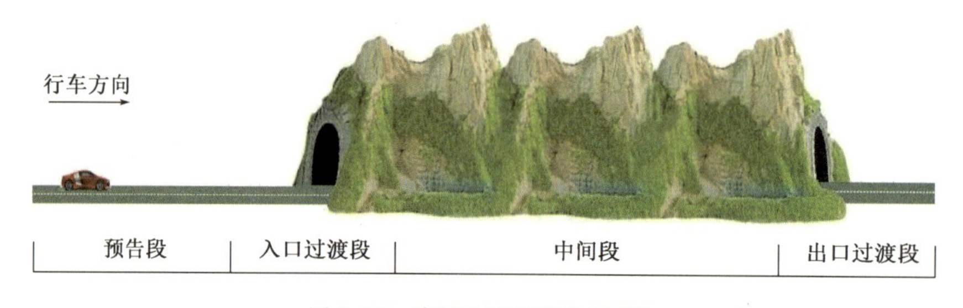

图 5.4-3　高速公路隧道影响区域

不同天气、时间段驾驶员驶入隧道出入口段及隧道内部时的环境特征不同，导致驾驶员进出隧道和在隧道内部时的驾驶感受及视认需求不同。根据不同的环境特征差异和行驶服务需求条件，将隧道照明营造的区段划分接为接近段、入口段、过渡段、中间段和出口段，如图 5.4-4 所示。

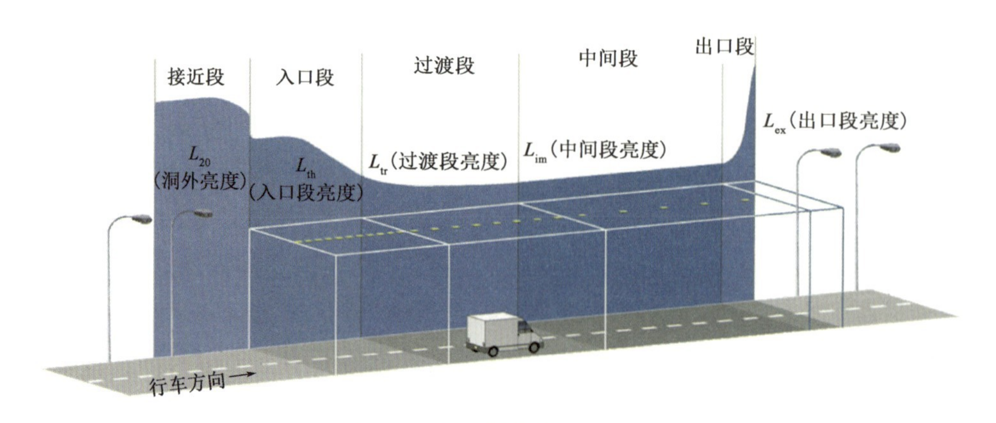

图 5.4-4　隧道照明特征区段划分

（1）接近段

在天气晴朗的白天，大气清澈，空气浑浊度较小，隧道外环境亮度、色温均较高，隧道出入口内外照明差异大，驾驶员接近隧道入口时，由于隧道洞内外光源亮度及光色差异较大而产生“黑洞”效应，会导致驾驶员难以视认洞口道路交通环境条件和信息，如图5.4-5a)所示。夜间，隧道洞内外照明差异较大时，又会引起“白洞”效应，如图5.4-5b)所示。阴天时天空云层较厚，没有太阳直射，隧道外环境亮度较低，光谱分布较为均匀，隧道洞内外照明差异比晴天时小，驾驶员接近隧道入口时，视觉突变程度也相应减小。雾天及雨、雪等不利天气条件下，大气中的水蒸气和尘雾多，浑浊度大，受雾、雨、雪等影响，隧道入口能见度低，影响了驾驶员正常驾驶视觉。

a)白天

b)夜间

图5.4-5　隧道接近段照明

根据不同天气、时间段隧道入口前的照明特点及驾驶员驶入隧道时能视认隧道洞口条件、适应隧道洞口亮度的视认需求，将在隧道入口前一个停车视距范围设置的路段称为隧道接近段。

(2)入口段

将在隧道照明区段中车辆进入洞口后的第一段划分为入口段，如图5.4-6所示。在此路段需要注重驾驶员在白天不同时间段的“明暗”适应和夜间的“暗明”适应距离需求问题。

图5.4-6　隧道入口段照明

当隧道出入口处照度突变时，隧道外部照度高达 80000 ~ 100000lx，而在隧道内部仅有几勒克斯，如图 5.4-7 所示。隧道洞口是运行环境改变的过渡段，驾驶员由于受隧道内外光源类型、明暗差异的影响，在进出隧道时通常会经历明暗环境的交替，易产生“黑洞”效应和“白洞”效应，驾驶员视觉产生相应的暗适应和明适应，致使驾驶员在进、出隧道的瞬间没有足够的时间适应隧道内、外照明的过渡，引起驾驶员心理紧张而采取不良的驾驶行为。同时，驾驶员运行速度越快，隧道内外环境差异突变的速度也越快，暗适应和明适应问题会更严重，造成驾驶员视觉能力下降，出现视觉滞后现象，影响到驾驶员对前方车辆或障碍物的视认。在明、暗适应时间内能够保证驾驶员安全视认的明、暗适应距离是保证行车安全的关键。驾驶员明、暗适应距离受隧道坐向、隧道洞口植被环境、隧道路面类型、隧道壁以及隧道洞内外亮度差异等因素影响。其中洞内外亮度差异对驾驶员视认能力的影响最明显，亮度差异越大，明、暗适应过程中行驶距离越长，越不利于驾驶员的驾驶视认，危及行车安全。

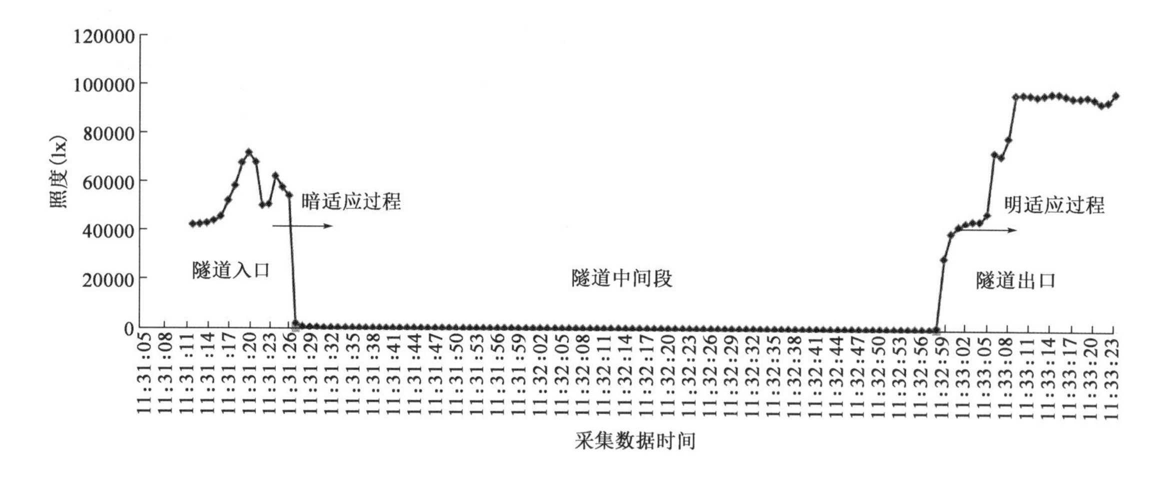

图 5.4-7　某隧道白天天气晴朗条件下的照度实测值

因此，从驾驶视认安全舒适性及降低隧道运营成本的角度考虑，在隧道出入口当照明差异大时，应在一定的距离范围采取措施减小隧道内外照明差异，将其控制在能够满足驾驶员安全视认的范围内。

(3)过渡段

驾驶员在不同天气、时间段从公路自然环境驶入隧道内人造环境的过程中，当隧道入口段与隧道内的照明差异大时，会影响驾驶员驾驶视认安全舒适性。为了降低驾驶员视觉差异，满足视认需求，实现隧道照明的平稳过渡，将入口段与隧道内部之间照明的过渡段设置为照明过渡段，如图 5.4-8 所示。

图 5.4-8 隧道过渡段照明

(4)中间段

隧道中间段的特点是照明受隧道外部照明的影响较小,驾驶员从入口段经过视觉适应段后进入一个光环景相对稳定的行车环境中。由于隧道中间段环境相对封闭,车辆行驶时带起的灰尘及车辆排出的尾气难以及时消散而形成烟雾,降低了隧道内的能见度,影响驾驶员的正常视认和驾驶操作能力;同时,这些颗粒物在车辆前灯的照射下会产生光散射现象,形成光幕,减弱道路前方障碍物与路面和墙壁的亮度对比度和照明效果,直接影响驾驶员的行车安全视距及对障碍物判断的准确性。驾驶员若长期在这样的环境下行驶,不免会产生恐惧、烦躁、压抑等不良的生理、心理反应。同时,相对封闭的隧道环境,使驾驶员的视野控制在一个管状空间内,加之隧道内环境极其单调,缺乏必要的注视点,就更易引起驾驶员的视觉疲劳,不利于行车安全。驾驶员的视野连贯性如果不能及时在隧道内得到补偿,驾驶员会很自然地将目标锁定在隧道外,这样就容易产生逃逸心理,并不自觉地提高车速以满足视野的连贯性,给行车安全带来风险。

影响驾驶员在中间段驾驶视认的因素主要有环境亮度、亮度均匀度等。隧道路面亮度水平低会降低驾驶员对前方车辆或障碍物的视认能力,不利于行车安全。但如果增加路面亮度水平,隧道运行成本会增加。若亮度水平提高得不合理,还会刺激驾驶员的眼睛,影响驾驶员的安全视认。因此需要综合考虑,以确定既满足驾驶视认安全舒适性要求又能节省隧道照明运行成本的方案。

(5)出口段

白天天气晴朗的条件下,当驾驶员行驶到隧道出口时,由于隧道洞口外部环境亮度极高易出现“白洞”效应,引起驾驶员“暗明”适应问题。驾驶员在这种照明差异下会感到十分刺眼和不适,难以视认前方车辆距离及周围环境信息。夜间与白天正好相反,隧道出口黑暗,隧道洞内外的亮度差异大时会引起驾驶员视认的“黑洞”效应或出现暗适应问题,驾驶员在这样的照明下不能正常视认出口后洞外道路、交通和环境条件信息，如图 5.4-9 所示。阴天天气下，天空云层较厚，没有太阳直射，隧道外环境亮度较低，隧道洞内外照明差异比晴天时小，驾驶员接近隧道出口时，视觉突变程度也相应减小。雾天及雨、雪等不利天气条件下，大气中的水蒸气和尘雾多，浑浊度大，雾、雨、雪等不良天气会降低隧道出口能见度，影响驾驶员视距。

a)白天

b)夜间

图 5.4-9　隧道出口段照明

根据不同天气、时间段隧道出口前的照明特点及驾驶员驶出隧道时的视认需求，将驾驶员从隧道内驶出隧道的适应过渡段称为隧道出口段。

5.4.4　隧道群影响区域运行特性分析

根据驾驶工作负荷形成机理，当两隧道之间的间距小于一定距离时，驾驶员在前一个隧道出口处升高的驾驶工作负荷还未恢复至正常状态便又进入下一个隧道影响范围，也就是隧道与隧道之间相互影响驾驶员的驾驶行为特性，这类隧道称为隧道群，如图 5.4-10 所示。

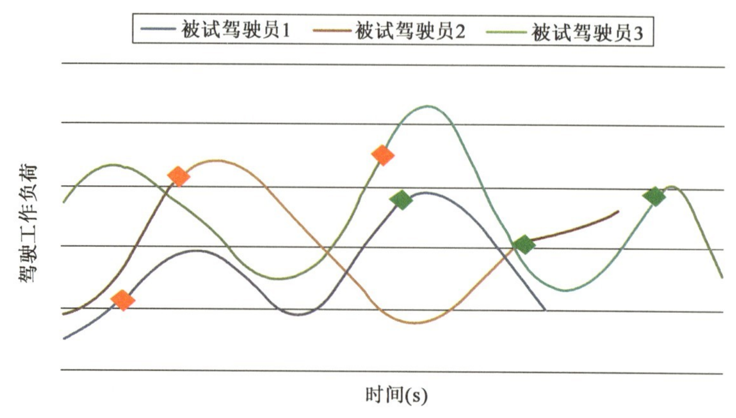

图 5.4-10　相邻隧道之间路段驾驶工作负荷变化规律

注：红色标注点表示驾驶员驶出前一处隧道，绿色标注点表示驾驶员驶入后一处隧道。

因此,高速公路隧道群影响区域应从隧道群第一处分隧道入口前预告开始至隧道群最后一处分隧道出口后一定长度路段范围,即隧道群影响区域由四个路段组成:隧道群预告段、隧道群起始段、隧道群段和隧道群结束段,如图5.4-11所示。

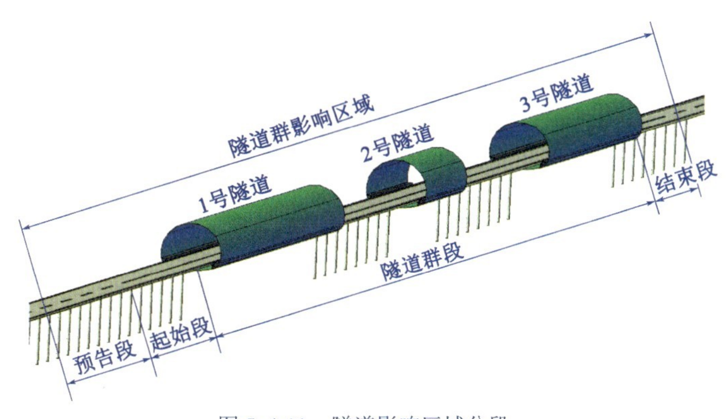

图5.4-11　隧道影响区域分段

隧道群预告段指从告知驾驶员前方隧道运行条件而设置的交通预告标志开始,至向隧道内渐变和过渡开始的路段。

起始段是为使驾驶员顺利驶入隧道群和适应隧道群内行驶环境、道路、照明和交通引导设施等条件发生渐变和过渡的路段,包括隧道群运行照明中的接近段、入口段和过渡段。

隧道群段是隧道内环境、道路和照明等条件一致的路段,在该段隧道运行照明光环境条件保持一致。

结束段是为使驾驶员顺利驶出隧道并适应隧道道路、照明和行驶环境等条件而设置的道路和交通设施渐变和过渡的路段。出口过渡段包括隧道出口后驾驶员不受隧道影响为止的路段。

在隧道群影响区域内,隧道与隧道间的距离较短,驶出隧道洞口的驾驶员驾驶工作负荷在受到前一隧道的道路、环境和出口处内外环境差异的影响还未消除,便又进入下一处隧道入口处再次受到隧道道路、环境差异的影响,如图5.4-12所示。这样的相邻隧道使驾驶员连续经历道路和环境条件变化的影响,导致驾驶员驾驶持续不舒适,甚至产生驾驶疲劳,对驾驶安全带来隐患。

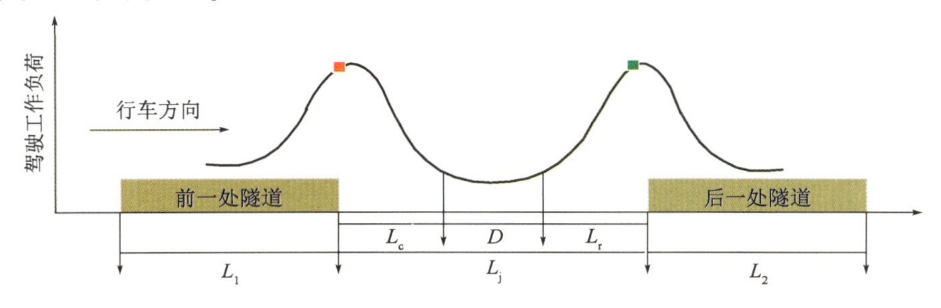

图5.4-12　隧道群内驾驶员驾驶工作负荷变化示意图

注:红色标注点表示驾驶员驶出前一处隧道,绿色标注点表示驾驶员驶入后一处隧道。

5.4.5 隧道影响区域照明评价指标及标准

根据驾驶员视认特性，通过理论分析、试验设计和现场试验，研究不同工况条件下隧道影响区域不同特征段满足驾驶员安全驾驶视认需求、低碳节能的隧道影响区域照明光源特性、评价指标及其标准阈值。

(1)白天入口段照明特性需求评价指标及标准

公路隧道照明与一般道路照明的显著区别在于，公路隧道不仅夜间需要照明，白天也需要照明，且白天照明比夜间照明更为复杂。在有效理解驾驶员在白天隧道入口不同照明差异下可能对驾驶员行车造成安全风险的基础上，提出白天入口段照明特性需求评价指标及标准。

①洞外色温低于6000K，不同交通量情况下亮度折减系数阈值如表5.4-2所示。

不同交通量情况下亮度折减系数阈值　表5.4-2

交通量	光源		满足不同设计速度的亮度差阈值(cd/m²)		
	色温(K)	显色指数	60km/h	80km/h	100km/h
单向交通 N≤350veh/(h·ln) 双向交通 N≤180veh/(h·ln)	3500	70	0.039	0.053	0.071
	4000	70	0.038	0.052	0.070
	4500	70	0.037	0.051	0.068
	5000	70	0.035	0.047	0.063
	5700	70	0.033	0.045	0.06
单向交通 N≥1200veh/(h·ln) 双向交通 N≥650veh/(h·ln)	3500	70	0.057	0.074	0.090
	4000	70	0.055	0.072	0.089
	4500	70	0.054	0.071	0.087
	5000	70	0.051	0.065	0.080
	6000	70	0.048	0.063	0.076

注：当交通量在其中间值时，按内插考虑。

②洞外色温高于6000K，不同交通量情况下亮度折减系数阈值如表5.4-3所示。

不同交通量情况下亮度折减系数阈值　表5.4-3

交通量	光源		满足不同设计速度的亮度差阈值(cd/m²)		
	色温(K)	显色指数	60km/h	80km/h	100km/h
单向交通 N≤350veh/(h·ln) 双向交通 N≤180veh/(h·ln)	3500	70	0.0171	0.0253	0.0372
	4000	70	0.0173	0.0256	0.0377
	4500	70	0.0200	0.0296	0.0435
	5000	70	0.0230	0.0340	0.0500
	6000	70	0.0299	0.0443	0.0651

续上表

交通量	光源		满足不同设计速度的亮度差阈值(cd/m^2)		
	色温(K)	显色指数	60km/h	80km/h	100km/h
单向交通 N≥1200veh/(h·ln) 双向交通 N≥650veh/(h·ln)	3000	70	0.0250	0.0354	0.0476
	4000	70	0.0253	0.0358	0.0483
	4500	70	0.0292	0.0414	0.0557
	5000	70	0.0336	0.0476	0.0640
	6000	70	0.0437	0.0620	0.0833

注:当交通量为中间值时,按内插考虑。

(2)夜间出口段照明特性需求评价指标及标准

从驾驶视认安全舒适性的角度,结合驾驶员在实际动态驾驶过程中的视认需求特性,研究不同运行速度下夜间隧道出口段照明评价指标与安全视认阈值,提出安全、舒适、合理的夜间隧道出口段照明评价指标及标准阈值,如表5.4-4所示。

不同交通量情况下亮度差阈值　　表5.4-4

交通量	光源类型	60km/h 设计速度下亮度差阈值(cd/m^2)
单向交通 N≤350veh/(h·ln) 双向交通 N≤180veh/(h·ln)	3000K,70	4.32
	4000K,70	3.81
	5000K,70	3.24
	5700K,70	3.10
	6500K,70	2.87
	3000K,80	4.45
	4000K,80	3.97
	5000K,80	3.88
	6500K,80	3.33
	3000K,90	4.64
	5000K,90	4.16
	5700K,90	4.03
	6500K,90	3.88
单向交通 N≥1200veh/(h·ln) 双向交通 N≥650veh/(h·ln)	3000K,70	6.31
	4000K,70	5.56
	5000K,70	4.73
	5700K,70	4.53
	6500K,70	4.19
	3000K,80	6.50

续上表

交通量	光源类型	60km/h 设计速度下 亮度差阈值(cd/m²)
单向交通 $N \geqslant 1200$veh/(h·ln) 双向交通 $N \geqslant 650$veh/(h·ln)	4000K,80	5.80
	5000K,80	5.66
	6500K,80	4.86
	3000K,90	6.77
	5000K,90	6.07
	5700K,90	5.88
	6500K,90	5.66

注:当交通量为中间值时,按内插考虑。

(3)白天出口段照明特性需求评价指标及标准

不同色温与显色性的隧道内照明对驾驶员在隧道出口段的视认产生的影响很小,参照中间段的研究成果,与中间段采用相同的照明参数。

白天,位于出口段的物体在明亮的出口背景衬托下,会显示出清晰的轮廓;因此,可见度和舒适度问题已不是首先需要解决的问题。但是,当交通量增大时,行车间距必然缩短,当前方行驶的车辆挡住了出口处绝大部分投射入洞口内的光线时,机动车驾驶员很难准确判断其前方行驶车辆的运行状况,且前车背后的小型车辆常难以发现、视认,容易发生车祸。设置出口加强照明可消除这类视觉困难,降低发生在临近出口处的危险性,如图5.4-13所示。

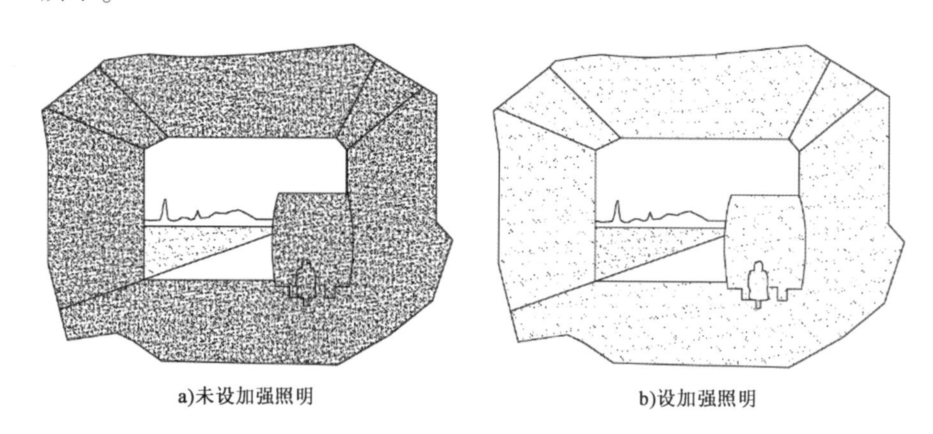

a)未设加强照明　　b)设加强照明

图5.4-13　出口加强照明效果

(4)夜间入口段照明特性需求评价指标及标准

夜间隧道外路面亮度一般小于0.03cd/m²,隧道内的人工照明光源一般提供1~10cd/m²的亮度,较白天而言隧道内外差异不大,在有照明的情况下,隧道内的明亮环境优于隧道外的漆黑环境。参照现行《公路隧道照明设计细则》(JTG/T D70/2-01)与CIE《隧道和地下通道照明指南》中对于不同交通量情况下的规定,得出亮度差阈值如表5.4-5

所示。

不同交通量情况下亮度差阈值 表5.4-5

交通量	光源		满足不同设计速度的亮度差阈值(cd/m²)			
	色温(K)	显色性	60km/h	80km/h	100km/h	120km/h
单向交通 $N \leqslant 350$veh/(h·ln) 双向交通 $N \leqslant 180$veh/(h·ln)	3000	70	0.1	0.3	0.6	1.0
	4000	70	0.1	0.7	1.4	2.2
	5000	70	0.1	0.7	1.5	2.4
	5700	70	0.2	1.0	2.2	3.4
单向交通 $N \geqslant 1200$veh/(h·ln) 双向交通 $N \geqslant 650$veh/(h·ln)	3000	70	0.1	0.7	1.4	2.2
	4000	70	0.2	1.5	3.1	4.9
	5000	70	0.3	1.7	3.3	5.3
	5700	70	0.4	2.4	4.8	7.6

(5)隧道中间段照明特性需求评价指标及标准

为有效理解驾驶员在隧道中间段不同照明差异下可能对驾驶员行车造成的安全风险,通过对隧道中间段照明特性进行需求分析,照明特性需求评价指标为路面亮度、色温及显色指数、路面亮度均匀系数。研究提出用均匀系数 U 来表示隧道路面的均匀性,表达式如式(5.4-1)所示。因此,采用均匀系数 U 作为表征中间段路面亮度整体离散程度的评价指标,可以保证中间段路面提供良好的察觉率和视觉上的舒适性,从而保证中间段行车安全。满足驾驶员安全视认且消除暗斑、斑马效应的均匀系数阈值如表5.4-6所示,中间段亮度阈值如表5.4-7所示。

$$U = \frac{E_{av} - E_{min}}{\sigma} \tag{5.4-1}$$

式中:E_{av}——路面平均照度;

E_{min}——路面最低照度;

σ——路面所有测点的照度均方差。

中间段路面均匀系数阈值 表5.4-6

色温(K)	均匀系数 U
3000	1.688
4000	1.461
5000	1.325
5700	1.259
6500	1.200

不同交通量情况下中间段亮度阈值　　表5.4-7

交通量	光源类型	中间段亮度阈值(cd/m²)			
		60km/h	80km/h	100km/h	120km/h
单向交通 N≤350veh/(h·ln) 双向交通 N≤180veh/(h·ln)	6500K,70	0.38	0.45	0.97	1.72
	4000K,80	0.39	0.47	0.97	1.9
	5000K,90	0.52	0.62	1.29	2.23
	5700K,70	0.54	0.8	1.4	3
	3000K,80	0.58	0.84	1.43	3.01
	6500K,80	0.59	0.88	1.6	3.01
	3000K,90	0.6	0.88	1.7	3.39
	5000K,80	0.61	1.05	1.99	3.42
	3000K,70	0.85	1.26	2.18	3.44
	5700K,90	0.86	1.37	2.36	3.46
	5000K,70	0.99	1.37	2.37	3.61
	6500K,90	1.01	1.38	2.69	4.07
	5700K,80	1.1	1.38	3.08	4.51
	4000K,70	1.13	1.53	3.36	4.7
单向交通 N≥1200veh/(h·ln) 双向交通 N≥650veh/(h·ln)	6500K,70	0.76	1.05	2.10	3.82
	4000K,80	0.78	1.10	2.10	4.22
	5000K,90	1.04	1.45	2.80	4.96
	5700K,70	1.08	1.87	3.03	6.67
	3000K,80	1.16	1.96	3.10	6.69
	6500K,80	1.18	2.05	3.47	6.69
	3000K,90	1.2	2.05	3.68	7.53
	5000K,80	1.22	2.45	4.31	7.60
	3000K,70	1.7	2.94	4.72	7.64
	5700K,90	1.72	3.20	5.11	7.69
	5000K,70	1.98	3.20	5.14	8.02
	6500K,90	2.02	3.22	5.83	9.04
	5700K,80	2.2	3.22	6.67	10.02
	4000K,70	2.26	3.57	7.28	10.44

(6)不同照明亮度均匀度安全阈值

隧道人造光源亮度均匀性设置不合理会产生不均匀暗斑或阴影，当明暗变化频率处于2.5~15Hz范围内时，驾驶员在驾驶视认时会产生“波浪”感，会引起驾驶员视觉不适与心理干扰，从而给行车安全带来风险。照明灯具布置间距应满足闪烁频率低于2.5Hz或高于15Hz。

5.4.6 隧道影响区域三维警示及示宽技术

(1)超长隧道光环境方向诱导及轮廓特性需求

①长隧道。

驾驶员驾驶到长隧道时,不仅会在隧道洞口产生“明适应”和“暗适应”,同时还会受到隧道内单调的线形、压抑枯燥的环境、汽车排放尾气和噪声的影响而导致驾驶员紧张、焦虑和心理压抑,产生驾驶疲劳,驾驶工作负荷过低,驾驶工作效率降低,不利于驾驶员的稳定、舒适行车,增加交通运行风险。

长隧道应设置的标志:隧道预告标志、隧道标志、禁止超车标志、限制速度标志、禁止停车标志、隧道开灯标志、车道指示器、里程牌、百米牌、隧道出口距离预告标志、线形诱导标志、解除限制速度标志、解除禁止超车标志。

应施划的标线:隧道入口前渠化标线、隧道立面标记、反光轮廓标、隧道导行反光光环、车距确认标线、紧急停车带标线、洞口距离标识、车行道分界线、车行道边缘线。

②隧道群。

在隧道群路段,单隧道路段、相邻隧道之间路段都会对驾驶员行车的安全、稳定和舒适性产生影响。而且前一处隧道对驾驶员驾驶工作负荷的影响会延续至下一处隧道,应该将隧道群作为虚拟的长隧道进行总体行车安全、稳定和舒适性设置。

隧道群应设置的标志:隧道群预告标志、隧道群分隧道标志、禁止超车标志、限制速度标志、禁止停车标志、隧道开灯标志、车道指示器、里程碑、百米牌、隧道出口距离预告标志、线形诱导标志、解除限制速度标志、解除禁止超车标志。

应施划的标线:隧道入口前渠化标线、隧道立面标记、反光轮廓标、隧道导行反光光环、车距确认标线、紧急停车带标线、洞口距离标识、车行道分界线、车行道边缘线。

在隧道中间段,通常会设置横向通道。为了使逃生人员或车辆在逃行过程中能明晰横向通道的位置、逃行线路,需要凸显横向通道的位置和逃行线路的诱导标志,保障逃生人员或车辆第一时间逃离现场,在长隧道和特长隧道的中间段还需设置紧急停车带。为在有限空间中保障紧急停车带内设备、车辆和人员的安全,需要凸显紧急停车带的位置范围、驶入和驶出路线的诱导标志。所以在隧道内应安装相关的应急标志,供逃生人员或车辆应急逃生用。

(2)隧道光环境标志设置方法

在隧道的影响区域内,根据可能影响驾驶员在隧道内运行的因素特征和检测内容,可将其划分为4个路段区域,即预告段、入口过渡段、中间段和出口过渡段。

高速公路隧道标志应结合道路交通条件、驾驶员的驾驶需求、隧道所处环境的气候条件、地形地貌特征和自然光源特性等进行设置。设置的隧道标志应具有良好的视认性、连续性、诱导性，提供准确、及时和清晰的驾驶员驾驶期望信息和引导，然而信息量不宜过大。

入口段是影响隧道行车安全的关键路段，驾驶员受到“明暗”适应（白天）和“暗明”适应（夜晚）、路面条件、路线条件、标志标线、护栏过度、气候和道路环境等的影响，会给行车安全带来风险。入口段的标志应具有提示、诱导和缓和驾驶员紧张的作用。入口过渡段设置的标志应包括禁止超车标志、限制速度标志、禁止停车标志、隧道开灯标志、车道指示器。

隧道中间段照明条件（光源特性和灯具设置方式）、线形条件、路面条件、标志标线设置条件、通风措施设置条件与运行环境能见度等问题都会给行车安全带来隐患。中间段设置的标志应对隧道内前方路段的线形、路面和运行环境条件具有充分的告知、提示和诱导作用。中间段应设置的标志包括弯路警告标志和线形诱导标志、隧道出口距离预告标志、车距确认标志。

驾驶员在驶向出口前需要一定时间来适应出口段光源、路线、路面、标志标线与气候环境条件的改变，因此不宜在隧道出口前后一定距离内设置各类标志以及改变标线的施划方式。当整处隧道限速时，在隧道出口后 30 ~ 50m 设置解除限制速度标志。解除禁止超车标志与禁止超车标志联合成对使用，建议隧道群也按整条隧道进行解除禁止超车标志设置，其设置距离同解除限制速度标志。

里程碑和百米牌在隧道特别是特长隧道的隧道群内对驾驶员具有重要意义，它能使驾驶员了解行驶里程和所处位置。依据现行《道路交通标志和标线》（GB 5768），高速公路隧道运行管理范围内每隔 1km 在隧道壁上设置里程碑，每隔 100m 在隧道壁上设置百米牌。

（3）隧道光环境标线设置方法

隧道中间段的照明条件（光源特性和灯具设置方式）、线形条件、路面条件、标志标线设置条件、通风措施设置条件与运行环境能见度等问题都会给行车安全带来隐患。中间段的标线应对隧道内道路线形具有充分的提示、诱导作用。

隧道导行反光光环：为降低驾驶员在隧道内的压抑感，调节隧道内的行车节奏和时空变化，达到较好的诱导效果，建议设置被动发光导行反光光环，反光光环以型钢为支架，一般贴宽 15cm 的白色反光片，如图 5.4-14 所示。直线隧道和曲线隧道的设置间距原则上不同。直线隧道反光光环间距与隧道紧急停车带、车行横通道洞、人行横通道洞统一，设置于紧急停车带、车行横通道洞、人行横通道洞的起点或终点，同时可以起到对这些设施位置的标识作用，为隧道运行和逃生安全发挥作用；隧道内的反光光环应当保证驾驶员在任意位置都能看到连续 3 个反光光环，其中驾驶员看到的最远处的反光光环面积不少于

1/3,第二个反光光环面积不少于2/3,最近处可看到整个反光光环。依据该原则采用作图法,可合理地确定隧道反光光环的设置间距。在驾驶员视野中连续3个显示面积不同的反光光环产生的透视,可进一步强化隧道线形的诱导作用,有助于行车安全。

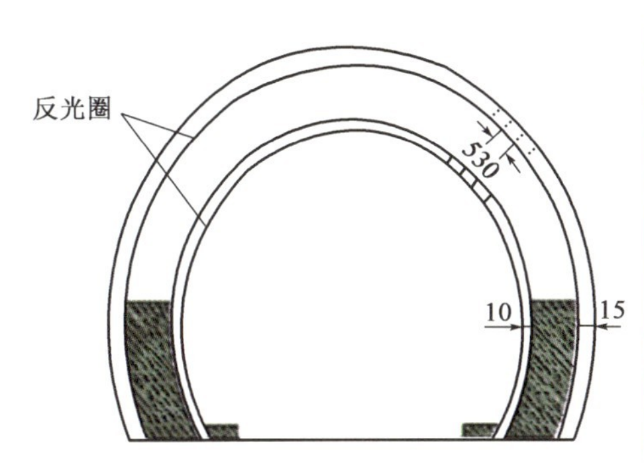

图5.4-14 隧道被动式导行光环(尺寸单位:cm)

洞口距离标识:为告知驾驶员在紧急停车带处距隧道出入口的距离,使驾驶员和逃生人员了解在隧道内已经行驶的里程和距出口和入口的距离,建议在紧急停车带墙面施划洞口距离标识。

车距确认标线:由于长隧道内环境封闭,且线形单调,在长隧道内合理设置车距确认标线,宜采用白色半圆形车距确认标线,白色半圆形适用于道路条件复杂、影响安全行车的路段两侧,半圆半径为30cm,按间隔50m设置,一般在一定路段内连续设置;车距确认标线若使用平面路标,在隧道内相对窄小的路面上不容易实现,而且易污染,所以建议使用蓝色的轮廓标,每50m"改色"来代替路面车距确认标线。

渠化标线:当隧道横断面宽度窄于基本段的路基宽度时,为警示前方并避免驾驶员因断面的突然变化而与隧道入口检修道相撞,在隧道入口前30m范围内的右侧硬路肩内应设置斜向行车方向的黄色斑马线,线宽45cm,与行车方向夹角45°,间距100cm。由于高速公路车速较高,在同样反应时间下,车辆制动距离更长,所以标线应施划更长距离,建议与限速标志配合使用,施划长度如表5.4-8所示。斑马线与车道边缘线之间应空出5cm间隙,以利于排水和清扫。

不同限制速度下渠化标线施划长度 表5.4-8

隧道限制速度(km/h)	60	70	80
渠化标线施划长度(m)	50	70	100

立面标记:当隧道洞口过渡段不连续、不协调时,为了增加隧道入口洞门轮廓及检修道边缘的清晰度,避免驾驶员与洞门或检修道剐蹭或相撞,宜在隧道洞口迎车面端部设置,一般应涂至距路面2.5m以上的高度,检修道边缘施划与检修道等高的立面标记。立面标记一般为黄黑相间的倾斜线条,斜线倾角为45°,线宽均为15cm。施划时应把向下倾

斜的一边朝向车行道。

车行道边缘线:白天和夜间光源的变化以及隧道内特殊的行车环境,使得驾驶员对线形引导的依赖大于对标牌的依赖。将隧道影响区域内标线加宽至20cm,建议采用抗污性良好、污渍容易冲洗掉的反光振动标线,使车辆轮胎压到车行道边缘线时,通过振动进一步告知车行道轮廓。

车行道分界线:隧道内外行车环境的较大差异已导致驾驶员在隧道入口段、出口段驾驶工作的负荷增加。为禁止车辆特别是大货车超车或换车道,维持进出长大隧道的交通运行秩序,在隧道入口前一个停车视距、隧道出口后一个停车视距范围施划禁止跨越同向车行道分界线;对于宽度窄于路基的隧道路段,在隧道入口前50~100m、出口后30~50m范围的车行道分界线处,应设置白色实线。建议与禁止超车标志、解除禁止超车标志配合使用。设置长度建议值如表5.4-9所示,线宽采用15cm。驾驶员在隧道群内频繁进出隧道,受进出口光环境影响,行车风险增大,建议在第一处分隧道入口前一个停车视距至最后一处分隧道出口后一个停车视距范围,施划禁止车辆特别是小客车跨越同向车行道分界线。

车行道分界线建议设置范围　　表5.4-9

限制速度(km/h)	60	80	100
设置范围	入口前50m, 出口后50m	入口前70m, 出口后50m	入口前100m, 出口后50m

反光轮廓标:建议将反光轮廓标设置在隧道检修道侧壁和隧道墙面距检修道0.8m高处位置(左侧黄色、右侧白色),不仅可以引导行车、标示线形和隧道轮廓,而且可以培养驾驶员通过隧道开灯的良好习惯,如图5.4-15所示。反光轮廓标的建议设置间距如表5.4-10、表5.4-11所示。

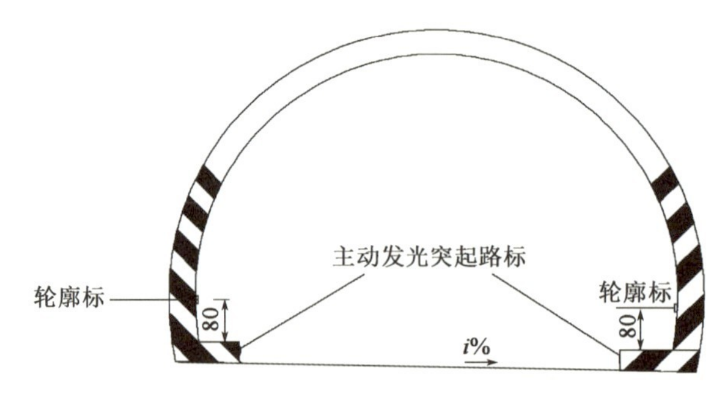

图5.4-15　轮廓标与主动发光突起路标(尺寸单位:cm)

不同限制速度下反光轮廓标建议设置间距　　表5.4-10

限制速度(km/h)	60	80	100
设置间距(m)	4	6	7

不同曲线半径下反光轮廓标建议设置间距 表5.4-11

曲线半径(m)	800	600	400	300	200	145
设置间距(m)	19	17	14	12	10	8

突起路标:设置突起路标可给驾驶员以振动提示,并可通过其反光性能告知驾驶员车行道轮廓。应在车行道边缘线上设置突起路标,宜在车行道分界线上设置突起路标。突起路标设置间距同反光轮廓标建议设置间距。从安全角度看,突起路标若设置在路面上,由于它具有一定的厚度,反光面和结构主体会使偏移行车道方向的车辆轮胎打滑、失稳,给行车安全带来隐患,而且容易被损坏,因此不建议在路面设置突起路标,仅在检修道侧壁上设置突起路标,并建议采用主动发光的形式。

隧道腰带线:隧道内线形不良时,可采用装饰涂料施划隧道腰带线,用以清晰地显示前方线形条件。建议腰带线高1.2m、宽15~20cm、间距30~40cm,建议采用反光涂料,给驾驶员提供良好的视线诱导。隧道腰带线的颜色与隧道内壁装饰材料颜色反差对比鲜明,如隧道内壁装饰材料为白色,则腰带线颜色可为蓝色或黄色。

第6章

超长三车道公路隧道群快速安全施工技术

6.1 施工机械设备配套与智能化控制体系

6.1.1 机械化配套技术

(1)隧道机械化配套总体原则

在隧道施工中,Ⅰ、Ⅱ、Ⅲ级围岩采用全断面施工;Ⅳ、Ⅴ级围岩采用台阶法施工;Ⅴ级以上围岩采用其他方法施工。

隧道全断面和台阶法施工的设备配套方案分别按照Ⅰ、Ⅱ、Ⅲ级三种模式划分,三种模式分别对应三种综合施工进度指标。其中,Ⅰ级机械化配套方案适用于施工进度最快且业主有设备专项费用的;Ⅱ级机械化配套方案适用于施工进度较快且业主或施工单位自身有需求的;Ⅲ级机械化配套方案适用于常规施工组织的。

(2)隧道机械化配套方案划分原则

长大隧道施工设备配套方案的划分主要以隧道类型、断面、围岩级别、隧道施工综合进度、隧道围岩作为依据。但每个隧道的围岩不可能全部是同一级别、同一性能的围岩,不同围岩对应不同的施工方法、不同的施工进度。因此在选择施工方案时,应以隧道大多数围岩级别和施工进度作为主要依据,根据实际情况加以甄别,通过讨论的形式在施工组织编制时加以确定。

根据多年的隧道施工经验,结合历年来机械化配套方案的应用实例,为提高隧道施工机械化,降低成本,减轻作业人员劳动强度和满足日益增长的人工费需求,对长大隧道机械化配套方案进行了划分,划分情况如表6.1-1所示。

长大隧道机械化配套方案划分表 表6.1-1

项目		月进度(m)		
		Ⅰ级方案	Ⅱ级方案	Ⅲ级方案
1.三车道及以上隧道	全断面施工(Ⅰ~Ⅲ级围岩)	≥170	140~170	110~140
	台阶法施工(Ⅳ~Ⅴ级围岩)	≥90	60~90	45~60
2.两车道及以下隧道	全断面施工(Ⅰ~Ⅲ级围岩)	≥150	120~150	90~120
	台阶法施工(Ⅳ~Ⅴ级围岩)	≥90	60~90	45~60

(3)三车道及以上隧道机械化配套方案

①三车道及以上隧道全断面施工机械化配套方案。

Ⅰ、Ⅱ及Ⅲ级机械化配套方案分别如表6.1-2~表6.1-4所示。

三车道及以上隧道全断面施工Ⅰ级机械化配套方案设备配置表 表6.1-2

作业工序	设备名称	规格	数量	备注
超前钻探作业	三臂凿岩台车		1台	短距离
	多功能钻机	C6	1台	长距离
开挖作业线	三臂凿岩台车		2台	兼顾锚杆作业
	变压器	S11-500	1台	
支护作业线	湿喷混凝土机械手	≥20m^3/h	1台	
	混凝土输送车	≥6m^3	2台	与二次衬砌共用
	混凝土搅拌站	60m^3/h	1台	
仰拱作业线	自行式仰拱栈桥	有效工作长度20m以上	2台	
	挖掘机	1m^3	1台	
	自卸车	25t	2台	
	混凝土输送车	≥6m^3		与二次衬砌共用
	仰拱纵向滑模		2套	
	混凝土输送泵	60m^3/h	1台	
装渣、运渣作业	装载机	≥3m^3	2台	备用1台
	自卸汽车	≥25t	5台	根据运距增加
防水板作业	铺设台车		2台	
混凝土衬砌作业	模板台车	长12m	2台	
	混凝土输送泵	60m^3/h	2台	
	混凝土输送车	≥6m^3	5台	根据运距增加
	混凝土搅拌站	≥120m^3/h	1台	
	养护作业台架		2台	

三车道及以上隧道全断面施工Ⅱ级机械化配套方案设备配置表　　表6.1-3

作业工序	设备名称	规格	数量	备注
超前钻探作业	多功能钻机	C6	1台	长距离
	工程钻机	MK-5	1台	短距离
开挖作业线	电动空压机	总风量110m^3/min		
	手持钻机		30台	(含备用)
	多功能台架	根据断面制造	1台	
支护作业线	湿喷机械手	≥20m^3/h	1台	
	混凝土输送车	≥6m^3	2台	与二次衬砌共用
	混凝土站	120m^3/h	1台	与二次衬砌共用
仰拱作业线	自行式仰拱栈桥	有效工作长度20m以上	2台	
	挖掘机	1m^3	1台	
	自卸汽车	15t以上	2台	
	混凝土输送车	≥6m^3	2台	与二次衬砌共用
	仰拱纵向滑模		1套	
	混凝土输送泵	60m^3/h	1台	
装渣、运渣作业	装载机	≥3m^3	2台	
	自卸汽车	≥15t	6台	根据运距增加
防水板作业	铺设台车		1台	
二次衬砌作业	模板台车	12m	2台	
	混凝土输送泵	60m^3/h	2台	
	混凝土输送车	≥6m^3	4台	根据运距增加
	混凝土搅拌站	120m^3/h	1台	
	养护作业台架		2台	

三车道及以上隧道全断面施工Ⅲ级机械化配套方案设备配置表　　表6.1-4

作业工序	设备名称	规格	数量	备注
超前钻探作业	多功能钻机	C6	1台	长距离
	工程钻机	MK-5	1台	短距离
开挖作业线	电动空压机	总风量100m^3/min		
	手持风钻		30台	(含备用)
	多功能台架		1台	
支护作业线	湿喷机	5~13m^3/h	2台	
	混凝土输送车	≥6m^3	2台	与二次衬砌共用
	混凝土站	90m^3/h	1台	与二次衬砌共用
	多功能台架		1台	与开挖共用
仰拱作业线	自行式仰拱栈桥	有效工作长度20m以上	1台	
	挖掘机	0.8~1m^3	1台	
	混凝土输送车	≥6m^3	2台	与二次衬砌共用

续上表

作业工序	设备名称	规格	数量	备注
装渣、运渣作业	装载机	≥$3m^3$	2台	
	自卸汽车	≥15t	6台	根据运距增加
防水板作业	铺设台车		1台	
二次衬砌作业	模板台车	12m	1台	
	混凝土输送泵	$60m^3/h$	1台	
	混凝土输送车	≥$6m^3$	2台	
	混凝土搅拌站	$90m^3/h$	1台	
	养护作业台架		1台	

②三车道及以上隧道台阶法施工机械化配套方案。

在三车道及以上软件弱围岩的施工中,台阶法是比较常用的施工方法。因此,为了便于实施机械化配套方案,提高施工效率,降低施工安全风险,保障隧道施工快速施工,仅对台阶法施工条件下的机械化配套方案进行研究。即在隧道围岩为Ⅳ、Ⅴ级时,施工方法采用台阶法开挖。在Ⅴ、Ⅵ级软弱围岩施工中,必须进行超前支护,如管棚、小导管、锚杆、注浆加固作业等,其施工作业线较全断面施工方法增加了超前支护作业线。Ⅰ、Ⅱ及Ⅲ级机械化配套方案分别如表6.1-5~表6.1-7所示。

三车道及以上隧道台阶法施工Ⅰ级机械化配套方案设备配置表　　表6.1-5

作业工序	设备名称	规格	数量	备注
超前地质预报、超前支护	三臂凿岩台车		1台	与开挖共用
	多功能钻机	C6	1台	长距离用
开挖作业线	三臂凿岩台车		2台	
支护作业线	湿喷机械手	≥$20m^3/h$	1台	
	钢拱架拼装机		1台	
	混凝土输送车	≥$6m^3$	2台	
	混凝土站	≥$120m^3/h$	1台	与二次衬砌共用
仰拱作业线	自行式仰拱栈桥	有效工作长度20m以上	1台	
	挖掘机	$1m^3$	1台	
	自卸车	15t以上	2台	
	混凝土输送车	≥$6m^3$	2台	与二次衬砌共用
装渣运渣作业	装载机	≥$3m^3$	2台	
	自卸汽车	≥15t	6台	根据运距增加
	挖掘机	$1m^3$	1台	共用
防水板作业	铺设台车		1台	
二次衬砌作业	模板台车	12m	1台	
	混凝土输送泵	$60m^3/h$	1台	

续上表

作业工序	设备名称	规格	数量	备注
二次衬砌作业	混凝土输送车	≥6m³	2台	
	混凝土搅拌站	≥120m³/h	1台	
	养护作业台架		1台	

三车道及以上隧道台阶法施工Ⅱ级机械化配套方案设备配置表 表6.1-6

作业工序	设备名称	规格	数量	备注
超前地质预报、超前支护	工程钻机			满足钻探
	注浆机			满足需要
开挖作业线	电动空压机	80m³/min		
	手持钻机		20~28台	
	上断面开挖台架		1台	
支护作业线	湿喷机械手	≥20m³/h	1台	
	钢拱架拼装机		1台	
	混凝土输送车	≥6m³	2台	与二次衬砌共用
	混凝土搅拌站	90m³/h	1台	
仰拱作业线	自行式仰拱栈桥	有效工作长度20m以上	1台	
	挖掘机	1m³	1台	
	自卸车	15t以上	2台	
	矮边墙滑移模板		1套	
	混凝土输送车	≥6m³	2台	
装渣、运渣作业	装载机	≥3m³	2台	
	自卸汽车	≥15t	6台	根据运距增加
	挖掘机	1m³	1台	
防水板作业	铺设台车		1台	
二次衬砌作业	模板台车	12m	1台	
	混凝土输送泵	60m³/h	1台	
	混凝土输送车	≥6m³	2台	
	混凝土站	90m³/h	1台	
	养护作业台架		1台	

三车道及以上隧道台阶法施工Ⅲ级机械化配套方案设备配置表 表6.1-7

作业工序	设备名称	规格	数量	备注
超前地质预报、超前支护	工程钻机			满足需要
	注浆机			满足需要
开挖作业线	电动空压机	100m³/min		移动
	手持钻机		20~28台	

续上表

作业工序	设备名称	规格	数量	备注
开挖作业线	上断面多功能台架		1 台	
	挖掘机		1 台	
支护作业线	湿喷机	$5 \sim 13m^3/h$	2 台	
	混凝土输送车	$\geqslant 6m^3$	2 台	与二次衬砌共用
	混凝土拌和站	$90m^3/h$	1 台	与二次衬砌共用
仰拱作业线	简易栈桥	有效工作长度 12m	≥2 台	
	挖掘机	$1m^3$	1 台	
	混凝土输送车	$\geqslant 6m^3$	2 台	与二次衬砌共用
装渣、运渣作业	装载机	$\geqslant 3m^3$	1 台	
	自卸汽车	≥15t	6 台	根据运距增加
防水板作业	铺设台车		1 台	
二次衬砌作业	模板台车	12m	1 台	
	混凝土输送泵	$60m^3/h$	1 台	
	混凝土输送车	$\geqslant 6m^3$	3 台	
	混凝土拌和站	$90m^3/h$	1 台	
	养护作业台架		1 台	

6.1.2 机械化配套方案效率分析及依托项目效率测试情况

在 12 套机械化配套方案中，Ⅲ级机械化配套方案效率较低，使用较多，技术较为成熟。而且由于Ⅲ级机械化配套方案机械化程度较低，其需投入作业人员多，劳动强度高，安全隐患大，对作业人员的职业健康不利，无法缓解日益增长的人工紧缺的局面；施工效率相对较低，施工质量不稳定，无法满足目前隧道快速施工的需要。因此，在今后的施工中，Ⅰ、Ⅱ级机械化配套方案是超长公路隧道施工中应用的趋势，本章着重对Ⅰ、Ⅱ级机械化配套方案的配套效率进行分析，并对其依托项目的设备配套情况进行使用效率测试。

(1)超长公路隧道全断面作业机械化配套方案

①Ⅰ级机械化配套方案

超长公路隧道全断面施工机械化配套方案以Ⅰ级机械化配套方案为例，该方案依托的项目为秦岭天台山隧道 LJ-12 标段。

由于秦岭天台山隧道 LJ-12 标段围岩多为Ⅰ～Ⅲ级，具备快速施工条件，LJ-12 标段右线大里程方向采用Ⅰ级机械化配套方案进行施工。秦岭天台山隧道 LJ-12 标段右线大里程方向实施机械化配套方案，设备配置情况如表 6.1-8 所示。

设备配置表　　表6.1-8

作业工序	设备名称	规格	型号	单价(元)	数量	原值(元)
一、超前地质预报作业						
1	多功能钻机		C6	4610000	1台	4610000
二、开挖作业						
1	三臂凿岩台车		T12	8990000	2台	17980000
2	变压器	500kV・A	S11-500	80000	1台	80000
三、锚喷支护作业						
1	湿喷机械手	$30m^3/h$	PM500PC	3990000	1台	3990000
2	混凝土输送车	$8m^3$		与二次衬砌共用	2台	0
3	混凝土搅拌站	$150m^3/h$	HZ150		1台	0
四、仰拱作业						
1	仰拱栈桥	24m		450000	2台	900000
2	挖掘机	$1m^3$	PC210	与装运共用	1台	0
3	自卸汽车	$12m^3$		320000	2台	640000
4	仰拱板滑移模板	12m		420000	2套	840000
5	混凝土输送车	$8m^3$		与二次衬砌共用	2台	0
五、防水板作业						
1	防水板作业台架			500000	2台	1000000
六、装运作业						
1	挖掘机	$1m^3$	PC210	1100000	1台	1100000
2	装载机	$3m^3$	WA380-3	860000	2台	1720000
3	装载机	$3m^3$	ZLC50C	360000	1台	360000
4	自卸汽车	$12m^3$	VOLVOF	900000	6台	5400000
七、二次衬砌作业						
1	模板台车	12m		870000	2台	1740000
2	混凝土输送泵	$60m^3/h$	HBT60	360000	2台	720000
3	混凝土输送车	$8m^3$		430000	5台	2150000
4	混凝土搅拌站	$150m^3/h$	HZ150	1600000	1台	1600000
合计						44830000

表6.1-9为隧道实际开挖进度统计情况，从2019年8月到2020年9月，月平均进度为149.6m。经现场统计，在凿岩台车正常状况下，按Ⅰ级机械化配套方案进行施工后，在统计周期内(即2019年11月始至2020年9月)，扣除期间跨越春节、小长假、围岩类别转换、其他措施调整耽误施工等施工月份，统计隧道各项目作业均正常开展情况下的进度为199m/月。

凿岩台车开挖进度统计表　　表 6.1-9

序号	使用时间	数量(台)	进尺(m)	序号	使用时间	数量(台)	进尺(m)
1	2019 年 8 月	2	106.5	9	2020 年 4 月	2	244.6
2	2019 年 9 月	2	173.8	10	2020 年 5 月	2	164.6
3	2019 年 10 月	1	187.2	11	2020 年 6 月	2	109
4	2019 年 11 月	2	184.8	12	2020 年 7 月	2	111
5	2019 年 12 月	2	202.2	13	2020 年 8 月	2	125
6	2020 年 1 月	2	80	14	2020 年 9 月	2	224
7	2020 年 2 月	2	70	15	月平均		149.6
8	2020 年 3 月	2	112				

超长公路隧道采用全断面Ⅰ级机械化配套方案进行施工,其综合施工效率较其他配套方案高。分析时应考虑几点因素:隧道的围岩类别在一定程度上会发生变化,不同的围岩类别条件下的施工方法和工序有所不同,因此在统计一个隧道的施工进度时应考虑;统计配套方案的进度,应以实际施工进度为依据,对因其他原因导致的停工等因素应予以剔除。

结合实际测定Ⅰ级机械化配套方案在秦岭天台山隧道实施时测定的进度与理论分析得出的施工进度,两者的比值为 199/288 = 0.69,即实际施工进度为理论施工进度的 70% 左右。同时说明,在施工中,如采取合理的施工安排、紧凑的施工工序衔接时间、必要的施工准备,在超长公路隧道中采用Ⅰ级机械化配套方案,能加快施工进度。

经过对天台山隧道实行Ⅰ级机械化配套方案施工期间的测试,其正常施工的综合进度 199m/月,达到Ⅰ级机械化配套方案设定的施工进度指标。说明该机械化配套方案是可行的,按此配置,能达到预期的进度、成本、效益的效果,能达到机械化配套的目的。

②Ⅱ级机械化配套方案

秦岭天台山隧道 LJ-12 标段围岩多为Ⅰ～Ⅲ级,具备快速施工条件,LJ-12 标段左线大里程方向采用Ⅱ级机械化配套方案进行施工。LJ-12 标段左线大里程方向按三车道及以上隧道全断面施工Ⅱ级机械化配套方案进行施工,设备配置如表 6.1-10 所示。

设备配置表　　表 6.1-10

作业工序	设备名称	规格	型号	单价(元)	数量	原值(元)
一、超前地质预报作业						
1	多功能钻机		C6	4610000	1 台	4610000
二、开挖作业						
1	风动凿岩机		YT28	3600	30 台	108000
2	电动空压机	$27m^3/min$	P950E	250000	6 台	1500000
3	开挖作业台架	三车道	全断面	自制		
三、锚喷支护作业						
1	湿喷机械手	$30m^3/h$	SIFACSS3	3650000	1 台	3650000
2	混凝土输送车	$8m^3$		与二次衬砌共用	2 台	0
3	混凝土搅拌站	$150m^3/h$	HZ150		1 台	0

续上表

作业工序	设备名称	规格	型号	单价(元)	数量	原值(元)
四、仰拱作业						
1	仰拱栈桥	24m		450000	2台	900000
2	挖掘机	$1m^3$	PC200	与装运共用	1台	0
3	自卸汽车	$12m^3$		320000	2台	640000
4	仰拱滑移模板	12m		420000	2套	840000
5	混凝土输送车	$8m^3$		与二次衬砌共用	2台	0
五、防水板作业						
1	防水板作业台车			500000	2台	1000000
六、装运作业						
1	挖掘机	$1m^3$	PC210	1100000	1台	1100000
2	装载机	$3m^3$	WA380-3	860000	2台	1720000
3	装载机	$3m^3$	ZLC50C	360000	1台	360000
4	自卸汽车	$12m^3$		320000	6台	1920000
七、二次衬砌作业						
1	模板台车	12m		870000	2台	1740000
2	混凝土输送泵	$60m^3/h$	HBT60	360000	2台	720000
3	混凝土输送车	$8m^3$		430000	5台	2150000
4	混凝土搅拌站	$150m^3/h$	HZ150	1600000	1台	1600000
合计						22958000.0

天台山隧道LJ-12标段左线大里程方向自2018年8月至2020年4月期间施工了2740m，扣除两个春节，其施工平均进度达到152m/月，达到了三车道及以上隧道全断面Ⅱ级机械化配套方案设计的140～170m/月的进度指标。

(2)超长公路隧道台阶法施工机械化配套方案

①Ⅰ级机械化配套方案

秦岭天台山隧道LJ-12标段部分围岩含有Ⅳ、Ⅴ级，具备快速施工条件，LJ-12标段右线小里程方向采用台阶法Ⅰ级机械化配套方案进行施工。在Ⅱ、Ⅲ级围岩施工段，采用全断面施工法进行施工；Ⅳ、Ⅴ级围岩施工段采用台阶法Ⅰ级机械化配套方案进行施工。其设备配置情况如表6.1-11所示。

设备配置表 表6.1-11

作业工序	设备名称	规格	型号	单价(元)	数量	原值(元)
一、超前地质预报作业						
1	三臂凿岩台车		R353E	与开挖共用	1台	0
二、开挖作业						
1	三臂凿岩台车		R353E	8990000	2台	17980000
2	变压器	500kV·A	S11-500	80000	1台	80000

续上表

作业工序	设备名称	规格	型号	单价(元)	数量	原值(元)
三、锚喷支护作业						
1	湿喷机械手	$30m^3/h$	PM500PC	3990000	1台	3990000
2	混凝土输送车	$8m^3$		与二次衬砌共用	2台	0
3	混凝土搅拌站	$120m^3/h$	HZ120		1台	0
四、仰拱作业						
1	仰拱栈桥	38m		450000	2台	900000
2	挖掘机	$1m^3$	CAT320	与装运共用	1台	0
3	自卸汽车	$12m^3$		320000	2台	640000
4	混凝土输送车	$8m^3$		与二次衬砌共用	2台	0
五、防水板作业						
1	防水板作业台车			500000	1台	500000
六、装运作业						
1	挖掘机	$1m^3$	CAT320	1100000	1台	1100000
2	装载机	$3m^3$	ZLC50C	360000	2台	720000
3	自卸汽车	$12m^3$		250000	6台	1500000
七、二次衬砌作业						
1	模板台车	12m		870000	1台	870000
2	混凝土输送泵	$60m^3/h$	HBT60	360000	1台	360000
3	混凝土输送车	$8m^3$		430000	3台	1290000
4	混凝土搅拌站	$120m^3/h$	HZ120	1200000	1台	1200000
合计						30680000

在LJ-12标段右线小里程方向隧道施工中,利用三臂凿岩台车施工技术,成功穿越了Ⅱ、Ⅲ、Ⅳ、Ⅴ级围岩、断层破碎带的开挖和全断面、台阶法、周边钻孔注浆工作,优势显著。在相同围岩条件下,三臂凿岩台车与人工手持风钻综合比较表明,Ⅳ、Ⅴ级及破碎风化岩的施工也具有无可比拟的优越性:三臂凿岩台车在Ⅳ、Ⅴ级及破碎风化岩施工中,很容易按设计要求施工径向系统锚杆,进行超前小导管的钻孔和安装,可完全满足工程质量要求和安全保证。

经统计,在Ⅳ、Ⅴ级围岩段,按三车道及以上隧道台阶法Ⅰ级机械化配套方案进行施工的月平均施工进度为97m,月最高施工进度120m,达到三车道及以上隧道台阶法施工Ⅰ级机械化配套方案设定的月进度指标90m以上。

②Ⅱ级机械化配套方案

秦岭天台山隧道LJ-12标段部分围岩含有Ⅳ、Ⅴ级,围岩破碎,不宜采用全断面开挖方法进行施工,采用三车道及以上隧道台阶法Ⅱ级机械化配套方案进行施工,以加快隧道的掘进、缩短隧道施工工期。这里以LJ-12标段左线小里程方向的工作面为研究和统计的对象进行测试。采用三车道及以上隧道台阶法Ⅱ级机械化配套方案进行施工，LJ-12标段左线小里程方向的设备配置情况见表6.1-12。

设备配置表　　表6.1-12

作业工序	设备名称	规格	型号	单价(元)	数量	原值(元)
一、超前地质预报作业						
1	多功能钻机		C6	4610000	1台	4610000
二、开挖作业						
1	风动凿岩机		YT28	3600	30台	108000
2	电动空压机	$26m^3/min$		218000	6台	1308000
3	多功能台架	三车道	半断面	自制		
三、锚喷支护作业						
1	湿喷机械手	$30m^3/h$	PM500PC	3990000	1台	3990000
2	混凝土输送车	$8m^3$		与二次衬砌共用	2台	0
3	混凝土搅拌站	$150m^3/h$	HZ150		1台	0
四、仰拱作业						
1	自行式仰拱栈桥	24m		450000	1台	450000
2	挖掘机	$1m^3$	PC200	与装运共用	1台	0
3	自卸汽车	$12m^3$		320000	2台	640000
4	仰拱滑移模板	12m		420000	2套	840000
5	混凝土输送车	$8m^3$		与二次衬砌共用	2台	0
五、防水板作业						
1	防水板作业台车			500000	1台	500000
六、装运作业						
1	挖掘机	$1m^3$	PC200	980000	1台	980000
2	装载机	$3m^3$	ZLC50C	360000	2台	720000
3	自卸汽车	$12m^3$		320000	6台	1920000
七、二次衬砌作业						
1	模板台车	12m		870000	1台	870000
2	混凝土输送泵	$60m^3/h$	HBT60	360000	1台	360000
3	混凝土输送车	$8m^3$		430000	3台	1290000
4	混凝土搅拌站	$150m^3/h$	HZ150	1600000	1台	1600000
合计						20186000.0

经统计，LJ-12标段左线小里程方向台阶法2019年1月至12月施工进度情况如表6.1-13所示。

2019 年施工进度统计表　　表 6.1-13

月份	上半断面(m)	下半断面(m)	综合进度(m)
1 月	35.7	37.8	36.75
2 月	69.4	48.2	58.8
3 月	68.3	75.5	71.9
4 月	56.3	59.8	58.05
5 月	93.2	61	77.1
6 月	99.5	104.1	101.8
7 月	68	77.2	72.6
8 月	94.2	98.8	96.5
9 月	87.8	74.2	81
10 月	93.5	113.3	103.4
11 月	111.9	158.9	135.4
12 月	116	117	116.5
月平均	82.8	85.4	84.2

按以上统计得出，LJ-12 标段左线小里程方向正洞施工，采用三车道及以上隧道台阶法Ⅱ级机械化配套进行施工，施工进度比较平稳，既能保证隧道施工安全，同时也保证了较高的施工进度，其月最高进度达到 135.4m，月平均施工进度达到 84.2m，达到该配套方案的施工进度目标值 60～90m。

6.1.3 新型智能化衬砌台车研制

(1)系统方案

根据三角形稳定性原理，模板系统与填充体形成三角形稳定结构，组成封闭的受力体系，提高模板整体刚度，增强其抗侧压能力；采用自动布料系统、拱顶自动振捣系统，提高衬砌施工自动化水平；采用信息监测与评估系统，实现衬砌施工自动化、信息化。采用双跨大净空结构，取消门架、底纵梁等结构，增加了整体净空相，改善了隧道通风条件；模板定位操作简单，省时省力；边模板底螺杆、丝杠设计合理，可有效防止跑模；采用半边整体式模板，提高了模板系统的整体刚度；衬砌施工自动化程度高，提高了衬砌施工效率；实现了信息化、智能化施工，提高了衬砌质量。新型智能衬砌台车设计方案如图 6.1-1所示。

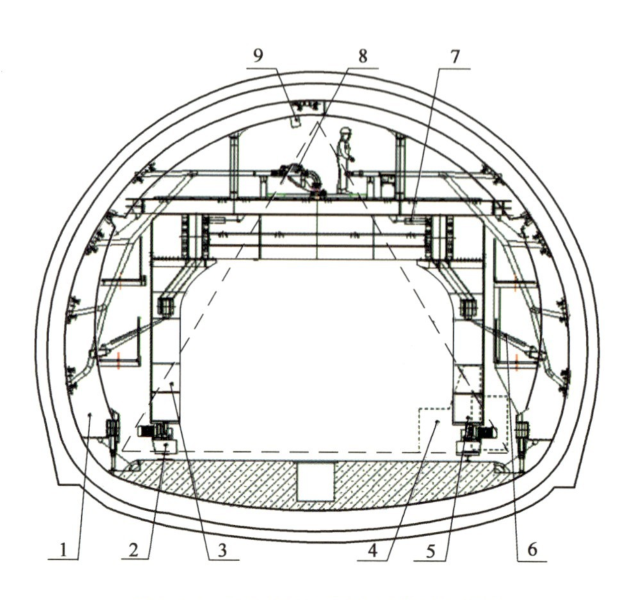

图 6.1-1　新型智能衬砌台车设计方案图

1-模板系统;2-行走系统;3-双跨结构;4-信息监测与评估系统;5-顶升系统;6-连接支撑件;7-横移油缸;8-自动布料系统;9-拱顶自动振捣系统

(2)技术性能参数

根据衬砌施工要求,新型智能衬砌台车的主要技术参数见表 6.1-14。拱墙衬砌施工工艺流程如图 6.1-2 所示。

新型智能衬砌台车主要技术参数　　表 6.1-14

序号	参数内容	技术参数	备注
1	台车衬砌长度(mm)	12100	
2	台车外轮廓尺寸加大值(mm)	50	
3	模板面板厚度(mm)	12	
4	台车纵向/横向坡度(%)	3	
5	通风管的直径(mm)	1800	
6	混凝土输送管直径(mm)	150	
7	台车通过净空尺寸(高×宽;mm×mm)	7250×7200	
8	工作窗尺寸(长×宽;mm×mm)	500×500	
9	台车脱模方式	液压系统控制	无线及本地控制
10	台车行走方式	电驱	带电磁制动
11	行走速度(m/min)	6.7	
12	台车安装条件	洞内安装	
13	台车总重(t)	160	
14	控制方式	信息集成控制	

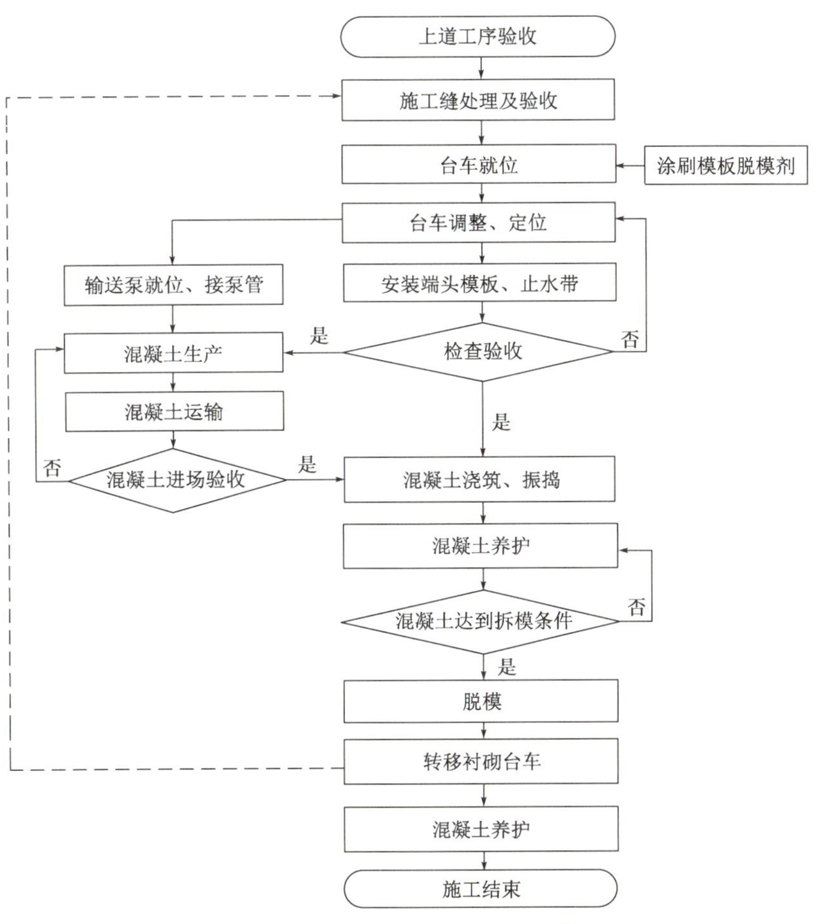

图6.1-2　拱墙衬砌施工工艺流程图

(3)信息监测与评估系统

信息监测与采用PLC控制,主要集成了顶部压力检测、混凝土浇筑状况系统、自动布料系统、台车振捣系统、搭接监测系统、台车液压系统、行走控制系统、侧部压力监测系统、衬砌数据报表等九大系统。信息监测与评估系统平台如图6.1-3所示。

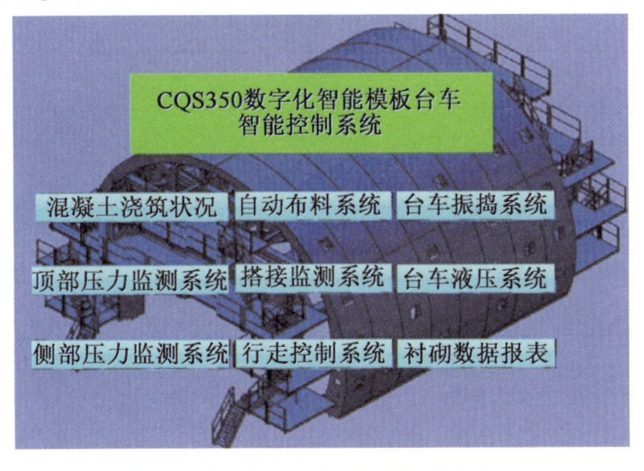

图6.1-3　信息监测与评估系统平台

6.1.4 新型智能化隧道自行式液压栈桥及仰拱整体式模板研制

(1)系统方案

隧道自行式液压栈桥及仰拱整体式模板系统主体设计为针梁、模块化、拼装式结构,具有适于变跨、方便运输、快速拼装等特点,如图6.1-4和图6.1-5所示。一个循环最大施工长度24m,主体栈桥行车道宽度3.7m,仰拱加回填高度为2.3m,前、后坡桥坡度不大于15%,允许通过的最大荷载55t,栈桥移动速度6m/min。

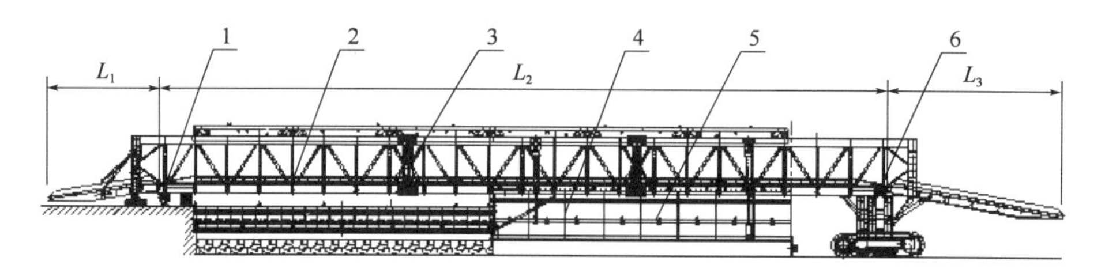

图6.1-4 隧道自行式液压栈桥及仰拱整体式模板结构侧视图

L_1-后引桥长度;L_2-栈桥作业长度;L_3-前引桥长度;1-横向行走系统;2-主体栈桥;3-中心水沟模板;4-填充模板;5-仰拱模板;6-行走系统

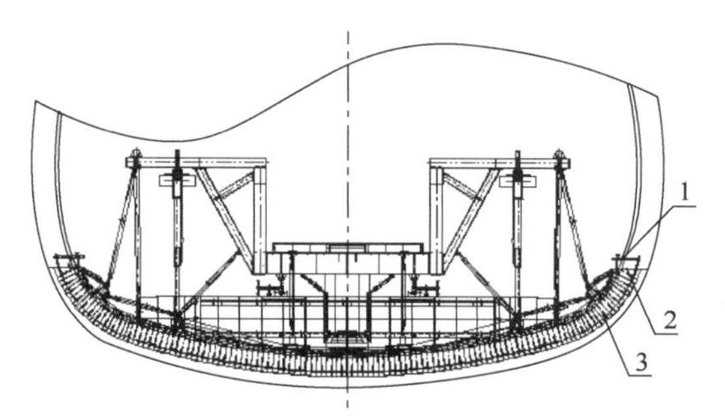

图6.1-5 隧道自行式液压栈桥及仰拱整体式模板结构主视图

1-纵向止水带夹具;2-钢筋定位器;3-环向止水带夹具

隧道自行式液压栈桥及仰拱整体式模板由桁架系统、仰拱模板、中心水沟模板、填充模板、纵环向止水带夹具、环向止水带夹具钢筋定位器、液压系统、横向行走系统、电气系统、辅助系统及连接支撑件等构件结构组成。

(2)技术性能参数

根据仰拱衬砌施工要求,隧道自行式液压栈桥及仰拱整体式模板设备的主要技术参数见表6.1-15。

主要技术参数表 表6.1-15

序号	名称	规格	备注
1	有效衬砌长度	24m	12m/循环
2	最大高度	2800mm	
3	宽度	4345mm	
4	长度	40590mm	
5	有效行车宽度	3600mm	
6	载重	55t	最大通过重量
7	设备自重	110t	

续上表

序号	名称	规格	备注
8	履带承载能力	60t	
9	履带爬坡能力	5°	
10	最大行驶速度	1.9m/min	
11	主桥后端升降行程	0～500mm	
12	主桥前端升降行程	0～350mm	
13	整体仰拱模板	12000mm	纵向长度
14	中心水沟模板	12000mm	纵向长度
15	填充端模板	12000mm	横向长度
16	填充边模板	12000mm	纵向长度

6.1.5 新型智能化水沟电缆槽台车研制

(1)系统方案

沟槽台车结构如图6.1-6所示。采用门架式稳定结构,两侧沟槽模板对称悬挂在支吊架系统悬臂梁上,通过液压控制系统实现了沟槽模板的精准定位与脱模;沟槽模板为具有一定拔模斜度的封闭式箱体结构,便于脱模施工,提高了模板的强度、刚度及衬砌质量。采用整体式门架结构,提高台车稳定性,杜绝模板出现“跑模”或“上浮”现象;行走系统采用电机减速机轨行式驱动,便捷、可靠;采用可移动式滑槽分料漏斗装置浇筑混凝土,降低了作业人员劳动强度,提高了混凝土施工质量;采用环向施工缝与二次衬砌台车施工缝相一致的施工工艺,有效避免因施工缝产生的隧道衬砌质量缺陷;采用液压自动控制系统,提高了衬砌施工自动化水平与施工效率。

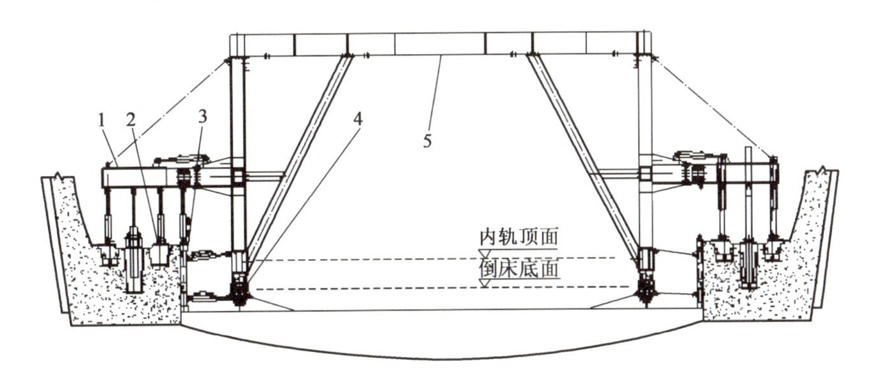

图6.1-6 沟槽台车结构示意图

1-支吊架系统;2-箱形模板;3-侧墙模板;4-行走系统;5-主框架

(2)技术性能参数

根据水沟电缆槽施工要求,水沟电缆槽台车应满足的主要技术参数如表6.1-16所示。

水沟电缆槽台车主要技术参数 表6.1-16

序号	名称	技术参数
1	台车整体外形尺寸(mm×mm×mm)	12500(长)×11971(宽)×4914(高)
2	行走速度(m/min)	6.7
3	门架净空高度(mm)	4500
4	沟槽模板截面外形尺寸(mm)	根据沟槽结构设计图定制
5	模板衬砌长度(mm)	12000
6	模板面板厚度(mm)	8
7	液压系统套数	4
8	液压系统主参数(MPa)	额定压力16,工作压力12

隧道内双边电缆沟槽台车现场使用效果明显。与较传统工艺相比,一是该工艺设备实现走行、空间位置粗调和精调自动化,且配置有作业平台、辅材和辅助设备存放箱,较传统工艺减少了3~5人,大幅减少了劳动力配置,较传统工艺每循环缩短10h,提高了生产效益;二是首创了水沟电缆槽模板箱体式设计,拔模斜度设计为3%,脱模便捷,成型质量好;三是减少了施工工序,提高了水沟电缆槽的施工效率,降低了施工的成本,创新实现了隧道两边水沟电缆槽一次成型,在外观质量方面也得到提高;四是解决了隧道水沟电缆槽施工干扰大、进度慢、双侧同时施工困难、设备周转效率偏低等问题;五是该工艺设备整体性好,结构布局简易合理,占用洞内空间小,使得洞内标准化文明施工易于实现。

6.2 斜井快速安全施工技术

6.2.1 大坡度斜井有轨运输施工技术研究

(1)智能化轨道运输出渣系统技术研究

大坡度斜井施工采用有轨运输系统,迅速地将正洞开挖的石渣转运到洞外,又将所需的材料快速地运到洞内,这是有效地保障隧道的施工进度前提条件。秦岭天台山隧道LJ-11标大坡度斜井采用有轨运输系统作为辅助隧道正洞施工,通过洞内挖掘机、装载机及自卸汽车相互配合方式,将正洞爆破渣石运输到斜井井底车场装渣,井底设置智能化转渣平台,通过斜井有轨矿车提升到洞外车场卸渣,洞外装载机配合自卸汽车装渣后弃运至指定弃渣场,有效地实现了无轨-有轨-无轨的工序转换,提高了施工效率,具体施工工艺流程见图6.2-1。

爆破开挖 → 装载机装渣 → 自卸车运渣 → 井底渣仓转运 → 矿车运输 → 栈桥卸渣 → 装载机装渣 → 自卸车弃渣

图6.2-1　智能化轨道出渣系统工作流程图

①绞车电控系统：常规做法是在绞车房设置变压器和升压器，该做法的弊端是空间不符合安全要求、三相电压不稳定、电流不同步，影响设备的使用寿命和安全性差。因此采用双回路安全电源，通过低压、高压两路电源，智能控制变频电源、滑轮站、液压站，以及绞车控制系统智能化，以提升绞车提升机系统的稳定可靠性。绞车操作台智能控制系统及视频监视系统如图6.2-2所示。

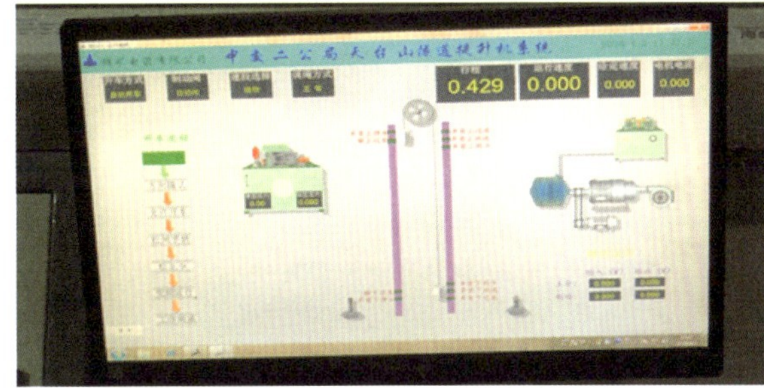

图6.2-2　绞车操作台智能控制系统及视频监视系统

②天轮：天轮作用等同定滑轮，主要起导向作用，有轨运输系统出渣106万m^3，因此设计时，应增强天轮的强度，减小钢丝绳磨损，确保提升安全。天轮及拖辊如图6.2-3所示。

图6.2-3　天轮及拖辊

③矿车：矿车在轨道提升运行中易出现脱轨、链接钢丝绳跳销安全问题，需对矿车进行创新改进研究，实现本质安全，如图6.2-4所示。

④轨道铺设:轨道钢轨之间的平行、牢固,以及基础的耐久是有轨运行的重点,研究改进以往轨道,探索并采取措施来确保矿车运行平稳、安全耐久,如图6.2-5所示。

图6.2-4 矿车

图6.2-5 斜井内轨道铺设

(2)主斜井出渣提升机运输能力研究

左洞为主斜井,主要承担正洞及斜井出渣的生产任务。

根据以往施工经验,正洞Ⅲ级围岩每天按单洞掘进6m(断面面积130m^2)计算,松方系数1.6。

日出渣量:$130\times6\times2\times1.6=2496\ m^3$,设计选型分取值2500$m^3$/d。

主斜井选定一台2JK3.5×1.7P型双滚筒矿井提升机,提升速度4.6m/s,配10m^3矿车,矿车装载率为80%,自重8.5t,运输距离816m。

矿车行走时间:816/4.6/60≈3min;装渣卸渣时间:3min;矿车一次运输时间:5min;日出渣运输时间:$[2500\div(10\times0.8)\times8]\div60=42h/2$(双筒)$=21h$。

分析结果:主斜井采用一台2JK-3.5×1.7P型双滚筒矿井提升机,提升速度4.6m/s,配10m^3矿车,运输距离为816m,能够满足日最大出渣任务。

6.2.2 有轨斜井辅助正洞施工技术研究

(1)有轨斜井井下转渣施工技术研究

大坡度有轨运输斜井辅助正洞施工是高等级公路比较罕见的结构形式,在公路长大山岭隧道中经常应用,通过25%以上大坡度斜井辅助正洞施工,必须采用有轨运输施工工艺。然而有轨运输施工中无论渣石运输、材料运输,还是机械化施工方面,都受到了很大限制。其中石渣运输是整个有轨施工的控制性工序,因此,大坡度斜井辅助正洞施工的运输工艺、施工工艺都需要进行优化、创新,探索出效率更高的隧道有轨运输施工井下转渣施工技术迫在眉睫。

有轨斜井井下转渣施工技术，主要是通过在井下装渣坑道上方设置液压控制闸门，在矿车就位后，闸门快速打开，将渣装满矿车，直接节省了挖掘机或装载机的装载时间，缩短有轨斜井出渣运输时间，提高施工效率。

井下转渣仓的容积与矿车体积相互匹配，避免了常规转渣仓在矿车走后，残余石渣散落在轨道上，造成坑道内渣石无法清除，影响工序时间的现象。渣仓下方设置两个出渣口，共用一个液压闸门，通过闸门两侧液压臂的平推，实现开启一个出料口，关闭另一个出料口，与双滚筒绞车的运行原理相匹配。井下转渣仓设置有自动喷淋系统，在闸门开启后，喷淋系统会在渣闸门下口进行喷雾，有效解决了斜井洞内狭小空间因装渣引起的烟尘问题。井下转渣仓坑道的上方设置有控制液压闸门的操控室、液压控制站、监控设备等。

(2)隧道内碎石加工与小型化拌和站一体化施工技术研究

秦岭天台山隧道 LJ-11 标采用大坡度斜井有轨运输系统，主副斜井共配置三台绞车，主斜井 3.5m 双滚筒绞车配合 1、2 号轨道进行洞内出渣及材料运输任务，副斜井 3.5m 双滚筒绞车配合 3、4 号轨道进行洞内出渣及材料运输任务，5 号轨道专设用于人员上下斜井。正洞开挖方法采用爆破掘进，为无轨运输，井底设置转渣平台，目前左、右洞均为Ⅲ级围岩，开挖方式为全断面法，所有渣石材料在斜井下方进行二次转运。

随着正洞施工掘进的增加，有轨运输需求量不断增加，为了提高有轨运输的效率，分析主要影响掘进进度的原因为轨道出渣，项目采用了在洞内设碎石加工设备与小型拌和站(图 6.2-6 和图 6.2-7)，用于洞内初期支护所有喷射混凝土，以此减少部分外运渣石，节约喷射混凝土有轨运输时间用于出渣，提高有轨运输出渣工效。

图 6.2-6 洞内碎石加工设备

(3)大坡度斜井水泥卸槽运输技术与斜井底水泥转运罐车配套系统研究

秦岭天台山隧道 1 号斜井采用大坡度有轨斜井微创改进水泥卸槽应用技术，其利用空气动力将散装水泥从斜井洞上输送至洞下，卸槽分上、下两层，通过在卸槽纵身间隔设置鼓风机，并调整连接角度使其产生向下的空气动力以悬浮水泥，并通过卸槽上层运输至斜井洞下。为了减少散装水泥运输的浪费和污染空气，在斜井底部安装一台水泥收集转运设备,可将卸槽运输的水泥快速收集并消除水泥扬尘,且收集设备仓低下端设置螺旋输送泵,可将收集除尘后的水泥快速倒装至洞内水泥罐车内,汽车运输至洞内拌和站进行使用。大坡度斜井水泥卸槽运输与斜井底水泥转运罐车配套系统如图6.2-8～图6.2-12所示。

图6.2-7　洞内小型化拌和站

图6.2-8　水泥卸槽

图6.2-9　卸槽鼓风机

图6.2-10　斜井底水泥除尘设备

图6.2-11 斜井底水泥收集设备

图6.2-12 斜井底水泥转运罐车

(4)大坡度斜井混凝土溜槽运输技术研究

大坡度有轨斜井辅助正洞施工面对的最大难题是掌子面渣石运出和施工材料的运入。常规隧道二次衬砌施工所用混凝土通过罐车直接运输至作业面,不存在混凝土运输困难的问题。然而坡度大于25%以上的有轨斜井辅助正洞施工采用有轨运输施工工艺,混凝土罐车难以在已铺设轨道陡坡上行走,导致正洞二次衬砌施工混凝土成为大坡度斜井辅助正洞施工的技术难题。

针对斜井运输系统的特点,利用大坡度优势,创新实践采用斜井溜槽快速下放混凝土的施工方法。使混凝土能够成功快速地从斜井洞口运输至斜井底部,实现了混凝土运输由拌和站至斜井口的罐车运输,转换为斜井口至斜井底的溜槽运输,再由斜井底转换为罐车运输,最后到达作业面,攻克了大坡度有轨斜井混凝土运输的技术难题,形成了大坡度斜井溜槽快速下放混凝土施工工法。创新性地研究了正洞施工时混凝土如何通过大坡度、长斜井的转运工艺,合理改进了混凝土由拌和站运至隧道底作业面的设备、方法,通过对有轨工艺的掌握分析,创新改进了运输设备,解决了大坡度斜井混凝土运输难题。

秦岭天台山隧道1号斜井为大纵坡(40%)斜井,并辅助正洞施工,混凝土无法直接运输至正洞内。为此,宝坪项目创新应用大坡度斜井混凝土溜槽运输技术,如图6.2-13~图6.2-16所示。采用5mm钢板制作成U形溜槽,拌和好的混凝土在斜井洞口上端通过溜槽,利用斜井高差将混凝土从井上下放至井下集料斗,罐车在斜井洞底接料后通过二次搅拌运输至正洞工作面。经现场反复验证试验,该技术可行,能用于纵坡在20%~40%的坡度上,且混凝土各项性能指标均能满足要求。混凝土溜槽运输技术既解决了大坡度斜井辅助正洞施工难题,又提高了施工效率,节省运输时间,保证混凝土质量,确保了施工安全。

图 6.2-13　混凝土通过溜槽至斜井底

图 6.2-14　洞口混凝土进溜槽

图 6.2-15　接料漏斗

图 6.2-16　洞身混凝土溜槽

6.2.3　大坡度斜井喷射与运输一体式轨行喷浆料机研究

大坡度斜井初期支护施工及材料运输工艺的创新，解决了喷射混凝土运输与施工难题，满足了大坡度斜井喷射混凝土和运输设备为一体的轨行式喷浆料机，如图 6.2-17 所示。大坡度斜井隧道初期支护喷射混凝土一般采用人工转料，其存在工作人数多、效率低的问题，人工转料过程中产生的粉尘大等问题。而轨行式喷浆车在有轨运输系统的支持下将喷射混凝土自动转入喷浆机中，成功地改变了喷浆料人工装填模式，实现隧道初期支护喷射混凝土施工基本机械化施工，提高了施工效率，改善作业时隧道内环境。

该方案适用于大坡度斜井有轨运输系统初期支护喷浆施工，成功地解决了大坡度斜井喷浆料运输困难，有效地提高了斜井初期支护施工效率，保障施工安全。具有以下特点：

①技术方面：能够解决大纵坡斜井初期支护喷射混凝土运输不及时、运输效率低、喷浆了质量差等问题。

②施工成本方面：应用轨行式喷浆车，初期支护喷浆作业仅需要 3 人，能够降低人工

费用，节约了施工成本。

③安全方面：轨行式喷浆车能够保障材料运输及使用过程中的人员及机械安全，避免了装载机等运输设备在大坡度下行走存在的安全隐患。

图 6.2-17　一体式轨行喷浆料机工作图

6.2.4　快速可吊装轨行式混凝土运输罐车研究

25%以上大坡度斜井辅助正洞施工必须采用有轨运输施工工艺，而大坡度有轨斜井辅助正洞施工面对的最大难题是掌子面渣石运出和隧道衬砌材料的运入。常规隧道二次衬砌施工所用混凝土通过罐车直接运输至作业面，不存在混凝土运输困难的问题，运输过程中无须倒运。然而坡度大于25%以上的有轨斜井辅助正洞施工，混凝土罐车根本不能够在陡坡上行走，公路行业内暂无成熟的经验可借鉴，成为大坡度有轨斜井辅助正洞施工的技术瓶颈。

秦岭天台山隧道 LJ-11 标针对有轨运输系统的特点，创新研发设计了新型可吊装式混凝土罐车，如图 6.2-18 和图 6.2-19 所示。混凝土罐车的罐体具有快速吊装并能在大坡度轨道上运输的功能，实现了混凝土运输由拌和站至斜井口的罐车运输，转换为斜井口至斜井底的轨道运输，再由斜井底转换为罐车运输至工作业面。彻底攻克了大坡度有轨斜井混凝土运输的技术难题，为庞大的地下工程顺利施工提供了强有力的技术保障，更为大坡度有轨斜井辅助正洞施工积累了丰富的技术经验。

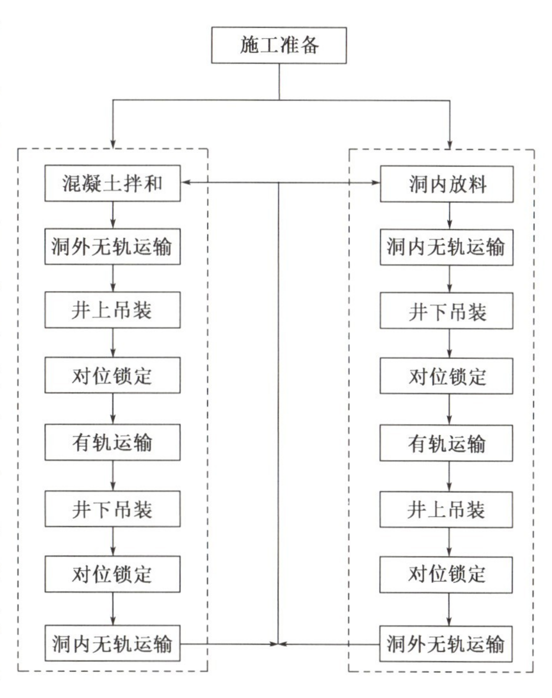

图 6.2-18　混凝土运输施工流程图

图6.2-19　罐体固定

大坡度有轨斜井辅助正洞混凝土运输，主要是将可吊装式混凝土罐车与斜井有轨运输相结合，形成一种特殊的运输方式，其混凝土运输转运方式依次为无轨运输阶段、有轨运输阶段、无轨运输阶段。根据斜井的坡度对应反向设计的有轨罐体运输矿车底盘，然后设计混凝土罐体与轮式底盘和轨形式底盘的吊装固定系统，通过井上和井下起吊系统实现无轨到有轨，再由有轨到无轨的快速转换。混凝土罐体结构具有独立的搅拌系统，无论是在轮式底盘，还是在轨行式底盘上都具有搅拌功能。混凝土罐车罐体在井上和井下设置有符合罐体重心的吊架，能够减小起吊时罐体的摆幅。罐体底梁后端设计有八字形快速定位锁定导向板，能够使罐体与底盘在短时间内快速对接锁。该轨行式混凝土运输，因罐体具有独立的搅拌系统，能够保证混凝土的各项指标满足施工技术要求。

6.2.5　大坡度斜井二次衬砌施工自行自锁式液压二次衬砌台车研究

大坡度斜井液压自行自锁式二次衬砌台车，是将行走轨道与台车合为一体，待二次衬砌混凝土浇筑完，达到设计强度的70%后，通过液压控制系统自行拆模、行走至下一模进行浇筑，与传统的电机滚轮式台车相比，不需人工拆移安装轨道，自行式液压二次衬砌台车在行走、固定仅需两人，·人操作、一人指挥，操作简单。较常规台车相比，大大降低了工人的工作强度，简化了工序、缩短了工序时间。

台车采用12m加长行走轨梁、9m长门架、6m长面板，通过台车自重和防倾、防滑装置，有效地解决了大纵坡下二次衬砌台车结构稳定性问题。较常规台车相比，可按照从高到低正常顺序施工，无须像常规台车，待斜井到底后，从低向高施工，保证了二次衬砌施工质量和安全，消除掌子面与二次衬砌安全距离过大产生的隐患。

研发应用的液压自行自锁式二次衬砌台车，优化大坡斜井二次衬砌施工顺序，达到从高到低正常顺序施工二次衬砌，形成大坡度隧道掘进流水线作业。将台车与轨道合为一体，依靠结构的自身抗滑、抗倾装置,在台车行走、定位、支模、浇筑各环节中,简化了工序,缩短时间,节约了人工,提高了施工效率,节约了工期,降低了施工成本,保障了工程质量和安全。

液压自行自锁式二次衬砌台车主要由门架体系、行走体系、丝杠支撑体系、液压控制系统组成。

6.3 竖井快速安全施工技术

6.3.1 竖井井口锁井盘施工关键技术研究

开挖前在两井中心进行实地钻孔勘察,钻勘结果显示,井口地表层覆盖有厚度约 8m 的坡积土夹石、河道淤积泥沙。通过对软弱围岩进行加固处理,加强支护结构,使其达到受力平衡稳定,在井口围岩破碎段落采用超前钻孔勘测、对锁井盘基础加深换填实现了井口稳固;通过对软弱易坍塌段打入短锚杆(钉)、挂钢筋网 + 喷射混凝土 + 模筑混凝土初期支护、井壁后止水注浆措施,顺利通过软弱破碎地层。井口钻孔取芯情况和开挖后地质情况如图 6.3-1 所示。

图 6.3-1 井口钻孔取芯情况和开挖后地质情况

锁井圈施工完成后在井壁四周埋设平面控制点和沉降观测点 8 个,随即开始持续观测。根据观测数据显示,锁井圈平面位移最大值小于 2mm,顶面沉降最大 8mm、最小 5mm,判断锁井圈已趋于稳定。可认为采用 C20 片石混凝土进行锁井圈基础换填的方案能够解决软弱底层时设计对锁井圈的嵌岩要求,且由于封闭环形钢筋混凝土结构具有良好的稳定性,能够保证井口结构的稳定。

6.3.2 竖井井口围岩破碎段施工技术研究

井口围岩破碎段围岩自稳能力差,开挖后极易坍塌,初期支护的井壁受侧压力大。同时,随着井身开挖加大,围岩底部悬空,形成的应力重分布区域极易从底部涌出造成坍塌。

对锁井盘底部2m进行换填后，换填底部与基岩距离减小，使换填2m范围形成环形支撑拱效应，用于支撑和平衡底部开挖时来自侧向压力。锁口部分采用倒锥形结构，也将锁口自重产生的竖向压力转换为斜侧向压力，对井口段围岩起到了压实挤密的作用。

竖井井口围岩破碎段施工施工工艺为：短段开挖→井壁锚杆安装→井壁挂网→喷射混凝土施工→初期支护钢筋绑扎→初期支护混凝土浇筑→出水（渗水）点注浆止水，施工现场如图6.3-2～图6.3-4所示。

图6.3-2 围岩破碎段开挖后锚杆、钢筋网施工图

图6.3-3 围岩破碎段模筑混凝土支护施工图

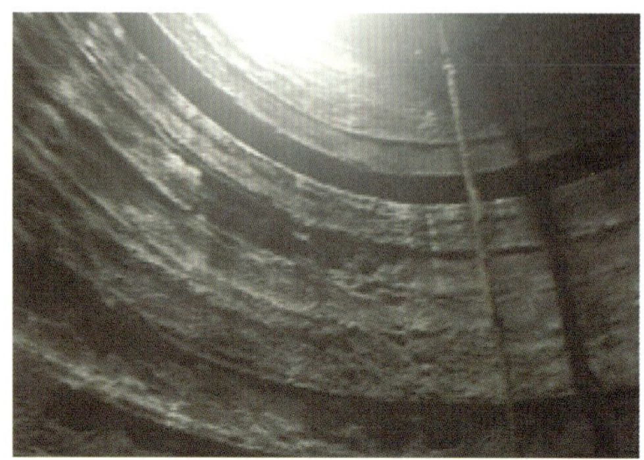

图6.3-4 井壁出水点注浆前后对比图

模筑混凝土施工完成后，在沿井壁四周每隔 20～30m 十字方向布设断面收敛点 4 个，采用钢尺收敛计进行初期支护混凝土的变形监测。通过持续监测数据显示，井壁累计变形最大不超过 10mm，且已稳定。

锁井圈以下破碎段初期支护采用短段开挖，挂网喷射混凝土 + 模筑钢筋混凝土支护 + 壁后注浆方案，实现了井壁初期支护稳固、无明显渗漏水的目的，消除了安全隐患，为井下施工提供了良好的作业环境。

6.3.3 竖井井身基岩段施工快速施工技术研究

竖井井筒采用普通凿井法施工，配备伞钻凿岩、中心回转抓岩机配合挖掘机装渣、两台绞车提升大吊桶排渣、井口设混凝土搅拌站拌料、溜灰管下料、强力对旋式轴流风机通风的机械化作业线。井筒施工过程如遇含水层并且涌水量较大时，采用工作面预留岩帽或小导管短段注浆，随注随掘，井壁漏水点采用壁后注浆。

二次衬砌混凝土在掘进全部完成后由底部向上依次施工完成。其中，渐变段和有中隔板的部分采用翻模法施工，标准断面二次衬砌混凝土采用 1.25m 段高金属组合式模板滑模法进行施工。

(1)基岩段范围确定

根据开挖前地质钻孔情况，井口 8m 以下位置芯样完整，岩石裂隙不发育。按照两井实际开挖情况显示，送风井开挖至孔口下 8m 时，出现明显基岩面，排风井开挖至孔口下 20m 时，围岩硬度明显增大，钻孔速度降低，竖向开挖面出渣后悬空 2m 无明显掉块。经判定确认进入基岩段施工，见图 6.3-5。

图 6.3-5 井身岩层分界处示意图

(2)竖井钻孔快速施工技术研究

秦岭天台山隧道 2 号竖井工程根据现场施工条件如图 6.3-6～图 6.3-9 所示，选用 FJD-6B 型伞形钻架，配 YGZ-70 凿岩机，另配备 YT-28 型高频凿岩机(YT-28 型高频凿岩机是一种新型凿岩机械),配置直径 ϕ25mm 中空六角钢成品钎杆,钎杆长 4.2m、3.5m,选用直径 ϕ42mm“一”字形钎头。

图 6.3-6 FJD-6B 型伞形钻架

图 6.3-7 YT-28 型高频凿岩机

图 6.3-8 钻眼钎杆

图 6.3-9 基岩段钻孔施工图

(3)竖井吊桶装运施工技术研究

爆破后岩石块度的大小,直接影响着抓片的插入和抓斗的装满系数,围岩爆破岩石的块度越大,插片的插入阻力就越大,装满的系数就越低。如果抓斗容积大时,岩石的块度可以适当增加。现场使用的为 0.6m^3抓斗,块度在 300mm 以下比较合适。以块度为优化基准,优化后的爆破参数为:炮眼深度为 3.5m,炮眼直径为 35cm,单个炮眼装药量为 2.4kg,炮眼间距为 800mm,炮眼倾角为 90°,最小抵抗线为 550mm。据观测优化后的爆破块度,块度 300mm 以内 80% ~90% 时,每斗抓取岩石所需消耗时间为 4 ~6s、抓斗的抓卸循环所需时间为 20 ~25s,这与爆破优化前每斗所需抓取的时间 10 ~20s、抓斗的抓卸循环所需时间为 40 ~50s 相比,优化后的岩石块度可以大大提高出矸效率,同时爆破优化后杜绝了超欠挖现象的发生,成井质量大大提升,掘进效率大大提高。

爆破后工作面出岩采用1台久保田55型挖掘机与中心回转抓岩机相结合的方式进行装岩,相比于传统单一采用中心回转式抓岩机抓岩,无论是装岩效率还是使用成本,都具有很大优越性。主提升整个凿井期间选用4.0m^3吊桶;副提升在400m以上选用3.0m^3吊桶,400m以下选用2.0m^3吊桶。井上、井下信号工与绞车工使用专业通信系统进行沟通,信号工、绞车工、井架出渣工三方配合进,地面两台绞车交替提到地面。抓矸时,采用三个吊桶在井下摘挂钩,装岩与提升交替进行,大大提升了出矸速度。

(4)井筒过渡段施工

2号送、排风井在井底以上20m为井筒过渡段,井筒由净直径8.5m圆形逐渐过渡到净尺寸为8.5m×8.5m的正方形。该段施工时,按照设计形状先进行掘进及初期衬砌施工,井筒开挖至井底,初期衬砌施工结束后,由井底向上进行二次衬砌施工。二次衬砌设计为钢筋混凝土并设中隔板,二次衬砌施工采用钢模板、搭脚手架的方法进行施工。具体施工顺序为:搭脚手架→绑扎钢筋→模板安装加固→浇筑混凝土→拆模养护→下一循环,每个段高为2.0m,依此循环直到过渡段施工完成。

(5)二次衬砌砌滑模施工技术研究

滑模施工用混凝土由井口搅拌站集中搅拌,搅拌机拌和后的混凝土通过滑道到达井口料斗,经井口溜槽直接进入溜灰管、缓冲后到达吊盘上的集料槽进行人工二次搅拌,最后分三路接活节溜槽,采用人工辅助入模对称浇筑。溜灰管由地面2JZ-16/800型稳车用钢丝绳悬吊,稳车能力满足施工要求。

滑模施工按以下顺序进行:下料→平仓振捣→滑升→钢筋绑扎→下一循环。

6.4 多作业面条件下长距离施工通风技术

6.4.1 公路隧道多作业面条件下巷道式长距离通风技术研究

秦岭天台山隧道3号斜井长1.7km,进入主洞后独头掘进4.5km,通风最长距离达6.2km。隧道斜井施工采用长管路独头压入式通风,由洞外经长风管将新鲜风送至工作面,污风沿隧道排出。轴流风机选用SDF(c)-NO12.5型(全压1378~5355Pa,电机功率2×110kW);通风管采用高强、低阻、阻燃的软质风管,ϕ1.5m风管;射流风机选用SDF-6.3/60型,电动机功率60kW,主要作为污浊空气排出的设备。经过计算分析研究,具体通风方案分三阶段:

(1)主洞与斜井未贯通时,斜井通风方式采用大功率通风机将新鲜空气压送到掌子面,然后将废气从里往外挤出,最长通风距离按2000m计。

(2)斜井左右线与主洞贯通后,采用巷道式通风,斜井左线作为排烟道,斜井内放置射流风机加快污风排出。斜井右线作为进风道,压入式风机放置于洞内。

(3)正洞小里程方向第一个横通道贯通后,将两台压入式风机放置于左主洞内,右主洞作为排风巷道。此时需将右主洞内左右斜井贯通点封堵,防止新鲜空气与污风汇合。每750m左右设置一个车行横通道,每贯通两个横通道挪动一次风机。左洞进风,右洞排风,将贯通的横通道砌红砖封堵,只保留最前端的横通道,作为左洞出渣车及污风排出道,右洞布置一定数量的射流风机加快污风排出。

6.4.2 隧道施工通风智能化控制技术研究

(1)智能化通风总体方案

基于隧道施工通风系统智能化与信息化的实际需求,本书将整个研究工作分为四个部分:硬件设计、软件设计、节能控制技术和指标与成本分析,如图6.4-1所示。

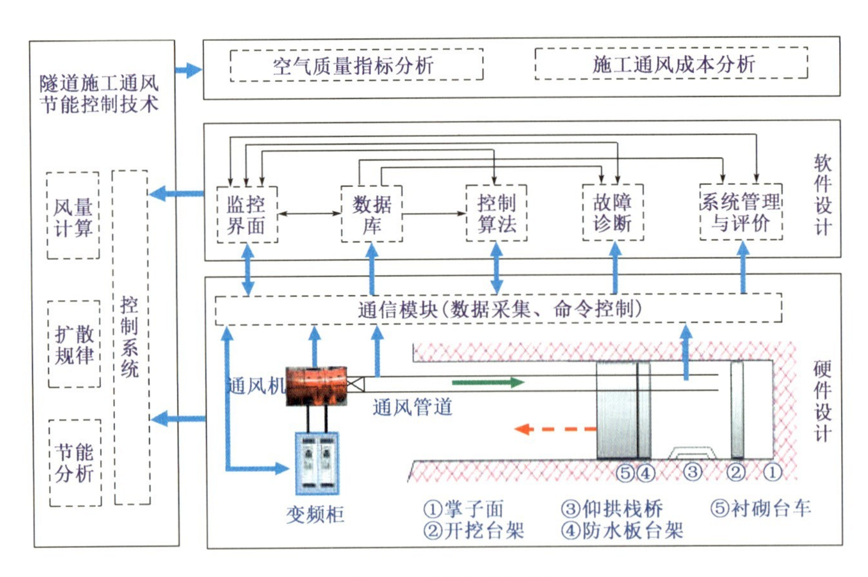

图6.4-1 总体研究方案

(2)系统硬件方案

隧道施工智能化通风监控系统硬件部分由监控柜、现场控制柜、无线终端和传感器柜组成。现场控制柜与无线端之间采用无线数据传输方式,主要是为了解决衬砌台车与掌子面有线数据传输难以实现的工程问题。传感器柜采集现场的环境参数(包括CO浓度、NO_2浓度、含氧量、温度、粉尘浓度),并通过modbus协议传送至无线端。无线端将采集的数据通过无线局域网传送至现场控制柜。现场控制柜一方面通过触摸屏显示传感器参数;另一方面将传感器参数通过光纤或通信电缆传送至监控柜。监控柜一方面接收现场环境参数并显示;另一方面通过决策算法控制变频器的频率,从而调节风机的送风量。隧道施工通风监控系统硬件组成及原理如图 6.4-2 所示。

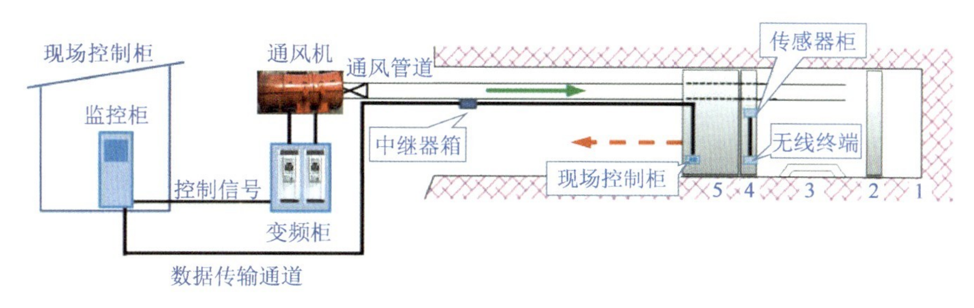

图 6.4-2 隧道施工通风监控系统硬件组成及原理图

1-掌子面;2-开挖台架;3-仰拱栈桥;4-防水板台架;5-衬砌台车

6.4.3 隧道施工通风智能控制硬件开发

开发的隧道施工通风智能化信息化系统由监控柜、现场控制柜、无线终端和传感器柜组成。

传感器柜中包含了五种传感变送器:粉尘、CO、NO_2、O_2 和温度。其中,CO、NO_2、O_2 和温度输出标准的 modbus RTU 信号可以直接接在 485 总线上。粉尘传感器输出的是 4 ~ 20mA 的电流信号,需要一个变送器对电流信号进行转换。整个传感器柜采用不锈钢材质,有效地保护传感器免于现场放炮带来的威胁。同时,传感器柜体上采用激光打出均匀的空洞,便于传感器与外界环境进行接触,从而反映现场的环境参数。传感器柜的电源线和信号线通过一个航空插头与外界相连,便于柜体的安装与调试,传感器柜结构如图 6.4-3 所示。

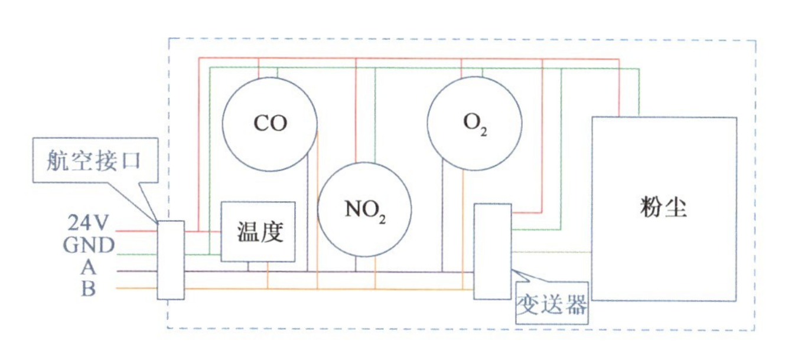

图 6.4-3 传感器柜结构

6.4.4 隧道施工通风智能控制软件开发

(1)系统监控软件总体设计

如图 6.4-4 所示,监控程序由监控主界面、控制算法和虚线框中的 WinCC 组件构成。WinCC 自带的变量管理与 Profinet 网络连接,将下位机中的数据映射到上位机。变量记录和报警记录组件从变量管理中读取数据并进行相关设置,实现数据的归档和数据超限的报警。用户管理组件实现系统用户信息的组态。控制算法和故障诊断算法在全局脚本组件中,采用C语言进行编写。

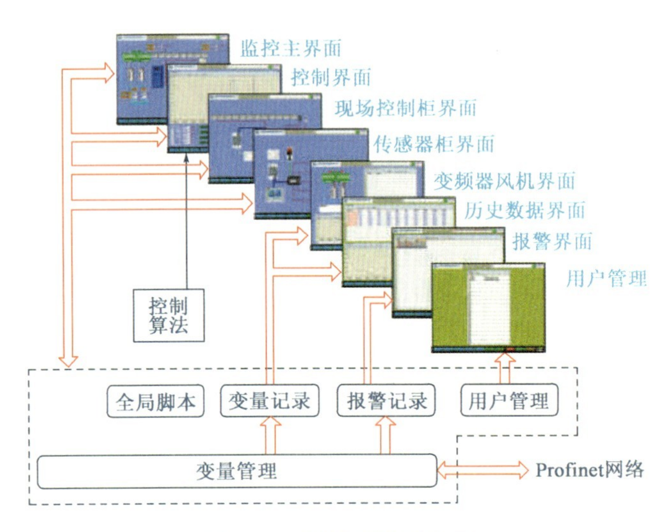

图6.4-4 监控程序组成原理

(2)通风智能化控制算法研究与软件开发

本书提出了两种方案:一种是基于单组传感器和神经网络的风机自动控制方法;另一种是基于传感器网络与神经网络的三段式隧道施工通风自动控制算法。

风机自动控制方法有效地解决了隧道施工通风工作中自动化程度不高的问题,降低了工作人员的操作复杂度,能够在一定程度上提高能源利用率,但仍然存在着有害气体浓度扩散速度慢的缺点。本系统为隧道施工通风自动控制提供了一种有效的方法。为了进一步提高控制算法的精度与速度,需要针对算法本身进行更深入的研究和测试。

三段式隧道施工通风自动控制算法的系统结构框架具备先进性及自动控制算法的可行性。系统采用有线、无线以太网和485相结合的通信方式,提高了系统的通信距离,增强了系统安装的灵活性。采用Profinet工业以太网络作为数据通信协议,保障了数据通信的稳定、可靠和操作简易性。

(3)通风系统管理与评价软件研究

风管漏风检测原理如图6.4-5所示。本书使用的柔性风管每20m一段,中间采用拉链接口进行连接。沿风管通风方向,每隔300m(即15根通风管道)安装自行设计的传感器安装段。传感器安装段为硬质管状部件,其宽度为20cm,直径与柔性风管一致,两端采用拉链与前后两根柔性风管相连。硬质安装段的设计是为了方便风压风速传感器的安装。沿风管通风方向,在第一根和最后一根传感器安装段上装载风速和风压传感器,用监测风管入口风量和风压;其余传感器安装段仅安装风压传感器,用于监测风管沿线的风压变化情况。通过对各风压传感器数值的监测,可以较好地掌握风管的漏风位置并进行及时的维护。

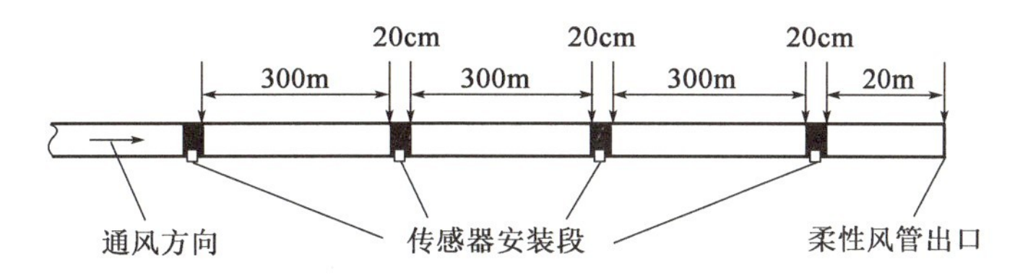

图6.4-5 风管漏风检测原理

风速传感器采用WD系列传感器,量程0~30m/s,24V直流供电,精度到达0.2%FS,分辨率为0.05m/s,RS485通信输出。风压传感器采用CCY11静压传感器,量程0~5000Pa,24V直流供电,精度达到0.25%FS,分辨率0.05%,RS485通信输出。

6.4.5 隧道施工通风节能控制技术

变频调速系统的主要设备是提供变频电源的变频器,变频器主要可分成交流-直流-交流变频器和交流-交流变频器两大类,目前国内所使用的大多是交-直-交变频器。该类变频器的特点是效率高,调速范围大,精度高,因此变频调速是交流电动机理想的调速方案。

隧道施工通风用通风机通常是由异步电动机驱动风机叶片旋转来进行通风,并且把电动机与风机做成一体。变频控制系统通过调节异步电动机的转速,从而改变风机的出风流量,达到通风控制的目的。因此,通风系统变频通风的实质是异步电动机的变频调速。异步电动机的变频调速是通过改变定子供电电源频率来改变同步转速实现调速的。

由电动机的拖动原理可知,交流异步电动机的转速表达式为:

$$n=\frac{60f_1}{p}(1-s)=\frac{60\omega_1}{2\pi p}(1-s) \tag{6.4-1}$$

式中:f_1——定子电源频率(Hz);

ω_1——相应的角频率(rad/s);

p——异步电动机的磁极对数;

s——电动机的转差率。

$$s=(n_s-n)/n_s=(\omega_1-\omega)/\omega_1 \tag{6.4-2}$$

式中:n_s——异步电动机的同步转速(r/s);

ω——固有角频率(rad/s)。

$$n_s=60f_1/p=60\omega_1/2\pi p \tag{6.4-3}$$

由式(6.4-2)、式(6.4-3)可以看出,改变输入到异步电动机定子绕组的电源频率f_1,

就可以改变异步电动机的同步转速 n_s 和转子转速 n。因为交流异步电动机的转速总是小于同步转速 n_s，而且它随着同步转速的变化而变化，当电源频率 f_1 增加时，同步转速 n_s 增加，交流异步电动机的实际转速 n 也增加。反之，当电源频率 f_1 降低，同步转速 n_s 降低，交流异步电动机的实际转速 n 也降低。这种通过改变电源频率来改变交流电动机转速的调速方式称为变频调速。因此在轴流风机中使用变频调速技术，通过使用变频器向电动机提供频率可变的电源，从而去改变电动机的转速，进而得到不同的风量。

6.5 机械化施工定额

6.5.1 研究思路和方法

(1)研究思路

①以大型机械为切入点，围绕采用大型机械施工关键工序这一个中心，形成六条机械化作业线，补充大型机械台班费用定额；合理确定工序定额项目划分，编制工序消耗量定额。

②以现场为依托，以收集记录现场原始资料和综合分析为手段，收集大型机械基础维护、使用资料，参考现行公路与全国统一机械台班费用定额，综合确定补充机械费用定额。

③以实际测定关键工序循环用工、用时数据，以及现场各类材料消耗原始资料为基础，分类汇总并分析，参考现行铁路与其他行业定额，综合确定消耗量补充定额。

④在经济分析中根据项目实际工程数量，采用本书研究得到的定额成果进行项目施工图检算，通过与原概算对比等方法核算隧道机械化施工条件下的各项经济指标，分析研究适合隧道机械化施工的经济范围，分析研究取得的经济效益。

(2)研究方法

根据本书的研究原则，按书确定的六条机械化作业线，围绕主力机械进行现场测定样本的技术数据采集和工作。进而分析研究、归纳整理得到定额编制模型。技术数据采集和定额分析与编制的方法如下：

①技术数据采集。

技术数据采集是定额编制前期最基础也是最烦琐的工作。为了保证定额编制的科学性，有时需要对一个工点进行长达两三年的跟踪。采集数据的来源一般有 2 种方式：现场实测法数据采集、施工资料统计法数据采集。

②定额分析与编制。

定额分析与编制的方法有：技术测定法、经验评估法、统计分析法、类推比较法四种。

定额分析与编制以跟踪测定的作业线记录资料为基础，分析得到每条作业线施工循环的净循环时间和人工、机械消耗，同时，根据施工资料统计取得综合施工进度指标，综合分析以覆盖测定资料的不足。通过经验评估、类推比较、统计分析、理论推导、专家系统等方法，借鉴既有定额编制资料和其他课题分析资料，完成施工组织模型、基础参数的确定及编制定额。

6.5.2 差异性分析

在确定的作业线机械化配套方案基础上，分析既有定额，明确与以往研究的差异，获得研究的价值和重点所在。

(1)开挖作业线开挖工序采用三臂凿岩台车

鉴于公路现行定额中无凿岩台车施工定额，参考《铁路工程预算定额 第三册 隧道工程》(TZJ 2003—2017)第十章。但是由于该定额实际编制时间较早，当时编制基础是为适应速度目标值250km/h以下铁路双线隧道掘进，而本书样本公路隧道速度目标值相当于铁路隧道的350km/h，隧道断面有效面积已由90m^2变化为130m^2；原定额采用1台凿岩台车钻眼，现因断面加大，可以采用两台台车同时钻眼，作业条件发生了较大变化；原定额项目划分及其工程量计算规则与现行定额不同；定额工作内容与工艺的发展已经发生较大变化；其机械台班定额中的机械价格、维修费用等资料距今已多年，与现今实际情况差异较大，需要根据实际情况进行更新。

因此本书重点对三臂凿岩台车开挖进行差异性分析研究，本书样本公路隧道速度目标值相当于铁路隧道的350km/h，对采用三臂凿岩台车开挖项目进行现场测定和定额编制，重新确定与现行定额相一致的定额项目划分和工程内容及工程数量计算规则。编制消耗量定额；重新核定机械原值等内容，修改机械费用台班定额。

(2)支护作业线喷射混凝土工序采用混凝土喷射机械手

配套方案中采用了喷射效率≥20m^3进口混凝土喷射机械手进行初期支护作业，混凝土喷射机械手移动方便，喷射作业效率高，回弹量小，改善了作业环境，因需要混凝土罐车运输配合，喷射混凝土的运输与现有预算定额考虑的运输方式不同，因此应补充编制相关的机械台班费用定额和机械手喷射混凝土项目的预算定额。

本书样本隧道采用三臂凿岩台车配合施工各类锚杆眼，其钻孔作业和相应的作业消耗与现有预算定额不同，所以本书拟对锚杆项目进行补充。

(3)仰拱施工作业线采用台车钻爆及后续项目使用仰拱栈桥、仰拱模架

在开挖工序中，仰拱开挖通常可以采用小型凿岩机钻爆和凿岩台车钻爆两种模式，本书将凿岩台车钻爆仰拱作为新子目进行测定和编制，纳入消耗量定额中。

设计时速80km的公路对衬砌混凝土的强度和耐久性要求高，且机械化施工进度较

快，为满足混凝土强度和大型机械化施工进度要求，隧道仰拱施工配备了移动式液压栈桥和移动式仰拱模架，仰拱混凝土和回填混凝土作业要间歇灌注，灌注回填混凝土时要立预留中心水沟模板，混凝土布料机也将引进投入使用，资源配置数量与常规仰拱混凝土施工不同。区别于仰拱施工常用的移动式液压栈桥和移动式仰拱模架，本书创新研制了自行式液压仰拱栈桥及仰拱模架一体式备。

有必要对不同围岩条件下仰拱混凝土和回填混凝土灌注的作业循环时间和资源消耗也进行测定，补充制定与隧道机械化配套相适应的仰拱衬砌施工预算定额子目，由于仰拱与拱墙施工均属于衬砌施工范畴，在定额时统一纳入衬砌作业研究。

(4)开挖作业线装运工序采用有轨斜井机械出渣设备

大部分样本隧道的挖装和运输作业线主要采用有轨斜井运输，普遍采用了履带式挖掘机装渣设备和有轨运输设备(矿用提升绞车、侧卸式矿车、双滚筒矿用提升机)

考虑这些与既有定额项目的差异，本书拟对不同级别围岩有轨斜井出渣项目进行分析研究，包括：补充核定挖装设备和有轨运输设备，补充矿用提升绞车、双滚筒矿用提升机、侧卸式矿车和履带式挖掘机设备的机械台班费用定额；补充与三臂凿岩台车开挖正洞相适应的有轨斜井出渣定额。

(5)防水板铺设作业线采用了防水板铺设台车

防水板作业线主要完成土工布和防水板的铺设，防水板铺设台车的应用目的减轻作业人员劳动强度，提高防水板铺设速度，减少作业人员投入，便于提高防水板铺设质量。在防水板铺设台车应用中，由于防水板工序的工艺要求限制及防水板铺设质量控制指标的不完善，各单位、工程现场的防水板台车的机械化、自动化及智能化水平均较低，技术成熟、性能稳定的防水板铺设台车方案架构尚需深化研究，为此，本书暂不补充。

(6)二次衬砌作业线采用新型智能模板台车、自动化仰拱模架、智能化水沟电缆槽台车

为满足混凝土强度和大型机械化施工进度要求，投入的模板台车数量和配置资源与常规二次衬砌不同，已确定研制新型智能模板台车、自动化仰拱模架、水沟电缆槽台车。所以有必要结合国产化研究内容，对样本隧道采用新型智能模板台车、自动化仰拱模架和水沟电缆槽台车的设计参数和施工进行测定和研究，补充制定与隧道机械化配套相适应的预算定额子目。

6.5.3 主要补充定额内容

结合既有公路工程机械台班费用定额，对超长公路隧道施工各工序大型机械设备配套补充定额，按照开挖与出渣、支护、衬砌及通风管线路 4 个节，设共 21 个定额子目，如表 6.5-1所示。

超长公路隧道机械化智能化快速施工子目划分表　　表6.5-1

测定编号	子目名称、范围	定额单位	主要工作内容
第一节　开挖、出渣			
SXGL-0001	正洞开挖，有效净空≤130m²，隧长≤4000m，Ⅱ级围岩	100m³	施工准备，测量划线，凿岩台车就位、钻眼，装药、爆破，找顶，防尘，施工用水抽排
SXGL-0002	正洞开挖，有效净空≤130m²，隧长≤4000m，Ⅲ级围岩	100m³	
SXGL-0003	正洞开挖，有效净空≤130m²，隧长≤4000m，Ⅳ级围岩	100m³	
SXGL-0004	正洞开挖，有效净空≤130m²，隧长≤4000m，Ⅴ级围岩	100m³	
SXGL-0005	有轨斜井出渣，隧长≤100m，Ⅱ级围岩	100m³	轨道安装、拆卸，提升设施维护，装渣、运输、卸渣、空回
SXGL-0006	有轨斜井出渣，隧长每增100m，Ⅱ级围岩	100m³	
SXGL-0007	有轨斜井出渣，隧长≤100m，Ⅲ级围岩	100m³	
SXGL-0008	有轨斜井出渣，隧长每增100m，Ⅲ级围岩	100m³	
SXGL-0009	有轨斜井出渣，隧长≤100m，Ⅳ级围岩	100m³	
SXGL-0010	有轨斜井出渣，隧长每增100m，Ⅳ级围岩	100m³	
SXGL-0011	有轨斜井出渣，隧长≤100m，Ⅴ级围岩	100m³	
SXGL-0012	有轨斜井出渣，隧长每增100m，Ⅴ级围岩	100m³	
第二节　支护			
SDGL-0013	机械手喷射混凝土，C25	100m³	喷射机械手就位，安装、转移机具设备，喷浆料拌制、喷射，混凝土养护等
SDGL-0014	砂浆锚杆，凿岩台车锚杆	t	锚杆及附件制作，砂浆制作；台车就位，钻进、插杆、灌浆，附件安装、锚固
第三节　衬砌			
SXGL-0015	智能模板台车，三车道	延米	衬砌台车进场，调整就位，使用，移动，维护
SXGL-0016	自动化仰拱模架，三车道	延米	自动化仰拱模架进场，调整就位，使用，移动，维护
SXGL-0017	智能水沟电缆槽台车，三车道	延米	智能水沟电缆槽台车，调整就位，使用，移动，维护
第四节　通风管线路			
SXGL-0018	超长距离正洞通风，隧长≤4000m	100延米	通风机、风管搬运，安装，调试，使用，维护，拆除
SXGL-0019	超长距离正洞通风，每增1000m	100延米	
SXGL-0020	正洞高压风水管、照明、电线，隧长≤4000m	100延米	隧道施工中的高压风水管，照明、动力电线路、照明器材配属材料搬运，安装，铺设，调试，使用，维护及拆除
SXGL-0021	正洞高压风水管、照明、电线，每增1000m	100延米	

6.5.4　经济分析

根据定额成果，对宝鸡至坪坎公路样本隧道进行概算对比，对比小型机械施工与补充大型机械施工的人工、材料、机械消耗，测算定额水平的变化幅度。采用宝鸡至坪坎公路初步设计阶段概算。

对宝鸡至坪坎公路样本4座隧道进行测算，仅对超长公路隧道的开挖作业采用凿岩台车、有轨斜井出渣；支护喷射机械手、凿岩台车锚杆作业；衬砌施工中采用公路隧道智能模板台车、自动化仰拱模架、智能化水沟电缆槽台车以及长大隧道多作业面条件下长距离施工通风技术应用条件下的定额进行测算。在确定的作业线机械化配套方案基础上，与补充子目大型机械设备的对比，结果见表6.5-2。

总水平分析表

表6.5-2

建筑工程费	工程数量（延米）	指标（元/延米）			幅度（%）
		小型机械	大型机械	增减	
隧道1	9896	33851.77	39021.56	5169.79	15.27
隧道2	14637	43444.03	50953.92	7509.89	17.29
隧道3	14695	45612.87	54221.23	8608.36	18.87
隧道4	14005	54134.09	62850.04	8715.95	16.10

第7章

大跨度硬质岩公路隧道单层衬砌支护与岩爆防治技术

7.1 大跨度硬质岩公路隧道单层衬砌结构设计方法

7.1.1 单层衬砌的支护对象分析

在松动圈支护理论中，可以采用特征曲线法来描述围岩与支护共同作用的原理，只不过由于围岩松动圈的存在，使得特征曲线有了一些变化。西安交通大学通过有限元计算得到的围岩和支护受力与位移曲线图，如图7.1-1所示。图中横坐标是隧道毛洞内壁(也是支护外缘)的径向位移 u；上半部的纵坐标是隧道内壁在围岩原始应力作用下的径向压应力 σ_r，或支护施加于洞壁的反力 p_i；下半部的纵坐标为时间 t。

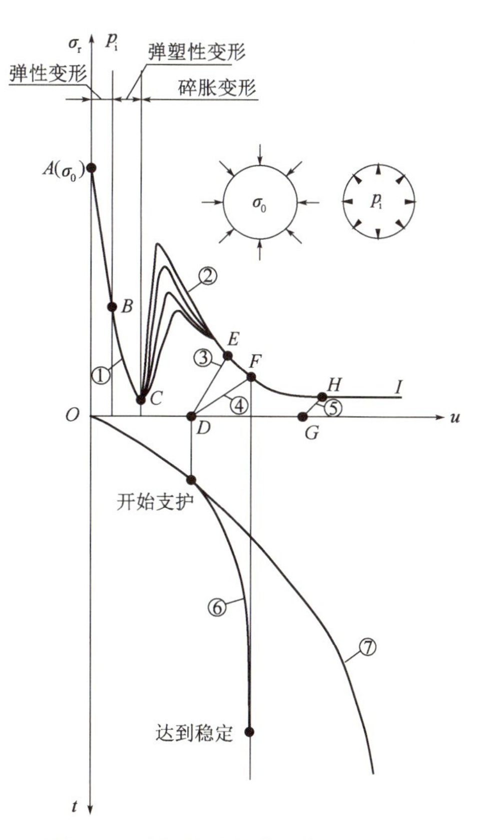

图7.1-1 围岩和支护受力与位移曲线

由图7.1-1可以看出，隧道围岩变形可以分为两部分：黏弹塑性变形和碎胀变形。如果原岩应力值不足以产生松动圈，围岩不产生碎胀。随着掌子面的继续前进，掌子面的约束作用也将消失，此时，隧道周边应力才真正到达零，围岩最终弹塑性变形到达 C 点稳定下来。如果原岩应力大到足以产生松动圈，围岩将产生碎胀变形，围岩压力突然增大，如曲线②所示，位移也持续增大，此时必须进行支护才能确保隧道的稳定，图中 CH 段为碎胀变形阶段。当碎胀变形后，由于松动圈的岩体性质、碎胀率以及松动圈大小等因素的影响，碎胀后曲线②出现了不同的峰值。在隧道变形到达 D 点时开始支护，经过一段时间后，围岩与支护达到平衡，曲线③、④为支护特征曲线，但由于支护的刚度不同，所以分别平衡于 E 点、F 点。当隧道洞周位移到达 H 点时，碎胀变形基本结束，荷载主要来源于松动圈范围内岩体的自重，图中出现了水平的 HI 段，从理论上讲，此时所需的支护阻力最小，如曲线⑤所示，但已经发生了有害变形，如变形侵限，将出现围岩垮塌冒落。

总而言之，如果不产生松动圈，理论上不存在支护问题，支护不起作用，但实际上，为防止风化或局部危岩，仍需采用喷射混凝土等支护形式。有松动圈时，碎胀变形使支护受力，围岩与支护共同作用。支护刚度对支护的受力与变形影响很大，刚性较大的支护会产生较大的支护反力，容易破坏；刚性较小时，支护变形较大而造成断面小于设计要求，为达到支护与围岩共同作用的最佳点，使支护充分发挥其支护效果，应根据工程的实际情况，选择合理的支护形式或从施工工艺上解决支护刚度大小问题，充分发挥围岩的自承作用和支护结构的承载力。

7.1.2 基于围岩松动圈的隧道围岩稳定性分析

由上述研究可知，隧道单层衬砌的支护对象是破碎围岩的碎胀变形和碎胀力，因此采用围岩松动圈厚度值来判断围岩的稳定程度，其理论依据是：

①围岩松动圈的大小 L_p 是地应力 σ_0 和围岩强度 R 的函数，$L_p=f(\sigma_0,R)$。即松动圈是地应力与围岩强度的相互作用结果，它是一个综合指标。

②现场调查显示，松动圈越大，围岩收敛变形量越大、支护越困难，反之则易。松动圈的大小反映了支护的困难程度。

③试验室相似模拟试验证明了在相同材料试件、相同荷载条件下围岩松动圈基本相同，与有无支护关系不大。软岩支护的试验证明，支护能有限地限制围岩的碎胀变形，但不能明显地阻止松动圈的发展，因此，支护对松动圈的影响工程上可不予考虑。

基于围岩松动圈的隧道围岩稳定性分类如表 7.1-1 所示。

基于围岩松动圈的隧道围岩稳定性分类　　表 7.1-1

围岩级别		分类名称	松动圈 L_p(cm)
小松动圈	Ⅰ	稳定围岩	0 ~ 40
中松动圈	Ⅱ	较稳定围岩	40 ~ 100
	Ⅲ	一般围岩	100 ~ 150
大松动圈	Ⅳ	一般不稳定围岩(软岩)	150 ~ 200
	Ⅴ	不稳定围岩(较软围岩)	200 ~ 300
	Ⅵ	极不稳定围岩(极软围岩)	>300

7.1.3　喷射混凝土单层衬砌支护机理

喷射混凝土支护因其破坏形态不同,也表现出不同的受力机理,宏观上可分为两类:局部受力机理和整体受力机理。对于喷射混凝土与锚杆的组合结构,还包括锚杆的支护机理以及锚杆与喷射混凝土的联合支护机理。

(1)单层衬砌力学传递机理

单层衬砌在支护过程中经历不同的荷载状况,隧道开挖后产生的碎胀形变压力是硬岩隧道荷载的主要来源。图7.1-2表示隧道采用双层喷射混凝土衬砌的荷载状况,由此能够分出两种不同的力学传递机理。

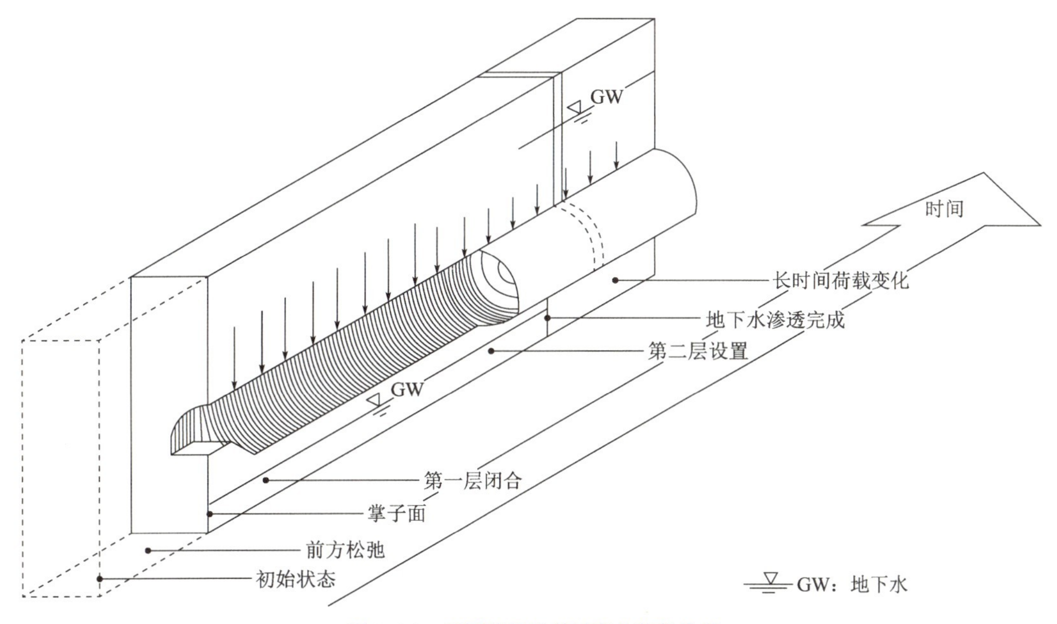

图7.1-2　不同阶段隧道衬砌的荷载状况

①围岩压力传递。这种压力的传递形态是隧道开挖后二次应力状态的调整过程。支护施工前围岩内形成一定的变形和松弛范围,在隧道开挖后,逐渐形成的作用在支护衬砌上的形变压力(包括弹塑性变形、碎胀变形等)。

如果围岩变形无法稳定,不断增大,则需要施作第二层喷射混凝土衬砌。两层衬砌与围岩产生共同变形以达到新的平衡状态,此时第二层衬砌需要有足够的承载力;当围岩变形基本稳定后,可以考虑不施作第二层喷射混凝土衬砌,若需要再施作第二层衬砌,将主要起到防水或耐久的作用,很少甚至不承担围岩压力。这也体现了荷载按支护时间分配的原则,即先支护先受力。

②衬砌内部应力传递。传递形态如下:

a.第一层衬砌的变形传递;

b.第二层衬砌的水化热冷却时产生温差的传递;

c.第二层衬砌的收缩传递。

根据这样的传递机理,整个衬砌中因被约束应变而产生的应力是上升的,这样的应力在第二层完成后的早期,能够抑制第一层衬砌的开裂。

因此,为满足单层衬砌的力学传递特性,单层衬砌构造必须满足两个条件:一是喷射混凝土要有一定的早期强度;二是喷射混凝土与围岩之间、喷射混凝土层与喷射混凝土层之间有足够的黏结强度,包括沿着接触面切线方向产生错位的抗剪黏结力和沿着接触面法线方向"因拉拔引起的剥落"的抗拉黏结力。

(2)喷射混凝土单层衬砌的支护机理

喷射混凝土支护因其破坏形态的不同,也表现出不同的受力机理,宏观上可分为两类:局部受力机理和整体受力机理。单层喷射混凝土衬砌的总体支护机理如图7.1-3所示。此外,喷射混凝土与锚杆的组合结构还包括锚杆的支护机理以及锚杆与喷射混凝土的组合支护机理。下面将对以上单层喷射混凝土衬砌支护机理进行详细阐述。

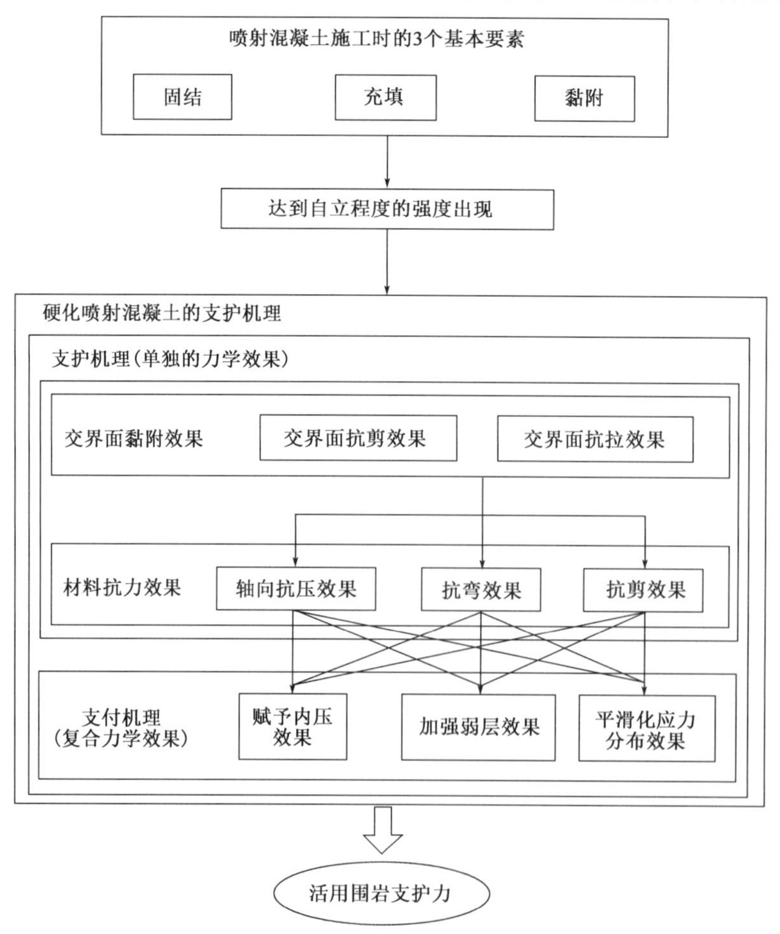

图7.1-3 单层喷射混凝土衬砌的总体支护机理

①喷射混凝土单层衬砌局部受力机理。

依据围岩松动圈支护理论，当松动圈厚度 $L_p = 0 \sim 40\text{cm}$ 时，围岩为小松动圈稳定围岩。在这类围岩中，松动圈的厚度值小，围岩稳定性好，由此而产生的碎胀变形量也较小，此时喷射混凝土衬砌的支护作用主要是为了防止围岩的风化潮解和危石（危险岩石）的掉落。

为分析喷射混凝土衬砌的局部受力机理，以喷射混凝土衬砌支撑活动岩块和局部挤出等不稳定荷载的情况为例进行分析，如图 7.1-4 所示。把岩块假定为近三角形形状，考虑其自重并进行二维分析。

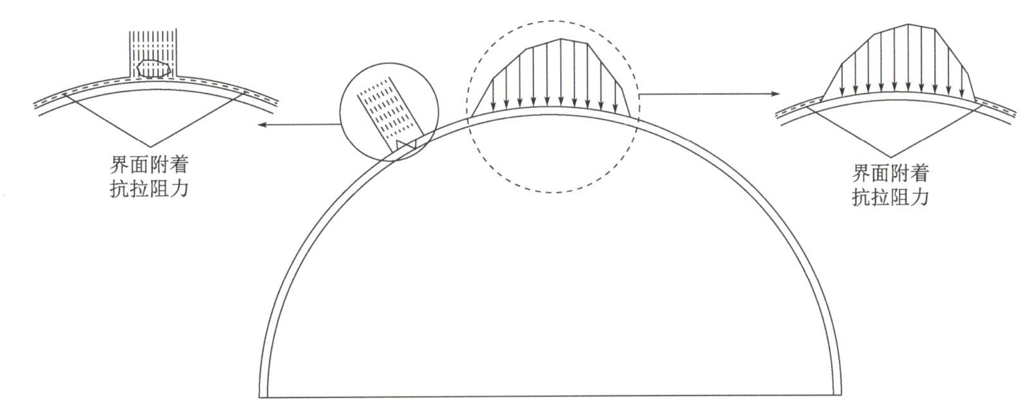

图 7.1-4 作用于支护的局部荷载模式图

围岩内部的不连续面有剥离的围岩岩块时，喷射混凝土及其上面的围岩块在跨度 L 间牢固地黏附着，与仅有喷射混凝土的情况相比，喷射混凝土和围岩岩块的复合体具有厚度越大的部分刚度就越大的特点。由于复合体因自重呈挠曲状态，复合体发生的应力和挠曲比仅靠喷射混凝土支撑围岩块的情况小得多，如图 7.1-5a）所示，喷射混凝土在不连续面的位置接近于冲剪状态。一旦围岩岩块和喷射混凝土发生剥离，喷射混凝土的刚度仅支承围岩块的荷载，挠度和弯矩会变大，这种状态下的模型分为两种形式：一种如图 7.1-5b）所示，喷射混凝土牢牢地黏附在围岩块的外侧，将喷射混凝土看作两端固定梁的模型；另一种是喷射混凝土和围岩的黏附未超过围岩岩块范围的情况化，随梁的长度的增加，弯矩也会变大，如图 7.1-5b）所示。

当喷射混凝土支护处于冲剪状态，根据结构力学原理可求得：

$$t = \frac{3Pl^2}{8b[\tau]} \tag{7.1-1}$$

当喷射混凝土支护处于拉弯状态，则有：

$$t = \sqrt{\frac{5Pl^3}{16b[\sigma]}} \tag{7.1-2}$$

式中：t——喷射混凝土支护所需的厚度(m)；

P——荷载(Pa)；

l——岩块的尺寸(m)；

$[\tau]$——允许剪切强度(Pa)，$[\tau]=\tau/K$，$\tau=0.2f_c$；

τ——喷射混凝土的剪切强度。

f_c——喷射混凝土的单轴抗压强度；

K——安全系数，一般取值2.0；

$[\sigma]$——允许弯拉强度(Pa)，$[\sigma]=\sigma_t/K$，$\sigma_t=0.15f_c$；

σ_t——喷射混凝土的弯拉强度。

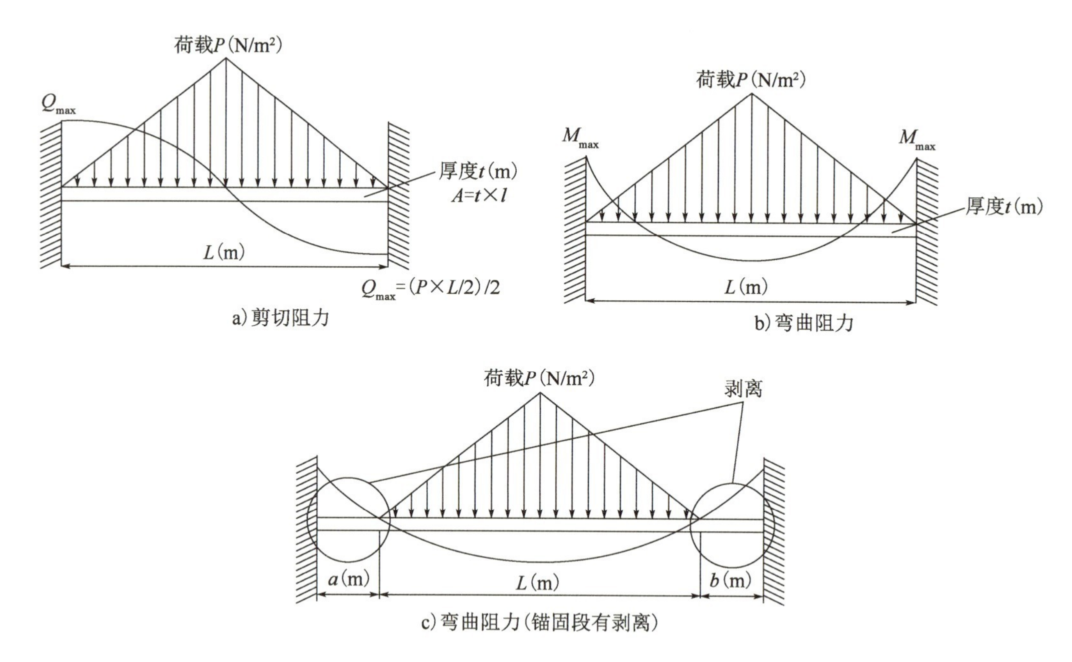

图7.1-5　喷射混凝土梁的抗剪、抗弯的模式图

Q-剪力(N)；M-弯矩(N·m)；a、b-岩块沿隧道纵向的尺寸，计算中取单位长度(m)

由式(7.1-1)和式(7.1-2)可知：

a. 在喷射混凝土厚度相同的情况下，其弯曲弹性极限强度比剪切弹性极限强度要小得多，为了使喷射混凝土不受到破坏，就需要极力避免弯矩的产生。

b. 随着喷射混凝土厚度的增加，所需要的允许剪切强度、允许弯拉强度都减小，即所需喷射混凝土强度等级降低；在喷射混凝土厚度不变的条件下，随着岩块尺寸的增大，所需喷射混凝土强度等级也逐渐提高；反之，在混凝土强度等级一定的条件下，岩块尺寸越大，需喷射的混凝土越厚。

因此，采用喷射混凝土衬砌对局部危石及不稳定荷载支护时，关键要保证喷射混凝土与围岩之间的黏结,这是发挥喷射混凝土支护作用的基本保证,也是喷射混凝土最主要的力学作用。同时,在支护过程中,建议采取非等参支护,不稳定区域可通过采取提高混凝土强度等级、掺加纤维等措施进行,这样既可保证支护质量,同时可节约投资,提高经济效益。

②喷射混凝土衬砌整体受力机理。

对于喷射混凝土衬砌的整体支护作用,当前流行着两种分析方法:一种是从结构观点出发,把喷射混凝土层与部分围岩组合在一起,视作组合梁或承载拱;另一种是从围岩与支护的共同作用观点出发,不仅把支护看作承受来自围岩的压力,反过来,支护也给围岩以压力,由此改善围岩的受力状态(即所谓支承作用),同时施作支护后,可提高围岩的强度指标,从而提高围岩的承载能力(即所谓的加固作用)。

单层喷射混凝土衬砌支护的主要对象是隧道开挖后,岩体产生的碎胀变形或碎胀力。而喷射混凝土属于柔性支护,它在跟围岩共同作用的过程中,通过调节喷射混凝土的刚度可改变碎胀力的大小,喷射混凝土刚度越大,碎胀力越大,围岩的碎胀变形越小。

a. 围岩的碎胀变形与碎胀力成非线性的反比关系,碎胀变形越大,碎胀力越小,当碎胀变形发展到一定程度,碎胀力基本接近于零;当碎胀变形等于零时,碎胀力达到最大,并随着松动圈及体积膨胀率的增大而增大。

b. 在隧道埋深及体积膨胀率相同的情况下,发生相同的碎胀变形,松动圈尺寸大的围岩碎胀力大。

c. 松动圈尺寸及隧道埋深相同时,发生相同的碎胀变形,碎胀力随着体积膨胀率的增大而增大。

③单体锚杆支护机理。

锚杆是锚固在岩体内维护稳定的杆状结构物,与其他传统支护结构的不同在于,它是唯一一项从内部补强围岩的支护技术。现场实测和试验室研究表明,锚杆锚固力是峰后围岩碎胀变形与锚杆相互作用的结果,锚固力随着锚杆与围岩的相互作用而发生变化,所以在研究锚杆的支护机理时,必须结合围岩的变形进行综合分析。

a. 非连续性岩体中单体锚杆的支护机理。

在非连续性岩体中,隧道的破坏主要表现为岩块沿着节理或龟裂发生剥落和移动。在这种情况下,锚杆的主要作用在于及时、有效地将隧道周边的危岩同内部岩体连接起来,以保持岩体的稳定,此时锚杆主要表现为悬吊作用与销钉作用。

图7.1-6为锚杆对隧道顶部危岩作用的计算简图,其作用主要为悬吊作用。根据静力平衡,有:

$$\frac{G}{\sin(180^\circ-\delta)}=\frac{T}{\sin\gamma}=\frac{N}{\sin(\delta-\gamma)} \tag{7.1-3}$$

故

$$T = \frac{G\sin\gamma}{\sin\delta} \tag{7.1-4}$$

$$N = \frac{G\sin(\delta - \gamma)}{\sin\delta} \tag{7.1-5}$$

式中：G——危岩重；

δ——锚杆与结构面之间的夹角；

γ——锚杆与铅垂线之间的夹角；

N——锚杆所受拉力；

T——锚杆所受剪力。

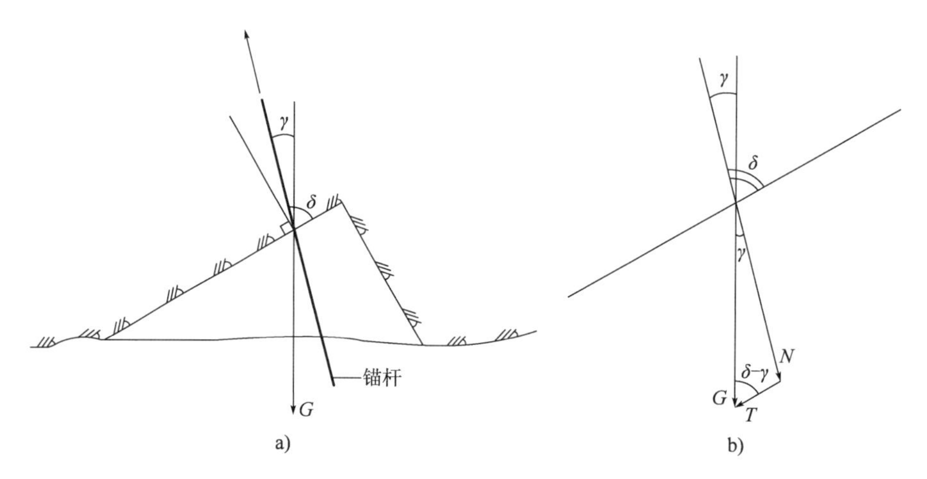

图7.1-6　锚杆对隧道顶部危岩作用的计算简图

若锚杆未穿过围岩重心和不沿铅垂布置，其受力就比较复杂。

锚杆对隧道边墙危岩作用的计算模型如图7.1-7所示，其作用主要为销钉作用。

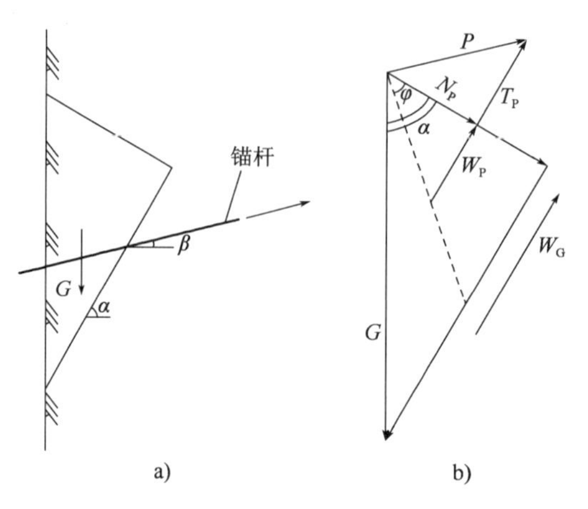

图7.1-7　锚杆对隧道边墙危岩作用的计算模型

设 φ 为滑移面的摩擦角，α 为滑移面的倾角，β 为锚杆的倾角，G 为滑移岩体自重，则未锚前的切向力 T_G 为：

$$T_G = G\sin\alpha \tag{7.1-6}$$

此时，滑移面的摩擦阻力 W_G 为：

$$W_G = N_G\tan\varphi = G\cos\alpha \cdot \tan\varphi \tag{7.1-7}$$

由锚杆锚固力 P 产生的切向力 T_P 为：

$$T_P = P\cos\delta = P\cos(\alpha - \beta) \tag{7.1-8}$$

因锚杆力在滑动面产生的阻力 W_P 为：

$$W_P = P\sin\delta \cdot \tan\varphi = P\sin(\alpha - \beta) \cdot \tan\varphi \tag{7.1-9}$$

则下滑的主动力 A 为：

$$A = T_G \tag{7.1-10}$$

沿滑移面的总阻力 W 为：

$$W = W_G + W_P + T_P \tag{7.1-11}$$

力的平衡条件为：

$$T_G - W_G - W_P - T_P = 0 \tag{7.1-12}$$

故所需锚杆的锚固力 P 为：

$$P \geqslant \frac{T_G - W_G}{\cos(\alpha - \beta) + \sin(\alpha - \beta) \cdot \tan\varphi} \tag{7.1-13}$$

以上分析均忽略了危岩与岩体之间的弱黏结力，以做安全储备。在确定锚杆的容许应力时，应考虑足够的安全系数。

b. 连续性岩体中单体锚杆的支护机理。

在连续性岩体中开挖隧道后，围岩首先发生弹塑性变形，但其变形时间很短，一般认为在安装锚杆前弹塑性变形已经结束。因此，锚杆锚固力主要是峰后围岩碎胀变形与锚杆相互作用的结果。

隧道开挖后，当围岩应力大于围岩强度时，隧道周边围岩发生破坏并向深部转移而出现围岩松动圈，围岩产生明显碎胀变形后，AC 间岩石破坏碎胀，如图7.1-8所示，靠近隧道表面的围岩松动圈段锚杆因阻止破裂岩体碎胀径向变形，锚杆表面产生指向围岩自由面的剪应力，其余一段锚杆因受 AC 段拉拔作用，BC 段锚杆表面剪应力指向岩体内部。剪应力指向相反的分界点，称为中性点。此点剪应力为零，轴向力最大。此时，中性点应始终在围岩松动圈界面上，从中性点向锚杆两端轴向力不等，而剪应力亦不等($\tau_1 \neq \tau_2$)。随着围岩松动圈向深部发展，碎胀变形的增大，锚杆的剪应力和轴向力随着围岩松动圈的变化而变化，其中性点的位置(围岩松动圈界面点)也向深部转移。

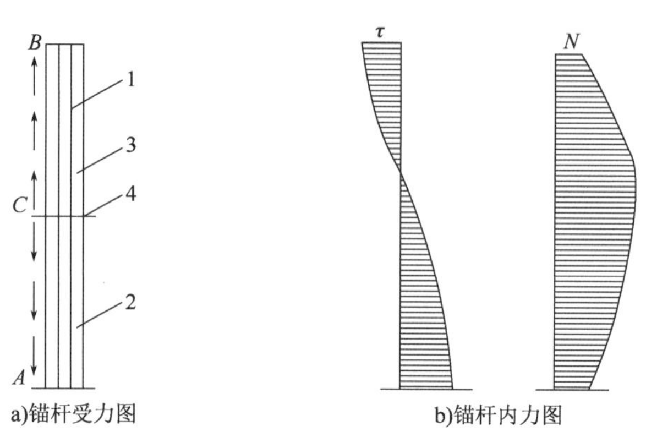

图 7.1-8　全长黏结型锚杆应力与松动圈的关系
1-锚杆;2-锚杆外端;3-锚杆里端;4-锚杆受力中心点

当围岩松动圈深度继续发展以致超过锚杆长度时,整个锚杆均处于围岩松动圈内,此时锚杆锚固破裂岩体 AB 段碎胀变形不再增大,而表现为锚杆锚固段 AB 整体向隧道自由面位移。此时,锚杆所受拉应力可能出现降低的现象,即随 AB 段的压实,其应力将减小。

④喷锚组合支护机理。

喷锚组合支护是在隧道开挖后采用喷射混凝土、钢筋网喷射混凝土、锚杆喷射混凝土或锚杆钢筋网喷射混凝土等,及时地对围岩进行加固的结构。20 世纪 60 年代以来,喷锚支护在隧道中已被广泛采用。锚杆和喷射混凝土与围岩共同形成一个承载结构,可有效地限制围岩变形的自由发展,调整围岩的应力分布,防止岩体松散塌落。

喷锚柔性支护和围岩紧密贴合,共同作用,支护和围岩发生的破坏主要为剪切破坏,其稳定的丧失常常是由围岩中产生塑性剪切滑移楔体开始的。而喷锚支护则和其加固的岩体承载环组合,形成联合作用,用于提供支护力 p_i 来阻止围岩中剪切楔体沿滑动面向隧道的位移,所以喷锚支护的结构计算按喷锚支护对隧道围岩的加固作用和支护作用进行。

新奥法创始人 Rabcewicz 在试验研究的基础上提出了按组合拱原理进行喷锚加固设计的方法——剪切滑移破坏法,该方法以构造岩体破坏形态决定支护体系承载能力的。其实质是:支护结构的破坏很少是由于弯曲而造成的,一般是由于隧道周围形成塑性滑移楔体,造成侧壁支护结构的剪切破坏,然后按侧壁荷载和剪切破坏阻力之间的平衡进行计算。

岩体产生剪切滑移的条件是:在通过最大主应力 σ_1 和最小主应力 σ_3 两点的摩尔应力圆与摩尔滑动包络线相切时发生。这时作用于滑面上的正应力和剪应力分别等于切点 B 的坐标值。滑面与 σ_1 作用方向的夹角为 α。若摩尔滑动包络线为一直线,则 α 为一定值,且 $\alpha = \pi/4 - \varphi/2$。在隧道中心沿垂直线做角的曲线,即 α 为隧道侧壁岩体的滑移面,如图 7.1-9所示,如以极坐标表示,该曲线的方程为:

$$\rho = R \cdot \exp[(\theta - \alpha)\tan\alpha] \tag{7.1-14}$$

$$b = 2R \cdot \cos\alpha \tag{7.1-15}$$

式中：ρ——滑移迹线极半径；

α——岩石剪切破坏角，它是剪切面与最大主应力交角；

b——楔形滑体在隧道边界处的宽度；

R——隧道内径。

针对锚杆、喷射混凝土和岩体的联合作用原理（图 7.1-10），对支护力进行计算，具体如下。

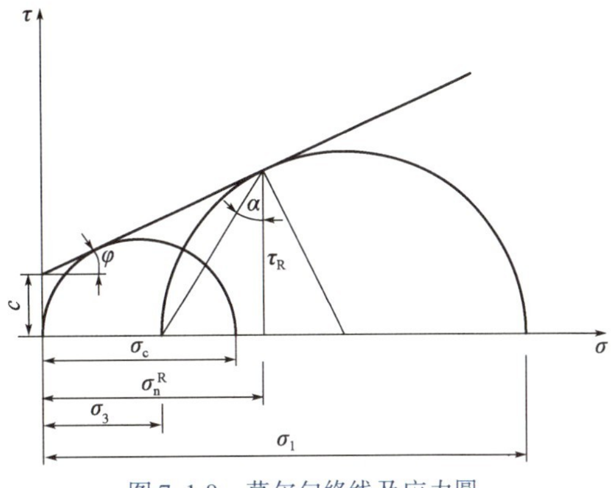

图 7.1-9　莫尔包络线及应力圆

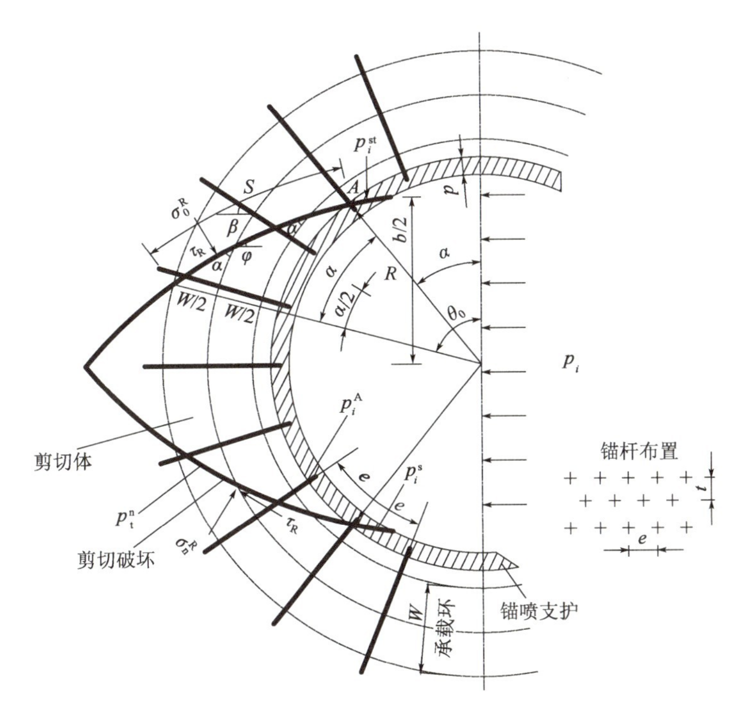

图 7.1-10　锚杆、喷射混凝土和岩体的联合作用

p_i-总支护抗力；p_i^s-喷射混凝土支护抗力；p_i^A-锚杆支护抗力；p_i^{st}-围岩支护抗力；p_t^n-剪切滑移面法向支护抗力；σ_n^R、τ_R-剪切滑移面上的正应力与剪应力；e、t-锚杆环向和纵向间距；p-喷射混凝土厚度；W-承载环厚度；S-剪切滑移面长度

a. 沿喷层 A 处剪切面的抗剪阻力，即喷层给剪切体的水平推力；喷层内如设有钢筋网（或钢拱支撑），喷层将增加抗剪支护力。

喷层 A 水平推力 p_i^s 或 p_i^{st}：

$$p_i^s = \frac{2d\tau^s}{b\sin\alpha^s} \tag{7.1-16}$$

$$p_i^{st} = \frac{2d\tau^{st}}{b\sin\alpha^{st}} \tag{7.1-17}$$

式中：α^{s}——喷层破坏剪切角（与竖向夹角）；

d——喷层厚度；

τ^{s}——喷层的抗剪强度；

b——剪切体总高度。

b. 锚杆所提供的支护力计算。

按锚杆体抗拉强度计算，锚杆的径向平均支护力 q_i^{A}：

$$q_i^{A}=\frac{t^{st}\sigma^{st}}{et} \tag{7.1-18}$$

砂浆锚杆可能沿孔壁黏结面破坏，宜用下式计算：

$$q_i^{A}=\frac{P_b}{et} \tag{7.1-19}$$

$$\frac{b}{2}q_i^{A}=aq_i^{A}\cos\beta \tag{7.1-20}$$

式中：a——剪切画面在隧道壁面上的投影，$a=r_0(\theta_0-\alpha)$。

将 q_i^{A} 的作用面转换成垂直面上的投影，并同 q_i^{A} 取得平衡，则：

$$q_i^{A}=\frac{q_i^{A}(\cos\alpha-\cos\theta_0)}{\cos\alpha} \tag{7.1-21}$$

c. 岩体沿滑面 S 上提供的支护阻力 p_i^{∞}。

$$p_i^{\infty}=\frac{2S\cdot\tau_R\cdot\cos\psi}{b}-\frac{2S\cdot\sigma_n^{R}\cdot\cos\psi}{b} \tag{7.1-22}$$

式中：ψ——岩体剪切滑面与水平面之平均倾角，$\psi=\theta_0-\alpha/2$。

故锚喷支护结构中剪应力和正应力、总的支护力为：

$$\tau_R=\frac{\sigma_1-\sigma_3}{2}\cos\varphi \tag{7.1-23}$$

$$\sigma_n^{R}=\frac{\sigma_1+\sigma_3}{2}-\frac{\sigma_1-\sigma_3}{2}\sin\varphi \tag{7.1-24}$$

$$\sigma_1=\sigma_3+2(c+\sigma_3\tan\varphi)\frac{1+\sin\varphi}{\cos\varphi} \tag{7.1-25}$$

$$p_i=p_i^{s}+p_i^{A}+p_i^{\infty} \tag{7.1-26}$$

7.1.4 隧道单层衬砌设计方法

（1）围岩稳定性分级

围岩的分级方法，主要考虑隧道埋深、地层岩性、地质构造及地下水等因素。根据对围岩稳定性的分析评价及单层衬砌的作用机理分析，单层衬砌设计过程分两阶段进行设计，包括施工前的设计和施工过程中的修正设计。本书在 Q 系统分类法的基础上，结合两阶段单层衬砌隧道稳定性进行分级。

在进行分级之前，首先引入岩体强度应力比 G_n，其定义是围岩强度与围岩内部最大地应力值的比值，即：

$$G_n = \frac{R_b}{\sigma_{max}} \tag{7.1-27}$$

式中：σ_{max}——围岩内部最大地应力值；

R_b——围岩抗压强度值。

在设计阶段，先根据岩体强度应力比对围岩进行总体分级。根据《工程岩体分级标准》（GB/T 50218—2014）的规定：当 $G_n > 4$ 时，岩体基本上没有达到屈服强度，此时，岩体的稳定主要由岩体的节理、裂隙等确定，可采用块体理论进行设计；当 $G_n \leq 4$ 时，岩体达到屈服强度进入峰后状态，可近似认为是均匀介质，采用连续介质理论进行分析，可根据实测的围岩物理力学指标，包括隧道埋深、围岩黏聚力 c、摩擦角 φ、弹性模量 E、泊松比 μ、围岩抗力系数 k、围岩重度 γ、地应力 σ 等，通过计算围岩塑性区大小进行分级，具体如表 7.1-2所示。

设计阶段单层衬砌隧道稳定性分级　　表 7.1-2

稳定性分级	岩体强度应力比	分级理论	围岩稳定状态	塑性区 ΔR(m)
Ⅰ	>4	块体理论	极稳定	—
Ⅱ			很稳定	—
Ⅲ			稳定	—
Ⅳ	≤4	连续介质理论	较稳定	$\Delta R \leq 0.8$m
Ⅴ			较不稳定	$0.8 < \Delta R \leq 2.5$m
Ⅵ			很不稳定	$2.5\text{m} < \Delta R \leq 5.5$m
Ⅶ			极不稳定	$\Delta R \geq 5.5$m

注：表中 ΔR 代表塑性区厚度。

在施工阶段，因围岩松动圈的大小是岩体强度、地应力、岩体性质以及隧道跨度等因素的综合体现，反映了隧道围岩的整体稳定状态；同时，围岩松动圈可通过现代的探测技术测得，测试过程对施工干扰小、费用低，所以在施工阶段可通过松动圈大小的测试，对围岩进行分级，修正与设计中不相符的内容。具体分级如表 7.1-3 所示。

施工阶段单层衬砌隧道稳定性分级　　表 7.1-3

稳定性分级	岩体强度应力比	分级理论	围岩稳定状态	松动圈 L_p(cm)
Ⅰ	>4	块体理论	极稳定	—
Ⅱ			很稳定	—
Ⅲ			稳定	—

续上表

稳定性分级	岩体强度应力比	分级理论	围岩稳定状态	松动圈 L_p(cm)
Ⅳ	≤4	连续介质理论	较稳定	(15,40]
Ⅴ			不稳定	(40,150]
Ⅵ			很不稳定	(150,300]
Ⅶ			极不稳定	>300

(2)设计理念

根据单层衬砌的特点,在单层衬砌设计中应体现以下设计理念:

①单层衬砌是由单层或多层混凝土构成的支护体系,各层支护是一体的,各层间能充分传递剪力。单层衬砌各支护层间不设置防水层,结构通过各混凝土层间的径向和纵向上的抗滑移性,使得各混凝土层形成共同的承载体系。其结构类似于组合梁,因而结构受力更合理。

②单层衬砌采用防、排、堵、截相结合,因地制宜,综合治理的防排水原则。地下水发育地段通过超前注浆或后注浆减小围岩的渗透系数,控制地下水流失,单层衬砌自身达到二级防排水标准,对于渗漏水地段,通过在衬砌背后设置排水板等措施予以排除。

③单层衬砌作为隧道的永久支护结构,其材料性能、耐久性指标应满足耐久性要求。

(3)单层衬砌的适用条件

单层衬砌设计不考虑以下情况:

①隧道洞口和洞中浅埋软弱围岩段;

②软土、冻土、黄土、膨胀(岩)土和高地应力软岩等特殊地质地段;

③塌方地段或围岩有显著不对称荷载的地段;

④活动性断层及活动性断层影响带;

⑤衬砌结构可能承担较高静(动)水压力地段;

⑥有滑动可能的倾斜岩层(如顺层滑动、滑坡等)地段。

建议在以下情况使用单层衬砌:

①地下水不甚发育,或注浆堵水后地下水较小的山岭公路隧道;

②山岭公路隧道辅助坑道,如横洞、联络通道、通风斜井等。

(4)设计流程

隧道单层衬砌总体设计流程为:

①通过实地调查与勘探,充分掌握隧道所在地区的地形地貌、工程地质与水文地质条件以及宏观地质构造等情况,并实测得到围岩的物理力学指标。

②采用基于块体理论和屈服接近度的稳定性分级划分围岩级别,并以此为依据对围岩稳定性进行评价,提出设计阶段的单层衬砌支护参数以及具体的工程材料及其控制

指标。

③隧道施工期间,根据揭示的围岩地质情况判断围岩级别是否与设计相符,在施工阶段,可以根据实测的围岩松动圈大小进行围岩稳定性评价,验证围岩级别。如围岩级别与设计相符可继续施工;如与设计不符,则应对设计支护参数进行修正。

由上述可知,单层衬砌设计实施过程分三阶段,具体设计流程如图7.1-11所示。其中,涉及的围岩物理力学指标包括隧道埋深、围岩黏聚力 c、摩擦角 φ、弹性模量 E、泊松比 μ、围岩抗力系数 k、围岩重度 γ、地应力 σ 等,根据这些参数,计算岩体的屈服接近度YAI,进行隧道围岩分级。

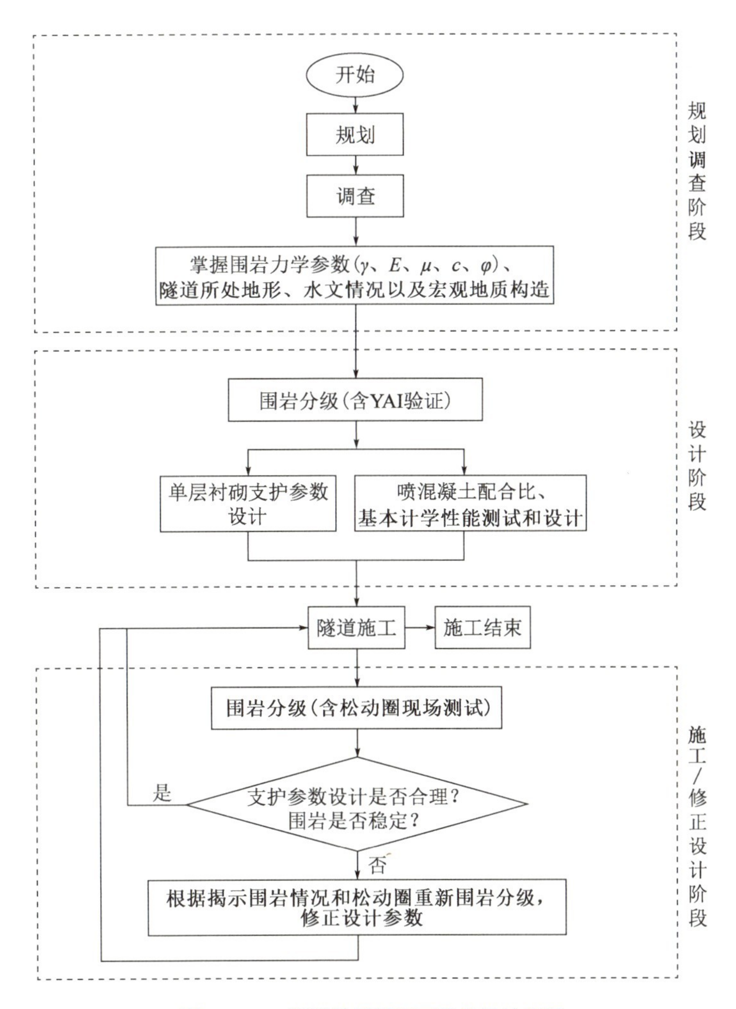

图7.1-11 隧道单层衬砌三阶段设计流程

隧道单层衬砌设计分三阶段实施,但各阶段不是独立的,而是相辅相成、相互验证的,共同构成一个完整的设计体系。设计阶段在进行屈服接近度的数值计算时,采用的围岩物理力学指标是规划调查阶段实测得到的,施工阶段则根据掌子面揭示的围岩状况,进一步通过试验验证调查阶段设计的合理性。

喷射混凝土的基准抗压强度、初期强度是保证单层衬砌质量的基础，而喷射混凝土与围岩之间、喷射混凝土各层之间的黏结强度则是保证单层衬砌力学传递的关键。设计时必须严格控制这些力学性能指标，在施工过程中，需要进行一定数量的原位黏结强度测试，同时还需要抽检一定数量的锚杆进行其长度及砂浆密实度检测，确保施工质量。

(5)单层衬砌支护型式设计及参数选择

在上述隧道单层衬砌支护机理与围岩稳定性分级的基础上，结合工程实践，提出与不同围岩稳定性分级相对应的单层衬砌支护形式设计，具体如表7.1-4所示。

各级围岩单层衬砌支护机理及支护形式 表7.1-4

稳定性分级	围岩稳定状态	支护机理	支护形式
Ⅰ	极稳定	围岩自承	无须支护
Ⅱ	很稳定	构造支护	喷射混凝土
Ⅲ	稳定	悬吊作用	局部锚杆+喷射混凝土
Ⅳ	较稳定	悬吊作用+壳体支护	系统锚杆+喷射混凝土
Ⅴ	一般	悬吊作用+壳体支护	系统锚杆+合成纤维混凝土
Ⅵ	较不稳定	锚杆组合拱支护+加强型壳体支护	系统锚杆+合成纤维喷混凝土+钢架
Ⅶ	不稳定	预支护+锚杆组合拱支护+加强型壳体支护	超前支护+系统锚杆+合成纤维喷混凝土+钢架
Ⅷ	很不稳定	预支护+锚杆组合拱支护+加强型壳体支护	超前支护+系统锚杆+钢纤维喷混凝土+钢架
Ⅸ	极不稳定	预支护+锚杆组合拱支护+组合壳体支护	超前支护+系统锚杆+钢纤维喷混凝土+钢架+模筑混凝土

根据喷射混凝土单层衬砌支护机理分析，提出不同围岩稳定性分级相对应的衬砌支护参数，具体如表7.1-5所示。

各级围岩单层衬砌支护参数 表7.1-5

稳定性分级	支护形式	锚杆(m)	喷射混凝土		钢架	超前	模筑	预留补强空间
			厚度(cm)	组成				
Ⅰ	无须支护		5	素喷				10
Ⅱ	喷射混凝土		5~8	素喷				10
Ⅲ	局部锚杆+喷射混凝土	1~1.5	8~15	素喷				10
Ⅳ	系统锚杆+喷射混凝土	1.5~2 1.5×1.2	15~20					10
Ⅴ	系统锚杆+合成纤维混凝土	2~2.5 1.2×1.2	20~25					10
Ⅵ	系统锚杆+合成纤维喷混凝土+钢架	2.5~3 1.2×1.2	25~30		15cm ϕ22mm格栅 1.2m			10

续上表

稳定性分级	支护形式	锚杆(m)	喷射混凝土		钢架	超前	模筑	预留补强空间
			厚度(cm)	组成				
Ⅶ	超前支护+系统锚杆+合成纤维喷混凝土+钢架	3~3.5 1.0×1.2	30~35		15cm ϕ22mm 格栅 1.0m	ϕ25mm 超前锚杆		10
Ⅷ	超前支护+系统锚杆+钢纤维喷混凝土+钢架	4~5 1.0×1.0	35~40		20cm ϕ25mm 格栅 0.8m	ϕ42mm 超前导管		10
Ⅸ	超前支护+系统锚杆+钢纤维喷混凝土+钢架+模筑混凝土	4~5 1.0×1.0	35~40		20cm ϕ25mm 格栅 0.6m	ϕ50mm 双层超前导管	30	10

7.1.5 天台山隧道1号斜井大跨度单层衬砌支护设计与数值计算

(1)单层衬砌支护设计

秦岭天台山隧道1号斜井左线LJZK1+075~LJZK1+853.7(长778.7m)和右线LJK1+060~LJK1+927.7(长867.7m)围岩为微风化中粗粒黑云母花岗岩,岩质坚硬,裂隙较发育,多呈闭合状,岩体较完整~完整。原设计采用复合式衬砌,其中,二次衬砌为35cm的C30混凝土,初期支护为15cm的C25喷射混凝土,采用拱部系统锚杆,锚杆为砂浆锚杆,长2.5m。但是,考虑到该斜井为高陡坡斜井,二次衬砌施工困难,安全性低,将原设计变更为喷射混凝土单层衬砌。

从隧道开挖揭露的围岩来看,该段隧道岩体完整,围岩稳定性好,如图7.1-12所示,围岩松动圈较小,根据上述单层衬砌围岩稳定性分级研究成果,围岩稳定性等级应为Ⅲ级,仅施作素喷射混凝土,并在局部危险位置施作锚杆,便可满足要求。

图7.1-12 隧道开挖揭露围岩

(2)大跨度单层衬砌结构力学特征数值模拟计算

①数值计算模型建立。

模型参数见表7.1-6。

模型参数表　　表7.1-6

位置	跨度(m)	高度(m)	左、右边界取值(m)	上边界取值(m)	下边界取值(m)
斜井	11	6.75	33	50	21
主洞	16	9.72	48	50	30

围岩及支护材料物理力学指标见表7.1-7。

围岩及支护材料物理力学指标　　表7.1-7

地层及材料	弹性模量 E(GPa)	泊松比 μ	重度 γ(kN/m^3)	黏聚力 c(MPa)	内摩擦角 φ(°)
Ⅲ级围岩	8.0	0.28	27.0	0.90	42
Ⅳ级围岩	3.8	0.31	27.0	0.50	35
C25 喷混凝土	28.0	0.18	23.0	—	—
锚杆	210	0.3	78.5	—	—
I14 钢架	210	0.3	78.5	—	—

②计算工况。

计算工况见表7.1-8。

计算工况　　表7.1-8

工况		开挖跨度(m)	锚杆	喷射混凝土厚度(cm)	钢架
1	1-1	11	ϕ22 早强砂浆锚杆	15	—
	1-2			20	—
	1-3			20	I14@100cm
2	2-1	16	ϕ22 早强砂浆锚杆	15	—
	2-2			20	—
	2-3			20	I14@100cm

(3)数值模拟计算结果分析

斜井水平位移如图7.1-13所示。分析可知,有无系统锚杆和钢架喷的射混凝土单层衬砌变形均较小,其中拱部下沉约为1.35m,大于净空收敛。有无系统锚杆和钢架喷的喷射混凝土单层衬砌受力特征基本相同,轴力自拱顶向拱脚逐渐增大,拱脚处弯矩也最大,衬砌整体处于受压状态,但随着衬砌支护强度增大,结构内部轴力和压应力逐渐增大,但变化较小,且量值也不大,远小于喷射混凝土的抗压强度30MPa。因此,本书将秦岭天台山隧道1号斜井左线LJZK1+075~LJZK1+853.7和右线LJK1+060~LJK1+927.7围岩等级划分为Ⅲ级是合理的,降低围岩等级,设置系统锚杆和钢架,对隧道单层衬砌结构受力特征影响很小。

图7.1-13　斜井水平位移云图

对比工况1和工况2数值模拟计算结果可知，不同跨度单层衬砌变形和受力特征相似。衬砌变形均以拱部下沉为主，净空收敛较小。随着跨度增加，衬砌结构变形有所增加，其中斜井跨度小，其拱部下沉仅为1.3mm，主洞跨度大，变形增加到了2.6mm。随着隧道跨度增加，衬砌结构内部轴力和弯矩有所增大，相应拱顶拉应力也有所增大，但量值较小，低于0.05MPa；拱脚处压应力均为最大，且主洞和斜井数值相近，约为6.0MPa。

基于上述分析可知，天台山隧道1号斜井左线LJZK1+075~LJZK1+853.7和右线LJK1+060~LJK1+927.7围岩地质条件较好，基本为Ⅲ级，增大跨度对隧道结构受力特征影响较小。因此，对于围岩地质条件较好的大跨度硬质岩隧道，上述研究提出的单层衬砌设计方法同样适用。

7.2　单层衬砌结构混凝土力学性能及耐久性

用作单层衬砌的喷射混凝土一方面与围岩密贴，其工作特性应具有及时性、韧性以及黏结性，另一方面衬砌暴露在洞内环境中，需要喷射混凝土有一定的安全性能、使用性能和耐久性能，具体表现为设计基准抗压强度、初期强度、弯曲韧性、黏结抗拉及抗剪强度、抗渗性、抗冻性、抗腐蚀性等。从国内外喷射混凝土和耐久性的研究现状来看，喷射混凝土主要是采用潮喷和湿喷工艺，通过调整喷射混凝土材料配合比或在喷射混凝土基料中加入具有一定性能的添加材或外加剂，使喷射混凝土的各项性能满足要求。本书通过广泛调研和资料收集，总结喷射混凝土力学性能及耐久性保障与提升方法，提出单层衬砌喷射混凝土质量控制标准和耐久性设计要求，研究成果在天台山隧道1号斜井进行应用和验证。

7.2.1 喷射混凝土力学性能

(1)基准抗压强度

喷射混凝土的设计基准强度以设计规定的值取龄期28d的抗压强度为标准,其值是喷射混凝土衬砌厚度设计基本参数。喷射混凝土的强度直接取决于其配合比和所用原材料性能,例如水胶比、矿物掺合料种类及掺量、集料及其级配、外加剂、纤维种类及其掺量等。

通过相关研究成果总结,发现目前工程中普遍采用C25喷射混凝土,其基准抗压强度总体可以达到30MPa以上。而在添加聚丙烯纤维、钢纤维、玄武岩纤维以及植物纤维等纤维材料后,喷射混凝土抗压强度可以得到有效提高。其中聚丙烯纤维的效果相对较低,掺加聚丙烯纤维后,喷射混凝土抗压强度增幅约为6%,钢纤维相对较高,可达到10%以上,但是需要合理控制掺量,过大不仅容易堵管,还会降低抗压强度。玄武岩纤维和植物纤维作为新型材料,其对喷射混凝土抗压强度提高较钢纤维更为明显,抗压强度增幅可以达到约18%,尤其是玄武岩纤维,若控制好纤维长度和掺量,抗压强度增幅甚至可达到20%以上。

(2)初期强度

隧道开挖后保持围岩稳定是最重要的,所以确保附着的喷射混凝土不因自重而剥落,同时能够承受围岩以及爆破和振动荷载的早期强度是非常重要的。喷射混凝土初期强度应当考虑隧道开挖条件及随掌子面推进产生的围岩动态变化,以充分确保掌子面及其附近围岩的稳定。混凝土早期轻度通常取24h以内的强度为标准。

通过相关研究成果总结,发现普通喷射混凝土在24h后的早期抗压强度基本可以达到约10MPa,总体满足国内外标准规范对于喷射混凝土早期强度的要求,当喷射混凝土掺加钢纤维时,可进一步提高喷射混凝土早期抗压强度,其增幅可超过17%。尤其是冷拉端钩型钢纤维,其对提高喷射混凝土早期强度效果更优。

(3)抗拉强度

通过相关研究成果总结发现,普通喷射混凝土在硬化后的抗弯拉强度可达2.2MPa以上,掺加纤维材料(钢纤维、聚丙烯纤维、玄武岩纤维、植物纤维),可以有效提高喷射混凝土抗拉强度。其中,掺加钢纤维对提高喷射混凝土的抗拉强度效果最优,尤其是采用冷拉端钩型钢纤维。但是,当纤维掺入量达到某一值时,喷射混凝土劈裂抗拉强度会出现下降趋势,因此,需要控制合适的掺量。掺加粉煤灰也可以提高喷射混凝土的抗拉强度,且通过试验发现,其掺量在20%最优,但效果低于钢纤维。

(4)弯曲韧性

喷射混凝土易发生脆性破坏,而纤维喷混凝土就是针对这个弱点使用的,可以大幅度地改善弯曲韧性。因此,在隧道围岩软弱、破碎,地质条件较差的区段,由于受较大的围岩压力作用而发生大的衬砌变形,适当掺加钢纤维以增加喷射混凝土的弯曲韧性是有效的。纤维的分散效果还可以适用于隧道交叉部、拓宽部及支护构件受到多向应力等复杂情况。

通过相关研究成果总结发现,普通喷射混凝土在龄期28d后的抗弯拉强度在4MPa以上,初裂荷载为14.24kN,掺加钢纤维和玄武岩纤维对提高喷射混凝土弯曲韧性效果较好,能够有效提高喷射混凝土抗弯拉强度和初裂荷载,并优于聚丙烯纤维。

(5)黏结强度

喷射混凝土可用于岩体工程支护和建筑结构补强加固,为使喷射混凝土与基层岩石或混凝土共同工作,有效传递压、剪应力,充分发挥衬砌支护作用,其黏结强度是特别重要的,也是质量控制关键之一。喷射混凝土与围岩以及两层喷射混凝土之间的黏结作用包括沿黏结面法线方向的抗拉作用以及沿黏结面切线方向的抗剪作用,相应的强度分别为黏结面抗拉强度和抗剪强度。

通过相关研究成果总结发现,钢纤维和聚丙烯纤维均能有效提高喷射混凝土与岩石以及喷射混凝土与喷射混凝土之间的黏结强度,提高衬砌结构整体受力性能。而且两种掺合料的总体效果相近,钢纤维略优。同样,钢纤维和聚丙烯纤维能有效提高喷射混凝土与喷射混凝土之间的黏结抗剪强度,且两种添加剂的总体效果相近,钢纤维略优。

(6)抗渗性

渗透性是反应混凝土长期耐久性的基本性能之一,是衡量混凝土能否抵御液体及介质的入侵能力。混凝土的材料组成、拌和时的泌水离析现象及施工时混凝土的密实情况都会影响混凝土内的毛细孔结构组成及数量。抗渗透性好,混凝土密实程度高,水溶液以及溶液内的溶解性物质如酸性或盐性物质不易渗入混凝土内部造成混凝土某些水化物的析出及腐蚀。抗渗性作为混凝土在压力条件下抵御流体或离子渗透的能力,将直接影响混凝土的耐久性。单层衬砌区别于复合式衬砌的一个重要特征就是取消了防水板,靠混凝土自身结构进行防水,同时与空气直接接触,因此对喷射混凝土的抗渗性能有着较高的要求。

通过相关研究成果总结发现,降低喷射混凝土水胶比可以改善喷射混凝土的抗渗性,但不够充分,还需要结合粉煤灰、硅粉、纤维等添加剂。掺加硅粉对提升喷射混凝土抗渗效果要优于粉煤灰,但应注意其掺量不得过高。钢纤维、聚丙烯纤维与硅粉配合使用,其主要作用是提高喷射混凝土的力学性能,抑制荷载裂缝的产生。

(7)抗冻性和抗碳化性

在寒冷地区,随着气温的正负交替变化,喷射混凝土内部将出现反复的冻融循环,相应地,将形成一定的冻融损伤,影响隧道支护结构的力学性能和长期耐久性。因此,针对寒冷地区隧道,提高喷射混凝土的抗冻性,保证衬砌结构长期耐久十分必要。此外,在隧道运营过程中,尤其是公路隧道,由于内部空间相对封闭,空气流动速度慢,汽车尾气中碳氧化合物和氮氧化合物容易在隧道空间中富集,加之隧道中温度、湿度较高,喷射混凝土结构在碳氧化物作用下易发生碳化作用,影响结构的长期耐久,因此需要采取措施,提高隧道喷射混凝土抗碳化性能。

通过相关研究成果总结发现,随着冻融循环次数增加,喷射混凝土物理力学性能以及抗冻耐久性能逐渐降低,但是其内部微小气泡可有效减缓喷射混凝土性能损失,从而使其抗冻性优于普通混凝土。引气剂掺加正是通过增加喷射混凝土内部微小气泡、改善混凝土内部孔隙结构来提高喷射混凝土抗冻性。此外,适当增加速凝剂,减小水胶比,以及掺入适量纤维、粉煤灰、硅粉,可以有效提高喷射混凝土的抗渗和抗裂性能,改善喷射混凝土的抗冻性和抗碳化性。

7.2.2 单层衬砌喷射混凝土质量控制标准及耐久性设计要求

(1)质量控制标准

在总结国内外相关工程实践和喷射混凝土力学性能试验结果的基础上,结合隧道通风斜井使用功能,提出用作隧道单层衬砌的喷射混凝土基准抗压强度、初期强度、抗拉强度、弯曲韧性、黏结强度的控制标准,具体如下:

①喷射混凝土28d的抗压强度大于30MPa。

②喷射混凝土初期强度应满足:4h不低于1.5MPa、12h不低于4MPa、1d不低于8MPa。

③喷射混凝土28d的抗拉强度大于2MPa。

④喷射混凝土抗弯拉强度大于4MPa。

⑤喷射混凝土黏结抗拉强度应满足:岩石与喷射混凝土之间不小于1.2MPa;喷射混凝土与喷射混凝土之间不小于1.5MPa。

⑥黏结抗剪强度应满足:岩石与喷射混凝土之间黏聚力大于2.4MPa,内摩擦角大于50°;喷射混凝土与喷射混凝土之间黏聚力大于2.8MPa,内摩擦角大于55°。

(2)耐久性设计要求

喷射混凝土作为混凝土的一种,其耐久性的规定应符合《混凝土结构耐久性设计标准》(GB/T 50476—2019),锚杆的耐久性规定应符合《岩土锚杆(索)技术规程》(CECS22:2005)。根据单层衬砌的特点,其耐久性设计要求包括以下内容:

①单层衬砌的不同部位或构件所处的环境类别及其作用等级不同时,应根据实际情况进行耐久性设计,处于多种环境作用时,应根据每一环境类别及其作用等级进行耐久性设计。

②单层衬砌作为永久性支护，设计使用年限应不小于100年。

③喷射混凝土的耐久性除了周围环境存在着腐蚀性介质时必须具有抗腐蚀性能外，主要与喷射混凝土的密实度有关。事实表明，从原材料、水灰比、外掺剂等方面出发，采用湿喷工艺，喷射混凝土的密实性是能够得到保证的，完全可以满足永久支护对耐久性的要求。

④喷射混凝土的最低强度等级为C25，抗渗等级不低于P10，并在标准试验条件下（恒压，即压力恒定为0.8MPa ±0.05MPa，时间24h），渗水深度不大于7.8cm。喷射混凝土采用掺加硅粉、速凝剂或粉煤灰等掺合料，可提高抗渗性能，同时添加合成纤维或钢纤维，提高混凝土韧性和受力性能，减小裂缝的产生，也可相应提高喷射混凝土抗渗性能，并改善抗冻性和抗碳化性能。

⑤掺加适量引气剂可提高喷射混凝土的抗冻性能。

⑥在没有腐蚀性的情况下，锚杆在不低于20mm厚水泥砂浆的保护层下，可以满足耐久性的要求；在有耐腐蚀的要求时，推荐采用耐腐蚀锚杆。

⑦单层衬砌在完成后，应根据围岩级别的不同，预留一定的补强空间，作为后期维护的空间。

7.2.3 喷射混凝土单层衬砌应用

将天台山隧道1号斜井单层衬砌段围岩稳定性等级确定为Ⅲ级，采用素喷射混凝土即可满足要求。通过试验，确定混凝土施工配合比水泥：砂：碎石：水：速凝剂＝1：1.72：1.65：0.38：0.04，抗压强度可以达到30MPa，满足C25喷射混凝土设计要求。现场喷射混凝土采用湿喷进行施工，很好地保证了喷射混凝土施工质量。从现场施工效果来看，天台山隧道1号斜井喷射混凝土单层衬砌结构整体稳定，变形小，从2020年隧道单层衬砌施工完毕，至今未发生明显的工程病害，如图7.2-1所示。

图7.2-1 喷射混凝土单层衬砌表面情况

7.3 单层衬砌结构通风阻力及降阻技术

由于天台山隧道1号斜井左、右线各778.7m和867.7m未施作二次衬砌，仅采用喷射混凝土作为永久支护。喷射混凝土表面粗糙度大，而且衬砌表面不平整，如图7.3-1所示，将形成较大的通风阻力，对隧道运营通风质量产生影响。然而，对于喷射混凝土表面粗糙度以及沿程阻力系数大小，目前可参考的数据和研究成果较少，难以为隧道通风设计计算提供有效支撑。因此，作者于2021年5月，在天台山隧道1号斜井开展了隧道单层喷射混凝土衬砌通风阻力测试，并通过理论分析和数值模拟，对喷射混凝土单层衬砌沿程阻力系数进行计算，为隧道通风设计计算以及降阻方案设计提供基本参数。同时，通过广泛调研，提出隧道喷射混凝土单层衬砌降阻方案。

7.3.1 通风沿程阻力系数计算分析

(1)通风沿程阻力系数计算理论

若假定隧道洞内空气为理想气体，则满足：①空气流动时不存在内摩擦力，即忽略空气的黏滞性效应；②空气不可压缩，即空气密度保持不变，为一常数。因此，对于沿程阻力，仅考虑风流与隧道壁面间相互摩擦而产生的阻力，忽略空气分子间的相互扰动和摩擦形成的阻力，相应地，沿程阻力损失也仅为风流与隧道壁面间产生的阻力引起的风压损失。

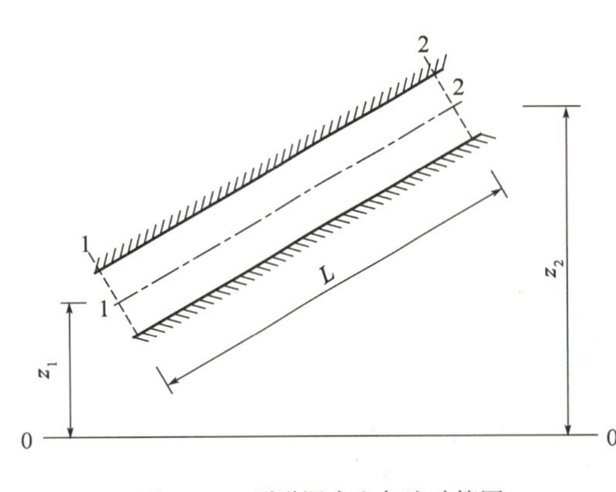

图7.3-1 隧道洞内空气流动简图

同时，假定隧道洞内空气流动为定常流并均沿着流线流动，则空气由断面1流至断面2时(图7.3-1)，满足伯努利方程。

$$\frac{v_1^2}{2g}+\frac{P_1}{\rho_a g}+z_1=\frac{v_2^2}{2g}+\frac{P_2}{\rho_a g}+z_2+h_f \tag{7.3-1}$$

式中：v_1、v_2——分别为断面1和断面2所在位置的平均风速(m/s)；

g——重力加速度(m/s^2)；

P_1、P_2——分别为断面1和断面2位置的静压(Pa)；

ρ_a——断面1和断面2之间的区段平均空气密度(kg/m^3)；

z_1、z_2——分别为断面1和断面2所在位置的高程(m)；

h_f——水头损失，由隧道摩擦阻力引起(m)。

将式(7.3-1)转化为：

$$\frac{\rho_a v_1^2}{2} + P_1 + \rho_a g z_1 = \frac{\rho_a v_2^2}{2} + P_2 + \rho_a g z_2 + \rho_a g h_f \tag{7.3-2}$$

式中：$\frac{\rho_a v_i^2}{2}$、P_i、$\rho_a g z_i$——分别为1m³空气在不同断面位置处所具有的动能、压能和位能。

动能表征为空气定向流动的能力，呈现为动压（或称速压）。动压只在垂直于空气流动方向的平面上呈现正值，即动压是个矢量。压能表征为该位置空气分子热运动的能量，呈现为静压。静压在任何方向表现为相同的数值，即各向同值。空气静压和动压之和称为全压。$\rho g h_f$ 反映了单位体积空气由断面1流至断面2引起的机械能损失或壁面摩擦力所做的功。因此，式(7.3-2)的物理含义是空气在流动过程中保持能量守恒。

根据能量守恒原理可得，摩擦阻力计算公式如下：

$$\begin{aligned} H_f &= \frac{\rho_a (v_1^2 - v_2^2)}{2} + (P_1 - P_2) + \rho_a \times g \times (z_1 - z_2) \\ &= (H_{r,1} - H_{r,2}) + \rho_a \times g \times (z_1 - z_2) \end{aligned} \tag{7.3-3}$$

式中：H_f——图7.3-2中断面1至断面2的摩擦阻力(Pa)；

$\frac{\rho_a (v_1^2 - v_2^2)}{2}$——断面1至断面2的动压差(Pa)；

$P_1 - P_2$——断面1至断面2的静压差(Pa)；

$\rho_a \times g \times (z_1 - z_2)$——断面1至断面2的位压差(Pa)；

$H_{r,1}$、$H_{r,2}$——分别为断面1和断面2位置空气所存在的全压(Pa)；

$H_{r,1} - H_{r,2}$——断面1至断面2的全压差(Pa)。

将流体力学中的达西公式应用至隧道通风，可得：

$$h_f = \lambda \frac{L}{D} \cdot \frac{v_a^2}{2g} \tag{7.3-4}$$

式中：λ——隧道沿程阻力系数，无量纲值；

L——空气流程长度，即图7.3-2中断面1至断面2的长度(m)；

D——隧道断面的当量直径(m)；

v_a——空气流程长度 L 范围内空气流动的平均速度(m/s)。

相应地，可得隧道摩擦阻力 H_f 计算公式如下：

$$H_f = \lambda \frac{L}{D} \frac{\rho_a v_a^2}{2} \tag{7.3-5}$$

对式(7.3-5)进行转化并将式(7.3-3)代入可以得出：

$$\lambda = \frac{2 \times H_{\mathrm{f}} \times D}{L \times \rho_{\mathrm{a}} \times v_{\mathrm{a}}^2}$$

$$= \frac{2 \times [(H_{\mathrm{r},1} - H_{\mathrm{r},2}) + \rho_{\mathrm{a}} \times g \times (z_1 - z_2)] \times D}{L \times \rho_{\mathrm{a}} \times v_{\mathrm{a}}^2} \tag{7.3-6}$$

另外，当断面1和断面2处的大气压力不同时，两个断面全压差计算需根据两个断面的大气压差进行补偿修正，修正后的全压差计算公式如下：

$$\Delta H_{\mathrm{r}}' = (H_{\mathrm{r},1} - H_{\mathrm{r},2}) + (P_{0,1} - P_{0,2}) \tag{7.3-7}$$

式中：$\Delta H_{\mathrm{r}}'$——修正后的测试区段全压差(Pa)；

$P_{0,1}$、$P_{0,2}$——分别为断面1和断面2处的大气压力(Pa)。

将式(7.3-7)带入式(7.3-3)和式(7.3-6)可得

$$H_{\mathrm{f}}' = (H_{\mathrm{r},1} - H_{\mathrm{r},2}) + (P_{0,1} - P_{0,2}) + \rho_{\mathrm{a}} \times g \times (z_1 - z_2) \tag{7.3-8}$$

$$\lambda = \frac{2 \times [(H_{\mathrm{r},1} - H_{\mathrm{r},2}) + (P_{0,1} - P_{0,2}) + \rho_{\mathrm{a}} \times g \times (z_1 - z_2)] \times D}{L \times \rho_{\mathrm{a}} \times v_{\mathrm{a}}^2} \tag{7.3-9}$$

相应的计算参数，包括不同断面当量直径、密度、流速、空气全压、流程长度等，可通过相应的测试和计算得到。

当量直径D即水力半径相等的圆管直径，可按下式进行计算：

$$D = \frac{4S}{U} \tag{7.3-10}$$

式中：U——净空断面周长(m)；

S——净空断面面积(m^2)。

各断面空气密度ρ可按下式进行计算：

$$\rho = 0.003484 \times \frac{P_0 - 0.3779 \times \varphi \times P_{\mathrm{w}}}{273.15 + t} \tag{7.3-11}$$

式中：P_0——断面测点的大气压力(Pa)；

φ——断面测点空气相对湿度(%)；

P_{w}——测试断面温度为t时的空气绝对饱和蒸汽压力(Pa)，可通过查表获取；

t——断面测点气温(℃)。

各断面平均风速v可按下式进行计算：

$$v = \frac{\sum_{j=1}^{17} v_j \times S_j}{S} \tag{7.3-12}$$

式中：v_j——测试断面内区块 j 测点的风速(m/s)；

S_j——测试断面内区块 j 的面积(m^2)；

S——测试断面总面积(m^2)。

各断面平均全压 H_r 可按下式进行计算：

$$H_r = \frac{\sum_{j=1}^{17} H_{r,j} \times S_j}{S} \tag{7.3-13}$$

式中：$H_{r,j}$——测试断面内区块 j 测点实测全压值(Pa)。

(2)考虑热位差的通风沿程阻力系数计算

上述理论推导是在隧道洞内空气为不可压缩的理想气体假定的前提下进行推导的，当断面 1 和断面 2 处的空气温度不同时，相应的空气密度也不相同，将会产生对空气流动造成影响的热位差。热位差 H_h 计算公式如下：

$$H_h = (\rho_1 - \rho_2) \times g \times (z_2 - z_1) \tag{7.3-14}$$

式中：ρ_1、ρ_2——分别为断面 1 和断面 2 处空气密度(kg/m^3)。

在摩擦阻力计算中应考虑热位差的影响，修正后的摩擦阻力计算公式如下：

$$\begin{aligned} H_f'' &= (H_{r,1} - H_{r,2}) + (P_{0,1} - P_{0,2}) + \rho_a \times g \times (z_1 - z_2) + (\rho_1 - \rho_2) \times g \times (z_2 - z_1) \\ &= \Delta H_r' - \rho_a \times g \times \Delta Z + H_h \end{aligned} \tag{7.3-15}$$

式中：H_f''——修正后的隧道摩擦阻力(Pa)；

ΔZ——测试断面高差，即图 7.3-2 中断面 1 至断面 2 的垂向长度(m)。

相应的沿程阻力系数计算公式如下：

$$\begin{aligned} \lambda &= \frac{2 \times H_f'' \times D}{L \times \rho \times v_a^2} \\ &= \frac{2 \times [\Delta H_r' - \rho_a \times g \times \Delta Z + (\rho_1 - \rho_2) \times g \times \Delta Z] \times D}{L \times \rho_a \times v_a^2} \end{aligned} \tag{7.3-16}$$

7.3.2 斜井通风沿程阻力系数现场测试

(1)测试内容与方法

依据《公路隧道通风设计细则》(JTG/T D70/2-02—2014)附录 A 中沿程阻力系数计算要求，采用快速、准确、可靠的测试手段对斜井通风阻力计算所需的各项参数进行现场测试。测试内容包括试验区段高差、断面净空尺寸、大气压力、空气温湿度、风速和全压，如表7.3-1所示。

隧道现场测试项目及方法　　表7.3-1

序号	项目名称	仪器	规格	测读频率
1	断面定位	全站仪	ES-101型	
2	断面周长及面积	断面仪	BJSD-3型	
3	大气压力	FYP-1数字式 精密气压表	精度:0.1hPa; 误差:0.3hPa	1次/4min 每个断面获取10个数据
4	空气温湿度	DMH2型 机械通风干湿表	精度:0.2℃; 温度误差:<0.5℃; 湿度误差:3%~5%	1次/15min 每个断面获取1个数据
5	空气风速	AZ9871叶轮式 多功能风速计	精度:0.1m/s;	1次/30s, 每个测点获取5个数据
6	空气全压	便携式多功能 微压计MP210	精度:0.1Pa; 0~±100Pa误差: ±0.2%测量值±0.8Pa; 0~±500Pa误差: ±0.2%测量值±1.5Pa	1次/30s, 每个测点获取5个数据

(2)现场测试实施

本次隧道通风沿程阻力现场测试主要针对天台山隧道1号斜井单层喷射混凝土衬砌段。本次现场测试选择4个试验段,如图7.3-2和图7.3-3所示,在不同的时间点分别开展相应的测试工作。

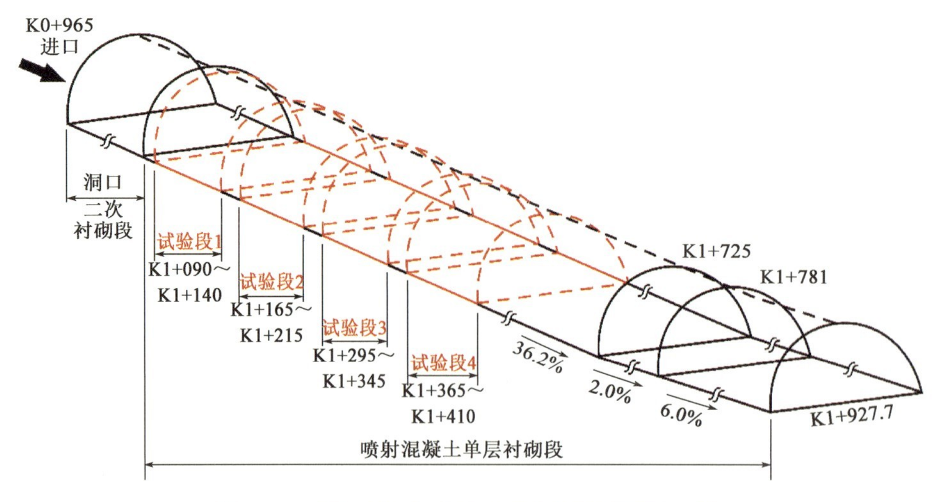

图7.3-2　天台山隧道1号斜井整体轮廓及断面布置图

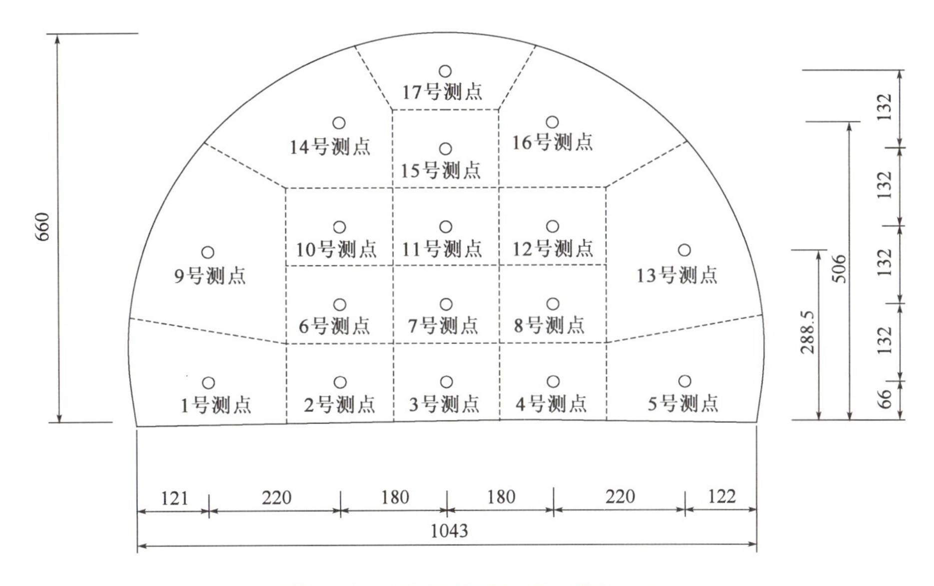

图 7.3-3 风速测点布置（尺寸单位：cm）

7.3.3 斜井净空尺寸测试结果分析

采用激光断面仪对两端测试断面以及区段内部不同位置共计 26 个断面的净空断面面积、周长进行测试，发现测试区段内断面的净空面积和周长不尽相同，断面净空面积在 $63.60 \sim 67.80\text{m}^2$ 之间，面积差值最大可达 4.2m^2，断面周长在 30.90 ~ 32.04m 之间，最大差值可达 1.14m。

测试区段内断面实际轮廓叠加图如图 7.3-4 所示。根据断面扫描结果，对当量直径进行计算，发现 LJK1 +90 ~ LJK1 +140 测试区间断面当量直径在 8.28 ~8.46m 之间，均值为 8.40m；LJK1 +165 ~ LJK1 +215 测试区间断面当量直径在 8.25 ~8.36m 之间，均值为 8.31m；LJK1 +295 ~ LJK1 +345 测试区间断面当量直径在 8.24 ~ 8.38m 之间，均值为 8.31m；LJK1 +360 ~ LJK1 +410 测试区间断面当量直径在 8.16 ~ 8.51m 之间，均值为 8.36m。测试区间断面当量直径沿隧道纵向变化起伏大，整体在 8.16 ~8.51m 之间，最大差值为 0.35m，进一步体现了隧道斜井净空断面沿纵向均一性较差，将对隧道通风产生影响。

7.3.4 隧道斜井通风参数测试结果分析

在 4 个测试区段内，采用 DMH2 型机械通风干湿表分别对测试区段两端头断面的空气温度和湿度进行同步测量。不同测试断面现场测试所得的机械通风表的干球和湿球温度值如表 7.3-2 所示。

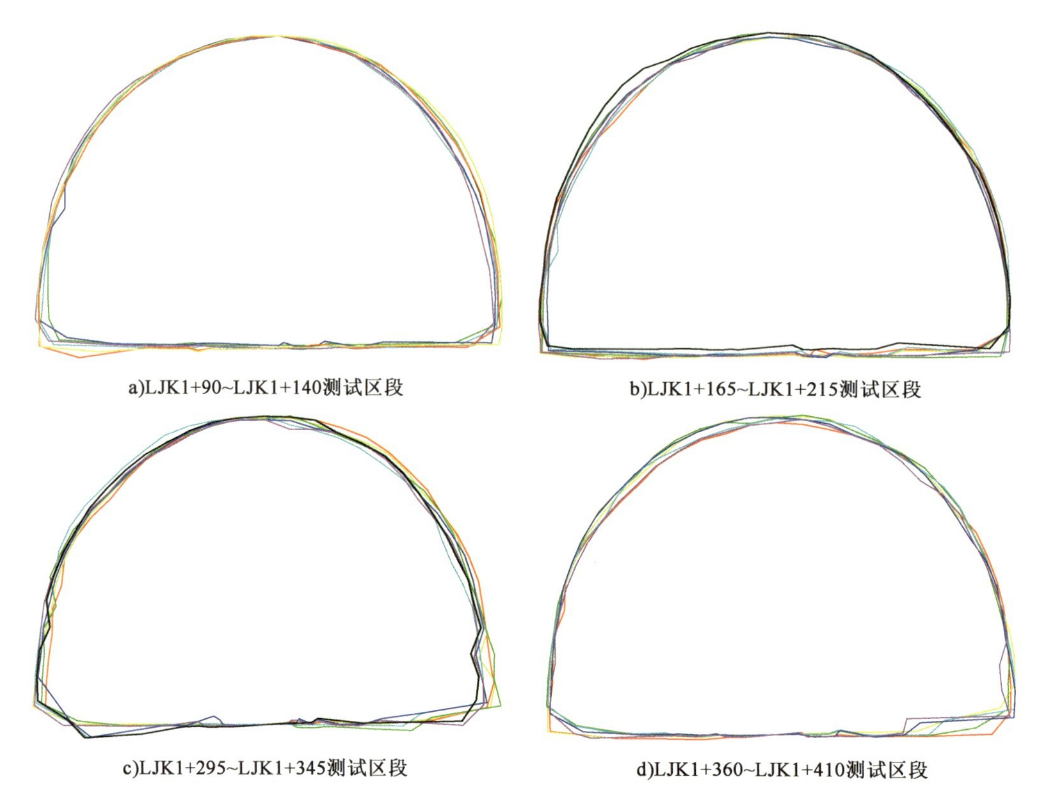

a)LJK1+90~LJK1+140测试区段　b)LJK1+165~LJK1+215测试区段

c)LJK1+295~LJK1+345测试区段　d)LJK1+360~LJK1+410测试区段

图 7.3-4　测试区段内断面实际轮廓叠加图

机械通风干湿表测量值　　表 7.3-2

测试区段	断面	干球温度(℃)	湿球温度(℃)
LJK1 +900 ~ LJK1 +140	LJK1 +90	16.0	13.1
	LJK1 +140	15.8	13.8
LJK1 +165 ~ LJK1 +215	LJK1 +165	16.0	13.0
	LJK1 +215	15.7	13.2
LJK1 +295 ~ LJK1 +345	LJK1 +295	15.1	13.1
	LJK1 +345	14.8	13.0
LJK1 +360 ~ LJK1 +410	LJK1 +360	14.7	12.9
	LJK1 +410	14.5	12.5

对断面风速按式(7.3-12)进行加权计算,得到各测试断面平均风速,如表 7.3-3 所示。

测试断面风速表　　表 7.3-3

测试区间	测试断面	平均风速(m/s)
LJK1 +90 ~ LJK1 +140	LJK1 +90	2.44
	LJK1 +140	2.28
LJK1 +165 ~ LJK1 +215	LJK1 +165	2.08
	LJK1 +215	1.89

续上表

测试区间	测试断面	平均风速(m/s)
LJK1 +295 ~ LJK1 +345	LJK1 +295	2.66
	LJK1 +345	2.54
LJK1 +360 ~ LJK1 +410	LJK1 +360	2.80
	LJK1 +410	2.69

对断面全压按式(7.3-13)进行全压面积加权计算,得到各测试断面平均全压值,如表7.3-4所示。

测试断面平均全压值 表7.3-4

测试区间	测试断面	平均全压值(Pa)
LJK1 +90 ~ LJK1 +140	LJK1 +90	4.04
	LJK1 +140	2.55
LJK1 +165 ~ LJK1 +215	LJK1 +165	2.54
	LJK1 +215	1.92
LJK1 +295 ~ LJK1 +345	LJK1 +295	4.51
	LJK1 +345	3.10
LJK1 +360 ~ LJK1 +410	LJK1 +360	5.12
	LJK1 +410	3.54

在LJK1 +90 ~ LJK1 +140、LJK1 +165 ~ LJK1 +215、LJK1 +295 ~ LJK1 +345、LJK1 +360 ~ LJK1 +410测试区段内,采用FYP-1数字式精密气压表分别对测试区段两端头断面的大气压力进行同步测量,测量结果如表7.3-5所示。

大气压力测量值 表7.3-5

测试区段	断面	大气压力测量值(hPa)				
LJK1 +90 ~ LJK1 +140	LJK1 +90	838.2	838.3	838.3	838.2	838.3
		838.3	838.2	838.3	838.3	838.3
	LJK1 +140	840.1	840.0	840.1	840.2	840.2
		840.1	840.1	840.0	840.0	840.2
LJK1 +165 ~ LJK1 +215	LJK1 +165	841.5	841.5	841.6	841.6	841.6
		841.5	841.6	841.7	841.5	841.4
	LJK1 +215	843.3	843.4	843.5	843.3	843.4
		843.3	843.4	843.3	843.4	843.5
LJK1 +295 ~ LJK1 +345	LJK1 +295	846.3	846.4	846.3	846.4	846.4
		846.3	846.2	846.3	846.2	846.3
	LJK1 +345	848.1	848.2	848.1	848.1	848.2
		848.2	848.3	848.2	848.1	848.1

续上表

测试区段	断面	大气压力测量值(hPa)				
LJK1 +360 ~ LJK1 +410	LJK1 +360	848.5	848.5	848.4	848.5	848.4
		848.5	848.5	848.6	848.5	848.4
	LJK1 +410	850.3	850.2	850.4	850.4	850.4
		850.4	850.2	850.3	850.4	850.4

7.3.5 喷射混凝土单层衬砌通风沿程阻力系数计算分析

测试区段空气密度及热位差计算见表7.3-6。

测试区段空气密度及热位差计算表　表7.3-6

测试区段	断面	断面空气密度(kg/m^3)	区段平均空气密度(kg/m^3)	热位差(Pa)
LJK1 +900 ~ LJK1 +140	LJK1 +90	1.0038	1.0050	0.45
	LJK1 +140	1.0063		
LJK1 +165 ~ LJK1 +215	LJK1 +165	1.0079	1.0094	0.55
	LJK1 +215	1.0109		
LJK1 +295 ~ LJK1 +345	LJK1 +295	1.0166	1.0182	0.58
	LJK1 +345	1.0198		
LJK1 +360 ~ LJK1 +410	LJK1 +360	1.0205	1.0222	0.62
	LJK1 +410	1.0238		

由表7.3-6分析可知,随距斜井洞口纵向距离每增加50m,斜井内空气密度增大0.0025~0.0033kg/m^3,进而导致测试区间产生0.45~0.62Pa的热位差。

不考虑热位差的隧道通风沿程阻力,可按式(7.3-8)计算,考虑热位差修正后的通风沿程阻力,可按式(7.3-15)计算,两种计算公式得到的计算结果如表7.3-7所示。

测试区间沿程阻力计算参数表　表7.3-7

测试区段	全压差(Pa)	位压差(Pa)	修正前沿程阻力(Pa)	热位差(Pa)	热位差占沿程阻力比值(%)	修正后沿程阻力(Pa)
LJK1 +900 ~ LJK1 +140	-181.51	182.61	1.10	-0.45	41.1	0.65
LJK1 +165 ~ LJK1 +215	-182.38	183.40	1.02	-0.55	53.9	0.47
LJK1 +295 ~ LJK1 +345	-183.59	185.00	1.41	-0.58	41.1	0.83
LJK1 +360 ~ LJK1 +410	-184.22	185.73	1.51	-0.62	41.1	0.89

由表7.3-7分析可知,当不考虑热位差影响时,计算得到天台山隧道1号斜井测试区段的通风沿程阻力在1.02~1.51Pa之间,而因空气密度差值产生的热位差在0.45~0.62Pa之间,占修正前通风沿程阻力的41.1%~53.9%。可见热位差对隧道通风沿程阻力影响较大,需考虑热位差对通风沿程阻力的影响并进行修正,得到天台山隧道1号斜井修正后的通风沿程阻力在0.47~0.89Pa之间。

根据式(7.3-9)和式(7.3-16)可计算得到修正前的通风沿程阻力系数和考虑热位差修正后的沿程阻力系数值,计算结果如表7.3-8所示。

测试区间沿程阻力系数计算表　　表7.3-8

测试区段	不考虑热位差的沿程阻力系数		考虑热位差的沿程阻力系数	
	沿程阻力系数	壁面粗糙度(mm)	沿程阻力系数	壁面粗糙度(mm)
LJK1 +900 ~ LJK1 +140	0.062	296	0.036	70
LJK1 +165 ~ LJK1 +215	0.080	510	0.037	75
LJK1 +295 ~ LJK1 +345	0.064	314	0.037	75
LJK1 +360 ~ LJK1 +410	0.061	288	0.036	70

由表7.3-8分析可知:

当不考虑热位差影响时,计算得到天台山隧道1号斜井的沿程阻力系数为0.061 ~ 0.080,相对应的壁面粗糙度为288 ~ 510mm,变化幅度较大;考虑热位差的影响修正后,1号斜井的沿程阻力系数为0.036 ~ 0.037,相对应的壁面粗糙度为70 ~ 75mm,变化幅度较小;对比两公式得到的沿程阻力系数和换算得到的壁面粗糙度,结合现场实际情况,可见考虑热位差影响的沿程阻力系数计算公式结果更为合理和准确。

当空气沿隧道纵向流动时,空气所损耗的能量可分为两部分,一部分克服隧道通风沿程阻力,另一部分用作抵消了空气密度差产生的热位差。故此,考虑热位差修正后的沿程阻力小于修正前的沿程阻力。

7.3.6 喷射混凝土单层衬砌降阻技术

为提高隧道通风质量或降低用电量,需要采用合理的降阻技术,以降低喷射混凝土单层衬砌表面粗糙度,减小衬砌沿程阻力系数以及通风阻力。通过调研,本书总结提出了两种隧道喷射混凝土单层衬砌降阻技术,具体如下。

(1)施作水泥浆层降阻

由《公路隧道通风设计细则》(JTG/T D70/2-02—2014)附录A可知,水泥浆壁面的粗糙度最大为6.4mm,相比较于混凝土壁面,水泥浆壁面的粗糙度较低,如果可以保证其施工质量,可以有效降低隧道风阻。而且,水泥浆层施作工艺相对简单,造价也较低,可以作为本书单层衬砌降阻方案设计的第一选择。水泥浆层施作可采用现场喷涂和涂抹两种方法。

喷涂水泥浆法是采用喷涂机,将水泥浆依靠空气压缩从管道及喷枪嘴处均匀喷出到喷射混凝土衬砌表面。涂抹水泥浆法是在斜井中搭设临时施工架,通过采用刮板人为地将水泥浆涂抹在喷射混凝土表面。该方法与机械喷涂水泥浆层相比,能够更好地把控施工质量,但工作量较大,且费时。

在水泥浆层施工时,应根据其施工难易程度、施工质量及时调整水泥浆配比。在完成砂浆层施作后，应进行通风阻力测试，验证其降阻效果是否满足提高隧道通风质量要求，若满足，则采用相同的施工工艺和材料配比完成剩余喷射混凝土衬砌段落的砂浆层施作；若不满足，则需要改进水泥浆层施工工艺或材料配比，实在无法达到要求，则需要改换降阻材料，如喷涂环氧树脂层。

(2)施作环氧树脂层降阻

环氧树脂层降阻在天然气管道中应用较多。环氧树脂层壁面粗糙度小，降阻效果显著。但是，环氧树脂作为一种涂料，其所能达到的厚度非常有限，而原有的喷射混凝土层的壁面平均粗糙度为72.5mm，因此直接喷涂环氧树脂层，其所用达到的降阻效果有限，而且造价高。因此，建议将环氧树脂层和水泥浆层相结合使用。即在隧道喷射混凝土表面先施作一层砂浆层，当其表面粗糙度无法达到降阻要求时，在其表面再施作一层环氧树脂层，以进一步的降阻，从而减少涂料用量，降低工程造价。在环氧树脂层施作完成后，同样进行隧道通风阻力测试验证，确保喷涂后的降阻效果，以满足隧道通风要求。目前，工程中常用的环氧树脂涂料主要包括AW-03减阻耐磨涂料和EP-94系列环氧无溶剂防腐蚀涂料两类。AW-03涂料和EP-94涂料的价格基本约为36元/kg。当隧道净空周长近似取为19.4m，涂层厚度为200μm，可以得出AW-03涂料每延米的价格约为391.1元，EP-94涂料每延米的价格约为391.1元。

AW-03涂料主要用于管道降阻，而EP-94涂料则主要用于内壁防腐蚀，就其涂料目的而言，AW-03涂料的壁面粗糙度与EP-94涂料相比略低。AW-03涂料成膜厚度较小，通常一次成膜80um；EP-94涂料厚涂性较好，单次喷涂工序成膜较厚，通过调节涂料配比，一次成膜可达200um。因此，为了达到EP-94涂料单次喷涂所能达到的砂浆层表面降阻效果，AW-03涂料需要进行多层喷涂，耗时较长。而且EP-94涂料有较好的防渗性能，可有效地防止围岩地下水的渗透，保证涂层的长期稳定性。

综上所述，针对喷射混凝土降阻，EP-94涂料更为合适，可在喷涂砂浆层后进行进一步补喷，以达到降阻效果，提高隧道通风质量。

7.4 大埋深大跨度公路隧道岩爆预测及控制技术

7.4.1 天台山隧道围岩特征参数反演

(1)现场监测

天台山隧道的岩性主要为微风化中粗粒黑云母花岗岩，大多数属于Ⅲ级围岩。隧道埋深较大，属于高地应力区。隧道Ⅲ级围岩初步判定为以弱岩爆为主，但不排除发生中~强岩爆的可能。天台山隧道 LJ-11 标段收敛变形监测如图 7.4-1 所示，监测数据见表 7.4-1 和表 7.4-2。

a)出渣　b)右洞安装测环　c)左洞打孔　d)左洞出渣　e)右洞喷锚　f)右洞监测

图 7.4-1　天台山隧道 LJ-11 标段收敛变形监测

左洞各断面监测数据　表 7.4-1

监测时间		2020.5.17 10:00	2020.5.19 10:00	2020.5.19 16:00	2020.5.20 10:00	2020.5.21 14:00
左洞 ZK158 + 151	监测值(m)	18.2491	18.243	18.2398	18.2376	18.2373
	收敛值(mm)		6.1	3.2	2.2	0.3
左洞 ZK158 + 156	监测值(m)	18.2674	18.2601	18.2577	18.2568	18.2558
	收敛值(mm)		7.3	2.4	0.9	1
左洞 ZK158 + 161	监测值(m)		18.2164	18.2067	18.2034	18.2017
	收敛值(mm)			9.7	3.3	1.7
左洞 ZK158 + 166	监测值(m)		18.1809	18.1683	18.1644	18.162
	收敛值(mm)			12.6	3.9	2.4
左洞 ZK158 + 171	监测值(m)		18.379	18.3672	18.3628	18.3601
	收敛值(mm)			11.8	4.4	2.7
施工状况		钻孔，已经开挖完成进尺 3m	钻孔，较上一次监测进尺 9m（三个循环）	出渣	施作喷层	出渣

右洞各断面监测数据　表 7.4-2

监测时间		2020.5.17 16:00	2020.5.19 11:00	2020.5.19 15:00	2020.5.20 9:00	2020.5.21 13:00
右洞 ZK158 + 151	监测值(m)		15.7916	15.7837	15.7774	15.7771
	收敛值(mm)			7.9	6.3	0.3
右洞 ZK158 + 156	监测值(m)	15.3479	15.3391	15.336	15.3361	15.3348
	收敛值(mm)		8.8	3.1	-0.1	1.3

续上表

监测时间		2020.5.17 16:00	2020.5.19 11:00	2020.5.19 15:00	2020.5.20 9:00	2020.5.21 13:00
右洞 ZK158+161	监测值(m)	15.0754	15.0656	15.0631	15.0624	15.0613
	收敛值(mm)		9.8	2.5	0.7	1.1
施工状况		钻孔,围岩喷层施作已经完成	钻孔	出渣	出渣完毕,准备钻孔	出渣

(2)位移释放曲线反演

利用 Midas 模拟钻爆法隧道开挖,每 3m 一个进尺,开挖完成后提取关键点位移,计算位移释放系数,如图 7.4-2 所示。通过三维模型模拟天台山隧道钻爆法施工,在不同围岩参数下得到的位移释放曲线,如图 7.4-3 所示。Ⅲ类围岩的变形模量在 6~20GPa 之间,则掌子面处的位移释放系数约为 0.3~0.5,且围岩质量越好,掌子面处位移释放系数越大。

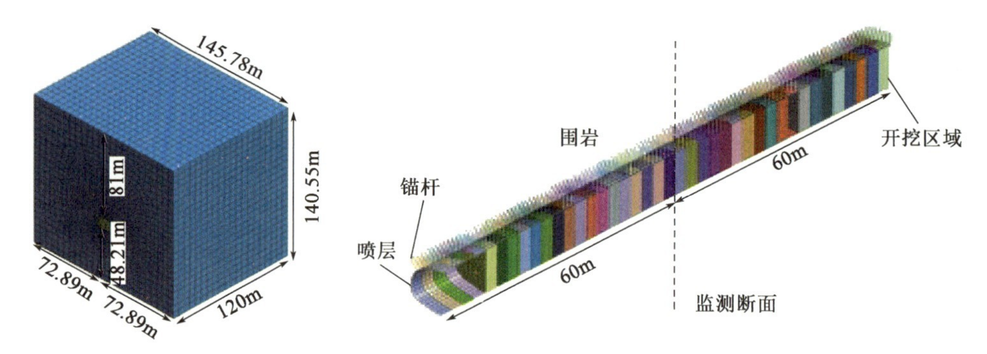

图 7.4-2 隧道开挖支护模型

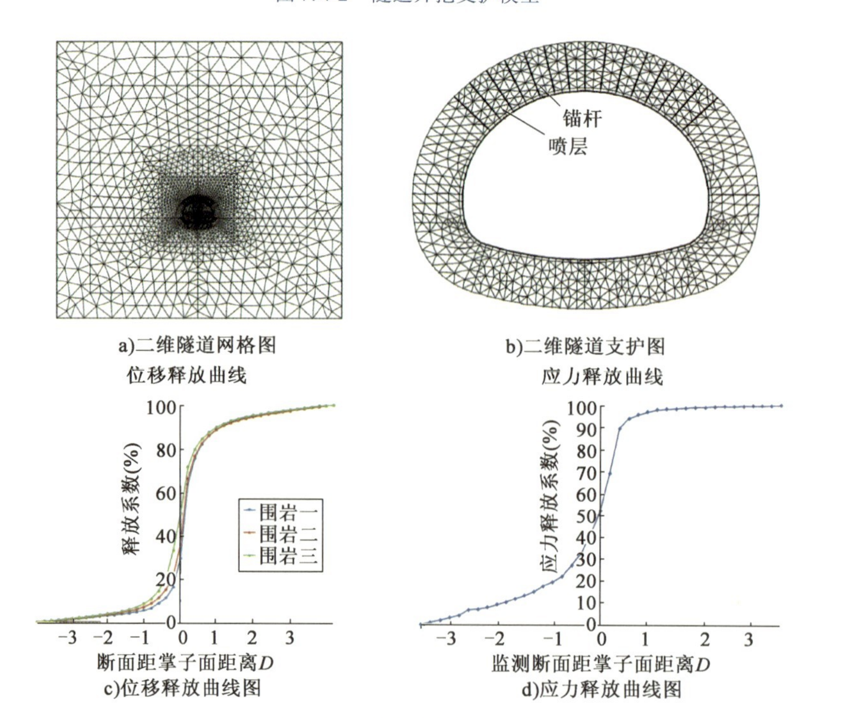

图 7.4-3 应力释放曲线反演

(3)围岩特征参数反演

得到完整的应力释放曲线后,根据监测变形反演围岩参数。调整围岩初始参数,当计算变形与监测结果相近时,认为此时的围岩参数为当前断面处围岩较真实的物理力学参数。由于围岩的弹性模量对变形影响最显著,因此综合各断面的变形监测数据,着重对变形模量进行反演。在用三维模型模拟开挖时,模拟40次开挖循环,按照开挖顺序对每一次开挖进行编号,监测断面为第20步与21步开挖步连接面。各断面反演参数,如表7.4-3所示。

各断面反演参数 表7.4-3

监测断面	开挖步	实测变形(mm)	模拟变形(mm)	反演变形模量(GPa)	反演侧压力系数
XK158+161	25~26	1.65	1.62	12.5	1.02
XK158+166	24~25	1.95	1.86	11.5	1.15
XK158+171	23~24	2.20	2. 10	11.5	1.15
XK158+657	25~26	1.25	1.31	13.5	1.05

左洞三断面距离相近,反演围岩参数也基本一致,由地质纵断面图知,左、右洞监测断面地质条件一致,右洞围岩弹模较左洞稍大一些,可能是两处岩体裂隙发育情况不同所致,但总体围岩参数相差不大,根据以上反演结果,得出围岩基本参数范围,如表7.4-4所示。

反演围岩参数表 表7.4-4

变形模量E(GPa)	侧压力系数λ	泊松比μ	黏聚力c(MPa)	内摩擦角φ(°)	重度(kN/m^3)
11.5~13.5	1.02~1.15	0.3	1.5	45	25

依托天台山隧道项目的现场监测与调研,采用二、三维数值模拟联合现场监测技术,综合反演围岩的基本力学特性参数。秦岭天台山隧道Ⅲ级围岩埋深大多在200m以上,且隧道岩爆段埋深为310~970m。地应力勘探数据表明,地应力或者围压随着埋深增加而增加,那么围岩体的变形模量也将随着埋深增加而增加。隧道侧压力系数随着埋深的增大而减小,逐渐发展成深埋隧道的应力状态。根据监测断面反演结果,埋深在585m左右时的围岩变形模量为11.5~13.5GPa,侧压力系数为1.02~1.15。结合地应力的测试结果,可近似推得310~970m埋深的岩爆隧道段的围岩变形模量为10.0~15.0GPa,侧压力系数为1.0~1.4。

7.4.2 岩爆内在特性试验研究

对于不同岩样,采用WDT-1500大型多功能材料试验机进行单轴、三轴压缩试验,从能量的角度探求岩石破坏的能量演化规律及其能耗特性,并分析硬岩的岩爆内在机理。当岩石受到荷载作用时,要经过微裂隙压密、弹性变形、微裂隙分支和稳定扩展、微裂隙不稳定分支到破坏等阶段。这是一个能量的输入、积聚、耗散和释放的损伤演化过程。假定有一个与外界没有热交换的封闭系统,岩石试件在该试验系统内由于外力作用而产生变形。以一个岩体单元做研究对象,忽略电磁辐射、声发射、动能等形式的能量,由热力学第一定律可得能量密度为:

$$U = U^{e} + U^{d} \tag{7.4-1}$$

式中:U——输入的总能量密度;

U^{e}——可释放的弹性应变能密度;

U^{d}——耗散能密度。

对于单轴压缩试验,$\sigma_1 = \sigma, \sigma_2 = \sigma_3 = 0$,则有:

$$U = \int_0^{\varepsilon_1} \sigma_1 \mathrm{d}\varepsilon_1 = \sum_{i=1}^{n} \frac{1}{2}(\sigma_{1i} - \sigma_{1i-1})(\varepsilon_{1i} - \varepsilon_{1i-1}) \tag{7.4-2}$$

$$U^{e} = \frac{1}{2E_t}\sigma_1^2 \tag{7.4-3}$$

不同变形阶段岩石储能和耗散能的百分比与岩石的破坏形态密切相关,定义弹性能比μ、耗散能比η、耗散能系数λ,即$\mu = U^{e}/U, \eta = U^{d}/U, \lambda = U^{e}/U^{d}$。$\mu$反映了岩石在不同应力状态下的岩体单元的储能水平以及岩爆的发生程度。η反映了同一岩石在不同应力状态下,包含塑性能、表面能、机械能(声发射、动能)在内总的能量耗散程度。λ反映了同一岩石在不同应力状态下单元体耗散能与弹性能的相对大小及能量演化的进程。

(1)单轴压缩条件下岩石的能量特性

选择均匀性和完整性相对较好的岩块作为研究对象,依据国际岩石力学学会(ISRM)的规定,对包含共计24组岩石试样进行室内单轴压缩试验,试验结果如图7.4-4和图7.4-5所示。

①岩石的能耗特征

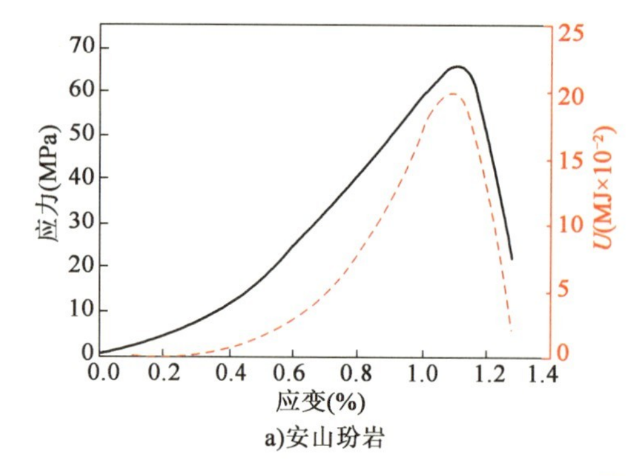

a)安山玢岩

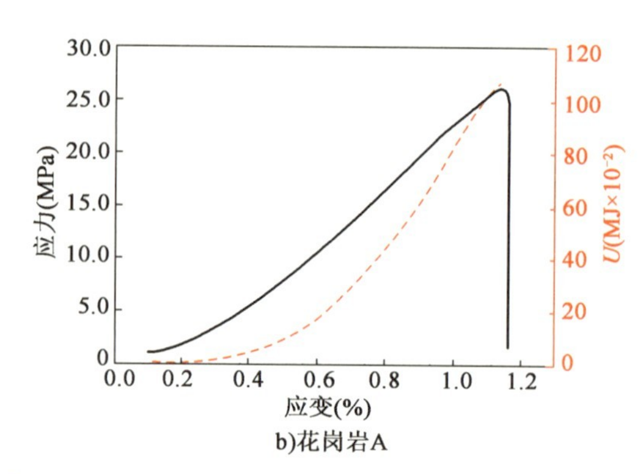

b)花岗岩A

图 7.4-4

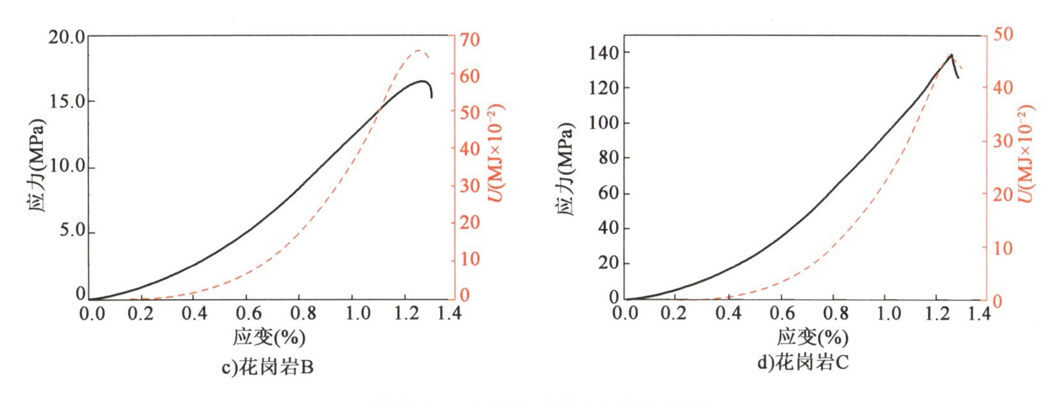

图 7.4-4 岩石单元弹性能演化曲线

②岩石耗散系数的演化规律

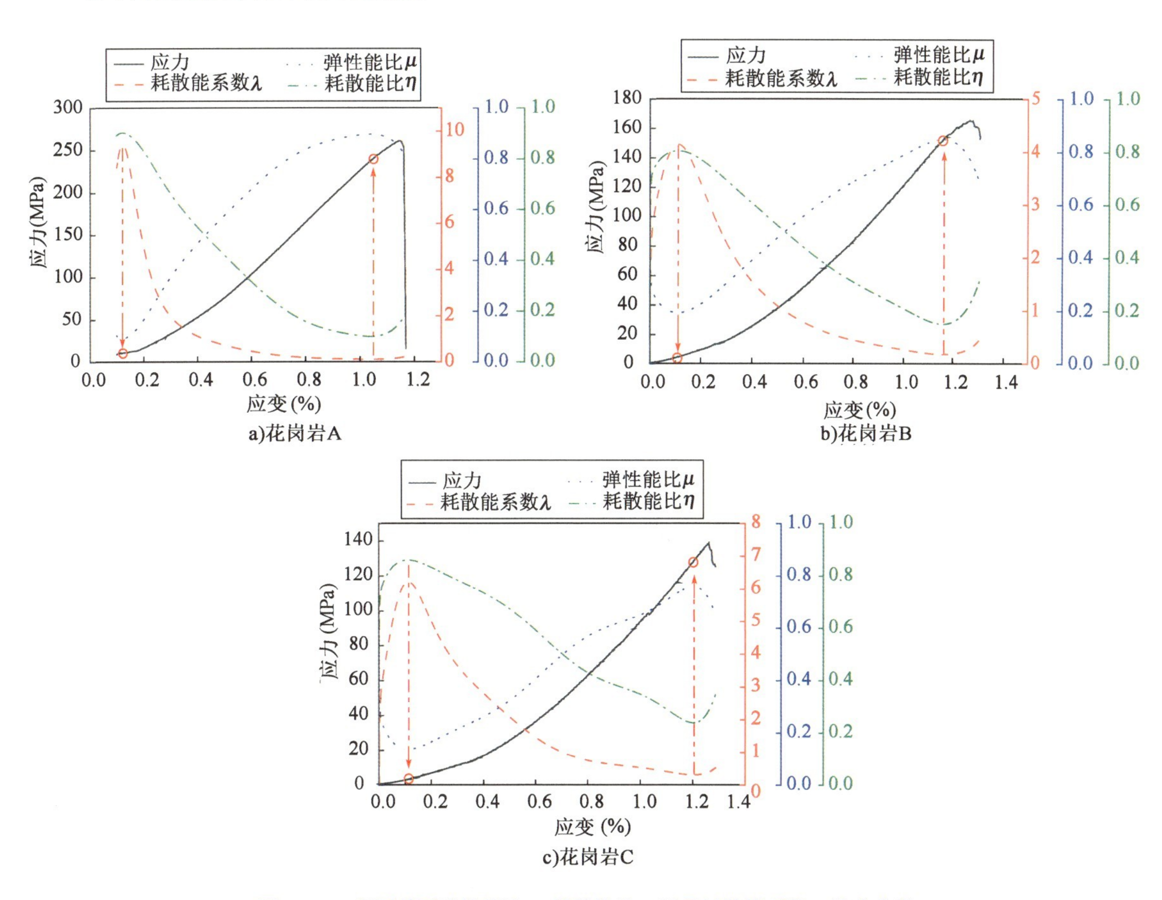

图 7.4-5 岩石单元弹性能比 μ、耗散能比 η 以及耗散能系数 λ 演化曲线

(2)三轴压缩条件下的岩石能耗特征

分别对板岩、角砾岩、较硬岩、闪长岩、石英片岩和白云质灰岩六种岩石进行三轴压缩试验，围压分别为 5MPa、10MPa、15MPa 和 20MPa。对试验数据进行分析可以得出总能量、弹性能、耗散能等之间的关系。

①岩石的能耗特征。

岩石在不同围压下的总能量、弹性能、耗散能的变化规律如图 7.4-6 所示。弹性能演化规律分为四个阶段:压密阶段、弹性阶段、非弹性阶段和破坏阶段。

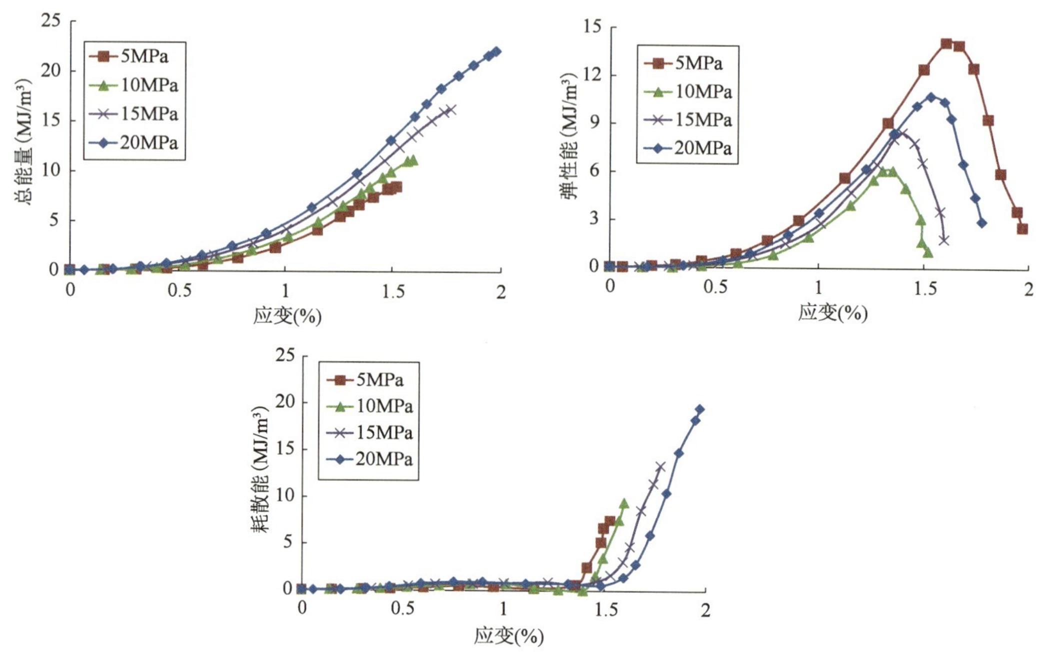

图 7.4-6　不同围压下的总能量、弹性能、耗散能的变化规律

②岩石耗散系数的演化规律。

岩石在不同围压下的耗散系数与应变、应力的变化规律如图 7.4-7 所示。

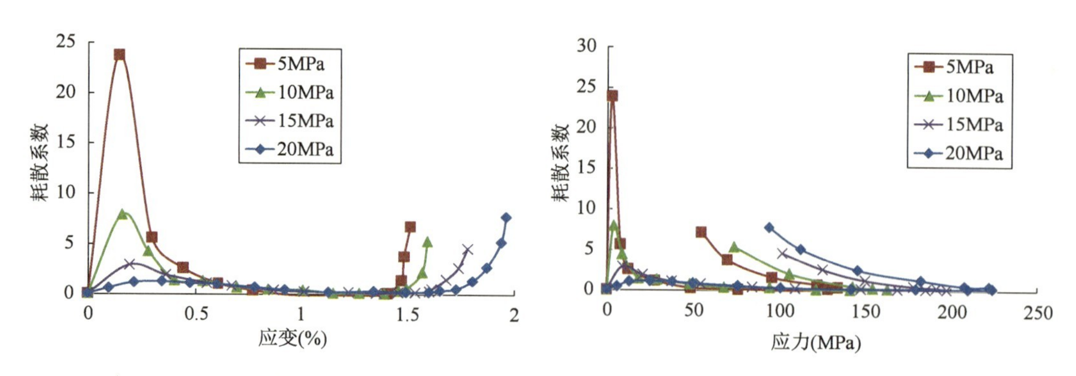

图 7.4-7　不同围压下的耗散系数与应变、应力的变化规律

(3)卸荷作用下岩爆弹射试验研究

首先建立高径比 2∶1 的试样进行双轴压缩,以模拟初始地应力,当模型中的压力达到预设值后停止加载,删去右边的墙以模拟隧道开挖,且左墙不再持续加载,此时,模型处于单面卸载状态,随后上下两墙持续加载直至试样破坏。该试验模拟了隧道围岩在隧道开

挖后应力重分布的过程，如图7.4-8所示。在试验过程中需监测模型整体的动能和应变能变化以及速度测点处的速度变化。

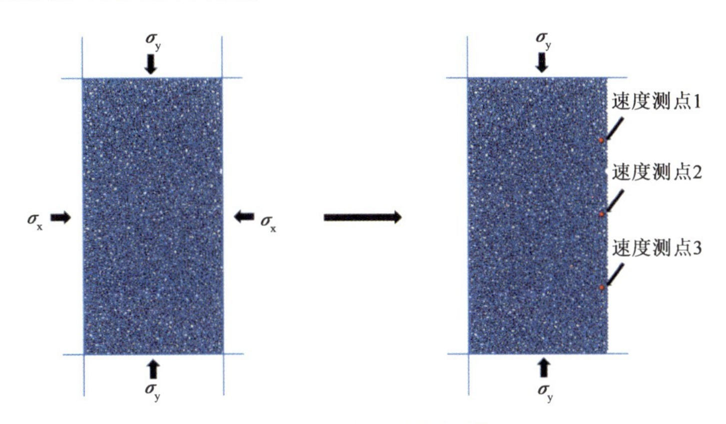

图7.4-8 试验过程示意图

①初始压力对试样岩爆的影响。

较高的初始地应力是隧洞发生岩爆的主要原因之一，故先进行不同初始压力(30MPa、50MPa、70MPa)对试样岩爆影响的研究，计算结果如图7.4-9和图7.4-10所示。

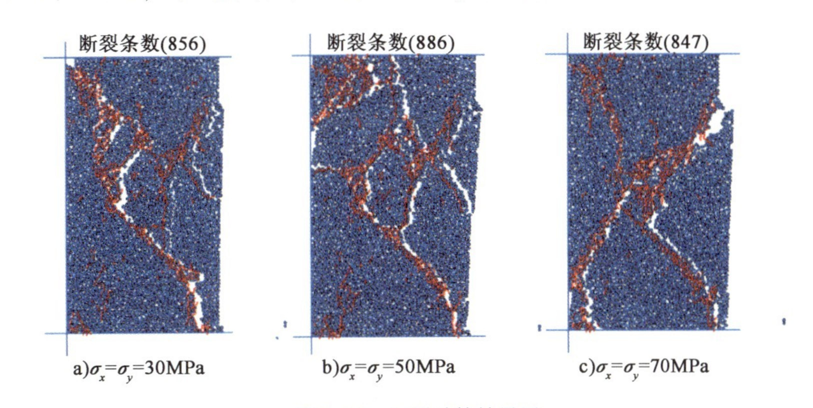

图7.4-9 试样计算结果图

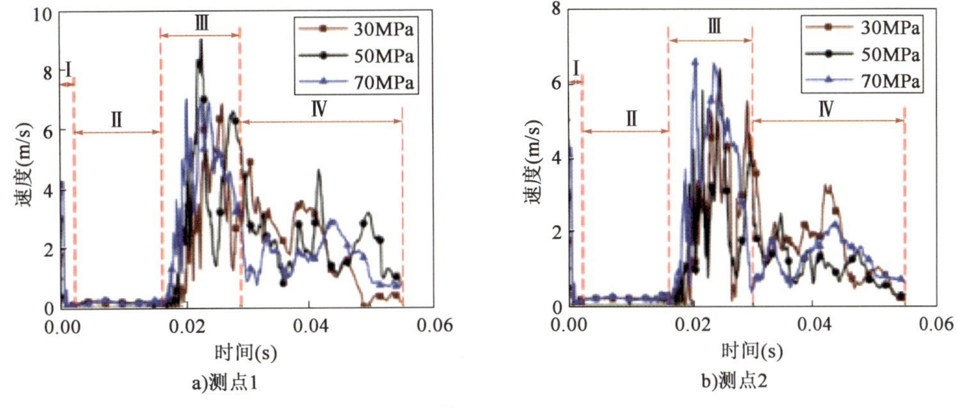

图 7.4-10

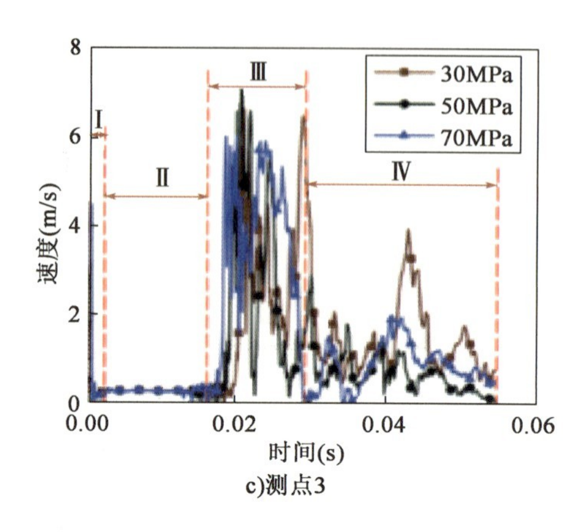

c)测点3

图 7.4-10　速度变化曲线

动能的变化与速度的变化曲线相似,都可以分成4个阶段(图7.4-11)。动能在Ⅱ阶段趋近于零,在Ⅲ阶段突然增加,而应变能在Ⅱ阶段逐渐增加,在Ⅲ阶段试样破坏后突然释放(图7.4-12),转化为动能以及其他能量,这表明,试样岩爆在此阶段发生,因此可在Ⅲ阶段获取岩块弹射的最大初速度。

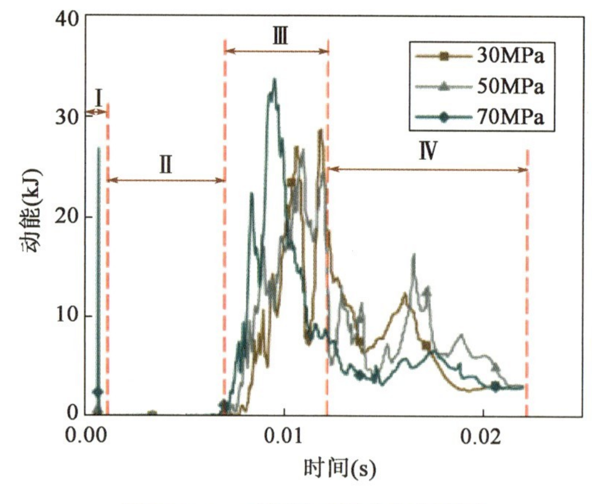

图 7.4-11　动能随时间变化曲线图

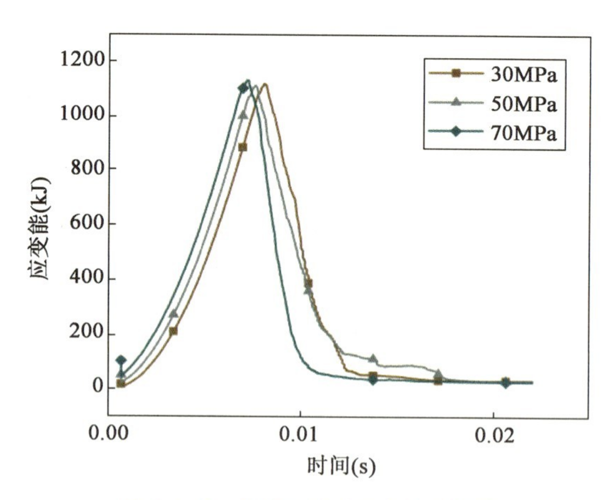

图 7.4-12　应变能随时间变化曲线图

②岩石强度对试样岩爆的影响。

围岩的岩性也是影响隧道发生岩爆的重要因素之一,为了研究岩石强度对岩爆的影响,对不同抗压强度的岩石进行研究,共取抗压强度为270MPa、216MPa、162MPa、108MPa、54MPa五种不同强度的岩石进行单面卸载试验,试验结果如图7.4-13~图7.4-18所示。

(4)岩爆的内在机理

基于能量法对岩石单轴和三轴试验的结果分析,岩石的围压和模量直接影响岩样弹性能的储存与释放,进而影响着岩爆的发生。

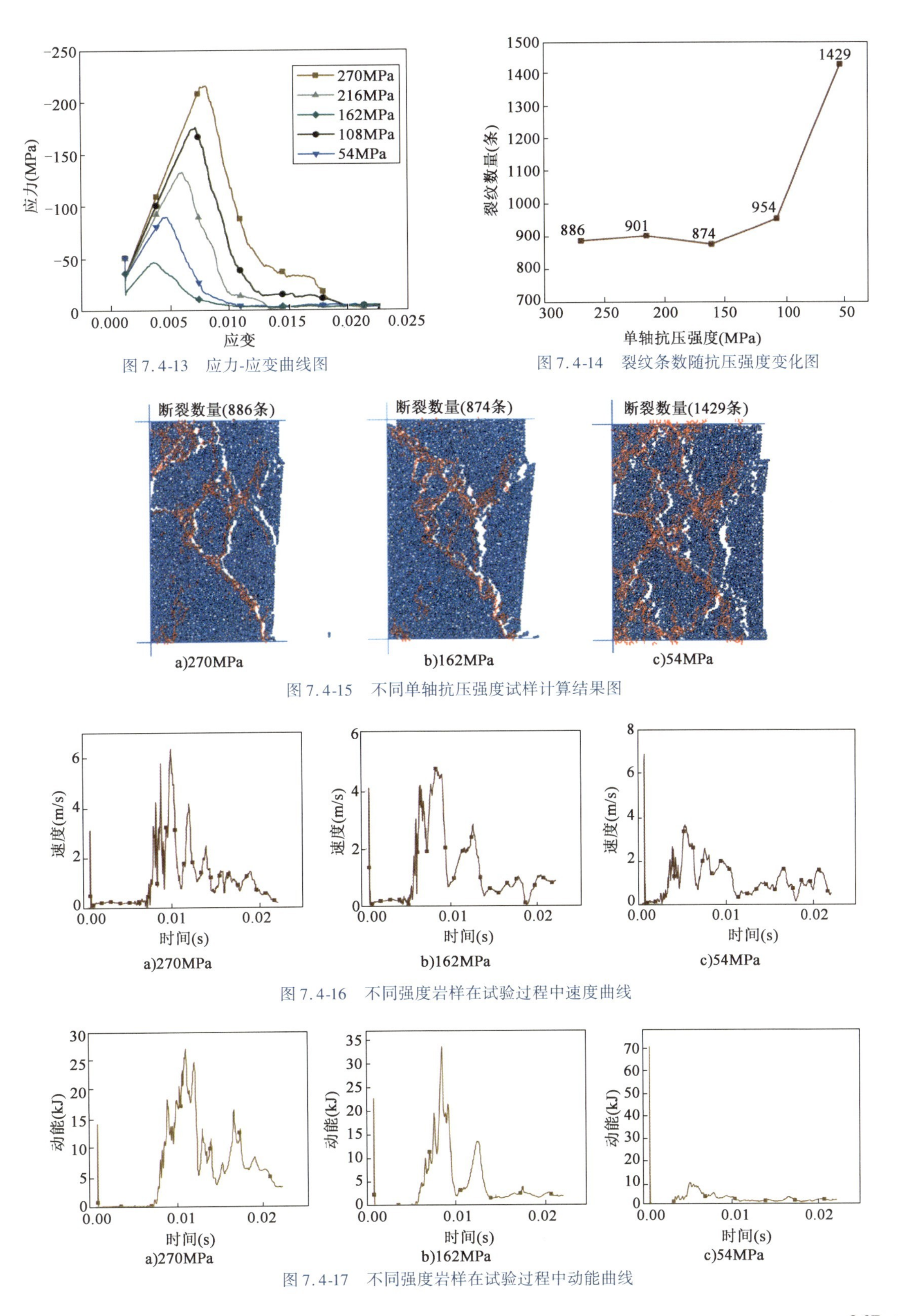

图7.4-13　应力-应变曲线图

图7.4-14　裂纹条数随抗压强度变化图

图7.4-15　不同单轴抗压强度试样计算结果图

图7.4-16　不同强度岩样在试验过程中速度曲线

图7.4-17　不同强度岩样在试验过程中动能曲线

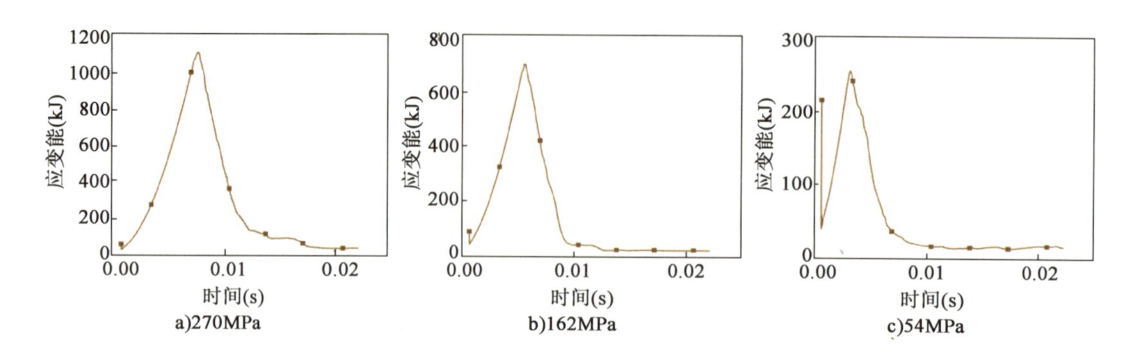

图 7.4-18　不同强度岩样在试验过程中应变能随时间变化曲线

单轴试验表明,岩石屈服破坏时,岩石试件单元可释放弹性应变能储能水平达到了顶峰,可释放弹性应变能占应变能的 74% ~94.5%。三轴试验表明,岩石屈服破坏时,岩石试件单元可释放弹性应变能占应变能的比率与围压相关,围压越大、岩石弹性模量越大、弹性能比越大。且对于较硬岩的岩石在试件破坏时,可释放弹性应变能占应变能的 60% ~95%。

当围压一定时,弹性模量也相近,不同岩性的弹性能比不同。若围岩重度按 27kN/m^3 考虑,则围压 5MPa、10MPa、15MPa、20MPa 分别对应围岩埋深 185m、370m、556m、741m。则不同类型岩石,在不同围压或埋深下的岩爆临界应变如表 7.3-2 所示。在特定围压或埋深下,岩石的应变或者弹性模量超过表 7.3-2 的试验值时,则可能发生岩爆。且板岩和石英片岩的临界应变随着围压的增大而减小,而闪长岩和较硬岩的临界应变随着围压的增大而增大。

7.4.3　岩爆外在影响因素试验研究

(1)岩爆外在影响因素有限元分析

影响岩爆的因素极为复杂,地应力、围岩弹性模量、围岩结构面倾角、洞室埋深、洞室开挖的形状和尺寸、地质构造和地形地貌等因素与岩爆有着密切的关系。基于此,借助有限元软件 FINAL,建立以下四种岩爆外在影响因素分析模型,研究岩爆的演化规律、力学机理及外在主控因素(如高地应力、岩体的高强度、裂隙倾角、施工扰动等)对岩爆特性的影响规律,如图 7.4-19 所示。

借助有限元软件 FINAL,设计不同条件下理想岩体卸荷扰动试验,研究岩爆的演化规律、力学机理及外在主控因素对岩爆特性的影响规律。隧道基本围岩级别为Ⅲ级,综合反演所得参数及规范建议的围岩基本物理力学参数,本次试验初始参数如表 7.4-5 所示。

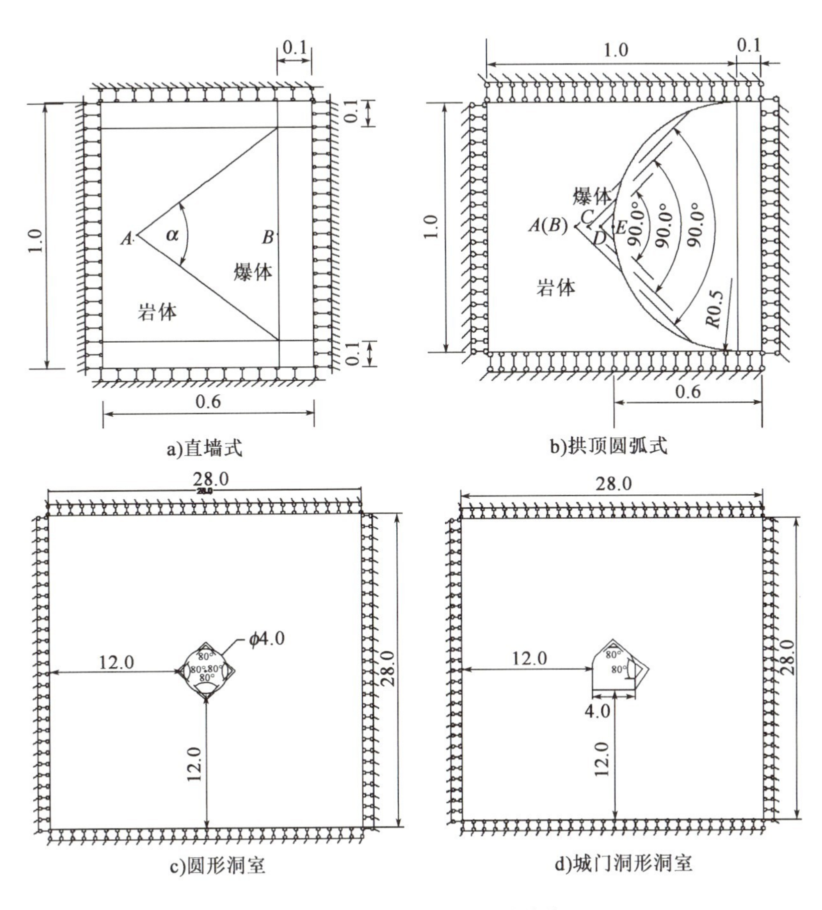

图 7.4-19 数值计算模型(尺寸单位:m)

数值计算参数 表 7.4-5

弹性模量(GPa)	隧道埋深(m)	结构面夹角(°)	侧压力系数	重度(kN/m^3)	泊松比	内摩擦角(°)	黏聚力(MPa)	岩石单轴抗压强度(MPa)
13	500	60	1.0	25	0.3	45	1.5	20

建立有限元计算模型,并对模型施加边界条件和初始条件,通过应力释放系数模拟开挖卸荷扰动过程。对各主控因素(弹性模量、埋深、裂隙夹角、开挖应力释放系数、侧压力系数)采用单变量法分析岩样变形与应力分布特征,进而探究诱发岩爆的主控因素对岩爆演化规律的影响。试验方案如表 7.4-6 所示。

试验方案 表 7.4-6

影响因素	试验方案	基本方案
弹性模量(GPa)	6、10、13、16、20	13
隧道埋深(m)	100、300、500、700、900	500

续上表

影响因素	试验方案	基本方案
裂隙夹角(°)	90、110、135、160、180	135
施工扰动-应力释放系数 b	0.5、0.7、0.9、0.95、0.975、1.0	—
侧压力系数	0.8、1.0、1.2、1.5、2.0	—

①隧道埋深。

当弹性模量为13GPa、结构面倾角为135°时，开挖后，不同埋深下模型的变形场与应力场分布结果如图7.4-20所示。

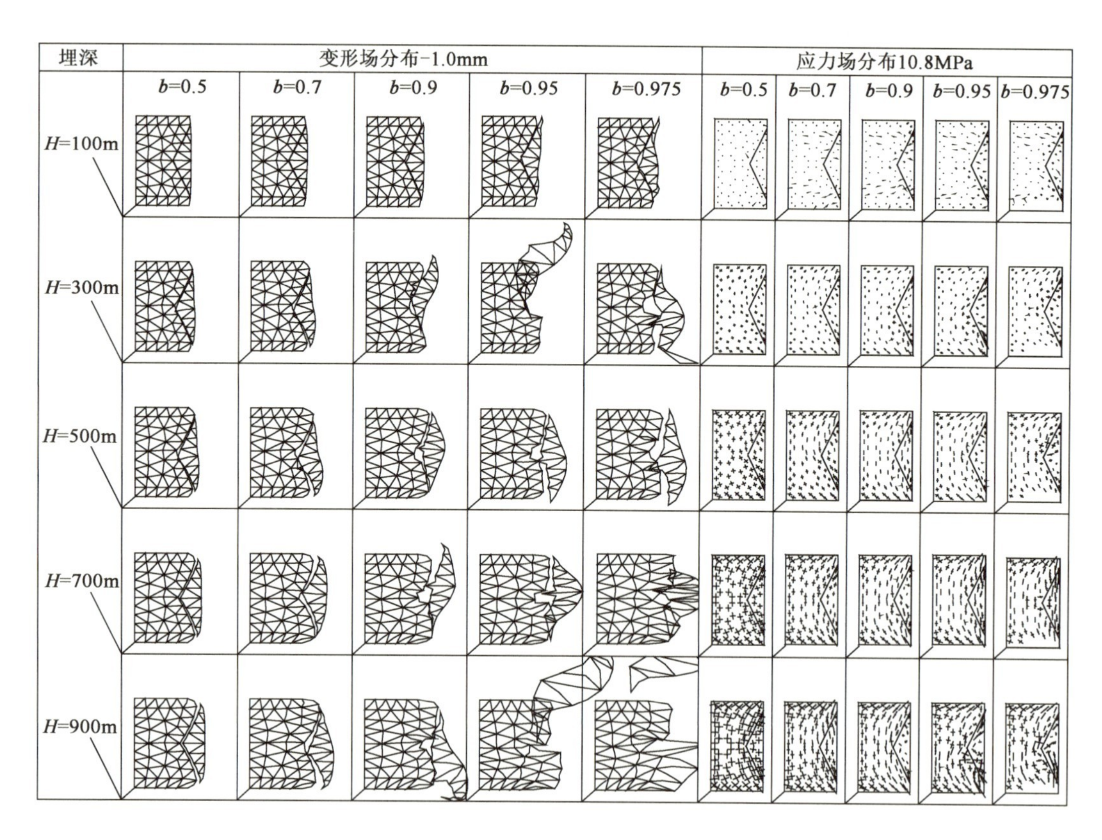

图7.4-20 不同埋深下模型变形场及应力场分布图

②弹性模量。

当埋深为500m，裂隙夹角为135°时，开挖后，不同弹性模量下模型的变形场与应力场分布结果如图7.4-21所示。

③结构面倾角。

当埋深为500m，弹性模量为13GPa时，开挖后，不同结构面倾角下模型的变形场与应力场分布结果如图7.4-22所示。

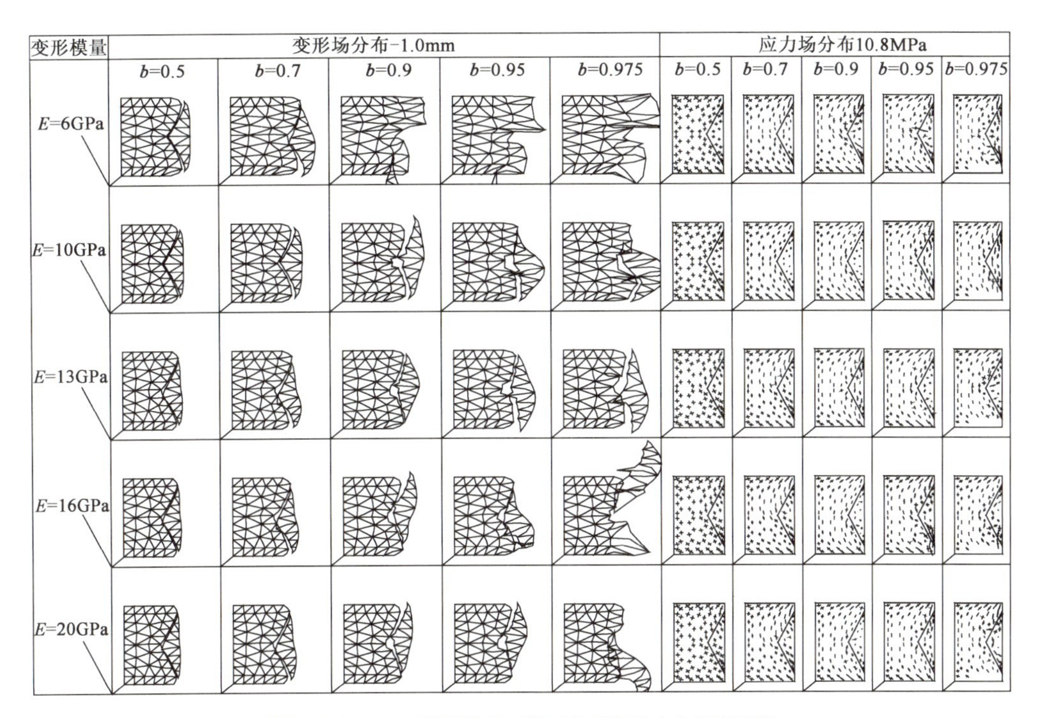

图7.4-21　不同弹性模量下模型变形场和应力场分布图

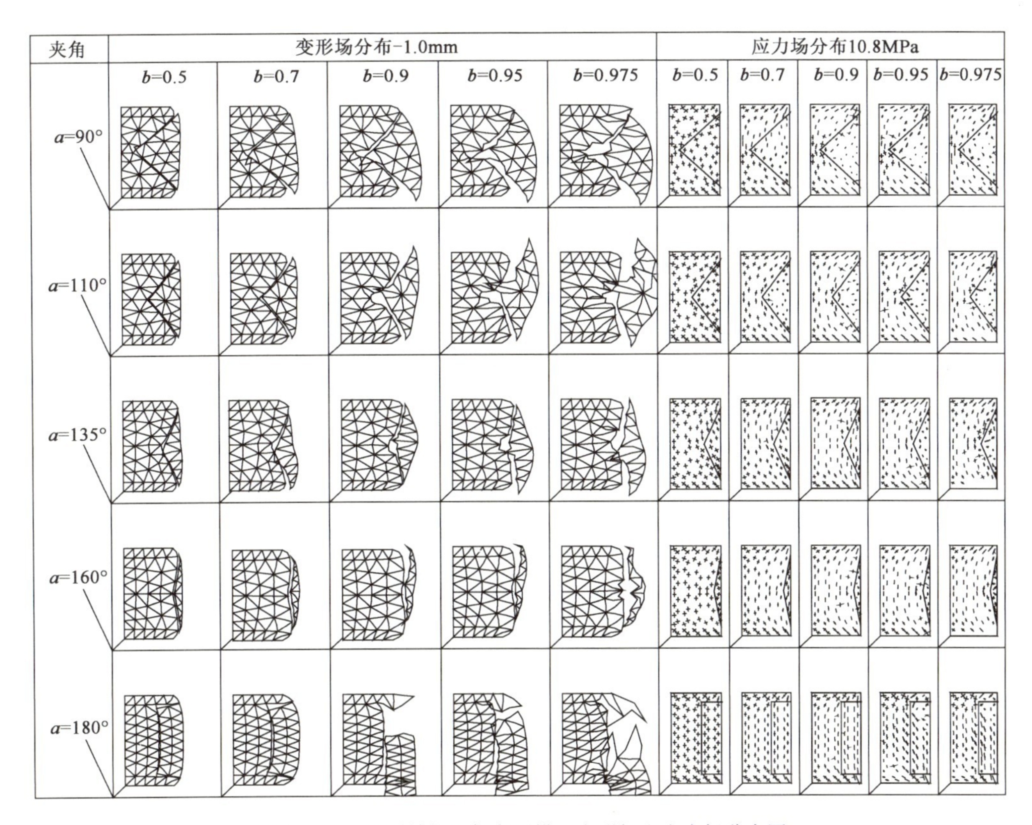

图7.4-22　不同结构面倾角下模型变形场和应力场分布图

④侧压力系数。

以埋深100m，弹性模量13GPa为例，不同侧压力系数条件下模型的变形场与应力场分布结果如图7.4-23所示。

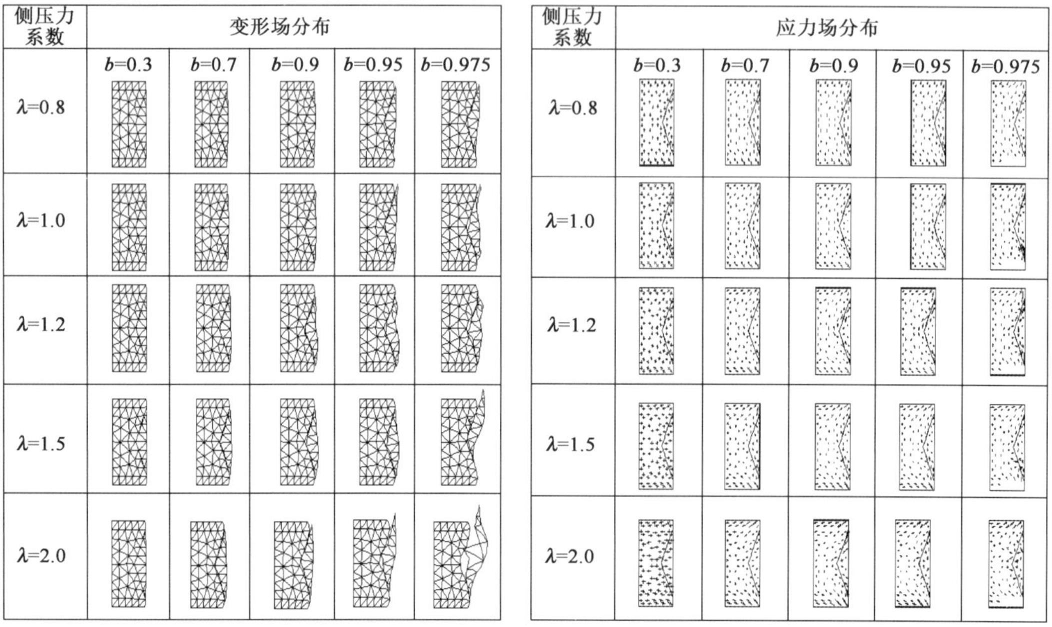

侧压力系数	变形场分布				
	b=0.3	b=0.7	b=0.9	b=0.95	b=0.975
λ=0.8					
λ=1.0					
λ=1.2					
λ=1.5					
λ=2.0					

侧压力系数	应力场分布				
	b=0.3	b=0.7	b=0.9	b=0.95	b=0.975
λ=0.8					
λ=1.0					
λ=1.2					
λ=1.5					
λ=2.0					

图7.4-23　不同侧压力系数下模型变形场和应力场分布图

(2)岩爆外在影响因素离散元分析

采用PFC离散元软件，对不同侧压力系数下理想圆形隧道进行卸荷扰动试验，研究岩爆外在主控因素（如隧道埋深、侧压力系数、变形模量等）对岩爆特性的影响规律。本次采用单变量法研究岩爆的主要影响因素，基本岩体物理力学参数和试验方案如表7.4-7和表7.4-8所示。

岩体物理力学参数　　表7.4-7

弹性模量(GPa)	泊松比	抗压强度(MPa)	密度(kg/m^3)
6、10、13、16、20	0.27	29.4、52.4、68.0、82.7、102.0	2500

试验方案　　表7.4-8

影响因素	试验方案	基本方案
变形模量(GPa)	6、10、13、16、20	13
地应力-埋深(m)	700、900、1200、1500	900
侧压力系数	1.0、1.5、2.0、2.5	1.0
开挖方法	台阶法、全断面开挖	全断面开挖
支护形式	无支护、喷层支护	无支护

测点位置如图7.4-24所示，相邻测点圆心相距1m，各测点半径为0.5m。当侧压力系数为1.0时，因岩爆多发生于左、右边墙，故在左、右边墙处测点数量较多，拱顶和拱底处

仅布置一个测点。当侧压力系数大于1.0时,岩爆多发生于拱顶与拱底处,故拱顶与拱底处测点数量较多,左、右边墙处仅布置一个测点。

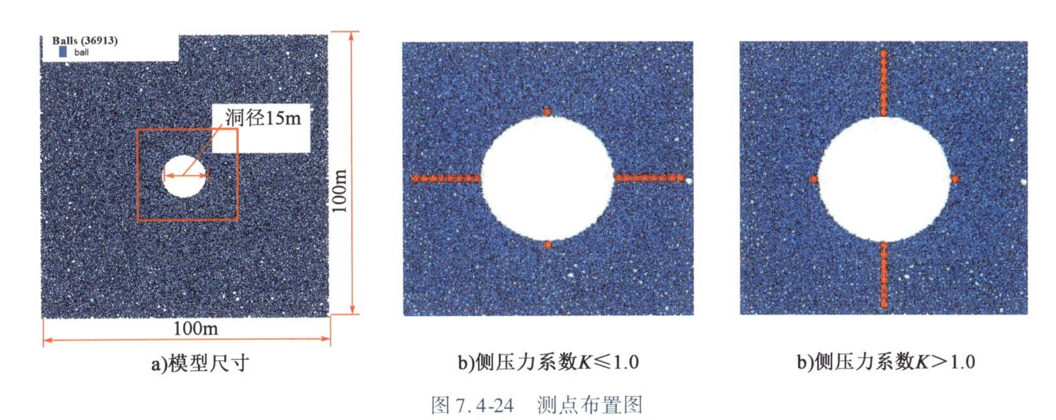

a)模型尺寸　　b)侧压力系数$K\leqslant1.0$　　b)侧压力系数$K>1.0$

图7.4-24　测点布置图

拱顶、底处的位移,径向应力以及环向应力监测数据如图7.4-25和图7.4-26所示。

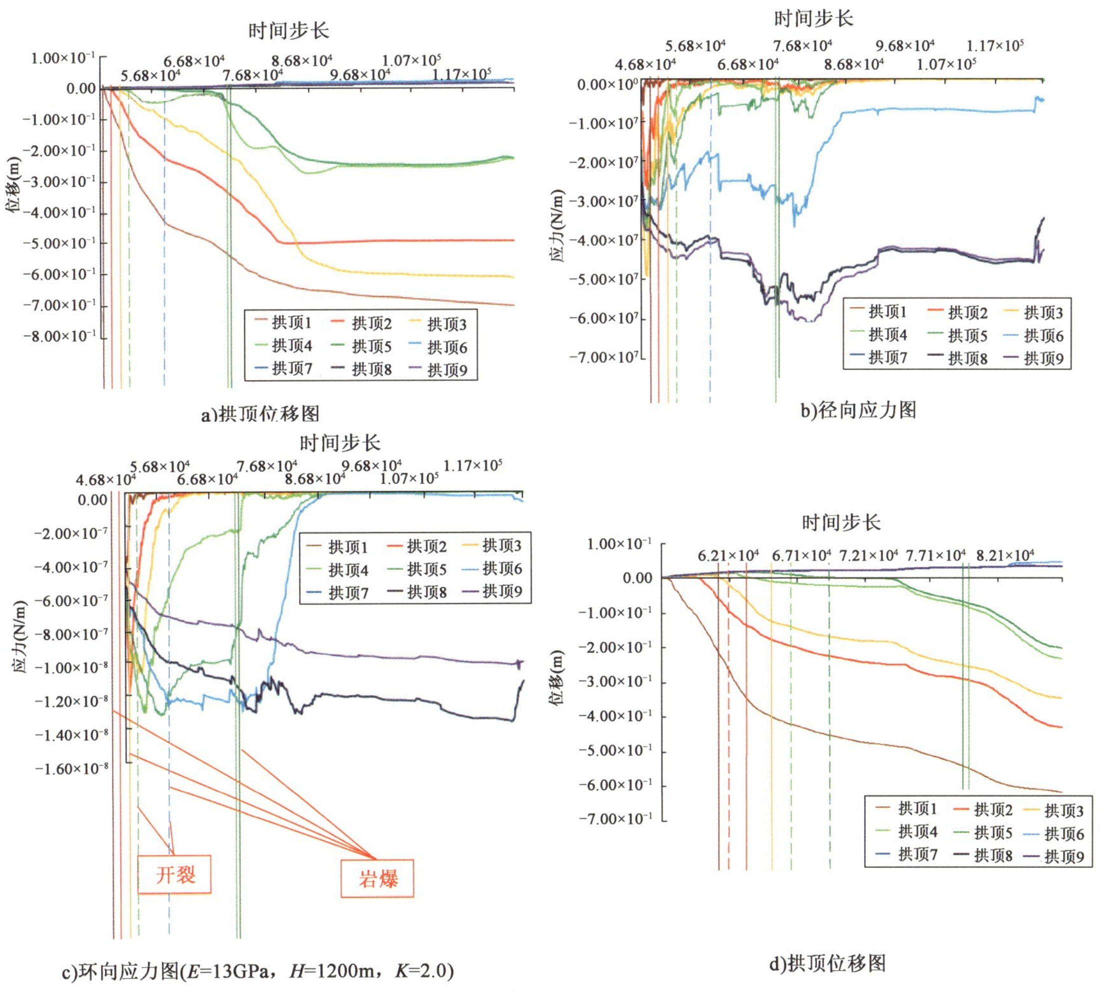

a)拱顶位移图　　b)径向应力图

c)环向应力图(E=13GPa, H=1200m, K=2.0)　　d)拱顶位移图

图　7.4-25

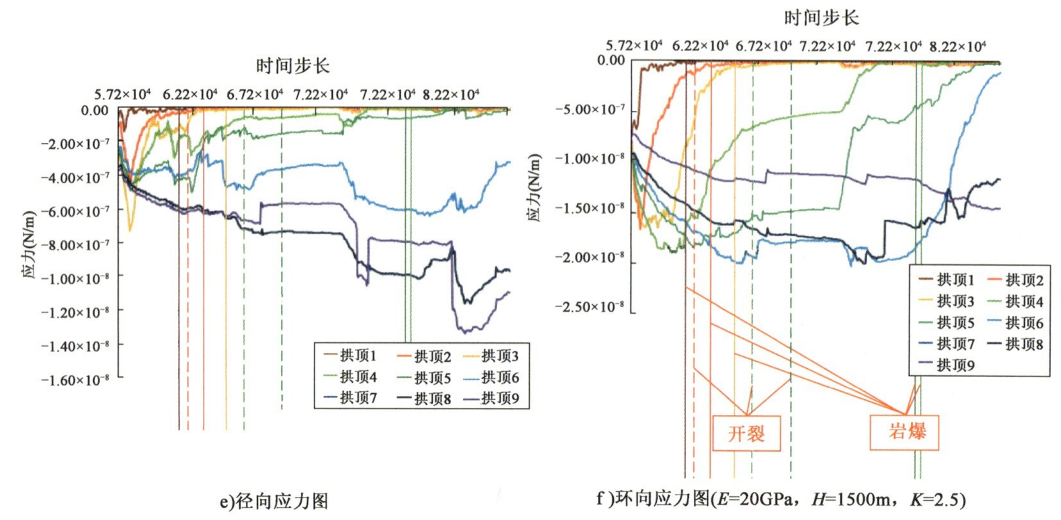

e)径向应力图

f)环向应力图(E=20GPa，H=1500m，K=2.5)

图 7.4-25 拱顶处监测数据

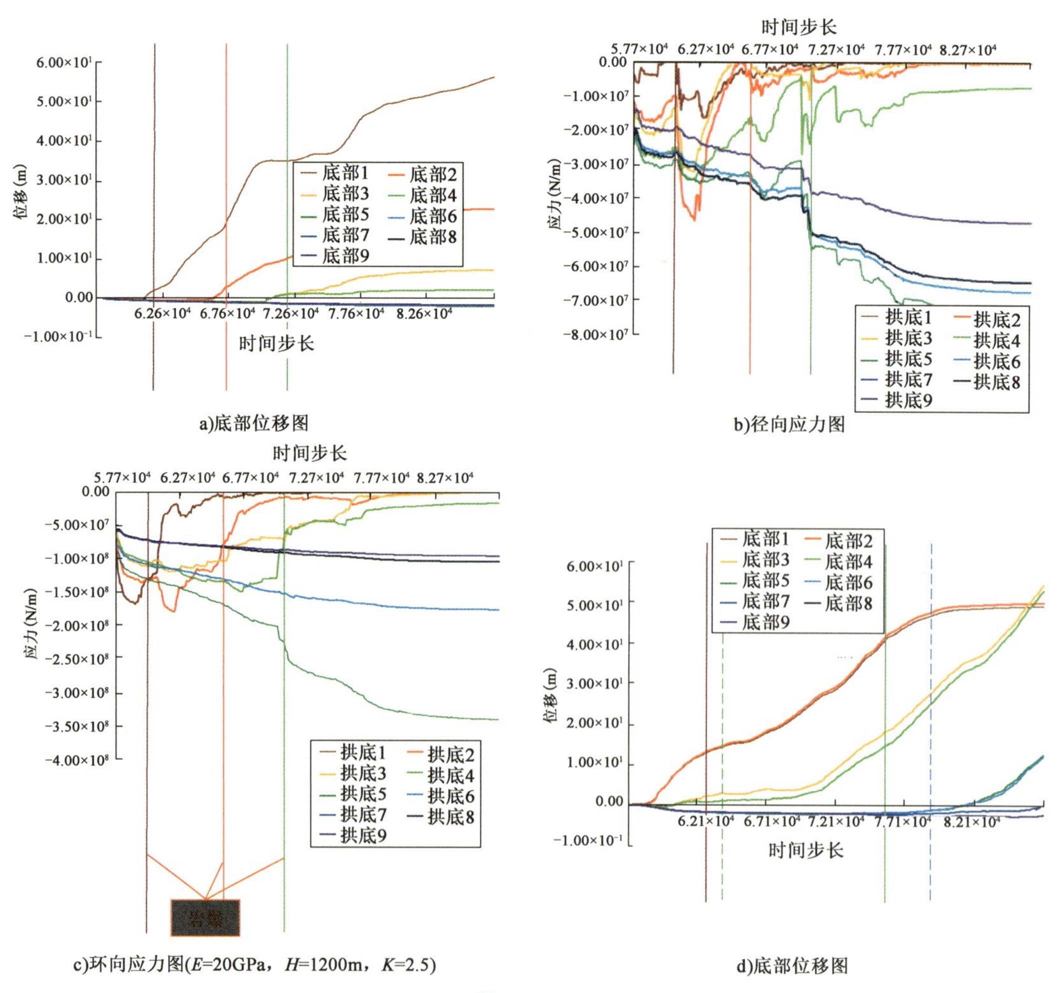

a)底部位移图

b)径向应力图

c)环向应力图(E=20GPa，H=1200m，K=2.5)

d)底部位移图

图 7.4-26

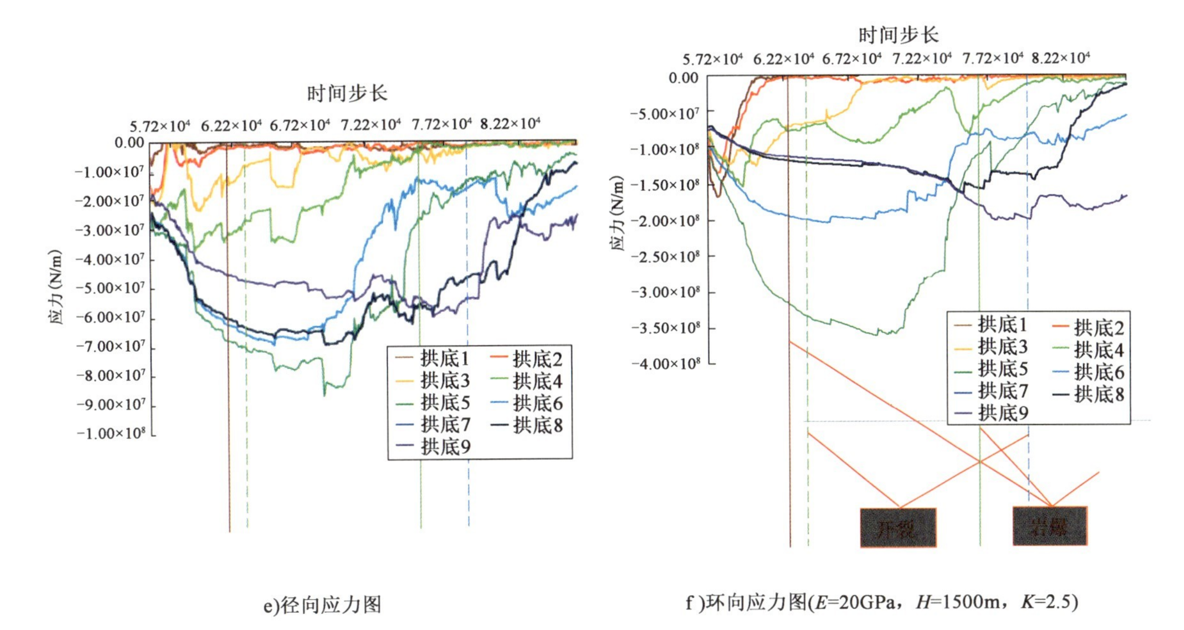

e)径向应力图

f)环向应力图(E=20GPa，H=1500m，K=2.5)

图 7.4-26 拱底监测数据

图中虚线为测点处岩体开裂点,实线为岩爆发生点。可以看出,在拱顶处皆发生岩爆,刚开挖后洞壁处迅速破坏,颗粒弹出,径向及环向应力迅速减小至0,距洞壁较近处以及较远处(如图7.4-26中测点拱顶2、3、7、8、9)径向应力和环向应力同时增加,距洞壁处较近的位置(如图7.4-26中测点拱顶2和3),环向和径向应力增到峰值后,该处岩体开裂,随后环向和径向应力开始减小,减小到一定程度后发生岩爆,位移大幅度增加。中间各测点径向应力减小而环向引力增加,当环向应力增加到峰值之后岩体开裂,开裂后岩体径向应力和环向应力逐渐减小,岩爆后快速减小至0。值得注意的是,距离洞壁较近的测点处(如图7.4-26中测点拱顶1、2、3、4、5)环向应力峰值相差不大。底部常发生延迟性岩爆,即开挖一段时间后洞壁处才产生裂纹,颗粒弹出,发生岩爆。隧道开挖后,洞壁处径向应力减小而环向应力增加,环向应力增加到峰值后逐渐降低,当径向应力减小至0后该处发生岩爆,后续各测点径向应力和环向应力同时增加。图7.4-26a)难以观察到明显的开裂,岩爆发生于应力峰值之后。图7.4-26d)中测点3、4、5就能观察到明显的岩体开裂。

7.4.4 岩爆的简易预测模型研究

本章依据隧道围岩弹塑性理论解析和已有的岩爆判据,分别提出两种岩爆预测方法并进行相应的验证。

(1)应力强度比修正预测模型

从单轴压缩试验发现,岩爆破坏形式向劈裂-劈裂剪切-剪切的方向发展。因此,可以将径向应力等于抗拉强度作为劈裂的起始位置,将洞壁到起裂位置作为岩爆压剪的受力核心区,以此区域的平均应力代替梯度应力对应力强度比进行修正,进而可对岩爆的等级和位置进行预测。

由于地层中存在原始地应力,在开挖过程中,地下洞室原有平衡状态被打破,这就使开挖的毛洞周围及附近地层中的应力重新进行了分布。根据叠加解法和扰动解法,洞室开挖后洞室周围的扰动应力场表达式:

$$\sigma_{r}(r,\theta) = -\frac{1}{2}(\sigma_{z}+\sigma_{x})\left(\frac{a}{r}\right)^{2} - \frac{1}{2}(\sigma_{z}-\sigma_{x})\left(\frac{3a^{4}}{r^{4}}-\frac{4a^{2}}{r^{2}}\right)\cos2\theta \tag{7.4-4}$$

$$\sigma_{\theta}(r,\theta) = \frac{1}{2}(\sigma_{z}+\sigma_{x})\left(\frac{a}{r}\right)^{2} + \frac{1}{2}(\sigma_{z}-\sigma_{x})\frac{3a^{4}}{r^{4}}\cos2\theta \tag{7.4-5}$$

$$\tau_{r\theta} = -\frac{1}{2}(\sigma_{z}-\sigma_{x})\left(\frac{3a^{4}}{r^{4}}-\frac{2a^{2}}{r^{2}}\right)\sin2\theta \tag{7.4-6}$$

常规的岩爆判据主要为应力强度比,由于开挖扰动的影响,洞壁围岩在环向受力,由均布力变为梯度应力荷载,故此处要对应力进行修正,用洞壁环向最大扰动应力除以围岩内部应力,可得洞壁与围岩内部相对应力比系数 β。对应力进行调整后,即可满足岩爆预测。

令 $\lambda=\sigma_{x}/\sigma_{z}$,$P=\sigma_{z}$,对于环向应力分布,则有:

$$\sigma_{\theta}(r,\theta) = \frac{1}{2}P(1+\lambda)\left(\frac{a}{r}\right)^{2} + \frac{1}{2}P(1-\lambda)\frac{3a^{4}}{r^{4}}\cos2\theta \tag{7.4-7}$$

令 $r=a$,可知洞壁处的环向应力:

$$\sigma_{\theta}(r=a,\theta) = \frac{1}{2}P(1+\lambda) + \frac{3}{2}P(1-\lambda)\cos2\theta \tag{7.4-8}$$

对径向应力求导以可得:

$$\begin{aligned}\frac{\partial\sigma_{\theta}(r,\theta)}{\partial r} &= \frac{\partial\left[\frac{1}{2}P(1+\lambda)a^{2}r^{-2} + \frac{1}{2}P(1-\lambda)3a^{4}r^{-4}\cos2\theta\right]}{\partial r} \\ &= -P(1+\lambda)a^{2}r^{-3} - 2P(1-\lambda)3a^{4}r^{-5}\cos2\theta\end{aligned} \tag{7.4-9}$$

当导数为0时,即:

$$-P(1+\lambda)a^{2}r^{-3} - 2P(1-\lambda)3a^{4}r^{-5}\cos2\theta = 0 \tag{7.4-10}$$

$$r^{2} = \frac{6a^{2}(\lambda-1)\cos2\theta}{(1+\lambda)} \tag{7.4-11}$$

洞壁与围岩内部相对应力比为:

$$\beta = \frac{12(1+\lambda)(\lambda-1)\cos2\theta - 36\,(1-\lambda)^{2}\,(\cos2\theta)^{2}}{(1+\lambda)^{2}} \tag{7.4-12}$$

围岩应力相对比随侧压力系数变化关系如图7.4-27所示。

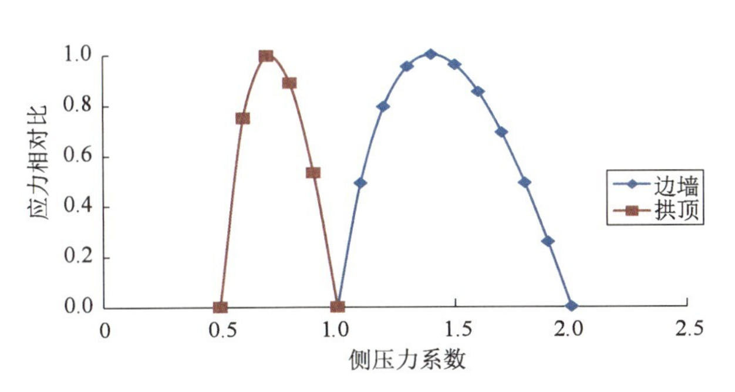

图 7.4-27　围岩应力相对比随侧压力系数变化关系

岩体的抗压强度和弹性模量主要与围压有关，在隧道开挖以后，应力进行释放调整，围压发生变化，此处应该采用应力调整后的围压计算岩体抗压强度，即二次应力场。调整系数为初始应力状态下的抗压强度与二次应力状态下的抗压强度比，抗压强度及压力面积比。

围岩二次应力场分布为：

$$\sigma_{r}(r,\theta)=\frac{1}{2}P(1+\lambda)\left(1-\frac{a^{2}}{r^{2}}\right)-\frac{1}{2}P(1-\lambda)\left(1+\frac{3a^{4}}{r^{4}}-\frac{4a^{2}}{r^{2}}\right)\cos2\theta \tag{7.4-13}$$

$$\sigma_{\theta}(r,\theta)=\frac{1}{2}P(1+\lambda)\left(1-\frac{a^{2}}{r^{2}}\right)+\frac{1}{2}P(1-\lambda)\left(1+\frac{3a^{4}}{r^{4}}\right)\cos2\theta \tag{7.4-14}$$

$$\tau_{r\theta}(r,\theta)=\frac{1}{2}P(1-\lambda)\left(1+\frac{2a^{2}}{r^{2}}-\frac{3a^{4}}{r^{4}}\right)\sin2\theta \tag{7.4-15}$$

二次应力场的影响范围同扰动应力场，即：

$$r^{2}=\frac{6a^{2}(\lambda-1)\cos2\theta}{(1+\lambda)} \tag{7.4-16}$$

环向应力比为：

$$\alpha=\frac{(1+\lambda)+(1-\lambda)\cos2\theta}{(1+\lambda)+\frac{(1+\lambda)^{2}}{6(\lambda-1)\cos2\theta}+(1-\lambda)\cos2\theta-\frac{(1+\lambda)^{2}}{12(\lambda-1)\cos2\theta}} \tag{7.4-17}$$

围岩应力相对比与侧压力系数关系曲线如图 7.4-28 所示。

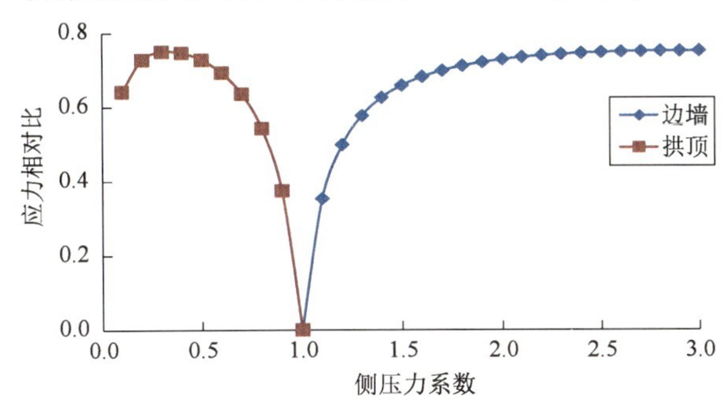

图 7.4-28　围岩应力相对比与侧压力系数关系曲线

应力强度比的综合调整系数为：

$$\eta = \frac{\alpha}{\beta} \tag{7.4-18}$$

对于边墙，当 $\theta=0$ 时，$\alpha=\dfrac{24(\lambda-1)}{24(\lambda-1)+(1+\lambda)^2}$，$\beta=12\left(\dfrac{\lambda-1}{1+\lambda}\right)-36\left(\dfrac{1-\lambda}{1+\lambda}\right)^2$。

调整系数 η 为：$\eta=\dfrac{2(\lambda-1)}{[24(\lambda-1)+(1+\lambda)^2]\left[\left(\dfrac{\lambda-1}{1+\lambda}\right)-3\left(\dfrac{1-\lambda}{1+\lambda}\right)^2\right]}$。

对于洞顶，当 $\theta=90°$ 时，$\alpha=\dfrac{24\lambda(\lambda-1)}{24\lambda(\lambda-1)-(1+\lambda)^2}$，$\beta=-12\left(\dfrac{\lambda-1}{1+\lambda}\right)-36\left(\dfrac{1-\lambda}{1+\lambda}\right)^2$。

调整系数 η 为：$\eta=\dfrac{2\lambda(\lambda-1)}{[24\lambda(\lambda-1)-(1+\lambda)^2]\left[-\left(\dfrac{\lambda-1}{1+\lambda}\right)-3\left(\dfrac{1-\lambda}{1+\lambda}\right)^2\right]}$。

调整系数与侧压力系数关系曲线如图 7.4-29 所示。

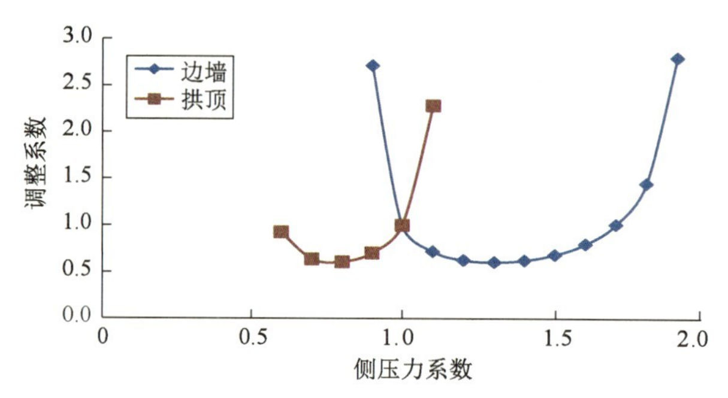

图 7.4-29　调整系数与侧压力系数关系曲线

优化后的预测模型为：

$$K=\eta\frac{\sigma_{\theta\max}}{R_c} \tag{7.4-19}$$

其中，$\sigma_{\theta\max}=\dfrac{1}{2}P(1+\lambda)\left(1+\dfrac{a^2}{r^2}\right)+\dfrac{1}{2}P(1-\lambda)\left(1+\dfrac{3a^4}{r^4}\right)\cos2\theta$，$P=\gamma H$，且假设岩体抗压强度与弹性模量关系为 $R_c=0.0083E$。根据传统的二郎山隧道岩爆判据，应力强度比与岩爆等级分段如表 7.4-9 所示。

应力强度比与岩爆等级分段　　表 7.4-9

分段区间	岩爆等级	分段区间	岩爆等级
$k<0.3$	无岩爆	$0.5\leqslant k<0.7$	中岩爆
$0.3\leqslant k<0.5$	弱岩爆	$0.7\leqslant k$	强岩爆

则由隧道围岩的 E、λ、H、γ，可直接判断出隧洞各位置处围岩的岩爆等级。

(2)简易岩爆预测模型

根据梯度应力判据，提出如图 7.4-30 所示简易岩爆预测模型思路。

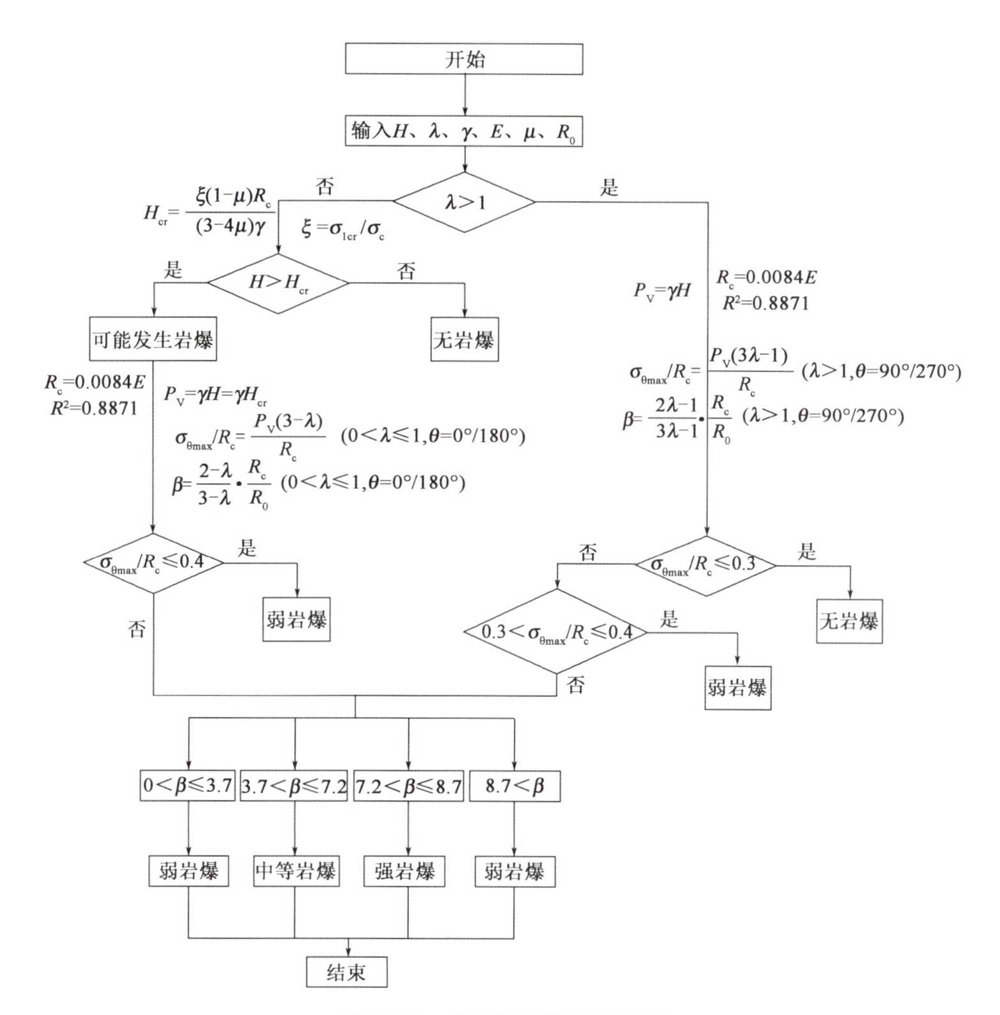

图7.4-30 梯度应力判据研究思路

根据弹性力学，可推导隧道开挖后围岩内距洞壁任意距离 r 的弹性解为：

$$\sigma_r=\frac{1}{2}P_V\left[(1+\lambda)\left(1-\frac{r_0^2}{r^2}\right)-(1-\lambda)\left(1-\frac{4r_0^2}{r^2}+\frac{3r_0^4}{r^4}\right)\cos2\theta\right] \tag{7.4-20}$$

$$\sigma_\theta=\frac{1}{2}P_V\left[(1+\lambda)\left(1+\frac{r_0^2}{r^2}\right)+(1-\lambda)\left(1+\frac{3r_0^4}{r^4}\right)\cos2\theta\right] \tag{7.4-21}$$

$$\tau_{r\theta}=\frac{1}{2}P_V\left[(1-\lambda)\left(1+\frac{2r_0^2}{r^2}-\frac{3r_0^4}{r^4}\right)\sin2\theta\right] \tag{7.4-22}$$

当 $r=0$ 时，可以得到洞壁处的应力解分别为：

$$\sigma_r=\tau_{r\theta}=0 \tag{7.4-23}$$

$$\sigma_\theta=P_V[1+\cos2\theta+\lambda(1-2\cos2\theta)] \tag{7.4-24}$$

因此，洞壁处围岩的最大主应力可以视为洞壁的环向应力，最小主应力为0，即：

$$\sigma_1=\sigma_{\theta max}=\sigma_\theta,\sigma_3=0 \tag{7.4-25}$$

当 $\lambda \leqslant 1$ 时，临界埋深为：

$$H_{cr}=\frac{\xi(1-\mu)R_c}{(3-4\mu)\gamma} \tag{7.4-26}$$

$$\xi=\begin{cases}0.188+0.106\times(\lambda/0.25) & 0<\lambda<0.25\\ 0.294+0.066\times[(\lambda-0.25)/0.25] & 0.25<\lambda<0.5\\ 0.360+0.023\times[(\lambda-0.5)/0.25] & 0.5<\lambda<0.75\\ 0.383+0.019\times[(\lambda-0.75)/0.25] & 0.75<\lambda<1\\ 0.402 & \lambda=1\end{cases}$$

ξ 为临界系数，则 $\xi=\sigma_{1cr}/\sigma_c$，各个状态之间的临界系数可以由相邻的界限值进行插值得到。当隧道的实际埋深大于式(7.4-26)中的临界埋深 H_{cr} 时，隧道就可能发生岩爆。可以采用岩爆梯度应力分级判据方法再对可能发生的岩爆工况进行再分级。

梯度应力为：

$$\left.\begin{array}{ll}\sigma_{\theta\max}/R_c\leqslant 0.3 & \text{无岩爆}\\ 0.3<\sigma_{\theta\max}/R_c\leqslant 0.4 & \text{弱岩爆}\\ 0.4<\sigma_{\theta\max}/R_c\begin{cases}0<\beta\leqslant 3.7 & \text{弱岩爆}\\ 3.7<\beta\leqslant 7.2 & \text{中岩爆}\\ 7.2<\beta\leqslant 8.7 & \text{强岩爆}\\ 8.7<\beta & \text{弱岩爆}\end{cases}\end{array}\right\} \tag{7.4-27}$$

$$\sigma_{\theta\max}/R_c=\frac{P_V[1+2\cos2\theta+\lambda(1-2\cos2\theta)]}{R_c} \tag{7.4-28}$$

$$\beta=\frac{P_V[1+\cos2\theta+\lambda(1-2\cos2\theta)]-\max\{P_V,P_H\}}{P_V[1+\cos2\theta+\lambda(1-2\cos2\theta)]}\cdot\frac{R_c}{R_0} \tag{7.4-29}$$

β 称为梯度应力强度比。对于以自重应力为主的隧道工程，围岩的侧压力系数 $\lambda\leqslant 1$ 时，隧道洞壁的最大切向应力在洞壁处，即 $\theta=0°/180°$处；因此式(7.4-28)、式(7.4-29)可以写为：

$$\begin{cases}\sigma_{\theta\max}/R_c=\dfrac{P_V(3-\lambda)}{R_c}(0<\lambda\leqslant 1,\theta=0°/180°)\\ \beta=\dfrac{2-\lambda}{3-\lambda}\cdot\dfrac{R_c}{R_0}(0<\lambda\leqslant 1,\theta=0°/180°)\end{cases} \tag{7.4-30}$$

对于具体工程来说，式(7.4-30)中的抗压强度 R_c 可以由经验公式通过弹性模量 E 求解得到，室内试验表明 $R_c=0.0083E$，$R^2=0.9721$。

当 $\lambda>1$ 时,临界埋深为:

隧道洞壁的最大切向应力在拱顶或拱底,即 $\theta=90°/270°$ 处:

$$\begin{cases}\sigma_{\theta\max}/R_c=\dfrac{P_v(3\lambda-1)}{R_c}(\lambda>1,\theta=90°/270°)\\ \beta=\dfrac{2\lambda-1}{3\lambda-1}\cdot\dfrac{R_c}{R_0}(\lambda>1,\theta=90°/270°)\end{cases} \tag{7.4-31}$$

可以得到以侧压力系数和弹性模量为判断依据的岩爆分级图,如图7.4-31所示。

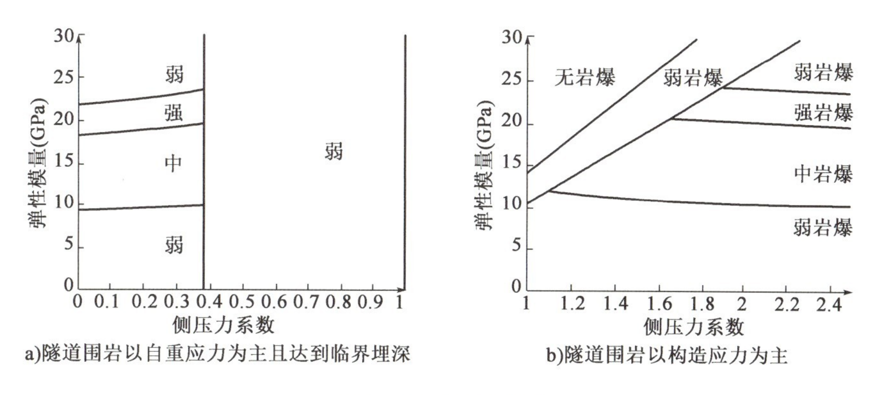

图7.4-31 岩爆分级图

(3)岩爆预测平台搭建

以Matlab的GUI界面编程为手段,将本节提出的岩爆预测模型及不同工况条件下岩爆等级判别式进行了可视化处理,使用者只需输入所需的围岩力学参数和特定的工况条件,即可简单预测隧道开挖后是否会发生岩爆,以及可能发生的岩爆的等级。岩爆预测程序初始界面如图7.4-32所示。

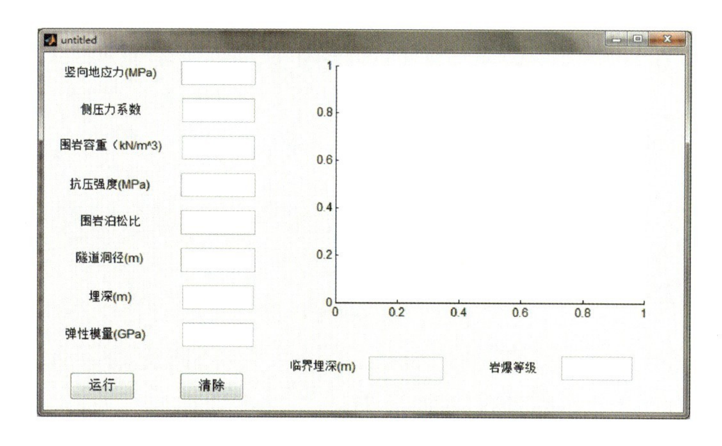

图7.4-32 岩爆预测程序初始界面

选取了已发生岩爆的工程案例的参数,输入程序并得到预测结果与实际发生的岩爆等级吻合较好,如表7.4-10所示。

实际发生岩爆工程案例 表7.4-10

序号	埋深(m)	重度(kN/m³)	弹性模量(GPa)	竖向地应力(MPa)	抗压强度(MPa)	侧压力系数	泊松比	洞径(m)	实际等级	预测等级
1	427.13	26	34	6.28	130	2.41	0.21	16	弱	弱
2	340.33	26	34	11.25	130	1.48	0.21	16	弱	无
3	286.08	26	34	10.78	130	1.92	0.21	16	中	弱
4	295.26	26	34	11.06	130	1.80	0.21	16	中	弱
5	1274.82	26	36	22.95	130	0.61	0.20	16	中	中
6	1141.18	26	36	21.94	130	0.65	0.20	16	中	弱
7	806.49	25.5	33	14.52	130	1.06	0.22	16	无	无
8	682.58	25.5	33	5.26	130	2.92	0.22	16	弱	弱
9	600	30	34	18	120	2.08	0.2	10	强	强
10	550	27	20	14.85	115	2.05	0.25	10	中	中
11	1175	28.3	57.6	32.4	120	1.23	0.22	8	强	强
12	660	28.6	38	15.7	80	1.25	0.21	6.76	强	中
13	800	27.2	35	20.6	60	1.19	0.2	6.76	中	中
14	1070	28	33	27.8	80	1.13	0.24	6.76	中	中

7.4.5 岩爆的起裂起爆理论与多因素预测模型研究

(1)格里菲斯强度理论

格里菲斯强度判据为分段函数,在不同的应力阶段和应力空间表现出不同的特性。

在主应力 σ_1-σ_3坐标系下的格里菲斯强度判据:

①当 $\sigma_1+3\sigma_3<0$ 时,$\sigma_3<-\sigma_t$,在图中为一条直线。表明当作用应力满足 $\sigma_1+3\sigma_3<0$ 时,不管 σ_1 为何值,只要满足 $\sigma_3=-\sigma_t$,岩石裂纹就开始扩展。

②当 $\sigma_1+3\sigma_3>0$ 时,$\dfrac{(\sigma_1-\sigma_3)^2}{\sigma_1+\sigma_3}<8\sigma_t$,在图中为一条二次曲线,且在点$(3\sigma_t,-\sigma_t)$与①中的直线段相接。在这一应力段内,若令 $\sigma_3=0$,可得$\dfrac{(\sigma_1-\sigma_3)^2}{\sigma_1+\sigma_3}=\sigma_1=8\sigma_t$,即岩石的单轴抗压强度理论上为抗拉强度的8倍。且经过推导,当微裂纹随机分布于岩石中时,最有利于破裂的裂纹方向角为 φ,且 $\cos2\varphi=\dfrac{\sigma_1-\sigma_3}{2(\sigma_1+\sigma_3)}$。

根据轴对称条件下圆形隧道的受力特征,可以认为:环向应力 $\sigma_\theta=\sigma_1$,径向应力 $\sigma_r=\sigma_3$,则满足圆形洞室的格里菲斯条件可表示为:

$$(\sigma_\theta-\sigma_r)^2=8\sigma_t(\sigma_\theta+\sigma_r) \tag{7.4-32}$$

根据非轴对称条件下圆形隧道的受力特征,环向应力 $\sigma_\theta\neq\sigma_1$,径向应力 $\sigma_r\neq\sigma_3$,因为,此时存在剪应力 $\tau_{r\theta}$的作用。根据应力圆特征:

$$\sigma_1=\frac{\sigma_\theta+\sigma_r}{2}+\sqrt{\left(\frac{\sigma_\theta-\sigma_r}{2}\right)^2+\tau_{r\theta}^2} \tag{7.4-33}$$

$$\sigma_3=\frac{\sigma_\theta+\sigma_r}{2}-\sqrt{\left(\frac{\sigma_\theta-\sigma_r}{2}\right)^2+\tau_{r\theta}^2} \tag{7.4-34}$$

此时,格里菲斯条件可表示为:

$$(\sigma_\theta-\sigma_r)^2=8\sigma_t(\sigma_\theta+\sigma_r)-4\tau_{r\theta}^2 \tag{7.4-35}$$

非轴对称荷载下隧道且考虑剪应力的起裂判据为:

①当$(3\sigma_\theta+\sigma_r)(\sigma_\theta+3\sigma_r)<4\tau_{r\theta}^2$时,

$$\tau_{r\theta}^2<(\sigma_t+\sigma_\theta)(\sigma_t+\sigma_r) \tag{7.4-36}$$

②当$(3\sigma_\theta+\sigma_r)(\sigma_\theta+3\sigma_r)>4\tau_{r\theta}^2$时,

$$4\tau_{r\theta}^2<8\sigma_t(\sigma_\theta+\sigma_r)-(\sigma_\theta-\sigma_r)^2 \tag{7.4-37}$$

(2)多因素岩爆预测模型与验证

基于格里菲斯起裂判据②可得起裂时,围压 P、侧压力系数 λ、应力释放系数 α、位置角度 θ、抗拉强度 σ_t、起裂半径系数 R 之间的关系,不考虑和考虑剪应力时的起裂模型如下式所示。

$$\{(1+\lambda)(2-\alpha)R+(1-\lambda)[1+(5-2\alpha)R^2-2(2-\alpha)R]\cos2\theta\}^2$$
$$=8\frac{\sigma_t}{P}\{(1+\lambda)+(1-\lambda)(3-\alpha)R\cos2\theta\} \tag{7.4-38}$$

$$\{(1+\lambda)(2-\alpha)R+(1-\lambda)[1+(5-2\alpha)R^2-2(2-\alpha)R]\cos2\theta\}^2+\{(1-\lambda)$$
$$[1+(3-\alpha)R-(5-2\alpha)R^2]\sin2\theta\}^2=8\frac{\sigma_t}{P}[(1+\lambda)+(1-\lambda)(3-\alpha)R\cos2\theta] \tag{7.4-39}$$

根据准爆体平均应力计算方法可得起爆时平均应力 σ_c、围压 P、洞径 α、侧压力系数 λ、应力释放系数 α、位置角度 θ、起裂半径系数 R 之间的关系,如下式所示。

$$\sigma_c=\frac{P}{2a}\frac{(1+\lambda)(3-\alpha)+(1-\lambda)(5-\alpha)\cos2\theta}{R^{-\frac{1}{2}}-1} \tag{7.4-40}$$

根据岩爆应力强度比判据可得岩爆等级、应力强度比 K、环向应力 σ_c、饱和单轴抗压强度 R_c 之间的关系,如表 7.4-11 所示。

岩爆应力强度比判据　　表 7.4-11

应力强度比 $K(K=\sigma_c/R_c)$	岩爆等级	应力强度比 $K(K=\sigma_c/R_c)$	岩爆等级
$K<0.3$	无岩爆	$0.7\leqslant K<0.9$	强烈岩爆
$0.3\leqslant K<0.5$	轻微岩爆	$0.9\leqslant K$	极强岩爆
$0.5\leqslant K<0.7$	中等岩爆		

岩爆预测模型验证结果如表7.4-12所示。由表7.4-12可知,由于洞形的差异,在10个案例中,7个案例所预测的岩爆等级均与实际相吻合,则该岩爆预测模型的准确度可达到70%,模型准确性良好。

岩爆预测模型验证结果 表7.4-12

序号	埋深(m)	重度(kN/m^3)	围压(MPa)	变形模量(GPa)	抗压强度(MPa)	抗拉强度(MPa)	侧压力系数	洞径(m)	实际等级	预测等级
1	427	26	11	34	130	3.9	2.41	8.0	弱	弱
2	340	26	9	34	130	3.9	1.48	8.0	弱	弱
3	286	26	7	34	130	3.9	1.92	8.0	中	中
4	295	26	8	34	130	3.9	1.8	8.0	中	中
5	806	25.5	21	33	130	4.0	1.06	8.0	无	无
6	682	25.5	17	33	130	4.0	2.92	8.0	弱	无
7	1175	28.3	33	58	120	2.7	1.23	4.0	强	弱
8	660	28.6	19	38	80	3.1	1.25	3.4	强	强
9	800	27.2	22	35	60	3.2	1.19	3.4	中	强
10	1070	28	30	33	80	3.3	1.13	3.4	中	中

7.4.6 岩爆的动态卸荷特性理论研究

(1)地下洞室动态卸荷作用下弹性变形规律

轴对称条件下圆形隧洞的开挖卸荷过程属于一维问题,在动力学中一维问题即为标量场问题,因此在波动方程中可以只考虑标量势函数ϕ,忽略矢量势函数ψ。得到波动方程的表达如下:

$$\nabla^2\phi = \left(\frac{\partial^2}{\partial r^2} + \frac{1}{r}\frac{\partial}{\partial r}\right)\phi = \frac{1}{c_d^2}\ddot{u} \tag{7.4-41}$$

式中:c_d——应力传播的纵波波速,用弹性模量、泊松比和密度可以表示。

本次研究采用半解析法分析动态卸荷问题。将一维运动问题表示为单自由度系统的运动问题,先将隧道模型在空间上离散化,划分为一圈一圈与隧道截面同心且厚度相同的环状计算单元,如图7.4-33所示。在洞壁位置处施加附加拉应力,只与时间相关。以距隧道截面任意距离的一个计算单元作为研究对象,其在开挖卸荷过程中的应力场、位移场也属于一维问题。

通过一系列推导可知,若已知计算单元$t=t_0$时刻的初始条件,通过迭代计算可以得到计算单元在荷载作用过程中任意时间段内的位移、速度和加速度,具体的表达式如下:

$$
\begin{cases}
y(r,t)=y(r,t)\left|_{t=i-1}\cos\omega_{\mathrm{r}}(t_i-t_{i-1})+\dot{y}(r,t)\right|_{t=i-1}\dfrac{1}{\omega_{\mathrm{r}}}\sin\omega_{\mathrm{r}}(t_i-t_{i-1})+u_{\mathrm{st}i}[1-\cos\omega_{\mathrm{r}}(t_i-t_{i-1})] \\
\dot{y}(r,t)=-y(r,t)\left|_{t=i-1}\omega_{\mathrm{r}}\sin\omega_{\mathrm{r}}(t_i-t_{i-1})+\dot{y}(r,t)\right|_{t=i-1}\cos\omega_{\mathrm{r}}(t_i-t_{i-1})+u_{\mathrm{st}i}\omega_{\mathrm{r}}\sin\omega_{\mathrm{r}}(t_i-t_{i-1}) \\
\ddot{y}(r,t)=-y(r,t)\left|_{t=i-1}\omega_{\mathrm{r}}^2\cos\omega_{\mathrm{r}}(t_i-t_{i-1})-\dot{y}(r,t)\right|_{t=i-1}\omega_{\mathrm{r}}\sin\omega_{\mathrm{r}}(t_i-t_{i-1})+u_{\mathrm{st}i}\omega_{\mathrm{r}}^2\cos\omega_{\mathrm{r}}(t_i-t_{i-1})
\end{cases}
$$

$$(t_0\leqslant t_{i-1}<t<t_i)\tag{7.4-42}$$

式中：$u_{\mathrm{st}i}=\dfrac{1}{2}\left(\dfrac{1+\mu}{E}\dfrac{q(t_i)r_0^2}{r}+\dfrac{1+\mu}{E}\dfrac{q(t_i)r_0^2}{r+\Delta r_0}\right)$。

a)初始计算模型和边界条件

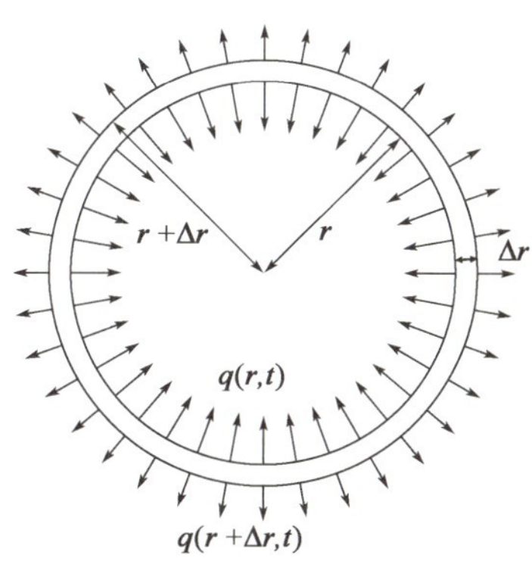

b)距离为r的一圈围岩边界条件

图7.4-33 附加应力作用下围岩边界条件

(2)圆形隧道动态卸荷作用下位移演化规律

设计两种研究方案，具体如表7.4-13所示。方案一研究不同卸荷时间洞壁位置处计算单元的位移变化规律；方案二研究同一卸荷时间条件下，不同距离处计算单元的位移变化规律。

动态卸荷作用下的位移研究方案 表7.4-13

方案一：卸荷时间 t_{f}(s)	$r=r_0$	0.001	0.003	0.006	0.009	T_0 (0.0114)	0.012	0.018				
方案二：距隧道中心 r(m)	$t=t_{\mathrm{f}}$	5	7	10	15	20	25	30	40	50	100	200

根据图7.4-34可知，当卸荷时间大于围岩自振周期时，在第一个自振周期时刻点附近位移曲线没有达到峰值而是趋向于稳定，之后又开始增大，在卸荷完成后达到峰值。即位移值达到峰值前的过程存在周期性，随着卸荷时间逐渐增大，每当卸荷时间经过 $nT_0(n=1,2,\cdots)$，位移曲线就要经过一次趋于平缓又逐渐抬升的过程，直至达到峰值。

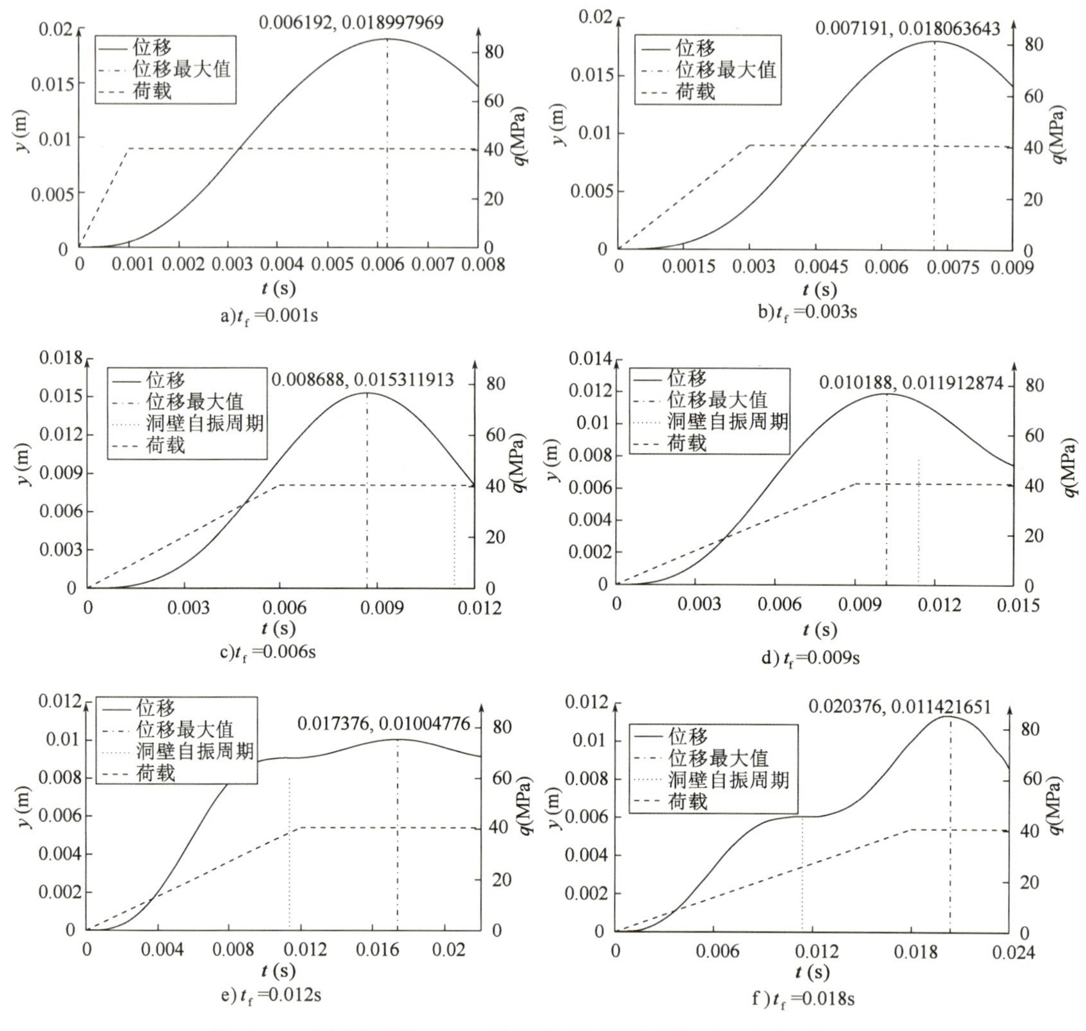

图 7.4-34 洞壁位置处($r=r_0$)计算单元在不同卸荷时间的位移-时间曲线

(3)地下洞室动态卸荷过程的破坏效应和力学行为

将围岩的弹塑性基本解和卸荷过程产生的动应力作为边界条件,卸荷过程的位移和速度作为初始条件,采用时步分析和迭代计算的方法,对围岩动态卸荷过程的应力演化进行推导,并结合 Griffith 起裂准则和 Mohr-Coulomb 破坏准则对动态卸荷过程围岩的破坏模式进行分析。图 7.4-35 为卸荷时间 $t_f=0.0095$ 时洞壁位置处一圈围岩的位移-时间曲线及其产生的弹性力和惯性力荷载-时间曲线,图中实线为位移-时间曲线,虚线为弹性力的荷载-时间曲线,点划线为惯性力的荷载-时间曲线。

基于能量理论,Griffith 起裂准则认为脆性材料的强度取决于内部存在的微小裂隙。在加载系统作用下,材料内部裂隙扩展,当外力系统施加的能量大于产生新破裂面所需的能量和物体产生一定变形所需的能量后,产生新的破裂面,新的裂隙就产生了。

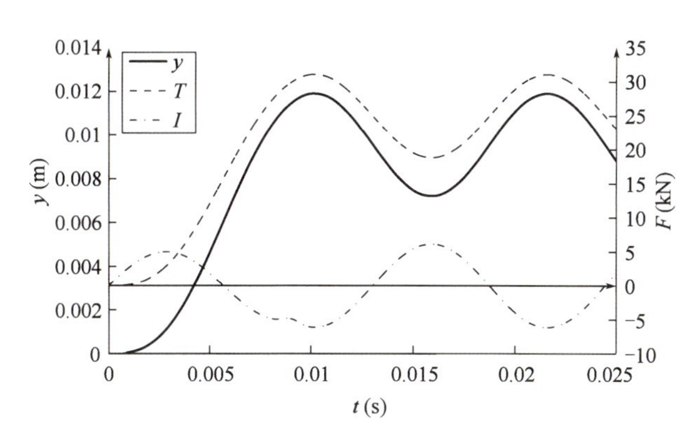

图7.4-35　洞壁围岩的位移-时间曲线和荷载-时间曲线($t_f=0.009s$)

①起裂-剪切屈服破坏模式。

以图7.4-36a)中矩形框内洞壁位置处的围岩为例,说明卸荷过程和围岩应力边界状态的变化,如图7.4-36b)~e)所示。图中虚线表示划分计算单元的边界,围岩仍处于完整状态,即未产生任何破坏,称之为未破坏单元。根据上一节的分析,不同条件下围岩的破坏模式分为两种:起裂-剪切屈服破坏模式和剪切屈服破坏模式。

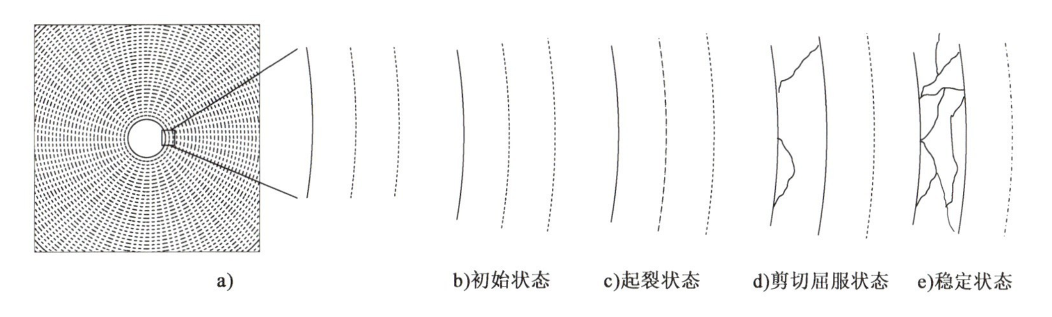

图7.4-36　起裂-剪切屈服破坏卸荷计算模型

图7.4-37为起裂-剪切屈服破坏模式的二次应力和时间的关系曲线,图中横坐标表示时间,纵坐标表示应力值。横坐标上的t_c和t_d表示起裂时间和剪切屈服时间。

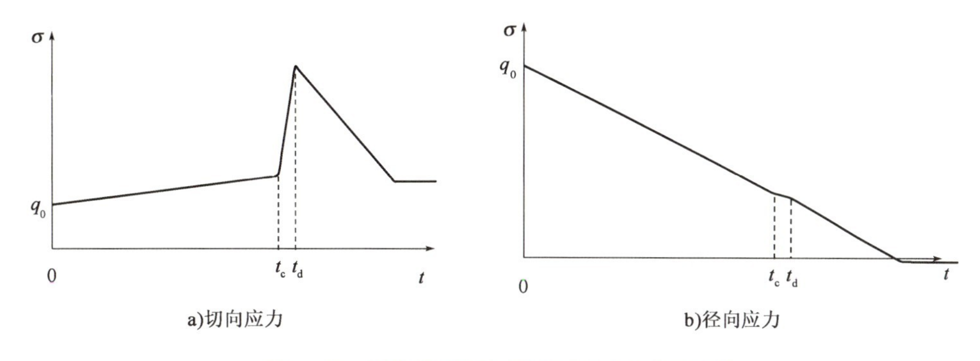

图7.4-37　起裂-剪切屈服破坏模式的应力-时间曲线

应力曲线分为四个阶段:第一个阶段为弹性阶段也是一次卸荷阶段,围岩的切向应力增大,径向应力减小;达到起裂条件后进入起裂阶段,此时进入二次卸荷阶段,围岩的切向应力出现陡增,而径向应力减小的速度放缓;达到剪切屈服条件后进入剪切屈服阶段,此时进入三次卸荷状态,切向应力和径向应力同时减小,并且切向应力的降速更快;卸荷完成后进入稳定阶段。

②剪切屈服破坏模式。

若卸荷过程中计算单元先发生剪切屈服破坏,如图 7.4-38 所示,在卸荷应力作用下,任意一个计算单元内的径向应力减小而切向应力增大,同时产生向隧洞方向的位移,当应力状态达到 Mohr-Coulomb 破坏准则后开始剪切屈服。进入剪切屈服阶段的计算单元称为剪切屈服单元。根据岩石的室内三轴压缩试验可以知道,这些剪切面与最大主应力不完全平行,甚至存在一定的夹角,所以剪切屈服单元和未破坏单元之间仍能保持"完整接触"状态,单元之间的径向应力、切向应力、位移完全相同,即$\sigma\frac{e}{r}=\sigma\frac{p}{r}$,$\sigma\frac{e}{\theta}=\sigma\frac{p}{\theta}$,$u^{e}=u^{p}$。

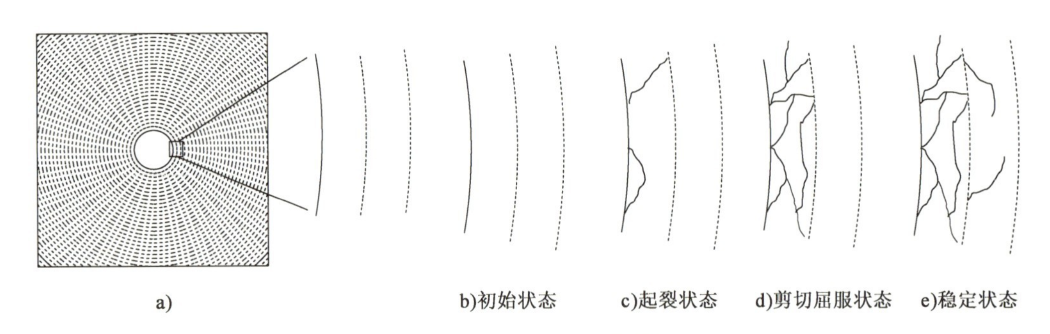

图 7.4-38 剪切屈服破坏卸荷计算模型

在继续的卸荷过程中,屈服单元由于承载能力的降低,在相邻计算单元的边界上继续产生卸荷作用。沿着径向坐标出现弹性-剪切屈服-弹性-剪切屈服递进破坏模式。在距隧道截面一定距离后达到临界状态。

由图 7.4-39 可以看出,对于剪切屈服破坏模式,其应力曲线只有三段,分别为弹性阶段、剪切屈服阶段和稳定阶段。在弹性阶段,切向应力增大而径向应力减小,进入剪切屈服阶段后切向应力和径向应力同时减小,最后进入稳定阶段。与起裂-剪切屈服破坏模式相比,剪切屈服破坏模式在动态卸荷过程产生切向应力集中较少,径向应力变化较为平稳。

7.4.7 爆破施工诱发冲击岩爆的孕育机制

根据工程现场情况,炮孔采用楔形掏槽方式,炮孔直径为 42mm,药卷直径为 32mm,爆破简化为三角应力波,其加载时间为 200μs,卸载时间为 800μs,冲击荷载峰值约为 1300MPa。则本次模拟所用的冲击荷载时程曲线如图 7.4-40 所示。PFC2D 中的墙以及颗粒均可以作为边界使用,为了使模拟效果更加精确,采用颗粒作为模型边界,如图 7.4-41 所示。模型边缘处的红色颗粒即为黏滞边界,该边界宽 0.5m,足以覆盖整个模型。

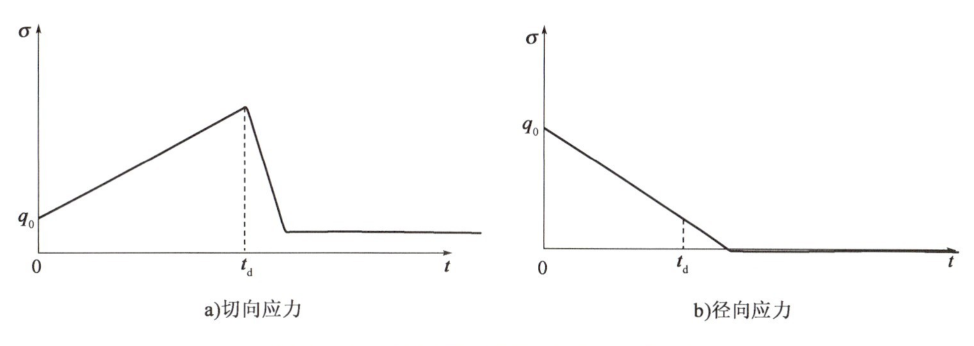

图 7.4-39 剪切屈服破坏模式的应力-时间曲线

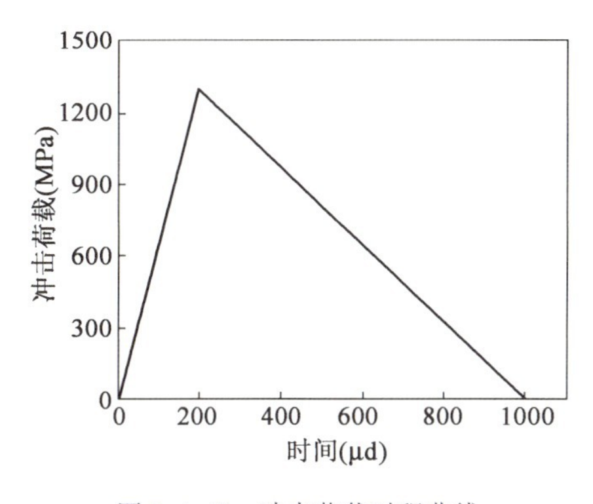

图 7.4-40 冲击荷载时程曲线

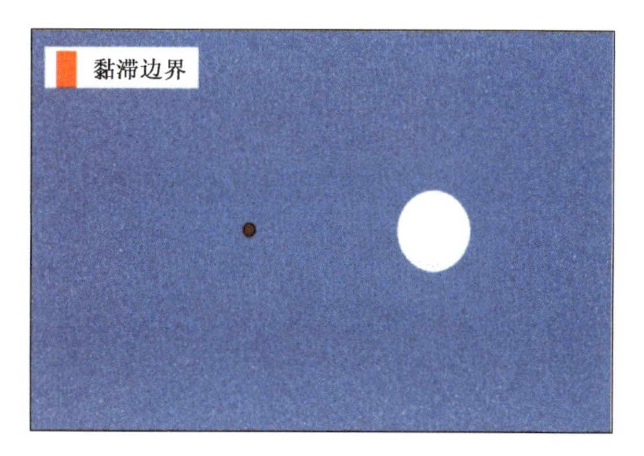

图 7.4-41 黏滞边界示意图

通过监测计算结束后围岩的破坏情况以及飞出颗粒的速度来判断围岩的破坏形式,同时监测左洞壁以及垂直于节理方向洞壁处的应力及动能变化,具体位置见图 7.4-42。其中应力测量圆直径为 1m,动能和应变能测量圆圆心位于洞壁,直径 1m,删去开挖部分后剩余的颗粒以及接触,如此即可判断是否发生岩爆以及发生岩爆的强度。

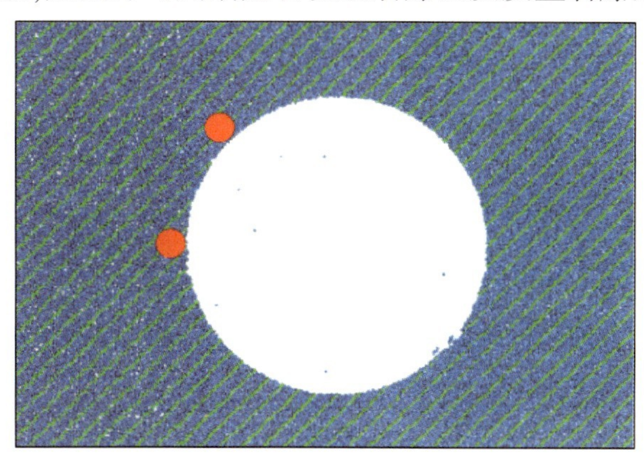

图 7.4-42 测量点示意图

(1)初始地应力对冲击岩爆孕育过程的影响

本节对节理倾角为0°以及90°时,初始地应力分别为20MPa、30MPa和40MPa的情况进行了模拟研究,得到了在邻近隧洞爆破施工后对已开挖隧洞的影响结果以及左洞壁测点处的环向应力、径向应力、动能和应变能随时间变化的曲线,如图7.4-43~图7.4-45所示。

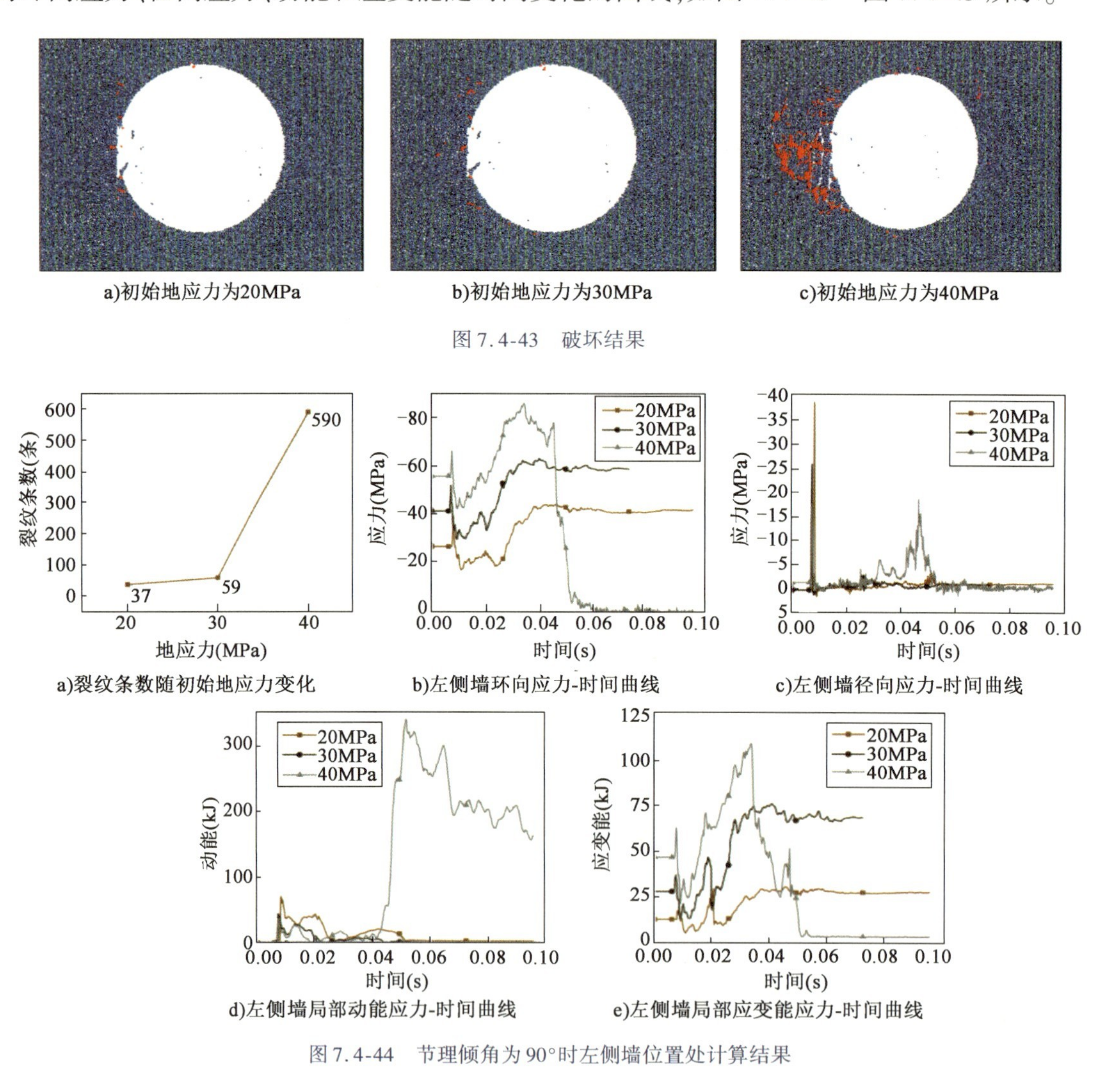

a)初始地应力为20MPa　b)初始地应力为30MPa　c)初始地应力为40MPa

图7.4-43　破坏结果

a)裂纹条数随初始地应力变化　b)左侧墙环向应力-时间曲线　c)左侧墙径向应力-时间曲线

d)左侧墙局部动能应力-时间曲线　e)左侧墙局部应变能应力-时间曲线

图7.4-44　节理倾角为90°时左侧墙位置处计算结果

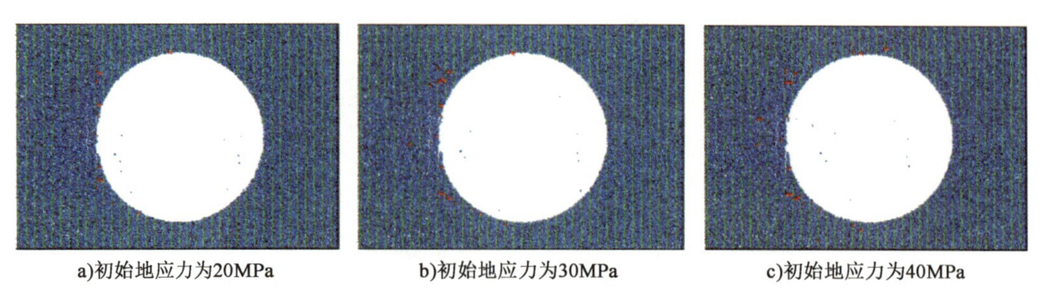

a)初始地应力为20MPa　b)初始地应力为30MPa　c)初始地应力为40MPa

图7.4-45　不同初始地应力计算至0.02s的隧道围岩裂纹分布

在爆破荷载、岩体抗压强度以及节理倾角不变的情况下,初始地应力的大小直接决定了岩爆是否发生以及发生的强度,初始地应力越高,岩爆强度越大。在爆破应力波传导至隧道边界后,围岩内环向应力先增加后减小,且初始地应力的大小对这一过程中的应力变化量影响较小,保持一段时间小幅度震荡后,再迅速增大,初始地应力越大,其增量也越大,峰值应力越高,随后,若发生较为严重的岩爆,则环向应力迅速降低,且残余应力较小,若岩爆较弱,影响范围较小,或没有发生岩爆,则逐渐保持不变。分析表明,地应力大,受到冲击时围岩损伤更大,后续过程中能量增加也更多,均提高了发生岩爆的风险。

(2)节理倾角对冲击岩爆孕育过程的影响

节理倾角也对围岩是否会发生岩爆产生相当大的影响,本节就对初始地应力为30MPa,节理倾角分别为0°、45°、60°、75°和90°的情况进行模拟,以研究节理倾角的改变对围岩发生岩爆的影响,模拟结果如图7.4-46~图7.4-51所示。

a)节理倾角为0°

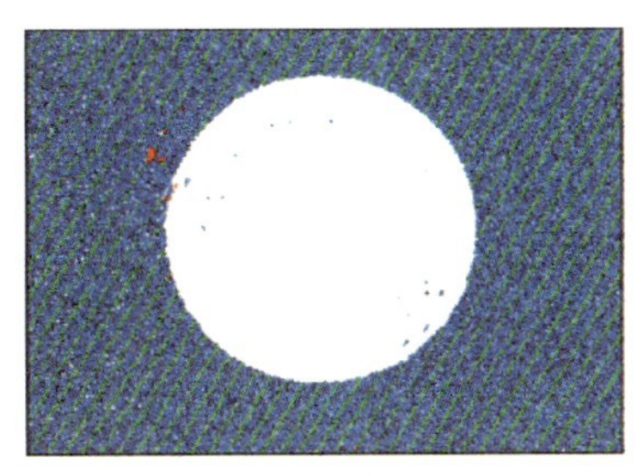

b)节理倾角为60°

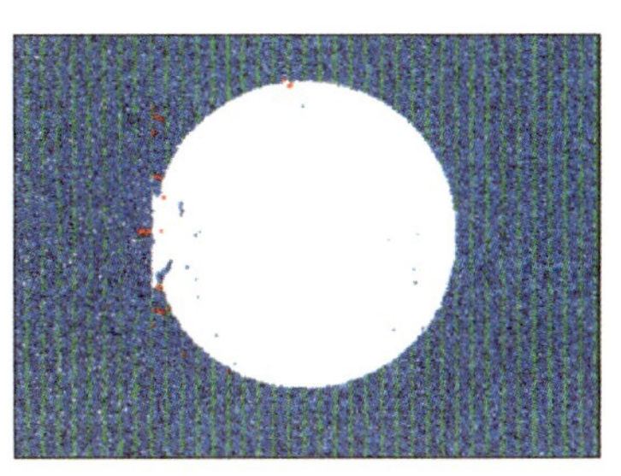

c)节理倾角为90°

图7.4-46 初始地应力为20MPa时不同节理倾角下的破坏结果

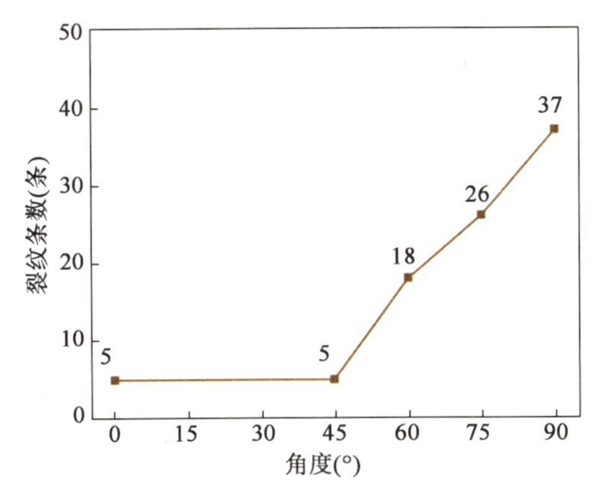

图7.4-47 初始地应力为30MPa时裂纹条数随节理倾角变化曲线

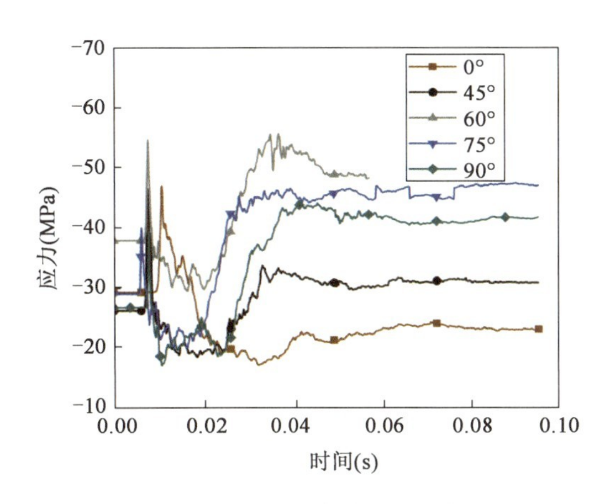

图7.4-48 不同节理倾角时的环向应力随时间变化曲线

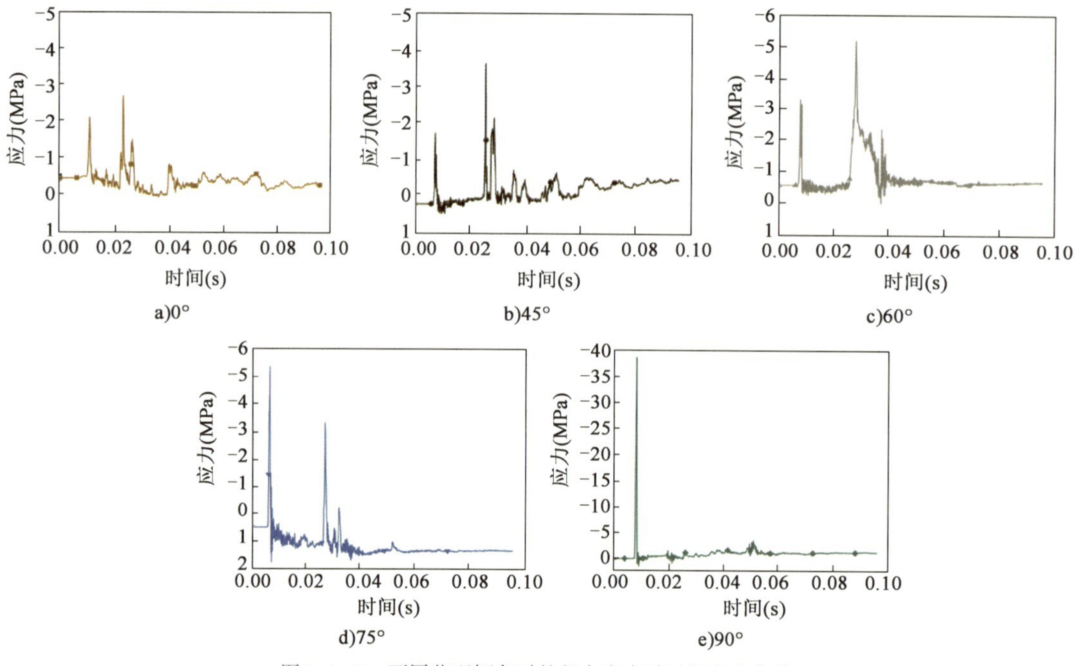

图7.4-49 不同节理倾角时的径向应力随时间变化曲线

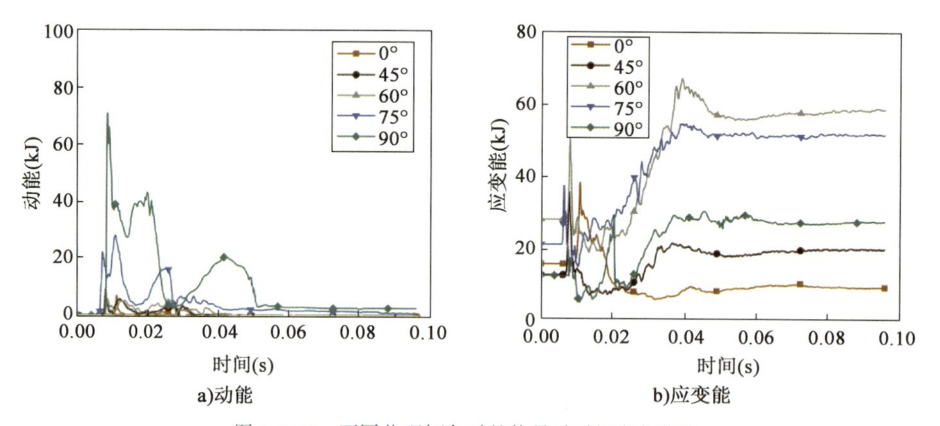

图7.4-50 不同节理倾角时的能量随时间变化曲线

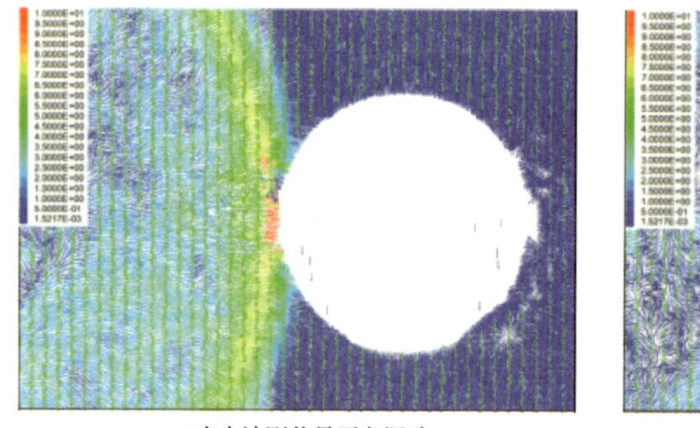

a)应力波刚传导至左洞壁

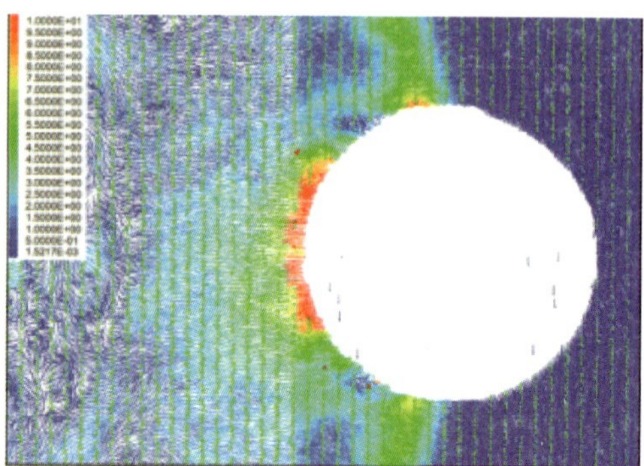

b)应力波传导至拱顶

图 7.4-51

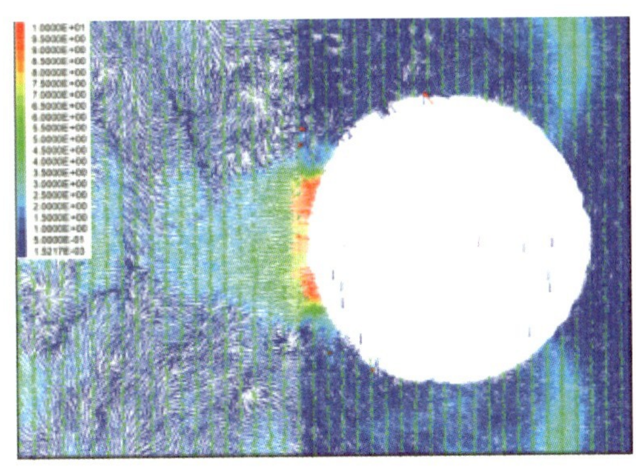

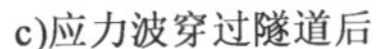

c)应力波穿过隧道后

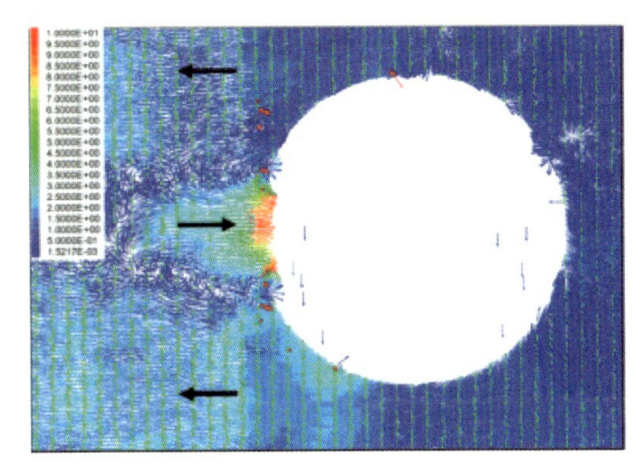

d)应力波扰动后

图 7.4-51　不同阶段速度云图

在静力条件下，且侧压力系数为 1 时，节理倾角的改变对隧道围岩是否发生岩爆的影响较小，不同的节理倾角主要决定岩爆发生的位置，而在受到动态扰动时，不同的节理倾角其围岩破坏情况完全不同。在相同的初始地应力和爆破荷载条件下，随着节理倾角从 0°逐渐增大至 90°，隧道围岩从仅产生少量开裂或裂缝，对围岩稳定性影响较小，到岩层折断，产生掉块，再到发生岩爆，这表明，在受到外部扰动时，节理倾角的改变不仅影响发生岩爆的位置，同时也是影响隧道是否发生岩爆的主控因素之一。

分析表明，节理倾角为 0°时，在受到扰动后，测点处反而卸荷，发生岩爆的风险降低，而其他节理倾角下，该处发生岩爆的风险随节理倾角增大而逐渐增加。节理倾角越大，在受到爆炸荷载扰动时发生岩爆的风险越大。在受到爆破应力波的影响时，不同节理倾角下隧道的速度场变化完全不同，这也导致节理倾角越接近 90°，围岩破坏越多，提高了发生岩爆的风险。

7.4.8　岩爆防治措施研究

岩爆防控措施根据预警的岩爆等级确定。轻微岩爆采用支护系统进行防控。中等岩爆采用优化工程布置和开挖参数以及支护系统进行防控。强烈岩爆和极强岩爆采用“三步走”策略进行防控：第一步，优化工程布置和开挖参数，减少开挖引起的岩体内部能量集中；第二步：采取应力释放措施，释放和转移储存在岩体的部分能量；第三步：利用支护系统，吸收岩体释放的能量。

(1) 岩爆防治措施有限元法分析

采用 FINAL 建立如图 7.4-52 所示数值计算模型，对台阶法、加水湿化、锚喷支护三种措施进行有限元模拟分析。隧道围岩级别为Ⅲ级，本次试验参数如表 7.4-14 所示，弹性模量 $E=6\sim20$GPa。台阶法、加水湿化、锚喷支护计算模型如图 7.4-53 所示。

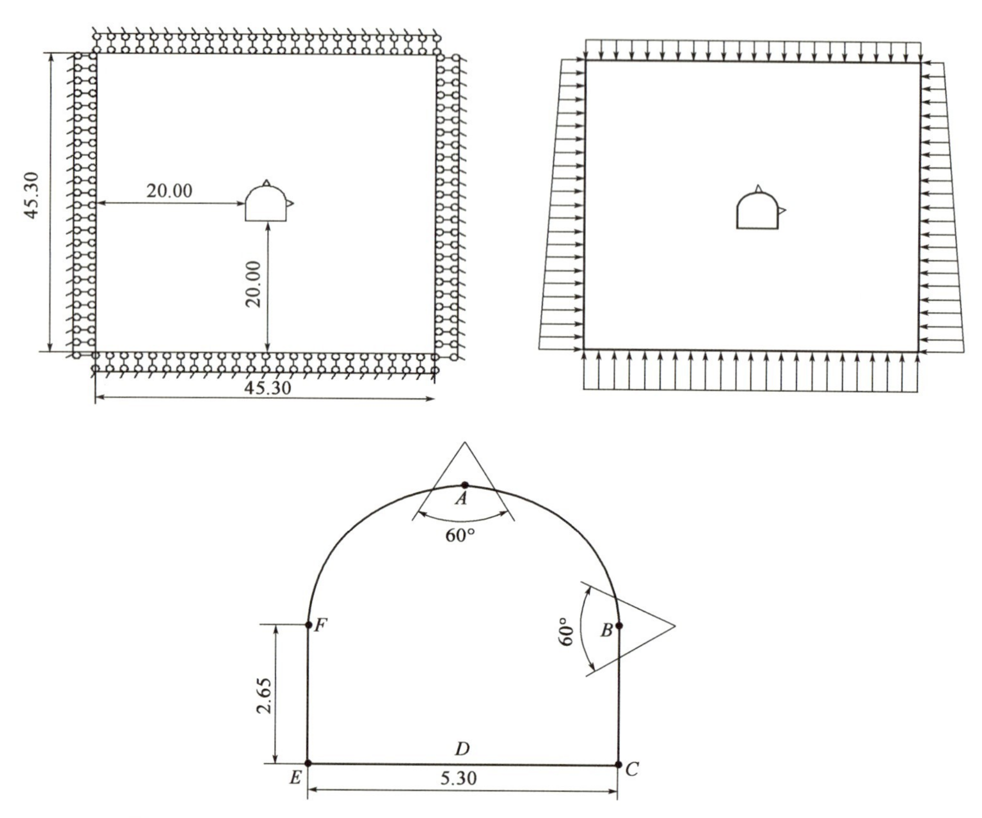

图 7.4-52　城门洞形隧道数值模型、边界条件、初始条件及关键点(尺寸单位:m)

数值计算参数　　表 7.4-14

弹性模量(GPa)	隧道埋深(m)	结构面夹角(°)	侧压力系数	重度(kN/m^3)	泊松比 μ	内摩擦角(°)	黏聚力(MPa)	抗压强度(MPa)
13	500	60	1.0	25	0.3	45	1.5	20

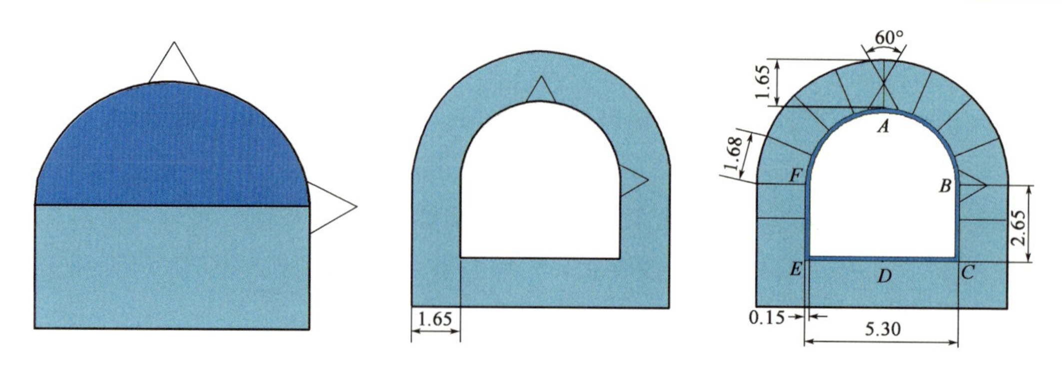

图 7.4-53　台阶法、加水湿化、锚喷支护计算模型(尺寸单位:m)

三种支护方式下围岩关键点位移值如表 7.4-15 所示,锚喷支护相比另外两种处置措施,围岩的关键点变形明显更小。

三种支护方式下围岩关键点位移值(mm)　　表7.4-15

支护方式	拱顶(A)	左拱肩(F)	右拱肩(B)	左拱脚(E)	右拱脚(C)	拱底(D)
台阶法	26.585	4.033	21.921	2.171	1.745	5.393
加水湿化	17.277	5.825	164.856	3.322	2.606	6.632
锚喷支护	1.993	4.552	3.515	1.100	1.120	3.440

(2)岩爆防治措施离散元法分析

采用PFC对洞形优化、喷锚支护、泄压孔槽、防止超欠挖、台阶法开挖等措施进行分析。

①洞形优化。

由图7.4-54可以看出,当采用“突变角”的洞形时,如图中的马蹄形和正方形,容易在洞壁的“突变”处产生应力集中现象,导致围岩破坏。而采用根据隧址区地应力设计的马蹄形隧道断面则可以减少应力集中现象,提高围岩的自稳能力。

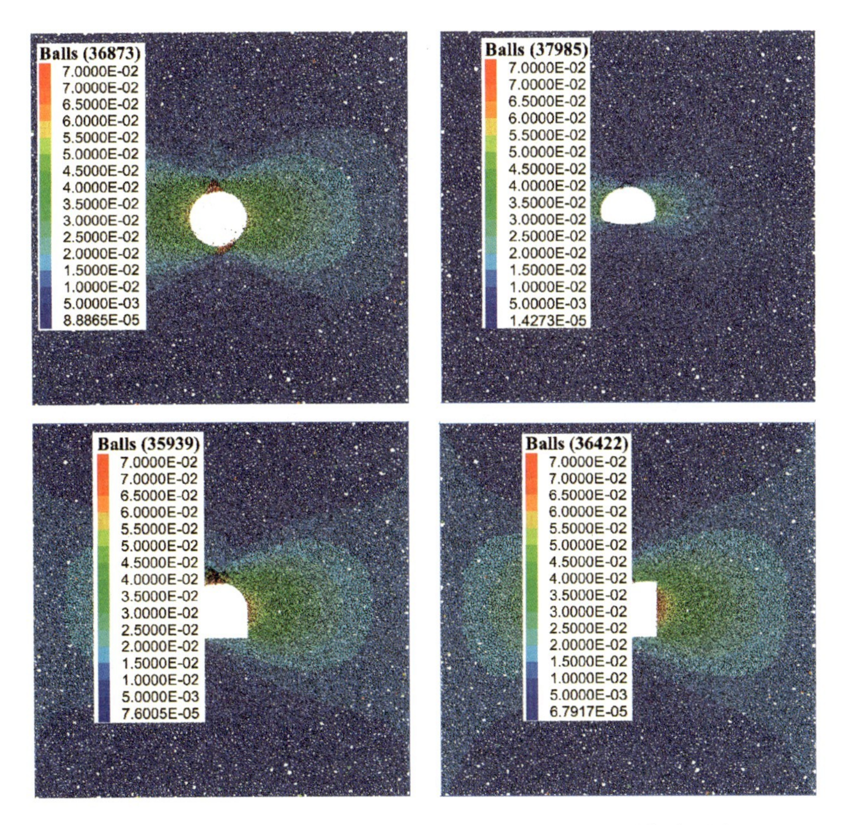

图7.4-54　圆形洞形、马蹄形洞形、城门洞形、正方形洞形位移云图

②喷锚支护。

强化围岩的措施有混凝土喷层加固、锚杆加固、锚喷支护、锚喷挂网支护、钢拱架锚杆联合支护等。支护的设计可以考虑采取柔性支护原则和耗能结构原则,充分考虑围岩的

承载能力，缓冲吸收围岩释放的能量。使用颗粒流数值模拟隧道围岩加支护之后的位移变形，如图7.4-55和图7.4-56所示。由图可知：加上衬砌之后，围岩的位移值明显减小，破坏程度和破坏产生的裂纹也明显减小。喷锚支护的锚杆采用吸能锚杆，该种锚杆可产生较大变形，抗拉强度为300MPa，支护后围岩的位移值大幅度减小，破坏程度和破坏产生的裂纹也明显减小，并没有发生岩爆。支护的设置一定要及时且保证质量。隧道从开挖到发生失稳破坏，中间存在一段应力重分布的时间，在这个时间段内，越早支护，花费的人力、财力越小，围岩破坏的可能性也越低。

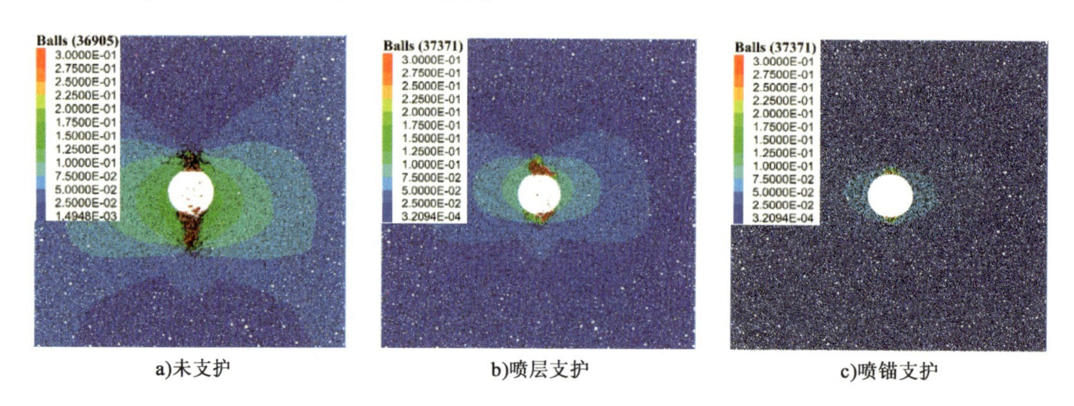

a)未支护　　b)喷层支护　　c)喷锚支护

图7.4-55　工况一（弹性模量13GPa，埋深1200m，侧压力系数为2.0）位移云图

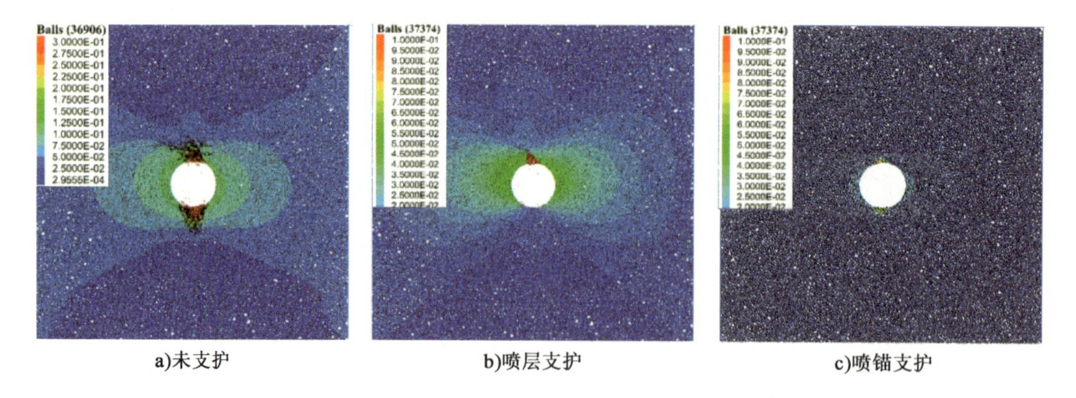

a)未支护　　b)喷层支护　　c)喷锚支护

图7.4-56　工况二（弹性模量20GPa，埋深1200m，侧压力系数为2.5）位移云图

③泄压孔槽。

弱化围岩的目的是降低围岩储存弹性能的能力，同时解除围岩已存储的能量，使围岩的变形朝着有利于施工要求的方向发展，主要措施有注水、切缝法等。还可以通过爆破卸压法、超前径向钻孔法、超前预裂爆破法、卸载孔法等直接降低围岩应力。卸压钻孔后开挖位移云图如图7.4-57所示。隧道埋深为1200m，开挖后上、下两处的卸压钻孔逐渐闭合，离洞壁较远处围岩发生开裂，但洞壁处并无岩爆产生，洞壁附近围岩位移不大，对于预防岩爆有一定的效果。

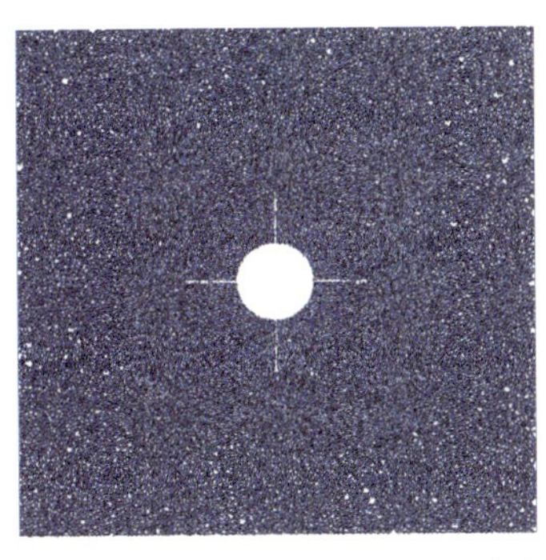

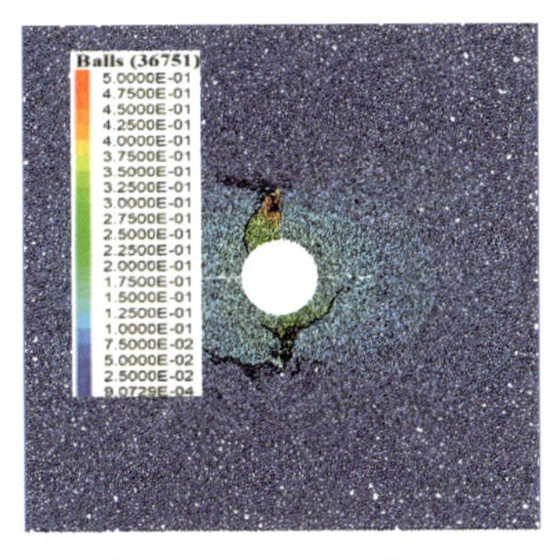

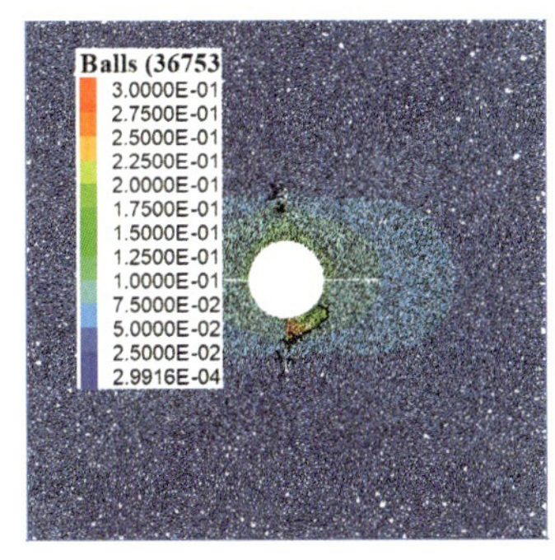

图 7.4-57　卸压钻孔示意图及 $E = 13\mathrm{GPa}$、$\lambda = 2$ 和 $E = 20\mathrm{GP}$、$\lambda = 2.5$ 时的位移云图

④防止超欠挖。

选择合适的开挖方式，如光面爆破技术、预裂爆破技术、缓冲爆破技术，避免超欠挖造成应力集中现象，降低对围岩的扰动。满足开挖轮廓面圆顺的要求，降低不平整度，防止产生围岩的超欠挖。由图 7.4-58 可知：开挖后拱顶和左右边墙处产生少量裂纹，仅在左右边墙处有少量颗粒弹出，模型中并无裂纹产生。当超欠挖深度为 10cm 时，岩体虽仅在超欠挖区域顶部即三角形的尖端有少量颗粒飞出，但内部裂纹已较为发育，且裂纹区域主要沿三角形边长方向。当超欠挖深度为 15cm 及 20cm 时，模型破坏，发生岩爆，此时的位移、径向应力和环向应力变化规律与前文中提到的延迟性岩爆规律相似，且随着超欠挖深度的增加，环向应力和径向应力的峰值逐渐降低，模型中的裂纹扩展区域也大致在三角形边长的延长线方向，且超欠挖深度 20cm 相较于 15cm 裂纹更加发育。

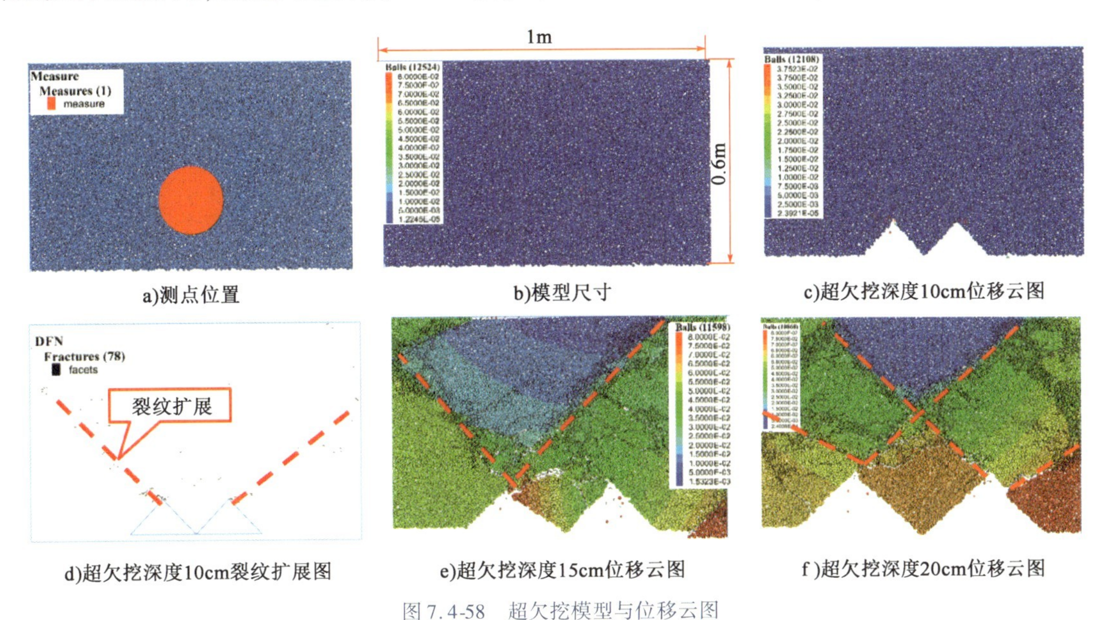

图 7.4-58　超欠挖模型与位移云图

⑤台阶法开挖。

对于存在高地应力的围岩的开挖，可以采用短进尺循环开挖的方式，必要时也可以采

用分部开挖的方式,降低一次爆破用药量,降低对围岩的扰动,同时采取超前卸荷导洞。通过离散元数值模拟采用台阶法开挖的影响。工况一,岩石弹性模量13GPa,埋深1200m,侧压力系数2.0时的三台阶法施工模拟试验所得结果如图7.4-59所示。第一台阶开挖后,在隧洞拱顶处发生应力集中,产生少量裂纹,但仅有少量颗粒飞出;第二台阶开挖后,隧洞拱顶处裂纹向围岩内部扩展,破坏区域逐渐变大,第二台阶处也产生大量裂纹,两处均发生较强岩爆;第三台阶开挖后,隧洞拱顶处裂纹向围岩内部扩展,底部产生大量裂纹,发生强烈岩爆,有大量颗粒飞出。工况二,岩石弹性模量20GPa,埋深1200m,侧压力系数2.5时的三台阶法施工模拟试验所得结果如图7.4-60所示。第一台阶开挖后,隧洞并未产生裂纹,没有发生破坏;第二台阶开挖后,隧洞拱顶处产生裂纹,发生较强岩爆;第三台阶开挖后,隧洞拱顶处裂纹向围岩内部扩展,底部产生大量裂纹,发生强岩爆,有较多颗粒飞出。

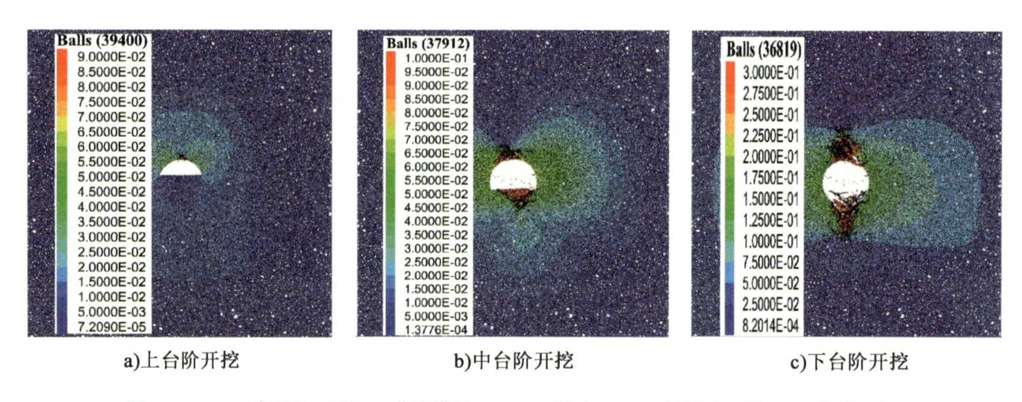

a)上台阶开挖　b)中台阶开挖　c)下台阶开挖

图7.4-59　三台阶法工况一(弹性模量13GPa,埋深1200m,侧压力系数2.0)位移云图

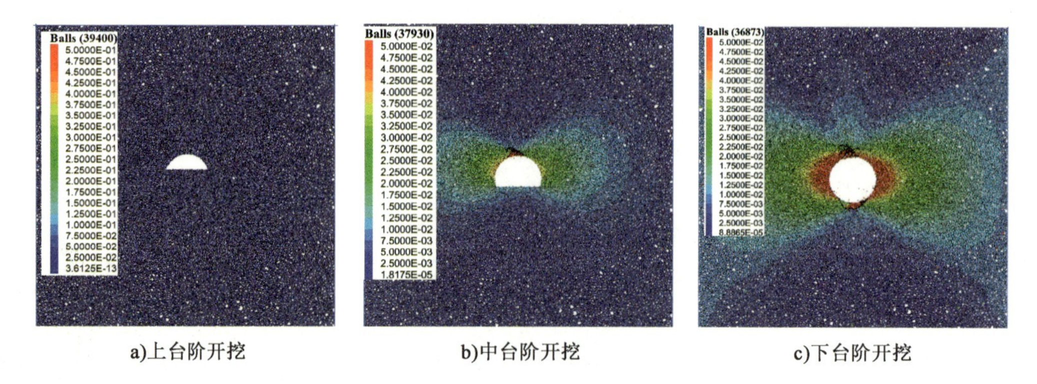

a)上台阶开挖　b)中台阶开挖　c)下台阶开挖

图7.4-60　三台阶法工况二(弹性模量20GPa,埋深1200m,侧压力系数2.5)位移云图

工况一,三台阶法与全断面一次开挖和双台阶法开挖相比,拱顶处破坏区域变大,全断面一次开挖和双台阶法开挖时仅拱顶测点发生破坏,而三台阶法开挖时拱顶各测点处全部破坏,破坏区域大幅度增长。在应力方面,相较于双台阶法开挖,径向应力的峰值增加,而环向应力的峰值又有所降低。

工况二,三台阶法与全断面一次开挖和双台阶法开挖相比,底部破坏区域变小,全断面一次开挖和双台阶法开挖时拱顶测点均发生破坏,而三台阶法开挖时仅测点1、2处发生破坏,而且这两个测点处的位移在第三台阶开挖后快速增长,最终趋于不变,说明该处测点并未完全破坏。在应力方面,距离洞壁较近处径向应力与环向应力与双台阶法开挖时大小相仿,而距离洞壁较远处,径向应力和环向应力相较于双台阶法开挖时又有所降低。

(3)天台山隧道岩爆特性与预测防治

采用大型岩土工程有限元软件FINAL建立该典型断面的有限元模型及其细部详图,如图7.4-61所示。隧洞跨度15.9m,埋深500m,周边围岩影响范围按照4倍洞径考虑。初始应力场基于围岩埋深按照自重应力场计算。模型底部取切向和法向约束,其他面按照法向约束考虑。对于开挖扰动区域,通过应力释放系数来模拟。隧道基本围岩级别为Ⅲ级。本次试验参数如表7.4-16所示,围岩关键点位移及应力变化曲线如图7.4-62所示。

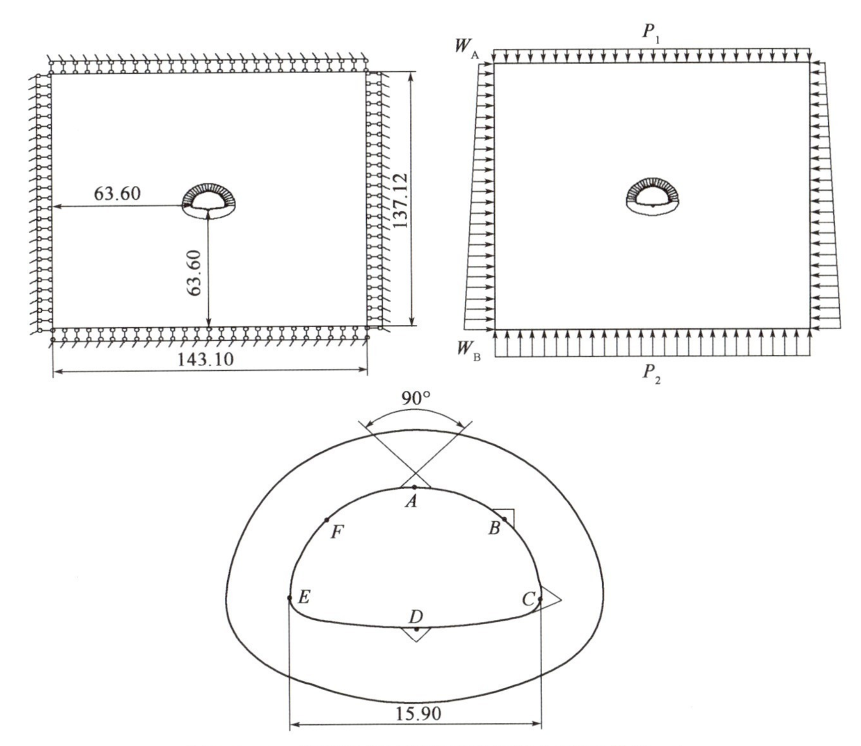

图7.4-61　隧道数值计算模型及关键点(尺寸单位:m)

数值计算参数　　表7.4-16

弹性模量(GPa)	隧道埋深(m)	结构面夹角(°)	侧压力系数	重度(kN/m^3)	泊松比	内摩擦角(°)	黏聚力(MPa)	岩石单轴抗压强度(MPa)
13	500	60	1.0	25	0.3	45	1.5	20

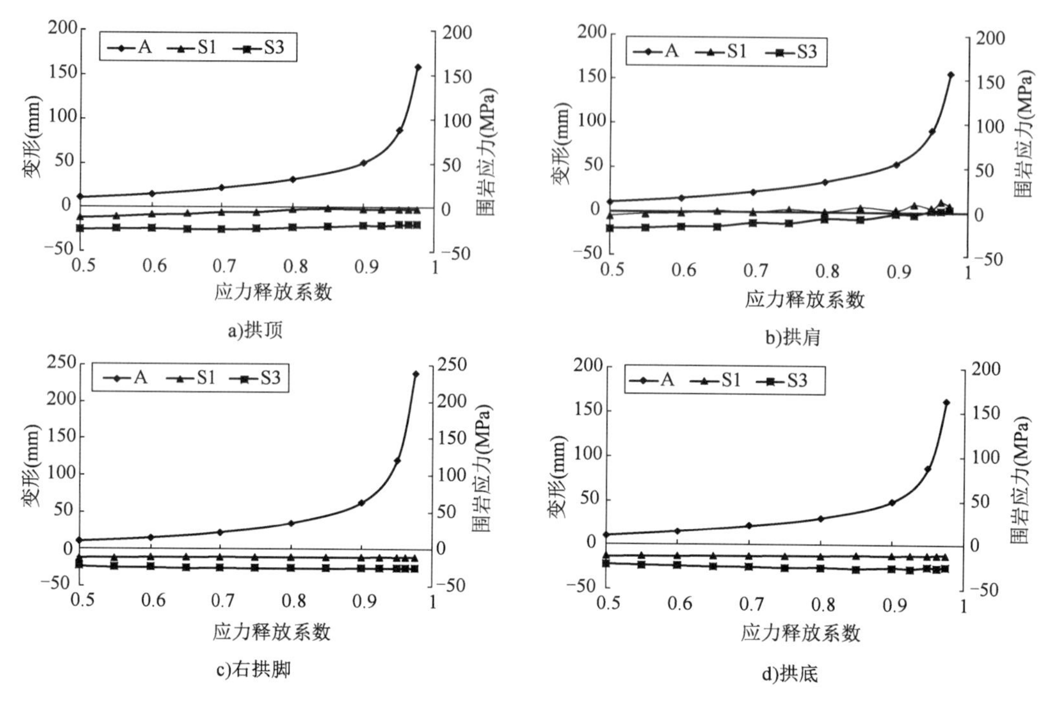

图7.4-62　围岩关键点位移及应力变化曲线
A-变形；S1-第一主应力；S3-第三主应力

对秦岭天台山隧道拱顶及边墙岩爆情况进行预测，侧压力系数较大时发生岩爆的可能性较大。而反演所得变形模量为10.0～15.0GPa，侧压力系数为1.0～1.4，当变形模量取13GPa，侧压力系数取1.2时，拱顶局部可能会发生岩爆。数值分析结果也表明，开挖后隧洞拱顶和拱肩处可能会有岩爆现象，同时由简易岩爆的预测模型可知，隧道开挖可能导致围岩发生弱岩爆或中等岩爆破坏。该断面设计支护为15cm厚C25钢筋混凝土，锚杆选取25根长度4m的ϕ22mm砂浆锚杆。在初始应力场的基础上进行全断面开挖模拟。结果表明，在开挖及支护过程中，洞周各关键点变形均为收敛，未发生位移突变，故锚喷支护对于天台山隧道岩爆的处置有效。

第8章

宝鸡至坪坎公路工程水土保持生态文明工程关键技术与示范

8.1 下穿嘉陵江源头秦岭天台山隧道水资源保护技术

建立源头治理、中端截留、末端减污的水资源保护技术体系,通过隧道施工涌水净化、生态柔性边坡、拦沙减淤系统等技术应用,实现径流过程能量消减、泥沙沉淀、生物净化、雨水蓄积、污染物达标排放。

8.1.1 隧道工程涌水净化利用系统

隧道出水,施工期在隧道洞口设置沉淀池作为基本处理手段,增加隔油气浮处理设施,将悬浮物质和石油类混凝沉淀,清液再利用,如用于施工场地的洒水降尘,也可临时存放在沉淀池中,作为植被恢复绿化用水。隧道废水处理系统后增设蓄水池,废水处理后进入蓄水池,作为植被恢复绿化用水或洒水降尘用水,确保出水不排入河流。

8.1.2 桥面径流收集系统

桥面径流进行封闭收集设计,并应在路基两侧设置收集池,路面排水经两侧排水沟汇集后引入收集池中,起到沉淀作用。桥面不设竖向排水管,桥面径流经纵向排水管收集后进入桥头收集池。这些收集系统可以预防初期雨水污染。同时应对桥梁防撞护栏进行强化加固设计,并设置防侧翻设施。

8.1.3 拦沙减淤系统

拦沙减淤系统包括水力消减系统和沉沙系统。

消力池是促使在泄水建筑物下游产生底流式水跃的消能设施,如图8.1-1所示。消力池能使下泄急流迅速变为缓流,一般可将下泄水流的动能消除40%~70%,并可缩短护坦长度,是一种有效而经济的消能设施。通过水跃,将泄水建筑物泄出的急流转变为缓流,以消除动能。因其主流位于渠槽底部,故又称底流消能。水跃消能主要靠水跃产生的表面旋滚及旋滚与底流间的强烈紊动、剪切和掺混作用。它具有流态稳定,消能效果较好,对地质条件和尾水变幅适应性强,尾水波动小,维修费用省等优点。但护坦较长,土石方开挖量和混凝土方量较大,工程造价较高。上游水位到跃首断面的落差大,故该处流速高,当弗劳德数小时,消散的动能少,即余能多,而余能主要就是跃后水深表达的位能。水跃消能应用很广,适于高、中、低水头,大、中、小流量各类泄水建筑物。

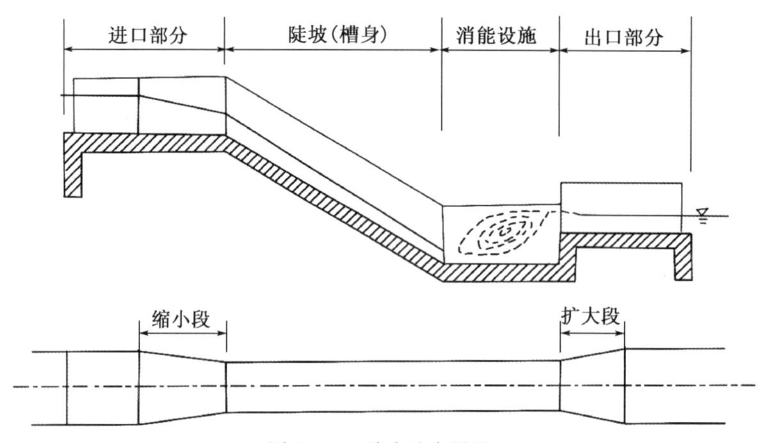

图 8.1-1 消力池布设图

消力池的形式通常有下降式、消力槛式和综合式三种。下降式,降低护坦高程形成的消力池,用以加大尾水深度,促使下泄急流在池中产生底流式水跃。消力槛式,在护坦上(一般在末端)设置消力槛而形成的消力池,多用于水跃淹没度略感不足或开挖消力池有困难的情况。综合式,既降低护坦高度又设置消力槛而形成的消力池,多用于尾水深度与第二共挑水深相差较大的情况。

沉沙池是指用以沉淀水流中大于规定粒径泥沙的水池。沉沙池应沉淀泥沙的粒径,主要取决于引水用途。沉沙池出口允许含沙量不宜大于 10kg/m^3。具体允许泥沙粒径应根据当地实际情况确定。沉沙池形式可结合冲沙方式,采用定期水力冲沙或人工清淤的条带形沉沙池。有天然洼地可以利用时,也可采用沉沙条渠。

沉沙池的进口段宜采用两侧均匀扩散的对称布置;受条件限制时,也可采用单侧扩散布置,但需设置与池厢潜没隔墙相对应的导流墩(墙)。进口段长度可取 15 ~ 30m。沉沙池的出口段宜采用两侧均匀收缩的对称布置。出口段可取 10 ~ 20m,水流收缩角宜为 10° ~ 20°。必要时,出口处可设置跌梁式活动底坎。池底纵坡应根据冲沙流速及具体冲沙条件等进行计算,可取 1/200 ~ 1/50。采用定期冲沙的冲沙流速不宜小于 2m/s。池厢横断面宜取矩形或梯形。池厢分段应设伸缩沉降缝,缝距可为 10 ~ 20m,缝内应设止水。

8.1.4 依托工程实施情况与效果

在宝鸡至坪坝高速公路(简称“宝坪高速公路”)全线应用水资源保护技术。实现水资源的回收利用和生态保护,如图8.1-2所示。

a)沉淀池

b)拦沙减淤系统

c)路面雨水收集

d)雨水收集池

图8.1-2 路面径流收集系统

在清水河特大桥、茵香河特大桥、李家河大桥、神沙河大桥、秦岭特长隧道出口处、核桃坝1号特大桥建立水质监测点,2020年在项目建设期监测pH值、化学需氧量(CODcr)、五日生化需氧量(BOD_5)、悬浮物含量、氨氮含量、石油类含量等指标,见表8.1-1。

地表水监测点位 表8.1-1

河流名称	位置	监测点位	监测项目	监测频次
清水河	清水河特大桥	上游约100m	pH值、CODcr、BOD_5、悬浮物含量、氨氮含量、石油类含量	每次连续采样两天,每天采集一次水样
		下游约500m		
茵香河	茵香河特大桥	上游约100m		
		下游约500m		
李家河	李家河大桥	上游约100m		
		下游约500m		
神沙河	神沙河大桥	上游约100m		

续上表

河流名称	位置	监测点位	监测项目	监测频次
神沙河	神沙河大桥	下游约500m	pH值、CODcr、BOD_5、悬浮物含量、氨氮含量、石油类含量	每次连续采样两天，每天采集一次水样
嘉陵江	秦岭特长隧道出口处	上游约100m		
		下游约500m		
车道河	核桃坝1号特大桥	上游约100m		
		下游约500m		

根据《地表水环境质量标准》(GB 3838—2002)，地表水pH值在6~9范围内符合Ⅰ~Ⅴ类水标准，本项目涉及的6条河流，12个采样断面采集的水样均符合该范围(表8.1-2)。本项目涉及6条河流的化学需氧量均小于或等于15mg/L，石油类含量均小于或等于0.05mg/L，且五日生化需氧量均小于或等于3mg/L，因此本项目涉及的6条河流在以上4个指标中达到Ⅰ类水标准。另外，氨氮含量小于或等于0.15mg/L属于Ⅰ类水，小于或等于0.5mg/L为Ⅱ类水，其中茵香河、李家河和神沙河均达到Ⅰ类水标准，而清水河、嘉陵江和车道河达到Ⅱ类水标准。

地表水监测结果一览表　　表8.1-2

监测点位	采样断面	pH值	化学需氧量(mg/L)	石油类含量(mg/L)	悬浮物含量(mg/L)	氨氮含量(mg/L)	五日生化需氧量(mg/L)
清水河	清水河特大桥上游100m处	7.62	9	ND0.01	ND4	0.150	1.3
		7.70	10	ND0.01	ND4	0.178	1.2
	清水河特大桥下游500m处	7.76	5	ND0.01	ND4	0.088	1.1
		7.72	5	ND0.01	ND4	0.116	1.1
茵香河	茵香河大桥上游100m处	7.73	11	ND0.01	ND4	0.071	1.4
		7.82	10	ND0.01	ND4	0.105	1.5
	茵香河大桥下游500m处	7.67	9	ND0.01	ND4	0.065	1.2
		7.75	15	ND0.01	ND4	0.139	1.1
李家河	李家河大桥上游100m处	8.03	5	ND0.01	ND4	0.065	ND0.5
		8.11	6	ND0.01	ND4	0.082	ND0.5
	李家河大桥下游500m处	7.90	7	ND0.01	ND4	0.099	ND0.5
		8.04	7	ND0.01	ND4	0.054	ND0.5
神沙河	神沙河大桥上游100m处	8.04	4	ND0.01	ND4	0.094	ND0.5
		8.06	5	ND0.01	ND4	0.094	ND0.5
	神沙河大桥下游500m处	8.30	10	ND0.01	ND4	0.122	0.9
		8.26	9	ND0.01	ND4	0.127	0.8
嘉陵江	秦岭特长隧道出口上游100m处	8.09	12	ND0.01	ND4	0.347	1.1
		8.11	11	ND0.01	ND4	0.381	1

续上表

监测点位	采样断面	pH 值	化学需氧量（mg/L）	石油类含量（mg/L）	悬浮物含量（mg/L）	氨氮含量（mg/L）	五日生化需氧量（mg/L）
嘉陵江	秦岭特长隧道出口下游 500m 处	7.74	11	ND0.01	ND4	0.234	0.9
		7.85	13	ND0.01	ND4	0.279	1.1
车道河	核桃坝 1 号特大桥上游 100m 处	7.98	7	ND0.01	ND4	0.403	ND0.5
		8.04	6	ND0.01	ND4	0.386	ND0.5
	核桃坝 1 号特大桥下游 500m 处	7.95	7	ND0.01	ND4	0.189	ND0.5
		8.02	8	ND0.01	ND4	0.229	ND0.5

因此，综合考虑上述评价指标，项目涉及的 6 条河流中达到Ⅰ类水标准的河流有茵香河、李家河和神沙河，达到Ⅱ类水标准的河流有清水河、嘉陵江和车道河。

工程开挖隧道破坏地下水系，可能对地表植被生长产生影响，进一步分析宝坪高速公路沿线植被覆盖度的时空演变情况。2000—2020 年宝坪高速公路区段植被指数（NDVI）发生了明显变化（图 8.1-3）。宝坪高速公路区段 NDVI 年均值变化范围在 0～1 之间，2000 年 NDVI 年均值高值出现研究区南部。2016—2018 年，宝坪高速公路工程大面积开工建设，区域植被覆盖度呈现出一定的下降趋势。2020 年以后，植被恢复效果明显，区域植被覆盖度得到上升。这说明工程建设期对植被产生了一定的影响，但是随着工程竣工，工程扰动影响逐渐消除。

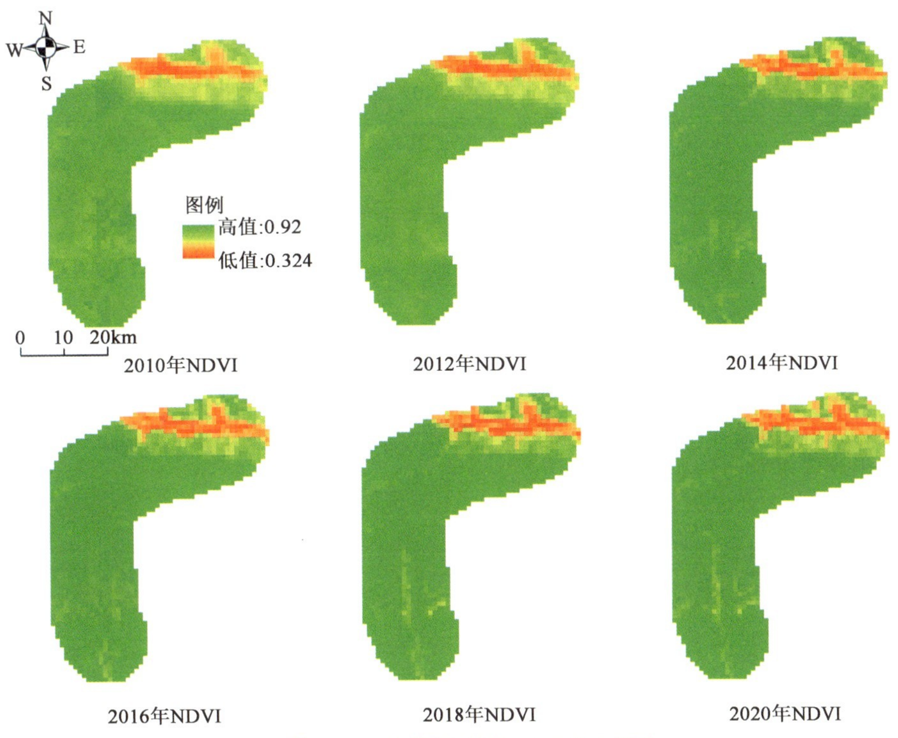

图 8.1-3　宝坪高速公路 NDVI 时空演变

8.2 取(弃)土场生态安全技术体系

取(弃)土场香根草生态修复技术体系主要内容包括坡面平整、香根草育苗、种植和管理等。通过香根草修复可有效防止渣土场水土流失,改良土质。

8.2.1 香根草育苗设备研发

香根草技术在我国的发展已经历30余年,其应用领域从农田水土保持到基础设施防护,从环境保护到污染治理,从固土护坡到防灾减灾等,绝大多数应用取得了良好的生态效益和社会效益,并带来较好的经济效益。香根草不能结生长发育的籽,只能靠分株繁殖法育苗。现有的多层香根草育苗设备在使用时,不能一次性快速推出多层育苗床,不便种植及后期查看生长情况。

为了克服上述缺陷,提供一种多层香根草育苗设备,要解决的技术问题是如何一次性快速推出多层育苗床,便于种植及后期查看生长情况。为实现上述目的,提供如下技术方案:一种多层香根草育苗设备包括底座,底座顶部可拆卸连接固定架,且固定架水平方向相对设置两组,两组固定架之间固定连接支撑板,且支撑板竖直方向设置若干组,支撑板顶部滑动设有育苗床,育苗床一侧贯穿有传动杆;支撑板顶部固定连接导向柱,且导向柱水平方向设置若干组,支撑板一侧内部开设有穿孔;育苗床顶部开设有育苗槽,育苗槽内部活动设有底板和放置架,且底板位于放置架底部,底板与放置架设有支撑架和连接管,且连接管固定设于支撑架与放置架之间,育苗床底部开设有导向槽,且导向槽与导向柱之间对应设置,育苗床一侧固定连接齿条板;传动杆外周固定连接齿轮,且齿轮对应育苗床设置若干组,传动杆底部固定连接电机,传动杆顶部转动连接套筒。香根草育苗设备如图8.2-1所示。

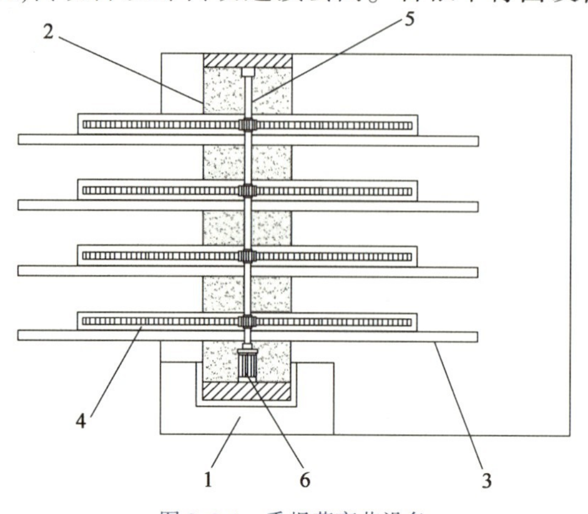

图8.2-1 香根草育苗设备

1-底座;2-立柱;3-支撑板;4-育苗床;5-传动杆;6-电机

8.2.2　取(弃)土场香根草生态修复技术

香根草根系发达,下扎快速,抗旱耐瘠,耐污染,抗病虫害,定植简便,管理粗放,成活迅速,具有保持水土等功能,能够重建被扰动土壤生态系统。定植成活或在其过程中可人工引入乔灌草,利用植物的生态位、时空差异配置物种,形成植物结构合理、功能齐全、种群稳定的生物多样性群落结构。其根系致密深扎,是柔性护坡和渣土场恢复的最佳植物。公路边坡、渣土场香根草修复体系见图 8.2-2。

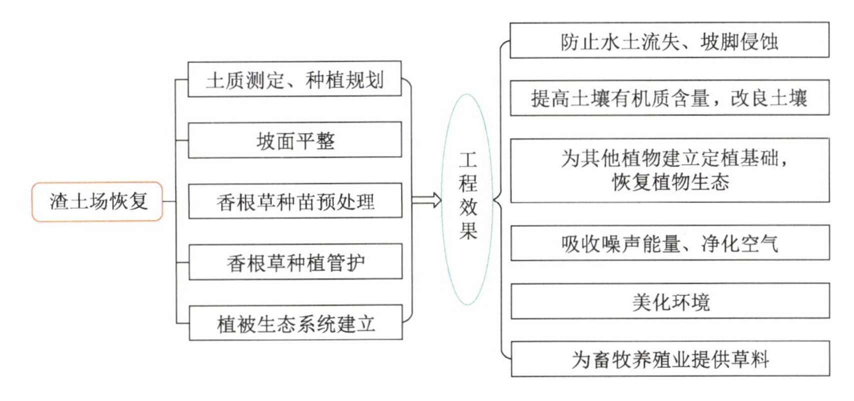

图 8.2-2　取(弃)土场香根草生态修复技术体系

(1)香根草生态修复技术辅助工程措施少。香根草生态技术施工时,只需适当整理或不需整理坡面,原位或按等高线种植即可;特殊情况时,需修筑高平台、天沟、排水沟等。采用香根草建成的绿篱坡体,可代替打铆钉、方格和部分挡墙。

(2)香根草生态修复技术原位施工简便。香根草生态技术对原土扰动小,植株裸根苗即可定植成活。对土壤要求低,客土量小(一般不需要客土,砾石含量超过 80% 时需少量客土),节约成本。100 亩以内施工周期约 15d,5—10 月均可施工。

(3)香根草生态修复技术管护粗放易行。香根草定植后 60d 内为重点管护期,需及时浇水,定植生根后,较其他绿化措施更易管护,3 个月内进行补苗、除杂草、施肥,之后自然演替为本土顶级植物群落。

(4)香根草生态修复技术适应性好。工程经验表明:香根草适应性极好,项目对照区内至今无植被恢复,而项目区随着香根草固土保水功能的显现,为其他本土植物的回归创造了条件,生物多样性明显得到了改善。

8.2.3　香根草修复取(弃)土场水肥梯度实验

选择黄家山弃土场的土壤作为实验土壤,设置水分梯度(4 个梯度,每个 3 组重复)和肥力梯度(其中氮肥设 4 个梯度,磷肥设 3 个梯度,每组做 3 个重复)。水分 4 个梯度为:W1(充分供水,80% 饱和田间持水量,80% FC)、W2(轻度干旱胁迫,60% 饱和田间持水量,

60% FC)、W3(干旱处理,40% FC)、W4(交替处理,先 80% FC 两个月,再自然落干到 40% FC)。肥力具体设置为:氮肥 4 个梯度(分别为 N1 0kg/hm^2、N2 230kg/hm^2、N3 460kg/hm^2 及 N4 690kg/hm^2),磷肥 3 个梯度(分别为 P1 0kg/hm^2、P2 300kg/hm^2 和 P3 600kg/hm^2),因此获得 N1P1、N2P1、N3P1、N4P1、N1P2、N2P2、N3P2、N4P2、N1P3、N2P3、N3P3 和 N4P3 共计 12 个实验组。

(1)株高

比同一磷肥梯度下,通过控制氮肥含量,探究香根草株高的不同,发现最大株高为 145.1cm,净增长量为 127.8cm,对应组别为 N4P3 组对;控水组对比结果为 W1 条件下生长条件最理想,最终刈割时株高为 124.3cm,净增长值为 112.2cm。香根草实验不同处理株高指标如图 8.2-3 所示。

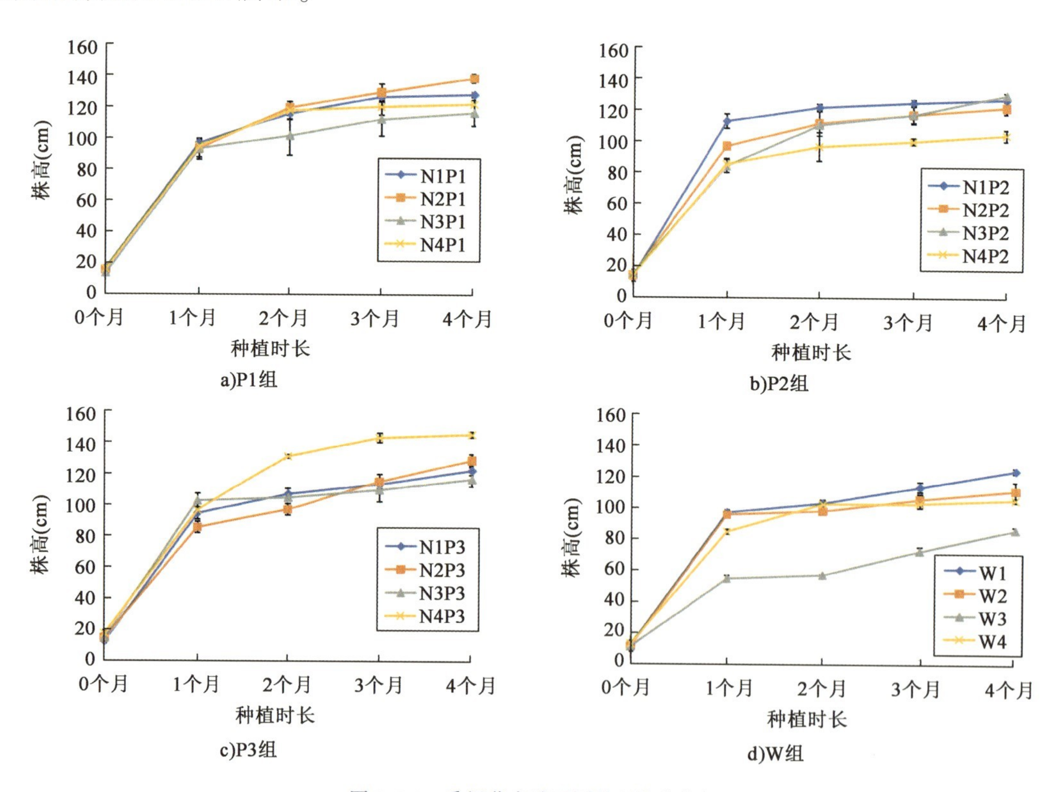

图 8.2-3 香根草实验不同处理株高指标

(2)株宽

分析以不同磷肥梯度划分出三个大组,最大株宽约为 2.4cm(N2P1 组),整体来看,各组叶宽平均大小排序为 P1(1.90cm) > P3(1.84cm) > P2(1.76cm)。三大组总体来看 N2 表现最佳,N1 条件下的叶宽均为每组最小,表现最差,这也表明施加一定量的氮肥的确对香根草株宽生长有一定推动作用。水分组各种株宽从大到小排序依次为 W1、W2、W4 及 W3。香根草实验不同处理株宽指标如图 8.2-4 所示。

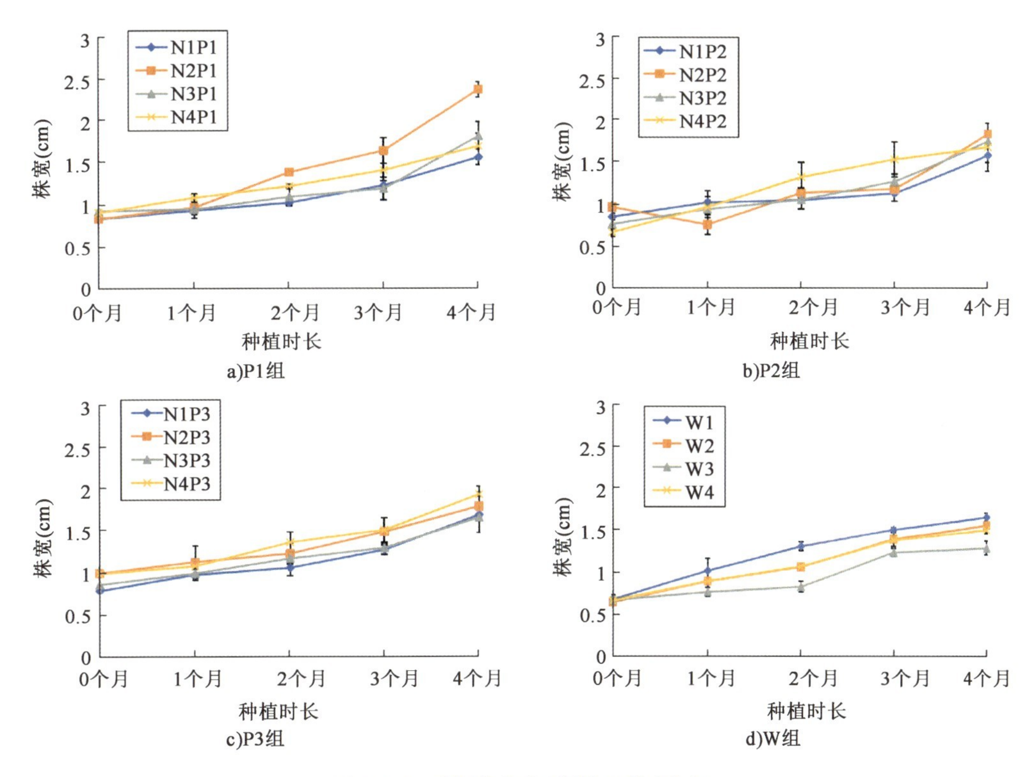

图 8.2-4　香根草实验不同处理株宽指标

(3)相对叶绿素

肥力组共计 12 组中 N4P3 组相对叶绿素含量值最高,为 40.43 SPAD,最低为 N3P1 组,相对叶绿素含量为 16.53SPAD。水分组中,随着水分的减少,相对叶绿素含量也在随之减少,最终表现为 W1 > W2 > W4 > W3。香根草实验不同处理 SPAD 指标如图 8.2-5 所示。

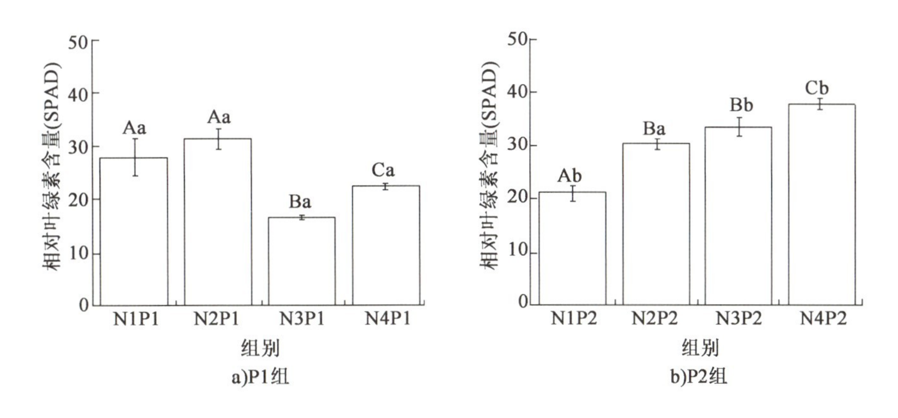

图　8.2-5

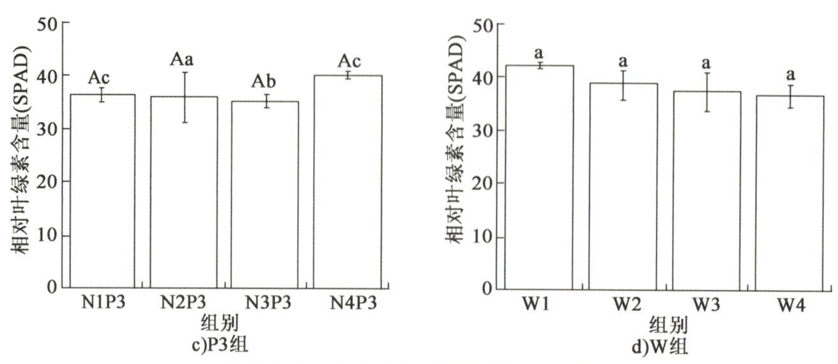

图 8.2-5　香根草实验不同处理 SPAD 指标

(4)叶片氮含量

肥力组中 N3P2 组叶片氮含量净增长值最高(3.77),N3P1 组叶片氮含量增长值最低(0.17);W1 的叶片氮含量增长值为所有样品中最高,其增长值达到 4.1,随着水分的减少,受测试香根草的叶片氮含量净增长值也随着减少,W3 组叶片氮含量净增长值为负,这也表明叶片氮含量会受到水分影响而出现差异。香根草实验不同处理叶片氮含量指标如图 8.2-6 所示。

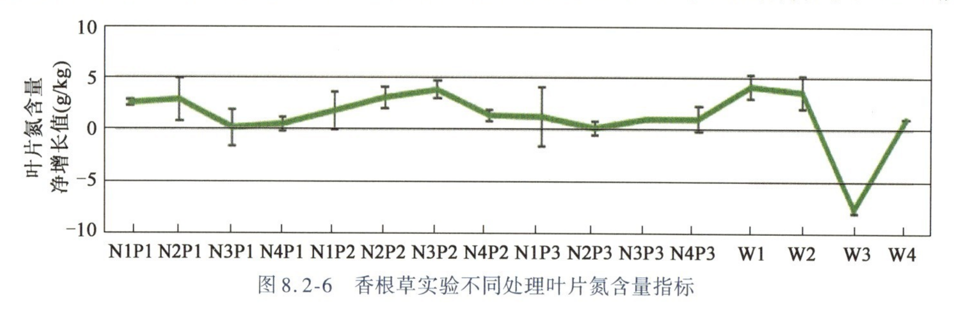

图 8.2-6　香根草实验不同处理叶片氮含量指标

(5)微生物多样性

为研究不同样本(组)间哪些物种是共有的,哪些是独有的,使用 Venn 图来进行群落分析。每个椭圆代表一个样本(组),椭圆间的重叠区域指示样本(组)间的共有微生物序列聚类(OTU),每个区块的数字指示该区块所包含的 OTU 的数目。香根草实验不同处理细菌序列 Venn 图如图 8.2-7 所示。

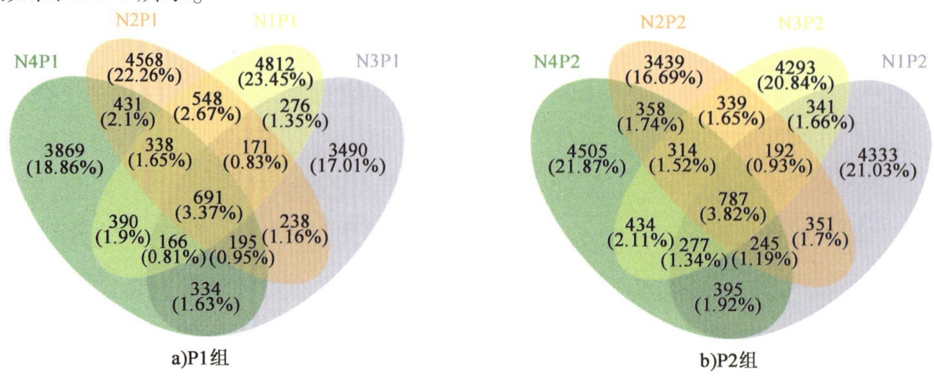

图　8.2-7

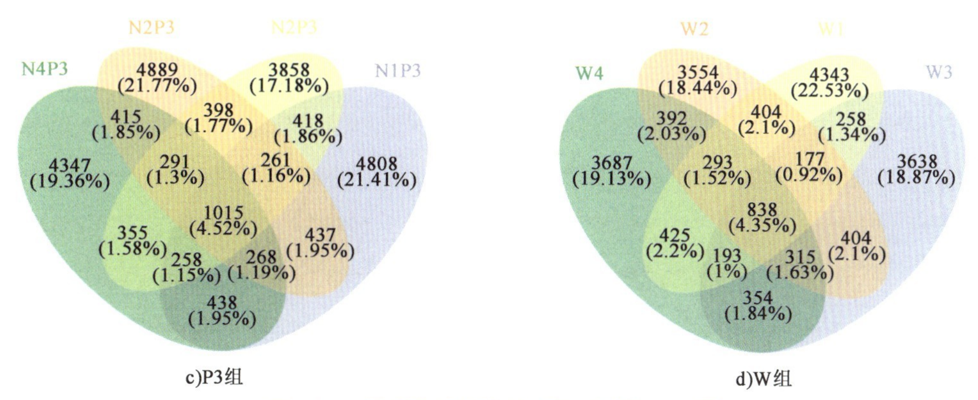

c)P3组　　d)W组

图 8.2-7　香根草实验不同处理细菌序列 Venn 图

对于肥力组来说，P3 条件下，4 组不同氮肥间共有物种最多，达到 1015 种，占总数的 4.52%。其中 N3P3 的 OTU 数目为 12 组中最高，说明此时土壤样本中含有较多的特有微生物种类。水分组中，W1 组的 OTU 数目最高（4343），W3 组的 OTU 数目最低（3738），表明 W1 条件下土壤样本中含有较多的特有微生物种类，而 W3 条件下土壤样本中特有微生物种类最少。

（6）土壤酶活性变化

在 P1 条件下根际土的 β-葡萄糖苷酶的活性随氮肥施用量的增加而呈现出增加规律，而非根际土总体表现出先增加后减少的变化规律，其中仅无施肥组（N1P1 组）的非根际土 β-葡萄糖苷酶的活性大于根际土；P2 条件下根际土的 β-葡萄糖苷酶的活性则表现为先增加，N3P2 组时 β-葡萄糖苷酶的活性达到最高，为 0.1033μmol · g^{-1} · h^{-1}，随后 N4P2 组 β-葡萄糖苷酶的活性又逐渐减小；P3 组中 β-葡萄糖苷酶的活性先减少后增大，N2P3 组的 β-葡萄糖苷酶活性仅为 0.0329μmol · g^{-1} · h^{-1}，为 P3 组中最低，其中非根际土与根际土的变化趋势相同；W 组中随着水分的增加，非根际土的 β-葡萄糖苷酶的活性呈现降低趋势，而根际土中 β-葡萄糖苷酶的活性从大到小排序依次为 W1 > W3 > W2 > W4，其中 W2 组与 W4 组活性几乎保持一致。香根草实验不同处理 β-葡萄糖苷酶活性变化如图 8.2-8所示。

根际土的纤维素酶活性均高于非根际土的纤维素酶活性，但从具体的变化趋势来看，根际土与非根际土的变化趋势却并非完全相同。整个肥力组纤维素酶的活性范围为 0.0129μmol · g^{-1} · h^{-1}（N3P2 组）~ 0.0792μmol · g^{-1} · h^{-1}（N4P3 组），差值达到 0.0663μmol · g^{-1} · h^{-1}。从整体来看，不同磷肥施用量下纤维素酶的活性为 P1 组最大、P3 组次之，P2 组最小。水分组中，无论是根际土还是非根际土，W2 组（根际土 −0.0077μmol · g^{-1} · h^{-1}，非根际土 −0.0009μmol · g^{-1} · h^{-1}）与 W4 组（根际土 −0.0075μmol · g^{-1} · h^{-1}，非根际土 −0.0008μmol · g^{-1} · h^{-1}）的纤维素酶活性差异均不大，W3 组的根际上与非根际土的纤维素酶活性均为本组最低（根际土 −0.0014μmol · g^{-1} · h^{-1}，非根际土 −0.0006μmol · g^{-1} · h^{-1}），具体为 W2 组 > W4 组 > W1 组 > W3 组。香根草实验不同处理纤维素酶活性变化如图 8.2-9 所示。

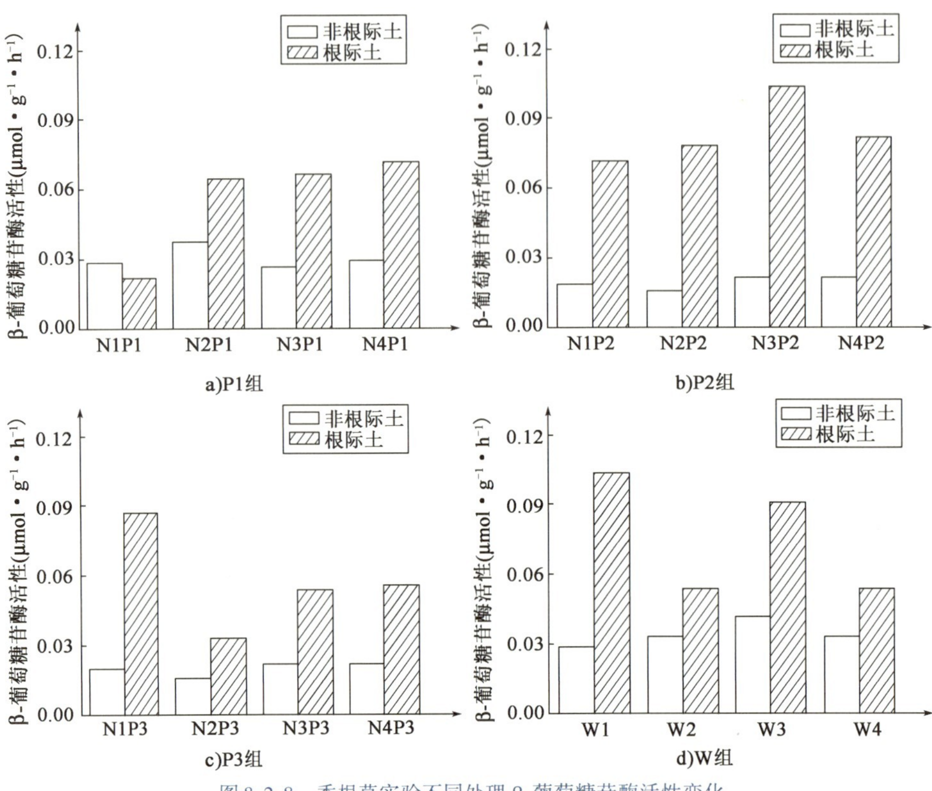

图 8.2-8　香根草实验不同处理 β-葡萄糖苷酶活性变化

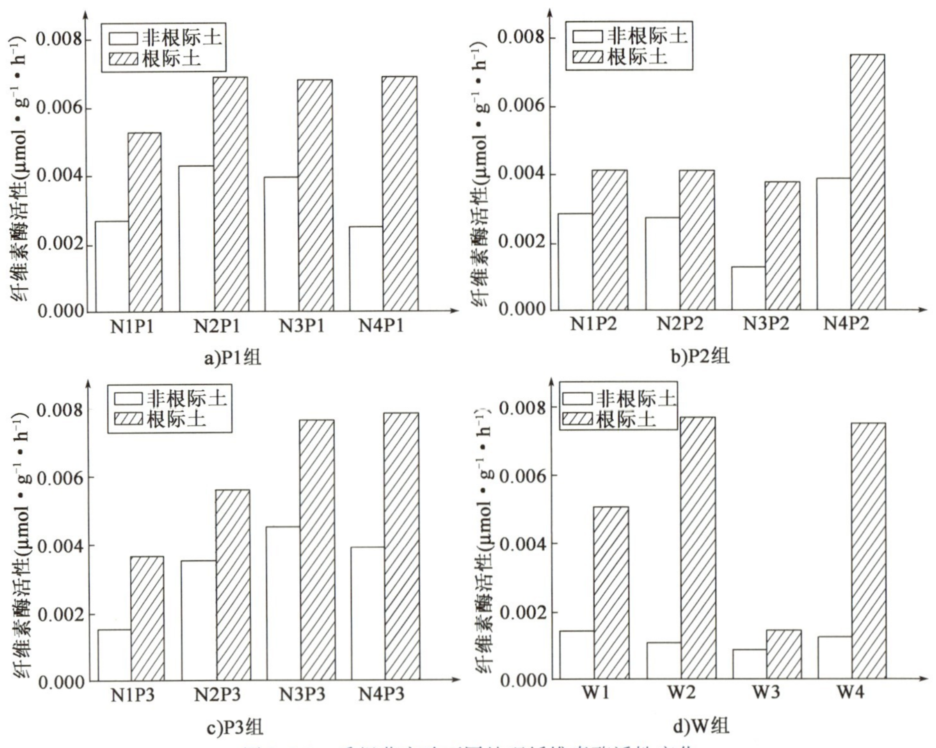

图 8.2-9　香根草实验不同处理纤维素酶活性变化

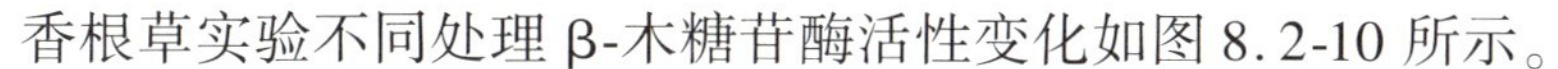
香根草实验不同处理β-木糖苷酶活性变化如图8.2-10所示。

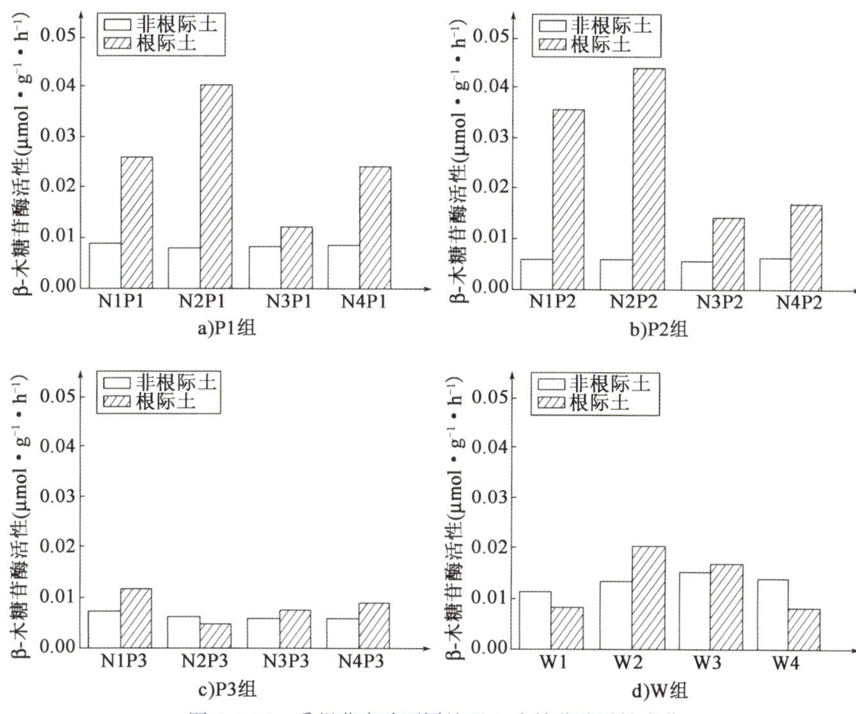

图8.2-10　香根草实验不同处理β-木糖苷酶活性变化

香根草实验不同处理亮氨酸酶活性变化如图8.2-11所示。

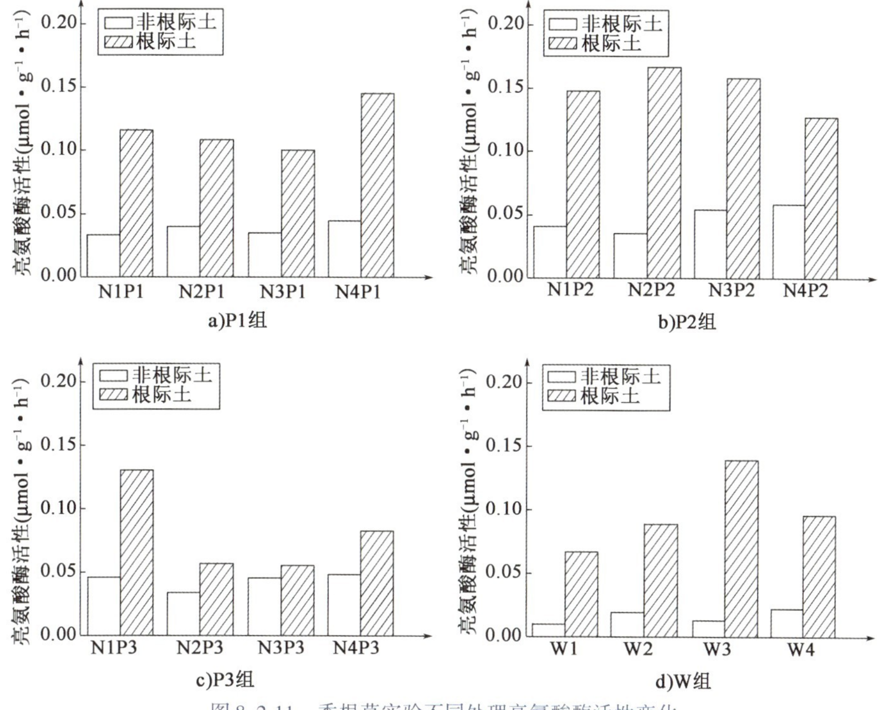

图8.2-11　香根草实验不同处理亮氨酸酶活性变化

香根草实验不同处理 N-乙酰氨基-β-葡萄糖苷酶活性变化如图 8.2-12 所示。

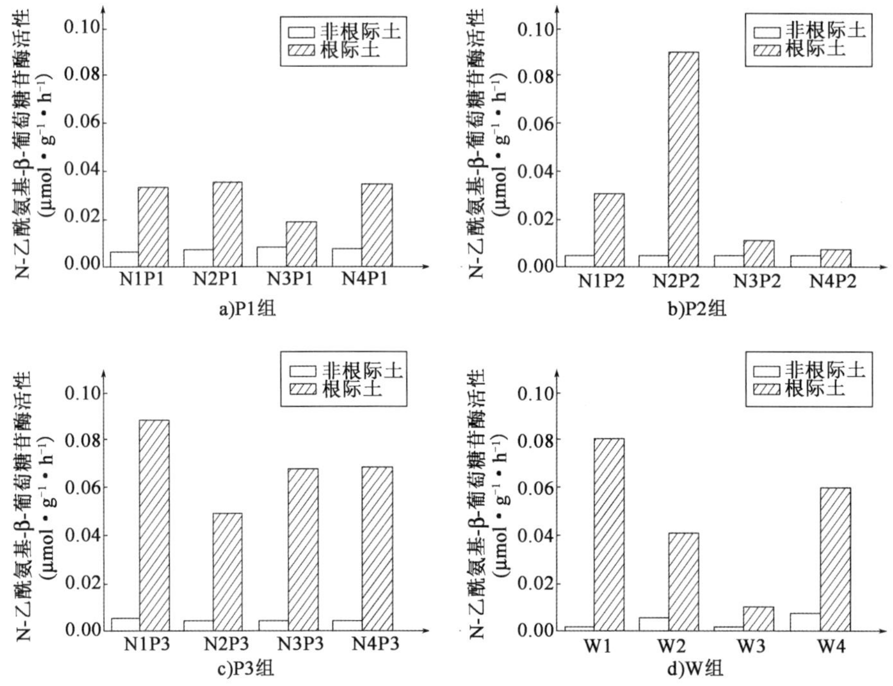

图 8.2-12 香根草实验不同处理 N-乙酰氨基-β-葡萄糖苷酶活性变化

香根草实验不同处理磷酸酶活性变化如图 8.2-13 所示。

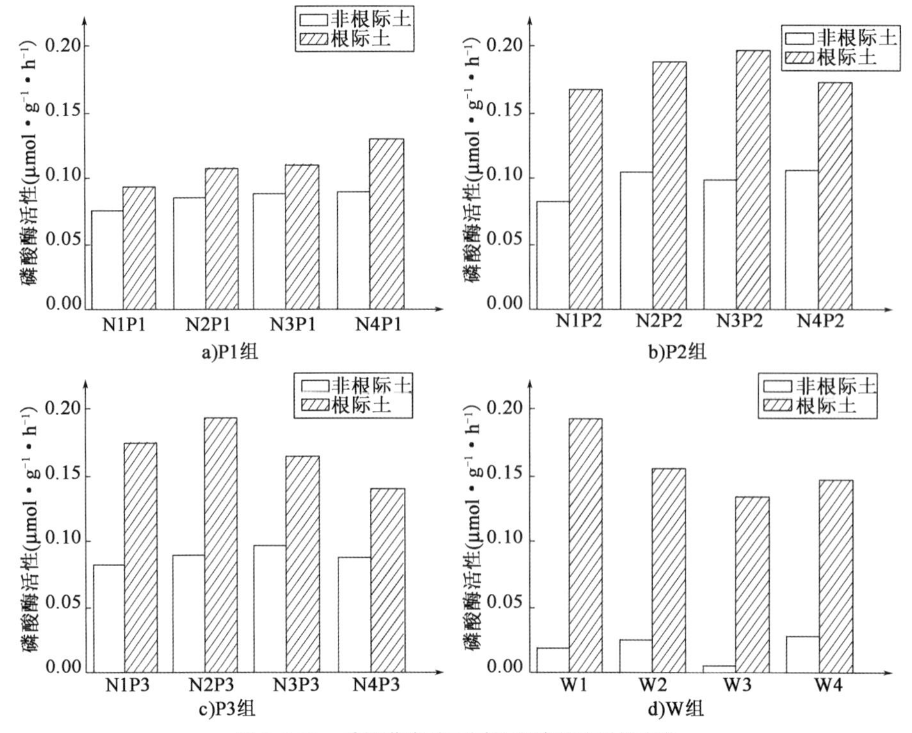

图 8.2-13 香根草实验不同处理磷酸酶活性变化

8.2.4 依托工程实施情况与效果

在宝坪高速公路岩湾弃土场和黄家山弃土场应用香草根体系生态修复技术,增加了固土防冲能力,为其他生物提供稳定的生态环境平台,水土保持效果优异,从根本上提高了土地及水资源利用率,从而稳定公路病害边坡,防止弃土场和弃渣场水土流失,能够实现安全、高效、廉价治理水土流失。岩湾弃土场修复前后对比如图8.2-14和图8.2-15所示。

图8.2-14 岩湾弃土场(修复前)

图8.2-15 岩湾弃土场(修复后)

LJ-16标段岩湾弃土场:岩湾弃土场占地面积75.6亩,占土地类型主要为灌木林地,平均弃渣深度12.9m,设计弃渣量65万m^3。挡土墙为C20片石混凝土挡墙,高度5m。

岩湾弃土场设在K177+700左侧0.4km宝鸡市凤县河口镇岩湾村东侧荒沟内,位于秦岭低中山区微地貌,地形起伏较大,V形谷发育,相对高差一般在400m以上,边坡陡立。该荒沟为季节性水沟,河流侵蚀作用强烈,降雨多又较为集中。秦岭北坡短而陡,南坡长但较缓,主河流及次级山脊主要呈近南北向,河谷区坡地较缓,呈阶梯状,谷坡上发育高阶地,谷底宽阔平坦,发育一级阶地,冲积物为漂卵石和砂砾土,厚度不超过15m。

LJ-2标段黄家山弃土场:黄家山弃土场占土地类型主要为草地,弃渣总量为167.11万m^3,弃土场汇水面积为18hm^2,挡土墙为M10浆砌石拦渣坝,拦渣坝长52m,高7.0m,其中基础部分深1.0m,底部宽6.0m。黄家山弃土场修复前后对比如图8.2-16和图8.2-17所示。

图8.2-16 黄家山弃土场(修复前)

图8.2-17 黄家山弃土场(修复后)

黄家山弃土场设在宝鸡市高新区黄家山村内,位于秦岭山地区河谷微地貌,地形起伏不大,边坡较缓。该荒沟为季节性水沟,河流侵蚀作用强烈,降雨多又较为集中。秦岭北坡短而陡,南坡长但较缓,主河流及次级山脊主要呈近南北向,河谷区坡地较缓,呈阶梯状,谷坡上发育高阶地,谷底宽阔平坦,发育一级阶地,冲积物为漂卵石和砂砾土,厚度不超过15m。

在黄家山弃土场应用香根草生态修复,地表部分成活率达到90%以上,2个月后株高可达50~80cm,3个月后可达1m以上。单株分蘖10~20倍,根系(以一个生长周期计)达到1~3m。通过香根草体系茎叶对雨水的截留减速,减少地表径流90%以上。

香根草生态修复改变了土壤有机质成分及植物覆盖因子,使年土壤流失量从裸坡每平方米62.18kg降到0.021kg(控制率达99.96%),基本防止了水土流失。香根草防治水土流失对比见表8.2-1。

香根草生态修复防治水土流失对比　　表8.2-1

主要参数	侵蚀模数 [kg/(m^2·a)]	年平均降雨侵蚀因子	土壤可侵蚀因子	地形因子	地面植物覆盖因子	水土保持措施因子
裸坡	62.18	284.7	0.12	1.82	1.0	1.0
香根草生物修复	0.021	284.7	0.08	1.82	0.001	0.5

8.3 高陡边坡生态修复技术

8.3.1 高陡边坡生物防护分类

边坡防护按照植被类型可分为乔灌草型、藤木型、草坪型+格栅、草坪型、灌草型等形式,如图8.3-1所示。

a)乔灌草型　b)藤木型　c)草坪型+格栅　d)草坪型　e)灌草型　f)工程措施与生物防护结合

图8.3-1　高陡边坡生物防护分类

8.3.2 宝坪高速公路边坡类型划分及施工工艺

针对宝坪高速公路土石混合边坡(路堑)、土质边坡(路堑)、土质边坡(路堤)等不同工段,确定了液压喷播、客土喷播、植生袋等生态边坡修复施工工艺流程,提出了相应的施工工法,见表8.3-1。

高陡边坡施工工法　　表8.3-1

边坡类型	坡率	厚度(cm)	推荐工法	喷射方式
石质边坡(路堑)	≥1:0.5	9	厚层基材喷草(灌)	干喷法
	1:0.5~1:1.0	8	厚层基材喷草(灌)	湿喷法
		7	高次团粒混合纤维喷灌	湿喷法
	≥1:1	30	工程防护结合码砌植生袋(绿网袋)	—
	<1:1.0	30	打穴植灌(草)	应用较少
土石混合边坡(路堑)	≥1:0.5	7	厚层基材喷草(灌)	干喷法
	1:0.5~1:1.0	6	厚层基材喷草(灌)	湿喷法
	1:1.0~1:1.5	4	客土喷草(灌)	湿喷法
	≥1:1.0	30	工程防护结合码砌植生袋(绿网袋)	应用较少
	<1:1.0	30	打穴植灌(草)	应用较少
	<1:1.0	30	椰网网喷灌(草)	湿喷法
土质边坡(路堑)	1:0.5~1:0.75	5	厚层基材喷草(灌)	湿喷法
	1:0.75~1:1.0	2~3	客土喷草(灌)	湿喷法
	<1:1.0	30	打穴植草(灌)	应用较多
	<1:1.0	30	椰网网喷灌(草)	湿喷法
	≥1:1	30	工程防护结合码砌植生袋(绿网袋)	网袋填土后栽植灌草
土质边坡(路堤)	1:1~1:2	5	液压喷草(灌)	湿喷法
	<1:1.0	30	混播草籽	应用较多
	<1:1.0	30	栽植灌木	应用较多
	<1:1.0	30	栽灌播草	应用较多

(1)液压喷播施工

一般规定:适用于坡率小于1:1的路堤边坡。边坡进行平整及清理,坡面应顺直、圆滑、平整且稳定,不得有松石、危石,边坡修整后凸出或凹进小于10cm。

材料配比:液压喷播施工材料包括种子、木纤维、黏合剂、肥料、保水剂、无纺布等,材料参考配比见表8.3-2。

液压喷播材料参考配比　　表8.3-2

材料名称	配比量	材料名称	配比量
种子	13～21g/m²	保水剂	5g/m²
复合肥	100g/m²	木纤维	200g/m²
钙镁磷	250g/m²	无纺布	30g/m²
黏合剂	3g/m²	移植容器苗	5株/m²

主要施工机械：包括空压机、液压喷播机、铲车、搅拌机、抽水机等。

主要施工流程：包括坡面平整、液压喷播种子、覆盖无纺布、养护。

①坡面平整。

将坡面不稳定的石块或杂物清除，不得有松石、危石。对于填石路堤边坡等不利于草种生长的坡面应回填改良客土，改良客土厚度不小于10cm，并用水润湿，让改良客土自然沉降至稳定。

②液压喷播种子。

把水加到物料罐的1/3处，打开循环压力泵，加入木纤维、草籽进行循环搅拌，随着罐内水量加大再加入黏合剂和保水剂进行搅拌。罐内水加满后，加入肥料，将罐体内的浆料持续搅拌5～10min。保水剂应充分吸收水分后待用。喷播时，由高向低进行喷播，握紧喷头，左、右方喷洒，喷洒幅宽5～6m，幅高1m，喷播接茬时应压茬40cm。喷下的种子泥浆应具有良好的附着力及明显的颜色，不遗漏、不重复且均匀。

③覆盖无纺布。

喷播后当天应及时覆盖无纺布，从上到下平整覆盖，坡顶延伸30cm用土压住。两幅相接叠加10cm，然后用竹筷或8号铁线做成的U形钉进行固定，固定间距100cm。待草长到5～6cm或2～3片叶时，揭去无纺布，揭布前应控水，揭布后及时补水。无纺布撤下后，应组织人员及时收集，不得遗落在现场。

④养护。

喷播1～2d后开始养护。养护初期应让坡面保持湿润状态，初期养护时间为45～60d，以每天浇水为主，早晚各一次，早晨养护应在上午10点以前完成，晚上养护在下午4点后开始，避免在强烈阳光下进行喷水养护，以免造成生理性缺水和诱发病虫害。待草长到10cm以上时靠自然降水，但如果连续高温干旱时间超过5d，应安排浇水。初期注意拔除杂草，后期在开春和入冬前视草的长势进行施肥。

验收标准：液压喷播施工验收标准见表8.3-3。

液压喷播施工验收标准 表8.3-3

检验指标	工程质量			评定方法
	不合格	合格	优良	
植被覆盖率	<80%	80% ~90%	>90%	每 $1000m^2$ 边坡随机取10个1m×1m的面积测试,取平均值
病虫害发生率	>30%	20% ~30%	<20%	
颜色(绿)	<70%	70% ~85%	>85%	
移植苗成活率	<80%	80% ~95%	>95%	

(2)客土喷播施工

一般规定:适用于坡率小于或等于1:1且不易冲刷的土质路堑边坡或土夹石边坡。

材料配比:客土喷播施工材料包括种子、种植土、椰粉、木粉、肥料、黏合剂、保水剂、无纺布等,材料参考配比见表8.3-4。

客土喷播材料参考配比 表8.3-4

材料名称		配比量
培养基	种植土	$25L/m^2$
	泥炭	$5L/m^2$
	椰粉	$5L/m^2$
	木粉	$10L/m^2$
	复合肥	$100g/m^2$
	钙镁磷	$250g/m^2$
	黏合剂	$5g/m^2$
种子层	黏合剂	$3g/m^2$
	保水剂	$5g/m^2$
	木纤维	$200g/m^2$
	复合肥	$50g/m^2$
	种子	$20 \sim 25g/m^2$
无纺布		$30g/m^2$
移植苗		5株/m^2

种植土:有机质=5:3;有机质中泥炭:椰粉:木粉=1:1:2。

主要施工机械:包括空压机和小铲车、湿式混凝土喷射机、液压喷播机以及养护车等。

施工流程：主要包括坡面平整、培养基拌和、喷射培养基、液压喷播种子层、无纺布覆盖。

验收标准：客土喷播施工验收标准见表8.3-5。

客土喷播施工验收标准　　表8.3-5

检验指标	工程质量			评定方法
	不合格	合格	优良	
植被覆盖率	<80%	80%～90%	>90%	每1000m² 边坡随机取10个1m×1m的面积测试，取平均值
病虫害发生率	>30%	20%～30%	<20%	
颜色（绿）	<70%	70%～85%	>85%	
移植苗成活率	<80%	80%～95%	>95%	
水分要求	降雨无法满足已形成的植被成活要求	降雨基本满足已形成的植被成活要求	仅靠降雨，且旱季生长良好	现场观测
根系状况	根系不发育	根系发育，互相缠绕，少量扎入岩层裂隙（岩层边坡）	根系纵横交错，大量扎入坡体	

（3）植生袋施工

一般规定：适用于坡率为1∶0.3～1∶0.75的岩质路堑边坡。

材料配比：植生袋施工材料包括种子、肥料、无纺布、移植容器苗等，材料参考配比见表8.3-6。

植生袋施工材料参考配比　　表8.3-6

材料名称	配比量
种子	25g/m²
复合肥	150g/m²
氮磷钾	200g/m²
无纺布	45g/m²
移植容器苗	9株/m²

主要施工机械：包括夯实机、手推车、空压机、液压喷播机、铲车、搅拌机、抽水机等。

主要施工流程：包括坡面平整、装植生袋、码放植生袋、锚固钢筋、灌木移植与养护。

验收标准：植生袋施工验收标准见表8.3-7。

植生袋施工验收标准　　表8.3-7

检验指标	工程质量			评定方法
	不合格	合格	优良	
植被覆盖率	<80%	80%～90%	>90%	每1000m² 边坡随机取10个1m×1m的面积测试，取平均值
病虫害发生率	>30%	20%～30%	<20%	
颜色（绿）	<70%	70%～85%	>85%	
移植苗成活率	<80%	80%～95%	>95%	

8.3.3 高速公路边坡防护喷播装置研发

目前,市场上的高速公路边坡防护喷播装置在使用时,将草籽、保水剂、黏合剂、肥料和水等加入搅拌筒内,电机通过搅拌轴上的搅拌叶对其进行搅拌混合,形成混合浆液,但仅通过搅拌叶进行搅拌,搅拌结构简单,搅拌方式单一,容易混合不均匀,且混合浆液在混合过程中容易粘连在搅拌筒的内壁上,造成混合浆液的损失和浪费且使用较为不便。因此设计了高速公路边坡防护喷播装置(图 8.3-2),具备混合更加均匀且防止混合浆液粘连的优点。

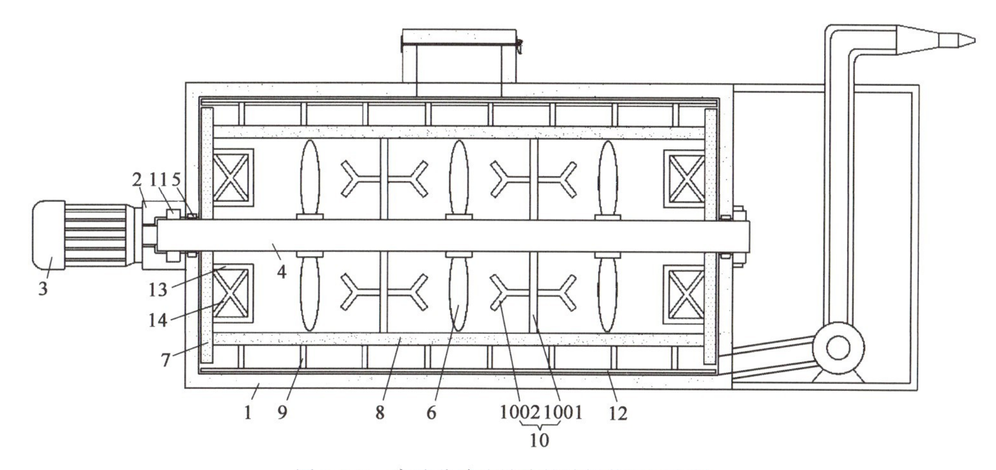

图 8.3-2 高速公路边坡防护喷播装置示意图

1-搅拌筒;2-固定件;3-电机;4-搅拌轴;5-密封圈;6-搅拌叶;7-活动杆;8-横杆;9-柱状块;10-搅拌杆;11-轴承;12-刮刀;13-U 形环;14-X 形杆

图 8.3-2 中,搅拌筒的侧面固定连接有固定件,固定件的侧面固定连接有电机,电机的输出轴固定连接有搅拌轴,搅拌轴远离电机的一端贯穿搅拌筒并延伸至搅拌筒的侧面,搅拌筒内壁对应搅拌轴表面位置处镶嵌有密封圈,密封圈的内壁与搅拌轴的表面活动连接,搅拌轴的表面固定套接有搅拌叶,搅拌叶位于搅拌筒的内部,搅拌轴的表面固定连接有活动杆,活动杆的表面与搅拌筒的内壁活动连接,活动杆的表面分别固定连接有横杆和 U 形环,横杆的表面固定连接有柱状块,横杆通过搅拌杆与搅拌轴固定连接,U 形环的内壁固定连接有 X 形杆,X 形杆固定连接在活动杆的表面。

固定件的内壁镶嵌有轴承,轴承的内壁与搅拌轴的表面固定连接;横杆的数量为两个,两个横杆以经过搅拌轴的中心水平面为对称平面对称设置;柱状块表面远离横杆的一侧固定连接有刮刀,刮刀的表面与搅拌筒的内壁活动连接;搅拌杆包括圆杆和搅拌柱,圆杆的两端分别与横杆和搅拌轴的表面固定连接,搅拌柱固定连接在圆杆的表面;圆杆的数量为四个,同一圆杆上搅拌柱的数量为两个,两个搅拌柱均呈 Y 形。

该高速公路边坡防护喷播装置设置横杆、柱状块、搅拌杆、X 形杆和刮刀,在使用时,电机通过搅拌轴带动活动杆、搅拌叶和搅拌杆旋转,活动杆带动横杆和 U 形杆上的 X 形杆旋转，横杆带动柱状块旋转，通过搅拌叶、活动杆、搅拌杆、X形杆和柱状块的组合，搅拌结构多样，搅拌方式多样，且柱状块在旋转过程中带动刮刀旋转，刮刀旋转过程中防止混合浆液粘连在搅拌筒的内壁上，达到了混合更加均匀且防止混合浆液粘连的效果，使用更加方便。

8.3.4 依托工程实施情况与效果

结合宝坪高速公路实际，综合考虑施工技术、绿化效果以及边坡防护植被类型，提出宝坪高速公路边坡防护工程施工工艺，实施了植草（灌）防护、植生袋护坡、三维土工网垫植草、框格网护坡、液压喷播、植被生态混凝土护坡等多种边坡生态防护，植被恢复效果明显，有效减少了水土流失，提高了沿线景观可视性，如图8.3-3所示。

图8.3-3 高陡边坡生态修复技术实际应用效果

8.4 宝坪高速公路水土保持与服务功能评估

8.4.1 水土流失防治责任范围

根据工程建设规模及征用、占用土地的类型、数量，结合现场调查，确定水土流失防治责任面积为766hm^2。其中，建设区占地面积568.1hm^2，直接影响区占地面积197.9hm^2。

项目区水土流失防治责任范围见表8.4-1。

项目区水土流失防治责任范围(hm²)　　表8.4-1

工程项目		项目建设区	直接影响区	水土流失防治责任范围
主体工程区	路基	236.47	114.27	350.74
	桥梁			
	隧道			
	服务设施	14.62	2.84	17.46
	立交工程	76.22	24.66	100.88
	立交连接线	24.1	10.3	34.4
	小计	351.41	127.41	478.82
弃土(渣)场区		111.89	19.87	131.76
施工便道区		42.39	18.77	61.16
施工生产生活区		62.41	7.19	69.6
合计		568.1	197.9	766

(1)项目建设区

项目建设区是指公路建设单位的征地、租地和土地使用管辖范围,是直接造成损坏和扰动的区域,是水土流失治理的重点区域。本项目建设区包括主体工程区、弃土(渣)场区、施工便道区及施工生产生活区,总占地568.1hm²。

(2)直接影响区

根据主体工程线路方案及其附属设施、弃土(渣)场区、施工便道区及施工生产生活区等选址与平面布设图,结合现场勘察,确定本项目的直接影响区范围。本项目直接影响区占地面积197.9hm²。

8.4.2 水土流失防治分区

水土流失防治分区是根据开发建设项目造成的水土流失类型和强度,结合原地貌类型、施工区划分的。分区是合理布设防治措施和进行典型设计并推算工程量的基础条件,分区的目的是使措施设计更具有针对性。

项目区位于关中盆地和秦岭山地,潘家湾至宝鸡南立交(崔家岭)为黄土台塬地貌(K117+134.888~K133+978),宝鸡南立交至项目终点以中山地貌为主(K133+978~K191+074)。高速公路沿线虽然存在地形变化,但各类工程占地区域需采取的防治措施类型基本一致。为了便于措施的布局,按施工区域及其防治措施可划分为主体工程防治区(包括主线路基、桥梁、立交、立交连接线、沿线服务设施等)、弃土(渣)场防治区、施工便道防治区、施工生产生活防治区。公路水土流失防治分区见表8.4-2。

水土流失防治分区 表 8.4-2

分区	分区防治范围	分区面积(hm²)		占地性质	水土流失防治目标
		建设区	影响区		
主体工程防治区	①路基工程; ②桥梁工程; ③互通立交; ④立交连接线; ⑤服务区、危险品检查站、收费站、隧道救援站、管理所和养护工区等服务设施	351.41	152.07	永久征地	①控制水土流失,保护路基稳定; ②形成绿化美化的沿线景观,立交、服务区园林化式绿化美化
弃土(渣)场防治区	29 个弃渣场	133.52	19.87	临时用地	①拦渣率 95%,减少弃渣流失 90% 以上; ②渣场整治达到农业或林业用地要求
施工便道防治区		64.21	18.77	临时用地	弃用后恢复为农地或林草地
施工生产生活防治区		42.39	7.19	临时用地	

8.4.3 水土流失防治方案及防治措施布设

(1)措施布局原则

根据陕西定汉线宝鸡至坪坎公路工程沿线地形地貌和各单项工程分布情况,项目区水土保持措施布设原则为:

①以工程措施为主,植物措施和临时措施为辅。

②工程措施、植物措施和临时措施有机结合。

③临时性措施与永久性措施相结合。

④点、线、面上水土流失防治相辅佐。

充分发挥工程措施的控制性和时效性,保证在短时期内遏制或减少水土流失,再利用植物措施和土地整治措施蓄水保土,保护新生地表,实现水土流失彻底防治,并绿化美化环境。

(2)防治措施体系

根据对主体工程不同施工区域可能造成水土流失的预测结果的初步分析,结合主体工程设计的具有水土保持功能的措施布局,按照与主体工程相衔接的原则,确定本项目水土流失防治工程及布局,对新增水土流失重点区域和重点部位进行因地制宜、因害设防的针对性防治,建立施工期临时防护措施,并在不同施工区域的防治工程布局中,通过工程措施(含土地整治措施)、植物措施相结合的水土流失综合防治措施体系(图 8.4-1),有效防治项目区原有水土流失和工程建设造成的新增水土流失,促进项目区地表修复和生态建设,使所处区域生态环境有所改善。

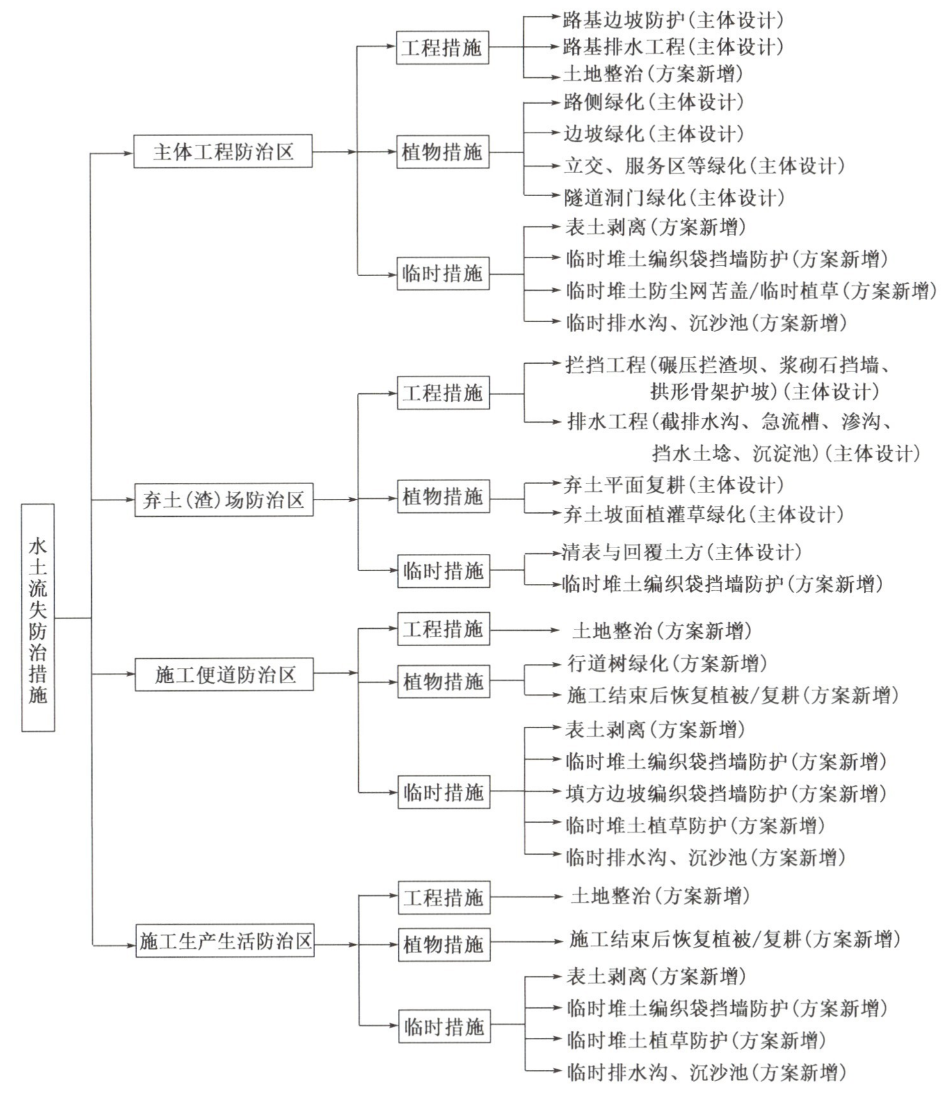

图8.4-1　水土流失防治措施体系框图

(3)防治措施总体布局

根据水土流失防治责任范围和防治分区,本工程水土流失防治方案的重点防治对象为项目区施工期各施工区人为扰动引起的水土流失加速侵蚀。因此,在水土流失预测及分析评价主体工程中具有水土保持功能工程的基础上,本工程水土流失防治方案在水土流失防治措施的总体布设上,以主体工程区、弃土(渣)场区作为水土流失重点防治区域。水土流失防治措施以工程措施为主,植物措施为辅,结合临时防护、土地整治及其他措施,对防治对象进行综合整治。

(4)主体工程防治区

工程措施:主体工程根据地形地貌、地层岩性、地质状况设置了拱形骨架护坡、窗孔式护面墙和浆砌石排水沟等,具有水土保持功能。

本方案新增了占地范围内耕地、林地、园地、草地的表土剥离及施工结束后的土地整治措施。施工前先将占地范围内耕地、林地、园地、草地的表层(厚度30cm)进行剥离,堆放一侧,并做好临时防护措施,为道路两侧绿化区域的土地整治做准备。

植物措施:主体工程对公路两侧、中央隔离带、边坡、立交服务区、隧道门洞等进行了绿化美化设计,满足水保要求。

临时措施:对剥离的表土周边进行临时防护拦挡,苫盖防尘网或临时植草防护,并修建临时排水沟和沉沙池,桥梁施工前先在旁边修建临时围堰和沉沙池。

(5)弃土(渣)场防治区

工程措施:主体工程针对各弃土场地形情况设计了碾压挡土坝、浆砌石挡土墙、周边浆砌石排水沟、急流槽、碎石盲沟、沉淀池,施工结束后坡面、渣面的土地整治等具有水土保持功能,满足水土保持要求。本方案将根据T-2、T-13弃土场的拦挡工程典型设计,对所设计的弃土场的拦挡工程量进行统计与设计。

植物措施:弃土结束后对弃土坡面设计了灌草结合的绿化措施。

临时措施:主体设计了清表与回覆土方,本方案新增措施主要为临时措施。施工前对占地范围内的表土进行剥离,堆放于弃土场内一侧,在施工期间对剥离的表土周边进行临时拦挡防护。陕西定汉线宝鸡至坪坎公路工程各防治分区水土保持防治措施表见表8.4-3。

陕西定汉线宝鸡至坪坎公路工程各防治分区水土保持防治措施　　表8.4-3

防治分区		本方案布设的水土保持防护措施
1	主体工程防治区	①工程措施:路基边坡防护、路基排水沟、土地整治; ②植物措施:公路两侧绿化、路基边坡绿化、立交及服务区等附属设施绿化、隧道门洞绿化; ③临时措施:表土剥离、临时拦挡、防尘网苫盖/临时植草、临时排水沟、沉沙池、临时围堰(计列在主体工程投资中)
2	弃土(渣)场防治区	①工程措施:碾压拦渣坝,浆砌石挡墙,拱形骨架护坡,挡水土埝,浆砌石截、排水沟,急流槽,沉淀池; ②植物措施:弃渣坡面植灌木草种、弃渣平面复耕; ③临时措施:清表与回覆土方、临时拦挡
3	施工便道防治区	①工程措施:土地整治; ②植物措施:植被恢复(植灌木撒播草籽)或复耕、栽植行道树; ③临时措施:表土剥离、临时拦挡、临时植草防护、临时排水沟、沉沙池
4	施工生产生活防治区	①工程措施:土地整治; ②植物措施:植被恢复(植灌木撒播草籽)或复耕; ③临时措施:表土剥离、临时拦挡、临时植草防护、临时排水沟、沉沙池

8.4.4 水土保持工程效益监测

(1)监测点布设

根据主体工程施工进度和水土保持措施实施情况,对主体工程区、施工生产生活区、弃土场区、施工便道区水保措施落实情况及水保措施的效果进行固定监测和巡查监测。设立水土流失固定监测点9个,其中主体工程区3个,施工生产生活区2个,弃土场区2个,施工便道区2个;临时监测点11个。固定监测点分布见表8.4-4。

固定监测点布设　　表8.4-4

监测分区	监测点数量(个)	监测内容	监测方法
主体工程区	3	进度、扰动面积、水土保持措施、土壤流失量	调查监测、测钎监测
弃土场区	2	面积、方量、水土保持措施、土壤流失量、临时防护措施、边坡稳定情况	侵蚀沟监测、测钎监测、调查监测
施工生产生活区	2	扰动面积、水土保持措施、土壤流失量	调查监测、侵蚀沟监测
施工便道区	2	扰动面积、土壤流失量、临时措施	调查监测、侵蚀沟监测

(2)监测方法

根据水土保持监测实施方案和现场实际情况,通过无人机航拍、调查、资料分析并结合定位仪测量进行监测。资料分析法就是和施工单位对接收集工程施工资料,分析面积变化情况。定位仪测量法采用手持定位仪进行,开始前对调查区按水土流失防治类型进行分区,并记录清楚调查点名称、工程名称和监测数据编号等,然后在各分区边界走一圈,这时在定位仪中就可显示和记录所测区域的形状,然后将监测结果导入计算机,通过软件显示监测区域征占地面积、地表扰动面积、防治责任范围变化情况。由于地形限制,对于难以到达的区域可利用无人机拍摄影像,再将影像导入专业软件自动分析出相应数据。

(3)工程水土保持效果

扰动土地整治率:在工程施工期间,水土流失防治责任范围内的地表受到了不同程度的扰动和占压。扰动土地主要通过工程措施、植物措施、临时措施等方式予以治理。经核定,工程扰动土地总面积为580.47hm^2,扰动土地整治面积为578.19hm^2,其中水土保持工程措施面积118.69hm^2,植物措施面积234.91hm^2,建筑物及硬化面积224.59hm^2,扰动土地整治率为99.61%,详见表8.4-5。

各防治分区扰动土地整治情况

表8.4-5

防治分区		占地面积(hm^2)	扰动面积(hm^2)	扰动土地整治面积(hm^2)				扰动土地整治率(%)
				小计	工程措施	植物措施	建筑物及硬化面积	
主体工程区	路基、桥梁、隧道	236.47	236.47	236.28	19.87	63.20	153.21	99.92
	服务设施	29.73	29.73	29.47	1.54	9.82	18.11	99.13
	立交工程	76.22	76.22	75.86	6.83	37.05	31.98	99.53
	立交连接线	22.66	22.66	22.29	1.45	9.56	11.28	98.37
弃土(渣)场区		105.38	105.38	104.66	45.13	59.30	0.23	99.32
施工便道区		42.27	42.27	41.99	5.37	26.84	9.78	99.34
施工生产生活区		67.74	67.74	67.64	38.50	29.14	—	99.85
合计		580.47	580.47	578.19	118.69	234.91	224.59	99.61

水土流失总治理度:经工作组核定,工程水土流失面积为355.88hm^2(实际扰动土地面积减去建筑物及硬化面积),水土流失治理达标面积为353.60hm^2,其中工程措施达标面积118.69hm^2,植物措施达标面积234.91hm^2,水土流失总治理度为99.36%,详见表8.4-6。

各防治分区水土流失总治理度情况

表8.4-6

防治分区		扰动面积(hm^2)	永久建筑物及硬化面积(hm^2)	水土流失面积(hm^2)	水土流失治理达标面积(hm^2)			水土流失总治理度(%)
					小计	工程措施	植物措施	
主体工程区	路基、桥梁、隧道	236.47	153.21	83.26	83.07	19.87	63.20	99.77
	服务设施	29.73	18.11	11.62	11.36	1.54	9.82	97.76
	立交工程	76.22	31.98	44.24	43.88	6.83	37.05	99.19
	立交连接线	22.66	11.28	11.38	11.01	1.45	9.56	96.75
弃土(渣)场区		105.38	0.23	105.15	104.43	45.13	59.30	99.32
施工便道区		42.27	9.78	32.49	32.21	5.31	26.84	99.14
施工生产生活区		67.74	—	67.74	67.64	38.50	29.14	99.85
合计		580.47	224.59	355.88	353.60	118.69	234.91	99.36

土壤流失控制比:项目区土壤容许流失量为500t/(km^2·a)。根据项目建设区土壤侵蚀监测结果,按照不同区块面积进行加权平均,项目建设区平均土壤侵蚀模数为460t/(km^2·a)。经计算,本项目的土壤流失控制比为1.09,大于目标值1.0,土壤流失控制达到设计标准。

渣土防护率：根据监测结果，本项目弃方均集中运至方案变更设计的弃渣场。项目在施工过程中，临时堆土均采用密目网苫盖，修建临时排水沟，并定期洒水降尘。实际监测结果显示，临时堆土未发生水土流失，渣土防护率为99%。

林草植被恢复率和林草覆盖率：根据已经批复的水保方案，林草植被恢复率和林草覆盖率不做要求。但本项目区实际有可恢复植被的区域，由绿化单位统一管理。项目建设区可恢复植被面积237.19hm^2（投影面积），实际林草植被恢复面积234.91hm^2，林草植被恢复率达99.04%。项目建设区面积580.47hm^2，项目区可绿化区域采取水土保持植物措施后，除去恢复生长不良裸露区域，林草植被面积为234.91hm^2（投影面积），林草植被覆盖率为40.47%。林草植被恢复率及林草植被覆盖率见表8.4-7。

林草植被恢复率及林草植被覆盖率　　表8.4-7

防治分区		占地面积（hm^2）	扰动面积（hm^2）	工程措施（hm^2）	可恢复植物措施面积	已恢复植物措施面积	林草植被恢复率（%）	林草植被覆盖率（%）
主体工程区	路基	236.47	236.47	19.87	63.39	63.20	99.70	26.73
	桥梁							
	隧道							
	服务设施	29.73	29.73	1.54	10.08	9.82	97.42	33.03
	立交工程	76.22	76.22	6.83	37.41	37.05	99.04	48.61
	立交连接线	22.66	22.66	1.45	9.93	9.56	96.27	42.19
弃土（渣）场区		105.38	105.38	45.13	60.02	59.30	98.80	56.27
施工便道区		42.27	42.27	5.37	27.12	26.84	98.97	63.50
施工生产生活区		67.74	67.74	38.50	29.24	29.14	99.66	43.02
合计		580.47	580.47	118.69	237.19	234.91	99.04	40.47

治理效果：综合以上分析，本方案的水土流失治理达标面积为353.60hm^2，扰动土地整治率达到99.61%，水土流失总治理度达到99.36%，渣土防护率达到99%，土壤流失控制比为1.09，林草植被恢复率为99.04%，林草植被覆盖率为40.47%。

8.4.5　宝坪高速公路地区生态系统服务功能评估

（1）碳固定服务功能

陆地生态系统通过向大气中吸收和排放CO_2等温室气体来调节全球气候。生态系统将碳储存于木材、其他生物量和土壤中，以减少大气中的CO_2排放量，促进全球气候的积极变化。除了固碳功能之外，有些生态系统可以通过数年的积累将碳持久累积在植物和土壤中，封存多余的碳。与大气相比，森林、绿地、沼泽等陆地生态系统具有较强的固碳能力，陆地生态系统碳储量大于大气，对CO_2驱动的气候变化有重要意义。

土地利用覆被变化影响全球生态系统，进而影响生态系统主导的全球碳循环。火灾、砍伐森林、植被退化等非良性的土地利用覆被变化会对生态系统造成很大干扰,从而导致大量 CO_2 的释放;而森林保育、生态农业等土地利用变化管理方式则会导致大量碳的固定与封存,大大提高生态系统的固碳能力。土地利用覆被变化能够影响陆地生态系统碳循环,进而对调节碳循环影响下的全球气候变化产生重要影响。对土地利用变化影响下的陆地生态系统固碳能力的量化和评估能够为人类优化配置土地利用格局、有效发挥陆地生态系统固碳能力、促进生态经济可持续发展提供理论依据和决策支持。宝坪高速公路地区各年固碳量分布如图 8.4-2 所示,不同土地利用类型固碳总量变化见表 8.4-8。

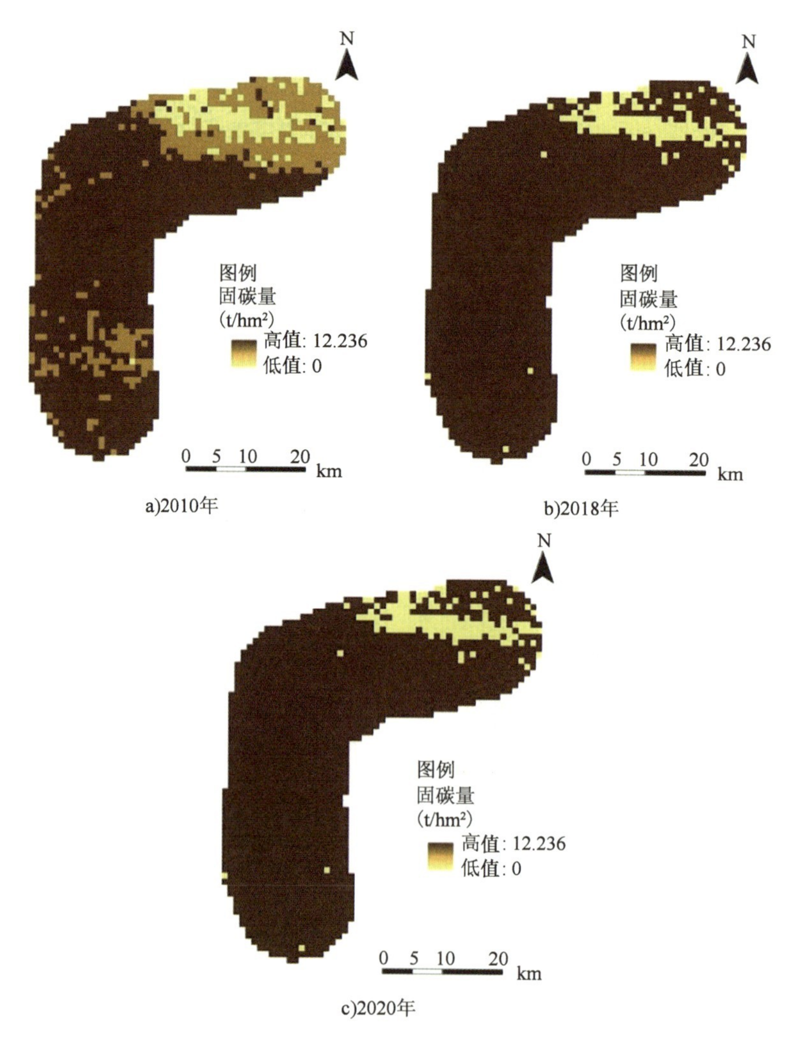

图 8.4-2 宝坪高速公路地区各年固碳量分布(t/hm^2)

宝坪高速公路地区不同土地利用类型固碳总量变化(万 t) 表 8.4-8

土地利用类型	2010 年	2018 年	2020 年
耕地	14.72	11.25	12.97
林地	97.57	91.13	97.04

续上表

土地利用类型	2010 年	2018 年	2020 年
草地	17.28	19.65	19.31
水域	0.58	0.12	0.56
建设用地	1.93	0.43	2.07
总计	132.08	122.58	131.95

运用 InVEST 碳储存模型，计算研究区各类土地利用/覆被类型固碳量。结果显示，研究区 2010 年、2018 年和 2020 年这三年的固碳量分别为 132.08 万 t、122.58 万 t 和 131.95 万 t，呈先下降后增长趋势，说明高速公路建设期间固碳服务功能降低，但是植被恢复能够增加固碳服务功能。由宝坪高速公路地区碳储存分布情况，可以看出南部固碳量值整体高于北部地区，东北部地区最小。研究期内，不同土地利用/覆被类型的碳储存量也各有不同，其中林地的固碳量最高，近十年固碳量占区域生态系统总固碳量的 73% 以上，其次为草地，固碳量占区域生态系统总固碳量的 13% 以上，建设用地固碳量最低。

(2)宝坪高速公路地区土壤保持服务评价

利用 InVEST 模型对宝坪高速公路地区 2000—2020 年土壤保持服务功能进行评估，并得到空间分布图。在全球变化背景下，土壤保持服务功能计算模块有利于集水区保土保沙生态系统服务功能的研究，为清淤管理预算控制和河道水质控制提供指导。宝坪高速公路地区各年土壤保持量分布如图 8.4-3 所示，不同土地利用类型土壤保持总量变化见表 8.4-9。

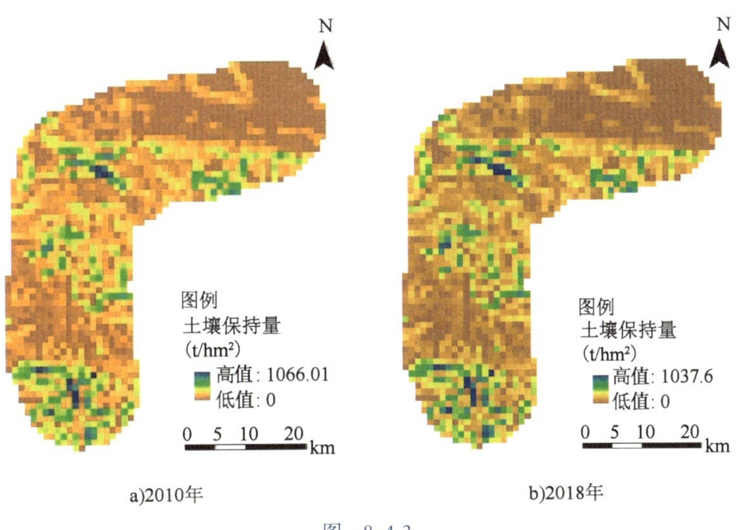

a)2010年　　b)2018年

图 8.4-3

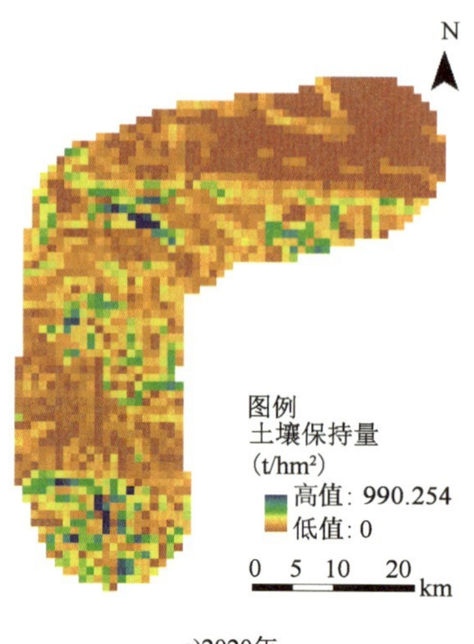

c)2020年

图 8.4-3 宝坪高速公路地区各年土壤保持量分布(t/hm²)

宝坪高速公路地区不同土地利用类型土壤保持总量变化(万 t) 表 8.4-9

土地利用类型	2010 年	2018 年	2020 年
耕地	237.54	227.65	237.95
林地	1958.08	1897.20	1923.64
草地	109.07	71.79	86.78
水域	16.05	15.30	15.92
建设用地	51.58	52.86	43.18
总计	2372.32	2264.8	2307.47

宝坪高速公路地区土壤保持服务功能量的空间差异性较为明显,呈东南高、西北低的空间分布特征。宝坪高速公路地区各个土地利用类型中主要以林地土壤保持服务功能量最多,以水域和建设用地最少。各个土地利用类型保土能力的大小顺序为:林地 > 草地 > 耕地 > 建设用地 > 水域。通过上表可以看出,2010—2018 年,高速公路沿线总土壤保持量下降 107.52 万 t,耕地、林地、草地和水域土壤保持量呈现下降趋势。2018—2020 年,高速公路沿线总土壤保持量增加 42.67 万 t,耕地、林地、草地土壤保持量呈现增加趋势,植被恢复对水土保持功能改善效果明显。

(3)宝坪高速公路地区水源涵养服务评价

所谓"水土保持",即保持水土,保水保土是水土保持措施的意义所在,也是重中之重。在生态系统中,林、草作为与水分和土壤最为密切的因素,无时无刻不在影响着地区产水量服务功能,植物具有截留降水、抑制蒸发、加大土壤入渗、增强降水等水文调节功能,促进了地区的水分循环,对地区涵养水源以及生态多样性的保护起到了举足轻重的作用。因此利用 InVEST 模型对宝坪高速公路地区 2010—2020 年产水量服务功能变化进行评估,并分析其影响因素以及与该地区植被恢复的响应关系,为提高宝坪高速公路地区的土壤肥力、植物质量、水文调节以及河流水位调节等生态效应提供有利理论保障。宝坪高速公路地区2010—2020年水源涵养量变化如图8.4-4所示，不同土地利用类型水源涵养量见表8.4-10。

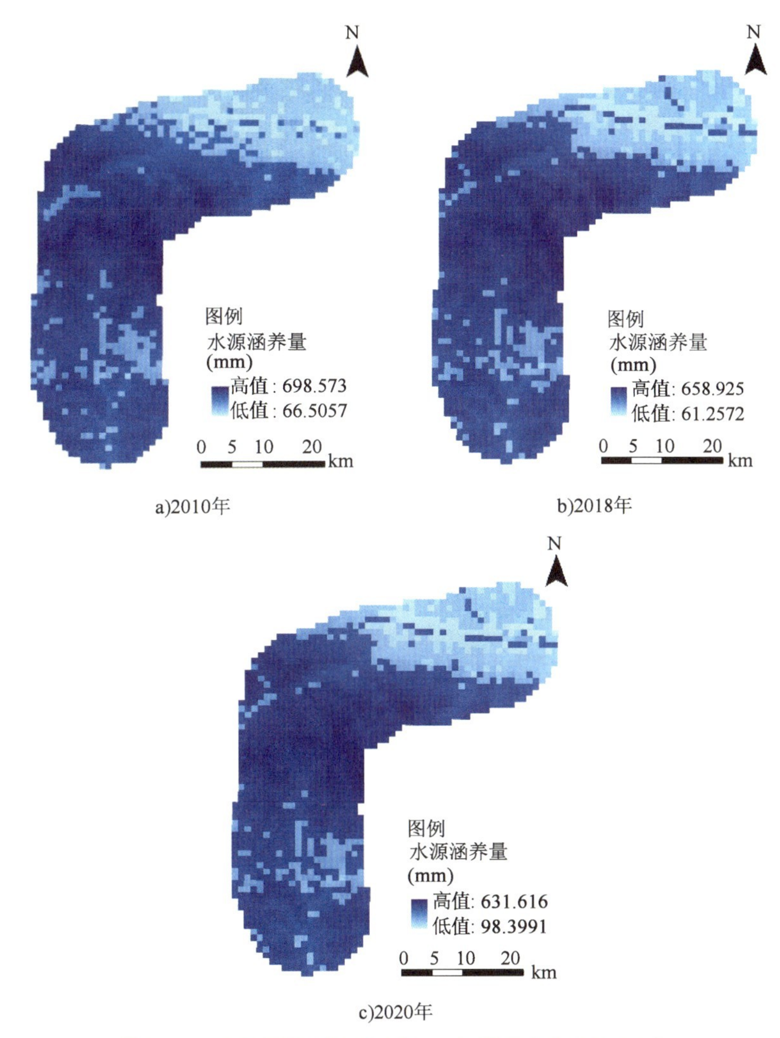

图8.4-4　宝坪高速公路地区2010—2020年水源涵养量变化

宝坪高速公路地区不同土地利用类型水源涵养量(mm)　　表8.4-10

土地利用类型	2010年	2018年	2020年
耕地	250.93	241.94	240.00
林地	552.01	530.37	543.67
草地	150.61	124.43	133.09
水域	139.92	137.33	103.51
建设用地	175.11	174.92	175.62
平均	313.71	301.80	310.18

宝坪高速公路地区水源涵养量具有较大的空间差异性，整体上呈现出西北部较低、东南部分较高的空间分布规律。2010—2018 年水源涵养量呈现减少的趋势，主要是受宝坪高速公路建设的影响，林地水源涵养量下降明显，高速公路沿线平均水源涵养量降低 12mm。2018—2020 年水源涵养量逐渐增加，因为植被的恢复，林地水源涵养量比建设期增加明显，高速公路沿线平均水源涵养量从 2018 年的 301. 8mm，增加到 2020 年的 310. 18mm。

第9章

宝鸡至坪坎公路工程功能型服务区新型水土保持建设技术与模式

9.1 服务区降水及下垫面特征分析

9.1.1 服务区雨水资源特征

降水是影响服务区生态措施设计的重要因素之一。采用宝鸡站降水资料,对1970—2019年24h降水资料进行分析,从而确定服务区降雨的时空分布特征,为雨水资源可利用性分析及服务区径流控制奠定基础。

(1)新型服务区雨水资源变化特征

宝鸡站近50年(1970—2019年)多年平均降水量为660.0mm,年降水量在400~1000mm之间波动,其年际变化属于中等变异,年际差异较大,如图9.1-1所示。

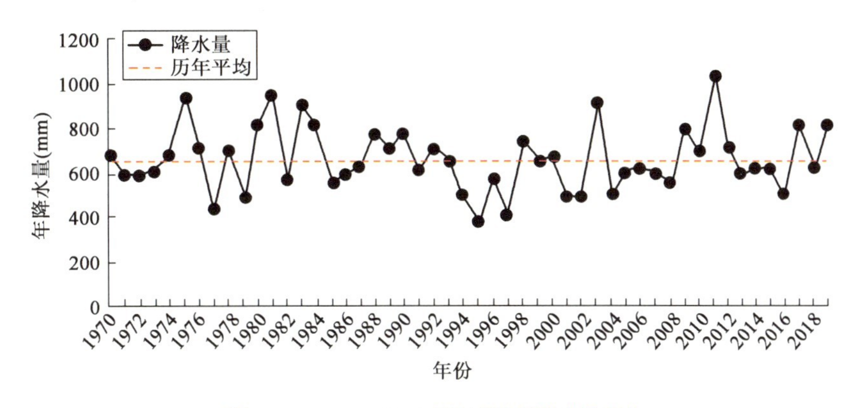

图9.1-1 1970—2019年宝鸡站年降水量变化

宝鸡站近年来最大日降雨量呈下降趋势。宝鸡站在1980年最大日降雨量为169.7mm,近十年最大日降雨量为2015年的84mm,如图9.1-2所示。

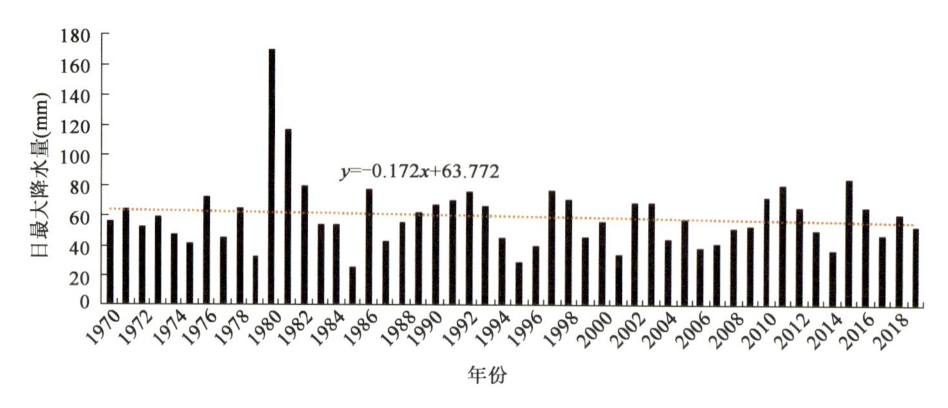

图 9.1-2　1970—2019 年宝鸡站最大日降雨量

(2)大雨、暴雨年际及年内分布

根据 24h 雨强分级标准,降雨量小于 10mm/d 为小雨,10 ~ 25mm/d 为中雨,25 ~ 50mm/d 为大雨,50 ~ 100mm/d 为暴雨。1970—2019 年宝鸡站次降雨类型天数变化如图 9.1-3所示。由图 9.1-3 可知,在研究时段内,小雨天数有所减少,宝鸡站共出现大雨 248 次、暴雨 52 次,年均暴雨次数 1.04 次。暴雨仅在 20 世纪 80 年代初出现,同时,大雨次数也在此时段骤增。近十年,暴雨共发生 15 次,占 50 年来暴雨次数的 28.86%,年均暴雨次数 1.5 次。1970 ~ 2019 年宝鸡站次降雨类型天数变化如图 9.1-3 所示。

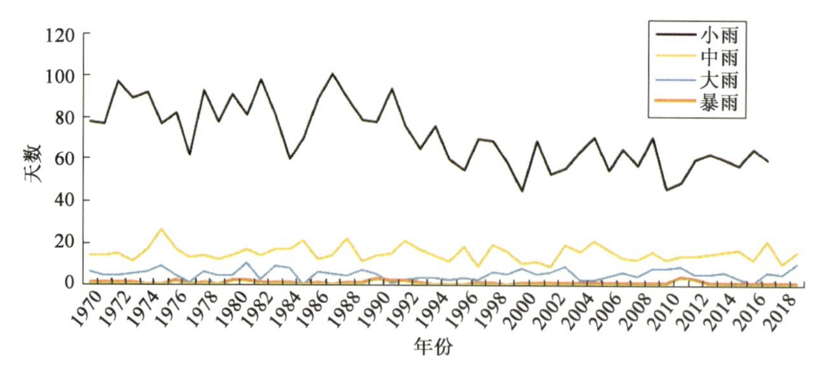

图 9.1-3　1970—2019 年宝鸡站次降雨类型天数变化

1970—2019 年大雨、暴雨的逐月分布如图 9.1-4 所示。大雨、暴雨出现于 3—11 月,多发于 7—10 月,7—10 月暴雨和大雨数量分别占全年数量的 90.91% 和 77.22%,其中 8 月最多,共发生 15 次暴雨、47 次大雨。

(3)山区降水和径流特征

降水和径流有着密切的联系,是水文循环的重要组成部分。山区和城市在大气环境、下垫面和地貌构造等方面存在较大的差异,因此它们的降水和径流特征也有所不同。山区地势高差大,地形、气候条件复杂,降水分布不均匀。山区降雨产生的径流流速快、流程短、流量大,而城市的径流流速慢、流程长,流量相对较小。相比之下,城市土地形成的径流量相对山区较低。山区下渗速度较快，主要是由于山区地势较高，土壤含水率较小，土壤质地不断变化、地形复杂等因素都促进了水分的快速下渗。山区下垫面与城市下垫面存在一定的差异。山区下垫面吸水、透水能力强，同时山区水系发达，水流管道多，雨水渗透到下垫面的时间较短且流动速度较快。而城市化过程中，混凝土、城市道路建设等影响了城市下垫面吸水、透水能力，阻碍了水分的渗透和吸收，径流形成较快，但径流量相对较小。总体来说，宝鸡市山区和城市降水径流的区别主要在于下渗速度、径流形成快慢和下垫面的差异。山区径流形成容易而且强度大，而城市径流形成较快，但径流量相对较小。天台山高速公路服务区地势相对较平，修建稳定塘可以应对暴雨并蓄积雨水。

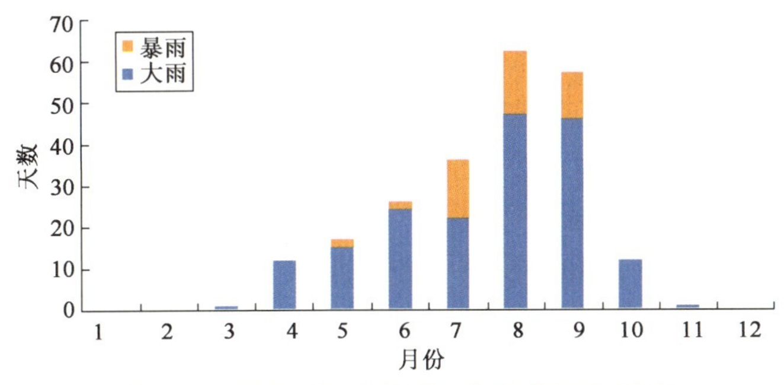

图9.1-4 1970—2019年宝鸡站大雨、暴雨逐月分布

9.1.2 服务区及其周边土地利用变化特征

选取宝鸡南服务区和秦岭天台山服务区半径2km内的土地利用范围，分析服务区及其周边土地利用变化特征。基于ArcGIS软件的空间叠加分析，2014年（高速公路建设前）和2019年（高速公路建设中）宝鸡南、天台山服务区及其周边的土地利用转移矩阵见表9.1-1和表9.1-2。宝鸡南服务区及其周边耕地转化为建设用地和道路面积分别为40.32万m^2和16.76万m^2，草地转化为建设用地和道路面积分别为8.51万m^2和5.96万m^2。宝鸡南服务区及其周边耕地转出面积116.00万m^2，其中37.77万m^2转化为草地，40.32万m^2转化为建设用地；林地转出面积42.40万m^2，其中20.17万m^2转化为草地；草地转出面积61.58万m^2，其中23.95万m^2转化为林地，16.42万m^2转化为未利用地。三种主要土地利用类型转出面积大小依次为耕地>草地>林地。

2014—2019年宝鸡南土地利用转移矩阵（万m^2） 表9.1-1

土地利用转移矩阵		2019年							
		水域	耕地	林地	未利用地	草地	建设用地	道路	总计
2014年	水域	—	0.11	0.8	0.14	1.73	0.26	0	3.04
	耕地	0	—	3.26	17.89	37.77	40.32	16.76	116
	林地	0.35	4.66	—	0.99	32.58	0.48	3.34	42.4
	未利用地	4.97	3.64	0	—	20.17	0	0.78	29.56

续上表

土地利用转移矩阵		2019 年							
		水域	耕地	林地	未利用地	草地	建设用地	道路	总计
2014 年	草地	0	6.74	23.95	16.42	—	8.51	5.96	61.58
	建设用地	0.06	15.05	1.48	1.31	10.2	—	10.5	38.6
	道路	0.18	3.71	1.56	0.62	27.34	2.22	—	35.63
	总计	5.56	33.91	31.05	37.37	129.79	51.79	37.34	—

2014—2019 年天台山土地利用转移矩阵(万 m^2) 表 9.1-2

土地利用转移矩阵		2019 年							
		草地	道路	耕地	建筑用地	林地	水域	未利用地	总计
2014 年	草地	—	1.83	15.55	1.32	149.68	0.18	52.04	220.6
	道路	0	—	0.28	0.12	0.22	0	0.67	1.29
	耕地	3.51	5.23	—	5.11	5.47	0.06	24.83	44.21
	建设用地	0	0.61	2.18	—	0.36	0.22	3.28	6.65
	林地	126.53	0.81	36.87	0.57	—	0	147.4	312.18
	水域	0	0.21	0.15	0	0.79	—	2.4	3.55
	未利用地	4.33	1.55	25.69	1.64	5.17	0.96	—	39.34
	总计	134.37	10.24	80.72	8.76	161.69	1.42	230.62	—

通过表 9.1-2 可以看出,2014—2019 年,三种主要土地利用类型转出面积大小依次为林地 > 草地 > 耕地。

9.1.3 景观指标对季节性水质的影响

景观对季节性水质的影响存在显著季节差异(图 9.1-5 和表 9.1-3)。景观指标解释了汛期 88.5% 以上的水质变化,而对非汛期水质变化的解释量减少了 4.2% ~5.2%。土地利用和景观配置对水质的贡献因空间尺度变化而有所不同。在河岸带尺度上,景观对水质的贡献在 84.3% ~88.5%,子流域总解释度增加了 1.1% ~1.8%。土地利用和景观配置对水质的影响表现出显著的空间和季节性差异,子流域景观比河岸带更好地解释了水质变化,并且这一现象在汛期更为明显。子流域尺度对季节性水质变化最显著的景观解释变量是 LPI(22.2% ~45.1%)、农地占比(34.5%)、土地利用程度(13.9%)、SHDI(13.1%)和 PD(10.1%)。河岸带尺度对季节性水质变化最显著的景观解释变量是林地占比(44.1% ~33.4%)、SHDI(19.3%)、LPI(11.7%)、PD(8.1%)和建设用地(7.4%)。从冗余度分析(RDA)排序图上可以看出,大多数水质参数与 PD、ED、SHDI、草地、农地、建设用地、土地利用程度正相关,而与 CONTAG、LD、LPI 负相关。

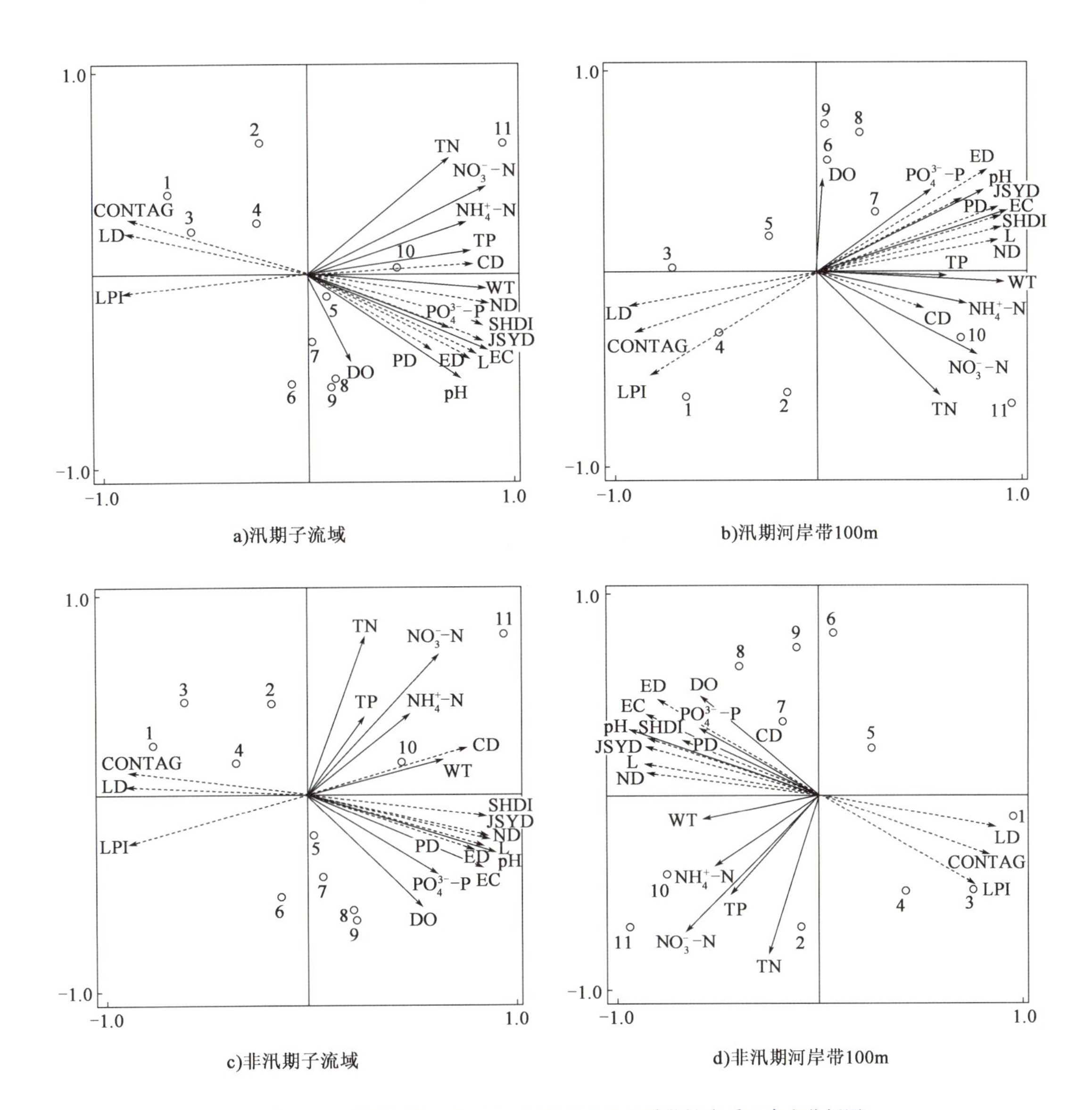

a)汛期子流域　b)汛期河岸带100m　c)非汛期子流域　d)非汛期河岸带100m

图9.1-5　子流域和100m河岸带尺度景观对季节性水质冗余度分析图

WT-水温;DO-溶解氧;EC-电导率;TP-总磷;TN-总氮;NH_4^+ -N-氨氮;NO_3^- -N-硝氮;PO_4^{3-} -P-速效磷;L-土地利用程度;CONTAG-蔓延度指数;SHDI-香浓多样性指数;PD-斑块密度;ED-边缘密度;LPI-最大斑块指数

不同空间尺度景观指标对季节性水质的影响　　表9.1-3

空间尺度	时段	轴1(%)	轴2(%)	总解释(%)	最具解释性的变量
子流域	汛期	55.98	13.86	90.3	LPI(45.1%),L(13.9%),PD(10.1%)
	非汛期	42.20	22.16	85.1	农地(34.5%),LPI(22.2%),SHDI(13.1%)
河岸带	汛期	50.94	13.27	88.5	林地(44.1%),LPI(11.7%),PD(8.1%)
	非汛期	41.67	24.30	84.3	林地(33.4%),SHDI(19.3%),建设用地(7.4%)

9.1.4 服务区不同土地利用的土壤理化特性

宝鸡南、天台山服务区不同种植物下土壤总氮(TN)特征如图9.1-6所示。宝鸡南服务区各种植物土壤TN含量平均为0.42g/kg,灌木>乔木>草地。天台山服务区东区土壤TN含量平均为0.38g/kg,竹林土壤TN含量最高,而乔木土壤TN含量最低。天台山服务区西区土壤TN含量平均为0.51g/kg,竹林土壤TN含量明显高于草地。总体上看,竹林土壤TN含量是九种植物中最高的,平均为0.52g/kg。

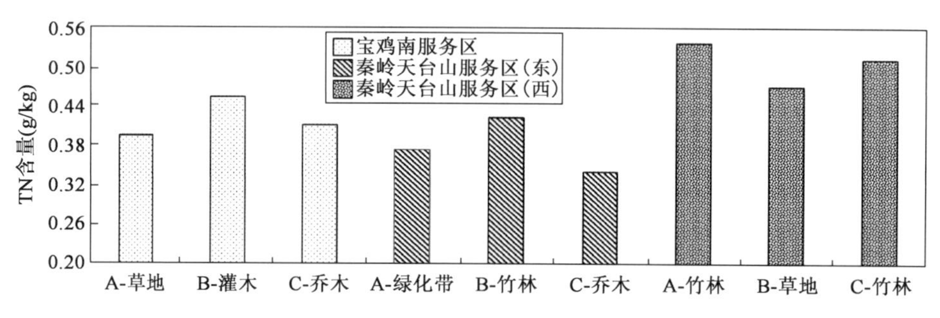

图9.1-6 宝鸡南、天台山服务区不同种植物下土壤总氮(TN)特征

宝鸡南、天台山服务区不同种植物下土壤总磷(TP)特征:宝鸡南服务区各种植物土壤TP含量平均为0.40g/kg,乔木>草地>灌木。天台山服务区东区土壤TP含量平均为0.38g/kg,竹林、乔木、绿化带TP含量无明显差异。天台山服务区西区土壤TP含量平均为0.42g/kg,竹林土壤TP含量高于草地。总体上看,九种植物土壤中TP含量最高的是竹林土壤。

宝鸡南、天台山服务区不同种植物下土壤有机碳(TOC)特征:宝鸡南服务区各种植物土壤TOC含量在3.45~4.46g/kg之间,灌木土壤TOC含量最高,乔木次之,草地最低。天台山服务区东区土壤TOC含量在3.24~3.81g/kg之间,乔木TOC含量最低。天台山服务区西区土壤TOC含量在4.42~5.22g/kg之间,竹林土壤平均TOC含量为5.10g/kg。总体上看,TOC含量最高的是竹林土壤。

宝鸡南、天台山服务区不同种植物下土壤颗粒分布百分比特征:各样点黏粒含量均在88%以上,土壤颗粒主要由黏粒组成。宝鸡南服务区和天台山服务区东区乔木土壤黏粒含量是最高的,达到93%左右。粉粒含量在6.86%~11.05%之间,砂粒含量在0.09%~0.26%之间。

9.1.5 基于无人机航测的DEM(数字高程模型)及正射影像

依据秦岭天台山服务区(东区)精度评价结果,获取秦岭天台山服务区(西区)、秦岭天台山服务区(东区)、宝鸡南服务区各服务区面积及其相对高程(服务区范围以图9.1-7中红线为界),将宝鸡南服务区划分为南区和北区两部分,如图9.1-7所示。秦岭天台山服务区(东区)面积为36838m²,地势总体为北高南低,水流流向为由北向南。秦岭天台山服务区(西区)面积为45451m²,地势总体为北高南低,水流流向为由北向南。宝鸡南服务区(北区)面积为69071m²,地势总体为西高东低,水流流向为由西向东。宝鸡南服务区(南区)面积为52564m²,地势总体为西高东低,水流流向为由西向东。

a)秦岭天台山服务区(东区)

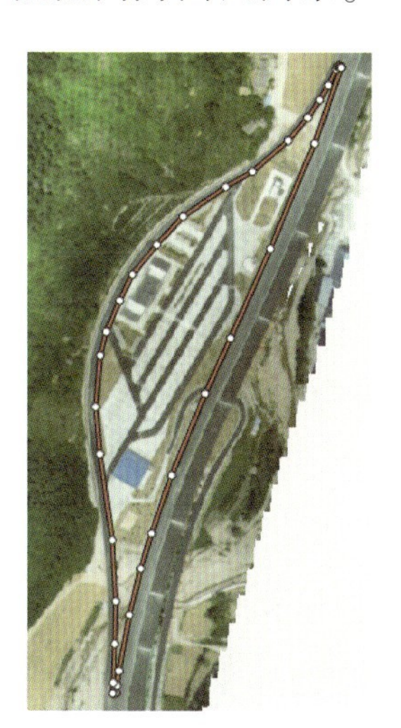

b)秦岭天台山服务区(西区)

c)宝鸡南服务区(北区)

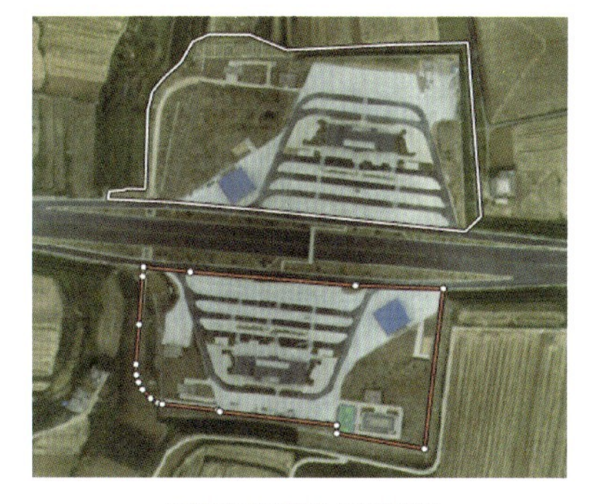

d)宝鸡南服务区(南区)

图9.1-7　宝鸡南、秦岭天台山服务区面积范围

9.2 服务区低影响开发系统建设理念及措施布设方案

9.2.1 建设理念

高速公路服务区与城市地面较为相似,有着类似的土地利用类型、服务功能等。在规划构建过程中,可将高速公路服务区类比为小尺度的海绵城市。

通过国内外相关资料的调查、收集、整理与现场观测,结合低影响开发服务区建设,以

LID(低影响开发)理念技术为核心,合理设计、布设小尺度LID措施,以实现对源头的径流控制,降低服务区开发建设对周围环境及水文循环的影响,以提高高速公路服务区雨水涵养水平,减少环境变化等因素对服务区的影响。

根据宝鸡南服务区降雨特征及区位优势文化特色,将服务区建设成生态型服务区;基于天台山服务区多样的生态系统和重要的水资源特性,将服务区建设成水源保护型服务区,构建生态-生产-生活有机融合的服务区,实现宝鸡南服务区和天台山服务区的水土资源涵养和水环境保护。具体建设技术与模式如下:

(1)生态型服务区。

①适用条件和建设理念。

生态型服务区适合于人文历史资源丰富或者区位优势较好,周边经济较为发达的区域。结合服务区的地理位置优势,通过周边经济体辐射提高服务区服务功能多样性,推动人文历史资源与服务功能有机融合,加强服务能力,提供多功能的服务,为广大人民群众提供一个休闲、观光的良好环境,推动精神文明建设。

服务区建设应坚持山、水、草、林、路统一规划,工程措施、生物措施有机结合,治理与开发结合,在治理水土流失,绿化美化环境,提高生态质量和环境品位的基础上,进一步优化景观植被建造,完善基础设施,提高服务区休闲娱乐服务功能。结合草、花、藤、乔、灌、果,为人们提供鸟语花香的生态型高速公路休息场所。

②综合规划与模式设计。

生态型服务区开发的目的是多方面的,除生态、经济外,比较重要的方面是休憩。因此主体设计必须把握突出性、鲜明性,主次分明,重点与一般分明,有统一,有变化,防止喧宾夺主。树立人与自然和谐相处的理念,坚持山水田林湖草沙统一规划,使规划设计与园林绿化、产业结构、观光欣赏相协调。既能满足游人和管理人员的要求,又能符合艺术的要求。充分让人们得到身体与精神上的放松,继续开启下一段美好的旅程。

将工程措施、生物措施有机结合,进一步优化景观植被建造,绿化美化环境。注重水土流失、污染等生态问题。实行乔灌草结合,形成改善环境、调节气候的生态防护体系,建立起既有利于生产又有益于生活的环境。充分利用当地的人文、历史以及特色资源,完善基础设施,提高生态休憩功能,结合自然观光发展的服务模式。作为秦岭山脉的出入口,服务区依托秦岭森林,以区域优美的环境、洁净的空气吸引游客,打造休闲度假的理想场所。

(2)水源保护型服务区

①适用条件和建设理念。

水源保护型服务区一般处于重要的水源保护地,服务区的生产生活生态直接影响周围环境,也与该区域居民的健康关系密切。服务区需要对降雨进行截留、吸收和下渗,在空间上对降水进行再分配,减少无效水,增加有效水,对周边水源补给起积极的调节作用,同时具备水土保持、滞洪、蓄洪以及改善和净化水质等功能。

服务区以水源保护和植被保护为主,避免服务区运营对环境产生不利影响,特别是路面径流和事故排放的危险化学品污染水质。对易发生污染的区域,注意污水排放、垃圾堆积、厕所排放等同步治理。通过合理的町面和纵坡设计,将事故排放的危险化学品导流至特定收集池或水源范围外。

②综合规划与模式设计。

以打造绿色生态为主线,加强资源生态红线管控,突出水生态保护,着力扩大生态容量空间,加强水资源管理和水环境保护。坚持预防为主、自然保护的理念,切实维护水源涵养区、自然保护区等水生态系统的原有结构功能,扭转服务区建设可能带来的水生态系统恶化趋势。

综合考虑水环境保护项目等自然生态要素,统筹周边地表地下水源和乡村建设,协调开发利用与生态保护的关系,实施综合防护。坚持"治理、恢复、涵养、提升"相结合,突出水和林两个生态要素,提升水源地环境保护质量,恢复生态涵养水源地生态系统。在重要位置设置告示牌,提醒人们保护生态环境。服务区以独特的景色和深厚的文化底蕴吸引游客,打造一个水源保护的天然氧吧。

9.2.2 建设原则

(1)控制服务区地表径流

传统高速公路服务区对雨水采用"统一收集,快速排放"方式,雨水首先汇流至排水管网中,之后统一在服务区末端集中处理,对雨水缺乏源头及输送过程的控制。传统高速公路服务区的不透水铺装,导致雨水不能及时下渗,在较大降雨条件下,可能导致传统高速公路服务区积水、内涝的发生,因此,以减少地表径流为目的,为服务区建设低影响开发系统,能够实现服务区良好的水文循环和雨水资源净化利用。

(2)提高服务区水源涵养

"海绵城市"作为城市雨水资源利用的一种方式,其具有以下几个内涵:

①合理规划,合理设计。

②低影响开发措施充分利用雨水资源。

③通过人工方式及低影响开发措施将雨水资源向其他形态的水资源转化与调蓄。

④实现雨水资源利用的同时兼顾雨洪控制。

⑤降雨区域较少的地区对来之不易的汛期雨水尽可能多地蓄积,以补充可用水源,而降雨较多的地区,非常适合雨水资源化。雨水回用补充水源,可以用于植物绿化、洗车、卫生用水等,减少雨水资源流失。

(3)提升综合效益

相比于传统服务区,低影响开发措施可以减少能源消耗,降低服务区运营成本。高速公路服务区除了能够承担停车、休息、购物、加油等功能之外,还能作为展现地域文化的媒介,高速公路低影响开发有着不可或缺的综合效益。

9.2.3 服务区低影响开发思路

为了最大化服务区低影响开发措施对径流的控制效果,服务区不同分区采取不同的低影响开发措施布设方案。在进行低影响开发措施选取时,结合宝鸡南及天台山服务区实际下垫面特征,依据服务区低影响开发措施选取原则,选取透水铺装、改进路面、下凹式绿地、雨水花园、植草沟、雨水消能以及绿地植被系统等作为宝鸡南和天台山服务区的低影响开发措施。具体技术路线如图9.2-1所示。

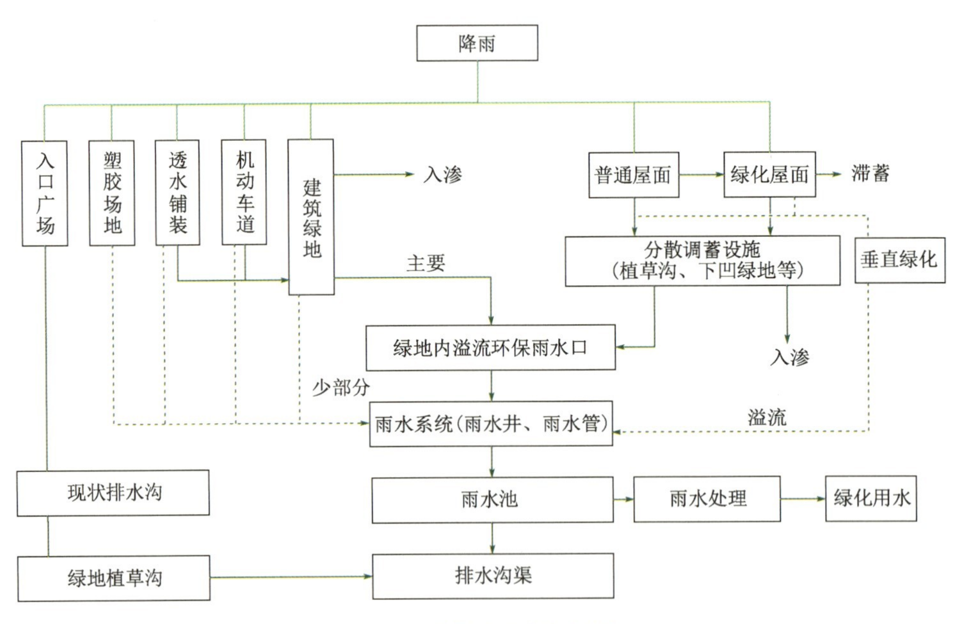

图9.2-1 低影响开发技术路线

对服务区的气象、水文、区位等具体条件进行调查研究,通过分析服务区的地形地貌、建筑分布、道路状况等信息,提出相应的低影响开发措施,结合服务区管网数据,进行低影响开发措施空间布设。在功能性服务区建设目标下,针对不同服务区布设相应的低影响开发雨水控制系统。服务区低影响开发控制目标包括径流总量、径流峰值、径流污染等方面。

9.2.4 生态服务区功能定位与分区

随着我国高速公路的迅猛发展,作为高速公路沿线附属设施的服务区也得到了长足发展。高速公路服务区是高速公路驾乘人员餐饮、休息、购物、娱乐和车辆维修的场所,是为保障道路车辆行驶安全,缓解驾驶员生理疲劳和汽车使用极限状态而设置的必不可少的设施。但高速公路服务区在建设发展过程中需要消耗大量自然资源与能源。首先服务区的建设占用了不可再生的土地资源;其次我国高速公路服务区一般远离城镇,没有可利用的外部资源与能源,完全靠自身解决供水、供电、供热,易造成资源能源消耗高、污染不能得到有效治理等问题。服务区的资源能源消耗对环境存在直接和间接的影响,也必然面临可持续性发展问题。随着国内外能源形势的日益紧张及自然环境的日趋恶劣,绿色环保理念不断深入人心,绿色公路不断发展,服务区作为高速公路的一部分势必会跟随这一发展趋势。

服务区的绿色低碳发展,实质上就是要解决服务区的可持续发展问题。高速公路服务区在宏观上是一个由人工主导建造、独立于周边自然生态系统的“人工-自然”复合生态系统。绿色服务区是在服务区的基础上,对人工生态系统的组分、结构和功能的进一步优化,利用可持续发展理论、系统工程理论、生态系统理论等设计建造,实现服务区功能提升和服务优化。在使用过程中,绿色服务区具有绿色、循环、低碳、节能的效果。

因此,从宏观层次来看,生态服务区表现为服务区与区域社会、经济、环境间的动态协调发展;从微观层次来看,生态服务区既要提供高标准的配套服务,以满足交通运输发展和使用者的需要,又要以可持续性发展为建设目标,在满足公众多样化服务需求的前提下,实现对服务区所在地及周边资源和能源的有效利用,减轻对周边环境的影响。

高速公路服务区在进行绿色可持续发展过程中,需要结合我国在交通运输行业所提出的环保目标及需求来进行,采用更加先进的环保技术,转变自身的建设理念,引入更加环保的新兴低碳理念,采取试点服务形式来加快高速公路服务区的绿色化转变,从而使高速公路服务区能够进一步提高服务品质,实现节能环保目标。

通过调查秦岭天台山和宝鸡南高速公路服务区的现状,根据服务区内部设施、地类、植被、降雨径流等实际情况,合理布局景观绿化区、行车道路区、主体建筑区、边坡区和停车区等功能区域。依据服务区已有的总体规划布局,将服务区划分为建筑分区和植被分区。建筑分区主要为服务楼,其功能是为来往驾乘人员提供如厕、购物及餐饮服务,配有卫生间、盥洗室、水箱等功能措施。植被分区主要为景观绿化区、行车道路区、边坡区和停车区的不同植被,包括乔木、灌木、草本等植被措施,为服务区提供良好的生态环境、宜人的景观格局。

9.2.5 服务区海绵设施总平面规划

目前海绵城市理念下,低影响开发系统构建多以径流总量控制为目标,对相关措施进行规划,对于道路范围内的雨水径流,主要通过下凹式绿地或者路缘石开口使其流入绿地中,之后自然下渗或储蓄;对于屋面的雨水径流通过雨水消能措施,流入附近的雨水花园等生物滞留措施中;对于人行道或广场的雨水径流,往往通过透水铺装使其自然下渗。

9.3 水土保持低影响开发措施典型设计

(1)透水铺装

透水砖铺装和透水水泥混凝土铺装主要适用于广场、停车场、人行道以及车流量和荷载较小的道路。透水砖一般由上而下分为透水面层、找平层、基层、垫层。研究表明,透水铺装渗透系数与其材料及孔隙大小有关,《透水砖路面技术规程》(CJJ/T 188—2012)规定透水砖的渗透系数应大于0.1mm/s。秦岭天台山和宝鸡南服务区设计拟采用YGN沙基透水砖(图9.3-1),小部分区域采用植草砖,沙基透水砖透水系数可达0.23mm/s;透水砖抗压强度均值41MPa,劈裂抗拉强度均值4.2MPa;冻融循环50次后抗冻性能良好,强度损失率小于或等于11%;耐磨性较好。

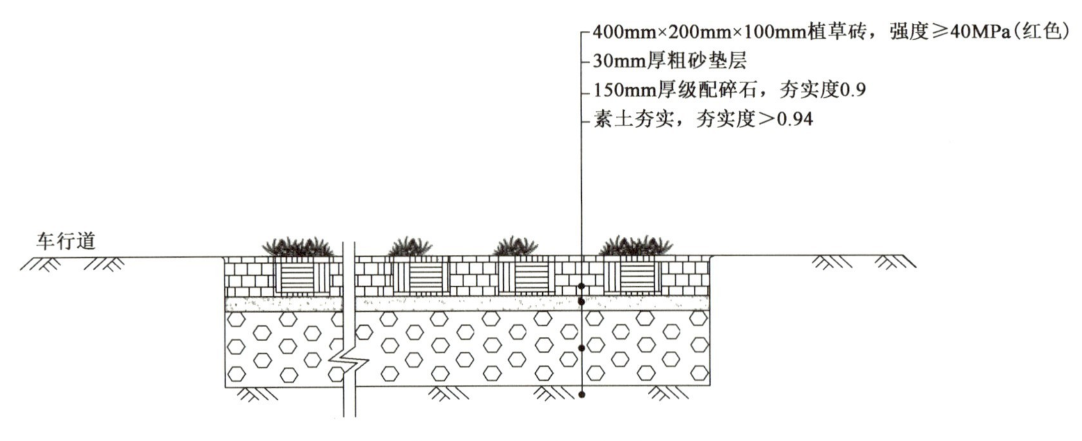

图9.3-1 透水铺装典型结构

(2)道路排水

调整道路横断面为竖向,便于雨水通过开口路缘石进入下沉绿化带。雨水口调整至绿化带中成为溢流口,溢流口竖向上高于下沉绿化带,高于路面。路面雨水首先汇入道路绿化带及周边绿地内的低影响开发设施,并通过设施内的溢流排放系统,与其他低影响开发设施或雨水管渠系统、超标雨水径流排放系统相衔接。

(3)下凹式绿地

下凹式绿地是比周边地面或者道路低30~100mm的绿地,在降雨过程中,能够去除5mm的初期雨水污染物和滞留设计暴雨1/20的径流量,汇集植被截留和土壤渗透的水分,滞蓄和净化自身集水和周边雨水,补充地下水,提高土壤含水率。下凹式绿地典型结构如图 9.3-2 所示。

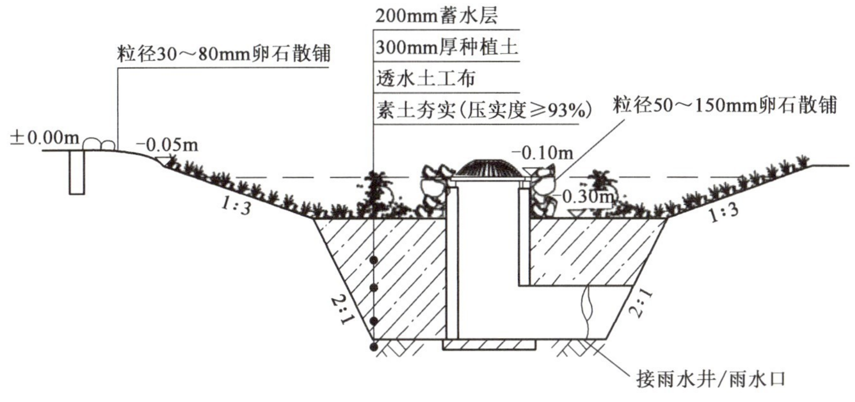

图 9.3-2 下凹式绿地典型结构

(4)植草沟

植草沟是在服务区内绿地与道路交界处及雨水花园周边的草沟,具有建设及维护费用低,易与景观结合的优点。植草沟本身具有渗透功能,在降雨较大或高坡绿地渗透饱和时,来不及下渗的雨水会顺坡汇入植草沟,水借助纵坡沿植草沟流向下游。植草沟典型结构如图 9.3-3 所示。

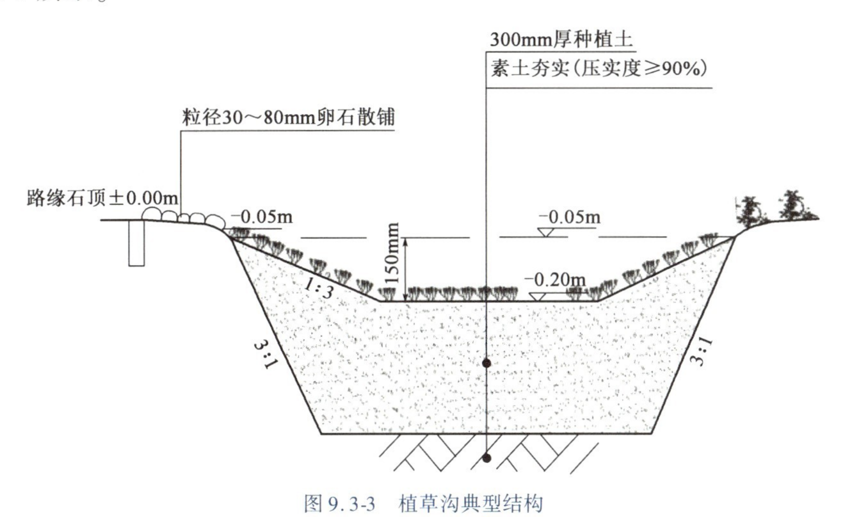

图 9.3-3 植草沟典型结构

(5)雨水花园

雨水花园一般设置在低洼地区和公共绿地,适用于停车场、住宅、道路中央隔离带、非机动车道绿化地带等,用于汇聚并吸收来自屋面或地面的雨水,通过植物、沙土的综合作用使雨水得到净化,多余雨水经溢流式雨水口排至现有雨水管网或排水管网。雨水花园各污染物平均去除效果显著,其中总悬浮物(TSS)滞留率最高且稳定。雨水花园在提高雨水径流水质的同时,对减少降雨径流、滞后并减弱洪峰流量也非常有效。雨水花园典型结构如图 9.3-4 所示。

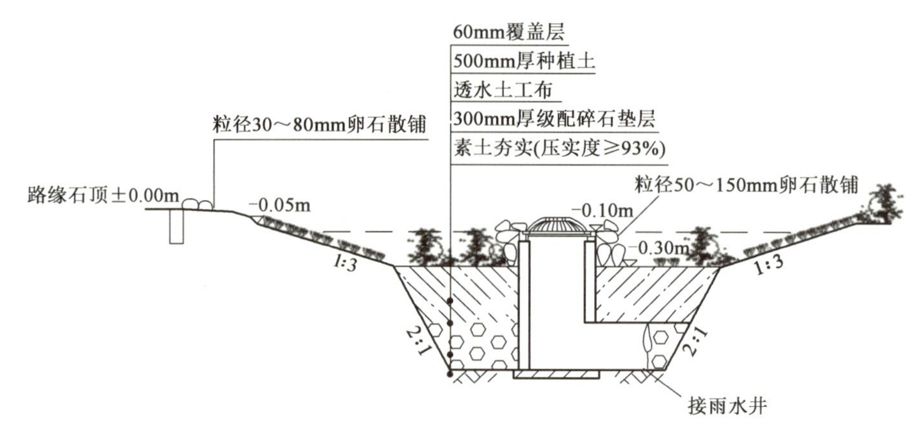

图9.3-4　雨水花园典型结构

(6)雨水消能措施

通过生态设计手法,结合低影响开发技术建立雨水收集系统,将屋顶和路面雨水引入绿地,降低基础管网排水压力,解决场地内涝。同时,通过雨水花园的净化作用保障水质。

(7)绿地植被系统

绿地植被系统总体配置原则为适应性、经济性、生态性和可达性。优先选用本土植物,适当搭配外来物种。现状长势良好植物予以保存,新增乔木和地被尽量选用成本较低、生长较快、容易管理的品种,尽可能减少前期投入和后期维护费用,创建节约型绿地。雨水花园区域选用根系发达、茎叶繁茂、净化能力强、对雨水中污染物降解和去除效果好的植物,而且要既耐涝又有一定抗旱能力。植物系统配置应具有良好的视线通透性和活动可达性。

(8)稳定塘

稳定塘又称氧化塘或生物塘,是一种利用天然净化能力对污水进行处理的构筑物的总称。稳定塘的净化过程与自然水体的自净过程相似。通常是将土地进行适当的人工修整,建成池塘,并设置围堤和防渗层,依靠塘内生长的微生物来处理污水,主要利用菌藻的共同作用处理废水中的有机污染物。稳定塘污水处理系统具有基建投资和运转费用低、维护和维修简单、便于操作、能有效去除污水中的有机物和病原体、无须进行污泥处理等优点。

(9)柔性边坡植被

香根草体系生态技术可用于服务区边坡防护和稳定塘,栽植根系发达、抗逆性强、生长快速、水土保持效果优异的香根草体系,可稳定服务区边坡,保持水土,促使植物生态系统的恢复,同时美化服务区环境。香根草体系的定植生长条件要求低、对气候适应性广、耐粗放管理,且植株高大,能吸收公路噪声、净化空气、吸收扬尘。香根草体系生态防护工程可自我更新维持,同时恢复服务区两侧植被生态。

9.4 SWMM 模型模拟

9.4.1 天台山服务区(东区)径流控制效果研究

应用SWMM(暴雨洪水管理)模型,研究天台山服务区(东区)在现状和规划条件下的情景。天台山服务区(东区)东侧的J18-200管段为开口明渠,降雨过程中始终未满流,且所控制的子汇水区域不涉及LID设施改造,故仅研究J0-201即服务区(东区)西侧管网的出流状况。

(1)径流峰值削减

服务区(东区)西侧管网不同设计降雨条件下现状与规划径流过程如图9.4-1所示。

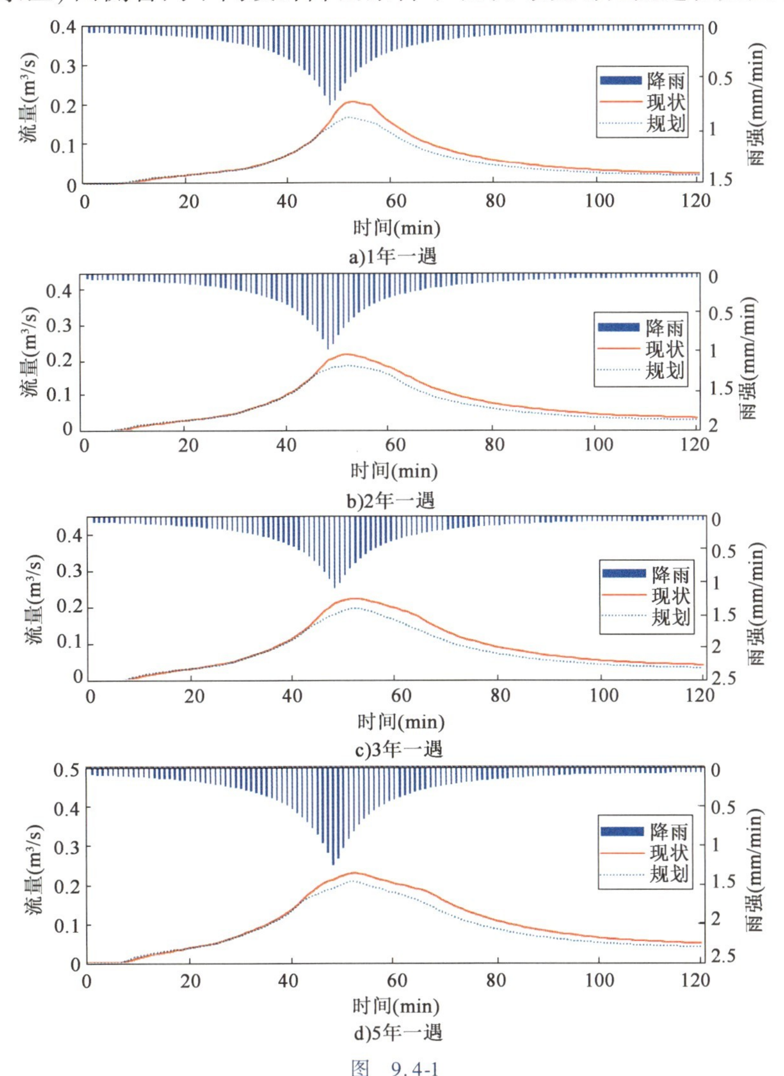

图 9.4-1

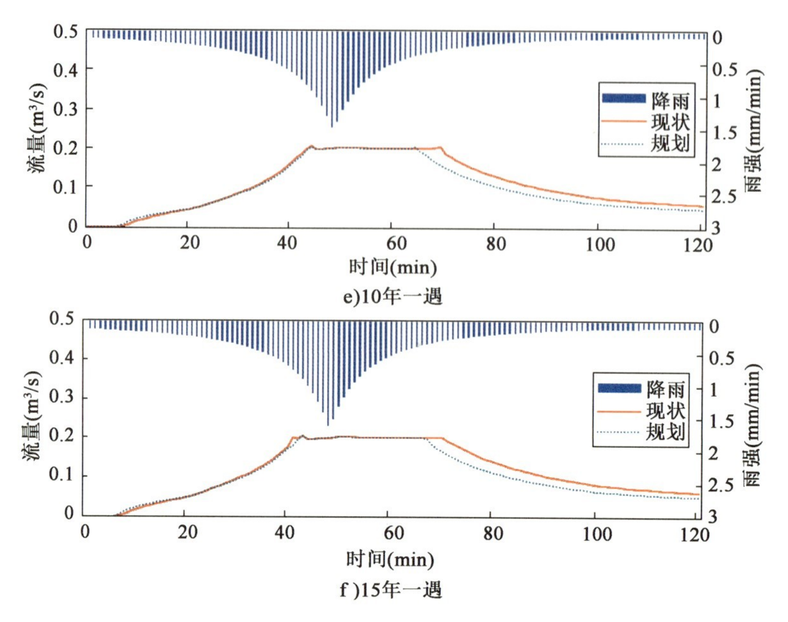

图9.4-1　天台山服务区(东区)西侧管网不同设计降雨条件下现状与规划径流过程

由图9.4-1和表9.4-1可以看出,在120min设计次降雨,1年一遇、2年一遇、3年一遇、5年一遇重现期下,不同排水节点的径流于50min左右到达峰值,径流未满流,峰值削减率分别为19.26%、14.30%、11.35%和9.17%。在10年一遇、15年一遇的重现期下,排水管网已经满流。通过分析不同设计降雨下排水口流量过程线和满流时间可知,在同一降雨重现期下,规划条件LID措施对排水口径流的满流持续时间已经达到了4min的减少效果。

天台山服务区(东区)现状与规划条件下J201排水口径流峰值与持续时间　　表9.4-1

设计降雨	现状径流峰值(mm/min)		规划径流峰值(mm/min)		峰值削减率(%)
1年一遇	0.2056		0.166		19.26
2年一遇	0.2147		0.184		14.30
3年一遇	0.2211		0.196		11.35
5年一遇	0.228		0.2071		9.17
设计降雨	满流开始时间(min)	满流持续时间(min)	满流开始时间(min)	满流持续时间(min)	时间差(min)
10年一遇	43	27	43	23	4
15年一遇	41	30	42	26	4

(2)径流总量削减

根据SWMM模型的模拟结果,不同设计重现期下天台山服务区(东区)径流控制情况见表9.4-2。根据表9.4-2数据计算,增加LID措施后的服务区径流总量如图9.4-2所示。

天台山服务区(东区)现状与规划条件下地表径流与径流控制率　　表9.4-2

重现期(年)	总降水(m^3)	水平年	地表径流(m^3)	径流控制率(%)
1	8156.13	现状	5451.85	33.16
		规划	4789.97	41.27
2	10463.77	现状	7411.27	29.17
		规划	6421.04	38.64
3	11814.12	现状	8691.75	26.43
		规划	7464.87	36.81
5	13514.67	现状	10333.14	23.54
		规划	8808.88	34.82
10	15822.70	现状	12583.99	20.47
		规划	10661.89	32.62
15	17172.66	现状	13907.75	19.01
		规划	11756.15	31.54

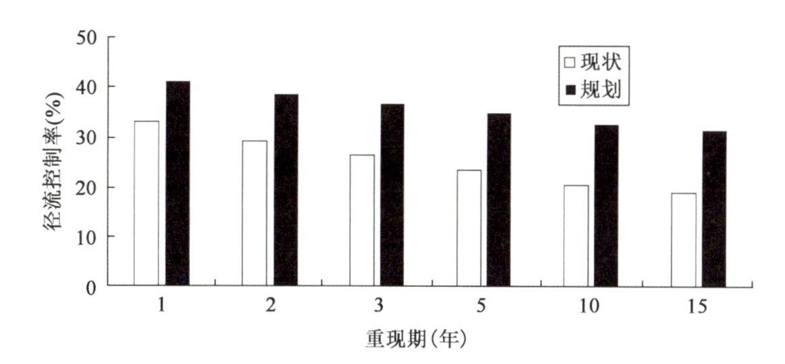

图9.4-2　天台山服务区(东区)不同设计降雨条件下现状与规划径流控制率

由表9.4-2和图9.4-2可以看出,增加LID措施后,天台山服务区(东区)在不同重现期下的径流控制率分别为41.27%、38.64%、36.81%、34.82%、32.62%和31.54%,相比于现状提高了8.12%、9.46%、10.38%、11.28%、12.15%和12.53%。说明规划情况的径流控制率相比于现状有明显提升。且随着重现期的增加,径流控制率呈现减少趋势。

(3)水量蓄存情况分析

根据SWMM模型的模拟结果,不同设计重现期下天台山服务区(东区)增加LID措施前后雨水出流情况见表9.4-3。

天台山服务区(东区)现状与规划条件下雨水出流　　表9.4-3

重现期(年)	总降水(m^3)	地表径流(m^3)		渗入(m^3)		地表蓄水(m^3)	
		现状	规划	现状	规划	现状	规划
1	8156.13	5451.85	4789.97	2066.23	1750.98	639.25	1600.49
2	10463.77	7411.27	6421.04	2073.77	1775.59	981.50	2207.98

续上表

重现期(年)	总降水(m^3)	地表径流(m^3)		渗入(m^3)		地表蓄水(m^3)	
		现状	规划	现状	规划	现状	规划
3	11814.12	8691.75	7464.87	2077.35	1786.31	1047.81	2472.81
5	13514.67	10333.14	8808.88	2081.72	1797.83	1103.39	2782.11
10	15822.70	12583.99	10661.89	2087.27	1808.94	1156.20	3173.99
15	17172.66	13907.75	11756.15	2090.05	1813.31	1180.02	3395.15

由表9.4-3可知,增加LID措施后,天台山服务区(东区)地表径流和渗入量相比于现状条件有所减少。在1年一遇~15年一遇重现期下,规划条件相比于现状条件,地表蓄水增加961.24~2215.13m^3。

9.4.2 天台山服务区(西区)径流控制效果研究

应用SWMM模型,研究天台山服务区(西区)在现状和规划条件下的情景。天台山服务区(西区)汇水管网较为复杂,主要包含主体建筑周边的汇水管网及服务区东侧的管网。

(1)径流峰值削减

由图9.4-3和表9.4-4可以看出,在120min设计次降雨下,天台山服务区(西区)排水口的退水段径流量有所降低。在1年一遇、2年一遇、3年一遇、5年一遇重现期下,不同排水节点的径流于50min左右到达峰值,LID措施对径流峰值分别削减18.29%、13.68%、9.12%和8.07%。在10年一遇和15年一遇重现期下,LID措施对排水口径流的满流持续时间已经达到了减少4~5min的效果。

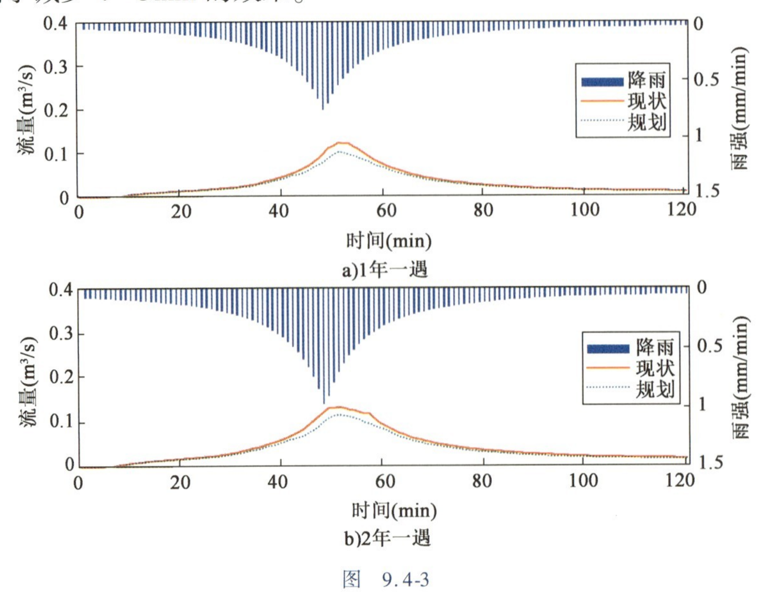

图 9.4-3

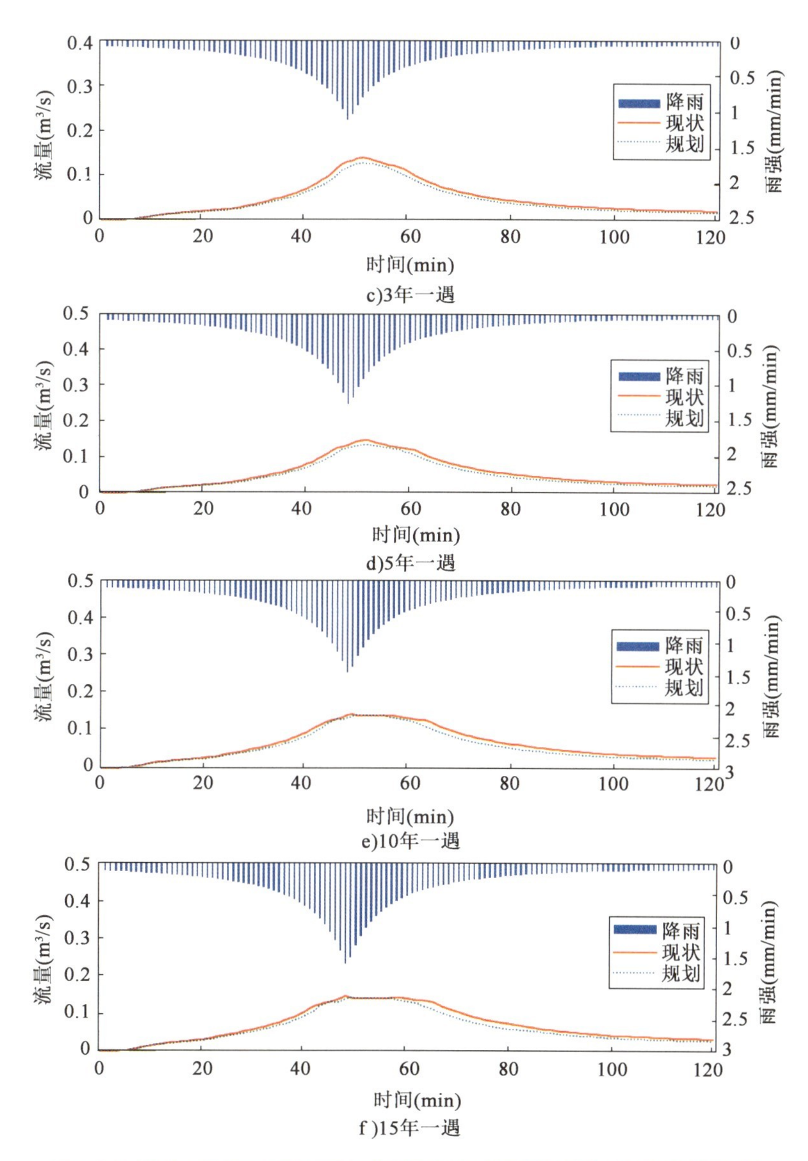

图9.4-3 天台山服务区(西区)西侧管网不同设计降雨条件下现状与规划径流过程

天台山服务区(西区)现状与规划条件下J45排水口径流峰值与持续时间 表9.4-4

设计降雨	现状径流峰值(mm/min)		规划径流峰值(mm/min)		峰值削减率(%)
1年一遇	0.1225		0.1001		18.29
2年一遇	0.1316		0.1136		13.68
3年一遇	0.1381		0.1255		9.12
5年一遇	0.145		0.1333		8.07
设计降雨	满流开始时间(min)	满流持续时间(min)	满流开始时间(min)	满流持续时间(min)	时间差(min)
10年一遇	48	9	50	5	4
15年一遇	47	13	49	8	5

(2)径流总量削减

根据 SWMM 模型的模拟结果,不同设计重现期下天台山服务区(西区)径流控制情况见表9.4-5。根据表9.4-5的数据,计算增加 LID 措施后的服务区径流总量如图9.4-4所示。

天台山服务区(西区)现状与规划条件下地表径流与径流控制率　　表9.4-5

重现期(年)	总降水(m^3)	水平年	地表径流(m^3)	径流控制率(%)
1	9253.44	现状	6002.89	35.13
		规划	5036.64	45.57
2	11871.54	现状	8054.75	32.15
		规划	6761.47	43.04
3	13403.57	现状	9406.15	29.82
		规划	7875.92	41.24
5	15332.91	现状	11157.10	27.23
		规划	9315.15	39.25
10	17951.46	现状	13578.80	24.36
		规划	11303.50	37.03
15	19483.03	现状	15011.72	22.95
		规划	12612.55	35.26

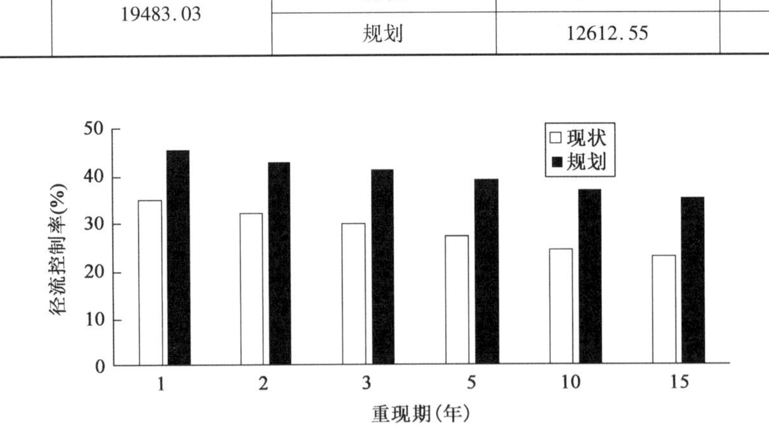

图9.4-4　天台山服务区(西区)不同设计降雨条件下现状与规划径流控制率

由表9.4-5和图9.4-4可以看出,增加 LID 措施后,天台山服务区(西区)在不同重现期下的径流控制率分别为45.57%、43.04%、41.24%、39.25%、37.03%和35.26%,相比于现状提高了10.44%、10.89%、11.42%、12.01%、12.67%和12.31%。说明规划情况的径流控制率相比于现状有明显提升。且随着重现期的增加,径流控制率呈现减少趋势。

(3)水量蓄存情况分析

根据 SWMM 模型的模拟结果,不同设计重现期下天台山服务区(西区)增加 LID 措施前后雨水出流情况见表9.4-6。

天台山服务区(西区)现状与规划条件下雨水出流　　表9.4-6

重现期(年)	总降水(m^3)	地表径流(m^3)		渗入(m^3)		地表蓄水(m^3)	
		现状	规划	现状	规划	现状	规划
1	9253.44	6002.89	5036.64	2265.84	2107.72	994.17	2077.09
2	11871.54	8054.75	6761.47	2274.39	2136.10	1557.26	2869.01
3	13403.57	9406.15	7875.92	2279.35	2148.72	1736.09	3228.03
5	15332.91	11157.10	9315.15	2284.76	2161.78	1913.57	4040.67
10	17951.46	13578.80	11303.50	2291.06	2175.29	2108.62	4183.01
15	19483.03	15011.72	12612.55	2294.22	2180.25	2206.82	4354.19

由表9.4-6可知,增加LID措施后,天台山服务区(西区)地表径流和渗入量相比于现状条件有所减少,但相比于天台山服务区(东区)来说,渗入量的减少程度较低。规划条件下,LID措施主要发挥了雨水的地表蓄水效果,在1年一遇~15年一遇重现期下,地表蓄水增加1082.92~2147.37m^3。

9.4.3 宝鸡南服务区径流控制效果研究

宝鸡南服务区主要包括南区和北区两部分,宝鸡南服务区管网较为复杂,用于汇集停车区、广场及主体建筑的雨水。

(1)径流峰值削减

经测算,宝鸡南服务区南侧管网在120min设计次降雨,1年一遇~15年一遇重现期下,不同排水节点的径流于37~47min达峰值。现状条件和规划条件,在同一降雨重现期下,不同排水口径流削减效果不明显,满流未削减。

宝鸡南服务区北侧管网在120min的设计次降雨下,各重现期不同排水节点的径流于50min左右到达峰值。1年一遇~15年一遇降雨重现期下,LID措施对径流有一定程度的削减效果。LID措施对排水口的峰值削减率为8.13%~15.93%。

(2)径流总量削减

经测算,增加LID措施后,整体服务区在不同重现期下的径流控制率分别为46.52%、43.58%、41.21%、38.52%、35.51%和33.84%,相比于现状提高了6.45%、6.61%、6.80%、7.01%、7.26%和7.19%。说明规划情况的径流控制率相比于现状有着明显提升。且随着重现期的增加,径流控制率呈现减少趋势。

(3)水量蓄存情况分析

经测算,增加LID措施后,宝鸡南服务区地表径流和渗入量相比于现状条件有所减少,LID措施主要将现状条件下渗入量蓄存。规划条件下,采取LID措施后,在1年一遇~15年一遇重现期下,地表蓄水增加835.18~2440.32m^3。

9.5 功能型服务区雨水资源利用

结合宝鸡南与天台山生态服务区水需求特征,确定雨水资源的可能利用潜力和使用方向,研究功能型服务区在不同条件下的有效雨水资源量,明确低影响开发措施对雨水资源利用的贡献及其对服务区用水结构的影响。在低影响开发措施下,雨水资源利用效率和技术进一步发展,对低影响开发措施下服务区雨水资源利用量与潜力进行估算,可以为今后水资源规划和经济建设提供一定的参考,为功能型服务区建设提供理论依据和数据支撑。

9.5.1 多年平均尺度功能型服务区雨水资源利用潜力

由图9.5-1可知,宝鸡南服务区中心径流系数相对较大,多年平均潜在雨水资源利用量较多,多年平均潜在雨水资源利用量为7.20万m^3。天台山服务区(东区)西部的径流系数相对较大,多年平均潜在雨水资源利用量较多,多年平均潜在雨水资源利用量为2.32万m^3。天台山服务区(西区)中心多年平均潜在雨水资源利用量较少,多年平均潜在雨水资源利用量为2.69万m^3。

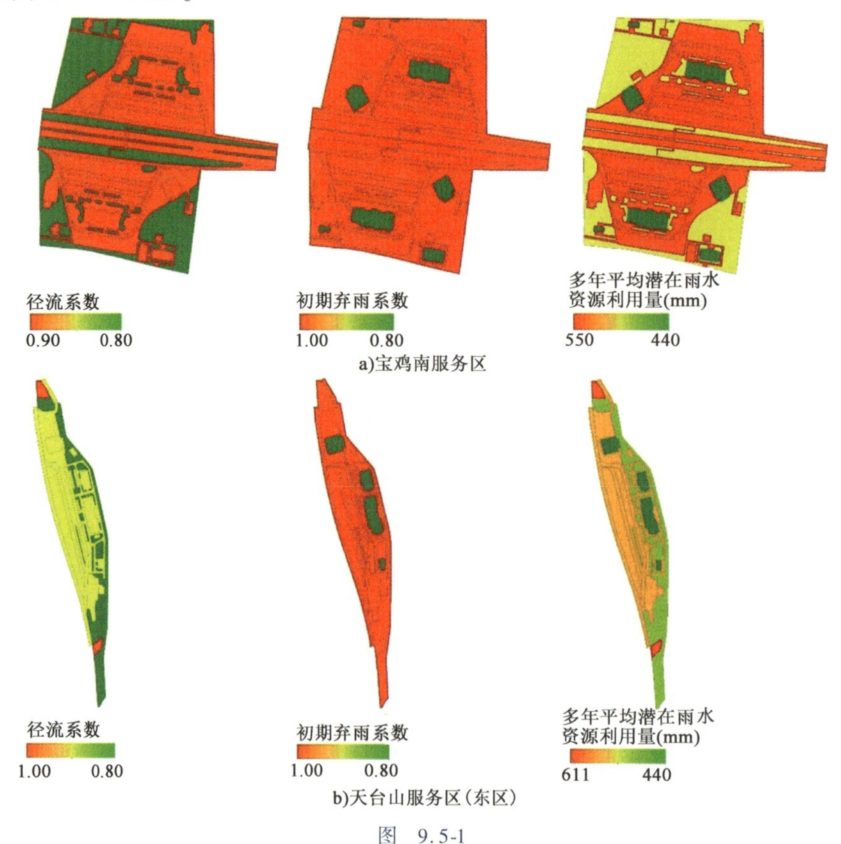

图 9.5-1

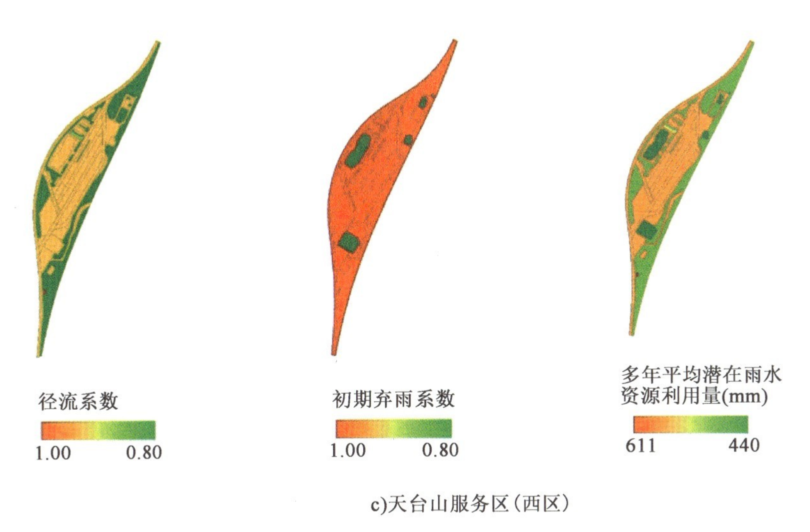

c)天台山服务区(西区)

图9.5-1 服务区现状多年平均潜在雨水资源利用量及其参数分布

实施海绵措施后,服务区多年平均潜在雨水资源利用量及其参数分布如图9.5-2所示。宝鸡南服务区、天台山服务区(东区)和天台山服务区(西区)径流系数、初期弃雨系数空间分布格局与未实施海绵措施时的空间分布格局基本一致,局部地区有所变化。宝鸡南服务区多年平均潜在雨水资源利用量比较多,紧接着是天台山服务区(东区),最后是天台山服务区(西区),它们的多年平均潜在雨水资源利用量分别为7.16万m^3、2.29万m^3和2.68万m^3。相比于实施海绵措施前,宝鸡南服务区、天台山服务区(东区)和天台山服务区(西区)的雨水资源利用量分别增加约400m^3、300m^3和100m^3,这表明海绵措施的实施有效消减了地表径流。

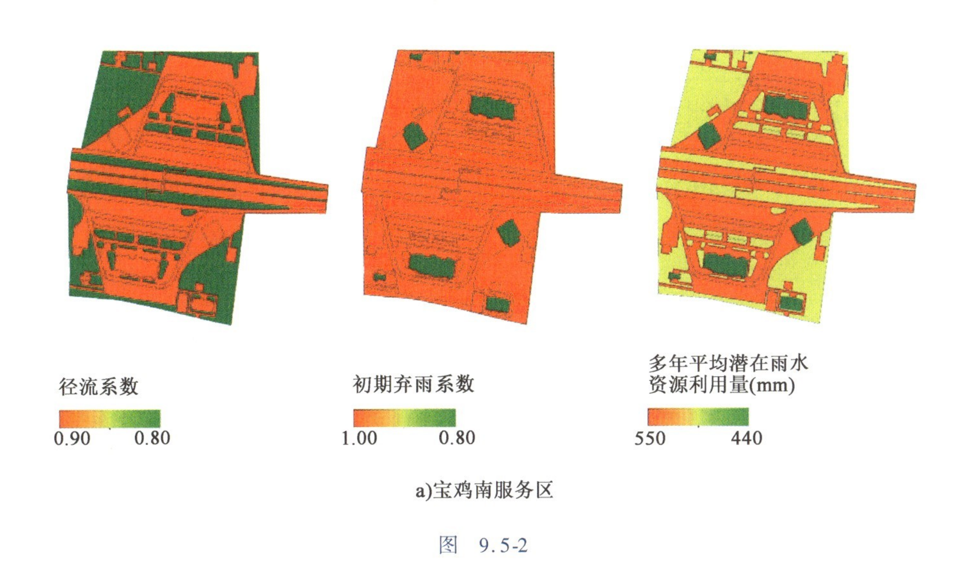

a)宝鸡南服务区

图 9.5-2

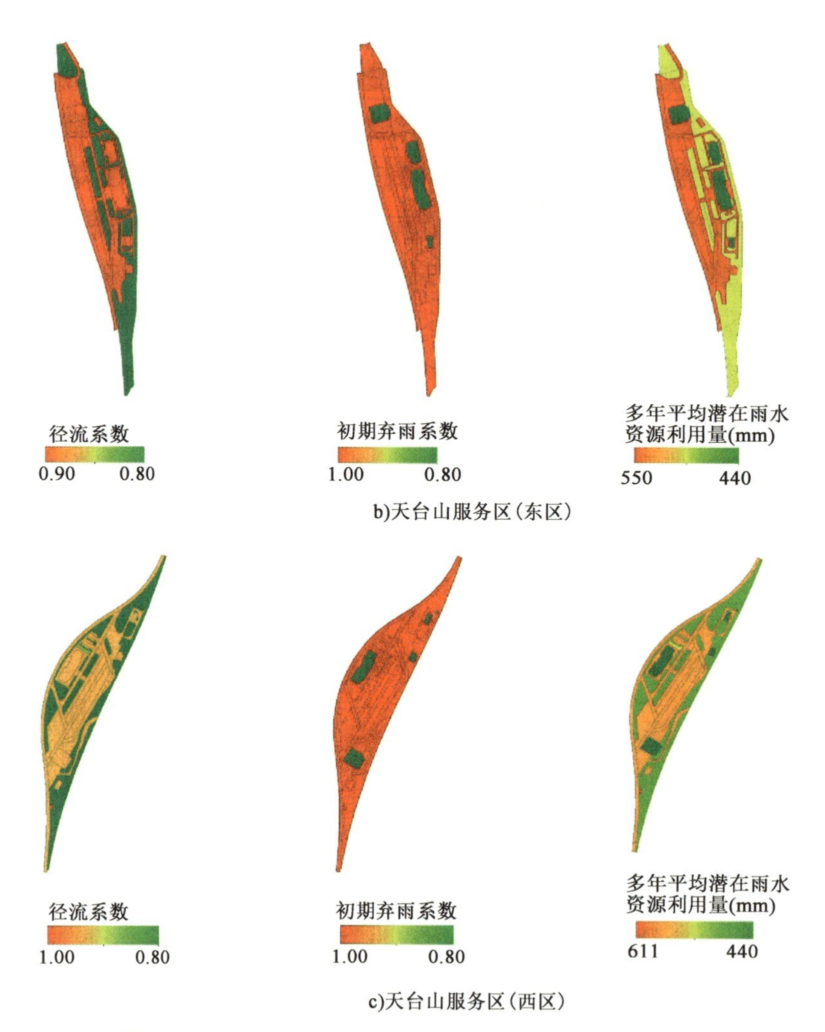

b)天台山服务区(东区)

c)天台山服务区(西区)

图 9.5-2　服务区实施海绵措施后多年平均潜在雨水资源利用量及其参数分布

9.5.2　场次尺度功能型服务区雨水资源利用潜力

由于功能型服务区面积较小,降雨过程中蒸发量可以忽略不计,服务区在次降雨条件下的雨水资源潜在利用量计算公式如下:

$$R = P - \lambda \cdot T \cdot \delta \tag{9.5-1}$$

式中:R——次降雨下的雨水资源潜在利用量(mm);

P——不同重现期的次降雨量(mm);

λ——平均入渗率(mm/min),入渗率参照相关文献的入渗试验获取;

T——时间(min),这里为120min;

δ——入渗时间占比,取值为0.05。

根据式(9.5-1)和实施海绵措施后的服务区下垫面特征,计算并绘制如图9.5-3所示的服务区现状入渗系数空间分布图。从图中可知,宝鸡南服务区中心入渗系数为0,天台山服务区(东区)西部的入渗系数为0,天台山服务区(西区)西部入渗系数为0。这些地区主要为硬化路面,不存在入渗。实施海绵措施后的入渗系数基本上与现状入渗系数分布格局相同,局部地区有所变化。

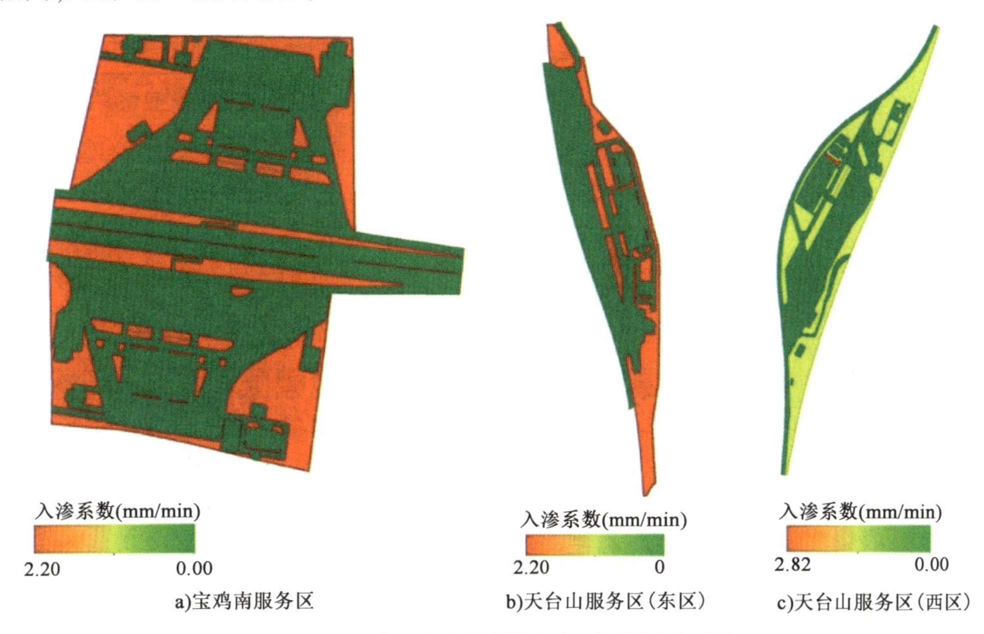

图9.5-3 服务区实施海绵措施后入渗系数空间分布

研究区1年一遇、2年一遇、3年一遇、5年一遇、10年一遇和15年一遇的次降雨量分别为20.54mm、26.35mm、29.76mm、34.04mm、39.85mm和43.25mm。根据式(9.5-1)和实施海绵措施后的服务区下垫面特征,计算并绘制如图9.5-4~图9.5-6所示的实施海绵措施后的服务区次降雨下潜在雨水资源利用量空间分布图。从图中可知,在不同设计次降雨下,宝鸡南服务区、天台山服务区(东区)和天台山服务区(西区)的潜在雨水资源利用量空间分布格局一致,这主要是由下垫面条件决定的。其次,实施海绵措施后的次降雨下潜在雨水资源利用量空间分布与现状次降雨下潜在雨水资源利用量空间分布格局基本一致。1年一遇、2年一遇、3年一遇、5年一遇、10年一遇和15年一遇次降雨下,宝鸡南服务区潜在雨水资源利用量分别为2179.52m^3、2976.37m^3、3444.05m^3、4031.05m^3、4827.90m^3、5294.21m^3;天台山服务区(东区)雨水资源利用量分别为681.80m^3、939.38m^3、1090.56m^3、1280.30m^3、1537.88m^3、1688.62m^3;天台山服务区(西区)雨水资源利用量分别为796.78m^3、1095.77m^3、1271.26m^3、1491.51m^3、1790.50m^3、1965.46m^3。随着设计次降雨的增大,潜在雨水资源利用量也增大。实施海绵措施后三个服务区次降雨下潜在雨水资源利用量与现状相比,在不同设计次降雨下均有所减少,这表明海绵措施的实施减少了服务区的径流量。场次降雨下,实施海绵措施后宝鸡南服务区雨水资源利用量平均增加约87.12m³,天台山服务区(东区)雨水资源利用量平均增加约50.35m³,天台山服务区(西区)雨水资源利用量平均增加约36.05m³。

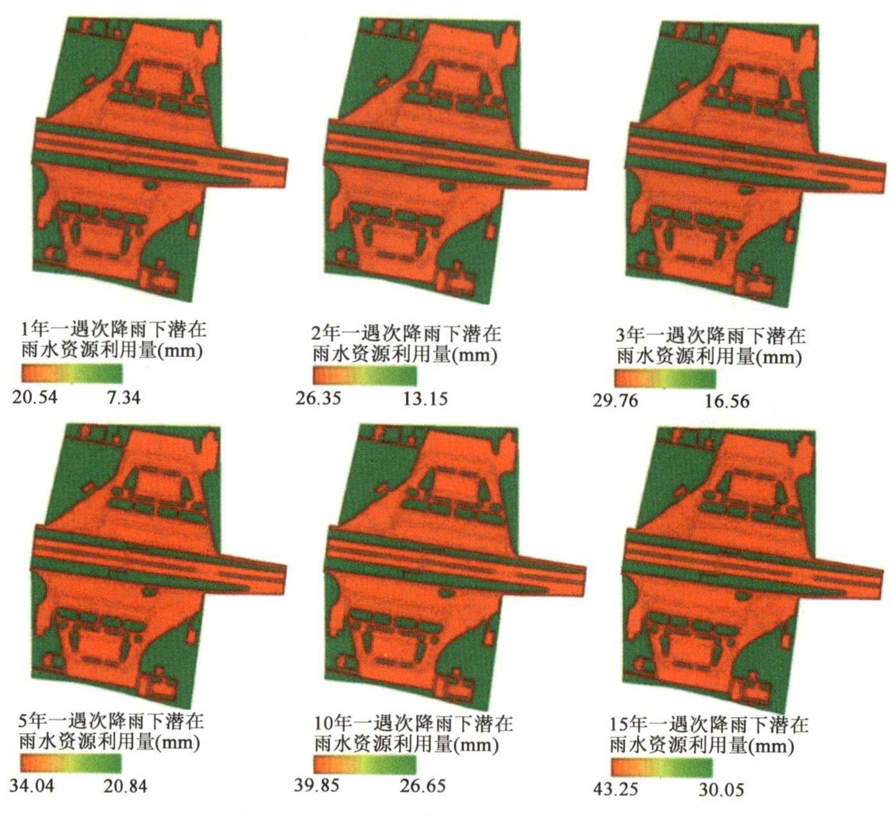

图9.5-4　不同设计次降雨下宝鸡南服务区实施海绵措施后潜在雨水资源利用量

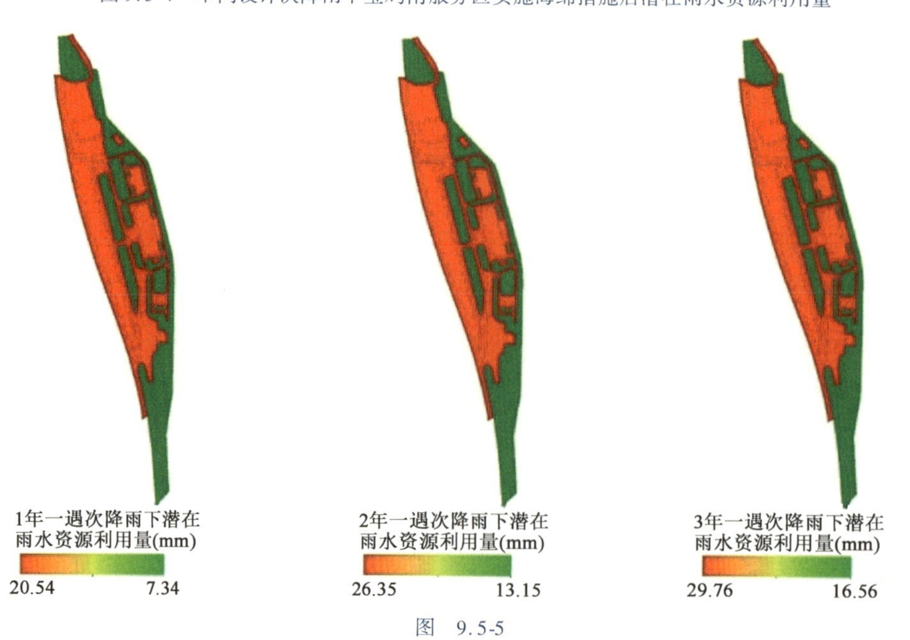

图　9.5-5

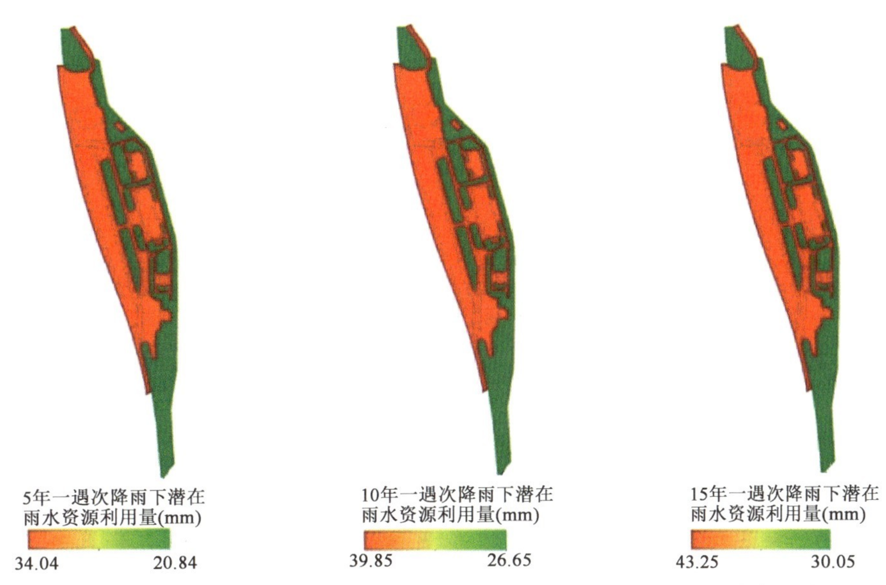

图9.5-5 不同设计次降雨下天台山服务区(东区)实施海绵措施后潜在雨水资源利用量

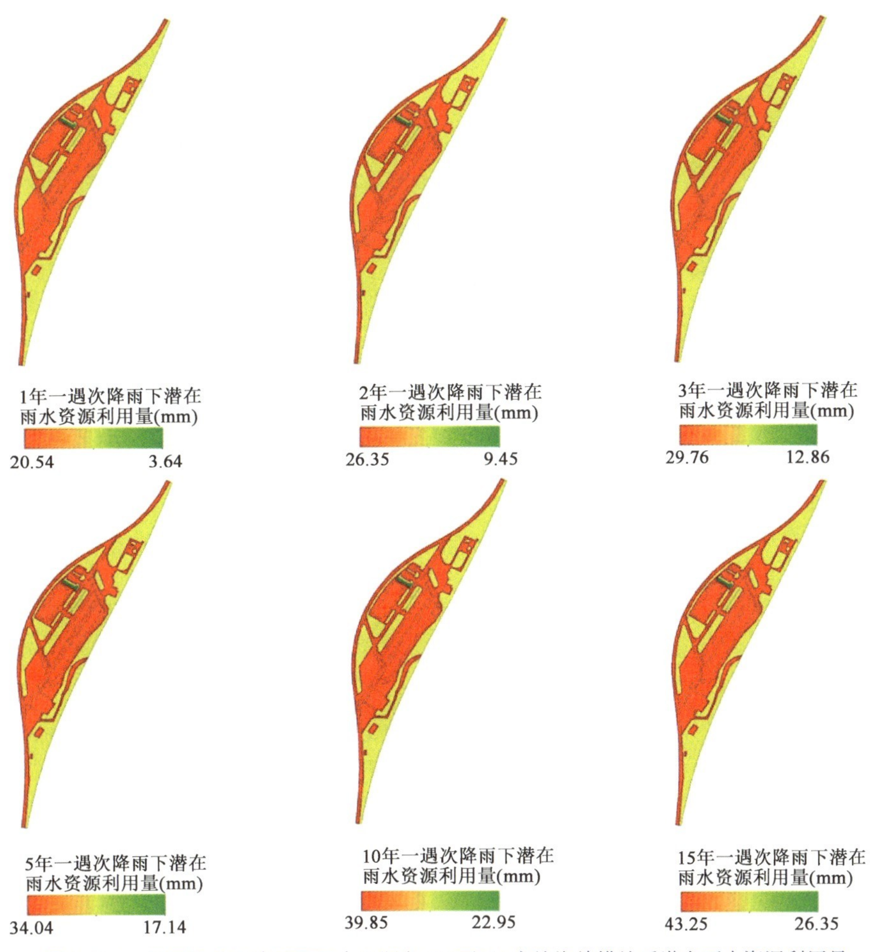

图9.5-6 不同设计次降雨下天台山服务区(西区)实施海绵措施后潜在雨水资源利用量

9.6 服务区生态服务功能分析

9.6.1 水源涵养功能

基于 InVEST 模型对服务区实施海绵措施前后的水源涵养功能进行定量评估。分析得出,海绵措施实施前宝鸡南、天台山(东区)和天台山(西区)三个服务区的年水源涵养总量分别为 36902m^3、4056m^3 和 21590m^3,海绵措施实施后分别为 39625m^3、4327m^3 和 22755m^3。海绵措施实施后年水源涵养量分别增加 7.38%、6.68% 和 5.39%。由图 9.6-1 和图 9.6-2 可知,水源涵养量增加的区域集中在实施海绵措施的区域。主要原因是在相同降水量条件下,海绵措施下群落结构较好,通过截留降水增加土壤下渗,提高了水源涵养量。

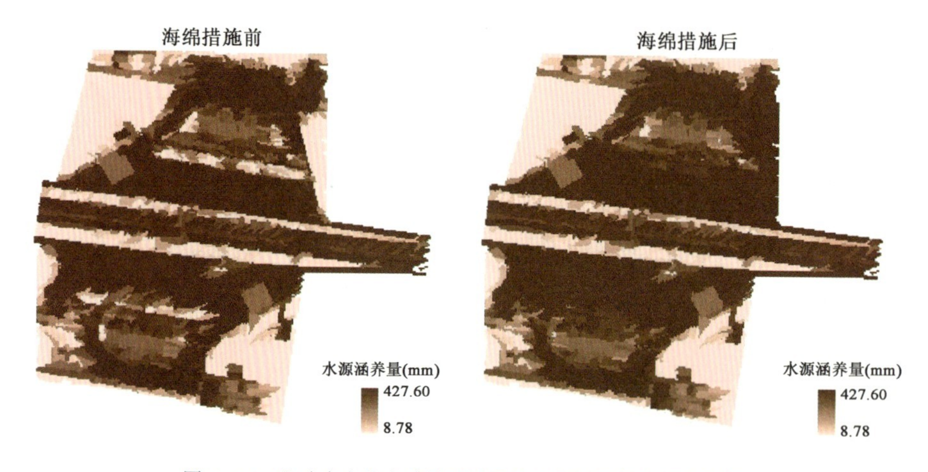

图 9.6-1 宝鸡南实施海绵措施前后年水源涵养量空间分布图

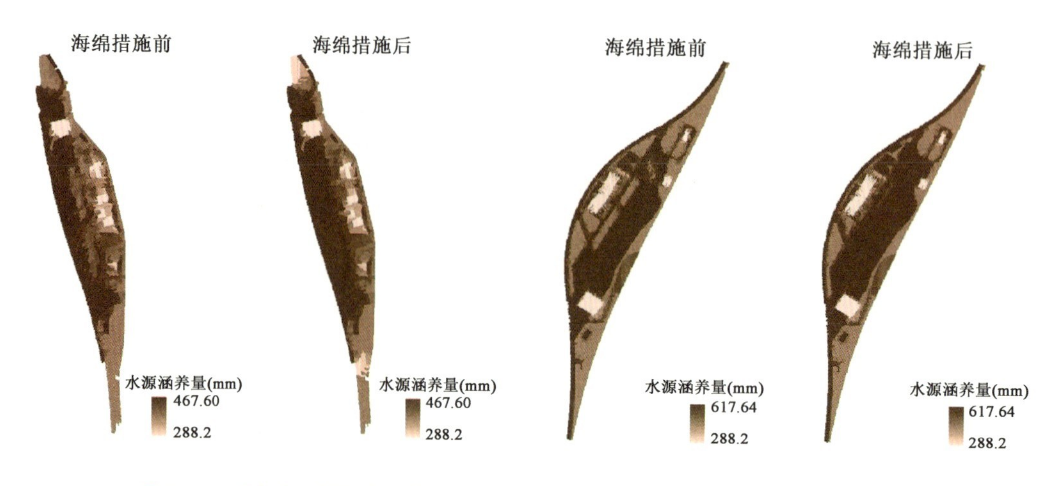

图 9.6-2 天台山(东区)和天台山(西区)实施海绵措施前后年水源涵养量空间分布图

9.6.2 水土保持功能

通过水土保持模块运算可知,宝鸡南、天台山(东区)和天台山(西区)三个服务区实施海绵措施前年水土保持量分别为5.05t、1.37t和1.96t,实施海绵措施后分别为5.07t、1.49t和2.03t,年水土保持量分别增加了约0.1%、8.76%和3.57%。由图9.6-3、图9.6-4可知,水土保持增加量集中在实施海绵措施的区域,主要原因是海绵措施增加了植被覆盖度,降低了植被措施因子,增强了抗蚀性,同时分散消减了地表径流侵蚀能量,降低了土壤侵蚀量。

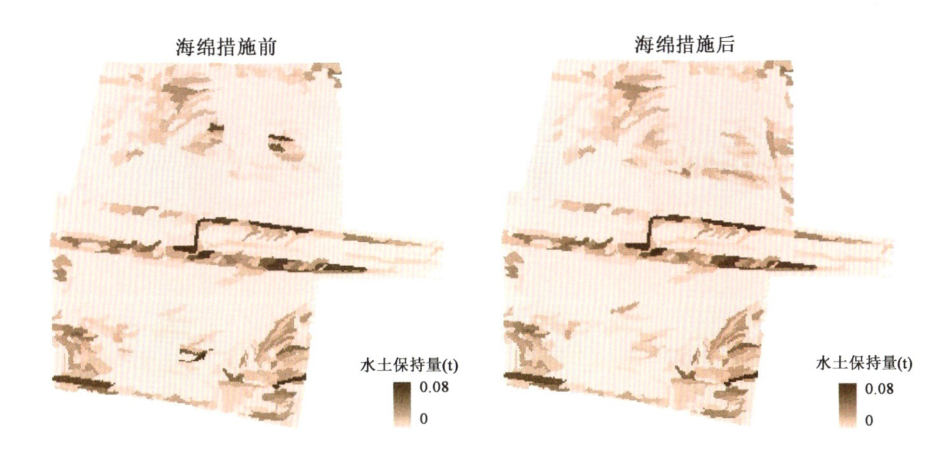

图9.6-3 宝鸡南实施海绵措施前后年水土保持量空间分布图

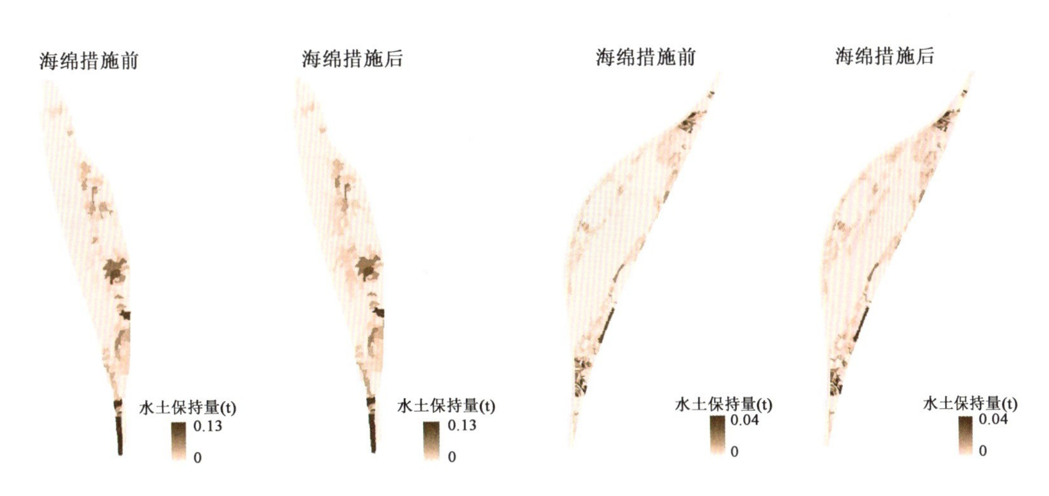

图9.6-4 天台山(东区)和天台山(西区)实施海绵措施前后年水土保持量空间分布图

9.6.3 生境质量功能

通过生境质量模块运算可得,宝鸡南、天台山(东区)和天台山(西区)三个服务区实施海绵措施前的年均生境质量指数分别为0.30、0.16和0.11,实施海绵措施后分别为

0.33、0.22 和 0.13，生境质量分别增加了 10.00%、37.50% 和 18.18%。由图 9.6-5、图 9.6-6可知，生境质量增加量集中在实施海绵措施的区域，主要原因是在其他因素相同的情况下，草地比道路、公路和建设用地拥有更大的生态系统服务能力。

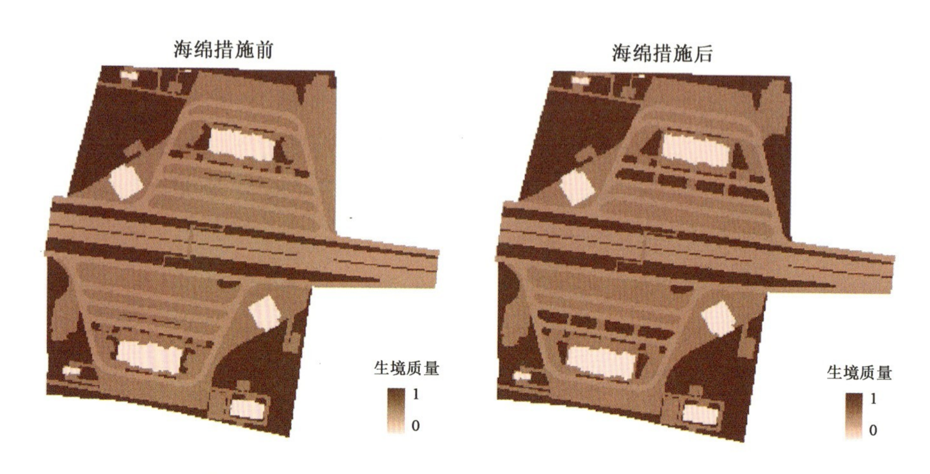

图 9.6-5 宝鸡南实施海绵措施前后生境质量空间分布图

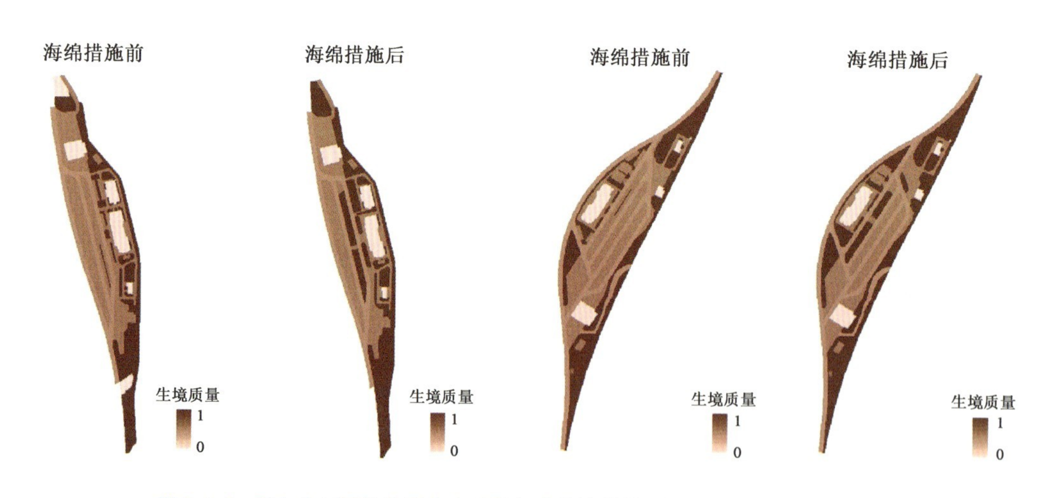

图 9.6-6 天台山（东区）和天台山（西区）实施海绵措施前后生境质量空间分布图

9.6.4 碳储存功能

通过碳储存模块运算可得，宝鸡南、天台山（东区）和天台山（西区）三个服务区在实施海绵措施前的碳储存总量分别为 2212.68Mg、71.03Mg 和 305.75Mg，实施海绵措施后分别为 2304.79Mg、78.87Mg 和 320.70Mg，碳储存量分别增加了 4.16%、11.03% 和 4.89%。由图 9.6-7、图 9.6-8 可知，碳储存增加量集中在实施海绵措施的区域，主要原因是草地生态系统将 CO_2 储存在土壤和生物量中。

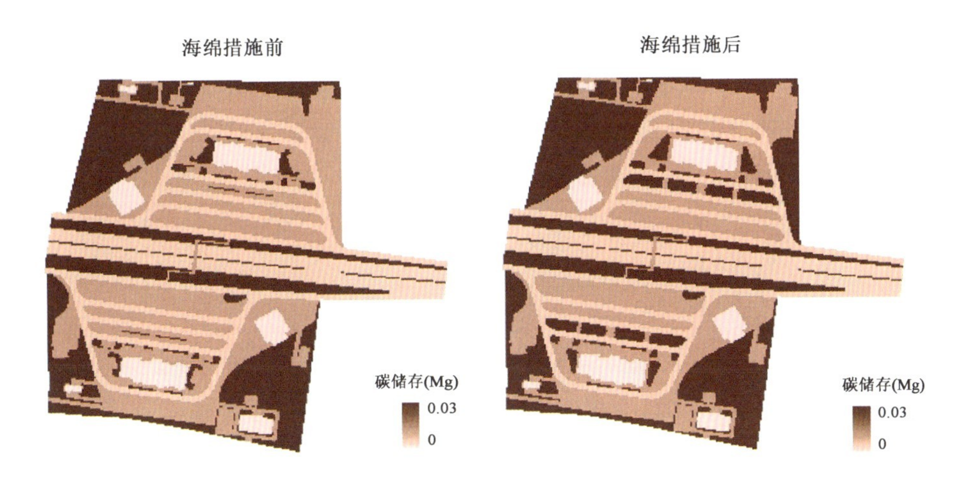

图9.6-7 宝鸡南实施海绵措施前后碳储存量空间分布图

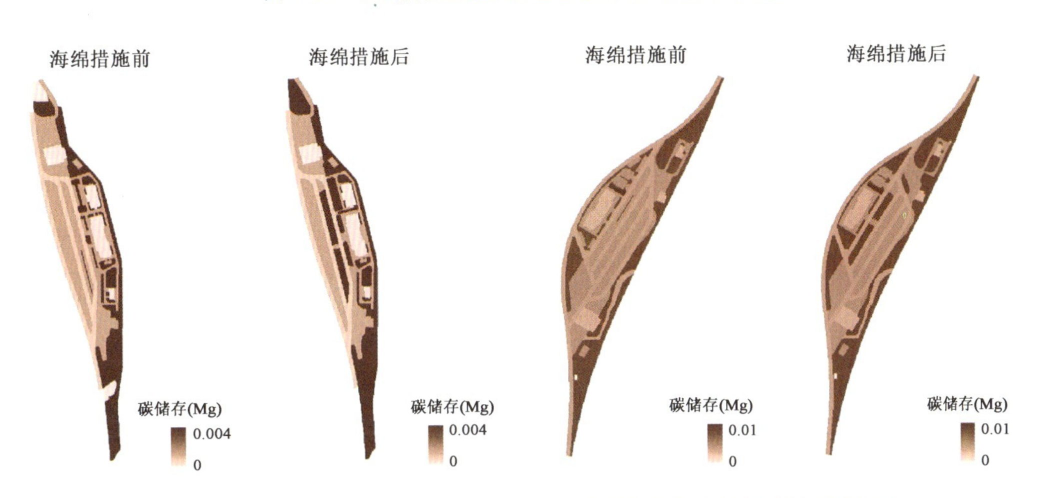

图9.6-8 天台山(东区)和天台山(西区)实施海绵措施前后碳储存量空间分布图

9.7 功能型服务区生态效益评估

根据功能型服务区的土地利用类型以及调蓄设施参数,计算不同设计暴雨条件下各措施的蓄水量。按照水质特征的影响进行分类,确定蓄水措施的有效利用方式并设计雨水综合利用方案,计算和评价不同方案的雨水资源利用效益。

9.7.1 典型LID措施下的雨水资源蓄存量

(1)透水区域类型

根据遥感影像解译结果,宝鸡南服务区共有特征斑块120个。其中透水斑块62个,主要为草地;不透水斑块共58个,主要为公路、道路和建设用地。宝鸡南服务区透水区域的面积为48298m^2,占服务区总面积的35.2%;不透水区域面积为88849m^2,面积占比达到64.8%。宝鸡南服务区土地利用统计见表9.7-1。

宝鸡南服务区土地利用统计　　表9.7-1

研究区域	土地利用	面积(m^2)	比例(%)	总占比(%)
透水区域	草地	48298	35.2	35.2
不透水区域	道路	45203	33.0	64.8
	建设用地	7734	26.2	
	公路	35912	5.6	

根据遥感影像解译结果,天台山服务区(东区)共有特征斑块46个。其中透水斑块24个,主要为草地;不透水斑块共22个,主要为公路、道路和建设用地。天台山服务区(东区)透水区域的面积为17274m^2,占服务区总面积的39%;不透水区域面积为26991m^2,面积占比达到61%。

根据遥感影像解译结果,天台山服务区(西区)共有特征斑块50个。其中透水斑块21个,主要为草地、稳定塘、竹林;不透水斑块共29个,主要为公路、道路和建设用地。透水区域的面积为19900.5m^2,占服务区总面积的38.6%;不透水区域面积为31747m^2,面积占比达到61.4%。

(2)蓄水深度

不同设计暴雨下场次降水的蓄水深度见表9.7-2~表9.7-4。

宝鸡南服务区设计暴雨下的下垫面蓄水深度　　表9.7-2

序号	土地利用	面积(m^2)	入渗率(mm/min)	蓄水深度(mm)					
				1年一遇	2年一遇	3年一遇	5年一遇	10年一遇	15年一遇
1	A1	77626.6	2.82	3.62	9.43	12.84	13.12	22.93	26.33
2	B1	57795.4	0.00	20.54	26.35	29.76	30.04	39.85	43.25
3	B2	7754.3	0.00	20.54	26.35	29.76	30.04	39.85	43.25
4	B3	35912.5	0.00	20.54	26.35	29.76	30.04	39.85	43.25

注:A1-草地;B1-道路;B2-建设用地;B3-公路。

天台山服务区(东区)设计暴雨下的下垫面蓄水深度　　表9.7-3

序号	土地利用	面积(m^2)	入渗率(mm/min)	蓄水深度(mm)					
				1年一遇	2年一遇	3年一遇	5年一遇	10年一遇	15年一遇
1	A1	17334.2	2.82	3.62	9.43	12.84	13.12	22.93	26.33
2	B1	15088.2	0.00	20.54	26.35	29.76	30.04	39.85	43.25
3	B2	3752.8	0.00	20.54	26.35	29.76	30.04	39.85	43.25
4	B3	8158.4	0.00	20.54	26.35	29.76	30.04	39.85	43.25

注:A1-草地;B1-道路;B2-建设用地;B3-公路。

天台山服务区(西区)设计暴雨下的下垫面蓄水深度 表 9.7-4

序号	土地利用	面积(m^2)	入渗率(mm/min)	蓄水深度(mm)					
				1年一遇	2年一遇	3年一遇	5年一遇	10年一遇	15年一遇
1	A1	19661.1	2.82	3.62	9.43	12.84	13.12	22.93	26.33
2	A2	188	2.9	3.14	8.95	12.36	12.64	22.45	25.85
3	A3	51.4	0.5	17.54	23.35	26.76	27.04	36.85	40.25
4	B1	1293.1	0.00	20.54	26.35	29.76	30.04	39.85	43.25
5	B2	3260.4	0.00	20.54	26.35	29.76	30.04	39.85	43.25
6	B3	14188.4	0.00	20.54	26.35	29.76	30.04	39.85	43.25

注:A1-草地;A2-竹林;A3-稳定塘;B1-道路;B2-建设用地;B3-公路。

在6种设计暴雨下,计算各土地利用类型的蓄水深度,见表9.7-5~表9.7-7,其中竹林和草地的蓄水深度较小,稳定塘蓄水深度较大。基于透水区措施的蓄水深度,换算次降雨的蓄水体积。

宝鸡南服务区设计暴雨下各措施对应蓄存体积 表 9.7-5

分类	土地利用	面积(m^2)	蓄存体积(m^3)					
			1年一遇	2年一遇	3年一遇	5年一遇	10年一遇	15年一遇
宝鸡南	草地	48298.3	174.8	455.5	620.1	633.7	1107.5	1271.7
	蓄水量		174.8	455.5	620.1	633.7	1107.5	1271.7

天台山服务区(东区)设计暴雨下各措施对应蓄存体积 表 9.7-6

分类	土地利用	面积(m^2)	蓄存体积(m^3)					
			1年一遇	2年一遇	3年一遇	5年一遇	10年一遇	15年一遇
天台山(东区)	草地	17334.2	62.7	163.5	222.6	227.4	397.5	456.4
	蓄水量		62.7	163.5	222.6	227.4	397.5	456.4

天台山西服务区(西区)设计暴雨下各措施对应蓄存体积 表 9.7-7

分类	土地利用	面积(m^2)	蓄存体积(m^3)					
			1年一遇	2年一遇	3年一遇	5年一遇	10年一遇	15年一遇
天台山(西区)	草地	19661.1	71.2	185.4	252.4	257.9	450.8	517.7
	竹林	188	0.59	1.68	2.32	2.37	4.22	4.86
	稳定塘	51.4	50.90	51.20	51.38	51.39	51.89	52.07
	蓄水量		122.7	238.3	306.1	311.7	506.9	574.6

注:稳定塘为汇流+降水。

9.7.2 不同LID下的水质特征

水质指标的实现是再生水资源回用的前提,传统的水处理技术包括过滤、活性炭吸附、沉淀等,随着海绵城市技术发展,不同的LID措施本身对雨水就有着沉淀、净化效果,用于雨水收集回用的雨水桶也带有初步过滤装置,力求海绵化雨水资源达到相应的水质标准。

表9.7-8表明,路面Mn元素含量均值为58.01μg/L,生物滞留措施Mn元素含量低于路面,雨水桶雨水来源于屋面,Mn元素含量也处于较低水平,满足水质指标300μg/L(0.3mg/L)要求;Fe元素含量均值为36.49μg/L,生物滞留措施Fe元素含量与路面相当,雨水桶Fe元素含量较低,满足水质指标100μg/L(0.1mg/L)要求;路面氨氮含量均值为0.26mg/L,生物滞留措施氨氮含量略高于路面,雨水桶氨氮含量与路面相同,满足水质指标(5~20mg/L)要求;路面总磷含量均值为0.14mg/L,生物滞留措施氨氮含量低于路面,雨水桶总磷含量与路面相同,满足水质指标(0.5mg/L)要求;路面总氮含量均值为0.89mg/L,生物滞留措施氨氮含量与路面相当,雨水桶总氮含量略高于路面,满足水质指标(15mg/L)要求。因此,不论是生物滞留措施,还是路面雨水,均满足水质指标,LID措施对雨水径流中的污染物有着较好的净化、过滤效果,均优于地表水环境质量标准Ⅲ类水。

次降雨LID措施下水质特征

表9.7-8

水质指标	路面	LID措施			
		植草沟	下沉式绿地	稳定塘	雨水桶
Mn(μg/L)	58.01	15.35	27.58	23.37	12.03
Fe(μg/L)	36.49	36.59	36.47	22.48	25.99
氨氮(mg/L)	0.26	0.31	0.29	0.36	0.26
总磷(mg/L)	0.14	0.15	0.04	0.07	0.14
总氮(mg/L)	0.89	0.96	0.79	0.80	1.00

9.7.3 功能型服务区雨水资源利用方式

功能型服务区的下垫面主要包括建设用地、道路、草地,基本雨水利用形式可归为三类,即下渗、收集回用和调控排放。

(1)下渗

下渗是采用绿地、透水地面、专用渗透设施等,使雨水能够尽快渗入地下。下渗的具体措施很多,一般采用下沉式绿地、渗透性铺装地面(如渗沟、渗井等增渗设施)。下沉式绿地是低于周围地面适当深度的绿地,自身雨水不外排,同时周围地面的地表径流能流入绿地下渗。

(2)收集回用

收集回用是将屋顶、道路等下垫面的雨水进行收集,经适当处理后回用于绿地灌溉、冲厕、喷洒路面等,这种方法能够使雨水得到直接利用,减少自来水的用量和径流排放量。收集回用系统通常包括收集管线、调蓄池、处理设施、清水储存池、回用管线等。根据原水水质和回用目的选择相应的处理方法。通常由于降雨的时空分布不均,不能只靠雨水作为上述用途的水源,还应考虑再生水或其他水源。

(3)调控排放

调控排放是在雨水排出区域之前的适当位置,利用洼地、池塘、景观水体或调蓄池等调蓄设施和流量控制井等,使区域内的雨洪暂时滞留在管道和调蓄设施内,并按照一定流量排放到下游。当汇集的径流小于控制井限定的过流量时,按汇集的流量排入市政管道;当大于限定的过流量时,按限定的过流量外排,同时将在管道和滞蓄系统内产生积水,这样调控排放系统下泄流量通常会被控制在较小范围之内,从而减小下游管道的排水压力。

实际应用中可以将上述形式进行有机组合,形成适合区域自身特点的、科学的雨水利用体系。

9.7.4 功能型服务区雨水资源效益估算概述

雨水利用所产生的经济效益包括直接经济效益和间接经济效益。直接经济效益一般包括收集回用雨水置换自来水所产生的收益、节省城市排水设施的费用、减少的绿地土方回填费用等;间接经济效益指城市水环境的经济价值所带来的经济效益。实施雨水利用措施后所产生效益估算是影响其推广应用的关键。结合上述雨水资源收集和利用情况,得到经济效益、社会效益与环境效益的估算内容和方法。

(1)雨水资源利用经济效益

雨水资源利用经济效益估算主要涵盖以下部分:

①雨水置换自来水的效益。雨水桶、稳定塘等收集回用形式所收集的雨水可置换自来水,减少自来水费用,其收益可依照回用水量和自来水价格计算,取2.7元/m^3。

②景观绿化效益。收集的雨水可用于服务区绿化用水或旱季服务区绿地灌溉,按照景观绿化用水市场资料取3元/m^3。

③节约的水资源减少了污水处理费用,按照资料取0.7元/m^3。

④节约的水资源可带来潜在收益,这部分收益可按照目前由于缺水而造成的国家财政收入损失来计算。据报道,目前全国600多个城市日平均缺水1000万m^3,造成国家财政收入每年减少200亿元,相当于每缺水1m^3损失5.48元,即节约1m^3水等于创造5.48元的收益。

(2)雨水资源利用环境效益

雨水利用的社会效益与环境效益主要体现在以下方面:

①雨水资源利用可减少外排径流量,削减并延迟洪峰,提高服务区的防洪能力,避免或减轻服务区的水灾损失。

②增加地下水补给量,涵养水源和缓解缺水局面。雨水下渗一方面补充土壤水供植物生长;另一方面补充地下水,有利于缓解地下水水位下降趋势,改善服务区及其周围的水文地质环境。拦蓄利用的雨水替代了部分自来水,可减轻自来水供水压力,一定程度上

缓解水资源的紧缺。

③减少地面积水，营造水景观，改善服务区及周边环境。雨水利用工程不仅可减少服务区降雨积水，方便生活，改善服务区环境，还可以减少交通拥堵和交通事故的发生，有利于保障人民生命财产的安全。

④有利于增强人们惜水、爱水和节水意识。雨水利用工程能够使人们在歇息的同时，增强惜水、节水和利用雨水的意识，有利于可持续发展战略的深入落实。

⑤改善局部热岛效应，调节小气候。透水砖铺装路面的近地表温度比普通混凝土路面低 0.3℃左右，比近地表相对湿度大 1.12%左右。

⑥可形成产业，带动经济增长和解决就业问题。雨水收集、传输和处理利用系统的每一个环节都涉及工程与设备，这些都将拉动国民经济的发展，解决城乡劳动力就业。

9.7.5 次暴雨雨水资源综合利用效益计算

根据水质指标，按照不同海绵措施对水质的影响，把一次降雨所蓄水量分为两类：第一类水为稳定塘所收集的雨水，包含路面汇流部分和降水蓄存部分，由于稳定塘本身自带初级净化装置，所以该类型水可用作日常生活清洁、洗车及绿化灌溉用水；第二类水为草地和竹林的蓄水，可用作服务区景观绿化灌溉和洗车用水。将不同设计频率暴雨所蓄存的水量进行综合利用，共分为四种利用形式，见表 9.7-9。

服务区设计暴雨下雨水综合利用方案　　表 9.7-9

研究方案	用法	水质类型	其他效益		备注
方案一	绿化	一类 + 二类	污水处理费：0.7 元/m³	节水国家财政潜在效益：5.48 元/m³	绿化：3.0 元/m³；生活：2.7 元/m³；洗车：50 元/m³
方案二	生活	一类			
	洗车	二类			
方案三	生活	一类			
	绿化	二类			
方案四	洗车	一类 + 二类			

方案一为所有蓄水全部用作景观绿化灌溉；方案二为一类水补充生活用水，二类水补充洗车用水；方案三为一类水补充生活用水，二类水用作景观绿化；方案四为一类水和二类水全部用作洗车。

根据上述方法对服务区进行次降水效益分析，结果见表 9.7-10 ~ 表 9.7-12。宝鸡南服务区为单项措施，只有第二类水。1 年一遇次暴雨海绵措施的总收益为 1605.0 ~ 9822.4 元，2 年一遇次暴雨海绵措施的总收益为 4181.0 ~ 25587.2 元，3 年一遇次暴雨海绵措施的总收益为 5692.9 ~ 34839.8 元，5 年一遇次暴雨海绵措施的总收益为 5817.1 ~ 35599.6 元，10 年一遇次暴雨海绵措施的总收益为 10166.6 ~ 62217.8 元，15 年一遇次暴雨海绵措施的总收益为 11674.1 ~ 71443.3 元。

宝鸡南服务区设计暴雨下雨水利用方案收益(元) 表9.7-10

研究方案	1年一遇	2年一遇	3年一遇	5年一遇	10年一遇	15年一遇
方案一(全部绿化)	1605.0	4181.0	5692.9	5817.1	10166.6	11674.1
方案二(全部洗车)	9822.4	25587.2	34839.8	35599.6	62217.8	71443.3
平均收益	5713.7	14884.1	20266.35	20708.35	36192.2	41558.7

天台山服务区(东区)设计暴雨下雨水利用方案收益(元) 表9.7-11

研究方案	1年一遇	2年一遇	3年一遇	5年一遇	10年一遇	15年一遇
方案一(全部绿化)	576.0	1500.6	2043.2	2087.8	3648.8	4189.8
方案二(全部洗车)	3525.3	9183.3	12504.0	12776.7	22330.0	25641.1
平均收益	2050.65	5341.95	7273.6	7432.25	12989.4	14915.45

天台山服务区(西区)设计暴雨下雨水综合利用方案收益(元) 表9.7-12

研究方案	1年一遇	2年一遇	3年一遇	5年一遇	10年一遇	15年一遇
方案一	1126.1	2187.5	2810.4	2861.6	4653.7	5274.9
方案二	4483.7	10965.2	14769.3	15081.7	26025.5	29818.5
方案三	1110.8	2172.1	2795.0	2846.2	4638.2	5259.3
方案四	6891.3	13387.0	17199.4	17512.4	28480.1	32281.3
平均收益	3403.0	7177.9	9393.5	9575.5	15949.4	18158.5

天台山服务区(东区)为单项措施,只有第二类水。1年一遇次暴雨海绵措施的总收益为576.0~3525.3元,2年一遇次暴雨海绵措施的总收益为1500.6~9183.3元,3年一遇次暴雨海绵措施的总收益为2043.2~12504.0元,5年一遇次暴雨海绵措施的总收益为2087.8~12776.7元,10年一遇次暴雨海绵措施的总收益为3648.8~22330.0元,15年一遇次暴雨海绵措施的总收益为4189.8~25641.1元。

天台山服务区(西区)为多项措施,可以进行雨水分类综合利用。1年一遇次暴雨海绵措施的总收益为1110.8~6891.3元,2年一遇次暴雨海绵措施的总收益为2172.1~13387.0元,3年一遇次暴雨海绵措施的总收益为2795.0~17199.4元,5年一遇次暴雨海绵措施的总收益为2846.2~17512.4元,10年一遇次暴雨海绵措施的总收益为4638.2~28480.1元,15年一遇次暴雨海绵措施的总收益为5259.3~32281.3元。

参考文献

[1] 王华,路耀邦,冯国峰,等.隧道结构健康管理大数据平台研发及应用[J].隧道建设(中英文),2023,43(8):1425-1437.

[2] 魏新江,李帅,杜世明,等.超长公路隧道运营通风控制技术与空气质量研究综述[J].现代隧道技术,2022,59(S1):1-12.

[3] 许昱旻,郭春.基于移动平均和神经网络的公路隧道运营通风折减率修正研究[J].现代隧道技术,2022,59(S1):121-127.

[4] 彭帝,党风,史玲娜,等.公路隧道太阳光反射照明技术应用研究[J].隧道建设(中英文),2022,42(S2):280-286.

[5] 陈劲宇.基于开源气象参数的隧道自然风预测方法及通风节能技术研究[D].成都:西南交通大学,2022.

[6] 樊霁.高速公路隧道施工支洞支护结构优化研究[D].成都:西南交通大学,2022.

[7] 施孝增,闫治国,倪丹.自然风对多点进出地下道路通风性能的影响[J].地下空间与工程学报,2022,18(2):690-700.

[8] 李叔敖,江南,褚长海,等.全断面隧道掘进机施工大数据的有效数据提取研究[J].施工技术(中英文),2022,51(8):91-96.

[9] 刘宏伟,姚战良,张杨.天台山隧道安全运营与智能管理[J].中国公路,2022(7):84-86.

[10] 石茂林,孙伟,宋学官.隧道掘进机大数据研究进展:数据挖掘助推隧道挖掘[J].机械工程学报,2021,57(22):344-358.

[11] 吴贤国,邓婷婷,陈彬,等.面向运营隧道结构健康监测系统大数据压缩感知研究[J].隧道建设(中英文),2021,41(4):674-683.

[12] 朱长安,王明年,李玉文,等.复杂艰险山区公路隧道运营安全风险归类及特征分析[J].公路,2021,66(1):212-218.

[13] 贺振霞,鲍学英.基于直觉模糊TOPSIS耦合法的隧道地下水环境负效应评价研究[J].水资源与水工程学报,2020,31(6):88-94.

[14] 贡松多吉,海森,李望,等.公路隧道运营期能耗监测指标体系[J].地下空间与工程学报,2020,16(S1):407-412.

[15] 罗刚,潘少康,杨磐石,等.天台山隧道陡坡双斜井有轨运输系统设计与优化[J].隧道建设(中英文),2019,39(12):2050-2057.

[16] 白浪峰.大跨度公路隧道机械化施工参数优化研究[J].水利与建筑工程学报,2019,17(5):199-202,208.

[17] 袁立,史玲娜,张龙.基于太阳光照明的隧道按需照明节能控制技术研究[J].隧道建设(中英文),2019,39(S1):131-138.

[18] 王磊.高速公路隧道群交通安全保障方法研究[D].重庆:重庆交通大学,2020.

[19] 陈思.长距离连续隧道群运营安全评估方法研究[D].重庆:重庆交通大学,2019.

[20] 张国珍,崔圣达,张洪伟,等.隧道工程对生态环境的影响及环境效应[J].地质灾害与环境保护,2017,28(4):53-57.

[21] 袁霈龙,叶利明,任凯,等.公路隧道大倾角通风斜井有轨运输系统设计[J].公路,2017,62(8):321-325.

[22] 王伟力,徐承标,刘琦,等.基于自然光的公路隧道生态照明技术研究[J].地下空间与工程学报,2017,13(S1):476-480.

[23] 欧阳娜.高速公路运营隧道安全现状与对策分析[J].公路交通科技(应用技术版),2016,12(11):148-150.

[24] 李松,史玲娜,涂耘,等.基于视觉适应性的公路隧道太阳光光纤照明技术应用研究[J].照明工程学报,2016,27(5):48-52.

[25] 晁峰,王明年,于丽,等.特长公路隧道自然风计算方法和节能研究[J].现代隧道技术,2016,53(1):111-118,126.

[26] 张皓,赵子成,刘建明,等.公路隧道压入式施工通风有毒有害气体现场测试研究[J].公路,2014,59(10):274-280.

[27] 刘金刚.基于生态环境保护的隧道排水控制研究[J].现代隧道技术,2014,51(3):61-66.

[28] 杨治攀.公路特长隧道安全运营节能与智能联动研究[D].重庆:重庆交通大学,2015.

[29] 李有兵.长大隧道机械化配套安全快速施工技术[J].现代隧道技术,2012,49(5):110-116.